国家社科基金重大项目（10&ZD133）
《国家知识产权文献及信息资料库建设研究》阶段性成果

杨利华
冯晓青　编著

中国著作权法研究与立法实践

ZHONGGUO ZHUZUOQUANFA YANJIU YU LIFA SHIJIAN

中国政法大学出版社
2014・北京

图书在版编目（CIP）数据

中国著作权法研究与立法实践/杨利华，冯晓青编著. —北京：中国政法大学出版社，2014.7

ISBN 978-7-5620-5512-9

Ⅰ. ①中…　Ⅱ. ①杨…　②冯…　Ⅲ. ①著作权法—研究—中国　Ⅳ. ①D923.414

中国版本图书馆CIP数据核字(2014)第152966号

出版者　中国政法大学出版社

地　址　北京市海淀区西土城路25号

邮寄地址　北京100088信箱8034分箱　邮编100088

网　址　http://www.cuplpress.com（网络实名：中国政法大学出版社）

电　话　010-58908285(总编室)　58908334(邮购部)

承　印　固安华明印业有限公司

开　本　720mm×960mm　1/16

印　张　34

字　数　560千字

版　次　2014年7月第1版

印　次　2014年7月第1次印刷

定　价　69.00元

作者简介

杨利华，女，湖南长沙人。中国政法大学副教授、硕士生导师，中国知识产权法学研究会理事，法学博士。主要研究知识产权法学、知识产权法制史和知识产权信息管理。主持司法部2013年度项目“中国知识产权思想史研究”、国家知识产权局2009年度软科学规划项目“台湾专利制度史研究”等课题，参与2010年国家社科基金重大项目“国家知识产权文献及信息资料库建设研究”、2009年度国家社科基金重点项目“中国特色知识产权理论体系研究”等课题10余项。出版《美国专利法史研究》等多部著作，在专业核心期刊发表论文20多篇，在知识产权法历史研究方面产出了一批具有影响的学术成果。

冯晓青，男，湖南长沙人。中国政法大学教授、博士生导师，知识产权法国家重点学科学术带头人和博士点负责人，中国政法大学无形资产管理研究中心主任，法学博士，兼任中国知识产权法学研究会副会长、中国知识产权研究会学术顾问委员会委员、国家知识产权战略专家库专家、国家知识产权专家库专家、最高人民法院案例指导工作专家委员会委员等社会职务，兼任北京仲裁委员会仲裁员、北京天驰洪范律师事务所律师。出版《知识产权法利益平衡理论》、《企业知识产权战略》、《企业知识产权管理》等个人学术专著12部，主编知识产权法方面等著作与教材近30部（含英国出版一部），在国内外核心专业刊物上发表知识产权论文100余篇，其中在美、英、澳、瑞士等国英文法律专业刊物上发表近20篇。主持国家社科基金重大项目、一般项目等国家级、省部级项目10余项。创办学术网站“冯晓青知识产权网”。

前　言

著作权法是调整著作权关系，保护作者和其他著作权人、相关权人的利益，促进作品传播和利用的知识产权法。自我国第一部著作权法《大清著作权律》的制定到现行的《中华人民共和国著作权法》的实施，已逾百年。系统总结和分析我国著作权法律制度，无疑具有独特的学术和资料价值。本书作者在开展所承担的2010年度国家社会科学基金重大项目《国家知识产权文献及信息资料库建设研究》的研究过程中，全面系统地整理了我国著作权法的历史资料，在此进行编辑整理和分析研究。本书还收录了部分对我国《著作权法》第三次修改的最新研究成果。本书分理论探索、中国著作权法律及相关规范、中国著作权法大事记三部分。

理论研究部分，包括“中国著作权制度历史概述”、“中国著作权法第一、二次修改与完善研究”、“中国著作权法第三次修改与完善研究”、“中国著作权法研究综述”等专题论文。其中，“中国著作权制度历史概述”从宏观视野对我国著作权法的产生和发展进行了比较全面的概括和总结；“中国著作权法第一、二次修改与完善研究”针对我国《著作权法》在2001年和2010年两次修改的背景、原则，特别是修改的具体内容作了详细介绍和研究，有助于对中国著作权制度的改革和发展有比较清楚的了解；“中国著作权法第三次修改与完善研究”以著作权法原理为指导，以我国现行《著作权法》、2012年《著作权法》第三次修改征求意见稿和“送审稿”等为考察对象，结合我国著作权法立法和司法实践，并在借鉴和参考国外著作权立法和司法实践基础上，对我国《著作权法》第三次修改和完善提出了一系列对策和建议，对我国《著作权法》第三次修改和完善具有重要的参考和借鉴价值，对著作权法理论也具有重要的学术价值；“中国著作权法研究综述”侧重于我国关于著作权法研究状况的考察，在占有大量现有文献的基础上，梳理了我国著作权法研究的有关成果并就其相关特点进行了归纳，提出了推动我国著作权法研究的思路和建议。这些研究对于从历史发展角度宏观地了解我国著作权法制动态及相关的著作权立法实践和研究，对于我国《著作权法》的进一步修改和完善，具有重要意义。

“中国著作权法律及相关规范”部分，收录了从我国第一部著作权法《大清著作权律》到现行《著作权法》、《著作权法实施条例》等重要法律、行政法规和部分重要行政规章，以及不同时期立法修改的立法说明等，可视为纸质版的“中国著作权法规资料库”。这些内容具有很强的实用性，是学习和研究我国著作权法的重要资料。

“中国著作权法大事记”，按照时间顺序，梳理了自清末以来，北洋政府、南京政府、解放区政府、新中国早期，以及1978年以来我国著作权法相关的重大事件。本部分内容，也是了解我国著作权立法及其实践的重要资料，可视为“中国著作权法大事信息库”。

本书也是国家社会科学基金重大项目“国家知识产权文献及信息资料库建设研究”的阶段性成果之一。本书由中国政法大学冯晓青教授与杨利华副教授共同编著完成。同时，中国政法大学知识产权法专业博士生陈啸和硕士生吕莹、刘颖等参与了本书的编纂，部分硕士和博士生参与了本书有关理论探讨部分成果的撰写。具体写作分工详见正文。

希望本书的出版，对于推动我国著作权法律制度的完善，对于读者研究和学习我国著作权法有所裨益。

由于编著者水平有限，加之时间紧迫，书中错漏在所难免，敬请读者批评指正。

杨利华、冯晓青

2014年4月20日

目 录

理论探索

中国著作权法律及相关规范

中国著作权法大事记

理论探索

中国著作权制度历史概述*

一、清朝末期的著作权制度

中国的资本主义萌芽从明朝中后期出现，经历了足够漫长的两个世纪，腐朽的封建制度严重地阻碍着中国自身资本主义萌芽的发展，直到清朝前期，中国的资本主义生产关系还处于萌芽状态。从1840年鸦片战争、1856年第二次鸦片战争，到1883年中法战争、1894年甲午中日战争、1900年八国联军侵华战争，列强接连不断的入侵是近代中国贫穷落后的根源，不仅严重破坏中国的主权和领土完整，而且带来了其资本主义的侵入，致使中国自身的资本主义萌芽愈发举步维艰。

这一时期，虽然清政府在政治上节节退让于资本主义列强步步紧逼的侵略，但是中国博大精深的传统文化面对资本主义文化侵略却有着坚不可摧的独特力量，清末民初的出版印刷事业并无停滞倒退反而呈现出蓬勃发展的态势。梳理和研究清朝末期的著作权制度发展历程，应对清末的著作权立法、著作权管理、著作权研究以及该时期外来因素对著作权制度之影响等各个方面进行综合的考量。

（一）清末著作权立法

东西方著作权法学者大都认为，著作权是随着印刷术的采用而出现

* 本部分撰稿人：杨利华、吕莹。

的。[1]印刷术作为中国古代四大发明之一，是中国著作权出现和发展的重要动因，因此中国的著作权观念由来已久且领先于世。但是由于中国没有经历工业革命，中国的著作权保护水平远远落后于西方资本主义国家，著作权保护制度较之西方国家也明显迟滞。

19 世纪末期，上海出现了以官府告示的形式实施著作权保护制度的现象。20 世纪初期，以翻译赫胥黎的《天演论》而著称于世的近代启蒙思想家、翻译家严复明确要求保护译著者权利，得到了同为戊戌变法先进人物、时任商务印书馆董事长的张元济的大力支持，二者通力合作为近代译书出版和近代著作权保护制度做出了开创性的贡献。

1901 年，八国联军侵华并逼迫清政府签下不平等的《辛丑条约》；次年，美国、日本等国家为了扩大其侵华利益，在与中国续修商约之际，极力要求并强制逼迫在各自与中国的商约中加入著作权条款。那个时期的中国，各方围绕着“是否应该以立法形式进行著作权保护”和“是否加入国际著作权保护同盟”的问题展开了非常激烈地论争与抗衡，最终达成了应该对著作权保护建章立制以及基于文化发展水平相对落后的事实而暂不加入国际著作权同盟的共识。

20 世纪最初的数年，中国的有识之士对于著作权立法问题进行了激烈的论争，为著作权保护做出了巨大努力。时任商约大臣的吕海寰、盛宣怀等在与美国、日本的谈判中激烈辩论、据理力争，在弱国外交的现实限制下采取有条件保留和有限支持的方式加入著作权双边保护同盟，将中方的利益损失降到最低限度；[2]文化教育界的民主革命志士蔡元培撰写《日人盟我版权》一文阐述其反对中日商约加入著作权条款的根本理由和赞同中国实施著作权保护制度的立场；梁启超的《清议报》和张元济的《外交报》均对续修商约著作权条款提出了明确有力的反对意见；时任商务印书馆《教育杂志》的陶保霖以其《论著作权法出版法急宜编订颁行》呼吁清政府颁布著作权法；时任文明书局总办廉泉针对官报局的盗版行径上书争取著作权保护；商务印书馆的主持人张元济对于清廷商部所拟的著作权律和出版条例草案提出过意见

[1] 郑成思：《版权法》，中国人民大学出版社 1997 年版，第 2 页。

[2] 李明山主编：《中国近代版权史》，河南大学出版社 2003 年版，第 99 页。

书，提出了极具远见和民族意识的意见。[1]

外有美国、日本等在续修商约中关于增加著作权保护条款的强迫，内有北洋官报局盗印文明书局印书的著作权纠纷所引发的指责袁世凯无视著作权的舆论压力，在以文明书局为首的民间出版机构和书业局商会这种保护著作权组织的呼吁要求之下，商部制定颁行《大清著作权律》已经成为必然之举。加之《大清著作权律》制定颁行前的盗版活动比较恶劣和猖獗，虽然以著作者、翻译者为主的民间反盗版活动一时间迅速地自发组织起来了，但是打击力度毕竟有限，亟须法律的支撑和保障。

清政府商部拟定的著作权律终究未予公布。由于中国自古以来重精神权利而轻财产权利的著作权保护观念，因而后来经由学部再转主管警政治安的民政部才得以启动了著作权法的拟定工作。[2]《大清著作权律》是中国历史上第一部著作权法，中国政府在制定时并没有自身的著作权法律可供参考，主要是在清朝根本大法《大清律例》的基础上，翻译参照了日本、德国、比利时等国的著作权法和西班牙、美国、法兰西、英吉利、奥地利、匈牙利等国家的著作权法律。[3]对于东西方各国现有著作权法律的这种借鉴，尤其具体体现在著作权法的立法原则、著作权保护的客体范围、著作权的保护期限等方面。《大清著作权律》于1910年颁布，商务印书馆紧随其后出版发行了早年间曾赴日本法政大学学习，后来跻身司法界的秦瑞玠所著的《著作权律释义》，对《大清著作权律》进行了逐条释义和利弊品评。秦瑞玠所著的《著作权律释义》是中国第一部对著作权法律进行释义的著作，运用《著作权律草案》的解释说明、借鉴国外相关著作权法来进行释义，具有相当意义上的开创作用和指导执行的实践意义。

虽然《大清著作权律》颁布于清朝政权腐朽至极且面临被摧毁之时，很难在清朝产生预期的效果，但是《大清著作权律》所具有的开创性价值是毋庸置疑的。19世纪末，北京、上海等文化出版业较发达的城市以官府告示的形式实施著作权保护制度。以官府告示保护著作权逐渐不能适应近代社会商品经济下的社会需求的现实和当时社会各阶层人士对于著作权立法的强烈要

〔1〕吉少甫："中国最早的版权制度（下）"，载《出版工作》1989年第3期。

〔2〕闵杰：《近代中国社会文化变迁录》（第2卷），浙江人民出版社1998年版，第594页。

〔3〕李明山主编：《中国近代版权史》，河南大学出版社2003年版，第109页。

求，《大清著作权律》的制定颁行其实是清政府被迫而为也是顺势而行的举措。《大清著作权律》作为中国历史上第一部著作权立法，开创性地将著作权保护纳入法制轨道，也将中国著作权的保护范围第一次推广到整个国家。

《大清著作权律》涵盖了著作权保护的主体和客体、著作权保护期限、著作权限制、著作权注册登记办法和呈式等在内的著作权法律保护的主要内容，著作权保护水平较之其颁行前仅仅依靠《大清律例》、《大清报律》规制出版活动有了明显提升。此外，值得一提的是，《大清著作权律》的颁布，实现了中国著作权保护的主体的转移，即从主要保护印刷出版者的权利转移到保护著作者的权利。〔1〕

清政府颁布的《大清著作权律》对其后的立法产生了很大的影响。《大清著作权律》颁布的次年爆发了辛亥革命，其后建立的中华民国政府以发布《内务府通告》〔2〕的形式宣布对《大清著作权律》予以暂行援用；其后北洋军阀政府制定颁布的《著作权法》基本上是对《大清著作权律》的照抄模仿；其后国民党新军阀政府制定颁布的《著作权法》也仅仅是在《大清著作权律》的基础上进行了一些适应法西斯统治的修改补充；汪精卫南京伪国民政府制定颁布的《著作权法》也大部分是对《大清著作权律》的抄袭沿用。

（二）清末著作权管理

清政府在对著作权保护进行立法之前，主要是沿用自宋代以来的传统的著作权保护文告的方式进行著作权保护。清政府曾经应请求为西方传教士的在华出版机构、商务印书馆和文明书局等民间出版机构，以及南洋公学等公营出版机构发布著作权保护告示。〔3〕但是，由地方官府发布的著作权保护告示都仅在其所辖范围内有效，此种较为落后的著作权保护方式已经不能适应当时版权纠纷愈发频繁的现实状况了。

清朝统治者独裁专政，凡事以维护其封建统治地位为准，其颁行的《大清律例》中关于著作、出版活动的有关规定中最多的只是对著作者、出版者权利的严格限制，〔4〕而关于对著作者、出版者权益保护的规定则寥寥无几。

〔1〕 李明山主编：《中国近代版权史》，河南大学出版社 2003 年版，第 127 页。

〔2〕 “内务府通告”，载《政府公报》民国元年 9 月 26 日，第 149 号。

〔3〕 李明山主编：《中国近代版权史》，河南大学出版社 2003 年版，第 14 ~ 19 页。

〔4〕 参见《大清律例增修统纂集成》（1901 年刊布），转自姚福申：《中国编辑史》，复旦大学出版社 1990 年版，第 291 页。

清朝末年的戊戌维新运动带来了出版事业的蓬勃发展，但清政府为了维护其腐朽的封建统治还颁行了规定非经官府注册禁止印刷著作的《大清印刷物专律》[1]来禁锢和限制著作者的著作权。

（三）清末著作权研究

在著作权的立法与管理之外，学界先进人物的著作权主张与实践也推动着清朝末年著作权制度的发展。

严复是学贯中西的启蒙思想家，也是因翻译《天演论》而著名的翻译家，还是戊戌时期主张维新变法的先进知识分子，对近代思想启蒙、文化发展都做出了卓越贡献。由于其曾留学于当时西欧最早实行了著作权法——《安娜法令》的英国，[2]因此严复可谓是当时中国学界最了解著作权法律制度的学界人物，他不仅在编著译著时注重著作权保护问题、尊重原著作者的人身权利，而且还借鉴西方著作权保护成例，向出版部门提出著作者、译作者的报酬与版税要求。严复曾针对当时各商埠书坊普遍存在的撤回著作权、私自翻刻印刷著作的现象上书时任管学大臣的张百熙，系统地论述著作权保护的重要性，批驳当时社会上对于著作权保护的诋毁，并强烈呼吁清政府实施著作权保护制度，[3]其言其行在当时都相当卓尔不群、难能可贵。

梁启超是倡导变法维新、推动戊戌变法运动的骨干领袖，他作为中国近代维新派代表人物以切身实践推动了中国近代著作权保护制度的发展。在《中日续议通商行船条约》谈判加入著作权保护条款之际，梁启超主编的《清议报》发表文章支持在条约中加入著作权条款，并阐述其赞同在中国京师与商埠实施著作权制度的理由。梁启超在担任《新民丛报》主笔的时候，以其稿酬换取股权收益，[4]非常注重身体力行地实践著作权制度。梁启超还细致地研究古书伪书辨别，在当时社会上古书良莠不齐的状况下辨识出假冒、抄袭、篡改的伪劣古籍，在很大程度上为维护古书作者的著作精神权利做出了重要的贡献。

中美、中日续修商约期间引起了当时文化知识界对于著作权保护的关注

---

[1] 姚福申：《中国编辑史》，复旦大学出版社 1990 年版，第 292 页。

[2] 李明山："严复的版权主张与实践"，载《韶关学院学报》，2002 年第 11 期。

[3] 严复："与张百熙书（二）"，载《严复集》（三），中华书局 1986 年版，第 577 ~ 578 页。

[4] 鲁湘元：《稿酬怎样搅动文坛——市场经济与中国近现代文学》，红旗出版社 1998 年版，第 207 页。

与论争，其中文明书局的创办者廉泉因当时文明书局的学术著作、教科书等图书频繁被盗版翻印而进行了诸多向清政府争取著作权保护的努力实践。廉泉曾上书时任学部管学大臣的张百熙申请著作权保护；还曾在北洋官报局盗印文明书局图书时呈文北洋政府予以指控；又在北洋政府专制压迫下不畏强权地将盗版与袒护盗版等一系列行径公之于众。〔1〕

戊戌变法之后中国出现了图书出版的勃兴，当时清政府1905年颁行的《大清印刷物专律》没有给出版者和著作者的合法权益予以合理保护，反而平添诸多束缚和禁锢。〔2〕当时商务印书馆的资深编辑陶保霖曾经发表《论著作权法出版法急宜编订颁行》一文，对著作权法和出版法问题进行了专门论述，提出了颇有建树的理论主张，呼吁清政府迅速编订著作权法和出版法。陶保霖关于著作权立法有利于保护著作者权利的主张，在清末封建文化专制的背景之下可谓是非常难能可贵的创举，其关于著作权本质、著作权立法基本原则的理论，对于《大清著作权律》的编订颁行极具促进作用。

（四）清末外来因素对版权制度的影响

如前所述，著作权保护的思想观念在中国由来已久，但是著作权保护的建章立制却远远落后于西方发达国家。英国于1709年通过了世界上第一部著作权法——《安娜法令》，后来许多国家都陆续颁布了其各自的著作权法或者著作权法。《伯尔尼公约》于1896年订立并迅速翻译到了当时正处于维新变法运动时期的中国，对这一著作权保护法律的认识了解使得先进的中国人开始关注并空前重视起了著作权保护问题。

此外，西方传教士也对中国著作权制度的建立和发展起到了一定推动作用。当时，西方传教士为了扩大传教范围、加强传教效力，假借科学文化的传播为幌子进行传教活动。当其图书报刊被频繁盗版印刷之时，西方传教士们为保护自身著作出版利益，开始在中国宣传倡导西方的著作权保护思想以及在西方早已处于逐步完善状态中的著作权制度。广学会作为当时西方基督教会传教士在中国设立的最大出版机构，〔3〕不仅主张录用他刊文章须注明出处，而且注重在编辑出版实践中介绍西方诸国著作权制度。其中对著作权制

---

〔1〕 李明山主编：《中国近代版权史》，河南大学出版社2003年版，第42~54页。

〔2〕 李明山主编：《中国近代版权史》，河南大学出版社2003年版，第61~68页。

〔3〕 李明山主编：《中国近代版权史》，河南大学出版社2003年版，第72~77页。

度重要性的一再申明，以及对清政府进行著作权保护建章立制的持续呼吁，[1]对于中国著作权制度的建立也着实起到了一定的借鉴与推动作用。

二、中华民国时期的著作权制度

袁世凯篡夺辛亥革命的胜利果实，建立北洋军阀政府，实行专制独裁统治，又进而复辟帝制，结果走上灭亡之路。资产阶级革命派及中国社会进步力量在逐渐认清袁世凯本质后，展开了二次革命、护国运动等一系列斗争。虽然袁世凯复辟帝制失败，形式上恢复了民国，但政权仍掌握在封建军阀手中，中国革命的道路仍漫长而又艰难。

（一）民国时期著作权立法

民国时期，中国著作权制度在立法方面体现为北洋政府1915年《著作权法》和南京国民政府1928年《著作权法》的颁布修订，以及南京国民政府1929年《民法》第二编中对著作权的规定上。总的来说，北洋政府于1915年颁布的《著作权法》基本上是对《大清著作权律》的沿袭模仿，其效甚微；南京国民政府为了维护其大地主、资产阶级专政也于1928年颁布了《著作权法》，但是依然是重限制轻保护，也是无甚进步。

1911年，由孙中山领导的辛亥革命，推翻了清王朝的统治，结束了中国两千多年来的封建君主专制制度，建立了中华民国，使民主共和的观念深入人心。但是资产阶级所固有的软弱性和妥协性导致了革命的不彻底性，辛亥革命终究没有彻底推翻封建的政治、经济、文化制度，没有彻底解决封建社会的各种矛盾。民国初年的盗版问题暴露出清政府制定颁行的《大清著作权律》已经不能适应民国时期的现实情况，北洋军阀政府在政局混乱中颁布了《著作权法》。北洋政府1915年颁布的《著作权法》的许多条文内容都是对《大清著作权律》的模仿袭用，不同的内容对于著作权保护客体范围的扩大是顺应时代发展需求的。但是《著作权法》中关于“依《出版法》规定，不得出版之著作物，不得享有著作权”[2]的规定，以及北洋政府以《著作权法注册程序及规费施行细则》详尽规定著作注册登记程序、强调“非经注册的著作不受法律保护”的举措，都违背了国际通行的“著作权自动产生规则”，也

〔1〕周林、李明山主编：《中国版权史研究文献》，中国方正出版社1999年版，第81页。
〔2〕北洋政府1915年《著作权法》第24条。

显然违背了《著作权法》的立法原则，这无疑是滞后和倒退的。北洋政府1915年颁布的《著作权法》由于其“限制束缚之意为多，利用推行之心殊少”[1]而引起了上海出版界的广泛不满，上海书业商会还于1916年向北京政府国务院递交请愿书要求修改其中的部分条款并提出详细具体的修改意见。

1927年蒋介石发动政变后成立的南京国民政府于1928年对北洋政府1915年的《著作权法》进行了修订。1928年《著作权法》继承了之前清末和民初著作权法的登记注册的著作权取得方式，并对教科书出版进一步科以须经审查的限制；1928年《著作权法》在1915年《著作权法》“依出版法之规定，不得出版之著作物，不得享有著作权”这一限制之上，增加了“显违党意之著作禁止注册”的限制规定。由此可见，南京国民政府的《著作权法》在更大程度上强调了注册的作用，扩大了限制著作权人的权利的范围，强化了它的国民党政治倾向。[2]蒋介石所领导的南京国民政府施行独裁专政，其所制定的《著作权法》必然天然地具有重重缺陷。其后先后发生了中原大战、五次“围剿”、九一八事变、抗日战争爆发，该法的修订在时局动荡之中一再被搁浅，直至1944年和1949年分别进行了两次对该法的修订，而且还制定颁行了《著作权法实施细则》。修正中由于当时国共合作统一战线形式的存在而隐去了“显违党意之著作禁止注册”的限制规定，可谓其为数不多的进步之处，但聊胜于无。

南京国民政府于1929年制定颁行了《民法》第二编，其中第515条至第527条对于出版与著作权进行了专门的规定。[3]其中论证了出版与著作权的关系，并且对邻接权予以详细表述说明，因此其对于在独裁专政的体制下举步维艰的文化出版事业还是有其聊胜于无的价值的。

（二）民国时期著作权管理

民国时期，政府对著作者权利进行了严苛的压榨和禁锢，著作权制度遭受到了严重的阻碍。

北洋军阀政府统治时期，帝国主义加紧侵略中国，同时袁世凯复辟帝制，

---

〔1〕 周林、李明山主编：《中国版权史研究文献》，中国方正出版社1999年版，第163页。原载张静庐辑注：《中国近代出版史料》（乙编），中华书局1955年版。

〔2〕 李明山主编：《中国近代版权史》，河南大学出版社2003年版，第176页。

〔3〕 周林、李明山主编：《中国版权史研究文献》，中国方正出版社1999年版，第235~236页。

掀起尊孔复古逆流，而西方启蒙思想的进一步影响和民主共和观念的深入人心，以及中国民族资本主义的进一步发展，使得中国资产阶级强烈要求实行民主政治。1915年新文化运动兴起，这场资产阶级反封建的思想文化运动是辛亥革命在思想文化领域的延续，使民众思想获得空前的解放，弘扬了民主和科学的思想。当新文化运动开展得如火如荼之时，1917年俄国十月革命一声炮响为中国送来了马克思主义。1919年李大钊发表《我的马克思主义观》，第一次在中国系统地宣传了马克思主义。1919年五四运动实现了从资产阶级领导的旧民主主义革命到无产阶级领导的新民主主义革命的历史转折，促进了马克思主义的传播。自五四运动前后直到北伐革命时期，北洋政府对民主进步刊物进行了一系列严苛的查禁活动，如李大钊主编的《每周评论》和陈独秀主编的《新青年》都被北洋政府无端地查禁和停寄了[1]，甚至还侵犯演艺界艺人的戏剧演出权、制造迫害图书作者的文字狱，严重阻碍了文化发展。

1927年，蒋介石在上海发动“四一二”政变，建立南京国民政府，施行专制独裁统治，对文化传播严加控制。不仅在立法上以规定了“显违党意之著作禁止注册”的1928年《著作权法》来限制著作权、以《出版法》来剥夺出版自由、以《著作权法实施细则》来对权利限制予以严苛地具体化，还设置了一系列审查标准审查细则，设立了国民党中央宣传委员会图书杂志审查委员会对所有待出版书刊予以审查，甚至无视文化出版界爆发的“拒检运动”进行文化领域的“围剿”，扼杀著作权利和言论出版自由。蒋介石领导的国民党政府进行残暴的法西斯式独裁统治，运用特务政治的手段对文化界、出版界人士进行恐吓、威胁、逮捕、绑架、暗杀，几乎无所不用其极。[2]

（三）民国时期著作权论争与实践

美日两国强行要求在续修商约中加入著作权保护条款、《大清著作权律》的颁布、英法要求中国参加万国著作权同盟（即伯尔尼公约组织）、诸多列强国家对中国频频挑起著作权纠纷等一系列事件，促使著作权观念在民国初年备受关注。

学界关于中国是否应加入国际著作权同盟等著作权问题的论争在民国初年空前激烈。上海书业商会于美国要求中国加入中美著作权同盟之际，向政

---

[1] 阴法鲁：“北洋军阀对进步刊物的摧残”，载《大公报·史学周刊》1952年10月30日。

[2] 参见李明山主编：《中国近代版权史》，河南大学出版社2003年版，第198~200页。

府呈文阐释拒绝参加同盟的理由；商务印书馆在应对美国商会所指控的著作权纠纷时，向政府呈文再次申明中国不能贸然加入万国著作权同盟的理由。时任《东方杂志》撰述的杨端六对中国加入国际著作权同盟提出了与众不同的灵活观点，认为“我国苟欲于世界政治占一地位，对于此等公共事业应积极的干预，不得终世处于消极地位也”[1]；其后武堉干也以专题探讨的形式阐明论述中国加入著作权同盟是必然的趋势。综观当时关于中国是否应加入国际著作权同盟的论争：一方面，在当时内忧外患、举步维艰、弱国无外交的时代背景下，反对中国加入国际著作权同盟是符合民族利益的；另一方面，文化知识界中能够看清世界局势与时代趋势的先进人物，提出了灵活的赞成意见，纵使在当时半殖民地半封建的中国社会并不能真正完成，但对于中国著作权保护制度的发展也是有其进步与推动意义的。

民国时期，帝国主义列强的侵略、控制渗透到文化领域，一系列著名的涉外著作权纠纷也开始频繁发生。中国留美学生将日本人所著《正则英文教科书》译为汉文出版，招致日本关于翻印盗版的控诉，上海书业商会出面维护中国出版界权益，[2]最终使得该案以不注销而自行注销的结局落幕；商务印书馆翻译印刷《欧洲通史》，招致美国经恩公司向上海会审公廨提出请求著作权的控诉，商务印书馆和上海书业商会据理上书，基于中美商约中新增著作权条款“非专备为中国人民之用不得在中国享有著作权保护权利”而予以坚决驳拒；商务印书馆翻译印刷《汉英双解大学字典》，尚未发行就招致美国米林公司向上海会审公廨提出的著作权和商标权控诉，商务印书馆根据中美商约著作权条款予以驳斥获得了著作权侵害控诉的胜诉，但是因封面设计上的借用而被判定侵犯商标权。清末民初，诸如此类的著作权纠纷不胜枚举。当时中国文化知识界因为意识到引进西方先进文化的必要性与重要性而大量翻译编印西方书籍，这对于没有加入国际著作权盟约的国家而言本无可厚非，但是落后的政治制度、经济水平必然带来弱国无外交的国际地位，西方列强即便在缺乏法律依据的情况下都会借此对中国进行著作权控诉，以期谋得最大化的不正当利益。上海书业商会、商务印书馆等中国出版界先锋依据中美

---

[1] 杨端六：“国际版权同盟”，载《东方杂志》1920年第24期。

[2] “上海书业商会十年概况”，载张静庐辑注：《中国现代出版史料》（甲编），中华书局1954年版，第333页。

商约、中日商约中的著作权条款据理力争，拒绝了列强一系列不合理的著作权控诉，在中国著作权保护实践中进行着不懈且卓有成效的努力。

（四）民国时期民间著作维权

在战乱频仍、统治严苛的民国时期，政府对著作权的保护极其有限。不仅在仅有的《著作权法》中明显地对著作者权利重限制、轻保护，而且还颁布了诸多的规定一再压榨、限制著作权。处于弱势地位的著作权人很难维护自己的正当权益，出版同业组织应运而生。[1] 这些出版同业组织以及个体著作者们为抵抗来自封建衙门的侵犯著作权的行径做出了诸多不懈的努力。

上海书业商会为抵制封建政府无视甚至侵害著作权而多次呈文上书，为打击和整治国内猖獗的盗版时况而不懈努力；上海书业公会为抵制南京国民政府颁布的严厉限制著作自由与出版自由的《出版法》而组织上海出版界进行联合请愿；上海著作人公会及紧随其后建立的中国著作者协会为改变当时著作者收入过于微薄的窘境而组织了一系列争取著作者生活保障的活动；由郭沫若、郁达夫等留日学生发起且成立壮大的创造社为维护著作权、抵制当时严苛限制著作者创作自由的审查机制、争取言论和出版著作精神权利进行了一系列不屈不挠的斗争。抗日战争爆发之后，上海等文化中心城市的文化机构、出版文化界先进人士迫于时局动荡，先后历经广州、武汉、重庆、香港等地最终转移到了广西桂林继续开展文化活动，在桂林进行了保障作家权益会议、反盗版调查活动以及“斗米千字活动”。抗日战争胜利之后，出版界为抵制国民党政府实施的禁锢人民出版言论自由的图书杂志文稿审查，在共产党的领导下开展了声势浩大的拒绝检查审定的“拒检运动”。[2]

出版同业组织开展的这些著作维权运动开启了个体著作者们的著作维权意识，他们也根据其不同的身份、地位、环境、际遇，以其各自的力量推动着著作权保护的实践乃至中国著作权制度的发展。革命家、文学家鲁迅为了争取版税而控诉克扣其版税和稿酬的北新书局；为了维护发表权、修改权、保护作品完整权等著作人身权开展了多方面抗争，对于国民党查禁、删改、抽毁著作者作品的行径予以大胆的揭露和抨击；为了呼吁著作出版界重视著作者人身权利，在其翻译和编辑著作的实践中以身作则、身体力行地尊重原

---

〔1〕 李明山主编：《中国近代版权史》，河南大学出版社2003年版，第229页。

〔2〕 参见李明山主编：《中国近代版权史》，河南大学出版社2003年版，第250～259页。

著和著作者。抗战时期的出版家、政论家邹韬奋通过当时的国民参政会揭露国民党政府在图书杂志审查之中侵犯著作权的行径，通过一系列重要提案开启了广大著作出版界人士的著作权意识之觉醒，通过在被搜查、被迫害中不屈不挠的著作维权斗争践行其进步的著作权主张。此外，还有民主诗人柳亚子向北新书局争取著作权利益[1]、林语堂为开明书局与世界书局进行著作权纠纷诉讼等，这一时期诸如此类的文化出版界先进人士为中国著作权制度所进行的卓越实践不胜枚举。

三、新中国早期的著作权制度

新中国刚刚成立之时，翻印盗版问题非常严重，而著作权保护却仅能沿袭一些出版业的惯例。人民政府模仿苏联，对诸多的出版物采取特许国营出版社编印的强制许可办法，加之部分私营出版机构为了牟利而侵犯著作权人权利的事情时有发生，这一时期著作权人的利益明显缺乏保障，著作权保护问题日益凸显。

1949年10月成立的中央人民政府出版总署是建国初期中央人民政府负责指导和管理全国出版事业的部门，对全国的出版印刷发行行业实施统一管理，调整理顺各方面关系。1954年出版总署正式被撤销，文化部承接其全部原有工作并于1957年公布了《保障出版物著作权暂行规定（草案)》。在整风运动中，文化部接到不少有关部门和社会人士关于制定出版物著作权法的建议，“考虑目前制定比较完整的著作权法的条件虽还不完全成熟，但应该有一个比较简单的原则规定，以便对出版物著作权的处理有一定的原则可以遵循”，该规定主要是“参照了苏联‘著作权基本条例’和社会主义国家著作权法的精神”。[2]就是在这样的背景之下，新中国人民政府开始了对于著作权保护建章立制的首次尝试。由于《保障出版物著作权暂行规定（草案)》的规定较为笼统且有诸多明显不足，其后又颁布了《关于〈保障出版物著作权暂行规定（草案)〉的说明》，以期对“草案”进行解释说明和补充完善。

中国共产党及其宣传部等有关部门在新中国成立之际非常重视图书出版方面的翻印盗版问题，多次强调战时翻印是万不得已的举措，新中国成立之

---

〔1〕 参见孙继林：“柳亚子与北新书局的版权纠纷”，载《出版史料》1989年第1期。

〔2〕 周林、李明山主编：《中国版权史研究文献》，中国方正出版社1999年版，第301页。

后各地应当务必注意对于著作者权利的尊重保护问题，力求尽快遏制和改变当时出版领域的翻印盗版乱象。中国共产党吸取苏联经验、听取各界意见，在著作权制度推进方面做出了在当时历史条件下可谓卓有成效的努力。于1949年2月成立了宣传部出版委员会，于8月和10月先后召开了党的出版会议和全国新华书店第一届出版工作会议，于11月成立中央人民政府出版总署领导全国出版工作。紧随其后于1950年9月在北京召开的第一届全国出版工作会议又专门讨论解决了关于言论出版自由、尊重著作者权利以及提高稿酬等问题，出版总署还发布了本次会议通过的《关于改进和发展出版工作的决议》。与此同时，新华书店总管理处以及诸多国营出版机构纷纷成立，胡愈之等中国文化出版领域的先进人士也以其言其行为著作权保护事业做出了各自的贡献。各个方面对于著作权保护的一系列工作推动着这一时期中国著作权制度的初步勃兴。

这一时期，稿酬问题是著作权制度中尤其举足轻重的问题。新中国成立之初还没有稿酬标准，出版总署于1950年发出的《关于发布第一届全国出版会议五项决议的通知》（以下简称《五项决议案》）是新中国首个与图书著作权贸易有关的政府规定，对向著作权人付酬做出了原则规定。[1] 各出版社根据《五项决议案》，结合具体情况自行制定各自的稿酬标准与办法。当时的稿酬办法基本上体现了按劳取酬的社会主义原则，以字数结合印数定额的办法来计算稿酬，著作者的物质利益基本上有了保障，稿费的收入比新中国成立前有了显著的提高，对鼓励创作起到了积极作用。[2] 为了解决那些销量小但学术价值高的著作稿酬偏低等问题，文化部于1958年颁发了《关于文学社会科学书籍稿酬办法的暂行规定（草案）》。该规定草案的颁布，将稿酬维持在符合当时社会需求的平衡水准，既能鼓励创作活动和提高创作水平，又能防止稿酬偏高导致著作者滋生脱离群众思想的倾向；改变了照搬模仿苏联著作权法制度中稿酬办法与新中国国情不相适应的状况，在新中国百废待兴的时期起到了推动文化健康发展的积极作用。上海市出版局于1958年9月发出《关于降低出版物稿酬标准的通知》，要求各出版社按文化部《关于文化和社会科学书籍稿酬标准的暂行规定（草案）》的标准降低一半执行。1958年10

〔1〕 参见辛广伟：《版权贸易与华文出版》，重庆出版社2003年版，第99～117页。

〔2〕 周林、李明山主编：《中国版权史研究文献》，中国方正出版社1999年版，第307～308页。

月，文化部颁发《关于北京各报刊、出版社降低稿酬标准的通报》，同意上海降低稿酬一半的做法和上海出版社降低稿酬的主张。[1] 大跃进运动时期的这一决议无疑是正处于缓慢发展状态的著作权制度的一次重挫，带来了诸多问题。为解决这些问题、消除该标准带来的不利后果，文化部分别于 1959 年 3 月和 10 月发出了《关于降低稿酬标准的几个问题的通知》和《关于在北京、上海两地有关出版社继续试行〈关于文学和社会科学书籍稿酬的暂行规定〉的通知》，对于弥补和维护著作者利益起到了一定的积极作用。

20 世纪五六十年代，新中国对知识分子的政策及其他政治运动，直接影响着搞创作的这一部分知识分子的社会地位和作用，也直接影响着搞创作的知识分子的稿酬收入。这是 20 世纪五六十年代新中国稿酬制度反复变化的重要原因，也是通过智力创作获得稿酬的这一部分知识分子收入减少和反复的重要原因。[2] 1960 年，文化部党组、中国作家协会党组向中共中央提交了《关于废除版税制，彻底改革稿酬制度的报告》并获得了中共中央的转批。取消印数稿酬的规定，引起著作界的强烈不满，对于当时的文学创作、学术研究带来了相应的负面影响，对于中国著作权保护又是一次重挫。1962 年，文化部党组向中央提交了《建议恢复文化部 1959 年颁发施行的稿酬办法的请示报告》并获得了中共中央的转批，这样使得当时全国各出版社恢复了印数稿酬制。这样一来，即保持着著作者获得报酬的办法。1963 年，文化部、国家科委联合发出《关于科学技术书籍采用现行文学和社会科学书籍稿酬办法的通知》。[3]

“文化大革命”前后几年，“左”倾思想深深影响到了稿酬分配制度，阻碍了中国著作权制度的发展。文化部党组于 1964 年向中央呈交《关于改革稿酬制度的请示报告》，请求废除印数稿酬制；又于 1966 年向中央呈交《关于进一步降低报刊图书稿酬的请示报告》，请求在稿酬制度标准已经多次降低的基础上再进一步降低，[4] 并且均获得了中共中央的同意转批。1966 年 5 月至 1976 年 10 月，由毛泽东错误发动和领导、被林彪和江青两个反革命集团利用

---

〔1〕 王建辉：《出版与近代文明》，河南大学出版社 2006 年版，第 73 ~ 84 页。

〔2〕 李明山、常青等：《中国当代版权史》，知识产权出版社 2007 年版，第 65 页。

〔3〕 方厚枢：“新中国稿酬制度纪事（1949 ~ 1999 年）”，载宋原放主编：《中国出版史料》（现代部分），山东教育出版社 2001 年版，第 274 页。

〔4〕 周林、李明山主编：《中国版权史研究文献》，中国方正出版社 1999 年版，第 329 ~ 330 页。

的“文化大革命”给中华民族带来严重灾难，这十年间著作权保护制度建设受到了前所未有的打击，著作权立法出现了空白和停顿，著作权保护被迫停滞和扭曲。

1976年10月，“文革”结束，国家出版事业管理局局长王匡组织成立了出版工作调研小组，清理在出版工作中的“左”的思想，恢复稿酬制度。稿酬问题事关加速我国科技发展、促进科学理论研究、繁荣文学艺术创作等重要问题，国家出版局不仅就稿酬问题到各大出版社进行深入细致的调查，而且认真听取了各方意见，为恢复稿酬制度做出了诸多准备与努力。1977年10月，国家出版局在国务院批复了国家出版局上报的《关于新闻出版稿酬及补贴试行办法的请示报告》之后，发布了《关于新闻出版稿酬及补贴试行办法的通知》和《新闻出版稿酬及补贴试行办法》。试行办法中稿酬制度的恢复与新建对于著作者权益的维护和著作权制度的保护都起到了推动作用。

四、1978年改革开放以来的著作权制度

1978年，十一届三中全会召开，中国共产党的工作重点转移到社会主义现代化建设上来，这一时期著作权保护方面最突出的工作是规范了稿酬制度、提高了稿酬标准以及出台了一系列维护著作者权利的条例。

1979年9月，全国文联和国家出版局召开座谈会，就文艺作品的稿酬问题交换意见，与会代表一致认为《新闻出版稿酬及补贴试行办法》已不能适应新形势要求而必须加以补充和修订，[1]达成了提高基本稿酬的意向。国家版权局于1979年根据该座谈会意见制定出了《关于书籍稿酬的暂行规定（征求意见稿）》并召开了全国出版工作座谈会予以讨论，并且于1980年发布《关于制定书籍稿酬的暂行规定的报告》和《关于书籍稿酬的暂行规定》。其后，国家出版局又于1984年根据试行4年的实际情况和各方意见中反映出的不足之处，制定了《书籍稿酬试行规定》，对1980年的暂行规定予以修正，进一步提高了稿酬标准、保障了著作者权益。

十一届三中全会的召开促使中国文化出版事业进入迅速发展的崭新阶段，一方面是著作者的创作热情空前高涨，另一方面却是随着作品作为商品进入

〔1〕 纪文：“全国文联和国家出版局召开会议座谈稿酬问题”，载《中国出版》1979年第10期。

社会主义市场经济体制下市场而发生了更多的著作权纠纷的新形势。为了解决实际工作中的这些问题和为专门的著作权立法摸索经验，文化部于1984年制定颁布了《图书、期刊著作权保护试行条例》。[1]《图书、期刊著作权保护试行条例》对于保障著作者权益、鼓励创作、发展出版事业都具有积极的推动作用，而且“作为中国书刊著作权保护方面的规章，在全国性的著作权保护法律没有出台以前，对国内的著作权纠纷的调处具有相应的法律效力，为改革开放之初不断出现的书刊著作权纠纷的调解处理起到了很大的作用”[2]。国家文化部出版事业管理局为了顺应当时改革开放迅猛发展的形势，出台了《图书、期刊著作权保护试行条例实施细则》，对《图书、期刊著作权保护试行条例》诸多条款进行了较为详尽、明确地具体化，使其更具可操作性。这一时期还出台了一系列维护作者、表演者权利的规定。20世纪80年代的中国广播影视正处于健康快速发展的历史时期，中国广播电影电视部为适应当时广播电影电视的播出机构、节目套数、播出时间、节目产量均大幅度增加的新形势，于1987年颁布施行了《录音录像出版物著作权保护暂行条例》。此外，为了开创社会主义戏剧事业的新局面，丰富剧目、保护剧作者权益和鼓励戏剧创作，文化部于1985年制定颁行了《付给戏剧作者上演报酬的试行办法》。为了恢复建国初期普遍建立却在“文化大革命”时期被迫停止的出版合同制，维护作者和出版者双方尤其是著作者权益，文化部于1984年还颁布了《图书约稿合同》和《图书出版合同》，使之与《图书、期刊著作权保护试行条例》相配套施行。为了保障美术作品作者的权益、鼓励美术创作，文化部出版局于1984年制定颁行了《美术出版物稿酬试行办法》。

此外，中外交往范围也在这一时期迅速扩大，在相关条约中确立了一系列著作权保护条款。在1979年，时任国务院副总理的邓小平率领中国政府高级代表团访美，在华盛顿签订了《中美高能物理协定》。在该协定的谈判过程中，关于著作权保护内容条款，中美双方由于各自科技文化发展水平差异和国家利益考量产生了诸多分歧，最终在中国尚无著作权法而美国又坚决要求中国按照国际著作权公约保护美国著作权的情况下，双方达成了一个“保留

---

〔1〕 刘杲：“在全国版权工作座谈会上的讲话”，载刘杲：《刘杲出版文集》，中国书籍出版社1996年版，第165页。

〔2〕 李明山、常青等：《中国当代版权史》，知识产权出版社2007年版，第125页。

条款”的原则性协议。其后中美双方签订了包含涉及著作权保护问题条款的《中华人民共和国和美利坚合众国贸易关系协定》，国家版权局据此出台了《国家版权局关于转发中美贸易关系协定第六条的通知》，并转发给各有关单位。

与此同时，中国诸多具有先进思想的学界人物也纷纷为著作权法的制定实施做出了各自不可磨灭的贡献。著名学者冯友兰先生曾向 1984 年 5 月召开的中国人民政治协商会议递交书面意见，在国家拨乱反正的时机，利用其参政议政的机会积极建言献策，代表广大著作家、文人学者建议国家制定著作权法，强调著作权立法对于真正保护著作者权益的重要意义。著名文学家巴金也以其丰富的著作权实践，对著作权问题进行了持久和全方位的思考，对中国著作权制度提出了别具借鉴意义的独到主张。

五、1990 年《著作权法》的颁布及其制度完善

如前所述，近代中国在面对资本主义列强入侵之时被迫签订了一系列不平等条约，其中就包括了著作权保护条款，如 20 世纪之初的《中美续议通商行船条约》和《中日续议通商行船条约》。当时文化出版界的各方有识之士的共识是：当时的中国亟须发展科学技术和文化教育，可以对著作权保护建章立制但坚决不应加入著作权条约。国家版权局自 1985 年由国务院批准文化部建设成立以来，在改革开放的大潮中积极致力于起草著作权法的工作，做出了一系列不懈努力，还开拓性地将著作权法草案面向全国征求意见，推动着著作权立法步骤有条不紊地前进。著作权立法的起步，受到了著作者们的欢迎，但是遭到了科学技术和文化教育界的反对。其中后者强烈反对著作权立法的原因主要是出于对著作权问题缺乏了解，没有正视购买著作权是否需要巨额外汇支出以及著作权立法是否会阻碍文化教育传播等问题。国家版权局为了消除各界对于著作权立法的误解、偏见与担忧进行了深入细致的解释宣传和调研工作，还积极主动地向外国和国际组织寻求经验；〔1〕国家版权局于 1988 年 11 月起草了《关于加快著作权法起草工作的报告》并获得了国务院通过，该报告中提请成立著作权法起草小组，反映了当时中国著作权立法机

〔1〕 宋木文：“在全国版权局局长研讨班上的讲话”，载宋木文：《宋木文出版文集》，中国书籍出版社 1996 年版，第 682 ~ 683 页。

制建立完善的良好态势。与此同时，国务院法制局于1988年召开著作权讨论会，最终使得中国著作权立法在曲折过程之后达成了逐步统一的正确认识。

（一）制定《著作权法》的筹备

国家版权局为促进和准备著作权立法，在《著作权法》审议、公布、实施之际组织召开了一系列重要的全国性会议，推动着中国著作权立法机制进一步建立完善。

1987年7月，国家版权局在青岛召开全国著作权工作座谈会。时任国家版权局负责人的刘杲在青岛著作权工作会议上分析了著作权工作面临的形势和任务、讲解了关于提高对著作权维护的认识问题、强调了著作权保护的现实作用，[1]指出当前应当把著作权保护制度的建立于实施和建设具有中国特色社会主义现代化国家有机地结合起来。青岛著作权工作会议是在著作权法即将提请全国人大常委会审议通过的时候召开的，作为全国著作权立法与实施的动员阐述大会，不仅召集了全国著作权工作者对著作权立法问题予以讨论，对著作权保护实际工作经验予以交流，还针对著作权法草案和管理体制进行了有益的讨论和探索。[2]

1989年4月，国家版权局在杭州开办全国著作权局局长会议。时任国家版权局领导的宋木文主持该会，阐述制定著作权法的必要性及面临的诸多问题，对著作权立法及中国著作权法实施准备工作的进展情况进行通报，引导各著作权局局长进一步重视著作权工作，还就如何正确认识和处理著作权管理和出版管理的关系问题进行了较为详细的阐释。

《中华人民共和国著作权法》于1990年9月7日经由第七届全国人大常委会第十五次会议审议通过，为了动员和安排著作权法的实施工作，国家版权局于1990年12月在桂林召开全国著作权工作会议，全面讨论为实施著作权法做准备的各种问题。会上宋木文对著作权法实施的意义进行了强调、对实施准备工作进行了部署、对改进加强著作权行政管理部门的工作进行了讲解，刘杲对此前的著作权保护事业予以肯定、对今后著作权法的修改明确了

〔1〕 刘杲："在全国版权工作座谈会上的讨论"，载刘杲：《刘杲出版文集》，中国书籍出版社1996年版，第168页。

〔2〕 刘杲："在全国版权工作座谈会上的讨论"，载刘杲：《刘杲出版文集》，中国书籍出版社1996年版，第181～195页。

要求。桂林全国著作权会议，对于在全国实施著作权法、开展著作权保护工作起到重要的推动作用。

这三次全国著作权工作会议将中国的著作权保护立法与制度建设稳步推进。

（二）1990年《著作权法》的颁布与实施

1990年9月7日，第七届全国人民代表大会常务委员会第十五次会议通过了起草11年之久的《中华人民共和国著作权法》，杨尚昆主席发布了第31号主席令予以公布，其是新中国成立以来的第一部著作权法。国务院于1991年5月30日批准公布了《中华人民共和国著作权法实施条例》，于1991年6月4日批准公布了《计算机软件保护条例》。中国著作权法保护的建章立制进入新阶段。

《中华人民共和国著作权法》的立法依据是《中华人民共和国宪法》，其立法宗旨是条文第1条所述的“保护文学、艺术和科学作品作者的著作权，以及与著作权有关的权益，鼓励有益于社会主义精神文明、物质文明建设的作品的创作和传播，促进社会主义文化和科学事业的发展与繁荣”。其立法原则除了体现在“以保护作者为核心的保护创作者和传播者的正当权益，促进优秀作品的创作与传播”〔1〕之外，还包括平衡创作者、传播者、社会公众各方的利益，以及参照国际准则、国际通行惯例等。《中华人民共和国著作权法》对于立法宗旨、适用范围与受保护的作品以及著作权的主体、内容、归属、保护期、限制、许可使用合同、相关权利、侵权救济、行政管理等各个方面都进行了较为详细与明确的规范。

《中华人民共和国著作权法》立法起点较高，所调整的范围无论是其调整对象还是保护客体都较广，规定较系统明确，是一部具有较强中国特色的较为规范完善的法律。〔2〕该法在当时的立法水平和背景之下，尽可能做到了平衡从事创造性劳动的著作者和传播者、社会公众乃至国家民族的利益，做到了在借鉴国外先进立法经验、参照国际著作权保护原则惯例的同时又结合中国实际情况来做出各具体规范，对中国的文化、科学、教育事业的发展起到

〔1〕刘春田：“关于我国著作权立法的若干思考”，载中国版权研究会编：《版权研究文选》，商务印书馆1995年版，第32页。

〔2〕李明山、常青等：《中国当代版权史》，知识产权出版社2007年版，第228页。

积极的推动作用。1990 年《著作权法》也有其局限性，有些规定是适应当时经济文化发展水平和社会需求的，但是随着时代的发展不可避免地存在某些方面的问题与不足。

（三）2001 年《著作权法》第一次修改

著作权法制定后，我国很快加入了《伯尔尼公约》和《世界著作权公约》，又加入了《录音制品公约》。在加入世界贸易组织的谈判中，我国对外承诺在加入世界贸易组织时将全面实行《与贸易有关的知识产权协议》，而我国的著作权法与该协议尚有一些差距，因此著作权法的修订被提上议事日程。这部从起草到颁布历时 10 年之久的《著作权法》，从开始施行到决定修改又历时 10 年。1998 年 11 月 28 日，国务院提请全国人大常委会审议《中华人民共和国著作权法修正案（草案）》议案，其后第九届全国人大常委会第十九次会议、第二十一次会议、第二十四次会议分别对著作权法修正案进行三次审议。2001 年 10 月 27 日，江泽民发布第 58 号主席令，公布了《全国人民代表大会常务委员会关于修改〈中华人民共和国著作权法〉的决定》。根据全国人大常委会关于修改《中华人民共和国著作权法》的决定，重新公布了《中华人民共和国著作权法》，修订后的《著作权法》自 2001 年 10 月 27 日起施行。这次《著作权法》的修订，是参照国际著作权公约，提高了我国的著作权保护水平，如保护“机械”表演、扩大对复制的解释，使我国的著作权制度进一步与国际接轨，这必将有力促进我国著作权制度的发展。随着《中华人民共和国著作权法》的制定和修订，国务院也颁布了配套行政法规：2001 年的《计算机软件保护条例》、2004 年的《著作权集体管理条例》、2006 年的《信息网络传播权保护条例》。国家版权局公布了一系列行政规章，使著作权法的实施有了具体的细则。〔1〕

在著作权法第一次修改过程中，对于第 43 条规定、著作权集体管理、“著作权法”与“版权法”名称的选择、网络传播权、著作人身权、电影作品权利分割归属等焦点问题进行了反复与全面的研讨，对 1990 年《著作权法》进行了多达 53 项修改。修改内容涉及解决双重标准的矛盾，适用国民待遇原则；增加保护客体的范围和著作权权利的内容，完善邻接权制度；依据

---

〔1〕 何山：“《中华人民共和国著作权法》的制定和完善”，载中华人民共和国国家版权局网，http://www.ncac.gov.cn/chinacopyright/contents/537/20676.html，访问日期：2014 年 4 月 6 日。

国际规则重新设计著作权限；设立著作权集体管理制度；增加信息网络传播权及对“技术措施”和“权利管理信息”的保护；加大对盗版、侵权的打击力度；解决著作权“转让”问题。[1]

与著作权法第一次修改相配套的还有诸多行政法规和司法解释，对《著作权法》进行具体问题的细化明确和完善补充，使得中国的著作权法律制度体系逐渐成熟了起来。2001 年 12 月 20 日，国务院公布了新的《计算机软件保护条例》；2002 年 8 月 2 日，国务院公布了新的《著作权法实施条例》；2002 年 10 月 12 日，最高人民法院公布了《关于审理著作权民事纠纷案件适用法律若干问题的解释》；2003 年 7 月 24 日，国家版权局公布了新的《著作权行政处罚实施办法》；2003 年 12 月 2 日，国务院公布了《中华人民共和国知识产权海关保护条例》；2004 年 1 月 2 日，最高人民法院公布了《关于修改〈最高人民法院关于审理涉及计算机网络著作权纠纷案件适用法律若干问题的解释〉的决定》；2004 年 12 月 8 日，最高人民法院、最高人民检察院联合公布了《关于办理侵犯知识产权刑事案件具体应用法律若干问题的解释》；2004 年 12 月 28 日，国务院公布了《著作权集体管理条例》；2005 年 4 月 29 日，国家版权局信息产业部公布了《互联网著作权行政保护办法》；2006 年 5 月 18 日，国务院公布了《信息网络传播权保护条例》。这些《著作权法》的配套法规和司法解释的制定施行，推动了中国著作权法法律体系的逐步建立与日益完善。

（四）2010 年《著作权法》第二次修改

2009 年，WTO 争端解决专家组裁定中国在中美之间的知识产权争端中败诉，认为我国《著作权法》第 4 条第 1 款违反了 TRIPs 协定和《伯尔尼公约》，我国为履行国际义务而启动了第二次著作权法修改工作。2010 年 2 月 26 日，第十一届全国人民代表大会常务委员会第十三次会议审议通过并做出了《全国人民代表大会常务委员会关于修改〈中华人民共和国著作权法〉的决定》。对备受争议的《著作权法》第 4 条进行修订，同时还新增了关于著作权质押条款。此次修改《著作权法》范围不大，但是具有积极的现实意义，尤其是第 4 条的修改为一些具体案件的办理消除了不必要的争议。此次修法的不足之处在于对日益受到广泛关注的网络著作权侵权等问题并未做出明确

---

〔1〕 李明山、常青等：《中国当代版权史》，知识产权出版社 2007 年版，第 228 页。

的法律规制。

（五）2013 年《著作权法》第三次修改

著作权法第三次修改较之前两次被动修改有根本的区别。第一次修改是基于加入世界贸易组织的直接需要，根据《知识产权协定》的要求全面修改《著作权法》；第二次修改是为了履行世界贸易组织关于中美知识产权争端的裁定，针对有关“依法禁止出版、传播的作品不受著作权法保护”的具体条款做出的修改。在过去的 20 多年间，我国著作权法的制定及修改以《知识产权协定》等国际公约为标准，其动因主要来自世界贸易组织的要求和国际社会的压力。我国著作权法的第三次修改，既非基于加入国际公约的需要，也非源于国际社会的压力，而更多的是立足本土国情做出的主动性安排。第三次著作权法修改着力点在于立足中国国情、体现中国特色、解决中国问题。[1]

对《著作权法》的第三次修改，在法律修改技术层面，主要涉及变更、删除和补充。[2] 修法工作自 2011 年 7 月 13 日正式拉开帷幕，坚持集思广益的原则，保持透明与公开。启动时就向社会各界公开征求意见，并邀请 3 个著名的科研教学团队起草专家意见稿，以及由各界人士组成专家小组，吸纳他们的意见，为做好起草工作打下了坚实的理论基础。2012 年 1 月 13 日，国家新闻出版总署、国家版权局法规司召开全体专家组会议，召集诸多专家对照原来的《著作权法》，落实新法的框架结构，两个月内四易其稿，对已完成的新法草案进行纠错、补缺。2012 年 3 月 31 日开始向社会公众征求意见，2012 年 6 月第二次向社会征求意见。[3] 此次修法经过了非常充分的论证，在广泛吸纳各方建议的基础下，解决了著作权保护的诸多难点问题，其中包括对著作权客体采用概括式加列举式规定；对著作权内容分设著作人身权与著作财产权；在著作权限制中引入“三步检验法”；完善著作权相关权制度；以立法条文取代条例规范著作权集体管理制度；增设著作权保护惩罚性赔偿的规定。

---

〔1〕 吴汉东：“《著作权法》第三次修改的背景、体例和重点”，载《法商研究》2012 年第 4 期。

〔2〕 李林：《立法理论与制度》，中国法制出版社 2005 年版，第 218、227 页。

〔3〕 陈默、黄兴：“2012 年知识产权南湖论坛会议综述”，载《中南财经政法大学研究生学报》2012 年第 4 期。

著作权法第三次修改兼具国际化与本土化，平衡了产业利益与公共利益。[1]这次主动全面的修法，在总结我国著作权法的实践经验的基础上，注重学习和借鉴外国著作权法律制度，对著作权法进行了进一步完善，使之能够适应我国社会经济发展和科学技术进步的现实需要，具有重要的突破价值。但是还应当注意到，要真正修订完成一部权利义务平衡的、能够在保护权利人利益的同时促进作品传播且适应新技术挑战的著作权法，就目前而言仍然任重而道远，尤其是关于其配套规范的支撑问题尚需在今后再加以完善。同时，始终应明确著作权法的修改是一项十分艰巨和复杂的任务，仅靠立法机关和行政机关的努力是不够的，各自作者团体和著作权产业界的人士都应积极参与这项活动。[2]

六、结　语

综上所述，纵观中国著作权制度近百年来的历史脉络，中国著作权制度有着十分曲折厚重的发展历程和格外独特鲜明的领域特色。清朝末期，外有列强在续修商约中增加著作权保护条款的强迫，内有日益频繁的著作权纠纷所引发的舆论压力与呼吁要求，继续沿袭传统的著作权保护文告方式进行著作权保护已不能满足现实需要，著作权保护建章立制成为必然之举。然而，无论是清末的《大清著作权律》，还是中华民国时期北洋政府于 1915 年颁布的《著作权法》和南京国民政府于 1928 年颁布的《著作权法》，对著作者权利均是重限制轻保护，作用极其有限，仅仅聊胜于无。新中国成立之后，中国共产党非常重视遏制翻印盗版和尊重保护著作者权利等相关问题，稿酬制度历经曲折反复终获恢复与新建，可谓是新中国对于著作权保护建章立制的首次尝试，对于著作者权益的维护和著作权制度发展都起到了推动作用。进入 20 世纪 80 代，中国开始了改革开放的步伐，中国著作权制度在新旧利益交锋之中很难迅速完成著作权法的立法工作，但是在各方努力之下规范了稿酬制度并出台了一系列维护著作者权利的条例，先进的学界人物也为推动著

[1] 吴汉东："著作权法第三次修改草案的立法方案和内容安排"，载《知识产权》2012 年第 5 期。

[2] 沈仁干："有关中国著作权法制定的回顾"，载刘春田主编：《中国知识产权二十年》，专利文献出版社 1998 年版，第 53 页。

作权制度做出了各自不可磨灭的贡献，著作权保护问题在文化教育领域与社会思想意识上都得到了空前的重视。国家版权局自成立以来为促进和筹备著作权立法开展了一系列卓有成效的工作，将中国著作权立法与著作权制度建设稳步推进，终于于 1990 年颁布了《著作权法》，尽可能地平衡了著作者、传播者和社会公众等各方利益。与此同时，郑成思等一大批专家学者对著作权制度展开了空前系统的学术探索，完成了《著作权法》等蔚为大观的研究成果。司法实践中层出不穷的著作权纠纷案日益暴露出 1990 年《著作权法》中存在的问题与不足，终于在 2001 年中国加入世界贸易组织之时，我国为履行全面实行《与贸易有关的知识产权协议》的入世承诺，开始了《著作权法》的修订工作。现如今，著作权法的修改完善是立足中国著作权制度现状与司法实践经验问题所做出的主动选择，同时著作权司法、著作权管理、著作权研究等各方面也在各方努力之下不断进步，推动着中国著作权制度的新发展。

我国著作权法第一、二次修改与完善研究*

1990 年 9 月 7 颁布的《中华人民共和国著作权法》，实施于 1991 年 6 月 1 日。该法的实施，在建立中国的著作权制度，保护广大文学、艺术和科学作品作者的合法权益，鼓励优秀作品的创作和传播，促进中国著作权产业的发展，繁荣中国的科学、文化与教育事业等方面起到了十分重要的作用。

一、《著作权法》第一次修改

（一）修改背景

《著作权法》实施 10 年以来，中国的政治、经济、文化和社会生活发生了巨大的变化。这种变化突出地体现在中国正由社会主义计划经济体制向社会主义市场经济体制过渡，以及中国加入世界贸易组织的进程不断加快的现实。著作权法作为一个国家的上层建筑，也要服务于该国的经济基础。中国经济体制的这种变化，必然会影响到著作权法。特别是中国《著作权法》诞生于 20 世纪 90 年代之初，使得该法打上了计划经济烙印。在当时，计划经济的观念也影响到著作权的立法和实施，例如，法律对于盗版的打击力度明显不够。从著作权制度的历史来看，著作权本来是市场经济的产物，具有计划经济特色的著作权法显然与社会主义市场经济体制的发展不相容。

从国际环境来看，中国在颁布实施《著作权法》以后不久即参加了《保护文学艺术作品伯尔尼公约》（以下简称《伯尔尼公约》）和《世界著作权公

* 本部分撰稿人：冯晓青。

约》，接着又参加了《保护录音制品制作者防止未经许可复制录音制品公约》。中国已经成为国际著作权大家庭中重要的一员。随着著作权制度国际化趋势的增强，中国著作权立法越来越需要与国际接轨。尽管在著作权立法之初立法者已经考虑到了与国际接轨的问题，但是《著作权法》在一些条款上仍然与主要的著作权国际公约相冲突。为解决这一矛盾，国务院颁布了《实施国际著作权条约的规定》，基本上解决了外国人根据中国《著作权法》达不到国际保护水准的问题。但这又产生了新的矛盾和问题，即使得中国《著作权法》对于外国作品的保护反而高于对中国作品的保护。中国加入世界贸易组织以后，香港特别行政区和我国台湾也将以单独的关税区的资格成为该组织的成员，在不修改《著作权法》的情况下，对于台港作者的保护水平也将高于内地的作者，这将造成更加不合理的状况。这种“超国民待遇”的情况在世界上可能是罕见的。它不利于调动中国国民的创作积极性，从长远来说还会有损国家的形象。可以说，消除超国民待遇现象，全面实现中国著作权制度与国际公约的接轨，是中国著作权法实施以来需要解决的一个重大问题。特别是，中国在 20 世纪 90 年代以来，加入世界贸易组织（WTO）的进程日渐加快。世界贸易组织的《与贸易有关的知识产权协议》（Trips 协议）是一个反映发达国家知识产权保护水平的高标准、高水平的知识产权国际协议。中国为加入该组织，仅就知识产权方面而言，必须使其知识产权立法水平达到该协议的要求。Trips 协议诞生以后，包括著作权在内的中国知识产权立法与国际接轨又面临着新的课题。

从著作权制度本身产生的规律来说，著作权也是技术发展的产物。技术的发展推动著作权的进一步的发展。它不仅使著作权的权利内容日益扩大，而且也相应地便利了公众对于著作权作品的利用。这种方便的利用回过头来可能为著作权侵权打开方便之门。为此需要著作权的进一步介入。近些年来，数字技术和网络传输技术发展异常迅猛，使得著作权作品的传播和利用变得更加容易，传统的著作权制度不得不因应新技术的发展而做出变革。然而，中国 1990 年的《著作权法》诞生之初，这种技术在中国的发展尚不充分，当时不可能预见到新技术发展带来的一系列的新问题。随着作品越来越多地被数字化，作品在网络空间的利用会越来越多。没有反映数字、网络技术的中国《著作权法》自然无法充分调整这方面的著作权关系。

再有是，中国《著作权法》在充分保护著作权人的利益、有效制止盗版等著作权侵权行为方面亦显得不够。这在著作权法的实施中已经反映出来。

基于以上几个方面考虑，在《著作权法》实施以后的几年里，对于该法的修改和完善问题就被提上日程。修改《著作权法》，正是为了应对国内外的这些变化而做出的及时调整。1998 年 11 月 28 日，国务院向全国人大常委会提交了《中华人民共和国著作权法修正案（草案)》议案，请求审议。同年 12 月 23 日至 28 日，第九届全国人大常委会第六次会议对于该议案进行了初审。1999 年 6 月 13 日，国务院要求撤回修正案，被获准。随着建立和发展我国社会主义市场经济的进程加快，为适应我国加入世界贸易组织的进程和解决信息网络传播等新技术给传统著作权带来的难题，尽快修改著作权法的问题便被再次提上了国务院和全国人大常委会的工作日程。2000 年 11 月 29 日，国务院再次向全国人大常委会提交了新的《著作权法修正案（草案)》。同年 12 月 16 日，第九届全国人大常委会进行了初次审议，2001 年 4 月 27 日，第九届全国人大常委会第二十一次会议进行了二审。2001 年 10 月 27 日，第九届全国人大常委会第二十四次会议通过了《全国人民代表大会常务委员会关于修改〈中华人民共和国著作权法〉的决定》。

这次著作权法的修改是比较全面的，从原来的 56 条增至 60 条，其中涉及实际内容的增删有 53 处。从保护的客体、权利内容、权利限制、权利的许可使用与转让、法律责任、集体管理组织等方面都有较大的改动。这次修改，特别是在解决对于不符合市场经济规则的条款、不适应世界贸易组织 Trips 协议和不适用数字、网络等新技术的条款进行了重大修改。修改后的《著作权法》在进一步完善著作权的权利内容、解决高技术的发展对著作权提出的新问题、解决中国加入世界贸易组织以后与有关国际公约的衔接问题以及加强对于盗版的力度和执法力度、司法保护方面，取得了重大的进展。它既是我国知识产权保护制度日益完善的重要体现，更是我国社会主义民主法制建设深入发展的具体实践，标志着我国著作权保护水平从此迈进了一个新的阶段。修改后的《著作权法》基本上能解决我国著作权保护面临的迫切问题，可以达到适应中国市场经济的发展，协调在新技术条件下的著作权人、作品传播者、广大公众三者之间的关系，保持与国际公约特别是世界贸易组织的原则相一致的基本目的。该法适应了我国形式的需要，是一部既符合我国国情又与国际规则相衔接的法律，是一部高水平的法律。它既适应了我国社会主义市场经济的需要和网络技术对于著作权保护的挑战，也符合我国加入世界贸易组织 Trips 协议的要求，突出地体现了其现代化和先进性的特色。

我国《著作权法》的制定、实施与修改，是伴随着中国改革开放的过程的，同时也是社会观念和与此相关的人们的观念的不断更新的过程，特别是对于知识和创造的认识的提高的过程。正是在这样一个历史过程中，著作权法由一部人们陌生的法律，变成了一部社会公众普遍关注的法律；由一部被仅视为保护作家和艺术家的法律，变成一部为所有公民确认和保障自身权利的法律；由一部封闭的、打着鲜明的计划经济烙印的法律，变成了一部既与社会主义市场经济发展和科技进相适应，同时又逐步与世界规范相衔接的法律。这不仅仅是法律的变化，还是一种历史的进步，是中国改革开放的进步。

（二）修改的内容

1. 著作权权利内容之完善。著作权包括人身权利和财产权利两种权利。规定著作权权利内容是著作权法核心内容之一。1990 年《著作权法》一开始就为著作权中的人身权提供了比较高的保护水平。所以这次修改著作权法，基本上没有涉及著作权中的人身权的问题。由于 1990 年《著作权法》对于著作权中财产权的规定相当简略，且有些内容尚付阙如，这次修改对于著作财产权的修改和完善的幅度很大。

（1）细化著作财产权的内容。著作财产权是著作权中的一项十分重要的民事权利，著作权法需要对此做出比较完整的规定。但是，1990 年《著作权法》只是在第 10 条第 5 款中笼统地规定了使用权和获得报酬权。这实际上是简单地列举了使用和许可使用著作权作品的若干方式。而从国际公约对于著作财产权的规定来看，《伯尔尼公约》是一个条款规定一个权利，《世界知识产权组织著作权条约》（WCT）和《世界知识产权组织表演和唱片条约》（WPPT）也是逐条作出规定。借鉴这种立法模式，为进一步明晰著作权人的权利内容，并增强著作权行政机关和司法机关处理著作权纠纷的可操作性，修改后的《著作权法》将 1990 年《著作权法》第 10 条规定的著作财产权具体分解为 13 项权利，即复制权、发行权、出租权、展览权、表演权、放映权、广播权、信息网络传播权、摄制权、改编权、翻译权、汇编权，以及应当由著作权人享有的其他的权利。并且对于复制、发行、出租、汇编等 12 种财产权的内涵做了界定。这就能使权利人和社会公众很清楚地知道著作财产权的权利内容，便于权利人行使自己的著作权，也便于公众尊重著作权人的这些权利，同时还便于著作权行政机关和人民法院处理著作权纠纷。通过对权利的解释，则有利于明确著作财产权的完整内涵。

（2）新增权利。在这次修改的《著作权法》中，出租权、放映权和信息网络传播权是新增加的权利。这既是根据形势要求加强对著作权保护的需要，也是适应网络技术发展的需要。这里将简略地阐述出租权和放映权。关于信息网络传播权的问题，将在本文的后一部分论述。

所谓出租权，根据修改后的《著作权法》第10条第7项的解释，是指有偿许可他人临时使用电影和以类似摄制电影的方式创作的作品、计算机软件的权利，计算机软件不是出租的主要的标的的除外。从该定义可以看出，出租权被限定于电影和以类似摄制电影的方式创作的作品、计算机软件这两类作品上。这一规定以及对于权利客体的限定，显然是为了遵从Trips协议的要求。从著作权实践来看，在出租方面，著作权人最需要控制的也就是这两类作品。当然，也应当指出，在修改以后的《著作权法》实施以前，并不是不存在对于作者等著作权人的作品出租权的保护，因为在中国的《著作权法实施条例》的第5条第5项中，“出租”是被涵盖在“发行权”的概念中的。不过，由于在中国《著作权法实施条例》属于行政法规，其立法层次较全国人大常委会颁布的法律要低，1990年《著作权法》对于著作权人的出租权的保护仍然是很不够的。并且，该条例对于“发行”的解释不涉及作品的原件，这就使得出租权也不可能延伸到作品的原件上来。

放映权在修改后的《著作权法》中是指通过放映机、幻灯机等技术设备公开再现美术、摄影、电影和以类似摄制电影的方法创作的作品等的权利。从1990年《著作权法》的规定看，看不出对于放映权的明确的保护。这一修改可以使美术、电影等作品被以“放映”的方式使用时，著作权人能够更好地加以控制。

（3）部分权利的整合。修改后的《著作权法》在权利保护方面的另外一个重要的特征是对于部分权利的整合。其实质则在于扩大权利的内涵。这方面的权利体现为表演权和广播权、汇编权等。

第一，表演权内涵的扩大。关于表演权，原《著作权法》只是在列举著作财产权时提到了，而在《著作权法实施条例》中，表演被解释为“演奏乐曲、上演剧本、朗诵诗词等直接或者借助技术设备以声音、表情、动作公开再现作品”。修改后的《著作权法》则规定，表演权，即公开表演作品，以及用各种手段公开播送作品的表演的权利。这种修改，最重要的是解决了过去所没有解决的机械表演权的问题，同时将表演权定位于公开表演权。从《伯尔尼公约》的规定看，公开表演包括了活表演、机械表演和向公众播送等内容。修改后的《著作权法》明确将表演定位于公开的场合，即在公开的场合表演著作权作品属于作者的权利，应受著作权人的控制。而在非公开的场合则不属于该权利控制之列，像在家庭内的表演即是如此。同时规定“用各种手段公开播送作品的表演”受表演权的控制，这一规定将机械表演与向公众播送结合在一起。这就使中国著作权法与《伯尔尼公约》在作者这一权利的规定上相一致。

第二，广播权。原《著作权法》规定了“播放权”。依照《著作权法实施条例》第5条第3项的解释，“播放”，是指通过无线电波、有线电视系统传播作品。修改后的《著作权法》则以“广播权”取代了“播放权”，并将广播权的含义界定为：以无线方式公开广播或者传播作品，以有线传播或者转播的方式向公众传播广播的作品，以及通过扩音器或者其他传送符号、声音、图像的类似工具向公众传播广播的作品的权利。显然，播放权的内涵被扩大了。在新的著作权法中，广播权已经包括了有线与无线的、现场与异地的即时传输。不过，它仍不包括在传统的有线传输、无线传输之外发展起来的交互式传输。这种交互式传输被单独地规定为下面要专门论述的“信息网络传播权”中。

第三，汇编权的引入。“汇编”是各国著作权法以及《伯尔尼公约》中使用的一个重要的著作权术语。汇编权也是著作权中一种重要的财产权。但是，在1990年《著作权法》以及《著作权法实施条例》中，凡是涉及“汇编”的，都用“编辑”一词取代。例如，《著作权法》第10条列举了编辑权，《著作权法实施条例》在第5条第11项中将“编辑”解释为，根据特定要求选择若干作品或者作品的片段汇集编排成为一部作品。由于“编辑”一词在著作权中具有不同的含义，并且以“编辑”取代“汇编”与著作权立法体例不相符合，修改后的《著作权法》以“汇编”一词取代了“编辑”，并对汇编权做了明确的定义，即汇编权是将作品或者作品的片段通过选择或者编排，汇集成新作品的权利。

（4）著作财产权中转让权的设立。转让权是著作权人行使权利的一种重要的方式。但是，1990年《著作权法》却没有规定著作财产权的转让问题，以至在学术界和实务界对著作财产权能否被转让存在很大的争议。从理论上说，著作财产权可以被转让具有很大的合理性。因为，著作权具有无形财产权的性质，其法律性质则体现为以对作品的使用权交易为标的的商品交换关系。著作权的无形财产性质，或者说著作权的财产属性，使其能够成为被继承的财产，那么立足于市场经济的著作权中的财产权也应该能够被转让。正是基于此，世界上很多国家的著作权立法都规定著作财产权可以被转让。从中国知识产权的其他专项立法——《专利法》和《商标法》对权利转让的规定看，著作财产权可以被转让也是顺理成章的，因为同为知识产权法，为何唯独著作权法中的著作权不能转让呢？在中国，社会主义市场经济正蓬勃发展，著作权转让的基础日益雄厚。更何况中国著作权转让的实践，特别是内地与台、港、澳之间的著作权转让贸易早就存在。基于这些考虑，修改后的《著作权法》明确规定了著作权人对于其著作财产权的转让权。并在该法第三章中增加了对于著作权转让合同的规定。

2. 著作权权利客体的调整与扩大。对于著作权客体的界定，也是各国著作权立法的一项重要内容。从世界各国的规定来看，主要有以下几种立法模式，一是采用概述式，即法律只是对受著作权保护的作品做一概述性的规定，而不详细列举受保护的种类；二是采用列举式规定，即详细列举受保护的作品；三是综合前面两种方法，即概述式和列举式并用。中国著作权法采用的就是第三种模式。修改后的《著作权法》仍保留了这种体例，但在受保护客体的分类上有明显的调整，并且扩大了受保护客体的范围——首次将杂技艺术作品、建筑作品和汇编作品列入著作权保护的客体。

就保护客体的分类而言，主要是有以下几个变化：一是，将“摄影作品”从原来的“美术、摄影作品”一类中分离，单独列为一类作品；二是，采纳了《伯尔尼公约》的提法，将包括动态摄像的作品描述为“电影作品和以类似摄制电影的方法创作的作品”，相应地取消了原来的“电视、录像作品”的提法；三是，整合了图形作品和模型作品。将原来的“工程设计、产品设计图纸及其说明”和“地图、示意图等图形作品”进行了合并，并在涉及实用设计时加进了模型作品。这样，在修改后的《著作权法》中，上述内容被整合成了“工程设计图、产品、地图、示意图等图形作品和模型作品”。这一修改，使作品的归类更加科学。

在著作权的权利客体上，这次修改的另外一个重要的特点就是新增了3类受著作权保护的作品，即杂技艺术作品、建筑作品和汇编作品。

杂技艺术是一种很需要艺术创造力的艺术。中国的杂技艺术造型具有很强的创造性，在世界上具有很高的声誉。将杂技艺术作品列入受著作权保护的客体，无疑有利于保护杂技艺术家的创造性劳动，调动他们的创作积极性，进一步提高其杂技艺术水平，也有利于中国的杂技艺术走向世界。

建筑作品是一种比较特殊的作品。在中国修改后的《著作权法》实施以前，并非没有对于这类作品的保护，因为根据《著作权法实施条例》第 4 条第 7 项的规定，建筑作品与绘画、书画、雕塑等作品一样，都属于美术作品的范畴，即是以线条、色彩或者其他方式构成的具有审美意义的平面或者立体的造型艺术作品。但是，仅仅通过《著作权法实施条例》这样的行政法规来界定建筑作品，不能突出对于这类作品的保护。基于这种立法现实，借鉴国际上的做法，修改后的《著作权法》将建筑作品单列为一种与美术作品平行的作品。由于此次修改增加了“模型作品”，建筑模型与建筑设计图被相应地归入修改后的《著作权法》的第 3 条第 7 项“工程设计图、产品设计图、地图示意图等图形作品和模型作品”中。

汇编作品在修改以前的《著作权法》中被称作编辑作品。但是，此次修改，不仅仅是名称的变换，更主要的是扩大了受保护的范围，即将数据库纳入其中。根据修改后的《著作权法》第 14 条规定，汇编若干作品、作品的片段或者不构成作品的数据或者其他材料，对其内容的选择或者编排体现独创性的作品，是汇编作品。其著作权由汇编人享有，但行使著作权时，不得侵犯原作品的著作权。对数据库给予保护可以是一种国际趋势，如 1996 年欧盟即通过了《关于数据库保护的指令》，将数据库分为受著作权保护和专门保护两种情形。中国近些年来数据库开发和相关的产业已经初具规模，需要法律为其保驾护航，特别是通过计算机的电子数据库方面，急需以法律作为坚强的后盾。修改后的《著作权法》明确了“对于不构成作品的数据或者其他材料”，“其内容的选择或者编排体现独创性的作品”，就应该像其他作品一样受到保护。这为中国数据库的保护提供了明确的法律依据，必将在促进中国数据库的开发和相关产业的发展中发挥重要的作用。

3. 对电影作品作者权利以及邻接权主体的权利的调整。著作权法实质上也是一部分配作品权益的法律。寻求利益平衡是各国著作权法的永恒的主题。著作权法要调整错综复杂的利益关系。其中作品中不同利益主体的利益平衡，是著作权法要解决的重要课题。这次修改著作权法，以利益平衡原则为指导，在很多方面力求在作品中涉及的不同的利益主体各得其所——这些利益主体主要是作品的著作权人、邻接权主体，以及社会公众（作品使用者）。修改后的《著作权法》在对电影作品作者的权利、邻接权主体的权利、对著作权权利的限制等方面都体现了对这一原则的贯彻。后者将在下一部分讨论。在立法上，这具体体现为对于一些权利的调整。

（1）对电影作品作者权利的调整。1990 年的《著作权法》第 15 条规定，电影、电视、录像作品的导演、编剧、作词、摄影等作者享有署名权，著作权的其他权利由制作电影、电视、录像作品的制片者享有。电影、电视、录像作品中剧本、音乐等可以单独使用的作品的作者有权单独行使其著作权。这条规定表明，电影作品的各类作者只享有署名权。编剧、摄影等作者的劳动价值没有得到体现，这与著作权法的保护原则是不相符合的。而且，电影作品以及以类似摄制电影的方法创作的作品的范围相当宽广。这类作品各个作者如果只享有署名权，这就意味着作品的复制、发行、公开表演和广播等，各个作者都无法加以控制。实际上是排除了编剧等作者与制片人通过合同确定权利与义务的可能性，不能适应现实情况中的各种电影作品的生产的不同情况。为此，修改后的《著作权法》在第 15 条除了将原来的“电影、电视、录像作品”改为“电影作品和以类似摄制电影的方法创作的作品”以外，在肯定这类作品的各类作者享有署名权的同时，明确规定作者也有权按照与制片者签订的合同获得报酬。

（2）对邻接权主体权利的调整。在 1990 年《著作权法》中，邻接权制度也被纳入其中。该法调整的邻接权包括出版者权、表演者权、录音录像制作者权，以及广播电视组织权。用相当多的篇幅规范邻接权制度，并确立邻接权人与著作权人的权利义务关系，同样是修改后的《著作权法》的一个重要的特色。

第一，关于图书、报刊出版者权。修改后的《著作权法》第 35 条规定，出版者有权许可或者禁止他人使用其出版的图书、期刊的版式设计。此种权利的保护期为 10 年，截止于使用该版式设计的图书、期刊首次出版后第 10 年的 12 月 31 日。这是著作权法首次为出版者规定了属于他们自己的权利，即基于版式设计而享有的许可权与禁止权。另外，在保留图书出版者依照合同取得的专有出著作权的同时，取消了专有出版权的期限不得超过 10 年的规定。这意味着该期限将通过合同自由解决。这一修改，体现了合同自治的原则。

第二，表演者权。对表演者权权利内容的扩充可谓这次修改著作权法的重要的成果。但是，在表演者与著作权人的关系方面，原来表演者的法定许可被取消了。这在一定意义上又可以看成是表演者对著作权人义务的扩大。这种权利义务的消减，正反映了著作权法对于著作权人和邻接权人利益平衡的考虑。

根据1990年的《著作权法》第36条的规定，表演者对其表演享有的人身权利和财产权利有：①保护表演者身份；②保护表演者形象；③许可他人从现场直播；④许可他人为赢利目的的录音录像，并获得报酬。应当说，中国著作权法对于表演者权的保护是比较充分的。修改后的《著作权法》则在保留第①、②项人身权利的基础之上，对财产权利做了调整与扩充。根据修改后的《著作权法》第37条的规定，表演者还享有以下权利：①许可他人从现场直播和公开传送其现场表演，并获得报酬；②许可他人录音录像，并获得报酬；③许可他人复制录有其表演的录音录像制品，并获得报酬；④许可他人通过信息网络向公众传播其表演，并获得报酬。与原来的财产权利相比，权利内涵是明显地被扩大了。表演者不仅可以对于传送其现场表演进行有效的控制，而且能够对于录制品的复制权、发行权和信息网络传播权进行更加有效地控制。这些权利内容的修改，显然是参照了与表演有关的国际公约，如WPPT的规定。这就既提高了中国著作权法对于表演者的保护水平，也使著作权法更具有开放性，以使WPPT届时在中国生效时能及时与之接轨。

第三，录音录像制作者权。对录音录像制作者权的修改与表演者权的修改相似。除了调整法定许可以外，主要是扩充了录音录像制作者的控制权。原《著作权法》第39条规定，录音录像制作者对其制作的录音录像制品，享有许可他人复制发行并获得报酬的权利。被许可复制发行的录音录像制作者还应当按照规定向著作权人和表演者支付报酬。该权利的保护期为50年，截止于该制品首次出版以后的第50年的12月31日。修改后的《著作权法》第41条则规定，录音录像制作者对其制作的录音录像制作品，享有许可他人复制、发行、出租、通过信息网络向公众传播并获得报酬的权利。权利的保护期为50年，截止于该制品首次制作完成以后第50年的12月31日。这些规定，不仅提高了录音录像制作者的权利保护水平，而且延长了权利的保护期。

第四，广播电视组织权。这次修改著作权法，广播电台、电视台可能是最大的“失利者”，其中最突出的一点是原《著作权法》第43条规定的广播电台、电视台非营业性地播放已经出版的录音制品，属于“法定免费使用”，被修改为法定许可。这一点也可以说是这次修改著作权法最为重要的成果之一。关于这方面的修改，本文也将在“权利限制”中的“法定许可”一部分讨论。不过，广播电台、电视台本身的权利仍然有所扩大。1990年的《著作权法》是从正面直接规定广播电台、电视台享有的权利。这些权利有：播放；许可他人播放，并获得报酬；许可他人复制发行其制作的广播、电视节目，并获得报酬。修改后的《著作权法》则从反面规定了广播电台、电视台的禁止权。即广播电台、电视台有权禁止未经其许可的下列行为：将其播放的广播、电视转播；将其播放的广播、电视录制在音像载体上以及复制音像载体。从这里可以看出，修改后的《著作权法》增加了“转播权”的规定。

4. 权利限制的调整与限制。各国的著作权法一般都具有两种功能，一是，通过保护作者因创作而产生的著作权，调动作者的创作积极性，促进智力作品的生产；二是，通过鼓励优秀作品的传播，促进整个社会科学和文化事业的发展。为了实现著作权法的这一目的，各国著作权法都规定了对著作权的种种限制。也只有对著作权实施一定的限制，才能调整好作者、作品传播者、作品使用者（社会公众）之间的关系，以避免对著作权的保护成为科学文化事业发展的桎梏。从理论上讲，著作权并不是一种绝对的专有权利，因为作为著作权产生基础的作品的创作，不仅仅包含了作者的个人劳动的成分，也包含了继承、吸收已经成为公有财产或者部分受保护作品的成果。作者在继承、吸收已经成为公有财产的前人的劳动成果时，也是无偿的。因此，作者在受著作权保护的同时，也应为社会尽一份义务。这种义务在著作权法上就体现为对权利的限制。

著作权的权利限制主要有“合理使用”、“法定许可使用”、“法定免费使用”等类型。这里分别就修改的内容进行阐述。

（1）合理使用。1990年《著作权法》第22条规定了12项合理使用的内容。从这些规定可以看出，中国著作权法上的合理使用具有以下特点：一是，合理使用限于非营利性质；二是，合理使用的作品除了第22条第8项的规定以外，限于已经发表的作品；三是，合理使用的数量是有限的；四是使用者应当指出作者姓名、作品名称，并且不得侵犯著作权人依照著作权法应享有的其他的权利。此次对于合理使用规定的修改，在遵循这些原则以外，还主要考虑了以下因素：①利益平衡和充分保护著作权人的著作权。②与《伯尔尼公约》、Trips 协议的规定相一致。③消除对外国人作品的保护高于对中国人作品的保护水准的不合理的状况。基于这些考虑，修改后的《著作权法》在合理使用上主要做了以下的修改：① 将 1990 的《著作权法》第 22 条第 3 项修改为“为报道时事新闻，在报纸、期刊、广播电台、电视台等媒体中不可避免地再现或者引用已经发表的作品”。②原《著作权法》第 22 条第 4 项被修改为“报纸、期刊、广播电台、电视台等媒体刊登或者播放其他报纸、期刊、广播电台、电视台等媒体已经发表的关于政治、宗教、问题的时事性文章，但作者声明不许刊登、播放的除外。”③原《著作权法》第 22 条第 7 项被修改为“国家机关为执行公务在合理范围内使用已经发表的作品”。④原《著作权法》第 22 条第 9 项被修改为“免费表演已经发表的作品，该表演未向公众收取费用，也未向表演者支付报酬”。⑤原《著作权法》第 22 条第 11 项被修改为“将中国公民、法人或者其他组织已经发表的以汉语言文字创作的作品翻译成少数民族语言文字作品在国内出版发行”。

当然，在合理使用上可能存在的一个疏漏是，未将《伯尔尼公约》确立的“合理使用他人作品，不得损害作品的正常使用，也不得无故侵害作者的合法权益”的原则明确写进权利限制的条文中。

（2）法定许可的调整。调整法定许可的规定，是这次修改著作权法的一个十分重要的内容。特别是对于原法第 43 条的规定的修改与否，一度成为法律修改的焦点。法定许可的规定的调整，主要体现为缩小了作品传播者以法定许可的方式使用作品的范围，将原来的第 43 条的规定的“法定免费使用”修改为法定许可，并且增加了对于教材使用的法定许可。

第一，作品传播者法定许可范围的调整。法定许可是指在一定的条件下使用受著作权法保护的作品，可以不经著作权人的许可，但要按照规定向著作权人付酬。中国 1990 年《著作权法》规定了 4 种法定许可制度，即报刊转载、公开表演、制作录音制品和制作广播节目，不需要经过著作权人的许可，但应按规定向著作权人支付报酬。但是，依照《伯尔尼公约》的规定，只允许在使用已经录制过的音乐作品制作录音制品时适用法定许可。为此，修改后的《著作权法》删除了公开表演和广播组织制作节目的法定许可。但对于报刊转载问题，由于在这一问题上还有较大的分歧意见，加之报刊社的强烈要求，报刊转载仍然作为法定许可被保留下来。

第二，新增法定许可的两种类型。修改后的《著作权法》有两种新增的法定许可。即为实施九年制义务教育等而出版教科书的法定许可以及前面提到过的由原第43条转换而来的法定许可。

其一，为实施九年制教育等目的而出版教科书的法定许可。中国是世界上最大的发展中国家和人口最多的国家。教育事业是中国立国之本。中国的文盲、半文盲的绝对数量比任何一个国家都多。普及中国基础教育是当务之急。为此，著作权法在普及中国九年制义务教育方面应当采取特殊的政策。由于教科书的编写直接关系到学校教育。修改后的《著作权法》在第23条新增了为实施九年制义务教育等目的而出版教科书的法定许可。依照该条规定，为实施九年制义务教育和国家教育规划而编写出版教科书，除作者事先声明不许使用的外，可以不经著作权人许可，在教科书中汇编已经发表的作品片段或者短小的文字作品、音乐作品或者单篇的美术作品、摄影作品，但应当按照规定支付报酬，指明作者姓名、作品名称，并且不得侵犯著作权人依照本法享有的其他权利。前款规定适用于对出版者、表演者、录音录像制作者、广播电台、电视台的权利的限制。

其二，广播电台、电视台播放录音制品的法定许可。1990年《著作权法》第43条规定："广播电台、电视台非营业性播放已经出版的录音制品，可以不经著作权人、表演者、录音制作者许可，不向其支付报酬。"这就是著作权学界时常谈及的"著名的"第43条问题。如前所述，是否保留该条或者如何进行修改，是这次著作权法修改过程中一个焦点问题。它成为一个焦点问题，实际上反映了有关各方面利益的冲突与趋避，反映了著作权法要调整错综复杂的利益关系的内在特点。原《著作权法》第43条的规定，在20世纪80年代末可能存在一定的合理性。但随着国内市场保护外国作品越来越多，随着对外国作品保护逐步突破该条而向《伯尔尼公约》看齐，特别是随着对港、澳、台的作品也将达到与外国作品一样的保护水平，原第43条的不合理性就日渐突出了。并且，与国际公约相对照，该条明显违背了《伯尔尼公约》和TRIPS协议。而从实际效果来看，它对于作者的创作积极性特别是音乐作品作者的创作积极性反而有消极作用。这也正是广大作者特别是音乐作者强烈呼吁废除此条的一个重要原因。然而，来自广播电视组织的"呼声"却迥然不同。他们认为，"广播电视组织是国家的公益事业与党和政府的喉舌"，他们"没有以赢利为目的"，"由于办台开支大而没有能力承担更多的支出费用”，故而坚决主张保留该条。由于该条的去留一度没有解决，国务院一度将著作权法草案请求撤回。应当说，在围绕是否保留第43条的论争中，作为主管著作权法的专门委员会的全国人大教科文卫委员会的态度起了极大的作用。教科文卫委员会的意见是坚决修改该条。其理由是：①著作权是公民的一项基本民事权，属于专有权，各国虽然根据本国的实际情况对此加以限制，但至少需保证著作权人的经济权利，如果在社会主义初级阶段市场经济条件下仍然坚持该条规定的“合理使用”，就会影响著作权人的创作积极性。②根据国务院颁布的《实施国际著作权条约的规定》，外国人的作品已不再适用现行《著作权法》第43条的规定，而对中国人的作品依然要加以限制，这种双层保护制度将有损于我国著作权人的民族自尊心，也给我国的国际形象带来消极影响。③根据《伯尔尼公约》和Trips协议等有关著作权限制与例外的规定，对我国履行已加入国际著作权条约的义务、加入世界贸易组织也会产生负面影响。④在社会主义市场经济条件下，广播电台、电视台已不再是纯粹的“非营利性单位”，部门利益要服从国家利益，以利于在全社会形成保护知识产权的良好环境。因此，不改变现行《著作权法》第43条的规定是不适当的。应当说，这是对修改第43条理由的一个比较完整的说明。其实，广播电台、电视台作为党的喉舌与知识产权的保护并不是对立的。赋予广播电台、电视台播放已经出版的录音制品的法定许可，不会影响到其作为党的喉舌的地位。从平衡广播电台、电视台与著作权人的利益关系，消除超国民待遇问题，并与著作权国际公约接轨的角度综合考虑，修改后的《著作权法》最终废除了原来的法定免费使用的规定，改为法定许可。依修改后的《著作权法》第43条规定，广播电台、电视台播放已经出版的录音制品，可以不经著作权人许可，但应当支付报酬。当事人另有约定的除外。具体办法由国务院规定。

5. 网络环境下著作权的保护。近些年来，我国网络传播发展相当迅猛。不过，在1998年国务院提交给全国人大常委会讨论的著作权法修正草案中并没有规定网络传输问题。这其中有认识上的问题，即当时相当一部分人不主张著作权法明确规定网络传播问题，认为我国现在就解决因网络而产生的问题为时尚早。理由是网络技术国外领先，对网上权益的保护，受益更多的是外国人，中国人将增加更多的义务，这不利于中国网络的发展。并且，还有不少人认为这次修改著作权法主要是为了满足加入世界贸易组织的需要，而世界贸易组织的 Trips 协议并没有涉及网络问题，至少这次可以不对网络的问题加以考虑。甚至还有一部分人认为信息网络的出现已经给著作权制度敲起了丧钟。现在的问题不是要不要增加网络传播权的问题，而是要不要整个著作权制度的问题。另外一个原因则可能是当时中国上网的人还不是很多，致使网络著作权问题不大突出。但从 1999 年开始，情况有了很大的变化。国内上网人数激增，各种网络服务商也层出不穷。此时网上受著作权保护的作品的无序状态被充分暴露出来了：从网上擅自下载作品发表、擅自将他人作品传、到擅自将他人软件加密装置加以解密，然后上网传播，擅自进行数字音乐播放（MP3）、非法链接等。由于没有明确的法律规制这些行为，不仅著作权人的利益在网络空间受到了极大损害，人民法院在处理这类案子时也感到相当棘手。这一事实使人们逐渐认识到蓬勃发展的网络世界在挑战着我们现行的著作权制度。随着网络空间电子商务的开展以及人们越来越多地从纸质转向因特网获取信息，立法者逐渐对网络空间中的著作权保护达成共识。

这样，在 2000 年 11 月国务院再次向全国人大常委会提交《著作权法修正案（草案）》时，信息网络传播权成为著作权人享有的一项专有权。根据修改后的《著作权法》第 10 条第 11 项的规定，著作权人享有的“信息网络传播权”是指以有线或者无线方式向公众提供作品，使公众可以在个人选定的时间和地点获得作品的权利。

值得一提的是，修改后的《著作权法》对于网络著作权限定的名称是“网络信息传播权”，这表明著作权法调整的行为不仅限于互联网络，还包括电视、电话、手机等作品点播系统。另外，从国际上对这类权利的规定来看，1996 年世界知识产权组织主持签订的 WCT 和 WPPT 确立了作者、表演者和录音制作者“向公众传输的权利”。即将作者的作品、表演者固定下来的表演或者录音制作者的录音放置在网上传播，应取得该作者、表演者、录音制作者的许可。不过，WCT 使用的是“向公众传播的权利”，而 WPPT 使用的则是“提供已录制表演的权利”以及“提供录音制品的权利”。在这次修改著作权法的过程中，曾一度使用“向公众传播的权利”的提法，目的是与这两个公约一致。但这两个公约的用法本身并不一致。原因在于两者的来源不同。前者是《伯尔尼公约》的延伸。《伯尔尼公约》中有“向公众传播”的概念，WCT 只是援用了这一概念并将其延伸到网络环境中。在 WCT 中，向公众传播的权利首先可以说是网络传播的权利，但仍然保留了一般意义上的向公众传播的权利的含义。后者则是以《罗马公约》为基础制定的。WPPT 使用上述两个术语，目的是为了与《罗马公约》相一致。我国修改后的《著作权法》中使用“网络信息传播权”的提法实际上涵盖了上述两个公约对于通过网络信息向公众传播的权利的内容。

在修改后的《著作权法》中，除了著作权人享有对其作品的信息网络传播权以外，邻接权人也享有这项权利。根据修改后的《著作权法》第 37 条第 6 项的规定，表演者有权许可他人通过信息网络向公众传播其表演，并获得报酬；第 41 条规定，录音录像制作者对其制作的录音录像制品，享有许可他人复制、发行、出租通过信息网络向公众传播并获得报酬的权利。修改后的《著作权法》赋予了表演者信息网络传播权，这样就与 WPPT 的规定相衔接了。而对录音录像制作者网络信息传播权的规定也使修改后的《著作权法》与 WPPT 关于录音制作者方面的规定相一致了。

从修改后的《著作权法》的规定还可以看出，该法没有为广播组织规定网络信息传播权。应当说，这并不是立法者的疏忽，而是考虑到有关国际著作权公约如 WPPT 对于这一问题尚没有规范，且在我国通过网络传播广播组织播放的节目还不普遍。当然，在适当的时候，广播组织的网络信息传播权问题也会得到解决的。

另外，这次著作权法修改，大大强化了对著作权侵权行为的规范，而其中一个很突出的特点是将著作权侵权行为的调整延伸到网络空间。根据修改后的《著作权法》第 47 条第 6、7 项的规定，未经著作权人或者与著作权有关的权利人许可，故意避开或者破坏权利人为其作品或者录音录像制品等采取的保护著作权或者与著作权有关的权利的技术措施（法律、行政法规另有规定的除外），以及未经著作权人或者与著作权有关的权利人许可，故意删除或者改变作品、录音录像制品等的权利管理电子信息（法律另有规定的除外），除应当承担侵犯著作权的民事责任以外，还可能承担行政责任。这里的所谓技术措施，是指诸如利用加密技术以制止未经许可或者未由法律准许而采取的解密行为等有效的技术措施。权利管理电子信息是识别作品、作品的作者、对作品拥有任何权利的所有人的信息，或者有关作品使用条款和条件的信息，以及代表此种信息的任何数字或者代码。上述两种行为是在网络技术发展中出现的有别于传统的著作权侵权的著作权侵权行为。其本身似乎不是对著作权的侵犯，但由于这些行为直接妨碍了信息网络传播权的行使，只有将其归入著作权侵权行为，才能有效地保护网络空间的著作权和邻接权。

再有是，网络信息传播权作为权利人享有的一种新的权利，自然也应与其他传统的著作权一样受到法定的限制。但这部新修改的《著作权法》却没有为信息网络传播权规定任何限制条款。依著作权法的原理和中国的实际情况，为了平衡作者、传播者以及社会公众之间的利益关系，对网络信息传播权进行适当限制显然是有必要的。但鉴于国内互联网的发展状况和国际对于互联网传播权的限制均处于研究阶段，现行法律不宜对此做出明确的规定。

网络世界是一个开放的空间。尽管网络技术发展日新月异，网络环境下著作权保护仍然是一个新课题。国际上和各国著作权法对网络著作权的探讨仍处于初级阶段，一些问题尚未达成一致意见。因此，这次修改著作权法时，只对网络著作权问题做了原则性的规定。至于如何实施这项权利，法律授权国务院另行规定。

6. 著作权集体管理。著作权集体管理是当前世界上普遍采用的著作权社会管理的方式。该模式受到著作权人和与著作权有关的权利人的普遍欢迎。所谓著作权的集体管理，是指著作权人或者与著作权有关的权利人将自己的权利交给著作权集体管理组织统一管理，由该组织代表著作权人或者与著作权有关的权利人行使权利的著作权社会管理制度。著作权集体管理组织的历史在世界上已经有两百多年的历史。这种组织是一种社会组织，它代表著作权人或者与著作权有关的权利人的利益，按照本国的著作权法和国际著作权公约开展活动。

在中国，尽管1990年《著作权法》没有规定著作权集体管理制度，但《著作权法实施条例》作了一定的弥补。该条例第54条附则中规定，“著作权人可以通过集体管理的方式行使其著作权”。此后，中国积极探索著作权社会管理问题。在1993年，中国音乐著作权协会成立，这是中国第一个著作权集体管理机构。据了解，中国音乐著作权协会成立以来，已经有2100多名作曲家和作词家入会，开展了多种维权和许可活动。1998年中国著作权保护中心成立以后，国家版权局又多次指示并帮助建立文字、摄影、美术作品著作权集体管理机构，并于2000年3月批准成立了中国文字作品著作权协会，摄影和美术集体管理组织也在筹备中。

鉴于著作权集体管理在著作权管理中的重要性，这次修改著作权法时对于确立著作权集体管理组织的地位没有多大争议。但在具体规定的内容上，仍然存在分歧。一种意见希望明确集体管理组织与权利人之间的关系，或者委托，或者信托，或者转让关系。更多的人则希望有关集体管理的规定更具有操作性，例如详细规定集体管理组织的性质、职能、成立办法、管理监督措施等。但由于世界各国在著作权集体管理制度上存在很大的差异，而中国集体管理组织的建立与发展还处于初期的阶段，还需要不断的探索过程。基于这种考虑，修改后的《著作权法》只是作了原则性的规定，该法第 8 条规定，"著作权人和与著作权有关的权利人可以授权著作权集体管理组织行使著作权或者与著作权有关的权利。著作权集体管理组织被授权后，可以以自己的名义为著作权人或者与著作权有关的权利人主张权利，并可以作为当事人进行涉及著作权或者与著作权有关的权利的诉讼、仲裁活动。著作权集体管理组织是非营利性组织，其设立方式、权利义务、著作权许可使用费的收取和分配，以及对其监督和管理等由国务院另行规定"。

7. 著作权行政执法与司法保护。在中国，对知识产权的保护向来实行行政处理与司法保护的所谓"两条途径，协调运作"的模式。并且行政处理担负着大量的知识产权侵权纠纷和其他纠纷的处理工作。知识产权行政机关处理知识产权纠纷，其本身也有一些优势。例如，处理速度较快，避免了冗长的司法程序，能及时维护各方当事人的利益。当然，行政处理也有一定的范围和限度，行政处理无论如何不能影响司法的公正处理。

中国著作权制度也是如此。著作权行政管理部门对于著作权侵权纠纷的处理，以及司法机关对著作权案件的审理，构成了中国著作权保护的核心。行政执法和司法审判的效率，直接影响到著作权法的正确实施。为加强著作权保护，这次修改著作权法，大大强化了著作权行政执法和司法保护。可以预料，这对于加大对盗版等著作权侵权行为的打击力度，更加充分地保护著作权人和与著作权有关的权利人的利益，履行中国著作权保护的国际义务，将起到十分积极的的作用。

（1）著作权行政执法的强化。目前，著作权侵权行为仍然较为泛滥。依靠著作权行政机关打击各种盗版以及其他的著作权侵权行为具有很强的必要性。但是，修改以前的《著作权法》规定的著作权行政执法手段和划定的可以由著作权行政机关处理的著作权侵权行为很有限，致使著作权行政机关难以充分发挥其应有的作用。修改后的《著作权法》主要是在以下几个方面强化了著作权行政执法地位。

著作权行政执法措施扩大了。1990 年《著作权法》第 46 条规定的著作权行政执法措施只有没收非法所得和罚款。修改后的《著作权法》则将其扩大为对于侵犯著作权的行为，“同时损害公共利益的，可以由著作权行政管理部门责令停止侵权行为，没收非法所得，没收、销毁侵权复制品，并可处以罚款；情节严重的，著作权行政管理部门还可以没收主要用于制作侵权复制品的材料、工具、设备等”。

其一，可以适用著作权侵权行政处罚的著作权侵权行为范围的扩大。前面在论及网络环境下的著作权保护问题时，提到了著作权技术措施和权利电子管理信息的行政保护。除了这两项新增的可以适用行政处罚的著作权侵权行为以外，修改后的《著作权法》还对于原来的适用行政处罚的著作权侵权行为进行了调整和扩大。具体包括：①未经著作权人许可，复制、发行、表演、放映、广播、汇编、通过信息网络向公众传播其作品的，本法另有规定的除外；②出版他人享有专有出版权的图书；③未经表演者许可，复制、发行录有其表演的录音录像制品，或者通过信息网络向公众传播其表演的，本法另有规定的除外；④未经录音录像制作者许可，复制、发行、通过信息网络向公众传播其制作的录音录像制品的，本法另有规定的除外；⑤未经著作权人许可，播放或者复制广播、电视的，本法另有规定的除外；⑥制作、出售假冒他人署名的作品的。这些规定，为著作权行政机关行使执法权提供了明确的依据，强调了对于损害公共利益的著作权侵权行为的打击，典型的如盗版、盗播、盗映，以及在信息网络环境下的著作权侵权行为。

其二，修改后《著作权法》实施后著作权行政处罚的其他问题。在中国 1990 年《著作权法》实施后至 2001 年《著作权法》修订之前，中国的行政处罚方面的制度也已逐步健全。著作权行政管理部门在依据著作权法加强行政执法时，也应当依照行政处罚制度的有关原则和程序行事。根据修订后《著作权法》第 7 条的规定，各省、自治区、直辖市人民政府的著作权行政管理部门主管本行政区域的著作权管理工作。而根据中国《行政处罚法》第 13 条的规定，省、自治区、直辖市人民政府以及经国务院批准的较大的市人民政府制定的规章可以在法律、法规规定的给予行政处罚的行为、种类和幅度的范围内做出具体规定。据此，在中国的 1991 年《著作权法实施条例》做出修订后对于地方著作权行政管理部门仍然没有明确界定的，地方人民政府还需要通过地方立法，以解决其著作权行政管理部门在著作权侵权案件中行政处罚主体资格问题。另外，根据中国《行政复议法》和修改后的《著作权法》的规定，著作权侵权案件中的被处罚人对行政处罚不服的，不必先进行行政复议，可以在受到行政处罚决定书之日起 3 个月内向人民法院起诉。但期满不起诉又不履行处罚决定的，著作权行政管理部门可以申请人民法院强制执行。

（2）著作权的司法保护。这次修改著作权法，除了前面阐述的加强了对著作权的行政保护以外，也强化了对著作权的司法保护，赋予了人民法院在处理著作权纠纷案件中的多种诉讼措施。增加的内容主要包括诉讼之前的申请临时禁令、诉前财产保全和诉前证据保全等 3 项诉前临时措施，建立法定赔偿制度和过错推定原则，扩大追究法律责任的著作权侵权行为范围，赋予人民法院对著作权侵权的民事制裁措施等。

第一，诉前临时措施。

其一，诉前临时禁令。诉前临时措施是为了及时保护著作权人的合法权益而采取的防止著作权侵权损害后果进一步扩大的有效措施。该制度在中国 2000 年 8 月 25 日修改的《专利法》中即有明确的规定。在著作权法中规定这种措施具有同样的必要性。在一般情况下，著作权侵权是一种持续而动态的行为，在著作权人提起诉讼或者要求著作权行政管理机关处理情况时，该侵权行为也可能会继续下去。如果不采取紧急的必要的措施，而是等到人民法院做出判决或等到著作权行政机关做出处理决定以后再做处理，可能会对权利人产生难以弥补的损害。而根据 Trips 协议第 41 条的规定，应当允许一些包含有效手段的实施措施。其第 50 条则规定了存在以下两种情况之一时，必须采取临时措施：阻止侵权行为发生和将侵权商品进入商业渠道，包括海关已经应允进入国内商业渠道的侵权商品的进口，以及为被指称的侵权提供相关的证据。Trips 协议第 50 条之二则规定，在适当的情况下，司法机关在当事人提起正式的诉讼之前，应有权应有关当事人的请求采取上述临时措施。中国的《民事诉讼法》规定了财产保全措施，但没有规定诉讼前的对相关行为的临时处置制度。例如它没有规定人民法院在相关的当事人提起正式的诉讼之前可以采取临时措施。为了保障著作权人的利益不受难以弥补的损害，并与 Trips 协议的规定相协调，修改后的《著作权法》第 49 条规定，著作权人或者与著作权有关的权利人有证据证明他人正在实施或者即将实施侵犯其权利的行为，如不及时制止将会使其合法权益受到难以弥补的损害的，可以在起诉前向人民法院采取责令停止有关行为的措施。这种涉及诉讼的临时性措施对于及时保护著作权人的合法权益，加大对著作权的保护力度有重要的作用。该措施的表现形式是人民法院代表国家发出裁定，禁止被申请人正在实施或者即将实施的某种行为。

其二，诉前财产保全。诉前的财产保全措施在中国的《民事诉讼法》中已有明确的规定。由于诉前财产保全对于著作权保护具有更加重要的意义，因此修改后的《著作权法》在上述第 49 条中还同时规定人民法院在处理著作权纠纷中可以采取诉前的财产保全措施。诉前禁令与诉前财产保全制度相结合，可以使著作权人在诉讼之前即处于主动地位，便于有效地打击著作权侵权行为，保护著作权人的合法权益。

其三，诉前证据保全制度。这也是修改后的《著作权法》新规定的诉前的临时措施之一。修改后的《著作权法》第 50 条规定，为制止侵权行为，在证据可能灭失或者以后难以取得的情况下，著作权人或者与著作权有关的权利人可以在起诉前向人民法院申请证据保全。人民法院接受申请以后，必须在 48 小时内做出裁定；裁定采取保全措施的，应当立即开始执行。人民法院可以责令申请人提供担保，申请人不提供担保的，驳回申请。申请人在人民法院采取保全措施后 15 日内不起诉的，人民法院应当解除保全措施。通过这一规定，建立了诉前证据保全制度。其意义是不可低估的，因为著作权作为无形财产权，当其被他人侵害时，证据的收集、获得对权利人来说往往很困难。侵权人为了逃避侵权的惩罚，往往要千方百计地隐匿、毁灭证据。在实行“谁主张，谁举证”的举证原则情况下，侵权人在相当多的情况下得以逃避侵权责任。这对于惩治著作权侵权行为是很不利的。诉前证据保全制度的确立弥补了这方面的缺陷。它可以说是与诉前临时禁令、财产保全一起，构成了在诉前著作权人保护自己权益的坚强盾牌。

第二，著作权侵权过错推定原则的确立。修改后的《著作权法》第 52 条规定，复制品的出版者、制作者不能证明其出版、制作有合法授权的，复制品的发行者或者电影作品或者以类似摄制电影的方法创作的作品、计算机软件、录音录像制品的出租者不能证明其发行、出租的复制品有合法来源的，应当承担法律责任。这一条规定明确了复制品的制作者、发行者或一些作品的出租者在对其经营的复制品有合法授权和从合法渠道获得有注意义务。该条同时确立了著作权侵权的过错推定原则，即当权利人与复制品的制作者、发行者，以及某些作品的出租者在发生著作权侵权纠纷时，被控侵权人有责任证明其涉及侵权争议的复制品的合法的授权、合法的来源。如果他们不能证明，未尽到法律规定的义务，就应当承担著作权侵权责任。这一条规定在中国著作权司法保护中具有重大的意义。从中国《民事诉讼法》对举证责任的规定看，中国实行的是“谁主张、谁举证”的原则，即提出主张的一方当事人应首先举证，然后由另外一方当事人举证。就著作权侵权而言，当权利人发现了侵权、盗版行为时，应由自己提出证据证明对方侵犯了自己的权利。但在实际中，侵权者往往不提供盗版品的来源，并千方百计地说明自己复制、发行或者出租的作品有合法来源。由于侵权人常常隐瞒侵权细节，权利人很难举证证明对方侵权的事实。特别是复制品的发行者、出租者往往以不知道或者找不到侵权盗版的提供者为由逃避责任，致使著作权人的合法权益得不到及时的保护。根据修改后的《著作权法》，这些行为将难逃侵权之虞。

应当说，中国在《著作权法》、《商标法》等知识产权法中实行过错责任、过错推定为基础的侵权归责原则，这与Trips协议的规定是一致的。在中国的民事侵权归责体系中，一般实行的是以过错原则为主，对特殊侵权行为实行过错推定原则，并将无过错责任作为特例来处理。在知识产权侵权归责上，过错推定原则应该是一个更主要的侵权归责原则。这是由知识产权侵权的特殊性所决定的。知识产权侵权具有广泛性和隐蔽性，在新技术发展的条件下还具有技术性的特征。权利人很难发现侵权，发现了也很难提出有力的证据控告侵权。实行过错推定原则使举证责任发生转移，有利于充分保护著作权人的利益，使人民法院能够高效率地追究那些没有经过合法授权或者从非法渠道获得并经营知识产品的行为人的责任。中国著作权法的这次修改确立的过错责任原则在完善著作权民事诉讼制度方面的作用也是不可低估的。

第三，全面赔偿原则和法定赔偿制度的建立。修改后的《著作权法》第48条规定，侵犯著作权或者与著作权有关权利的，侵权人应当按照权利人的实际损失给予赔偿；实际损失难以计算的，可以按照侵权人的违法所得给予赔偿。赔偿数额还应包括权利人为制止侵权行为所支付的合理开支。权利人的实际损失或者侵权人的违法所得不能确定的，由人民法院根据侵权行为的情节，判决给予50万元以下的赔偿。这一规定明确了侵权的全面赔偿原则和法定赔偿原则。

著作权侵权赔偿，是著作权司法保护中一个十分重要的问题。但它又是著作权司法保护中的一个难题，原因在于著作权侵权损害赔偿额的计算难度很大，这种难度又源于著作权作为无形财产权的特性。为了充分保护著作权人的利益，贯彻著作权侵权的全面赔偿原则具有十分重要的意义。所谓全面赔偿，就是“损失多少赔偿多少”。这一原则也是Trips协议所要求的。根据该协议，侵权人有义务向权利人支付足以弥补因侵犯知识产权而给权利人造成的损失的损害赔偿费。为贯彻这一原则，修改后的《著作权法》明确规定了著作权侵权赔偿实际损失的原则，并且权利人为制止侵权所支付的合理开支也应包括在实际损失中。

法定赔偿制度是在被侵权人的实际损失和侵权人的违法所得都难以计算的情况下适用的著作权赔偿制度。为了给权利人以起码的保障，相当一部分国家著作权法都规定了这种制度。著作权法修改时引进法定赔偿制度，可以为权利人提供另外一个权利保障。当然，修改后的《著作权法》规定的法定的赔偿的幅度仍然很大，并且没有像一些国家一样规定最低限度的赔偿额，人民法院在实际运作中存在很大的自由裁量余地。一般地说，在权利人的实际损失和侵权人的违法所得都难以计算的情况下，人民法院应综合考虑侵权的情节、侵权的社会影响、侵权时间和范围确定具体的赔偿数额。

第四，对著作权侵权的民事制裁。修改后的《著作权法》除了在第46、47条中规定了著作权侵权行为应该承担的停止侵害、消除影响、赔礼道歉、赔偿损失等民事责任形式以外，还在第51条中规定了人民法院处理著作权侵权案件时可以对侵权人实施民事制裁。该条规定，“人民法院审理案件，对侵犯著作权或者与著作权有关的权利的，可以没收非法所得、侵权复制品以及进行违法活动的财物。”适用民事制裁措施，可以剥夺侵犯著作权的物质基础和经济条件，削减或消灭再次实施著作权侵权的能力。当然，此项措施也不能滥用，它一般应限于那些损害公共利益的著作权行为。

（三）对第一次修改的评价

中国著作权法的这次修改，是在建立社会主义市场经济体制和加入世界贸易组织、网络信息技术迅猛发展的大背景下进行的。这次修改，提高了著作权保护水平，进一步保护了权利人的合法权利。同时适应了中国加入世界贸易组织的需要，兑现了我国在入世谈判中所作出的承诺，在著作权制度方面已基本与国际接轨。当然，在中国轻知识财产、重物质财产背景很深的情况下，修改后的《著作权法》的有效实施还有很艰巨的任务。修改后的《著作权法》确立的一些制度，像集体管理制度、网络信息权保护制度等都有待于具体的实施办法来保障。此外，与修改后的《著作权法》相配套的法规，如《著作权法实施条例》、《计算机软件保护条例》、《民间文学艺术作品保护办法》等也有待于完善。无论如何，这次著作权法的修订，其在中国知识产权制度中的作用将会是有目共睹的。

二、《著作权法》第二次修改

2010 年 2 月 26 日，第十一届全国人民代表大会常务委员会第十三次会议通过了关于修改《中华人民共和国著作权法》的决定，自 2010 年 4 月 1 日起施行。这次修订仅涉及以下两个条款的规定：一是，将 2001 年《著作权法》第 4 条规定修改为“著作权人行使著作权，不得违反宪法和法律，不得损害公共利益。国家对作品的出版、传播依法进行监督管理”。二是，增加 1 条，作为第 26 条：“以著作权出质的，由出质人和质权人向国务院著作权行政管理部门办理出质登记”。以下分别加以探讨。

（一）取消违禁作品不受著作权法保护之规定并增加国家对作品出版及传播的监管责任

2001 年《著作权法》第 4 条第 1 款规定：“依法禁止出版、传播的作品，不受本法保护。”2010 年《著作权法》第 4 款则取消了上述规定，同时又增加规定“国家对作品的出版、传播依法进行监督管理”。应当说，2001 年《著作权法》第 4 条的修改，与美国针对该条违反 Trips 协议有关而向世界贸易组织提出申诉有关。该申诉案经专家组最后裁决，认为该条规定存在问题，[1] 修改该条款是对该裁决的回应。

当然，不在著作权法中规定违禁作品不受著作权法保护，并不会具有实质性影响，因为这类作品本身具有违法性，甚至构成刑事违法。

（二）增加著作权质押规定

2010 年《著作权法》第 26 条新增了著作权质押方面的规定，体现了著作权法重视著作权这一无形资产利用的立法意旨。所谓质押，是债的担保形式之一，系指债务人或者第三人为担保债的履行，将其财产出质，以作为实

---

〔1〕 但关于知识产权刑事立法保护不足的申诉未予支持。

现债权人债权的担保。当债务人债务到期不履行时，债权人有权依法以该财产折价或者以拍卖、变卖该财产的价款优先受偿。我国《担保法》第四章对质押法律问题做了明确规定，根据其规定，质押包括动产质押和权利质押两种类型。著作权质押显然属于后者。该法要求出质人与质权人应订立书面合同，并向其主管部门进行登记，质押合同自登记之日起生效。

著作权质押是利用著作权的重要形式，也是利用著作权这种无形资产进行融资的基本形式，与传统意义上的著作权许可使用、转让具有颇不相同的特点。根据国家版权局颁行的《著作权质押合同登记办法》第 2 条规定，“著作权质押是指债务人或者第三人依法将其著作权中的财产权出质，将该财产权作为债权的担保。债务人不履行债务时，债权人有权依法以该财产权折价或者以拍卖、变卖该财产权的价款优先受偿”。这里的债务人或者第三人为出质人，债权人为质权人。

著作权质押作为担保债权的法律形式，其特点自然可以从担保物权方面加以理解。具体可以归纳为以下几点：

第一，著作权质押需要通过著作权质押合同的形式实现。与其他形式的质押相同，著作权质押的实现需要通过签订著作权质押合同的形式加以实现。有关著作权质押合同的签订和登记问题，将在下面“著作权合同”部分加以阐述。这里仅对著作权质押的法律特征加以讨论。

第二，著作权质押产生的质权属于担保物权，其基本功能是保障著作权质押合同中债权人利益的实现。按照民法一般原理，相对于债权，物权具有优先的效力，可以优先于债权而实现其利益。著作权质押的担保物权属性体现为，在债务人到期未履行其债务的情况下，作为债权人的质权人可以依法处置被出质的著作权，从而实现债权。

第三，著作权质押实际上仅针对著作权中的财产权，即著作财产权，著作人身权不在此列。上述《著作权质押合同登记办法》关于著作权质押的定义已清楚地表明著作权质押合同标的仅涉及著作财产权，而不包括著作人身权。我国《担保法》第 75 条也明确规定，依法可转让的著作权中的财产权可以作为权利质权的标的。这是由著作人身权的人格性所决定的。

第四，通过著作权质押合同出质的债务人或第三人，应当是对出质的著作财产权享有权利的人。如果出质人并非著作财产权人或者出质的著作权存在权属争议、著作财产权的保护期限届满、著作财产权被依法放弃，或者出质的作品不受我国著作权法保护，出质人在法律上就不是合格的主体，签订的著作权质押合同将无效。原因很简单，出质人出质的目的是要担保主债务的履行，被担保的著作财产权显然应是有效的，也是归属于出质人的。《著作权质押合同登记办法》第 3 条也规定，著作权质押合同中的著作权出质人必须是合法著作权人。著作权为两人以上共有的，出质人为全体著作权人。中国公民、法人或非法人单位向外国人出质计算机软件著作权中的财产权，必须经国务院有关主管部门批准。

中国著作权法第三次修改研究*

从理论上说，著作权法律制度是技术（特别是传播技术）与商品经济发展的产物。技术发展为作品的广泛传播提供了客观基础，商品经济土壤则为作品的市场流转提供了广阔的空间。我国著作权制度诞生于清末制定的《大清著作权律》，民国时期也曾颁布实施过《著作权法》。新中国成立后，虽然在20世纪50年代有过著作权立法的行动，但第一部《著作权法》直到1990年9月7日才得以颁布，该法于1991年6月1日开始实施。应当说，《著作权法》颁行后，在保护著作权人和相关权人利益，鼓励和促进优秀作品创作与传播，繁荣我国文化科学事业方面发挥了重要作用。随着形势的变化，我国《著作权法》历经2001年、2010年两次修订，2011年以来则开始进行第三次修订，迄今国家版权局已经先后公开了两次修订草案的征求意见稿，后来又未公开地出台了第三稿征求意见稿，最终在2012年年底正式向国务院提交了修订草案的送审稿。目前，《著作权法》修订仍然是我国知识产权法学界研究的最为热门的课题之一，也是最为紧迫、最为重要的问题之一。本部分将对我国《著作权法》第三次修改进行详细的研究，希望对于推动我国著作权法律制度的完善有所裨益。

---

* 本部分撰稿人分别如下：冯晓青、杨利华、张艳冰、曾梦倩、吕莹、刘佳、周贺微、钟丽琼、费氧、张日广、邵冲、孟雅丹、刘聪。

一、《著作权法》第三次修改的过程

我国《著作权法》自 1991 年实施后，在 2001 年做了第一次系统修改。这次修改很大程度上是出于加入世界贸易组织的需要。[1] 由于修订目的的特定性，该次修订并未充分照顾著作权制度的内在体系化，如在扩充一些权利的同时，没有对相应的权利限制条款作出规定。随着技术的发展，著作权法实施中问题日益增多，需要进一步修订。这特别地体现为数字和网络技术的出现大大改变了作品传播和利用方式，对著作权法构成了巨大的挑战。

本次《著作权法》的主动修改自 2007 年国家版权局开展立法调研后即开始酝酿。其间，为了执行世界贸易组织中美知识产权争端案裁决的现实需要，第十一届全国人大常委会第十三次会议于 2010 年 2 月 26 日审议通过了《关于修改〈中华人民共和国著作权法〉的决定》，此为第二次被动修改。这次修订的内容实际上只有两条，包括删除《著作权法》第 4 条中“依法禁止出版、传播的作品，不受本法保护”，以及新增第 26 条，显然属于对个别条款的局部性修改。

2011 年 7 月，国家版权局正式启动《著作权法》的第三次修改工作，并委托中国人民大学知识产权学院、中国社会科学院法学所知识产权研究中心、中南财经政法大学知识产权研究中心 3 家单位负责起草著作权法修订专家建议稿。在此之前，关于修改著作权法的呼声日益高涨，如每年的两会期间都有代表提出修改《著作权法》。2010 年 12 月 5 日，由中国法学会知识产权法研究会举办的年会暨著作权法修订中的相关问题研讨会上，与会专家学者提出了修订著作权法的一些初步建议。2011 年 2 月 24 日，在中国人民大学法学院与知识产权学院联合中国版权保护协会举行的关于修改《著作权法》的专家座谈会上，与会代表共同签署了关于尽快修订我国《著作权法》的呼吁书。笔者作为会议代表也在该呼吁书上签了字。在专家建议稿基础上，国家版权

〔1〕 关于该次修订的背景和详细内容，可参见冯晓青：《知识产权法理论与实践》，知识产权出版社 2002 年版，第 296 ~ 325 页；Xiaoqing Feng, Frank Huang Xianfeng, “Internationalization and Local Elements: The Development of the Chinese Copyright Law”, *Journal of the Copyright Society of the USA*, pp. 917 ~ 947.

局专门成立了修订工作领导小组，并组建了著作权法修改专家委员会。据《著作权法》修订工作领导小组办公室主任、国家版权局法规司司长王志强先生介绍，该委员会成立以来共召开过4次全体会议，分别为：2012年1月13日听取3个专家建议稿的汇报，并确定修法的基本思路和方法；2012年3月19日第二次全体会议，主要讨论准备向社会公布的“征求意见稿”第一稿，重点是对草案内容进行纠错和补缺；2012年5月11日第三次会议，主要是通报“征求意见稿”第一稿的反馈情况，听取关于起草第二稿的意见；2012年10月18日第四次会议，主要是通报“征求意见稿”第二稿反馈情况以及第三稿形成过程。〔1〕

随着《著作权法》“修改草案”的完成，2012年3月，国家版权局向社会公布了“征求意见稿”第一稿。此后接连收到了来自社会各界的意见和建议1600多份，这些意见主要来自国务院部委、法院系统、教学科研单位、出版系统、广电系统、图书馆界、音乐界、互联网行业、软件产业，以及美国、欧盟、英国、日本等政府机构、权利人组织和产业界。2012年7月6日，国家版权局继续向社会公开了“征求意见稿”第二稿以便再次公开征求意见，该稿公布后又收到了各方面意见200余份。有人统计，第二稿改动之处达92%。〔2〕在吸收这些意见的基础之上，国家版权局又继续向有关单位和个人发出征求意见函。2012年10月，形成了“征求意见稿”第三稿，不过该稿并未向社会公布。对于来自社会各界的意见和建议，国家版权局的基本态度是：“凡是不同利益主体能形成基本共识的，都应采纳；凡是理论有依据、实践有需要的，尽可能吸收；凡是讨论深入、尚有争议的，不以单一利益方诉求作取舍。”〔3〕2012年12月18日，国家版权局向国务院正式提交了“修改草案”送审稿。目前该稿正处于国务院法制办审议之中。待国务院审议通过后，将提交全国人大常委会审议。

---

〔1〕 王自强：“开门立法 体现科学民主精神——国家版权局《著作权法》第三次修订工作回顾”，载《中国新闻出版报》2012年11月6日第5版。

〔2〕 周建立：“著作权法修改之‘三国’演义”，载《出版广角》2012年9月6日。

〔3〕 王自强：“开门立法 体现科学民主精神——国家版权局《著作权法》第三次修订工作回顾”，载《中国新闻出版报》2012年11月6日第5版。

二、本次《著作权法》修订的必要性

本次《著作权法》的修订，是我国经济社会发展的必然要求。在当代，随着科学技术的迅猛发展、经济全球化以及知识产权制度国际化趋势日益增强，包括著作权在内的知识产权日益成为国家经济社会发展的战略性资源和宝贵的无形资产，其地位和作用愈加凸现。特别是在2008年6月5日，国务院颁发了《国家知识产权战略纲要》，我国正深入实施国家知识产权战略，知识产权的地位在我国得到了进一步提升。党的十七大则提出了“提高自主创新能力，建设创新型国家”的战略目标，党的十七届六中全会则提出了促进社会主义文化大发展大繁荣的目标。党的十八大则进一步提出了“创新驱动发展战略”。未来我国经济社会发展将更多地依靠激励创新与促进创新成果的运用来实现。

在新形势下，通过修改和完善包括《著作权法》在内的知识产权法律制度，是贯彻落实国家知识产权战略纲要、创新驱动发展战略，为我国经济社会发展和文化繁荣提供坚实法律基础的根本保障，同时也是我国更广泛地参与国际事务，提高国际竞争力的保障。正如著名知识产权法专家刘春田教授指出：“这次修改，根本的动力来自我国自身技术进步和经济社会的发展，来自国情的巨大变迁，来自社会实践和司法实践的迫切要求。”〔1〕仅以为我国版权产业提供坚实的法律支持为例：世界知识产权组织统计，我国版权相关产业占国内生产总值的比重在2006年就接近7%，在北京、上海等发达地区甚至达到了9%～12%，接近欧美一些发达国家水平。〔2〕从这里也可见著作权保护对我国文化和经济发展的重要作用。

关于修订《著作权法》的必要性，国家版权局针对“修改草案”第一稿进行了专门的阐述，内容涉及完善现有制度、回应科技发展、适应国际形势、完善知识产权制度、回应社会各界关切等。这几点较好地概括了本次修订《著作权法》的理由。具体分析如下：

本次修改《著作权法》，无疑是完善我国知识产权制度的重要一环。最近

〔1〕 刘春田：“《著作权法》第三次修改是国情巨变的要求”，载《知识产权》2012年第5期。

〔2〕 柳斌杰：“《著作权法》修订要面向时代、面向世界、面向未来”，载《光明日报》2011年7月25日第2版。

几年，随着形势的发展，我国相关知识产权法律相继启动了修法行动。如《商标法》启动了第三次修法行动，并最终在2013年8月30日通过了修改后的《商标法》;《专利法》也已启动了第四次修改行动，目前“修改草案”送审稿已正式提交国务院。比较而言，著作权法调整的社会关系更为复杂，修订进程较为缓慢。2001年《著作权法》虽然进行了第一次修改，但仍带有一定的计划经济烙印，不能很好地适应当前经济转型和经济发展方式转变发展的需要。2010年第二次修订则完全是基于履行WTO争议裁定结果的需要，而且修订的内容限于两个条款，《著作权法》实施过程中存在的问题依然没有得到解决。《著作权法》第三次修订无疑也是完善我国著作权法律制度的内在需要。而且，与以前修改的背景不同的是，过去的修改带有一定的被动色彩，如为了满足世界贸易组织《与贸易有关的知识产权协议》（Trips协议）的要求。本次修改则完全是在没有外来压力、出于完善自身制度需要的基础上提出的，因而完全可以在充分总结现行法实施情况和借鉴外域经验的基础上，进行全面而系统的修改。

著作权制度本身是科学技术和商品经济发展的产物。在当前信息网络社会，传统的著作权制度面临着大量新型的著作权问题需要规范，这对现行《著作权法》也构成了严峻挑战。例如，点对点（P2P）技术、搜索引擎技术、数字水印与加密技术、博客与微博、网页快照、临时复制乃至与计算技术的发展，对现行著作权制度的实施都产生了冲击。如何通过修改《著作权法》，使之适应信息网络技术发展的需要，也变得十分紧迫。

在当代，著作权制度也具有很强的国际性。随着著作权国际化趋势的增强，各国、各地区纷纷通过修法的形式完善自身著作权法律制度，增强在著作权国际保护和制定国际规则方面的话语权。如何通过修法以适应国际著作权保护环境，树立我国负责任大国形象，维护我国国家利益，也是亟待研究和解决的问题。

此外，著作权法调整的利益关系具有广泛和复杂性，与技术发展息息相关。《著作权法》在实施过程中也逐渐暴露了很多问题。为此，不同部门和人士对修法不断提出了建议和议案，特别是在每年的两会期间表现尤为突出。社会各界对《著作权法》修订的关切，本身反映了其在我国社会生活中的重要地位和作用。为了积极回应社会各界的关切，切实解决现行法实施过程中存在的各种问题，也有必要尽快启动修法工程。

三、《著作权法》第三次修订的基本原则与思路、特色

（一）修订的基本原则与思路

国家版权局秉持的起草思路是坚持“集思广益、解决问题”的理念。根据其对“修改草案”第一稿“简要说明”（以下简称“第一稿说明”）的阐述，坚持该理念就是要开门立法，以保障能够广泛而充分地听取社会各界的意见和建议，使这次修法具有高度的公开性和透明性。同时，以解决实际问题为宗旨，针对实践中存在的各种问题，反复研讨和论证，找准问题的症结，特别是要解决著作权保护实践中存在的突出问题。从后来的“修改草案”第二稿、第三稿和送审稿的情况看，确实贯彻了这一思路。经过广泛征求意见和建议，并吸收到新的“修改草案”中来，“修改草案”版本不断得以完善。还特别值得指出的是，在集思广益方面，高度重视了修法中专家参与的作用。本次修改中，国家版权局成立了专门的专家委员会。在国务院法制办对送审稿审议阶段，则进一步强化了专家立法建议的作用。

“第一稿说明”还提出了本次修法的三大原则，即坚持“独立性”、“平衡性”和“国际性”三个基本原则。其中，独立性原则强调的是坚持独立自主，从中国国情出发，“立足中国国情、体现中国特色、结合中国实际、解决中国问题”。当前我国著作权法领域面临复杂的国内外环境，特别经济社会转型、高新技术迅猛发展、国际著作权保护日益强化，而我国整体上科学文化发展水平仍然较低，广大民众的著作权意识也仍然不够高。《著作权法》的修订当然应借鉴国外先进立法经验并遵循国际保护规则，但首先更应立足于中国的现实国情，一切以解决中国的实际问题为根本出发点。也就是说，要“充分考虑我国国情，从中国实际出发，使《著作权法》能够适应经济、社会、文化和技术进步发展的需求，有利于推动文化发展繁荣和各类文化作品的有效传播，使权利人实现自己的权益，作品得到广泛传播使用，公众获得更多的文化享受，公众受益、产业发展”。〔1〕

著作权法是调整因作品的创作、传播和使用过程中所发生的各种社会关系的法律规范的总称。围绕作品所产生的利益关系是著作权法调整的核心。

〔1〕 阎晓宏：“‘利益平衡’是著作权立法的基本精神”，载《中国新闻出版报》2012年5月17日第5版。

著作权法实际上是一部分配作品权益的知识产权法。考察著作权法的历史可以发现，自《安娜女王法》以来的每一部著作权法都在赋予著作权人以专有权利的同时保留了一般公众的其他权利，以促进对作品的传播与使用。从著作权立法史考察，著作权立法强调在保障对作者创作的足够激励和避免过度保护的公共利益之间实现利益平衡的重要性，强调有必要在通过提供公共领域资料和授予个人著作权保护之间平衡以实现著作权立法的目的。[1] 因而这次《著作权法》修改强调“平衡性”原则是顺理成章的。“第一稿说明”明确指出：“平衡性原则就是要妥善处理好创作者、传播者和社会公众利益的基本平衡。著作权法律制度是调整作品创作、传播和消费利益关系链的基本法律，既要保护创造、鼓励传播，也要促进消费，满足广大公众的智力文化需求。《著作权法》修改，要牢牢把握利益平衡这一现代著作权立法的基本精神，认真评估我国现行《著作权法》的利益平衡机制是否恰当，实践中是否具有可操作性，是否充分兼顾了各相关方的利益。要充分认识在当前新技术条件下著作权保护平衡动态化的特点，吸取历史有益经验，广泛听取和深入研究各方利益诉求，妥善处理好保护著作权与保障传播的关系，既要依法保护著作权，又要促进传播使用，发挥智力产品的社会效益。”由此可见，利益平衡也是本次《著作权法》修改的重要原则。国家版权局法规司也特别强调了将“利益平衡”作为著作权立法基本精神的重要性。新闻出版署柳斌杰署长则指出：著作权法修改的难点在于平衡各方的利益，既要保护创造，又要促进运用，还要满足公众的精神文化需要，也就是著作权法是需要平衡各个群体利益的机制。[2] 因此，本次修改《著作权法》，需要本着利益平衡的原则，协调好作者、传播者和使用者之间的利益关系及其内部关系，以实现既鼓励创作，又促进作品传播和使用的目的。

《著作权法》每一次修改都需要遵循国际规则，尽量与国际标准靠拢。这是因为，著作权保护制度早已跨越国界，形成了国际著作权保护体系。在我国已经加入国际著作权保护体系的条件下，《著作权法》应利用修法之际弥合与国际规则接轨的差距。同时，各主要国家在著作权立法和修改方面已经积

---

〔1〕 冯晓青：《知识产权法利益平衡理论》，中国政法大学出版社 2006 年版，第 378 ~ 387 页。

〔2〕 柳斌杰：“《著作权法》修订要面向时代、面向世界、面向未来”，载《光明日报》2011 年 7 月 25 日第 2 版。

累了丰富的经验，本着“他山之石、可以攻玉”的理念，需要吸收和借鉴其他国家和地区的先进经验与做法。因此国际性原则也就成为本次修订《著作权法》的第三大原则。根据“第一稿说明”，《著作权法》修订应参照国际著作权制度调整和变化趋势，研究现行法与国际条约之间的差距并加以弥补，密切关注国际立法的最新动态，把握其方向，并适时内化为国内法。同时，认真研究和关注国外著作权制度发展和变革的状况，及时加以借鉴和消化。进言之，本次《著作权法》修订应当认真审视其与国际公约的关系，考虑著作权国际公约的强制性规范和选择性规范，评估现行法表达的内容是否与国际公约相一致，以做到完全与国际公约接轨。〔1〕

无疑，独立性、平衡性和国际性原则能够保证《著作权法》的修改建立在符合国情需要、妥善调整围绕作品产生的利益关系以及紧跟国际最新立法的要求，从而使其具有很强的现实性、前瞻性和现代化特色。

此外，“第一稿说明”还强调了追求高效率、高质量和高水平三个效果。其中，高效率体现在以良好的组织保障和沟通协调，力争在较短时间内完成修改。〔2〕高质量体现于准确把握著作权法实施中存在的诸多问题，集思广益，找出解决问题的立法对策，努力使修订后的立法在质量上大幅度提高。高水平则体现于修法应具有现代化和前瞻性特色，准确把握国内外环境，“使修法工作面向现代化、面向世界、面向未来，为国际知识产权制度的进一步完善做出应有贡献”。应当说，前面几次征求意见稿的发布就体现了高效率的要求。至于高质量和高水平，则不是一时能够实现的。由于修法时间较短，加之很多问题研究的理论储备仍然不够，本次修改只能在一定程度上实现这些目标。举例而言，最新的“送审稿”在立法内容的丰富方面仍然属于“粗线条”，与发达国家著作权相关立法仍有较大的差距。不过，笔者仍然希望在可能的范围内尽量充实相关规范，使得在规范内容方面较之于现行法有较大

---

〔1〕 张广良：“造法不易修法亦艰写在《中华人民共和国著作权法》第三次修订之际”，载《中国专利与商标》2011 年第 4 期。

〔2〕 发达国家著作权法的修订，一般都比较频繁。如近些年来美国几乎每年都有关于著作权法修正案提交国会，日本《著作权法》从 1976 年到 2009 年共修改了 26 次。比较而言，我国《著作权法》的修订时间较为缓慢。本次提出加快修法进程是值得肯定的。

进步。[1]

除了遵循上述原则外，注重体系观也是值得重视的问题。对此，有学者认为，“在立法设计中，体系观是一种非常重要的指导理念，因为法律规范是在整体上发挥作用的。立法不能只关注孤立的条文，必须关照一部法的内部所有条文形成的合力，以及不同法律规范之间共同作用的合力”。[2] 根据该学者的观点，就本次《著作权法》修订而言，体系观尤其应重视以下几方面内容：一是著作权法律规范内部应有统一的价值取向，这一价值取向可以显示著作权立法的理性，既确保规范对行为评价的一致性，又便于法官根据同一价值取向解释文本。二是著作权法律规范之间应有协同效果，其中重点是确定有关作品利用的权利边界，强化著作权制度系统整体运行的效果。三是法律描述需适当提炼生活事实，避免不加区别地将一些生活事实提炼为法律事实。笔者认为，体系观确实也是这次修法的重要思路。具体而言，在价值取向上，应以利益平衡观作为基本定位，以规制和调整市场经济版权产业的财产法作为基本考量。在著作权法规范体系内部协调方面，应注重确权、权利内容、权利限制、权利保护规范之间，著作权保护与相关权保护之间，以及作者、传播者和使用者之间规范的呼应、匹配和协调。以现行法为例，著作权、相关权侵权的列举与前面规定的权利内容就存在不一致性，反映了法律规范不相协同的问题，需要加以改进。

进言之，著作权法修改之体系观也可以从建立完善的著作权法律体系的角度加以认识。根据刘春田教授的观点，本次《著作权法》修改的目标是建立著作权法律体系。他认为：“按照适应数字技术与文化发展、繁荣市场经济和融入国际的要求，在现有基础和框架下，著作权法有必要进行较大的调整，从保护对象、权利主体、权利体系设计、权利归属、权利利用与处分、邻接权、权利限制、著作权合同、法律责任、归责原则、侵权赔偿、著作权集体管理，以及著作权纠纷的调解等制度，还有与国际条约的关系，等等，都需

---

〔1〕 国家版权局副局长阎晓宏则提出，本次修改《著作权法》的标准是“当与不当”，并提出坚持中国特色与国际条约的统一，外国经验与中国制度的统一，以及立法原则与法律条文的统一的原则。引自刘春田教授接受《光明日报》记者采访介绍的观点。参见殷泓：“修改著作权法要有超前意识”，载《光明日报》2012 年 3 月 29 日第 15 版。

〔2〕 李琛：“著作权法第三次修改应注重体系观”，载《中国知识产权报》2012 年 2 月 24 日第 10 版。

要进行体系化的调整，否则不足以胜任经济与社会发展的需要。”刘教授还认为：“修法应当明确两个任务，一是完善法律的体系化，二是突出修改重点。如果能建立一个科学的、开放的著作权法律体系，并修改好重要的制度，就很理想。”〔1〕

正如刘春田教授所指出的，本次修改《著作权法》应重点考虑以下问题：回应技术进步导致的经济关系变革、回应文化发展的需求、充分考虑发展市场经济的要求、适应全球化的发展，以及总结和吸收我国20多年知识产权理论成果和实践经验。〔2〕同时，著作权法应当具有纲领性和前瞻性，即修改要有超前意识，为未来创新型社会提供法律保障。〔3〕最高人民法院罗东川博士则指出：本次《著作权法》修改的内容和程度要与中国特色社会主义法律体系保持一致，与我国加入的国际条约、公约保持一致，与我国的国情和发展水平保持一致。〔4〕

从国家版权局两次公布的《著作权法》第三次修改征求意见稿的修改内容以及“送审稿”的规定看，这次修改实际上已经采取了保留大部分相关条例的分散型立法模式。具体而言，是将《著作权法实施条例》、《信息网络传播权保护条例》和《著作权集体管理条例》等的一些规定直接升格或经整合后并入《著作权法》中，如关于作品的定义、著作权产生时间、三步检验法和技术保护措施与权利管理信息的规定。值得指出的是，从“修改草案”和“送审稿”的规定看，现行《计算机软件保护条例》的实质性内容已经被整合进来，因此该条例在本次《著作权法》修改通过后将缺乏独立存在的价值，届时应予以废除。应当说，上述做法是采纳了“社科院建议稿”的主张。该

---

〔1〕殷泓：“修改著作权法要有超前意识”，载《光明日报》2012年3月29日第15版。

〔2〕其中，回应技术进步导致的经济关系变革是指应考虑技术进步的影响，特别是数字技术发展已经导致发达国家著作权制度的变革，我国著作权法应当果断实行变革；回应文化发展的需求是针对著作权法是文化产业发展的法律保障，现代化的文化产业需要先进的著作权制度加以保障；充分考虑发展市场经济的要求，是针对逐步消除著作权法的计划经济色彩，以充分、有效地服务于市场经济发展；适应全球化的发展，是指应接受国际社会普遍遵循的规则；总结知识产权理论成果和实践经验，是指吸收近些年来关于著作权法研究的理论成果和司法实践经验。参见刘春田：“《著作权法》第三次修改是国情巨变的要求”，载《知识产权》2012年第5期。

〔3〕刘春田教授接受《光明日报》记者采访发表此观点。参见殷泓：“修改著作权法要有超前意识”，载《光明日报》2012年3月29日第15版。

〔4〕罗东川：“对我国《著作权法》修改的建议”，载《知识产权》2012年第5期。

建议稿认为，现行《计算机软件保护条例》之规定除了对软件的定义和权利限制方面规定外，其他规定与现行《著作权法》的规定较为雷同，因而应借鉴美国《著作权法》等的规定，[1]除在《著作权法》中明确计算机程序的概念以及将《计算机软件保护条例》关于计算机程序著作权的限制规定整合至《著作权法》外，其他内容不必重复规定。[2]笔者对此表示赞同。

（二）《著作权法》第三次修订的特色

从前面的讨论可以看出，我国《著作权法》的每一次修订都有其特殊背景。但相对于前两次修改，本次修订更具有主动性、本土性和现代化特色。就主动性而言，本次修订是在没有外部压力、完全是处于完善自身制度的背景下提出的。就本土性而言，这次修改是为了更好地促进我国经济社会发展特别是文化产业大发展大繁荣，更好地适应我国经济、科技和文化发展的需要。因而，解决中国实际问题就成为本次修法的重要原则。就现代化特色而言，本次修法体现了对我国参加的国际公约的充分尊重，增加了诸如表演者出租权等内容，完善了技术保护措施和权利管理信息保护制度。此外，如上所述，本次修改还完善了著作权法的体系结构。这些都是本次修改的重要特色。

从“修改草案”和“送审稿”的规定看，先是规定著作权和相关权的内容，然后规定权利的限制与权利的行使，在立法逻辑构架上更好地体现了著作权法的价值构造。从具体修改的内容来说，则具有以下几个突出的特点：一是扩充了著作权和相关权的内容，如在著作权保护方面增加了实用艺术作品的保护、增加了美术作品的追续权和摄影作品的著作权保护期限，在相关权保护方面则增加了表演者的出租权以及在视听作品中的获酬权，明确了广播电视组织的专有权等。二是提高了著作权和相关权的保护水平，这主要体现于行政执法和司法保护的强化，如提高行政处罚标准，提高法定赔偿数额标准，引进惩罚性赔偿制度。三是在授权机制和交易模式方面做出了一些重

---

〔1〕 美国《著作权法》在1980年修改时，分别在第101条和第117条规定了计算机软件的定义与著作权限制。具体内容为：“计算机软件是一系列陈述或指令，可以直接或间接地适用于计算机，以达到某种特定的结果”；“计算机软件复制件的合法所有人，可以为了备份和兼容的目的而复制有关的软件”。参见李明德：“我国《著作权法》的第三次修改与建议”，载《知识产权》2012年第5期。

〔2〕 李明德：“我国《著作权法》的第三次修改与建议”，载《知识产权》2012年第5期；李明德、管育鹰、唐广良：《〈著作权法〉专家建议稿说明》，法律出版社2012年版，第17～19页。

要修改，特别是著作权集体管理制度方面的修改。四是吸收几部相关行政法规和司法解释的有关规定，将其上升至法律中，以此增强著作权制度内部的系统化。

总的来说，上述修改有的是基于对相关行政法规规定的整合，有的是基于对比较成熟的司法实践经验的把握，如委托作品的使用、著作权与相关权的自愿登记制度，有的是基于与国际接轨，如作者和表演者的出租权以及技术保护措施与权利管理信息等，更多的则是针对现行法实施中存在的问题和社会各界反映较为强烈的问题提出的修改，如使用艺术作品、视听作品及职务作品著作权归属、信息网络传播权和广播权的划分、著作权专有许可和转让的登记制度、著作权行政调解、著作权侵权损害法定赔偿与惩罚性赔偿等。

四、"修改草案""总则"部分之完善

如前所述，本次《著作权法》修改，"修改草案"征求意见稿和送审稿对现行法做了较大的完善，体现了立法的进步。然而，从我国著作权制度需要实现的目标来说，仍然需要做出进一步的修改、完善。限于篇幅，以下仅对"总则"部分的几个重要问题加以探讨，其他部分问题笔者将另行撰文发表。

（一）"立法宗旨"条款

"总则"部分，"立法宗旨"无疑是首当其冲且最重要的内容。这也是各国、各地区著作权立法之通例。例如，美国《著作权法》非常明确地表明了充分保护作者与促进知识和信息传播、使用、扩散的二元价值目标。[1] 我国台湾地区"著作权法"的立法目标也非常具体而明确，即著作人权益之保障、社会公共利益之调和、国家文化发展之促进。[2] 我国现行《著作权法》第1条则规定："为保护文学、艺术和科学作品作者的著作权，以及与著作权有关的权益，鼓励有益于社会主义精神文明、物质文明建设的作品的创作和传播，促进社会主义文化和科学事业的发展与繁荣，根据宪法制定本法。"该条也就是所谓立法宗旨条款。其内涵非常清晰，即"立法者所应考虑的，仍是如何保护创作者、传播者的利益，促进作品及信息的传播、知识的普及，进而提

---

〔1〕 冯晓青：《知识产权法利益平衡理论》，中国政法大学出版社2006年版，第55页。

〔2〕 萧雄林：《著作权法论》，五南图书出版股份有限公司2010年版，第61页。

高整个社会的福祉”。[1] 从上述规定看，我国《著作权法》强调著作权立法在著作权人私益保护基础之上，追求著作权制度应当实现的公益目标，深刻地体现了著作权之立法保护著作权与促进公共利益、著作权人私人利益与公共利益之平衡的二元价值目标。

在当前新形势下，我国著作权制度承载了更加重要的历史使命。“十二五”规划即提出，要大力推进文化产业结构调整，发展文化创意、影视制作、出版发行、印刷复制、演艺娱乐、数字内容与动漫等重点文化产业。党和国家也提出了文化大发展、大繁荣的目标。无疑，著作权法在促进我国文化产业发展和繁荣、进而促进我国整个经济社会发展方面将发挥更加重要的作用。为此，著作权之立法宗旨也需要更好地予以体现。

《著作权法》“修改草案”第一、二、三稿及“送审稿”第1条均规定：“为保护文学、艺术和科学作品作者的著作权，以及传播者的相关权，鼓励有益于社会主义精神文明、物质文明建设的作品的创作和传播，促进社会主义文化、科学和经济的发展与繁荣，根据宪法制定本法。”对比现行法的规定，修改的内容涉及：一是，将“与著作权有关的权益”改为“传播者的相关权”；二是，将“社会主义文化、科学事业的发展与繁荣”拓展到“社会主义文化、科学和经济的发展与繁荣”，并对个别措辞进行调整，如去掉“事业”，扩大外延。笔者认为，上述修改中第二点值得肯定，其他地方则尚有修改、完善的余地。具体分析与建议如下：

第一，现行法和“送审稿”第1条在对著作权保护主体的陈述中，虽然完善了对相关权主体的表达，也体现了在立法宗旨条款中明确相关权主体的法律地位，但仍存在明显的不周延现象。原因是，著作权主体除了作者外还有很多不是作者的情况，特别是考虑到随着我国版权产业发展和文化体制改革，会形成作品创作与传播的投资市场，由非作者享有著作权的情况会越来越多。因此，可以考虑将“作者的著作权”改为“作者和其他著作权人的著作权”。

第二，现行法和“送审稿”第1条忽视了促进公正“利用”作品这一重要价值取向。作品的利用和作品的创作与传播不同，它是实现作品真正价值，最终满足作者人格利益和实现财产收益的保障，也是满足消费者精神需求和

---

〔1〕 冯晓青：《知识产权法利益平衡理论》，中国政法大学出版社2006年版，第378~387页。

实现社会公众利益的体现。作品的利用具有丰富的内涵，不仅包括著作权人的利用，更包括广大社会公众的使用和消费。作品的公正利用是文化产业、版权产业大发展、大繁荣的重要保障。基于此，著作权法立法宗旨可以借鉴日韩等国著作权法中“促进作品之公平利用”“文化财产公正利用”，对公正利用作品的价值取向予以确认。[1] 这样，就在立法宗旨条款中能够明确作品的创作者、传播者和使用者的地位，更好地协调著作权法涉及的利益主体，同时昭示著作权法鼓励作品合法利用的意旨，以利于实现作品创作者、传播者和使用者之间的利益平衡。

第三，“送审稿”第1条中“促进社会主义文化、科学和经济的发展与繁荣”之修改虽然较之于现行法第1条有所进步，但对照整个条文，似乎又增加了新的问题。笔者建议，将“送审稿”第1条中“促进社会主义文化、科学和经济的发展与繁荣”修改为“促进国家文化、科学和经济的发展与繁荣”。之所以如此修改，是因为“送审稿”将现行法中“促进社会主义文化、科学事业的发展与繁荣”，修改为“促进社会主义文化、科学和经济的发展与繁荣”，在保留“鼓励有益于社会主义精神文明、物质文明建设”限定的情况下，政治宣示性气氛较浓。修改后也使得行文表述更为精简，符合法条架构简约的原则。而且，修改后，使得《著作权法》实现其宗旨的范围更大，因为“国家文化、科学和经济”比起“社会主义文化、科学和经济”范围更大。

基于上述分析，可以考虑将“送审稿”第1条修改为：

> 第1条　为保护文学、艺术和科学作品作者和其他著作权人的著作权，以及传播者的相关权，鼓励有益于社会主义精神文明、物质文明建设的作品的创作、传播和作品的正当使用，促进国家文化、科学和经济的发展与繁荣，根据宪法制定本法。

（二）著作权和相关权保护的法律适用

关于著作权和相关权保护的法律适用，现行《著作权法》第2条规定：“中国公民、法人或者其他组织的作品，不论是否发表，依照本法享有著作

[1] 《著作权法修改专家建议稿》（中国人民大学版）提出了增加促进作品公正利用的观点。笔者作为该版本专家组主要成员，对此表示赞同。因此，在此也予以借鉴。

权。外国人、无国籍人的作品根据其作者所属国或者经常居住地国同中国签订的协议或者共同参加的国际条约享有的著作权，受本法保护。外国人、无国籍人的作品首先在中国境内出版的，依照本法享有著作权。未与中国签订协议或者共同参加国际条约的国家的作者以及无国籍人的作品首次在中国参加的国际条约的成员国出版的，或者在成员国和非成员国同时出版的，受本法保护。”修稿草案各个版本以及“送审稿”对该条做了一致性的修改。具体条文内容是：“中国自然人、法人或者其他组织的作品，不论是否发表，受本法保护。外国人、无国籍人作品，根据其所属国或者经常居住地国同中国签订的协议或者共同参加的国际条约，受本法保护。未与中国签订协议或者共同参加国际条约的国家的作者和无国籍人的作品，首次在中国参加的国际条约的成员国出版的，或者在成员国和非成员国同时出版的，受本法保护。中国自然人、法人或者其他组织的版式设计、表演、录音制品和广播电视节目，受本法保护。外国人、无国籍人的版式设计、表演、录音制品和广播电视节目，根据其所属国或者经常居住地国同中国签订的协议或者共同参加的国际条约，受本法保护。未与中国签订协议或者共同参加国际条约的国家的外国人和无国籍人，其在中国境内的表演或者在中国境内制作、发行的录音制品，受本法保护。”

可以看出，修改之处有：①将“中国公民”改为“中国自然人”；②理顺了文字表达，使条文内容更清晰，这体现为第 2 款的修改；③删除了现行法第 2 条第 3 款，因为该款内容可以被其他条款内容涵盖，不需要单独规定；④增加了对于涉外关于相关权保护的法律适用的规定。笔者以为，上述修改完善了我国调整著作权涉外法律关系的法律制度，特别是对于涉外相关权的保护的法律适用做了较多完善。然而，事情不能“矫枉过正”，其中“修改草案”中对于“版式设计”的规定，笔者认为不宜当然地赋予外国人、无国籍人。理由是：版式设计保护本身限于少部分国家和地区，也未上升到国际公约规范的程度。由于其在国际上的保护本身不具有普遍性，且即使对实用艺术作品、追续权等有规定，国际公约也规定了对等保护原则，因此，我国《著作权法》中不需要对“版式设计权”专门规定对等保护条款。

基于上述分析，建议将“送审稿”第 2 条第 5 款修改为：

外国人、无国籍人的表演、录音制品和广播电视节目，根据其所属国或者经常居住地国同中国签订的协议或者共同参加的国际条约，受本法保护。

（三）著作权客体制度及其完善

1. 关于作品之定义。作品是著作权保护之客体，也是著作权获得受著作权法保护资格的基础，否则“皮之不存，毛将焉附”。因此，作品也是著作权法十分重要的内容。本次修改《著作权法》，对著作权客体做了较多修改。主要体现于：①增加了作品的定义，以解决因作品列举挂一漏万的弊端，使其涵盖因科技发展产生的新型作品；②增加了使用艺术作品这一作品类型，以解决《实施国际著作权条约的规定》关于使用艺术作品保护中的超国民待遇问题；③对有关作品的名称、定义做了修改，如将“电影作品和以类似摄制电影的方法创作的作品”改为“视听作品”，将计算机软件修改为计算机程序，以更准确地体现著作权法保护的内涵。

从“修改草案”和“送审稿”的规定看，两者规定有所不同，主要是后者将“智力成果”修改为“智力表达”。[1] 笔者认为，“送审稿”对此的修订有所退步，应恢复“修改草案”的“智力成果”的表述。同时，无论是“修改草案”还是“送审稿”，均存在一个明显的问题，即对作品的定义忽略了“创作”这一本质要素与条件。因此，建议对“作品”的定义做出修改。具体分析与建议如下：

“智力表达”不足以体现作品的本质。无论是以“送审稿”中的“表达”称之，抑或是“修改草案”征求意见稿以“智力成果”称之，它们都是基于“创作”而产生的，离开了创作，就根本不存在著作权法意义上的作品。如果在“智力成果”前限定作品系基于创作而产生的智力成果，这样就可以很好地区分著作权法意义上的智力成果与其他知识产权专门法律保护意义下的智力成果，甚至还可以区分著作权法体系内部著作权客体与相关权客体。事实上，现行《著作权法》第 3 条尽管没有明确“作品”的定义，但还是“点出”了作品是通过创作而形成的这一本质内涵。基于此，笔者主张将著作权

---

〔1〕 具体内容分别是：“本法所称的作品，是指文学、艺术和科学领域内具有独创性并能以某种形式固定的智力成果”；“本法所称的作品，是指文学、艺术和科学领域内具有独创性并能以某种形式固定的智力表达”。

法意义上的作品定义为：文学、艺术和科学领域内具有独创性并能以某种形式固定的、基于创作而产生的智力成果。

2. 作品外延界定。作品范围即外延的界定，决定着著作权法的功能实现与结构体系。《伯尔尼公约》第 2 条第 1 款规定的作品是指文学、艺术、科学领域内的一切成果，不论其表现形式或者方式如何。公约对各类作品进行了示例性的列举，逻辑上并没有穷尽作品的所有类型，对作品范围进行了开放性的界定。德国、法国、埃及、日本等国著作权法也都首先概括作品的内涵，然后示例作品类型。这种作品范围界定的开放模式，能够有效地实现范围概括的周延性与操作的灵活性，在出现新的作品时，可以适用作品概念并结合现实情况予以判断。

我国现行《著作权法》第 3 条规定："本法所称的作品，包括以下列形式创作的文学、艺术和自然科学、社会科学、工程技术等作品"，并在列举 8 类作品后，用"法律、行政法规规定的其他作品"予以兜底。这种对作品范围的列举规定，在逻辑上是封闭的、穷尽的，虽然将扩大作品类型的权力授予有权制定其他法律或者行政法规的机关，但在没有相应规定时，不得予以保护。即便通过其他立法予以补充，补充的逻辑基础也是封闭的，补充的结果自然也是限定的，即只有明确增加的作品种类才能受到著作权保护，除此无他。换言之，现行《著作权法》的作品类型是法定的，缺乏包容性。为了缓和立法规定的不足，《著作权法实施条例》规定了作品定义，这一做法迂回实现了概括加列举的立法意图。

在《著作权法》第三次修订工作中，相关专家特别强调作品的概括定义。无论是列举式立法模式不足以应对技术发展带来的新作品类型保护需要，[1] 还是应当通过立法消除现实中对作品的定义的不同理解，[2] 这些立法理由都指向作品界定的重要性。

现行《著作权法实施条例》界定作品定义时，要求作品"能以某种有形形式复制"。这包含两层含义：一是要求作品具有固定性——"有形形式"是固定的典型表述——而且是永久性的固定，无形则不可捉摸，也不容易为公众所认知，短暂的固定也难满足"有形"要求；二是要求作品能够进行有形

〔1〕 吴汉东："著作权法修订应立足国情与时俱进"，载《中国知识产权报》2012 年 2 月 13 日版。

〔2〕 李明德："著作权法修订应着力解决现实问题"，载《中国知识产权报》2012 年 2 月 10 日版。

的复制，只有能够复制的作品才能进行传播，并产生市场利益。不过，随着信息传播技术的发展，作品利用方式不断增加，不利用有形载体同样能够实现作品的传播利用目标，比如利用网络、广播等技术进行传播。在这种情况下，再固守“某种有形形式”界定作品，已经无法明确作品的内在特征，也限缩了作品的复制或传播形式。从国外及国际公约的解决方案看，《伯尔尼公约》、德、法、日、埃及等国的著作权法均没有限制复制形式。有学者在2001年《著作权法》修改时就提出，应当按照《伯尔尼公约》的表述修改《著作权法实施条例》第2条，强调作品是“以任何方式或形式表现”的“一切”智力创作成果。[1] 否定了立法中利用“有形复制”限制作品属性的做法。

国家版权局2012年公布的《著作权法》“修改草案”对于作品范围的界定中，将现行《著作权法实施条例》规定的有形复制要求，修改为“能以某种形式固定”的固定性特征，既实现了著作权法抽象概括作品范围的立法目的，也释放了对作品复制形式的限制。因为作品只要“能以某种形式固定”就能够以某种技术手段传播，从而实现著作权制度界定作品时的便于传播的目标。而且删除了作品“永久性”固定要求，使得作品只要能够固定，无论是永久还是“昙花一现”的呈现，都构成作品要求的固定，适应了当代数字技术的现实需要。因为，随着当代信息技术的发展，作品即便是短暂固定，也能够通过技术手段实现永久记录与储存，所以对固定性要求的日渐宽松已经成为当代著作权制度的特点。

3. 作品种类示例。在国际范围内，作品种类的示例有两种常见方式：一是按照作品的构成要素或者表现形式进行列举；二是按照作品的相互关系进行列举，包括原创作品与再创作品。[2] 前一种有利于明确作品保护的内容，后一种便于厘定作者与后续作者之间的利益界限。不过，各国著作权法很少有按照某一标准来说明作品，往往是明确列举著作权法保护的一些作品类型，而且不同类型的分类标准并不一致。日、意、德、法等国著作权法在作品一节中，均既规定按照构成要素划分的作品类型，又规定按照相互关系划分的作品类型。例如，德国将美术作品与包括绘图、设计图、地图、草图、表格

---

〔1〕 刘波林：“关于按 TRIPS 协定的要求改进我国著作权制度的建议”，载《知识产权》2001年第3期。

〔2〕 肖峋：“论我国著作权法保护的作品”，载《中国法学》1990年第6期。

和立体表现在内的科学、技术类的图形作品并列，两者的区别标准实质是学科领域；日本也采用了类似的按学科领域将美术作品、建筑作品与地图或者具有学术性质的设计图、图表、模型以及其他图形作品并列的做法。这种示例方式既兼顾了按照表现形式分类的严谨性，也有利于明确艺术领域与科学领域内作品保护范围的差别。

我国《著作权法》第3条对作品种类的列举基本采用了构成要素分类法，而将演绎作品规定在权属部分，这种方式有助于明晰作品分类的适用意义。如果将两种分类方式规定在作品一章中，虽然能够全面囊括作品类型，但打乱了原有的立法意图，也与业界认知习惯不符，并非上策。下文通过对我国曲艺作品、杂技艺术作品、立体作品、建筑作品、实用艺术作品制度的分析即可发现，我国《著作权法》对作品种类的规定中，以下问题值得关注：①有些作品表现形式相同，并列列举不妥，需要予以调整；②有些示例的作品类型内涵狭窄，应当适当拓宽；③不同作品的保护边界需要厘清。

(1) 曲艺作品。我国现行《著作权法》规定了曲艺作品，“修改草案”主要是增加了曲艺的类型，如相声小品、快板快书、鼓曲唱曲、评书评话、弹词等，保留将“以说唱为主要形式表演的作品”规定为受著作权法保护的专门一类曲艺作品的做法。其实，曲艺作品的构成是剧本与说唱，即按照特定的剧本通过说唱形式予以表现。说唱是一种表演活动，在性质上与演员按照剧本进行表演相同。在构成上，曲艺作品的剧本是文字作品，与视听作品的剧本以及戏剧作品是相同的，或者可以称为短剧；曲艺作品的表演则是一种演出活动，属于表演者权的范畴，相声小品、快板快书等表演者也被称为演员。因此，说唱本身并不传递创作信息，只有说唱的剧本、底本或者直接产生的即兴演说才构成反映作者思想、感情的具有鲜明个性的作品。通常，不同的表演者所表演的内容存在一定差别，但是这些差别并不妨碍作品的认定与保护。如果表演者的说唱内容与底本存在着实质性差别，则可能构成新作品（口述作品），表演者即是新作品的作者。

从功能上说，曲艺作品的剧本与戏剧作品具有相似性，是按照戏剧作品的保护模式将戏剧与其表演分开，还是按照视听作品的保护模式将剧本与表演合并为独立作品，这取决于一国的法律政策或者立法传统，也与产业发展有关。笔者认为，曲艺固然是我国富有特色的艺术形式，内容丰富、形式多样，但在知识产权国际化的形势下在著作权法中将其规定为一种独特的作品类型并不合适。根据曲艺的创作等具体情况，将其并入著作权法中的文字作品、口述作品或其他作品类型，可以在有效保护我国曲艺艺术的基础上，更好地实现我国著作权法与国际接轨。

（2）杂技艺术作品。我国《著作权法》在2001年修改时基于“中国杂技在世界上享有较高声誉，杂技造型具有创造性”而增加了杂技作品。[1] 根据《著作权法实施条例》第4条的规定，杂技艺术作品是指杂技、魔术、马戏等通过形体动作和技巧表现的作品。不过，这一界定与作品判断的基本规则——独创性与表达形式——不符。作品受保护的是其非功能性的艺术性，受保护的前提条件是独创性，受保护的范围是表达而不是思想。杂技艺术在著作权法上的地位，也需要通过其独创性表达形式来体现。杂技的表达形式是体现艺术性的形体动作，它们是杂技艺术作品独创性与审美性的判断基础；杂技的独创性则是这些形体动作所反映的作者的个性、思想、情感与意志等。不过，杂技训练的技巧、能力、方式等虽然是实现独创性表达形式的基础，但是这属于杂技艺术创作的方法，并非著作权法所考虑的。只要杂技（通过技巧、方法等的训练）所表现的形体动作等是独创性的，表达了作者所传达的思想、情感与意志，即构成杂技艺术作品，杂技实质上是一种表达独创性艺术的形体动作。

根据著作权法激励作品创作与传播的立法目标，赋予杂技艺术以著作权作品地位的目的，在于鼓励作者进行艺术创作，产生更多的杂技艺术作品，丰富杂技艺术，而非鼓励、促进杂技技巧的提高与超越。如果对杂技表演者的表演技巧进行保护，无疑是保护了表达形式的表现方法，对杂技艺术创作并没有正面促进作用。

与杂技艺术作品类似的是舞蹈作品。“通过连续的动作、姿势、表情等表现思想情感”的舞蹈作品，与“通过形体和动作表现”的杂技艺术作品相比，两者都是通过“动作、姿势”等表现出来的，主要区别在于其表达的侧重点不同，杂技通过动作在表达美感的同时侧重其技艺，而舞蹈通过动作表现的通常是“思想情感”。杂技技巧不是著作权保护的内容，而杂技通过形体动作体现出来的审美特征与舞蹈并无区别。从国际上看，主要国家著作权法均不

---

〔1〕 转引自余晖：“杂技艺术作品著作权的保护”，载冯晓青主编：《知识产权权属专题：判解与学理研究》（第2分册），中国大百科全书出版社2010年版，第29页。

将杂技艺术视为著作权法保护的对象。[1] 因此，根据杂技本身的特点，借鉴国际通行做法，我国《著作权法》不必单独设置杂技艺术作品。

（3）立体作品（模型作品）。立体作品是《伯尔尼公约》规定的作品种类。其第 2 条第 1 款列举了立体作品或三维作品（Three - dimensional works），并用“例如”（such as）形式规定了其范围：与地理、地形、建筑或科学有关的插图、地图、设计图、草图和立体作品。从语义逻辑上说，三维作品包括了以立体形式呈现的建筑作品与雕塑作品，而该公约却将其作为两类作品分别单独列举。这体现出两层含义：①立体作品的限定语是“与地理、地形、建筑或科学有关”，体现了公约规定的立体作品的实用性或者科学性。与建筑作品、雕塑作品等立体形式呈现的艺术作品[2] 相比，这里的立体作品具有双重功能：作品的精神消费功能和现实科技中的应用价值，而非单纯的作品功能。②立体作品与插图、设计图、草图等并列，表明公约规定的立体作品是指，通过立体三维而非平面形态表现的、具有现实应用价值的作品。换句话说，《伯尔尼公约》规定的立体作品，是以三维形态表达的具有实用价值的作品。

与立体作品最有关联的是立体设计（model，也称模型）。《伯尔尼公约》第 2 条第 7 款旨在规定成员国选择保护实用艺术作品以及工业品外观设计的模式，规定了立体设计。结合公约第 1 款将实用艺术作品规定为作品的做法分析，公约倾向于立体设计的著作权保护模式，只是为了增强公约授权立法的操作性，将其另列。

我国《著作权法》将《伯尔尼公约》的立体设计制度转化为国内法时，使用了模型作品的概念，将其与其他作品并列，并吸收原《著作权法实施条例》的规定，将其界定为：“为展示、试验或者观测等用途，根据物体的形状和结构，按照一定比例制成的立体作品”。这一规定将模型作品限定为对原物缩微模仿而成的立体作品，从而排除了本身即为三维形式的立体设计，比如具有审美价值的工具、模具设计模型；同时，将模型作品规定为依照实物制作的物体，因而排除了现实中存在的先于实物产生的那些按照实验、图样等制作的样品模型。笔者认为，因为模型主要是对其他作品的复制，缺乏著作

[1] 世界上美、英、法、德、日、韩、印、巴西、埃及等国著作权法都没有规定杂技艺术作品。参见《十二国著作权法》翻译组译：《十二国著作权法》，清华大学出版社 2011 年版。

[2] 建筑作品与雕塑作品在其艺术性和功能性方面，也有着显著的不同，参见下文讨论。

权作品所需的独创性要件，而且《著作权法》通过吸收《伯尔尼公约》的立体作品制度，即可包括模型等立体的实用设计，不必单独规定模型作品。

“修改草案”第二稿将模型作品改为立体作品，并界定为“指为生产产品或者展示地理地形而制作的三维作品”，较好地解决了此前模型作品方面中的问题。第三稿增加了“说明事物原理或者结构”的目的。“送审稿”则将“制作”改成“创作”，显得更为合理。为实现规范的包容性，笔者建议进一步修改为：

> 立体作品，是指为生产产品、展示地理地形、说明事物原理或者结构等实用需要而创作的三维作品。

（4）建筑作品。我国 1990 年《著作权法》没有规定建筑作品，1991 年《著作权法实施条例》规定美术作品中包括建筑作品，并将建筑作品界定为“以线条、色彩或者其他方式构成的有审美意义的平面或者立体的造型艺术作品”，以此规定了我国著作权法语境下建筑作品的构成要素和特征。现行《著作权法》、《著作权法实施条例》将建筑作品规定为立体建筑物或构筑物，将建筑设计图作为图形作品予以保护，将建筑模型规定为模型作品。建筑因建筑实体、设计图纸、模型包含多种彼此不同且又相互关联的“形式”，使其能够作为多种作品受到保护，这使建筑作品呈现不确定性。

就建筑而言，建筑设计图是立体建筑物的图形设计，两者在结构、形状、线条等方面具有一致性，不同之处在于载体——建筑物的结构与形态是通过建筑材料等实物表达的，而建筑设计图则是通过线条、尺寸数据等平面构图元素表达的。这种不同应当是载体的不同，而非著作权对象本身的不同。著作权法只判断表达形式，而不涉及表达方式和记录载体，以实物或者线条形式均无碍建筑主旨的表达。将建筑作品与建筑设计图区别开来，实际上是混淆了建筑作品客体与载体的界限。

国外立法经验也支持这一认识。德国《著作权法》第 2 条将建筑艺术置于美术作品中，并且强调满足精神需求的作品性。人们认为，美术作品的设计图纸也可以视为作品，因为“从具有了某种表达形式的那一时刻起，就达到了法律规定的保护标准”。当然，纯粹科学技术性质的表述，比如各种绘图、设计图、地图、大纲、表格以及使用造型进行的表述也属于著作权法的保护范围，但不是美术作品的保护范围。因此，一般的建筑设计图只能归入到科学技术方面的表述，而不是美术作品意义上的绘图。[1] 美国《著作权法》的规定也体现了这一认识：建筑作品是指以任何有形媒介表达方式体现的建筑设计，包括建筑物、建筑规划或图纸；无论是通过建筑物表现出来，还是通过建筑设计图表达出来，都构成对建筑的重复再现，均构成复制。

在我国，按照建筑设计图建造立体建筑物的行为是否构成复制，知名建筑物的仿制品是否构成侵权，人们对诸如此类涉及建筑作品的问题一直存在不同认识。1990 年《著作权法》第 52 条规定，按照工程设计、产品设计图纸及其说明进行施工、生产工业品，不属于复制——体现出当时将建筑设计图与建筑作品分开保护。2001 年《著作权法》修改时删除了这一条款，因此产生了三种可能的解释：一是此类行为属于复制，立法中删除表明立法改变了态度；二是此类行为不属于复制，立法删除意味着没有必要再强调；三是此类行为是否构成复制取决于司法的具体判断。对立法的不同理解导致理论和实践中的歧义。

"修改草案"第二稿将建筑作品修改为："以建筑物或者构筑物形式表现的有审美意义的作品，包括作为其施工基础的平面图、设计图、草图和模型"。第三稿和"送审稿"均维持了这一规定。这一措辞体现了建筑作品的本质含义，但并未改变原建筑作品指向立体形式的"建筑物或构筑物形式"的倾向。为科学界定建筑作品的内涵，消解上述规定前后半段的矛盾，笔者建议将建筑作品定义为：

> 通过一定的空间结构、布局、形状与线条表现出来的具有独创性的建筑设计。

（5）实用艺术作品。

第一，实用艺术作品的判断标准[2]。与实用艺术作品比较接近的概念是美术作品以及外观设计。判断实用艺术作品实质上就是在这三者中划定各自的保护范围，具体到实用艺术作品大致有如下几个区分角度：

其一，手工制作标准。这是从实用艺术品产生过程角度进行的分析。由

---

[1] 参见［德］M. 雷炳德：《著作权法》，张恩民译，法律出版社 2005 年版，第 144～145 页。

[2] 本部分引自王艳秋："我国实用艺术作品的法律保护与制度完善"，载《武陵学刊》2013 年第 2 期。

于手工实用艺术品，特别是单件制作的作品，体现了创作者的创意和思想感情，所以这部分作品反映了独创性特征可以被纳入实用艺术作品进行保护；而工业化实用艺术品和不符合艺术性的产品则属于工业品外观设计范畴。〔1〕我国《实施国际著作权条约的规定》中规定美术作品（包括动画形象设计）用于工业制品的，不适用于关于实用艺术作品保护的规定。如此规定的理由在于努力消除工业品外观设计专利与著作权的保护范围划定不清的问题。但是，这种制度设计也是有一定的问题的，即对为了实际使用而创作的实用艺术作品和美术作品用于工业制品而产生的实用艺术作品两种客体分别进行了不同的著作权保护，实际上两者的实质并没有任何差异。著作权保护关注的只应当是艺术性的体系分类，手工判断标准不能完全体现著作权法保护具有审美意义的独创作品的本旨，只要体现作者的独创性表达便应当受到著作权法的保护，对于是否用于工业品制造、适用的领域如何，不应当被纳入保护范围的判断因素之中。

其二，可分离且独立存在标准。实用艺术作品受著作权法保护的判断应当集中在艺术性价值上，但是对于此处的艺术性因素的判断应当采取什么样的标准，对其要求的水平与美术作品持平是否合理？对这个问题的思考可以解决我国司法实践中关于实用艺术作品包含范围的困惑。

在爱禄睦国际股份有限公司与惠州新力达电子工具有限公司等著作权、知名商品特有包装侵权纠纷上诉案中，广东省高级人民法院认为：我国著作权法未规定保护实用艺术作品，实用艺术作品只有在达到艺术创作高度时，才作为“美术作品”受我国著作权法保护。反映艺术成分过低、缺少艺术特征的“实用艺术作品”，被完全排除在我国著作权法保护之外。在另一案件中，法院认为实用艺术作品的艺术方面只有在构成作品时，才能够获得著作权法的保护。不应否认的是，实用艺术作品因其特殊性，创作时受到的限制较多，从而决定了其作品个性表达空间与纯粹的美术作品的发挥空间相比比较有限。实用艺术作品设计者个人思想的表达不可能跳开作品的实用性功能。所以，用美术作品的标准去衡量实用艺术作品是不合适的，实用艺术的独创性的个性要求要低于纯美术作品而定位于“具有一定的审美个性”。〔2〕在判

〔1〕 付继存：“为美术作品寻求最佳保护模式”，载《中国知识产权报》2008 年 11 月 14 日版。

〔2〕 丁丽瑛：“实用艺术品著作权的保护”，载《政法论坛》2005 年第 3 期。

断标准上，可以借鉴美国版权法上区分实用艺术作品时采用的可分离性原则，即分离性与独立存在特征。实用艺术品具有实用性和艺术性，实用成分和艺术成分观念上可以分离且能独立存在，其艺术成分受著作权法保护，而实用成分和艺术成分在观念上都不可分离的，则不受著作权法保护，符合专利条件的可以采取专利保护模式。

美国版权局注册规则规定，如果物品的唯一内在功能是其实用性，虽然该物品是独特的并且具有吸引人的外形，也不具有艺术作品的资格。然而，如果实用物品的形状具有一些诸如艺术雕塑、艺术图案、艺术图形的特征，同时这些外形特征又能够作为艺术作品被分离出来并能够作为艺术作品而独立存在，那么这些外形特征就可以获得注册。

但是，美国法上的“可以分离”也存在着不同的理解。有物理层面的分离和观念层面的分离两种观点，并且观念上的可分离原则也有不同的流派分歧，这些标准的选择有赖于法官对于这个原则的理解，不应当作过于死板的规定。我国应当按照统一的、基于艺术性因素的标准判断实用艺术作品的保护范围。我国可以在法律中规定实用艺术作品的艺术性因素能够区别于实用性功能且能够独立存在的实用艺术作品即可被纳入到实用艺术作品的这一类保护客体中，将其他不必要的因素排除在外。

第二，我国实用艺术作品著作权制度及其完善。我国学术界一般认为，实用艺术作品是指为实际使用而创作或创作后在实践中应用的艺术作品；〔1〕世界知识产权组织编写的《著作权法和邻接权法律词汇》把实用艺术作品解释为“具有实际用途的艺术作品，无论这种作品是手工艺品还是工业生产的产品，例如小装饰品、玩具、珠宝饰物、金银器具、家具、墙纸、装饰物、服装等”。实用艺术作品具有艺术与实用两方面功能，在实践中涉及两个判断维度，即实用功能与艺术功能、工业制作与手工制作。1990 年《著作权法》并没有明确规定实用艺术作品，只能解释在美术作品中。1991 年《著作权法实施条例》第 2 条规定，美术作品是指平面或者立体造型艺术作品。于是，实用艺术作品如果具有审美意义，无论是立体的还是平面的，均可以包括在美术作品的范围内。

---

〔1〕 参见吴汉东：《知识产权基本问题研究》（分论），中国人民大学出版社 2009 年版，第 44 页。

在国际上，美国《著作权法》第101条规定，就其形式而非机械或实用功能而言，实用工艺作品（的设计）应视为“绘画”、“图形”和“雕塑作品”，但只有且仅以该工艺品设计中所含之绘画、图形或雕塑元素可使其区别于且能独立于物品的实用功能而存在者为限。其赋予实用艺术品作品地位时强调其艺术功能独立性的做法，成为实用工艺品著作权保护的基本认识。德国将实用艺术作品纳入艺术作品之列，其获得著作权保护的前提条件是满足艺术作品的保护要件，而无论表达形式是手工的还是工业批量生产的，只要体现作者独特的观点与特殊的创造力即可。如果是体现了大众口味或者时尚趋势与风格，就只能根据外观设计法或者竞争法而受到保护。[1]

我国《实施国际著作权条约的规定》规定美术作品（包括动画形象设计）用于工业制品的，不适用关于实用艺术品保护的规定，其意图是消除工业品外观设计专利权与著作权的双重保护。但是，这种制度设计不符合著作权法只关注艺术性的规则。“修改草案”第一稿第3条第2款规定了实用艺术作品，并界定为“具有实际用途的艺术作品”，其第二稿使用“具有审美意义”代替“艺术”，进一步明确了该类作品的特征。第三稿第3条第2款、“送审稿”第5条第2款则修改为“玩具、家具、饰品等具有实用功能并有审美意义的平面或者立体的造型艺术作品”。

按照著作权原理，体现作者个性的独创性表达即构成受保护的作品，至于作品的生产、制作工艺、适用领域等不在作品的考虑范围内。笔者认为，我国应当按照艺术标准修正实用艺术作品保护规范，规定：

> 实用艺术作品，是指玩具、家具、饰品等艺术功能能够区别且独立于实用功能的艺术品。

（四）著作权法排除适用领域（不适用于著作权保护的对象）

不适用于著作权保护的对象即著作权法的排除领域。在我国《著作权法》上规定为不适用于著作权法保护的类型，在1990年《著作权法》上包括：①法律法规，国家机关的决议、决定、命令和其他具有立法、行政、司法性质的文件，及其官方正式译文；②时事新闻；③历法、数表、通用表格和公式等。

---

〔1〕［德］M. 雷炳德：《著作权法》，张恩民译，法律出版社2005年版，第142页及以下。

2001年《著作权法》及现行《著作权法》在数表上增加了“通用”一词。“修改草案”第一、二稿增加了不受著作权法保护的类型或者限定，但仍有值得商榷之处。

1. 公共管理机构正式文件的著作权法排除。根据著作权法的规定，这些官方文件包括法律法规，国家机关的决议、决定、命令和其他具有立法、行政、司法性质的文件，及其官方正式译文。对此，以下三个方面值得注意。首先，我国政协、执政党与事业单位的公务文件以及领导人的职务性讲话等，主要反映了国家的政策，也应将其纳入不受著作权保护的官方文件的范围。其次，我国《著作权法》只规定了这类官方文件的翻译不适用著作权法，但这些文件的汇编是否可以享有著作权则是一个有待明确的问题。事实上，有些公共管理机构通过发行官方文件的汇编作品而变相牟利的情形时有发生，如行政部门利用行政权力将该职能部门所涉及或者发布的规章、通知、意见等政策性文件分册或分年汇集，以高价向社会公众销售，或者利用其掌握的便利销售渠道发行，这无疑有违公共管理机构的公共职能。在这一方面，日本和我国台湾地区“著作权法”均规定，中央或地方机关就著作作成之翻译物或汇编物不得为著作权之标的。最后，我国相关文件规定，[1]强制性标准属于具有法规性质的技术性规范，不受著作权法保护；推荐性标准不具有法规性质，属于著作权法的保护范围。有人认为，这两种标准的差别在于执行和实施方式的不同，都属于不受著作权法保护的领域。[2]这一说法揭示了标准的实质，因为执行和实施不影响标准的性质，只影响标准实施的效果，而著作权法所关注的是标准的性质。

2. 时事新闻的著作权法排除。现行《著作权法》规定时事新闻不受著作权保护，这并不表示时事新闻不具有作品的独创性等要素，事实上它包含事实材料等思想范畴，也包含表达方式等表达范畴。只是由于著作权法的特殊需要，如保护知情权，而将其排除在著作权保护之外。“修改草案”第一稿则进一步规定“通过报纸、期刊、广播电台、电视台、信息网络等媒体报道的单纯事实消息”不适用著作权法。将新闻与消息区分开来的做法，消除了新

---

〔1〕 如《国家版权局版权管理司关于标准著作权纠纷给最高人民法院的答复》和《最高人民法院知识产权审判庭关于中国标准出版社与中国劳动出版社著作权侵权纠纷案的答复》。

〔2〕 周应江、谢冠斌：“技术标准的著作权问题辨析”，载《知识产权》2010年第2期。

闻不适用著作权法的歧义。广义的新闻包括发表在报纸、期刊、广播电台、电视台以及信息网络上的除评论与专文以外的常用文本，比如消息、报告文学、通讯与社论等，狭义的新闻专指消息。事实上，不适用著作权法的新闻只包括消息，这种区分符合我国著作权法实践，也可以从独创性上得到学理支持。

3. 依法律举行的考试的试题适用著作权法排除。公众希望国家或者公共管理机构的考试试题能广为周知，而且这些内容已经得到了公共财政的补贴，不应当再适用著作权法。我国台湾地区“著作权法”做出了相应规定，即依法令举行的各类考试试题及其备用试题不受著作权法的保护。法令包括法律和命令。这包括两层含义：①不受著作权法保护的是试题，而不是试题汇编，如果试题汇编具有选择和编排上的独创性，则可以作为汇编作品受到保护；[1]②并不是所有的试题都不适用著作权法，非公共管理机构的试题以及学校、教师个人自行编写的模拟试题等是试题创编者综合考察要点设计出来的智力成果，属于作品范畴，比如托福考试、GRE 考试或者外国智力测验等的试题。前些年新东方试题著作权纠纷案就反映了这一点。我国对于依据法律举行的各类考试试题，实践中并没有尊重著作权的做法，而且也没有发生有关纠纷。因此，规定此类试题的著作权排除并没有实践障碍，立法中予以明确规定可以更方便公众的利用。

4. 公益性的科学作品的排除。长期以来，对于具有公益性质的科学作品，如专利文献包括说明书、公报、索引、分类表及其他有关专利文件，以及药品批文、天气预报等，我国《著作权法》未予以明确，但实践中已引起相关纠纷。从激励理论看，无论科学作品的著作权人是否受到著作权法的激励，这些作品都会出现并随着相关产品而传播，不适用著作权不仅不至于产生著作权人利益的损害，而且有益于科学知识的传播与后续发明等公益。药品批文对公众监督药商的生产行为具有重要作用，应当鼓励批文的公开与利用。天气预报服务于人们的生产生活，也应当鼓励公开传播。基于此，本文认为，我国著作权法的排除领域可以单列一条，以明确其与基于作品内在性质而排除的对象不同。将著作权保护排除的内容丰富为：

---

〔1〕 参见肖志刚：“浅析试题的著作权”，载《知识产权》2000 年第 1 期。

以下对象不适于著作权法保护：

（1）法律、法规，国家或者公共管理机构的决议、决定、命令等正式文件与其他具有立法、行政、司法性质的文件，及其官方正式译文与官方汇编物；

（2）国家或者公共管理机构依法组织的各类考试试题及备用试题；

（3）具有公益性质的专利说明书、公报、索引、分类表、药品批文与天气预报等；

（4）通过报纸、期刊、广播电台、电视台、信息网络等媒体报道的单纯事实消息；

（5）历法、通用数表、通用表格和公式等。

（五）“总则”中未予涉及但有必要规定的内容

就本次《著作权法》修订而言，笔者主张在总则中对“特别重要”的术语予以定义，以便于理解，并保持法条规范的协调。无疑，关于什么是“著作权”和“相关权”应属于“特别重要”的术语，值得在总则中予以定义。令人欣慰的是，“送审稿”在总则中已经部分注意到了上述问题，包括对“相关权”的定义。但稍显遗憾的是，没有对“著作权”如此重要的术语予以定义，与新增的“相关权”的定义规定不相吻合和协调。故建议增加著作权之定义。

具体建议是：增加关于“著作权”的定义，以与第6条关于相关权的定义相吻合。具体体现为将“送审稿”第6条第1款作为第2款，新增第1款，同时将“送审稿”第6条第2款并入到新条款中。

第6条　本法所称的著作权，是指作者或者其他著作权人依法对文学、艺术和科学作品享有的专有权利。

本法所称的相关权，是指出版者对其出版的图书或者期刊的版式设计享有的权利，表演者对其表演享有的权利，录音制作者对其制作的录音制品享有的权利，广播电台、电视台对其播放的广播电视节目享有的权利。

（六）其他规定的优化

关于权利的产生，“修改草案”和“送审稿”均做了规定，但有些零散。例如，“送审稿”第5条第2款规定：“著作权自作品创作之日起自动产生，无须履行任何手续”；第6条第2款规定：“相关权自使用版式设计的图书或者期刊首次出版、表演发生、录音制品首次制作和广播电视节目首次播放之日起自动产生，无须履行任何手续。”笔者认为，上述规定并无可，但为法律的严谨性和逻辑自洽性，建议将上述两款合并为单独的1条，体现《著作权法》对著作权和相关权产生的规定。具体建议为：

新增1条作为第7条：

> 第7条　著作权自作品创作完成之日起自动产生，无须履行任何手续。
>
> 相关权自使用版式设计的图书或者期刊首次出版、表演发生、录音制品首次制作和广播电视节目首次播放之日起自动产生，无须履行任何手续。

五、“著作权归属”部分之完善

（一）演绎作品著作权归属制度及其完善

1. 关于演绎作品的新规定。在此次《著作权法》修改过程中，对于演绎作品的含义、归属以及行使规则，立法者进行了更加细致的规定，以解决实践中出现的诸多矛盾。修订稿中更加明确了使用已有作品制作的视听作品属于演绎作品，在无相反约定下，适用演绎作品的一般规则。

“修改草案”第二、三稿第14条规定：“以改编、翻译、注释、整理等方式利用已有作品而产生的新作品为演绎作品，其著作权由演绎者享有。使用演绎作品应当取得演绎作品的著作权人和原作品的著作权人许可，并支付报酬。”法条中引入了“演绎作品”、“演绎者”这两个术语，明确了演绎作品在著作权法体系中的地位。该条在“改编、翻译、注释、整理”后加上“等方式利用”，对演绎行为的描述采取了列举加归纳的形式，扩大了演绎行为的范围，使其不仅仅局限在法条罗列的4项中，以便适应现实生活中不断出现的新的演绎方式。同时该条明确了演绎行为要利用原作品而产生新作品，强调了演绎作品的独创性，并明确演绎作品著作权由演绎者享有。

该条第2款明确了演绎作品著作权的基本行使规则，即“使用”演绎作品应当取得演绎作品著作权人和原作品的著作权人许可。根据该款可以明确，创作演绎作品可以不经原作品著作权人的许可，其演绎作品完成之时就取得其著作权。如果想使用演绎作品，则需要演绎作品以及原作品著作权人的双重许可。就此在立法上解决了“侵权演绎作品”是否受著作权保护的问题。

2. 演绎权的具体内容。此次《著作权法修订稿》中，虽然明确提出了“演绎作品”这一术语，但是并未规定一项上位的演绎权。演绎权仍是著作权法中的一个学理概念。在现行《著作权法》中通过设立摄制权、改编权、翻译权、汇编权4项来赋予作者禁止他人未经许可演绎自己作品的权利。修订稿还将摄制权与改编权整合，删除了汇编权。

（1）演绎权与演绎作品著作权。在19世纪中期以前，作者的著作权控制主要限于对作品的大量复制。自19世纪中后期以来，英美法院逐渐赋予作者控制其作品被他人再创作的权利，直至系统地限制他人创作演绎作品的自由。〔1〕演绎权是作品著作权人对作品演绎行为的专有权。演绎权与演绎作品的著作权是两个完全不同的概念。首先，权利主体不同。演绎权的主体是原作品的著作权人，其有权禁止他人未经许可对其作品进行演绎；而演绎作品的著作权主体是演绎者，演绎者对演绎作品享有包括演绎权在内的完整的著作权。与此相应，演绎权的客体是原作品，更加具体的是针对原作品的表达；著作权的权利客体是作品。演绎权作为重要的一种经济权利，其内容不外乎权利人自己进行演绎以及禁止他人未经许可演绎作品。但与其他著作财产权不同，演绎行为产生的是具有独创性的新作品，本身具有完整的著作权。因此，笔者认为演绎权的权利内容针对的是演绎行为产生新作品的利用行为，而非对演绎行为本身进行控制。

著作权中大部分权利内容属于著作财产权，著作权法的宗旨也在于保护著作权人的经济利益从而促进创作。作品自完成之时就获得著作权的保护，但要想获得经济效益，则要使作品走向下一个环节——传播与流通。无传播即无利益，无法出版发行、进入传播渠道的作品无法为作者带来经济利益，也无法对公共利益以及原作品的利益造成影响。因此，单纯的演绎行为其后果仅仅是产生演绎作品，不会对原作品的经济利益造成影响。

学界曾经讨论过“非法演绎作品”是否应当予以著作权保护，即演绎作品的产生是否以演绎权为基础的问题。所谓“非法演绎作品”是指没有经过原作品著作权人授权而产生的作品，有学者认为，对于侵权作品一律不予以

〔1〕 冯晓青：“演绎权之沿革及其理论思考”，载《山西师大学报》（社会科学版）2007年第3期。

著作权保护是英美法系国家和部分大陆法系学者的共同观点，其理论基础主要是英美法系的“不洁之手”学说和大陆法系“侵权行为本身并不能产生合法之利益”的原则，并以美国版权法第103条第（a）款和法国《知识产权法典》L. 122－4条为例，说明两国的立法都绝对不保护侵权演绎作品。[1] 笔者认为，对于演绎作品的创作，无须经过原作品著作权人的许可，演绎作品完成之时即获得著作权的保护。因为单纯的创作行为不会对他人利益造成影响，仅供个人使用的演绎行为可以划归合理使用的范围，并且法律基于公平原则也应对演绎作品中体现的创造性劳动进行保护。这一点在现行《著作权法》中也得到了体现，但其并未规定创作演绎作品时需要征得原著作权人的同意，第12条仅规定“行使著作权时不得侵犯原作品的著作权”。“修改草案”、“送审稿”也明确了演绎权的内容是控制演绎作品的使用行为。如“送审稿”第16条第2款中规定“使用演绎作品应当取得演绎作品著作权人和原作品的著作权人许可”。该款明确指出仅仅“使用”演绎作品的行为才需要原著作权人与演绎者的双重许可。

笔者认为该款规定有其合理性，其他国家的立法也有类似的表述：如韩国《著作权法》第22条规定“作者有权基于自己的原始作品而创作并利用演绎作品”；德国《著作权法》第23条规定“只有取得被演绎作品或被改编作品作者的同意，才可以将演绎以后的或者改编后的作品予以发表或利用。在涉及电影改编、按照美术作品的图纸与草图进行施工、对建筑作品的仿造、数据库作品的演绎与改编的情况下，从演绎物或改编物制作之时起就须得到作者的同意”，德国的规定十分具有特色，其将作品进行了分类。对于一般作品来说，只有在利用、发表演绎作品才需要获得原著作权人的许可；但是涉及“电影改编、按照美术图纸施工、建筑品仿造”等情况下，从演绎之时就要取得原著作权人的许可。这是因为在涉及这些领域的情况下，演绎的成本较大，演绎者对其演绎几乎不可能不将演绎作品投入流通领域，否则其耗资巨大的演绎行为就是毫无意义的。在这种情况下，演绎行为是其后期的传播流通行为的准备，所以演绎作品一旦完成，就很可能会使用该作品从而损害原著作权人的经济权益。因此这些作品在进行演绎之时就要征得原作品著作权人的同意。

---

〔1〕 戴彬：《演绎作品著作权研究》，华东政法大学2010年硕士学位论文。

此次修订稿中明确了演绎权控制演绎作品的利用行为，解决了“非法演绎作品”是否受著作权保护的争议，于鼓励演绎作品的创作、规范演绎作品市场有着积极意义。

（2）具体的演绎权。在我国，演绎权还是一个学理上的概念，现行法和修订稿中均没有设立上位的演绎权。我国现行《著作权法》中，将演绎权分解为改编权、翻译权、汇编权、摄制权 4 项；此次修订稿中，整合了改编权和摄制权，删除了汇编权而保留了汇编作品。

第一，改编权。

其一，改编权的理解。改编权是演绎权中较为复杂的一种，其表现形式多样，实践中也容易出现纠纷。根据现行《著作权法》，改编权是“改变作品，创作出具有独创性的新作品的权利”，然而翻译、汇编、摄制均是“改变作品”的行为，此种“改变”是否同时针对作品形式与内容，法条中没有明确规定。在我国司法实践中，对于如何界定“改变作品”存在不同的标准。

在《十送红军》与江西民歌《长歌》著作权纠纷案中，法院认为将原作品从一种文学、艺术形式转化成另外一种文学、艺术形式，如将小说改编为电影属于改编；再度创作后作品的文学、艺术形式与原有的文学、艺术形式相同的，如从电影剧本到电影剧本，只要改动过程体现了独创性，也属于改编。〔1〕即针对作品内容与形式的改动只要体现独创性，均视为改编行为。在《高等数学》著作权纠纷案中，法院认为“根据著作权法关于改编权的法律含义，所谓‘改变作品’应当是对作品本身内容进行修改、变化。对作品的部分内容或全部内容完整引用，再独立创作出新的作品的行为，不属于‘改变作品’”。〔2〕即针对作品本身内容上的修改、变化才属于改编行为。

笔者认为，只要达到一定独创性程度，针对作品内容与形式的改动均可认定为“改变作品”的行为。对原有作品进行文学、艺术形式上的转化必然要涉及对原作品表达的借用与转化。如何将原作品的内涵用另外一种不同的艺术语言表现出来，这一过程包含着演绎者对原作品以及两种艺术表现形式

---

〔1〕 王庸诉朱正本、中央电视台、王云之著作权侵权案，一审［2003］海民初字第 19213 号，二审［2005］一中民终字第 3447 号民事判决书。

〔2〕 高等教育出版社诉机械工业出版社侵犯专有出版权案，（2003）一中民初字第 8895 号民事判决书。

的理解，演绎行为本身就是演绎者的创造性劳动。例如小说等文学作品的表达形式为语言文字，视听作品则依托连续的镜头、画面。将语言文字转化为连续画面的过程必然包含了演绎者对于原作品内容的理解与取舍。所以笔者认为，改变作品题材、种类的演绎行为是最典型的改编。对于作品内容的改变，由于其要借用原作品的表达，独创性体现不及改变作品形式的演绎那么明显，但是只要达到一定的独创性高度，其也属于改编行为。比如在原作品基础上进行续写，续写作品借助了原作品的人物设定、故事背景，承接了原作品的故事情节，在原作品这些受著作权保护的元素的基础上创作的作品，也属于改编作品。

其二，改编权的立法实践。在“修改草案”、“送审稿”中，细化了改编权条文，厘清了改编权的权利范围。在“送审稿”第13条第8项中规定：“改编权，即将作品改变成其他体裁和种类的新作品，或者将文字、音乐、戏剧等作品制作成视听作品，以及对计算机程序进行增补、删节，改变指令、语句顺序或者其他变动的权利。”

该条文首先将改编限定为针对作品体裁和种类的转换上，似乎没有将纯内容上的改变包含于改编权之中；其次，整合了摄制权，明确了将文字、音乐等作品制作成的视听作品属于演绎作品；最后，是关于计算机程序的特殊规则，对于计算机程序进行纯内容上的增补、删节、改变等属于改编范围。

“送审稿”中明确了改编的内涵，使其限于改变作品的种类和体裁，这一点虽然可以明确改编权的权利范围，但是将对作品内容上的改动排除在改编权之外，笔者对这一点存保留意见。比如将文学作品进行简写，改写成少儿版、简易版等行为应该被包含在改编的范围之内。因为对作品纯内容上的改动，也需要演绎者进行创造性劳动，比如简化语言表述，删减辅助情节等。改变作品的体裁、种类固然较为明显地体现独创性，但修订稿中这种“一刀切”的立法方式似乎有考虑不周之嫌。

计算机程序是较为特殊的著作权客体，其是否是作品、是否适用著作权法对其进行保护在理论界一直有所争议。计算机程序兼具功能性与作品性，其组成指令、语句的微小变动都可能带来功能上的重大改进。并且，计算机程序的创新过程往往要依赖于现有程序，因此关于计算机程序的改编权规定与其他作品不同，是涉及纯内容上的改变。对于计算机程序，对其语句、指令进行删节、增补、调整顺序足以体现演绎者的独创性，因此立法者作此规定。但笔者认为，仅为适应计算机程序的特性而对其做出特殊规定并无必要，对于其他类型作品内容上的改变也应当被包含入改编权之中。

其三，改编权与摄制权的整合。在现行《著作权法》中还规定了摄制权，即“以摄制电影或者以类似摄电影的方法将作品固定在载体上的权利”。并且将电影作品和以类似摄制电影的方法创作的作品作为一种作品类型加以规定。《著作权法实施条例》第4条将这种类型的作品定义为“摄制在一定介质上，由一系列有伴音或者无伴音的画面组成，并且借助适当装置放映或者以其他方式传播的作品”。

摄制权实质上与改编权紧密相连。将作品摄制成电影，属于典型的作品形式的改变，并且在将文字语言转换成连续画面的过程中，必然涉及对原作品内容、表达上的取舍与处理。所以将作品制作成电影作品是典型的演绎行为。摄制权从改编权分立出来，其一是因为电影市场的繁荣发展，电影业成为重要的演绎作品阵地，更重要的是摄制电影耗资巨大，人力物力的投入不是个人可以承担的。因此，将作品摄制成电影作品的一般模式是原著作权人将其作品授权给影视公司使用，从而摄制权有了存在的必要。

随着拍摄、储存技术的发展，现行关于电影作品的定义难以涵盖新出现的以其他设备制作、存储的作品。比如科幻电影中大量采用的CG画面，其并非由摄影设备“摄制”而成，而是在计算机上绘制的。现行立法的问题在于关于“摄制”、“固定”的用语违反了技术中立原则，以至于无法适应快速的技术发展。在“送审稿”第5条第12项中，立法者整合了电影作品、以类似制作电影的方法创作的作品和录像制品，采用“视听作品”一词。其用语不但更加简单，而且避免使用“摄制”等涉及具体技术的词汇而代之以“制作”，体现了技术中立原则。并且取消摄制权，将其归入改编权。笔者认为，将摄制权并入改编权把握了改编的本质，并且明确了根据其他作品制作的视听作品的演绎作品地位，为厘清这一类视听作品著作权的归属与行使规则奠定了良好的基础。

第二，翻译权。翻译权是历史最悠久的演绎权，《伯尔尼公约》中赋予作者最重要的权利之一就是翻译权。翻译权起源于外国出版商与原作者的利益博弈，其最初的目的是保障作者能够在作品的外语市场中取得一部分利益。翻译本身的特征决定了“翻译不仅是一种演绎行为，实质上也是一种特殊的复制形式”。译者的目标就是在最大限度忠于原著的基础上将作品转换为另外一种语言。消费者对于翻译作品的期待是用本国语言再现作品，而非译者对作品的改动。要在意旨、形式、内容上忠于原著，翻译作品的独创性体现在将不同历史、文化背景的语言相互转换，其中要付出巨大的创造性劳动。并非所有的翻译都是演绎，字字对应的硬性“翻译”可能侵犯原作品的复制权。

第三，汇编权。汇编权是将作品或作品片段选择或编排汇集成新作品的权利。汇编作品的独创性体现在汇编者整体的选择、编排上，而汇编行为本身则是基于对作品的复制，并且是针对多个作品的复制。因此，笔者认为单独设立汇编权并无实际意义，应保留汇编作品，删除汇编权。

在“送审稿”中，如前所述，立法者删除了汇编权，保留了汇编作品。并且增加了汇编作品著作权的行使规则，即“使用汇编作品应当取得汇编作品著作权人和原作品的著作权人的许可”。此条规定虽然未明确说明汇编作品属于演绎作品，但是其“双重许可”的适用条件与演绎作品无异。笔者并不主张将汇编行为纳入演绎行为中，因为汇编作品虽然整体上体现独创性，但是汇编行为更像是复制行为的叠加。使用汇编作品必然会侵入原作品的复制权、发行权或者信息网络传播权等的权利范围，所以使用汇编作品要取得原作品与汇编作品著作权人的双重许可是必然之理，并不能因此推导出汇编作品属于一种演绎作品。“送审稿”中对此没有明确表态，仅规定了汇编作品的行使规则，这与许多国家将汇编权暗含于演绎权的做法相符。[1]

3. 演绎作品著作权的行使与归属。

（1）演绎权的内容是对演绎作品的利用行为。上文已经讨论过，演绎权的内容应当侧重于控制利用演绎作品的行为而非创作演绎作品的行为。只有当演绎作品被发行、传播才可能产生经济价值，才可能对原作品著作权人的利益造成影响。在演绎作品完成之时即给予著作权保护也符合著作权法促进创作的宗旨。并且原作者不是演绎作品的合作作者，只有通过立法才能保障原作者能够从演绎作品的后续利用中获益。

在“修改草案”和“送审稿”中，立法者明确规定了演绎作品著作权行使的一般规则，即“使用演绎作品应当取得演绎作品的著作权人和原作品的著作权人许可”。这就从立法上保障了原作者对于演绎作品的后续利用的获益权。

---

〔1〕 吴汉东：《知识产权基本问题研究（分论）》，中国人民大学出版社 2009 年第 2 版，第 111 页。

（2）根据已有作品制作的视听作品的特殊规则。此次“修改草案”和“送审稿”中一大亮点就是厘清视听作品的法律地位及其著作权的行使规则。在现行《著作权法》中，对于电影作品著作权的归属规定于第15条：“电影作品和以类似摄制电影的方法创作的作品的著作权由制片者享有，但编剧、导演、摄影、作词、作曲等作者享有署名权，并有权按照与制片者签订的合同获得报酬。电影和以类似摄制电影的方法创作的作品中的剧本、音乐等可以单独使用的作品的作者有权单独行使其著作权。”

将文学、戏剧等作品改编成电影剧本进而制作成电影、电视剧的情况非常多见，这些由其他作品改编而成的视听作品实际上是演绎作品。然而，电影作品有其特殊性，制作一部电影作品耗资巨大，参与创作的人员众多，电影作品是否适用演绎作品的一般规则，现行《著作权法》中没有明确提及。比较《著作权法》第12条、第15条以及关于规定汇编作品的第14条、第39条可以发现，现行法并没有将演绎作品中典型的“双重授权”原则适用于电影作品上。根据其第15条规定，电影作品整体的著作权属于制片者，编剧、导演、摄影等作者享有署名权与获酬权，并可以对其中单独使用的作品享有单独的著作权，其地位类似合作作者。原作品著作权人的法律地位，以及这种根据其他作品改编而成的电影作品是否属于演绎作品，法条中并没有明确。

现行《著作权法》第15条的规定带来了如下后果：如果原作品（如小说、戏剧等）作者已许可将其作品改编成电影剧本并拍摄电影，电影一旦拍摄完成，电影作品的整体著作权完全归属于制片者，而不再受原作品著作权的制约。无论制片者以何种手段利用电影作品，都不再需要经过原作品著作权人许可，即使原作品作者并未在合同中许可制片者以放映之外的其他方式使用电影作品。[1]根据现行《著作权法》规定，制片人有权单独行使电影作品的著作权，不受原作品著作权人的制约，包括对该电影作品再次行使改编权。这种情况并不鲜见，尤其是文学含量较高的剧本往往在制作电影作品或电视剧作品后还会经整理、加工后作为文学作品出版。对于这部分利用电影作品的后续收入，根据现行《著作权法》第15条的规定，原作品著作权人是无权分享的。

《伯尔尼公约》第14条规定，文学艺术作品的作者享有授权将作品改编、

〔1〕 刘非非：《电影产业版权制度比较研究》，武汉大学2010年博士学位论文。

复制成电影并发行；授权公开表演、演奏以及向公众有线传播。根据文学或艺术作品制作的电影作品以任何其他艺术形式改编，仍须经原作作者同意。由此可见，该公约是将根据其他作品改编的电影作品作为演绎作品来对待的，原著作权人可以授权将原作改编成电影，并且可以控制该电影作品的发行权、放映权等传播权。在涉及再次改编时，需要原作者的同意，即该电影作品仍适用“双重授权”原则。其他国家的立法对于基于其他作品制作的电影作品的著作权行使规则并不相同，一般分为两种：以德国和西班牙为代表，将此种电影作品作为演绎作品对待；以法国和意大利为代表，将原作者规定为合作作者。〔1〕

笔者认为，将原作者规定为合作作者并不适合我国司法实践。我国在认定合作作者时，往往要考虑参与创作者创作意图，即要求作者具有成为合作作者的创作意图。〔2〕一般情况下，原作品的作者是不会与后来电影作品的作者有创作合意的，除非是专门为电影制作创作作品。然而这种情况下，原作者是当然的合作作者，与演绎作品的规则无关。因此，将这种视听作品规定为演绎作品，在无特殊规定的情况下，适用演绎作品的一般规则是比较合理的做法。视听作品毕竟有其特殊性，应该允许原作者与制片人对视听作品的后续利用方式以及获酬方式进行约定。

“送审稿”第 19 条第 1 款规定：“制片者使用小说、音乐和戏剧等已有作品制作视听作品，应当取得著作权人的许可；如无相反约定，前述已有作品的著作权人根据第 16 条第 2 款对视听作品的使用享有专有权。”根据本条的规定，立法者首先明确，使用已有作品制作的视听作品是演绎作品；其次，视听作品作为特殊的演绎作品，在进行演绎时就要征得原作品著作权人的同意；最后，原作品著作权人可以与制片人对于视听作品的利用方式等进行约定。如无约定，其行使规则适用演绎作品的一般规则，即原作品的著作权人对视听作品的使用享有专有权。笔者认为，此次修改明确了利用已有作品制作的视听作品与原作品的法律关系，即为原作品的演绎作品；并根据视听作品的特殊性，规定了不同于一般演绎作品的规则——演绎行为需要经过原作

〔1〕 刘非非：《电影产业版权制度比较研究》，武汉大学 2010 年博士学位论文。

〔2〕 罗施福：“‘电影作者’的立法模式与法律确认——兼论我国《著作权法》第 15、19 条的修改”，载《中国版权》2012 年第 4 期。

品著作权人的许可；在其著作权的行使上，规定了原作品著作权人对视听作品使用的专有权，这就为其分享演绎作品产生的利益奠定了坚实的法律基础。同时，法条也为原作品著作权人与制片者约定留下了空间，当事人可以自行约定对演绎作品的利用方式。

（二）合作作品及其著作权制度完善

1. “修改草案”、“送审稿”的规定。

“修改草案”、“送审稿”对合作作品都进行了相同的修改。笔者认为，“送审稿”对合作作品修改的意义在于以下3点：①现行立法将作为主要部分的不可分割使用的合作作品规定在位阶较低的行政法规中，难免显得不够完备。因此“送审稿”将《著作权法实施条例》中规定的不可分割使用的合作作品著作权行使规则上升至《著作权法》，使得在法律的高度上，合作作品的类型得到了完善，两类合作作品著作权归属及行使规则也更加明确。②对于不可分割使用的合作作品，其他作者的权利得到了一定的限制，即从“除转让以外的权利”修改为“使用或者许可他人使用”，这有利于平衡各合作作者之间的利益关系。③增加了合作作者的诉权，明确了合作作品的侵权救济主体。因为任何侵权行为都必然侵犯每一个合作作者就作品所享有的那部分不可分割的利益，[1] 赋予单个作者起诉权，有利于作者在受到侵犯时及时主张自己的权利，而无须逐个征得其他合作作者的同意。

2. 合作作品及其著作权归属制度的完善。尽管《送审稿》对合作作品及其归属做出了一定的修改，但是仍然存在着一些问题没有得到解决，需要立法进一步完善。

（1）合作作品著作权归属的完善——合作作品著作权约定优先。在我国《著作权法》中，作品著作权归属的约定优先原则，见于视听作品和委托作品中。[2] 笔者认为，合作作品涉及的主体较多，其著作权归属也应当允许作者进行约定。合作作者对著作权有约定的，应当优先按照约定享有著作权；合作作者对著作权没有约定的，该合作作品的著作权由合作作者共同享有。

---

〔1〕 曾琳燕：“论合作作品著作权”，载《科技与法律》1993年第2期。

〔2〕 视听作品著作权约定优先原则，在现行《著作权法》中并没有规定。相关规定出现在“送审稿”第19条第3款：“电影、电视剧等视听作品的著作权中财产权和利益分配由制片者和作者约定。没有约定或者约定不明的，著作权中的财产权由制片人享有，但作者享有署名权和分享收益的权利。”

世界上已有一些国家立法允许合作作者对著作权归属进行约定。例如法国《知识产权法典》第 L. 113 – 3 条第 2 款规定："合作作者应协商行使其权利。"[1] 俄罗斯联邦《民法典》第 1258 条第 2 款规定："合作作者之间的协议未作另外规定的，合作创作的作品由合作作者共同使用。"[2] 首先，允许合作作者对著作权归属进行约定，符合《著作权法》的基本原理。在我国《著作权法》中，除法律规定的"法人视为作者"的情形外，创作是取得作者身份的唯一条件。作者基于作者身份而原始地享有著作权，这种著作权作为一种私权，根据意思自治原则，作者可以对其进行自由处分，只要这种处分不违反法律的规定。因此，在产生作品的整个过程中，合作作者都可以通过合意对作品归属进行约定。其次，允许对作品归属进行约定，也体现着法律对作者创造性劳动的尊重，同时能够遵循作者意愿，协调各合作作者之间的利益，促进作品的传播和利用。但是，著作权不同于一般的民事权利，其包括人身权和财产权。在我国，著作人身权是作者身份的表征，彰显着作者对作品的创作关系，一般不得转让、放弃。因此，合作作者对著作权归属的约定不应当及于著作人身权。每一位作者在创作完成后，当然地享有发表权、署名权、修改权、保护作品完整权。至于作者是否实际行使这些权利，则不属于著作权归属要讨论的范围。

（2）合作作品著作权行使规定的完善。两种类型的合作作品，由于作者在创作过程中合意的具体内容不相同，实质创作行为的紧密程度也不相同，因此两者的行使规则也不尽相同。"送审稿"在一定程度上区分了两种类型的合作作品的著作权行使规则，但是仍不全面，实践中存在的常见纠纷仍然不能得到有效的解决，应当予以完善。

第一，人身权的行使。

其一，署名权。署名权，即决定是否表明作者身份以及如何表明作者身份的权利。合作作者在合作作品上署名或不署名，署真名或假名，都是行使署名权的表现。我国遵循"作者身份根据创作进行确定"的原则，未参加创作而在作品上署名的行为，一般会被认定为署名欺诈或者剽窃。实践中，由于合作作品作者的非单一性，作者在作品上署名必然会存在着先后之差，对

---

〔1〕《十二国著作权法》翻译组译：《十二国著作权法》，清华大学出版社 2011 年版，第 65 页。

〔2〕《十二国著作权法》翻译组译：《十二国著作权法》，清华大学出版社 2011 年版，第 432 页。

作者署名顺序往往容易产生争议，因署名顺序而引发的诉讼也不在少数。因此我国立法必须对相关问题进行明确说明。

对于不可分割使用的合作作品，在没有相反约定时，合作作者对作品整体共同享有署名权，即每一位作者都可以就作品整体进行署名。现实生活中关于署名权顺序的争议较多，大多是受客观环境的影响。例如在科学奖励系统中，如果科研合作人数较多，对每一位合作者都进行奖励是不现实的，必须在合作群体中进行遴选，选出贡献较大的研究人员，而论文的署名排序成为最重要的依据之一。〔1〕因此有学者提出应当按照作者对作品的贡献大小进行署名排序，否则会侵犯作者的署名权。但是，在不可分割使用的合作作品中，每一位作者的思想、观点相互融合，创作技巧相互渗透，其对作品的贡献往往无法区分。这也决定了合作作者对不可分割使用的合作作品所享有的权利是平等的，该权利不会因署名权顺序而有所增减。因此，虽然合作作者享有署名权，但署名顺序并不是署名权的内容。署名顺序应当由合作作者事先进行约定，合作作者的署名顺序一经协商约定，任何人不得单方面更改，否则，构成对合同约定的违反，而不是侵犯其他合作作者的署名权。〔2〕没有约定时，则可以参考作者姓氏笔画、加入创作的时间等因素进行处理。我国《著作权法》对合作作者署名权顺序没有规定，最高人民法院《关于审理著作权民事纠纷案件适用法律若干问题的解释》第 11 条规定："因作品署名顺序发生的纠纷，人民法院按照下列原则处理：有约定的按约定确定署名顺序；没有约定的，可以按照创作作品付出的劳动、作品排列、作者姓氏笔画等确定署名顺序。"此处按"付出的劳动"进行排序的规定，值得商榷。

对于可分割使用的合作作品，事实上存在着双重署名权。就作品整体来说，署名权行使规则与不可分割使用的合作作品的规则相同。每一位作者都平等地享有署名权，署名顺序作者有约定的从约定，没有约定则按照作品排列、作者姓氏笔画进行确定。就每一位作者单独创作完成的作品来说，当作者使用该作品时，当然享有对该作品的署名权，其他合作作者在他人完成的作品上署名的行为，构成对完成该部分作品的作者署名权的侵犯。

其二，修改权。由于不可分割的合作作品是作者在紧密的合意下，通过

---

〔1〕郑铭："科技论文署名排序及其编辑审查"，载《中国科技期刊研究》2000 年第 1 期。

〔2〕曹新明："合作作品法律规定的完善"，载《中国法学》2012 年第 3 期。

相互联系、关系密切的行为创作完成，其包含着合作作者的整体意志，各作者的意志相互融合，“你中有我，我中有你”，一般无法区分。因此此类作品的修改也应当由作者合意共同完成。未经作者合意，任何一位作者擅自修改作品都会破坏合作作者的原有合意。因此对于不可分割的合作作品，法律须规定经全体合作作者合意修改的制度。

可分割使用的合作作品，各合作作者虽有共同创作的合意，但是合意的内容大多仅是对作品体例、编排和节奏等总体创意上的协商，并不涉及某一具体部分之具体创作方式。分割后的每一部分作品都是由该部分作者独立创作完成，更多地体现的是该部分作者的智慧和劳动。对该部分进行修改也应当是由该部分作者完成，只是作者对自己创作的部分进行修改时，不能超出原有体例、编排、节奏的范围。因此对于可分割的合作作品，法律则无须规定经全体合作作者合意修改的制度。

第二，财产权的行使。“修改草案”及“送审稿”都是从正面规定合作作者对合作作品行使权利的规则。但是对合作作者中有一个或一个以上的作者放弃财产权时，被放弃份额的归属问题，法律并没有做出规定。对于合作作品，个别作者对其财产权的放弃，并不影响其他合作作者的财产权利，他人未经许可复制、发行、出租、展览、改编等行为仍会侵犯著作权。此时，被放弃的财产权的归属问题，需要法律明确加以规定。

德国《著作权法》第 8 条规定：“一名共同著作人得放弃其使用权份额，并应当就此向其他共同著作人声明。声明后放弃的份额归其他共同著作人所有。”〔1〕笔者认为，德国这一规定应当借鉴。首先，规定被放弃的财产权利由其他合作作者享有符合共有制度的规定。在共有理论中，应有份额与所有权同样具有弹性，一部分份额消灭，就解除了对其他部分的限制，其他部分就随之消灭，所以，应有部分一经抛弃则应当归属于其他共有人。〔2〕无论是何种类型的合作作品，除作者另有约定的外，对整体作品共同享有著作权，是作品的共有人。虽然较之于所有权的共有，著作权的共有存在着一定的特殊性，但是也可以参照所有权共有制度的相关规定进行处理。其次，合作作者享有其他合作作者的财产权在我国立法上有例可鉴。《著作权法实施条例》

---

〔1〕《十二国著作权法》翻译组译：《十二国著作权法》，清华大学出版社 2011 年版，第 148 页。

〔2〕王利明：《物权法研究》，中国人民大学出版社 2007 年版，第 690 页。

第 14 条规定：“合作作者之一死亡后，其对合作作品享有的著作权法第十条第一款第五项至第十七项规定的权利无人继承又无人受遗赠的，由其他合作作者享有。”“送审稿”第 26 条将该条上升至法律位阶，也表明我国注重保护合作作者的财产权利的立法趋势。最后，规定被放弃的财产权利由其他合作作者享有是合作作品特殊性的体现。合作作品的特殊性在于其创作主体的复合型。各合作作者通过合意及共同创作，共同完成了作品。就该合作作品来说，各合作作者之间存在着千丝万缕的联系。当个别作者放弃财产权后，由其他合作作者享有该财产权，体现了对合作作者劳动、创作的尊重，也有利于合作作者维护作品权利不受侵犯。

第三，赋予积极维护权利的作者以经济补偿权。如前文所述，“送审稿”规定了当合作作品的著作权受到侵犯时，任何合作作者可以以自己的名义提起诉讼。该规定是立法的一大进步，但是也存在着一定的缺陷。即在实践中不免存在着一些“坐享其成”的合作作者，当权利受到侵犯时，其并不会主动提起诉讼。而是等其他合作作者主张权利成功后“分一杯羹”。这样的行为显然对积极行使诉权的合作作者不公平。因为其在诉讼过程中，花费了一定的人力财力，尤其是当诉讼过程中花费的费用得不到补偿时，会大大降低合作作者主张权利的积极性。因此法律在规定“所获得的赔偿应当合理分配给所有合作作者”的同时，应当规定提起诉讼、积极维护权利的合作作者有权从中获取一定的经济补偿。

（3）增设著作权行使代表人制度。我国法律并没有规定著作权行使代表人制度。在国际视野下，日本、我国台湾地区等都规定了相关制度。例如，台湾地区“著作权法”第 19 条第 2 款规定：“共同著作之著作人，得于著作人中选定代表人行使著作人格权。”第 40 条之一第 2 款规定：“共有著作财产权，得于著作财产权人中选定代表人行使著作财产权。”

著作权行使代表人制度，是指法律规定合作作品由合作作者推选并授权代表人代表全体作者行使著作权的制度。该制度的可行性表现为：理论上，合作作品尤其是作者人数众多的合作作品，如果在每一次行使著作权时，都由全体合作作者集体出面，不免显得烦琐。而通过推选代表人行使著作权，不仅是合作作者处分私权的体现，更是一种经济、便利的方法。实践中，该制度也具有可操作性。因为无论是何种类型的合作作品，在作品的创作过程中，一般都会有一位人负责召集、组织、协调等工作。该负责人往往熟悉每一位合作作者，能够将每一位作者的意图协调起来。在著作权行使上，其也能充分考虑各合作作者的意愿，保护合作作者的合法权益，并能够及时将合作作品著作权行使情况通知其他合作作者。因此，法律明确规定合作作者之中应当推荐代表人，在实践中不会给合作作者增加新的负担，而且还会使之具有明确的身份和地位，使其他合作作者有了明确目标。[1] 当然，代表人在代表他人行使著作权时也会受到一定的限制，例如：①应是合法代表；②行使权利时不应超越代理权限；③不应损害整体著作权；④不应损害其他合作作者的著作权。[2]

3. 结论。法律对于合作作品著作权的调整，主要是为了明确合作作品的著作权归属及各合作作者享有的著作权及其行使规则。因此，无论采取何种立法例，对合作作品的认定及著作权归属规则都应当有全面的规定。我国学理上一般将“合作创作的合意”及“共同创作行为”作为认定合作作品构成要件。在“二要件”的理论下，我国立法将合作作品区分为可分割使用的合作作品及不可分割使用的合作作品并无不当。合作作品的著作权归合作作者共同享有在理论上和实践中都没有争议，立法也针对两种类型的合作作品的特殊性做出了不同的行使规则，但还有一些地方需要完善。首先，根据私权自治原则，法律应当允许合作作者对作品的财产权归属进行约定。其次，在合作作品的行使上，不可分割使用的合作作品，著作权应当由合作作者共同行使，对作品的修改也需要各合作作者合意完成；而可分割使用的合作作品，合作作者对作品享有整体的著作权外，对各自独立创作的部分也享有著作权。对该部分进行修改时，无须经过其他合作作者合意，但不得超越原合意的范围。再次，法律在赋予合作作者单独起诉权的同时，也应当规定行使诉权维护权利的作者，享有一定的经济补偿权，以此来激发合作作者积极维护自身的合法权益。最后，立法应规定合作作品著作权行使代表人制度，由合作作者推荐、授权代表人，代表全体作者行使著作权，以促进作品的传播和利用。

（三）视听作品及其著作权归属制度完善

1. 我国对视听作品作者及著作权归属的规定。现行《著作权法》对视听作品的作者及著作权归属规定于第 15 条：“电影作品和以类似摄制电影的方

---

〔1〕 曹新明：“合作作品法律规定的完善”，载《中国法学》2012 年第 3 期。

〔2〕 曾兴华：“合作作品的著作权归属和保护”，载《西南政法大学学报》2000 年第 5 期。

法创作的作品的著作权由制片者享有，但编剧、导演、摄影、作词、作曲等作者享有署名权，并有权按照与制片者签订的合同获得报酬。电影作品和以类似摄制电影的方法创作的作品中的剧本、音乐等可以单独使用的作品的作者有权单独行使其著作权。”由此可以得出以下结论：①为体现对作者“创作”的尊重，法律规定视听作品的作者是“编剧、导演、摄影、作词、作曲等作者”；②由于视听作品的特殊性，制片人在制作过程中投入的资金、技术设备及组织性劳动应当得到保护，因此法律将视听作品的著作权赋予制片人；③在著作权归于制片人的前提下，各作者享有署名权和约定报酬权；④剧本、音乐作品的单独使用，符合《著作权法》第13条对合作作品的规定，体现了剧本、音乐作者是合作作者，视听作品是合作作品的属性。

但是，该条的规定仍然存在一定的问题。首先，现行法规定电影作品的作者是“编剧、导演、摄影、作词、作曲等作者”，这类似于作者权体系国家，将实际参与创作的人认定为合作作者，体现着对智慧、对创造性劳动的尊重与保护。同时，法律明确规定制片者享有电影作品的著作权，是电影作品的著作权人，这看似类似于版权体系国家的规定，实则不然。在版权体系国家中，制片人被视为作者因而理所应当地享有著作权。但是在我国，制片人既不是作者，也没有通过“推定转让”或者“推定许可”的方式获得著作权或使用权，制片人成为著作权人是知识产权法律为了促进电影作品的开发利用，激励制片人投资的一种工具性、实用性规定。但是这样的规定显然不符合基本法理。其次，现行法律没有明确视听作品与原作品之间的关系。最后，对视听作品作者的列举上，也存在着一定的问题。

2. 视听作品作者与著作权归属问题的完善。视听作品的相关著作权问题，是《著作权法》第三次修改的一个焦点问题，在已经问世的“修改草案”、“送审稿”中，不仅将“电影作品和以类似摄制电影的方法创作的作品”更名为“视听作品”并将其内涵做了一定的扩充，而且在视听作品的作者及著作权归属问题上做了较大的变动。笔者将从演绎作品、合作作品、委托作品三重属性出发，结合《著作权法》第三次修改的相关内容，探讨对视听作品作者与著作权归属问题的完善。

（1）明确演绎作品的属性，将原作者排除在电影作品合作作者的范围之外。如前所述，就原作品来说，视听作品是原作品的演绎作品，原作品的作者应当是原作者而非视听作品的合作作者。“修改草案”第二稿规定：“视听作品的著作权由制片者享有，但原作作者、编剧、导演、摄影、作词、作曲等作者享有署名权。”即规定了原作作者同编剧、导演、摄影等作者为视听作品的合作作者，这是不合理的。因为构成合作作者的前提之一是具有“合作的共意”，如果没有“合作的共意”，即使其付出了创造性劳动，也不能成为合作作者。我国向来都将“具有创作的合意”作为取得“合作作者”地位的前提条件。[1]视听作品的原作作者，在视听作品拍摄之前，已经完成小说、音乐、戏剧的创作，甚至可能没有预料到该小说、音乐、戏剧会为某一视听作品所使用，原小说、音乐、戏剧的作者不能是视听作品的合作作者，而是相对于演绎作者的原作者，因此视听作品的作者使用他人已经创作完成的小说、音乐、戏剧作品，应当经过原作者的许可。若无相反约定，他人使用视听作品，不仅应当经过视听作品作者的许可，同时也应当经过原作者的许可。比较而言，“送审稿”第19条关于“制片者使用小说、音乐和戏剧等已有作品制作视听作品，应当取得著作权人的许可；如无相反约定，前述已有作品的著作权人根据第十六条第二款对视听作品的使用享有专有权”的规定更为合理。

（2）明确合作作品的属性，列举合作作者的可能名单。就视听作品本而言，应当是一个合作作品，是由编剧创作的剧本，导演的指挥拍摄，专门为视听作品创作的音乐等作品组合而成。在这个组合而成的合作作品中，导演、编剧、专门为视听作品创作的音乐的作者应当是合作作者。这一点在“送审稿”中得到了明确的肯定，其第19条第2款规定：“电影、电视剧等视听作品的作者包括导演、编剧以及专门为视听作品创作的音乐作品的作者等。”可见，法律明确列举了导演、编剧以及专门为视听作品创作音乐作品的作者为视听作品的合作作者，共同享有视听作品作者的权利。

但是，电影作品创作过程复杂，参与创作人员众多，电影制作技术更新迅速，这些因素都决定了认定作者异常复杂。[2]因此在明确合作作者的理论前提下，应当对合作作者的身份认定标准加以确定。与德国“消极排除加个案认定”方式不同，我国一直采取的是“明确列举”的方式来认定视听作品

---

〔1〕王迁：“‘电影作品’的重新定义及其著作权归属与行使规则的完善”，载《法学》2008年第4期。

〔2〕张春艳：“论我国电影作品著作权的归属”，载《法学杂志》2012年第9期。

的作者。但是相对于法国《知识产权法典》对视听作品合作作者名单的列举，我国“送审稿”的规定还是有很多值得推敲的地方：①保留导演的作者地位。导演在视听作品的拍摄过程中起到了指挥、总领全局的作用，其在演员的选用、场景的摄制、情感的表达等各方面都付出了创造性劳动，应该赋予其作者地位。②保留编剧的作者地位。剧本是一部视听作品的基础，剧本的好坏在很大程度上决定着视听作品的受欢迎程度。编剧在剧本中付出了智慧和努力，将其所要的思想情感在剧本中表达出来，编剧也应当是合作作者之一。[1]③限定可以成为合作作者的音乐作者的条件。视听作品中往往会使用到很多音乐作品，如视听作品的主题曲、插曲、片尾曲本身都是一个个独立的音乐作品。但并非所有的音乐作者都可以成为视听作品的合作作者，只有那些专门为视听作品创作音乐作品的作者，才能成为合作作者。如果音乐作品在视听作品拍摄之前已经创作完成，那么其作者因不具有“创作合意”而不能成为合作作者。这一点也是我国本次《著作权法》修改的进步之处。④删除摄影作者的规定。在德国，能成为合作作者的条件之一是该作者创作的成果本身不能构成作品。如果视听作品中的某一成果，本身可以构成作品的，那么其作者不能被视为合作作者。摄影作品本身具有可作品性，能够受到《著作权法》的保护，因此摄影作者不能成为视听作品的合作作者。我国在没有上述制度的前提下，依旧删除了“摄影作者”的规定，主要是考虑在摄影作者在视听作品的创作过程中的创造性有限，难以同导演、编剧付出的劳动相比较。

（3）增设作者和制片人的协商机制，但不符合委托作品的属性。“送审稿”第18条第3款规定：“电影、电视剧等视听作品的著作权中的财产权和利益由制片者和作者约定；没有约定或者约定不明的，著作权中的财产权由制片人享有，但作者享有署名权和分享收益的权利。”

第一，该条赋予了制片人和作者对著作财产权的协商机制，有一定的进步意义。若法律直接将视听作品的著作权赋予制片人，所可能带来的后果是，制片人凭借着其经济上的优势，压制视听作品作者的利益和所应当获得的报酬。这种对著作财产权的约定权，实质上赋予了作者保护其报酬权的一种手段，但是，就实践中制片人和作者地位的差别来说，这种手段是否能真正发

[1] 对此，本书后文还将探讨。

挥效用也是值得人们去思考的。

第二，若依据委托作品的属性，当受托人与委托人就作品的著作权没有约定或者约定不明时，著作权归受托人。因此，当视听作品的制片人和作者就著作财产权没有做出约定或者约定不明确时，依据委托作品的归属原则，作者应当享有著作财产权。但是为了鼓励吸引制片人的投资，为了利于视听作品的后续开发使用，法律将视听作品的著作财产权赋予了制片人所有，这确实可以理解为是法律的一种手段，但是其确实不符合视听作品的“委托”属性，而且背离了两大法系共同坚守的视听作品的原始著作权归属于作者的基本原则。〔1〕

因此，笔者认为在视听作品的著作权归属问题上，可以借鉴法国“推定转让”制度的规定。一方面，制片人在视听作品的创作过程中，并没有付出独创性的“创造”劳动，其不应当取得视听作品的原始著作权。法律若直接将视听作品的原始著作权赋予制片人，则无法体现出对作者的创造劳动和人格利益的尊重，也未能很好地保护作者的各项人身权利和经济权利。因此，在肯定导演、编剧等是合作作者的前提下，其应当享有视听作品的原始著作权。另一方面，视听作品具有不同于一般作品的复杂性，一部成功的视听作品离不开制片人的物质投资、组织摄制及后期的市场利用，对制片人投资的收益也应当加以保护。何况视听作品的作者众多，由各作者共同行使著作权在实践中也不具有可操作性，因此视听作品的著作权应当在兼顾视听作品市场化的前提下，引入意思自治优先原则，在未予明确权利归属的情况下则转移到制片人手中，以实现维护制片人的应有利益和促进视听作品开发利用的双重目的。在具体的转移方式上，“推定转让”应当是一个较好的选择，即在制片人与作者签订拍摄合同时，有合同约定的按照合同约定处理，否则视为作者同意将著作权转让给制片人。

（4）关于视听作品涉及编剧权益的法律调整〔2〕。对编剧权益保护的核心在于剧本著作权的保护，具言之，需首要考虑以下几个问题：①剧本是否属于作品；②对剧本的使用是否应取得著作权人（通常为编剧）的授权；③剧本的著作权人授予视听作品著作权人的是剧本的“改编权”还是剧本的“摄

〔1〕 衣庆云：“电影作品著作权立法问题之异见”，载《知识产权》2012 年第 9 期。

〔2〕 本部分撰稿人：冯晓青、罗娇。

制权”，剧本的“改编权”包含剧本的“摄制权”的内容是否合理。

剧本通常以文字的形式来表达，属于可以“以某种形式固定”的智力成果，如果其具有相当程度的“独创性”，则当然构成作品。即便是以小说或其他作品为素材来创作的剧本，虽然其思想内容与原作品相同或近似，但是其表达方式不同于原作品，有时还需要加入灯光、布景、旁白等因素的设计，具有相当程度的独创性，应当视为作品。对此国外已有值得借鉴的立法例，如日本《著作权法》第 2 条第 1 款中，将剧本视为作品的一种。

至于“修改草案”第 3 条第 1 款第 1 项关于“文字作品，是指小说、诗词、散文、论文等以文字形式表现的作品”的表述，是否已经当然将“剧本”作品包含在“等以文字形式表现的作品”？如果包含，是否有必要单列“剧本”为作品形式之一？笔者认为，也许该条款中“等以文字形式表现的作品”能包含“剧本”这种作品形式，但将“剧本”作为文字作品之一种单列出来，是基于重视编剧权益保护的一种价值选择，而非单纯的遵循逻辑推理规则。因此，笔者建议“修改草案”明确将剧本纳入到文字作品的范畴。

关于对剧本的使用是否应取得著作权人（通常为编剧）的授权，需要明确两个前提：①明确剧本是作品，剧本的创作者对剧本享有著作权；②区分视听作品的著作权与剧本的著作权，即剧本的创作者也是该剧本所涉视听作品的作者，但并不当然是该视听作品的著作权人。第一个前提的论证如本文前述，此处不赘。第二个前提的论证需说明以下几个问题：

第一，视听作品作者的范围。根据现行《著作权法》第 16 条、“修改草案”第一稿第 17 条的规定，可知视听作品作者的范围为“编剧、导演、摄影、作词、作曲等作者”。“修改草案”第二稿则在规定视听作品作者享有的“署名权”的同时，增加了“原作作者”的署名权。尽管可以从这些规定中推论视听作品的作者，但为增加法律的可操作性，仍然有必要专门增加视听作品作者范围的条款。对此国外已有值得借鉴的立法例。如《法国知识产权法》L. 133－7 规定：“……如无相反证明，以下所列被推定为合作完成视听作品的作者：剧本作者……”“修改草案”第三稿在第二稿的基础上增列了这一规定，即“电影、电视剧等视听作品的作者包括导演、编剧以及专门为视听作品创作的音乐作品的作者等”。“送审稿”维持了这一规定，笔者对此表示赞同。

第二，视听作品著作权人使用剧本摄制视听作品所涉及的权利义务关系。

“修改草案”第一稿第16条第2款规定：“制片者使用剧本、音乐等作品摄制视听作品，应当取得作者的许可，并支付报酬。”“修改草案”第二稿对应的第17条基本上保留了相同的内容，两者的区别在于，第二稿将“应当取得作者的许可”改为“应当取得著作权人的许可”，这样表述更加周密，因为在有些情况下，作者并非是著作权人。而且将其升为第1款，从规定内容的逻辑性来说，显得更加周密，因为视听作品的产生，首先应解决从他人作品著作权人那里授权的问题。“修改草案”第三稿删除了对“剧本”的授权，将第17条修改为：“制片者使用小说、音乐和戏剧等已有作品制作视听作品，应当取得著作权人的许可，如无相反约定，前述已有作品的著作权人根据第十四条第二款对视听作品的使用享有专有权。”笔者认为，应当恢复第一、二稿的规定，明确制片者使用小说、剧本、音乐、戏剧等作品摄制视听作品，应当取得著作权人的许可，并支付报酬。因为现实中大量的视听作品是根据剧本摄制而成的，第三稿删除剧本著作权人授权的规定，不利于保护其合法权益，也与现实不符。有人可能会认为，剧本可以被该条款中的“等已有作品”所包含，没有必要将“剧本”与“小说”、“音乐”和“戏剧”一样单列出来。固然，“剧本”作品可以包含在“等已有作品”中。但是，将“剧本”与“小说”、“音乐”和“戏剧”并列是一种价值选择，而非逻辑判断，其目的在于重视编剧权益的保护，以促进文化产业的发展，并与我国“文化大繁荣”的战略相契合。因此，笔者建议将“剧本”与“小说”、“音乐”和“戏剧”并列，强调对剧本的演绎需经过剧本著作权人的许可。

笔者认为，将剧本摄制为视听作品，是一种对剧本的演绎行为。该法律关系中，原作品是剧本，视听作品则属于演绎作品范畴。演绎作品的著作权由演绎者享有，就视听作品而言，演绎者通常推定为制片人。根据“修改草案”第三稿第14条第2款规定，“使用演绎作品应当取得演绎作品的著作权人和原作品著作权人许可”，故基于某剧本而创作的视听作品理应经过该剧本著作权人的授权。

当然，根据演绎作品著作权归属的规定，已有作品著作权人仍有权对视听作品的使用享有权利，如果过多地让已有作品控制视听作品的使用，则可能会妨碍视听作品的市场价值，为此有必要引进意思自治原则，规定可以通过约定排除这一控制权。因此，我们赞同“送审稿”第19条第1款规定的“如无相反约定，前述已有作品的著作权人根据第十六条第二款对视听作品的使用享有专有权”。值得注意的是，该版本删除了取得著作权人许可的“法定付酬”义务。之所以如此，是考虑到现实中有的已有作品著作权人不一定主张获酬权，如果硬性规定获酬权，则可能导致一部分作品使用视听作品遇到障碍。同时，取消法定获酬权的规定也不意味着著作权人丧失了获酬权，因为其可以将获得报酬作为许可的前提。再考虑到获得报酬权是行使著作权的结果，具有债权性质，因此取消“支付报酬”的规定是合理的，它缩减了著作权法的强制性条款，体现了著作权法对当事人意思自治的尊重。

上述讨论明确了剧本是作品，将剧本演绎为视听作品需要经过剧本著作权人的授权，那么授予视听作品权利人的是剧本的“改编权”还是剧本的“摄制权”？这还引申出另一个问题：“修改草案”和“送审稿”将“摄制权”含纳于“改编权”之中是否合理？

关于将“摄制权”含纳于“改编权”之中，以“改编权”取代“摄制权”的内容是否合理的问题，需要首先对“改编权”与“摄制权”的内涵进行界定。现行《著作权法》明确区分了“摄制权”与“改编权”，根据其第10条第1款第13项和第14项的规定，摄制权是指“以摄制电影或者以类似摄制电影的方法将作品固定在载体上的权利”，改编权是指“改变作品，创作出具有独创性的新作品的权利”。“修改草案”和“送审稿”扩展了改编权的内涵，将原属于摄制权的内容纳入改编权之中，把改编权定义为“将作品改变成其他体裁和种类的新作品，或者将文字、音乐、戏剧等作品制作成视听作品，以及对计算机程序进行增补、删节，改变指令、语句顺序或者其他变动的权利”。

从字面解释上看，“修改草案”和“送审稿”将“摄制”视为改编形式的一种，以更广义的角度来定义“改编权”并无不可，但预想未来法律的实施效果，这样的修改是否符合实践的需要则有待进一步考证。根据业内资深编剧王兴东的介绍，中国编剧在20多年的著作权实施中，严格区分“摄制权”和“改编权”。例如梁信编剧的《红色娘子军》剧本，由上海电影制片厂拍摄电影，著作权人授予上海电影制片厂使用的是“摄制权”，后来又制作了同名芭蕾舞剧，著作权人授予的则是“改编权”。再如其任编剧的《离开雷锋的日子》剧本，拍摄电影使用的是“摄制权”；根据同名电影改编后出版图书使用的是“改编权”。他同时指出，“摄制权”是剧本作者（编剧）管控影视作品的主权；将“摄制视听作品权”塞进了“改编权”，可能导致制片者和导演、演员们不经过剧本著作权人的同意，随意改编剧本的结构、主题和人物关系。

赞同区分摄制权与改编权，可能有以下理由：①权利类型化得越细致，权利的界限将会越明晰，有助于减少当事人在订立合同时的意思表示瑕疵，节约缔约成本并预防纠纷发生；②20 多年的著作权实践中，人们对“摄制权”与“改编权”的界分已经产生了制度惯性，贸然修改可能会带来法律理解适用的成本。为了使语言表述更直观、简单明了，有人建议将摄制权的表述修改为“制片权”，专指“著作权人本人或授权他人以摄制电影或类似摄制电影的方法将作品固定在载体上的权利”。不过，对改编权内涵和外延的扩大，能够涵盖对摄制权的保护。因此，“修改草案”、“送审稿”的修改是可以接受的。

综上所述，笔者建议：①“剧本”与小说、诗词、散文、论文并列为“文字作品”；②“剧本”与小说、音乐和戏剧并列，规定制片者以此类作品制作视听作品时，应当取得著作权人的许可；③将“摄制权”并入“改编权”。正如霍姆斯所言，“法律的生命不在于逻辑而在于经验”，我们强调“剧本”的权利地位，并非“修改草案”和“送审稿”的相关条款会当然推出“剧本不是作品”、“剧本摄制为视听作品不需要剧本著作权人的许可”或者“改编权涵盖摄制权必然会带来混乱”这样的观点。笔者赞许“修改草案”和“送审稿”对现行《著作权法》体系化、科学化做出的努力，并基于人们对法律的依赖、法律对相关行业的引导，从法律实施效果来考虑，提出上述建议。

3. 结论。在视听作品中，每一个作者都付出了创造性的智力劳动，而制片人也投入了大量的资金、承担着巨大的市场风险。因此，合理的著作权归属制度，必须既能平衡作者和制片人的利益，又能促进视听作品的市场开发和利用，激励电影产业的良好有序发展。在明确视听作品属性的基础上，应当通过一定的标准认定导演、编剧、专门为视听作品创作的音乐作品的作者为合作作者；原作品作者不是合作作者，视听作品是原作品的演绎作品。为了促使制片人更好地将视听作品投入市场，应当遵循意思自治优先原则；同时，实行“推定转让”制度，将在制片人与作者就视听作品著作权的归属问题没有合同约定或者约定不明时，视听作品的著作权由制片人行使。

（四）职务作品及其著作权制度完善

1. 职务作品的认定要件。

（1）职务作品的创作人与其所在的单位之间具有劳动法律关系。工作任务是基于劳动法律关系而产生的，劳动法律关系的存在与否一般情况下是依据创作人与其所在单位之间是否签订了劳动合同来判断的。在现实社会里存在着同一个创作人在不止一个单位任职的可能，所以创作人不仅包括单位的在编人员，还包括单位的聘任人员、借调人员以及兼职人员；不仅包括创作者与其所在单位长期固定的劳动关系，还包括那种临时不固定的劳动关系。对于那种创作人与单位之间虽然没有签订劳动合同、但事实上存在着相对稳定的劳动关系的情况，也可以基于创作人按期接收单位工作任务、享有单位的工资福利、遵守相对固定工作时间等客观情况对双方的劳动法律关系予以认定。

（2）创作人的作品隶属于其工作任务范围之内。在认定某一作品是否属于职务作品的过程中，对于该作品是否隶属于创作人的工作任务范围之内的判断是必要和关键的。现行《著作权法实施条例》第 11 条将“工作任务”界定为“公民在该法人或者该组织中应当履行的职责”。但是，该条对于何为“应当履行的职责”、如何予以判断认定都未做出明确的规定，为实践操作中的适用带来了困难。通说认为，创作人与单位之间签订的劳动合同中明确规定的职责，以及单位的章程或者计划中列明的工作人员的职责属于“应当履行的职责”。至于单位临时交付给创作人的工作任务，应当根据作品内容是否与单位的正常业务及创作人的职务工作性质相关来做出相应的判断。

（3）创作人根据自己的意志创作作品。职务作品的创作人根据工作任务进行创作，其所完成的作品表达的是其作为自然人的思想意志。虽然职务作品的创作人在完成法人或者其他组织工作任务的过程中接受单位的指示、受到单位意志的影响，但是单位仅能就其对作品的各种要求限定等对创作人做出指示和说明，而在进行实际具体的创作活动中付出智力劳动的是创作人本身，作品的内容、形式、构架等各个层面的表达都是由创作人所决定的。

2. 职务作品与法人作品的区分兼论法人作品著作权制度的修改。现行《著作权法》第 11 条将法人作品界定为“由法人或者其他组织主持，代表法人或者其他组织意志创作，并由法人或者其他组织承担责任的作品”。“修改草案”第一稿在界定法人作品时，将“由法人或者其他组织主持”修改为“由法人或者其他组织主持和投资”，并增加了“以法人、其他组织或者其代表人名义发表”这一要件；其后的“修改草案”第二、三稿和“送审稿”又将“由法人或者其他组织主持和投资”修改为“由法人或者其他组织主持或者投资”，并坚持第一稿中新增的“以法人、其他组织或者其代表人名义发表”这一构成要件。

通过对职务作品与法人作品各构成要件的对比，可以归纳出两者具有如下区别：

第一，职务作品与法人作品所体现的意志是不同的。如前所述，职务作品体现的是创作人自己的意志；而法人作品所体现的是法人或者其他组织的意志。

第二，职务作品和法人作品的创作主体不同，也即对创作人与其所在的单位之间具有劳动法律关系的要求有所不同。法人作品的创作人不仅限于与法人或其他组织有劳动关系的自然人，还有可能是为完成某部作品基于委托合同等临时缔结的民事法律关系而为该法人或者其他组织进行创作的非本单位人员。

第三，职务作品和法人作品的权利归属法律规定不同。关于职务作品的著作权归属问题，现行《著作权法》做出了原则上一般归属于作者、符合法律明确规定的特例时归属于法人或者其他组织、创作者仅保留著作人身权中署名权的规定。易言之，职务作品的著作权归属一般情况下是由创作人自己享有的，单位拥有优先使用权；特殊情况下，创作人只享有署名权，其他权利可以由单位享有。虽然“修改草案”第一、二、三稿、“送审稿”的规定有所不同，但是都区分情形进行了权利的归属分割，也都明确地为创作者保留了署名权；而无论是依据现行《著作权法》，还是《著作权法》“修改草案”第一、二、三稿、“送审稿”的规定，法人作品的著作权都当然地归属于法人或者其他组织。

第四，“修改草案”第一、二、三稿、“送审稿”中都在关于法人作品的界定之中新增了“以法人、其他组织或者其代表人名义发表”这一要件，而职务作品并无此要件限定，这也是两者的区别之一。在现实社会中，有些作品以创作者的名义发表没有任何意义或者不能实现预期目的，而只能以法人或者其他组织的名义发表，法人或者其他组织只是法人作品的名义著作人而非实际著作人。上述要件实际上是更周全地保护了创作者的利益，防止在现实中处于优势地位的法人或者其他组织对作品创作者施加不正当影响以争取著作权的现象发生。

3. “修改草案”及“送审稿”对职务作品著作权制度的改革评述。“修改草案”第一稿第17条对于职务作品的界定进行了修改，以“职工为完成工作任务”取代了“公民为完成法人或者其他组织工作任务”。如前所述，作为职务作品的构成要件之一，职务作品的创作主体须与其所在的单位之间具有劳动法律关系。根据《劳动合同法》和《工伤保险条例》，职工是指与用人单位存在劳动关系（包括事实劳动关系）的各种用工形式、各种用工期限的劳动者。易言之，职工既包括了与用人单位签订了有固定期限、无固定期限和以完成一定工作为期限的劳动合同的劳动者，也包括了与用人单位形成了事实劳动关系的各种形式的临时工、学徒工等劳动者。笔者认为，这样的界定方式使得职务作品的主体范围在符合通说的基础上变得更加明确和规范，有利于实践操作中对于职务作品与非职务作品区分这一常见争议焦点的解决；同时也能够使实际创作者对作品定性有清晰正确的定性，最大限度地避免那种难以界定是否为职务作品的“灰色地带”作品的存在，从而防止法人或者其他组织利用其优势地位侵犯夺取本属于创作者的权利。“修改草案”第二稿第18条沿用了第一稿的这一规定。“修改草案”第三稿第18条在第一、二稿此处规定的基础上，又新增“在职期间”这一对创作时间的限定，笔者认为这是基于实践中存在着关于职工入职之前以及离职之后所创作的作品著作权归属纠纷案件，新增时间限定使得职务作品的界定更加严谨和规范。此外，这样一来就意味着将职工非在职期间创作的作品归属于职工的个人作品，无疑是在公平原则的基础上对创作者合法权利的有力保障，对于鼓励创作者的创作积极性大有裨益。“送审稿”第20条则沿用了“修改草案”第三稿的此处规定。

“修改草案”第一稿明确规定职务作品的著作权归属“由当事人约定”，即将职务作品的权利归属修改为以约定作为原则、法定作为特例的模式。“修改草案”第二、三稿和“送审稿”都沿用了第一稿的此处规定。笔者认为，这一模式的巨大转变是对意思自治原则的贯彻，体现了我国相关立法技术上的进步与提高。由于实践中创作者与其所属的法人或者其他组织相比往往处于被动和劣势的地位，因此，笔者建议在此基础上可以在与修改后颁布的《著作权法》相配套的《著作权法实施条例》中，对双方“当事人约定”进行进一步的细化，例如可以结合《合同法》相关规定对重大误解、显失公平等情形下的此种约定予以限定规范，更周全地平衡创作者与所属法人、其他组织的利益。

“修改草案”第一稿对职务作品著作权归属的划分上进行了重大修改。首先，规定“如无约定或者约定不明的，职务作品的著作权由职工享有”；其次，以列举的方式将“工程设计图、产品设计图、计算机程序、受聘于报刊社或者通讯社创作的作品以及大型辞书等作品”的署名权以外的著作权赋予单位。前者是对现行《著作权法》中所规定的职务作品在一般情况下归属于创作者的沿用；后者则是删除了现行《著作权法》中有关特殊职务作品的规定。

笔者认为，删除特殊职务作品的规定有着充分的理由。首先，“主要是利用法人或者其他组织的物质技术条件创作”和“由法人或者其有他组织承担责任”这两个并列的限定既不明确，又明显多余。因为这原本属于职务作品界定中的构成要件，是职务作品的应有特征，现行《著作权法》中进行这样的限定反而造成了实践中的认识误区与操作困难。其次，也是此处更为重要的修改考量，应该是旨在解决职务作品与法人作品之区分的问题。现行《著作权法》既规定了法人作品制度，也规定了职务作品制度，但是法人作品与特殊职务作品因为构成要件的相似而导致了理论上的众说纷纭。“修改草案”第一稿删除了特殊职务作品，应该是基于这样的立法初衷和预期目的。“修改草案”第二、三稿和“送审稿”除了对列举的作品类型进行了反复的修改完善之外，在总体思路上都基本沿用了第一稿的此处规定。

但是，笔者认为，这一修改并不能很好地解决职务作品与法人作品之间的界线模糊问题，不仅对于消除实际案例中普遍存在的两者区分争议作用比较有限，而且还存在着可能导致与立法初衷及预期目的迥然不同甚至截然相反的结果的隐患。从现行《著作权法》规定来看，特殊职务作品对于创作者利益的保护程度是高于法人作品的，这是因为特殊职务作品尚且保留了创作者的署名权，实际上是将除署名权以外的其他著作权利赋予法人或者其他组织享有。但是，法人作品的著作权则完全归属于法人或者其他组织。“修改草案”将特殊职务作品予以删除，就导致部分原本属于特殊职务作品的作品变成了法人作品，于是这些作品的创作者随之丧失了对该作品的署名权。这实际上是对职务作品在一定程度上的弱化，对于创作者权利的保护而言并不够周全。此外，如前所述，“修改草案”对法人作品进行的修改之处包括新增“由法人或者其他组织投资”这一构成要件，这其实顾此失彼地造成了法人作品与职务作品的交叉重叠，法人作品与职务作品之间的区分适用问题尚未得到完全解决。

“修改草案”第二、三稿和“送审稿”对第一稿中所列举的一系列著作权归属于单位的作品类型进行了反复的修改和完善。现行《著作权法》中规定的是“工程设计图、产品设计图、地图、计算机软件等”，“修改草案”第一稿中删除了对“地图”的列举，新增加了“受聘于报刊社或者通讯社创作的作品”和“大型辞书”，将“计算机软件”修改为“计算机程序”。“修改草案”第二稿中又重新把“地图”加入列举，删除了“大型辞书”，将“受聘于报刊社或者通讯社创作的作品”进一步修订为“受聘于报刊社或者通讯社的记者为完成报道任务创作的作品”。“修改草案”第三稿将“计算机程序”修改为“计算机程序和有关文档”，将“受聘于报刊社或者通讯社的记者为完成报道任务创作的作品”进一步修订为“报刊社、通讯社、广播电台和电视台的职工专门为完成报道任务创作的作品”。“送审稿”沿用了第三稿的此规定。上述修改体现了相关利益主体的诉求的充分表达，以及各方利益的博弈与平衡，此外，也体现了对加强完善立法语言严谨性、规范性的重视。

此处修改最为明显和关键的改革在于：较之现行《著作权法》，新增规定将“报刊社、通讯社、广播电台和电视台的职工专门为完成报道任务创作的作品”的除署名权之外的著作权归属于单位享有。之所以对上述作品的权属做出重大改变，主要是因为很多传统媒体对于其为了完成新闻报道而付出的工资、设备、经费等便利条件在现实中并不能得到应有的回报，因此向国家版权局提出为新闻作品的著作权权属做出明晰规定的要求。笔者认为，此处修改的合理性还是有待商榷的。媒体对于记者完成新闻报道有财力付出，而实际进行新闻报道的记者也为此付出了一定的劳动和体力劳动，某些特殊类型的新闻报道还需要承担风险。法律的制定与修改完善需要权衡各方利益、考虑各方诉求，忽视新闻报道者的权益或许会挫伤报刊社、通讯社、广播电台、电视台等媒体单位职工的工作积极性，甚至影响采访报道任务完成的质量水平。

“修改草案”第三稿针对由于当事人没有约定或者约定不明而归属于职工享有著作权的这种职务作品，在单位享有业务范围内免费使用权的基础上还新增了“两年的专有使用权”。其后，“送审稿”也沿用了第三稿的此规定。“修改草案”第三稿针对符合法定例外情形之列归属于单位享有著作权的这种职务作品，新增了“单位应当根据创作作品的数量和质量对职工予以相应奖励，职工可以通过汇编方式出版其创作的作品”的规定。“送审稿”除了将“通过出版方式汇编”的表述纠正规范为符合严谨逻辑的“通过汇编方式出版”之外，也沿用了第三稿的此处规定。此处修改是基于我国目前实践中存在的普遍问题和具体情况，将2013年修订的《著作权法实施条例》第12条之规定整合进新的著作权法立法之中，明确规范了在职务作品完成的2年期限以内创作者与单位之间的利益分配。同时，当职务作品著作权由单位享有时，赋予职工获得奖励的权利和通过汇编方式出版的权利，不仅有利于鼓励创作者的创作积极性、提高职务作品水平，而且在贯彻公平原则的基础上，更加准确妥帖地平衡了创作者与单位双方之间的利益。

4. 结语。“修改草案”对职务作品著作权及其归属制度进行了诸多细致入微的改革，这些修订之处多为解决实践中存在的具体问题而提出，并且经过反复探讨论证达成了合意写入“送审稿”。仔细研读“修改草案”第1~3稿和“送审稿”，该制度的重大改革和每一具体细节的细微改革无不反映出各方利益的不断博弈以及立法者的周密权衡。对于职务作品著作权及其归属制度的修改完善，应当充分认识到这类作品著作权归属划分问题的复杂性，慎重权衡各方利益主体的权益。只有职务作品著作权及其归属制度在不断修改中尽可能地趋于完善，正确认识和把握实践操作中频发的问题，才能真正兼顾创作者的创作积极性与法人或者其他组织的投资热情，推动作品传播、促进我国文化繁荣与社会发展。

（五）委托作品及其著作权归属制度完善

1. 作品著作权原始归属的判断。我国《著作权法》第17条规定，委托作品著作权的归属可以由双方约定，也就是说委托人可以在双方合意的基础上取得委托作品的著作权。然而，在确定“约定”的性质时却存在着争议。换句话说，委托人通过约定取得著作权时，是原始取得还是继受取得，学者存在着不同看法。

从我国现行的立法体例来看，立法者的本意是将委托人取得的著作权归为原始取得的。首先，《著作权法》在第二章第二节中规定了包括委托作品在内的不同作品著作权归属的若干情况，此处的归属当然指原始归属。理由在于著作权的继受取得情形繁多，不一而足，在法条中将其一一穷尽是不可能也没有必要的。在法律没有明确指出的情况下，一般可以排除法条中的列举属于继受取得的可能性。其次，《著作权法》第11条第1款规定：著作权属于作者，本法另有规定的除外。接下来的第12～18条关于电影作品、职务作品等的规定正是在“著作权属于作者”这一总体原则下的具体情形。这些条款同置于第二节的项下，意味着特殊作品的著作权虽然不属于作者，但其著作权主体享有的权利与作者的著作权是一致的，都属于原始权利。根据对《著作权法》内在立法逻辑的分析，笔者有理由认为，立法者在立法之初，是倾向于认可委托人可以通过约定原始取得著作权的。一些台湾地区学者在分析其著作权法律时也持相似的观点。但笔者认为，如此认定不仅在法理上无法站住脚，在实际操作中也会出现很多不合理之处。理由如下：

第一，从世界各国的立法现状来讲，著作权原始归属于作者是各国著作权法的基本原则。欧洲大陆法系国家恪守着“创作人即作者的原则”，不承认创作人之外的人可以原始取得著作权，英美等国的具体制度也指向这一原则。美国《版权法》的201条款中虽然明确规定了9种特殊的委托作品可以有条件地转化为雇佣作品，但对于不能转化为雇佣作品的委托作品，则仍实行“创作人为作者原则”。依据这一原则，只有受托人有资格成为作者并享有原始版权。在这一点上，大陆法与英美法并无实质不同。[1]也就是说，除了少数例外情况，无论是大陆法系还是英美法系都是坚持着著作权原始归属于作者的原则。

第二，著作权原始归属于受托人，这种认定符合基本的法律逻辑。根据《著作权法》第2条的规定，我国适用“著作权自动取得原则”。委托作品的存在前提是委托方和受托方之间合法有效的委托合同。从逻辑上分析，如果委托合同订立于作品完成之前，委托人是无法实际取得作品著作权的。这是因为如果双方是通过合同方式转让著作权的，转让合同中不得涉及作者的未来作品著作权。[2]如果委托合同订立在作品完成之后，作者已经基于“著作权自动取得原则”原始取得了著作权，其后即便受托人根据委托合同的约定转让了著作权，委托人的受让也属于继受取得。所以说，无论基于何种情况，著作权的原始取得人都是受托人，即作者。

第三，从实践分析，如果委托人能够原始取得著作权，将会对社会的公序良俗造成冲击。维护社会的公共秩序和善良风俗是近代民法的一项基本原

〔1〕《十二国著作权法》翻译组译：《十二国著作权法》，清华大学出版社2011年版，第785页。

〔2〕来小鹏：“著作权转让比较研究”，载《比较法研究》2005年第5期。

则，在现行法存在不足的情况下，该原则起着补充、弥补的作用。如果委托人原始取得了委托作品的著作权，当然地享有包括人身权在内的完整的权利内容。但这种解释将导致委托人享有署名权，与署名权应由作者享有的基本原则不符。[1] 不仅如此，这会使找“枪手”代写论文、雇佣他人代为作画参加比赛等违反日常道德的行为合理化。毫无疑问，这对社会诚信善良的理念构建也会带来巨大的不利影响。

2. 委托作品流转的具体问题。

（1）委托作品在发生著作权转让时是否涉及人身权。根据上文的讨论，笔者认为委托人通过委托合同取得的委托作品著作权应当属于继受取得。这又引发了另外一个问题：委托人取得著作权的过程既然涉及权利转让问题，那么转让的权利中能否包括人身权？

众所周知，人身权是民事主体首要的、最基本的权利，是每个人得以生存和发展的前提。民事主体虽然对自己的人身利益有绝对的支配权，但是不能转让这种权利。具体到委托作品中，著作权的转让应该只涉及财产权而不包括人身权。笔者认为，这种观点只看到了两种权利的相同之处，却未关注到其不同之处。著作人身权与其他人身权的重大区别之一即在于其依附于不同的载体。民法意义上的人身权之所以不能转让很大程度上是因为权利本身依附的载体是人身。著作人身权虽然源自于作者的智力劳动，是作者人格的投影与延伸，但权利本身是与作品同步产生的，与作者人身并没有直接的关联。因而将民法意义上的人身权不可转让理论强加到著作权领域并不合理。

笔者不认同著作人身权不能转让的绝对性观点。具体理由如下：

首先，我国《著作权法》并未像英国、法国等国家一样明确规定人身权的不可转让性。如法国 1957 年《文学、艺术产权法》第 6 条规定：“人身权利是终身的、不可转让的、不可剥夺的权利。”相比之下，我国相关法律并无类似条款，立法上的余地在一定程度上给人身权的转让留下了空间。其次，《著作权法实施条例》第 13 条规定：“作者身份不明的作品，由作品原件的所有人行使除署名权以外的著作权……”《著作权法》第 20 条、第 21 条也规定作者的署名权、修改权、保护作品完整权保护期限不受限制，而发表权的保护期则为作者终身及死后 50 年。这说明著作人身权并不必然与作者联系在

---

[1] 王迁：《著作权法学》，北京大学出版社 2007 年版，第 157 页。

一起，在特殊情况下著作人身权可以与作者相分离而归属他人行使。最后，为了实现法律的指引和评价功能，对法律规范的解读应当顾及社会一般人的理解。根据一般公众的观念，《著作权法》规定委托作品“著作权的归属由委托人和受托人通过合同约定”，既然在法条中没有排除特定的范围，可以当然地认为这里所指的著作权是包括人身权在内的所有权利。换言之，著作人身权是可以通过约定的方式转让的。

需要说明的是，笔者虽然不认同著作人身权完全不能转让的观点，也不认为人身权的全部内容都能让渡给委托人所有，这一观点将在下文中论述。

（2）涉及权利冲突的委托作品著作权归属——以涉及肖像权的作品为例。委托作品的权利归属问题中，涉及权利冲突的作品属于较为特殊的一类。以日常生活中常见的人像摄影作品为例。按照一般人的生活习惯，在拍照时极少会与照相馆事先约定好作品的著作权归属。根据我国《著作权法》的规定，在这种情况下委托作品的著作权归受托人，即照相馆所有。委托方只能在委托创作的特定目的范围内免费使用该作品，一般来讲限于自己欣赏或与家人朋友分享。照相馆虽然在这种情况下享有了照片的著作权，但不能随意使用，因为这可能造成对被拍摄者肖像权的侵犯。在作品肖像权与著作权可能发生冲突的情况下，立法上这种不区分作品类型一刀切的做法造成了委托方和受托方在现实中非常尴尬的情形，任何一方利用作品的行为都面临着侵犯对方权利的危险。出于对侵权风险的规避，双方往往选择不使用这些摄影作品，显然这是对作品资源的一种极大浪费。

对此，有学者认为应遵循《民法通则》关于肖像权保护和《著作权法》关于委托作品著作权保护的规定，在两者发生冲突时，应使作为人格权的肖像权优先受到保护。国家版权局在《关于对影楼拍摄的照片有无著作权的答复》（国权办［1997］12 号）中阐述的观点对认识上述问题不无启发。该答复明确指出：①顾客同影楼的关系，应属于民法中的承揽合同关系。因承揽合同关系产生的照片，应属于《著作权法》第 17 条规定的委托创作。很明显，影楼拍摄的照片的著作权，有合同约定的，依合同约定确定著作权的归属，没有合同约定或者合同未明确约定的，应推定著作权属于影楼。照片著作权属于影楼的，他人以著作权法规定之方式使用照片，应事先经影楼的许可。②照片还可能涉及顾客的肖像权，影楼在行使著作权时应遵守《民法通则》第 100 条的规定，即营利性使用照片，须事先取得肖像权人的许可。③关于本案的法律适用，除适用著作权法的有关规定，还应考虑《民法通则》第7条的规定。如果本案的原、被告在拍摄照片时都明确被告将以复制、发行广告等营利方式使用照片，或者在没有协议的情况下，有理由认为原告明知被告将营利性使用照片并且没有提出异议，应认为，即使照片著作权属于原告，被告应有权在其经营活动范围内营利性使用照片。但是，被告付给原告的报酬应与原告应得的报酬相当，可参照其他广告公司或者影楼拍摄类似照片的酬金。如果双方没有明确被告将营利性使用照片，或者没有理由认为原告明知被告将营利性使用照片，在著作权属于原告的情况下，被告欲营利性使用照片，应事先取得原告的许可。[1] 笔者认为，《著作权法》修改时，可以借鉴其他国家立法规定，加以明确。对此下文将继续探讨。

3. 委托作品著作权归属制度之完善。通过以上内容的论述，可知我国《著作权法》在确定委托作品的权利归属时采用的是兼顾双方利益的基础上侧重保护作者的制度。委托作品的权利归属问题不仅涉及委托人和受托人的利益，也与社会公共利益息息相关。可以说，合理高效的制度设计，不仅有利于促进知识产品的利用转化效率，还能有效预防可能发生的矛盾冲突，促进社会和谐稳定。

（1）对于人身权是否可以转让的规定应当进一步细化。一般来说，著作人身权中的发表权、修改权和保护作品完整权虽然与作者的人格利益和身份利益有联系，但既不属于人格权的范畴，也不是典型的身份权。按照我国《著作权法》第16条第2款的规定，对于特殊职务作品，法人或者其他组织可以享有除署名权外的其他著作人身权。这说明发表权、修改权和保护作品完整权这3项权利可以与作者相分离。故在委托创作情形中，除了署名权外，其他3项著作人身权也可以依法转让给委托人。

第一，明确署名权不得转让的原则。署名权是作者创造作品的最直接的表现，也是体现著作人身权的主要方式。如果署名权可以由委托人享有，学术造假的现象会层出不穷，这将对正常学术秩序和伦理道德造成巨大的冲击。不仅如此，更会对我国文化产业的发展带来不可估量的打击。需要注意的是，并不是任何作品都可以标注署名。例如在商标中作者的姓名当然不可能一并标出。《著作权法实施条例》第19条规定：使用他人作品的，应当指明作者

---

〔1〕 冯晓青：《著作权法》，法律出版社2010年版，第137页。

姓名、作品名称；但是，当事人另有约定或者由于作品使用方式的特性无法指明的除外。换句话说，署名权虽然属于作者且不可转让，但并不一定标注在作品之中。

第二，发表权、修改权和保护作品完整权可以在一定情况下进行转让。在委托作品的产生过程中，委托方对于委托作品的创作方向、作品形式及以后的利用方式往往有明确的预期。大部分委托作品具有浓厚的商业色彩，很多都是作为商标或广告使用。毋庸置疑，这些使用的预期中必然包括发表及合理的修改。故而我国《著作权法》虽然对发表权、修改权和保护作品完整权的转让没有明确规定，但在实践中委托方与受托方在委托合同订立阶段一般都会对此达成共识。另一方面，在委托作品的创作过程中，委托人的前期调研、资料提供包括对于受托人的指示授意，已经在一定程度上将人身属性投映于作品。换句话说，委托人虽然没有直接参与创作，但是并非对委托作品没有任何影响。在这一层面上，允许将发表权、修改权和保护作品完整权转让给委托人在法理上也说得通。需要指出的是，虽然允许发表权、修改权和保护作品完整权在一定情况下进行转让，但要注意合理的限度。如对作品的修改应以实现委托创作的目的为限，不能随意篡改作品内容，曲解作品主题思想甚至故意抹黑作者人格。

（2）对于涉及肖像权的委托作品著作权应例外规定。我国现行立法对涉及肖像权的委托作品的规定忽略了其与著作权交叉的特殊情况，使其日常使用极为不便。针对这一问题，可以考虑直接将这类作品的著作权划归肖像权人自己所有，只需给受托人即作品的作者一定报酬就可实现著作权与肖像权的统一。笔者认为这种想法是不可取的。如前所述，著作权与物权、债权的不同之处就在于其具有极强的人身属性，体现在作品中就是作者本人不可忽视的人格色彩，这一点是十分重要的。仅就艺术照来说，同一个人即便穿着相同的衣服，在相同的地点，在不同的摄影师的镜头下呈现的风貌也不会完全相同，这些不同之处正是摄影师自身的创作风格的体现。肖像权是人身权的重要组成部分，理应给予重视，但不能仅因强调肖像权就完全忽略著作人身权的存在。

进言之，我国《著作权法》在确定涉及肖像权的委托作品权利归属时，可以借鉴国外法律的规定，按照作品的使用用途分别规定。如澳大利亚《版权法》第 35 条第 5 项规定："当照片、人像或雕刻是为了私人和家庭目的而委托他人拍摄、绘制或制作的，如‘全家福’照片、婚纱照和小孩的百日照等，则版权由委托人享有。”〔1〕意大利《著作权法》第98条规定：“如无相反约定，无须摄影者同意，委托他人摄制的肖像可以由肖像人或者其权利继承人进行发表、复制或者同意他人复制，但是，对复制作品进行商业性使用时，应当向摄影者支付合理的报酬。摄影作品原件上载有摄影者姓名的，展览、复制、发行时亦应当予以载明。”〔2〕在私人使用时可由委托方享有大部分甚至全部的著作权，在用于商业用途时应适当兼顾受托方的经济利益。因为在现实生活中，涉及肖像权的委托作品的侵权多表现为报刊杂志未经权利人同意就擅自刊发肖像权人的照片或者恶意丑化照片，这是同时侵犯了照片中人的肖像权和拍摄方的著作权的行为。然而有目共睹的是，相比著作权人，肖像权人不仅面临经济损失，还可能承受巨大的精神打击。所以在利益权衡过程中，应向后者适度倾斜。加之在日常生活中，照片摄影师、肖像画作家对于其所拍摄或绘制的作品的利用，涉及人身权的方面较少而牵扯到财产权的较多，故而过渡部分人身权给肖像权人是可行的。这样不仅有利于委托人达到自己的委托目的，在使用作品时不会受到不必要的限制，而且更能在纠纷解决中一定程度上保证权利主体的一致性。

4. 结论。在判断委托作品的原始归属问题上，确定只有作者才能原始取得著作权的原则，不仅能有效规避现实生活中一些不良现象对社会公序良俗的冲击，还可以实现该部分的相关条文与整部法律内在逻辑的统一。除此之外，著作人身权是否能够随财产权一并转让的问题在学界也争议颇多。在解决这个问题时既要考虑到我国法律的现行规定，又要兼顾其实施后的实际效果。因此在坚持署名权不可转让的原则下承认转让其他人身权的效力是较为明智的选择。在涉及权利交叉的作品中，肖像权与著作权交叉的作品是最常见的一类。它不仅有作者的智力投入，也涉及了肖像权人的人格利益。在处理权利人的利益冲突时，应充分考虑到委托的目的和用途，在赋予肖像权人一部分著作人身权的同时要充分照顾到著作权人的财产权，使双方利益能够有效协调。

---

〔1〕 王迁：《著作权法学》，北京大学出版社2007年版，第157页。

〔2〕《十二国著作权法》翻译组译：《十二国著作权法》，清华大学出版社2011年版，第311页。

六、相关权制度及其完善

（一）广播组织权保护制度及其完善

1. 立法原则。广播组织权保护涉及私权和公众利益的协调，涉及我国精神文明建设以及文化进步。在广播组织权的立法完善方面应当坚持以下基本原则：

（1）利益平衡原则。私权利与公共利益的平衡是著作权法的核心灵魂。既要强调广播组织权的保护，又要给予广播组织权限制。作为实现社会文化教育利益的工具，《著作权法》除了具有调控作者利益的功能外，还具有对社会利益的调控功能。[1] 作为《著作权法》中很重要的一项著作权相关权，广播组织权应当符合相关利益平衡，在制度设计方面应当张弛有度，对广播组织权应当予以必要的保护，但是要对属于社会公共部分予以保留，充分保障公众的权益。比如在合理使用方面，如何保障公众在广播信号方面的权益，如何解决网络环境下，广播信号的传播与公众受益的冲突等，这些都要符合利益平衡的原则。

（2）立法前瞻性与技术发展相结合原则。随着技术的发展，立法显得具有天然的滞后性。其实不是立法的滞后，而是技术的发展速度相对较快，而立法要保证稳定性，就不能朝令夕改。广播组织技术从无线广播到有线广播、卫星广播，再到广播技术与网络的融合下的网络广播技术，这些革新技术并不是法律所能够及时控制的。有时法律适用问题就算是借助于临时的司法解释、行政立法等也显得捉襟见肘。因此，在《著作权法》的修改过程中，对于广播组织权相关立法应当具有一定的前瞻性。

（3）国情考虑与国际接轨相结合的原则。我国加入了《罗马公约》等国际公约，必定要在国内执行相关的国际公约制度。而且在《世界知识产权组织广播组织条约》的制定等活动中，我国要积极参加。国际公约通常被认为是发达国家与发展中国家的一个博弈，事实上国际公约的相关规定与各个国家的参与度不无关系。我国应当积极参与，并在相关的讨论中争取说话的权利，根据我国国内的实际情况，分析相关的利弊。

---

〔1〕 冯晓青：《知识产权法利益平衡理论》，中国政法大学出版社2006年版，第323页。

（4）立法与政策相均衡的原则。我国关于广播组织权的立法主要体现在《著作权法》及相关的法规、司法解释中。各个地方根据其具体情况在与国家立法保持一致的情况下，会在各个地方范围内进行地方立法。这些整体上构成广义上我国广播组织权的立法。我国广播、电视等行业基本上属于垄断状态，市场竞争程度低，制度的建立受到相关利益方的限制。在网络环境下，这一现象有了一定的发展契机。个人电台、商业电台等将更加具有“草根精神”的内容融入广播组织中，这也为我们立法提出了新的需求。放开市场，促进竞争是我国广播组织未来发展的一个趋势。关于广播组织的立法要融入新的环境中去，必须与政策相协调。政策的制定要与我国广播组织的发展规模和趋势相协调，否则将有可能产生更多的社会矛盾。

2. 广播组织权保护制度之完善。

（1）广播组织权的保护期限保持为50年是否合适。广播组织权的保护期限规定为50年是否合适？也就是说根据我国目前的发展水平，是否有必要缩减广播组织权的保护期限？

《罗马公约》要求其成员国对广播组织播放的节目提供的保护期限至少为20年，从该节目开始广播的年份的年底开始计算。TRIPs协定对该权利的规定基本相同。我国《著作权法》从1990年的《著作权法》开始就规定广播电台、电视台对其制作的广播、电视节目享有的权利保护期为50年，截止于该节目首次播放后第50年的12月31日。无论其他细节如何改变，关于保护期的规定却纹丝未动。

1996年12月15日，珠江经济广播电台开通网络广播，成为我国第一家上网播出的广播电台。随后，北京人民广播电台、上海东方广播电台、中央人民广播电台等广播组织纷纷实现了网络广播。[1]至今已有很多网络广播，打破了传统的广播模式，涌现了传统广播、电台的网络版，个人网络广播电台，商用广播电台、电视台等广播模式。这些都显示，我国广播组织已经从传统的广播组织突破，更多的转向网络环境。如此，如果再对广播组织权的保护期限保持50年是否合适？网络环境广播组织已经发展迅速，信息的传播途径呈现出多样化、网络化趋势。保护广播组织权的实质是对其投资等予以尊重和认可，在网络环境下，其投资成本降低，是否应该对之进行相应的调整？

---

〔1〕 胡开忠、陈娜、相靖：《广播组织权保护研究》，华中科技大学出版社2011年版，第185页。

对于广播组织权的保护期限，最终要回归到利益平衡。广播组织权的保护期限实际上是一个公权与私权的冲突问题。制度设计实际上是对社会资源的一次分配过程，公平公正是社会永恒的主题，但是这个尺度是有所变化的。科学技术的发展影响立法，立法又影响科学技术的发展，只有一个动态的利益平衡才能够促进二者之间的良性循环。

笔者认为，我国《著作权法》1990 年制定的时候将之规定为 50 年，是因为没有预测到网络环境会有这么大的影响，考虑到我国文化底蕴之深厚以及其他特殊原因，为了某种利益的保护才规定为 50 年。随着改革开放的进一步加深，这种特殊的利益已经演变成了市场为导向的局面。为了促进文化的传播，增进文化的创新，增加更多的创作元素，在保护广播组织权的同时一定要兼顾公众利益。社会发展至今加上对以后的社会、技术发展的预测，保护期限应当有所减少。

（2）广播组织权中的转播权是否适用于网络转播。转播权规定在现行《著作权法》的第 45 条，其中明确“广播电台、电视台有权禁止未经其许可将其播放的广播、电视进行转播”。但是对于“转播”具体含义如何，并没有实际的判断指向。“修改草案”第一稿中第 38 条第 4 项规定了“在信息网络环境下通过无线或者有线的方式向公众转播其广播电视节目”，将广播电视信号在网络上进行转播的行为纳入到了广播组织权的范围内，在一些学者看来具有很大的立法进步意义，为三网合一之下的广播组织权提供了充分的保障。但是，在第二、三稿及“送审稿”中却删去了这一项。

广播信号在网络上转播，有学者称可以适用现行《著作权法》中的信息网络传播权来解决这个问题。但是，我国现行《著作权法》中的信息网络传播权是属于著作权人的一项财产权利，与广播组织权没有直接关系。而且，广播信号的网上转播不能够适用信息网络传播权的一个重要瓶颈是信息网络传播权具有一定的定时性。也就是说信息网络传播权的一个典型要件就是公众可以在选定的地点和选定的时间获得作品。转播不具有这种特性，如果一定要适用信息网络传播权的话，就要扩大信息网络传播权所包含的范围，将定时播放纳入到信息网络传播权中去。“修改草案”第一稿将信息网络传播权规定为“在信息网络环境下，以无线或者有线方式向公众提供作品，包括直播、转播或者使公众可以在其个人选定的时间和地点获得作品的权利”，可以说是契合了相关问题适用法律的困境，解决了很多的法律适用问题。在第一稿中同时规定了广播组织权之“在信息网络环境下通过无线或者有线的方式向公众转播其广播电视节目”，是与信息网络传播权的一个对应。

对于广播信号在网络上转播的规定在“修改草案”第一稿和第二稿中有这样一个变化，国家版权局的解释是这样的“考虑到原草案关于广播权和信息网络传播权的设定以传播介质而非传播方式为基础，不能完全符合科技发展特别是‘三网融合’的现状和趋势，因此将播放权适用于非交互式传播、信息网络传播权适用于交互式传播，以解决实践中的定时播放、网络直播以及转播等问题”，且“根据前述播放权与信息网络传播权的权利内容的调整，考虑到非交互传播已经纳入播放权的控制范围，因此删去原草案第三十八条第一款第四项”。[1] 对于该解释笔者认为有不合理之处。对于交互式传播和非交互式传播以及信息网络传播权的定义并不能完全保证广播组织的权利实现。在表演者权和录音制作者权利项下分别单独规定了“许可他人在信息网络环境下通过无线或者有线的方式向公众提供其表演，使该表演可为公众在其个人选定的时间和地点获得”；“许可他人以无线或者有线方式向公众提供其录音制品，使公众可以在其个人选定的时间和地点获得该录音制品，以及通过技术设备向公众传播以前述方式提供的录音制品”，以上的规定并没有显现出任何适用前面狭义著作权的权项问题，即便是广播组织权与技术联系更加密切，也不应该对之另行加以实际上的限制。

《世界知识产权组织广播组织条约草案》第 9 条规定：“广播组织应享有授权包括转播、以有线方式转播和通过计算机网络转播在内的任何方式转播其广播节目的专有权。”这种形式对广播组织权之网络转播权的规定是合理科学的。因此，笔者认为在我国《著作权法》修改广播组织权的相关内容也应当以之为鉴，进行权利关系的厘清，只有如此才能够制定出更加完善的制度。

（3）广播组织的“信息网络传播权”。广播组织的广播信息在现代技术发展模式下，已经很容易以盗播、盗录后在互联网上传播等方式侵权。科技发展是把双刃剑，它能够促进文化信息的传播，但是也对广播组织造成了巨大的损失和伤害。没有合法的垄断就不会有足够的信息产生出来，但是有了

---

〔1〕 参见 2012 年 7 月国家版权局发布的“关于《中华人民共和国著作权法》（修改草案第二稿）修改和完善的简要说明”，http：//www. gapp. gov. cn/news/1663/103391. shtml. 访问时间：2014 年 4 月 8 日。

合法的垄断又不会有太多的信息被利用。[1]

在《著作权法》第三次修改中，在表演者权和录音制作者的权利中，分别规定表演者对其表演享有“许可他人在信息网络环境下通过无线或者有线的方式向公众提供其表演，使该表演可为公众在其个人选定的时间和地点获得”的权利；录音制作者对其制作的录音制品享有许可他人“在信息网络环境下通过无线或者有线的方式向公众提供录音制品使公众可以在其个人选定的时间和地点获得该录音制品的权利”，在相关权中只有广播组织权没有信息网络传播的规定。对此，国家版权局的解释是考虑到目前《世界知识产权组织广播组织条约》还在讨论中，尚无定论，因此草案没有作出规定。

笔者认为，广播组织权相关问题关系到国家的信息安全，关系到广大公众的获取信息自由的基本权利。在当今网络已经成了获取信息、保护信息安全的最重要途径之一的背景下，对之进行规定信息网络传播权是十分重要的。在这里有人提出关于广播信号中有许多广播内容是不享有著作权的作品，如果通过信息网络传播权来给予广播组织以保护，就剥夺了广大公众的权利。笔者认为可以对之利用合理使用来解决，合理使用作为一个权利限制制度，对狭义的著作权和与著作权相关的邻接权都应当适用。因此，在这个问题上应该找出更好的解决途径，而不能因噎废食、止步不前。

当然对于广播组织权的相关问题不仅仅限于以上几点，还有关于技术措施、合理使用、录制权等相关内容需要进一步的思考和完善，而结合技术的发展和现实的需求，以上几点稍显突出，因此立法应当予以重视并给予科学的对待。

3. 结语。广播组织权的立法完善既要考虑我国实际现实的需要，又要考虑到可预测的技术发展趋势。保障信息安全和公众获取信息的自由并不是冲突的关系，而是一个相互融合、相互促进、相互协调的关系。市场竞争、技术的发展会给广播组织权带来冲击和挑战，但是更重要的是可以利用它们在国际环境、网络环境下来规制非法行为、促进广播组织的发展。广播组织权的立法与文化传播具有很密切的联系，对于我国的精神文明建设、创新文化建设具有重要意义，对之进行完善具有非常重要的意义。

---

〔1〕［美］罗伯特·考特、托马斯·尤伦：《法和经济学》，张军等译，上海三联书店1994年版，第185页。

（二）录音制作者权保护制度及其完善

正如印刷技术的出现催生出了盗版市场，作曲家们希望通过复制权来保护纸面音乐作品；音乐机械的发明使音乐作品通过机械再现成为可能，作曲家们又将其权利成功扩大到机械复制权。录音技术和传播技术的发展逐渐危及表演者和录音制作者的生存，因此录音制作者保护其录音制品的诉求产生。音乐创作者、传播者及相关出版商围绕录音技术而产生的控制作品新的利用方式的权利诉求也不断地随着技术在发展。有关录音制作者权利及其保护，以下问题值得重视。

1. 录音制作者的二次使用获酬权。在新科技和新媒体的刺激下，音像产业依靠实体唱片销售的传统经营模式面临来自消费者和侵权者的双重考验。消费者不愿购买实体唱片而更愿意从网上免费下载，而网络环境下的侵权行为具有违法成本低、侵权范围广以及难以察觉的特点。在已有法律框架下录音制作者所享有的复制权、发行权、出租权和信息网络传播权同样因为网络媒体的出现和盗版产业的猖狂而难以实现其功能。录音制作者在投入大量的人力、财力和精力后创造出的录音制品，丰富了社会公众的精神生活并创造出巨大的社会财富的同时，却没有获得应有的回报，无法刺激录音制作者创造出更加优秀的音乐制品，音像产业处于一个尴尬的地位。因此，有录音制作者欲寻求广播权和表演权的保护，以走出音像产业的困顿之状。

（1）专有权或是获酬权。对于是否赋予录音制作者广播权和表演权，实践中看法不一。唱片公司和中国音像协会是支持赋权方的主要倡导者。其主要理由是：首先，《世界知识产权组织表演与录音制品条约》（WPPT）第15条规定了表演者和录音制品制作者应享有因广播和向公众传播获得一次性合理报酬的权利；其次，表演者和录音制作者对推动录音制品的面世投入巨大，理应和作者一起分享利益的果实；最后，由于上述音像产业所遭遇的盗版危机和困顿之状，录音制作者的复制权、发行权、出租权和信息网络传播权实质意义不大，录音制作者在现有的法律框架的保护下无法收回其成本以创造出更好的音乐作品。[1] 强烈反对授予录音制作者表演权和广播权的是同济大学知识产权学院的张伟君教授，他的观点是：首先，盗版猖獗和非法网络传

---

〔1〕 赖明芳："中国音像协会再次呼吁：赋予录音录像制作者广播权和表演权"，载《中国新闻出版报》2007年7月。

播是造成当前唱片业面临的困境的重要原因，这是既有权利没有得到维护，而绝对不是因为权利不充分导致的。其次，虽然我国加入了 WPPT，要履行 WPPT 的条约义务，但其第 15 条第 3 款同时允许缔约方声明将根本不适用这些规定，这正是我国在加入 WPPT 予以保留的条款。最后，《罗马公约》和 WPPT 也没有规定专有的广播权，只是规定了录制者享有“广播”和“向公众传播”的“一次性合理报酬权”。[1] 对于这个问题的关注也引起了立法者的关注。在本次《著作权法》的修改案中，立法者采纳了比较折中的办法，赋予录音制作者对录音制品二次使用的获酬权。

实际上，我国 1990 年的《著作权法》曾经对录音制作者的广播权有过规定，其第 43 条规定：“广播电台、电视台非营业性播放已经出版的录音制品，可以不经著作权人、表演者、录音制作者许可，不向其支付报酬。”也就是说，只要是营业性播放就应该取得录音制作者许可，并支付报酬。但是 2001 年修改通过的现行《著作权法》取消了录音制作者的广播权，而规定为录音制品的法定许可。这就出现了上面所讨论的录音制品法定许可的存废之争。

（2）“二次使用”行为之界定。如果用一次使用指代录音制品的发行、销售，那么二次使用（Secondary Uses of Phonograms）即是指录音制品在发行、销售后，广播组织在节目中播放录音制品以及其他合法购买者将录音制品用于在营利性场所或娱乐性场所播放的行为。换言之，“二次使用”，是指将录音制品用于公开表演和播放。公开表演的用户主要是饭店、酒吧等娱乐场所，播放的最大用户则是广播电台、电视台。[2]“二次使用”一词其实是源于《罗马公约》第 12 条的表述，公约将为商业目的发行的录音制品用于广播和向公众传播概括为录音制品的二次使用。这里的广播，不仅包括传统的无线广播电台，还包括电视、卫星广播等多种形式。而“向公众传播”，即是指利用除上述广播以外的任何媒体向公众播送表演的声音或以录音制品录制的声音，如餐厅、酒店、娱乐场所或其他公共场所通过安装有线播放系统或者通过扩音器播放录音制品或转播电台、电视台节目，传送给一定范围内的公众。对“二次使用”行为进行报酬权的规制，授予录音制作者对录音制品这些新

[1] 张伟君：“录音制品制作者的广播权和表演权应该缓行”，载《电子知识产权》2007 年第 10 期。

[2] 张今：“试论录音制品二次使用报酬权”，载《中国知识产权》2011 年第 6 期。

的利用方式进行控制的权利，是从经济上改善唱片行业所开辟的新道路。

（3）国际条约中的二次使用获酬权。《罗马公约》第12条规定：如果为商业目的发行的录音制品或这种录音制品的复制件直接用于广播或任何方式的向公众传播，使用者应该向表演者或录音制作者或向二者支付单一的合理报酬。在当事人没有约定的情况下，国内法可以规定这种报酬的分配条件。WPPT第15条规定了与《罗马公约》内涵基本一致的录音制品二次使用权，即："对于直接或间接使用为商业目的发行的录音制品进行广播或向公众传播，表演者和录音制作者应该共享单一的报酬权；缔约方可以在其国内立法中规定，对使用者主张该单一的报酬权可以是表演者、录音制作者或两者，缔约方可以在表演者与录音制作者没有约定的情况下，规定表演者与录音制作者分享该单一报酬的条件；任何缔约方可以再向世界知识产权组织总干事交存通知时，声明其仅适用该条中的某些使用，或将以其他方式对这些使用进行限制，或声明其根本不适用这些规定。"相对于《罗马公约》其进步之处表现在：权利人明确规定为表演者与录音制作者，表演者与录音制作者共同享有对录音制品的广播与向公众传播的报酬权，至于由谁对该权利进行主张以及具体的分配办法则由国内法进行规定；涵盖的范围更广，使用方式包括广播和向公众传播，无论是直接使用还是间接使用，都需要向表演者与录音制作者支付报酬，将有线的转播之类的间接使用纳入到了保护范围；作为该条约协调信息社会著作权问题的特色，将通过网络向公众提供的录音制品视为商业目的发行的录音制品。

由于上述两个国际公约允许对录音制作者的二次使用权做出保留规定，因此，这两个公约都未能建立起一个有关录音制品二次使用权的全球最低标准，从而导致世界各国著作权法对录音制品二次使用权的规定存在较大差异。比如在享有权利的性质上有的规定为专有权〔1〕，有的规定为获酬权；在享有权利的模式上有的规定为表演者和录音制作者共享，有的规定为表演者或者录音制作者之一独享。〔2〕

---

〔1〕 巴西、印度、英国等国家选择全部或部分采用专有权的方式配置录音制品二次使用权的模式。

〔2〕 如《日本著作权法》的规定就是表演者与录音制作者对其录音制品被用于广播时，分别享有报酬权，而《印度版权法》就规定录音制品向公众传播权（仅为远程传输）仅由录音制作者单独享有，并不与表演者分享。

（4）《著作权法》修改中的二次使用获酬权。在《著作权法》第三次修改过程中，录音制作者的二次使用获酬权几经修改。“送审稿”第40条规定：“以下列方式使用录音制品的，其录音制作者享有获得合理报酬的权利：①以无线或者有线方式公开播放录音制品或者转播该录音制品的播放，以及通过技术设备向公众传播该录音制品的播放；②通过技术设备向公众传播录音制品。”其使用方式由第一稿的“用于无线或者有线播放，或者通过技术设备向公众传播”扩大到第二、三稿以及“送审稿”的“以无线或者有线方式公开播放录音制品或者转播该录音制品的播放，以及通过技术设备向公众传播该录音制品的播放”，将对录音制品的公开播放、转播和广播行为纳入到二次使用的范畴；在报酬权的主体上也由第一、二、三稿的“表演者和录音制作者共同享有”最后规定为“送审稿”的“录音制作者享有”。对于权利主体的确定，立法者的考量不得而知，但这也是符合《罗马公约》的规定的。这或许是表演者一般隶属于唱片公司——即录音制作者，因此在签订合同时已将自己的权利让渡给录音制作者；又或是表演者在和录音制作者签订授权录制合同中可以对报酬自由协商，为充分尊重表演者和录音制作者的自由意志，表演者可以通过合同享有分享报酬的权利。但是，“送审稿”中对录音制品二次使用获酬权的规定也并不是很完美。比如《罗马公约》和WPPT都规定了二次使用是一种商业性质或目的的使用行为，这样规定是符合公共利益的需要的。再有，按照国际惯例，录音制品二次使用获得的收入由集体管理协会为录音制作者收取，实现录音制品二次使用报酬权的关键还有待于著作权集体管理机制的完善。因此，这些在《著作权法》或《著作权法实施条例》中有待明确和完善。

2. 数字时代下录音制作者权的保护。计算机和互联网的普及，改变了录音制品的传播方式和消费模式。数字技术时代保护录音制作者权，不仅要解决盗版和非法传播等问题，更要顺应技术的发展，调整和变革其发展模式。

（1）在线销售录音制品的发行权是否用尽。所谓在线销售录音制品，主要是指录音公司（或其授权者）在与消费者达成销售协议后，直接经由互联网向消费者传输录音制品的复制件。在线销售与传统实体销售不同的是，前者在销售完成后，传输者的服务器中还保留着录音制品的复制件，而后者是该所销售的录音制品发生了物权的转移。网络环境下录音制作者发行权是否用尽关系着消费者在线购买录音制品后能否再行处置。对于这个问题，我国在

《著作权法》、《著作权法实施条例》以及《信息网络传播权保护条例》中都没有规定，可参照美国和欧盟这两大地区的规定来看国际上对于该问题的态度。

美国对录音制品提供的是版权保护，[1] 在线传输录音制品被认为是一种发行作品的行为。而美国《版权法》第109条是关于录音制品发行权用尽的规定。对于在线提供录音制品是否受发行权用尽原则的约束，美国白皮书中明确提到：传输者对于其占有的录音制品的复制件仍然享有控制权，并不受首次销售原则的约束。欧盟历来反对将权利用尽原则适用于在线传输作品和邻接权客体的情形。对于网络环境中发行权用尽原则，欧盟在1996年的《关于信息社会中著作权与相关权利的绿皮书续篇》中指出，网络传播与发行不同，传播者所提供的不是作品的有形复制件，而是可以被无限复制的无形服务，因此不适用权利用尽原则。[2]

首次销售原则解决的是作品的有形载体转移之后所有权与著作权的冲突，换句话说，权利用尽原则的适用针对的是某一特定的录音制品复制件，并非是指无形的录音制品本身。在传统的发行情况下，录音制品的传播以物理载体的转移为前提，传播的速度和范围必然受到限制，这样即使规定首次销售原则，对录音制品著作权人的影响也是可预见和可控的。在网络传播录音制品的情形下，传播者手中的录音制品复制件并没有转移，而只是被复制，如若适用权利用尽原则，则是对在线侵权行为的容忍，不利于在线录音制品的保护。因此，针对录音制品的特定复制件转移而设定的权利用尽原则不适用于依赖复制对信息进行传输的网络环境。

（2）将非交互性在线传播纳入获酬权的范围。信息网络传播权是随着数字技术的发展而赋予录音制作者的新权利。但是《信息网络传播权保护条例》将录音制品制作者信息网络传播权的涵盖范围与作者的信息网络传播权等同起来，即只能控制“以有线或者无线的方式向公众提供录音制品，使公众可以在其个人选定的时间和地点获得录音制品”这种交互性的网络传播行为。除了这种交互性的网络传播，还存在着非交互性的网络传播，以“网播”为

---

〔1〕 美国《版权法》所列作品中就包括“经固定的一系列音乐、口述或其他声音产生的作品，不论承载这类作品的物体（例如唱片、磁带或其他录制载体）的性质如何，但不包括伴随电影作品或其他试听制品中的各种声音”这类与大陆法系所称的录音制品并无不同的作品。

〔2〕 孙雷：《领接权研究》，中国民主法制出版社2009年版，第160页。

例，“网播”是指以有线或无线的方式，通过计算机网络，使公众基本同时得到所播放的声音，或图像，或图像和声音，或图像和声音表现物。〔1〕可见这种播放方式与交互性的“在选定的时间”、“在选定的地点”获得节目信息流是不同的。然而，在司法实践中却出现了将网播等同于信息网络传播的行为。例如，在“宁波成功多媒体通信有限公司（简称成功公司）诉北京时越网络技术有限公司（简称时越公司）著作权纠纷案”〔2〕中，时越公司所有的悠视网以非互动的方式在线播放了电视剧作品《奋斗》。网络用户只能在某一时间点观看正在播放的《奋斗》的某一集，并不能在其选定的时间观看未播放的其他集的内容。本案的一审法院海淀区人民法院和二审法院北京市第一中级人民法院均认为该未经许可的定集在线播放行为侵犯了成功公司的信息网络传播权。这虽然是网播视听作品的案例，却反映出司法实践对“网播”这种网络传播形式性质的误解。

网播录音制品同样是对录音制品的一种利用行为，在现行的法律框架内并不属于信息网络传播权所规范的范畴。分析 WPPT 第 2 条对第 15 条（即表演者和录音制品制作者的获取报酬权条款）的解释，“向公众传播”包括使公众能听到以录音制品录制的声音或声音的表现物，也即 WPPT 语境下的获酬权的判断标准是以公众能够听到录音制品所承载的声音这一结果而言的，至于是以什么方式导致的这一结果没有要求。因此，可以将“网播”这种非交互性的网络传播行为纳入到二次使用获酬权的保护范围。随着网播站点的不断增加，承认录音制品制作者在网播录音制品的情形下享有获取报酬的权利，以充分保证其在数字空间下的利益，这无论是对于司法实践中指导案件的判决还是对录音制作者权利的保护都将达到一个新的高度。

七、“权利的行使”制度之完善

（一）著作权合同制度及其完善

1. 著作权许可使用合同。

（1）著作权许可使用合同内容的完善。关于著作权许可使用合同，现行

---

〔1〕 WIPO doc., Working Paper On Alternative And Non - Mandatory Solutions On The Protection In Relation To Webcasting, SCCR/12/5, Apr 2005, Article 2.

〔2〕 北京市第一中级人民法院（2008）一中民终字第 5314 号判决书。

《著作权法》第24条规定：使用他人作品应当同著作权人订立许可使用合同，本法规定可以不经许可的除外。许可使用合同包括下列主要内容：①许可使用的权利种类；②许可使用的权利是专有使用权或者非专有使用权；③许可使用的地域范围、期间；④付酬标准和办法；⑤违约责任；⑥双方认为需要约定的其他内容。“修改草案”第一、二稿第50条沿用了上述规定。同时，在第1项前增加了“作品的名称”；在第1项中补充了“使用方式”，即将现行法第24条第1项修改为“许可使用的权利种类和使用方式”；将第2项中“权利”两字删除，即修改为“许可使用的是专有使用权或者非专有使用权”。同时，增设了第2款：“使用作品的付酬标准可以由当事人约定，当事人没有约定或者约定不明的，按照市场价格或者国务院著作权行政管理部门会同有关部门制定的付酬标准支付报酬”。〔1〕这些修改，完善了著作权许可使用合同的内容，有利于更好地发挥著作权许可使用合同的作用。

（2）著作权许可使用合同涉及的许可使用的权利种类及报刊社专有出版权的期限。著作权许可使用合同涉及的许可使用的权利的种类，一般是指许可使用的是专有使用权还是非专有使用权。由于这两种权利对著作权人和使用者来说具有重要的利害关系，著作权许可使用合同制度应当规范这类问题。

“修改草案”第一稿第51条规定：使用他人作品，许可使用的权利是专有使用权的，应当采取书面形式。合同中未明确约定许可使用的权利是专有使用权的，视为许可使用的权利为非专有使用权。合同中约定许可使用的权利是专有使用权，但对专有使用权的内容没有约定或者约定不明的，视为被许可人有权排除包括著作权人在内的任何人以同样的方式使用作品。报刊与作者签订专有出版权合同的，专有出版权的期限不得超过1年。〔2〕

---

〔1〕其中第二稿中删除了上述“可以”两字。可以看出，该款系对现行法第28条的修改而来。笔者认为该修改具有合理性，因为付酬标准是这类合同最重要内容之一，理所当然地应由当事人双方约定，以体现意思自治优先原则。

〔2〕第二稿同条对上述规定稍微有修改，具体为：第1款表述改为“许可使用的方式为专有使用权的，许可使用合同应当采取书面形式”（其第三稿又将其中的“方式为”改为“权利是”）；第2、3款的内容没有变化；第4款的表述则改为“报刊社与著作权人签订专有出版权合同，但对专有出版权的期限没有约定或者约定不明的，专有出版权的期限推定为1年”。“送审稿”第54条维持了第三稿的规定。

上述第 1 款规定是对现行《著作权法实施条例》第 23 条规定的整合。[1] 不过在该条中，“修改草案”并没有规定报社、期刊社刊登作品获得专有使用权不需要采用书面形式。这是因为，“修改草案”专门增设了关于报刊社获得专有出版权的规定，对此下面还将予以探讨。上述第 2 款的规定也来自于对现行《著作权法实施条例》第 24 条规定的吸收与修改。[2] 笔者认为，与国外著作权立法相比，现行《著作权法》和《著作权法实施条例》的规定都比较简单，这当然有其特殊原因。然而，我国著作权制度经过 20 多年的实施，著作权法理论研究水平也已大为提高，著作权司法实践也为著作权立法提供了宝贵的素材和经验。因此，总体上，这次修改《著作权法》不应过于抱着“宜粗不宜细”的思路，除了现行《著作权法》很多条文需要系统修改外，像《著作权法实施条例》之类的很多规定，也应当吸收、整合到《著作权法》中，待立法水平达到较高程度时，则可以废除现行由著作权法外加实施条例搭配的立法模式。就当前修法而言，则应尽量整合现行《著作权法实施条例》的规定，同时对《著作权法实施条例》做出细致的修改，将很多涉及《著作权法》条文理解和具体操作等问题通过完善《著作权法实施条例》的方式进行。由于现行《著作权法实施条例》的规定也颇为简单，而且有很多问题应属于在《著作权法》中予以规范的，因此应当尽量将其规定吸收到《著作权法》中。应当说，包括本处在内的规定就是体现，笔者自然对此表示赞同。

不过，“修稿草案”第二、三稿及“送审稿”关于报刊社与作者约定专有出版权期限的规定，存在问题，应当恢复“修改草案”第一稿的相应规定。理由是，“修稿草案”第二稿的规定实际上认可了报刊社与著作权人签订的专有出版权合同约定专有出版权的期限可以超过 1 年，只是在没有约定期限或者约定不明时才将期限限定为 1 年，而不是无论是否约定，专有出版权的期限不得超过 1 年。这一规定有使报刊社垄断作者作品出版的可能，不利于优秀作品的广泛传播和利用，因为被他人转载的作品，一般应是转载刊物认可

---

〔1〕 现行《著作权法实施条例》第 23 条第一句的规定实则为现行《著作权法》第 24 条第一句的重复。这应系立法之疏忽或缺陷，因为内容完全相同的表述没有必要分别在上位法和下位法中重复出现。

〔2〕 该条规定：“著作权法第二十四条规定的专有使用权的内容由合同约定，合同没有约定或者约定不明的，视为被许可人有权排除包括著作权人在内的任何人以同样的方式使用作品……”

的文章。[1] 另外，该规定在实践中还存在一个问题，就是如何确定报刊社与著作权人签订了专有出版权合同，因为在实践中通常是报刊社在“征稿启事”一类声明中单独声明“凡本刊（报）采用的作品，自刊登之日起享有1年的专有出版权，其他任何单位和个人不得转载”之类，鲜有作者等著作权人与报刊社专门签订专有出版权合同的。作者投稿并被采纳后，这类“征稿启事”指明的专有出版权时间是否有效，值得研究。

（3）独占许可使用合同中对被许可人行使著作权的限制性规定。著作权独占被许可人有可能从事不利于著作权人利益实现的行为。在独占许可授予后，著作权也不得在独占许可的范围内利用作品，被许可人实际上取得了著作财产权人的地位。在一定期限内，被许可人不将作品市场化或者不充分地投入市场，则著作权人所期望实现的荣誉、物质利益等均无法完全实现，社会公众也无法尽早接触到作品。因此，这种行为侵犯了著作权人的利益与社会公众的潜在利益。但是，现行《著作权法》、《著作权法实施条例》均未对独占许可使用合同被许可人行使著作权及利用作品相关情况规定任何义务和责任。笔者认为，我国《著作权法》应当规定独占被许可人的相关义务。对此，国家版权局委托中国人民大学提出的《著作权法》修改专家建议稿[2]（以下简称“人民大学建议稿”）有关规定可以选择性地吸收到《著作权法》中。

第一，该建议稿第5条第2款规定：“未经许可人同意，独占许可的被许可人不得将作品再独占许可给他人，非独占许可除外。”[3] 笔者认为，在独占许可使用的情况下，被许可人许可他人使用，无论是独占许可还是普通许

〔1〕颇具讽刺意味的是，在2001年修订《著作权法》时，立法者在解释为何不赋予报刊出版者对其刊载的作品以专有出版权时，指出是“由于公众利益而未规定报刊出版者对其刊载的作品享有的专有出版权，而是规定其他报刊出版者可以对其刊载的作品有转载权”。参见姚红主编：《中华人民共和国著作权法释解》，群众出版社2001年版，第211页。

〔2〕该建议稿负责人为著名知识产权法专家刘春田教授，本文作者是该建议稿主要成员，并且是起草“权利限制与例外”部分的负责人。

〔3〕该建议稿“说明”如下：“本许可的被许可人是由著作权人选定的，著作权人可能是基于对本许可的被许可人的实力、能力等的信任而进行选择的，因此，对独占许可的转许可，非经本许可的许可人即著作权人同意不得进行。但是，由于作品已经独占许可给了被许可人，被许可人便可以支配作品所产生或可能产生的全部利益，再授予他人非独占许可只不过是其利用作品的一种方式，因此应予许可。”

可，均应当经过著作权人同意。这是由著作权本身的专有性所决定的。因此，建议稿上述规定可做适当修改后采用。[1]

第二，关于履行独占许可使用合同中，被许可人怠于行使权利的法律后果，该建议稿将其与著作权转让合同中受让人怠于行使权利的法律后果放在一起做了相同规定。其第5条第1款规定："非因让与人或独占许可人的原因，受让人或独占许可的被许可人无正当理由不行使或不充分行使权利，并严重损害让与人或许可人的合法利益的，让与人或许可人可通知受让人或被许可人在合理期限行使权利。合理期限届满受让人或被许可人仍未能充分行使权利的，让与人或许可人可以通知受让人或被许可人，撤销著作权转让合同或独占许可合同。"该条后面4款还分别规定了合同撤销后已支付报酬的退还、撤销权行使的时间、原合同的受让人、被许可人对重新签订合同的优先订立权，以及撤销权不得事先放弃。笔者赞同对独占许可使用合同实施中，如果被许可人怠于行使权利而致许可人利益受到严重损害，应当规定相应的法律后果。至于转让合同的类似情况，则可以暂缓规定。增补这类规定的原因在于，独占许可合同与一般的著作权许可使用不同，它排除了包括著作权人在内的任何人在合同范围内使用其作品。在相当多的情况下，著作权人的利益实现直接与被许可人利用作品的情况相关。如果被许可人怠于行使权利，就可能对许可人极为不利。因此，有必要增补对被许可人履行合同不力的法律后果的条款。

（4）图书出版合同。图书出版合同是著作权人与图书出版者利用作品的基本法律形式。从图书出版的角度看，著作权法涉及作者、出版者和读者三者之间的利益关系，需要在三者之间实现利益的平衡。其中保护创作是基本定位，促进作品传播是实现作品价值所在，而出版者的利益也需要得到充分保障。为此，需要完善图书出版合同制度。从国外有关立法例看，有关图书出版的法律问题非常重视通过合同形式加以规范。以美国法为例，由于出版归根到底是著作权的许可与转让，著作权的转移都是通过合同来完成的。[2]图书出版合同也属于著作权许可使用合同的范畴，它是著作权人就许可图书

---

〔1〕 如下文探讨的，由于"修改草案"、"送审稿"已经新增了"未经著作权人同意，被许可人不得许可第三人行使同一权利"，实际上包含了"人民大学建议稿"中的上述内容。

〔2〕 参见李明德：《美国知识产权法》，法律出版社2003年版，第112页。

出版者以出版方式使用其作品而达成的协议。图书出版者出版图书首先需要从作者或者其他著作权人那里获得授权。这种授权需要通过签订许可使用合同的形式加以解决。就图书出版者而言，其最看重的是通过合同约定获得对图书一定期限的专有出版权。

在我国1990年《著作权法》中，图书出版者的专有出版权是法定的。[1]但在2001年修订《著作权法》时，强调图书出版者的专有出版者需要通过出版合同约定才能取得。因此，图书出版者的专有出版权本质上是其基于出版合同而取得的被许可使用的权利，本身不再具有法定性。

"修改草案"关于图书出版合同的修改，主要体现于以下几点：

第一，删除了现行《著作权法》关于图书出版合同的若干规定。具体体现为：①第30条规定："图书出版者出版图书应当和著作权人订立出版合同，并支付报酬。"②第31条规定："图书出版者对著作权人交付出版的作品，按照合同约定享有的专有出版权受法律保护，他人不得出版该作品。"③第32条第1款规定："著作权人应当按照合同约定期限交付作品。图书出版者应当按照合同约定的出版质量、期限出版图书。"第2款规定："图书出版者不按照合同约定期限出版，应当依照本法第五十三条的规定承担民事责任。"关于上述条款的删除，笔者认为现行法第32条第1款没有保留的必要，因为著作权人交付作品的时间以及图书出版者出版图书的质量和时间等重要问题，在出版合同中都会做出约定。至于第2款属于冗余规定，更不可取。不过，第30条的规定仍有必要保留，但应做出修改，即将"并支付报酬"修改为"并约定支付报酬的方式和办法"。具体理由见下面立法建议之说明。

第二，吸收了《著作权法实施条例》的相应规定，这体现为"修稿草案"第一、二稿第52条的规定：图书出版合同中约定图书出版者享有专有出版权但没有明确其具体内容的，视为图书出版者享有在合同有效期内和在合同约定的地域范围内以同种文字的原版、修订版出版图书的专有权利。该条显然是吸收了现行《著作权法实施条例》第28条的规定。值得注意的是，该条附带明确了图书出版者享有的专有出版权是通过著作权人与图书出版者在图书出版合同中进行约定而取得的，从而也吸收了现行《著作权法》第31条关于图书出版者专有出版权的规定。这一吸收具有一箭双雕之功效，体现了

[1] 参见1990年《著作权法》第30条。

立法的简约、凝练的特色，值得肯定。当然，图书出版者可能会认为，还是更明确昭示“图书出版者对著作权人交付出版的作品，按照合同约定享有的专有出版权受法律保护，他人不得出版该作品”为好。不过，笔者认为，既然是约定了专有出版权，它肯定受到法律保护，而且他人不得出版该作品。因此，“修改草案”删除了现行法第 31 条关于图书出版者的专有出版权的规定，在增设第 52 条〔1〕的前提下，不会影响其享有的专有出版权的法律保护。

第三，部分保留了现行《著作权法》相关规定并将现行《著作权法实施条例》的规定整合进来。具体而言，体现为：“修改草案”第 53 条第 1 款规定：图书出版者重印、再版作品的，应当通知著作权人，并支付报酬；第 2 款规定：图书脱销后，图书出版者拒绝重印、再版的，著作权人有权终止合同。著作权人寄给图书出版者的两份订单在 6 个月内未得到履行，视为图书脱销。上述规定，显然移植于现行《著作权法》第 31 条第 3 款及《著作权法实施条例》第 29 条的规定。

（5）著作权人向报刊社投稿问题。现行《著作权法》第 33 条第 1 款规定：“著作权人向报社、期刊社投稿的，自稿件发出之日起十五日内未收到报社通知决定刊登的，或者自稿件发出之日起三十日内未收到期刊社通知决定刊登的，可以将同一作品向其他报社、期刊社投稿。双方另有约定的除外。”实践中争议较大的是，这里的“双方另有约定”如何理解，特别是报刊社的“征稿启事”单方面发布算不算“双方另有约定”。从报刊社的角度看，几乎是一致地认为应当包含在内。“修改草案”则删除了上述条款，这可能是基于实践中报刊社采稿情况比较复杂，不宜在法律中做出规定。笔者则认为，报刊社以征稿启事的方式单方面约定较长的“采稿专属权”（通常为三四个月甚至更长），不利于著作权人选择报刊社及时发表其作品，特别是那些时效性较强的作品，在现行做法下很可能最后丧失发表机会，因为著作权人选择第二家报刊投稿，已是三四个月之后。本次《著作权法》修改是否应采用禁止一稿多用但不禁止一稿多投的新模式，值得研究。笔者认为，著作权人向报刊社投稿问题的规定，不应过于倾向于保护报刊社的“优选刊载权”，也应顾及著作权人的利益和社会公众及时获得作品的利益，在两者之间适当地达成

〔1〕 相应规定在“修改草案”第三稿中，体现于第 53 条，在“送审稿”中体现于第 55 条。

平衡。

(6) 立法建议。根据以上分析，笔者针对我国著作权许可使用合同制度的完善提出以下立法建议：

第一，关于著作权独占许可使用合同中对被许可人行使权利的限制，以及被许可人怠于行使权利的法律后果，建议增设以下规定：

> 非因独占许可人的原因，独占许可的被许可人无正当理由不行使或不充分行使权利，并严重损害许可人的合法利益的，许可人可要求被许可人在合理期限内行使权利。合理期限届满被许可人仍未能行使或充分行使权利的，许可人可以通知被许可人，撤销著作权独占许可使用合同，但许可人应适当退还已经支付的许可使用费。

第二，关于报刊社取得的专有出版权的期限，建议保留“修改草案”第一稿第51条第4款的规定：

> 报刊与作者签订专有出版权合同的，专有出版权的期限不得超过1年。

第三，关于图书出版合同制度的完善，根据上面的分析，应保留现行法第31条的规定，同时进行必要修改。修改后的内容如下：

> 图书出版者出版图书应当和著作权人订立出版合同，并约定支付报酬的方式和办法。

之所以取消“并支付报酬”，是考虑到图书出版市场化后，出版实践中很多作品著作权人不但没有获取报酬，反而要缴纳一笔不菲的“出版补贴”费用。一律规定“支付报酬”并不现实。但是，如果在合同中不体现如何支付著作权人的报酬，则可能使著作权人的经济利益受到极大损害。因为在出版实践中，作者等著作权人往往处于弱势地位，为了出书，著作权人除了支付不菲的出版费用，还往往不得不答应在出版合同中不写任何关于报酬的条款。在这种情况下，即使图书出版后很畅销，出版者可以赚取巨大利润，作者则因为合同没有规定付酬的方式和办法（如从3000册以上开始支付版税）而无从获取任何利润，这对著作权人权益的保障显然极为不利。因此，增加“并约定支付报酬的方式和办法”很有必要。从国外相关规定看，增加上述规定也具有合理性。以德国《著作权法》为例，其除了规定作者确保出版者应享有的专有出版权、排除出版中存在的权利障碍以及竞业禁止义务外，还规定了作者可以从出版者那里获得一定的报酬，具体形式如收入分红。该法还规定了作者因为所获得的收益与出版者获得的收入明显失调的“变更请求权”。〔1〕有学者分析了与上述相似的原因：“保护的理由在于，相对于那些主要的作品利用商而言，在市场上以及文化经济中，作品创作人在组织上与经济上都处于弱势地位，这种弱势地位会对供求原则所产生的适当报酬之获得造成障碍。”〔2〕

第四，关于著作权人向报刊社投稿，建议对现行法经适当修改，修改后内容如下：

> 著作权人向报社、期刊社投稿的，除当事人双方另行约定外，自稿件发出之日起十五日内未收到报社通知决定刊登的，或者自稿件发出之日起三十日内未收到期刊社通知决定刊登的，可以将同一作品向其他报社、期刊社投稿。
>
> 上述期限，如系当事人双方约定，则最长分别不得超过1个月和三个月。

之所以增加第2款，是考虑到现实中很多报刊社并未与著作权人“另有约定”，而其单方面约定时间往往较长，加之一些著作权人并不知晓特定报刊社刊登的启示，为维护著作权人和社会公众的利益，应当规定统一的最长期限。

2. 著作权转让合同。

（1）著作权转让合同的条款与内容。现行《著作权法》第25条规定：转让本法第十条第一款第五项至第十七项规定的权利，应当订立书面合同。权利转让合同包括下列主要内容：①作品的名称；②转让的权利种类、地域范围；③转让价金；④交付转让价金的日期和方式；⑤违约责任；⑥双方认为

---

〔1〕［德］M. 雷炳德：《著作权法》，张恩名译，法律出版社2005年版，第34页。

〔2〕张慧春：“图书出版者权利的再认识——基于《著作权法》第三次修改的思考”，载《中国出版》2012年第19期。

需要约定的其他内容。“修改草案”第一、二稿则除了将“转让价金”改为“转让金”，并根据新的条文编排结构调整条文顺序外，其他内容未作任何改动。第三稿和“送审稿”也一样。从一般的角度讲，著作权转让合同需要明确以下几个问题：①转让合同的形式，如是否应为书面形式；②转让合同的主要条款；③转让合同是否需要登记，如果登记，则其具有怎样的法律效果等。此外，有些国家还规定了未来作品或者说将来作品的著作权转让的限制，是否需要规定这类制度，也值得研究。

关于著作权转让的形式，无论是现行法还是“修改草案”均规定应当采取书面形式。所谓书面形式，根据我国《合同法》第11条规定，它是指“合同书、信件和数据电文（包括电报、电传、传真、电子数据交换和电子邮件）等可以有形地表现所载内容的形式”。可见，在数字和信息网络环境下，书面形式具有多样性，并不限于传统的纸质件形式。著作权转让合同书面形式的必要性在于，著作权具有无形性以及转让涉及著作权人的重大利益关系，书面形式能更好地保障其利益，防止在发生著作权权属纠纷时一方或双方证据不足的问题。因此，书面形式值得肯定。不过，如果双方当事人承认口头合同并履行了著作权转让合同，转让的效力是否应予承认，值得进一步探讨。

关于著作权转让合同的主要条款，现行法和“修改草案”的特点是未明确转让是否可以限定期限。从著作权转让理论来说，应当允许一定期限的著作权“部分转让”存在。有些学者主张，著作权转让应是转让人在整个著作权保护期限内的著作财产权转让给受让人，即不允许有一定期限的著作权转让。笔者一直主张著作权可以在一定期限内转让，[1]认为此次修改《著作权法》，也应体现这一情况。实际上，从其他国家著作权立法规定看，像美国《著作权法》、法国《知识产权法典》、巴西《著作权法》等都通过赋予作者收回权或撤销权，间接肯定了著作权转让的有期限性。从充分保护著作权人的利益、避免因为转让期限过长而影响著作权人的利益的角度看，著作权转让合同条款中可以对转让期限作出规定。这一点，在“人民大学建议稿”第5条及其说明中已经体现了，笔者认为应吸收该建议稿的规定。

著作权转让合同的登记，也是这类转让合同制的研究的内容，对此将在下面再行探讨。

---

〔1〕 参见冯晓青：《著作权法通论》，中南工业大学出版社1993年版，第190页。

关于未来作品的著作权转让，由于在我国近些年的司法实践中已经发生了一些纠纷案例，而国外相关立法已有类似立法例。因此，借鉴这些国家的立法规定具有必要性。一方面，《著作权法》应当承认未来作品著作权转让的合法性，以鼓励作者就其未来作品效益做出规划，同时也为著作权证券化制度奠定制度基础；另一方面，由于这类转让事关作者的未来利益，应当对其著作权转让做出某种限制。

（2）立法建议。基于以上阐述，著作权转让合同制度的立法完善，有以下几点：

第一，在转让合同的内容之一“转让的权利种类、地域范围”增加“期限”，即修改为“转让的权利种类、地域范围和期限”。同时，遵循意思自治原则，应允许在整个著作权保护期内将著作权转让给受让人。

第二，借鉴“人民大学建议稿”，增设未来作品著作权转让制度，在“修改草案”中关于著作权转让合同条文下增设1款：

> 未来作品著作财产权可以通过书面形式转让，转让合同最长期限不得长于10年。

3. 关于著作权许可使用与转让合同的共同规定。

（1）合同中未明确许可或者转让权利的行使。现行《著作权法》第27条规定：许可使用合同和转让合同中著作权人未明确许可、转让的权利，未经著作权人同意，另一方当事人不得行使。该规定的价值取向在于充分确保著作权人利益。如果被许可人或者转让人对许可使用合同或者转让合同中著作权人未明确许可或者转让的权利不经著作权人同意还可以行使，著作权人对其作品享有的专有权就会因履行合同行为而落空。从著作权法一般原理来说，也可以理解为被许可人或者转让人应在征得著作权人同意的前提下才能行使。因此，“修改草案”各版本和“送审稿”保留了上述规定，只是在措辞上趋为严谨，如第二稿将现行法第27条和第一稿第56条第1款中“未明确许可、转让的权利”改为“未明确许可或者转让的权利”；将现行法中“另一方当事人不得行使”及第一稿第56条第2款中“被许可人不得行使”改为“被许可人或者受让人不得行使”。

此外，“修改草案”各稿及“送审稿”增加了1款，作为第2款，规定：

“未经著作权人同意，被许可人不得许可第三人行使同一权利。”应当说，这一修改是对现行《著作权法实施条例》第 24 条的移植。该条规定，除合同另有约定外，被许可人许可第三人行使同一权利，必须取得著作权人的许可。这一规定将独占许可的分许可交由合同解决，如果没有约定则应当经过著作权人许可。作者授予许可通常包含着作者对被许可人的信赖关系，在没有合同约定时，如果任由许可人再授予许可，则有损害作者利益之虞，此种法理类似于物的租赁。这一规范具有合理性，但是结合该条前段的规定，只能认为专有许可不得擅自分许可。“修改草案”及“送审稿”吸纳了上述规定并将不得擅自分许可的规定扩大到任何许可类型，即“未经著作权人同意，被许可人不得许可第三人行使同一权利”。对这一条款的解读是著作权人可以事先同意，也可以补充约定，但没有约定则不可行使。这一规定具有合理性，应予保留。

（2）著作权许可使用与转让的登记制度。登记制度较为完善的领域为物权法。其意义在于，公开交易过程，取得公示效力，维护交易相对人安全和第三人的交易安全。

现行《著作权法实施条例》第 25 条则规定：“与著作权人订立专有许可使用合同、转让合同的，可以向著作权行政管理部门备案。”该规定确立了著作权专有许可使用合同、转让合同的备案制度。但是，没有明确备案的效力。

“修改草案”第一稿第 57 条第 1 款规定：“与著作权人订立专有许可合同或转让合同的，可以向国务院著作权行政管理部门设立的专门登记机构登记。经登记的专有许可合同和转让合同，可以对抗第三人。”第 2 款规定：“合同登记应当缴纳费用，收费标准由国务院著作权行政管理部门会同国务院价格管理部门确定。”第二稿将上述第 2 款中“由国务院著作权行政管理部门会同国务院价格管理部门确定”改为“由国务院财政、价格管理部门确定”。第三稿第 57 条将上述第一、二稿中“经登记的专有许可合同和转让合同”改为“经登记的权利”。“送审稿”第 59 条则将上述第三稿中“经登记的权利，可以对抗第三人”改为“未经登记的权利，不得对抗善意第三人”。可见，“修改草案”与“送审稿”同时规定了两类登记制度，即契据登记制与登记证据制，还规定了专有许可合同与转让合同的登记对抗效力。

此外，就权利的许可登记制度而言，由于“修改草案”、“送审稿”取消了现行《著作权法》第 31 条规定，这就意味着本来图书出版者根据现行法的规定可以直接通过合同约定而无须通过登记形式取得对抗第三人的效力，但根据新法不能当然地取得对抗第三人的效力。实践证明，现行法第31条规定对于保障图书出版事业健康发展、防止图书重复出版而浪费国家资源，发挥了重要作用。因此，“修改草案”第一、二稿出台后，相关规定即遭到了出版界人士的质疑与反对。如前所述，笔者对取消现行法第31条规定持保留意见，认为恢复该条规定有利于保障实行了多年的专有出版权保护制度。在“修改草案”、“送审稿”取消现行法第31条规定的情况下，登记对抗制度就出版社出版图书而言，意味着增加了额外负担，因为本来专有出版权暗含了排除他人使用的意蕴，也就使现行法保护下的专有出版权无须登记即可对抗第三人，另外规定登记制度已无必要。

（3）著作权质押与质押合同。著作权质押是利用著作权的重要形式，也是利用著作权这种无形资产进行融资的基本形式，与上述一般意义上的著作权许可使用、转让具有颇为不同的特点。根据国家版权局颁行的《著作权质押合同登记办法》第2条的规定，著作权质押“是指债务人或者第三人依法将其著作权中的财产权出质，将该财产权作为债权的担保。债务人不履行债务时，债权人有权依法以该财产权折价或者以拍卖、变卖该财产权的价款优先受偿”。这里的债务人或者第三人为出质人，债权人为质权人。

在当前我国实施国家知识产权战略，大力推进知识产权运营的背景下，提升著作权的融资质押功能，通过无形资产盘活有形资产，在促进我国经济发展方式的转型等方面，均具有重要价值。基于著作权质押是著作权行使的重要方式和内容，以及包括著作权在内的知识产权融资业务日益重要和活跃的现实，2010年我国《著作权法》修订时，专门增加了著作权质押方面的规定。“修改草案”、“送审稿”也确认了这一制度，其中“修改草案”第一稿第58条规定：以著作权出质的，由出质人和质权人向国务院著作权行政管理部门办理出质登记。著作权出质登记应当缴纳费用，收费标准由国务院著作权行政管理部门会同国务院价格管理部门、财政管理部门确定。第二稿则将上述规定中“由国务院著作权行政管理部门会同国务院价格管理部门、财政管理部门确定”修改为“由国务院财政、价格管理部门确定”。第三稿删除了第二稿中第2句关于登记应当缴费的规定。“送审稿”第60条则恢复了“修改草案”第二稿的规定，只是在条文表述上略作修改，即将“著作权出质登记应当缴纳费用，收费标准由国务院财政、价格管理部门确定”单列为第2

款，并删除了“著作权出质”几个字，以精简立法用语。

著作权质押无疑也属于质押的一种类型。因此，《担保法》第四章对质押问题的规定也适用于著作权质押。例如，该法要求出质人与质权人应订立书面合同，并向其主管部门进行登记，质押合同自登记之日起生效。不过，对著作权质押的规定，著作权法是担保法的特别法。为规范著作权质押行为，《著作权法》除了规定进行著作权质押登记制度外，还有必要在本部分涉及著作权许可使用和转让一节专门规定著作权质押合同的基本问题。

此外，《担保法》第80条规定：“本法第七十九条规定的权利出质后，出质人不得转让或者许可他人使用，但经出质人与质权人协商同意的可以转让或者许可他人使用。出质人所得的转让费、许可费应当向质权人提前清偿所担保的债权或者向与质权人约定的第三人提存。”该法第79条规定的可以出质的权利显然包括著作权。另外，《物权法》第227条第2款规定：“知识产权中的财产权出质后，出质人不得转让或者许可他人使用，但经出质人与质权人协商同意的除外。出质人转让或者许可他人使用出质的知识产权中的财产权所得的价款，应当向质权人提前清偿债务或者提存。”根据这些规定，著作权出质后，未经质权人同意，著作财产权所有人不得转让或者许可他人使用。应当说，《担保法》和《物权法》的相应规定不大有利于作品在被质押后的充分利用，而这与著作权法鼓励和促进作品的充分利用的宗旨是不大相适应的。从充分发挥著作权的效能的角度讲，著作权被出质后，除非质押合同另有约定，出质人即著作权人仍然可以行使其著作权。著作权出质后，还应允许著作权人自由许可他人使用其作品，只是许可费应当向质权人提前清偿所担保的债权或者向与质权人约定的第三人提存。如果规定要经过质权人同意后才可以许可他人使用，则可能因质权人不同意而阻碍被质押作品的利用。为了协调著作权人与质权人之间的关系，促进被质押的作品的有效利用，引入当事人自治原则较之于强制性地不允许著作权人使用其作品更合理一些。因此，建议对《担保法》《物权法》上述条款做出修改。

（4）立法建议。基于上述探讨，建议《著作权法》针对著作权质押条款做如下修订：

第一，增加著作权质押合同的规定。具体规定如下：

以著作权出质的，由出质人和质权人向国务院著作权行政管理部门办理出质登记。著作权出质登记应当缴纳费用，收费标准由国务院财政、价格管理部门确定。

出质人与质权人应订立书面合同，著作权质押合同自登记之日起生效。

第二，修改著作权出质后作品使用权的规定。具体条文如下：

著作权出质后，出质人不得转让他人，但经出质人与质权人协商同意的除外。除非当事人另有约定，出质人在质押合同有效期间可以行使或者许可他人行使其著作权。出质人所得的转让费、使用费、许可费应当向质权人提前清偿所担保的债权或者向与质权人约定的第三人提存。

（二）著作权登记制度及其完善

在我国现行《著作权法》中，并无关于著作权登记制度的规定。有关著作权登记的规定主要表现在1994年国家版权局制定发布的《作品自愿登记试行办法》、2002年公布的《计算机软件著作权登记办法》、2010年公布的《著作权质权登记办法》这3个部门规章之中。除此之外，有关著作权登记制度的规定还散见于司法解释和其他有关法律法规中，例如最高人民法院于2002年公布的《关于审理著作权民事纠纷案件适用法律若干问题的解释》、海关总署于2009年公布的《关于〈中华人民共和国知识产权海关保护条例〉的实施办法》、国家版权局于2011年最新下发的《关于进一步规范作品登记程序等有关工作的通知》等文件。研究国家版权局《著作权法》第三次修订的过程，并比较不同阶段形成的草案，可以发现有关著作权登记制度的规定在整个修法过程中备受重视并不断被完善。

1. 著作权登记制度之意义。笔者认为，“修订草案”和“送审稿”中关于著作权登记制度的规定具有以下意义：

（1）弥补了法律依据空缺。根据我国《立法法》第71条的规定，部门规章规定的事项应当属于执行法律或者国务院的行政法规、决定、命令的事项。现行《著作权法》及其他法律法规中则并无关于著作权登记制度的一般性规定，所以之前国家版权局的各项办法、通知等也就缺乏相应的法律法规依据，存在一定的立法瑕疵，需要弥补。

（2）提高了相关规定位阶。著作权登记制度是著作权法律制度的重要组成部分，该制度被世界各国著作权法及有关著作权的国际公约所广泛采纳。著作权登记制度能够帮助权利人明确权利归属，向公众表彰自己的权利；明晰权利状态，尤其有利于未发表或匿名作品的权利人行使权利；维护交易安全，降低交易风险，从而促进交易市场的发展和繁荣。但我国著作权登记制度主要规定于部门规章之中，这一现实明显与该制度的重要地位和作用不符，较低位阶的部门规章使著作权登记制度在具体实施过程中易遭受阻力。第三次《著作权法》修订将著作权登记制度的法律位阶由部门规章上升为法律，大大增强了其效力，建议在修订的《著作权法》作了一般性规定后，再修改《著作权法实施条例》，由其制定著作权登记制度的具体规定，而部门规章或其他行政规范性法律文件则解决制度具体实施过程中遇到的问题。

（3）明晰了登记制度体例。从本次《著作权法》修订的历次草案中可以发现，著作权登记制度的立法体例基本得到了确定与坚持，即在总则中规定著作权登记制度的一般性条款，主要强调了著作权登记的自主选择性、明确了登记文书的效力、坚持了登记收费制、授权了具体管理办法的制定主体等；同时，在总则之外，各草案普遍在权利的行使这一章的第一节——著作权和相关权合同中规定了有关权利转让与专有许可时的登记制度以及权利质押登记制度。

（4）辨清了登记制度对象。在前两稿修法草案中，均提到“与著作权人订立专有许可合同或转让合同的，可以向国务院著作权行政管理部门设立的专门登记机构登记。经登记的专有许可合同和转让合同，可以对抗第三人”。这里的措辞是经登记的合同可以对抗第三人。但这样的规定明显违反了基本法理。通常认为合同具有相对性，合同效力只在合同双方当事人之间产生约束，而一般不会影响合同外的第三人，故而合同无所谓公示问题即登记与否，更何况合同中的其他条款很有可能涉及当事人约定保密的内容。另一方面，著作权或专有许可使用权是对世性的绝对权，会涉及广泛第三人的不作为义务，存在所谓公示公信的原则适用。正是基于以上考虑，“修改草案”第三稿中明确变更为“与著作权人订立专有许可合同或者转让合同的，使用者可以向国务院著作权行政管理部门设立的专门登记机构登记。经登记的权利，可以对抗第三人”。这里的措辞已经改成经登记的权利可以对抗第三人，而非登记的合同可以对抗第三人，同时第三稿明确了申请登记主体为使用者。

（5）扩大了登记制度主体与登记权利范围。本次《著作权法》修订过程中，国家版权局在《关于〈中华人民共和国著作权法〉的简要说明》（“修改草案”）中提出了“关于著作权和相关权登记”的说法。也就是说本次修法明确界定了在修改后《著作权法》中的登记制度的登记权利范围不仅包括传统意义上的狭义的著作权，还包括比如表演者权、录音制作者权等邻接权。现行《著作权法》中并没有关于邻接权的概念，其使用的是“与著作权有关的权益”一词，而本次修法工作中关于这一方面的措辞坚持的是国际上比较通用的“相关权”一词。应当说这三个名词在内涵和外延上是有一定区别的。

在本次修法工作之前，登记方面的主要法律文件即《作品自愿登记试行办法》的第 4 条明确规定“作品登记申请者应当是作者、其他享有著作权的公民、法人或者非法人单位和专有权所有人及其代理人”；在《著作权质押登记办法》中规定，出质人不是著作权人的登记机构不予登记；同样在《计算机软件著作权登记办法》中也有关于登记权利为著作权的规定。但在现实社会中，相关权的权属和交易同样重要，故而在第三次《著作权法》修订过程中，立法者扩大了登记权利范围和申请登记主体，在历次草案中都规定“著作权人和相关权人可以向国务院著作权行政管理部门设立的专门登记机构进行著作权或者相关权登记”。

作为例外的是，在草案中有关质押的规定仍然坚持了只能以著作权出质，而未规定相关权出质登记的制度。相关权能否出质的问题在著作权法体系中无法找到明确的依据，实践中当事人若要主张相关权出质有效，则可见的法律依据主要是《物权法》第 223 条第 5 项，即债务人或者第三人有权处分的，可以转让的注册商标专用权、专利权、著作权等知识产权中的财产权，可以出质。但相关权本身性质上因受制于著作权权利故而能否出质，以及该条中“著作权等知识产权”究竟能否解释为包括相关权在内等问题，学界分歧仍比较大。我国现行法律中有关著作权登记机构的设置存在多头并行的混乱局面，并且不同类别的著作权登记机构不一致，不同层级的登记机构登记范围有交叉。具体而言，《作品自愿登记试行办法》第 3 条规定：“各省、自治区、直辖市版权局负责本辖区的作者或其他著作权人的作品登记工作。国家版权局负责外国以及中国台湾、香港和澳门地区的作者或其他著作权人的作品登记工作”；《著作权质权登记办法》第 2 条规定：“国家版权局负责著作权质权登记工作”；《计算机软件著作权登记办法》第 6 条规定：“国家版权局主管全国软件著作权登记管理工作。国家版权局认定中国版权保护中心为软件登记机构。经国家版权局批准，中国版权保护中心可以在地方设立软件登记办事机构”。同时，在2010年国家版权局发出公告，决定委托中国版权保护中心办理著作权质权登记工作。[1]实际上，目前国家版权局本身已不承担任何著作权登记工作，而将其负责的所有登记工作转移给了中国版权保护中心办理。各省版权局也基本上将其负责的登记职能转移给了相关的事业单位或社会团体以及其他有关机构，甚至还有个别地方将登记职责下放到省会或地市一级，与中国版权保护中心在地方设立的若干登记办事机构存在权力范围交叉。同样，在立法中关于中央和地方登记管辖范围的规定在实际操作过程中也早已名存实亡，中国版权保护中心不只限于涉外登记，而地方登记机构也早就开始办理涉外作品登记。

登记机关的不统一直接导致了各登记主体各自为政、各行其是，权利人与司法机关在面对不同登记机关的登记时往往陷入迷茫与质疑，尤其在著作权纠纷发生时，著作权人在一地登记机构办理的登记证书，常常得不到异地司法机关或相关机构的认可，导致登记缺乏权威性和严肃性。同时不统一的登记机关使得登记信息无法有效共享和汇集，重复登记现象严重，社会公众更是难以查询准确的登记信息，登记制度的公示作用难以发挥。

鉴于此，建议在本次《著作权法》修订中增加“著作权登记由统一的登记机关办理”的规定。在实践层面，应由国家版权局负责全国著作权登记工作的统筹管理与制度、规则建设，而委托中国版权保护中心承担所有具体的著作权登记事务，同时允许中国版权保护中心在全国范围内设立著作权登记派出机构，为著作权登记提供便利。

2. 著作权登记过程的问题及完善。登记机关的不统一，使得不同登记主体的登记标准、登记申请需提交文件、登记时限、登记证书等很难达成一致。故国家版权局在2011年下发了《关于进一步规范作品登记程序等有关工作的通知》，该通知中明确要求权利人申请著作权登记需提交登记申请表、作品样本、身份证明、授权委托书以及其他必要材料；登记时限为30日；《作品登记证书》应包含作品名称、作品类别、作者姓名或名称、权利人姓名或名称、权利取得方式、已发表作品的发表日期、出版日期和制作单位等事项；登记机构必须使用由国家版权局统一监制的《作品登记申请表》、《作品登记不予

[1] 国家版权局：《决定委托中国版权保护中心办理著作权质权登记工作的公告》。

登记通知书》和《作品登记证书》等。[1] 可以说这一通知在一定程度上缓解了此前全国著作权登记工作中的许多程序混乱，但归根结底登记机构的早日统一才是我国著作权登记制度走上正轨的根本途径。

在我国著作权登记制度中，广为诟病的还包括登记审查标准问题。根据《作品自愿登记试行办法》第6条的规定，不受著作权法保护的作品、超过著作权保护期的作品、依法禁止出版传播的作品，作品登记机关不予登记。《著作权质权登记办法》第12条规定，出质人不是著作权人的、合同违反法律法规强制性规定的、出质著作权的保护期届满的、债务人履行债务的期限超过著作权保护期的、出质著作权存在权属争议的、其他不符合出质条件的，登记机构不予登记。由此可见，我国著作权登记在立法上要求的是实质审查标准。但采取该标准既不可能也无必要。如登记作品是否受著作权法保护即是否具有独创性，这本身是一个十分复杂的问题，登记机关没有能力也没有权限对这一问题做出决定，司法最终原则要求该问题一般应当由法院裁判。同样，作品是否依法禁止出版传播也应当交由国家的出版管理机关决定。[2] 实质审查会导致公示制度要求的时效性以及高效便捷的价值追求丧失，登记机关会耗费大量人力、物力，增加权利人的登记成本，并有可能造成对私权干预过度的不良局面。所以，应当主张对著作权登记采取形式审查的方式，只对当事人所提交的材料是否齐全以及格式书写等是否符合规范进行审查即可，其他实质性问题若发生纠纷应告知当事人可以向法院起诉，由司法做最终裁决。

3. 著作权登记救济制度的问题及完善。我国著作权登记制度尚缺乏完善的登记救济程序。所谓登记救济程序从狭义上理解，是指登记申请人对登记机关做出的不予登记的决定的复议、诉讼，甚至提请赔偿的权利。从广义上理解，登记救济程序还可以包括第三人的登记异议程序、错误登记的赔偿请求程序等。著作权登记制度对相对人、利害关系人以及善意第三人的权利保护和救济并没有给予足够的重视，现行《作品自愿登记试行办法》、《计算机

---

〔1〕 国家版权局："关于进一步规范作品登记程序等有关工作的通知"，http：//www. ncac. gov. cn/chinacopyright/contents/483/17696. html. 2011年11月18日访问。

〔2〕 文杰："我国版权登记制度的现状、问题与完善——从版权'一女多嫁'谈起"，载《出版发行研究》2011年第5期。

软件登记办法》等规章中都没有赋予申请人在著作权行政管理机关决定对作品不予登记时提起复议的权利，也没有赋予社会上其他主体在登记过程中或登记后提出异议等权利，而仅赋予了行政管理机关主动对其所做的不当登记进行撤销的权利。

建议应进一步完善该方面法律制度，赋予登记申请人对登记机构不予登记的决定提起行政复议和行政诉讼的权利。在著作权登记程序中设立公告异议期，赋予第三人在该期提出登记异议的权利，登记机关通过形式审查能判明事实的，对第三人的异议予以相应处理，无法判明事实的，暂停登记程序，告知第三人通过民事诉讼途径解决争议，查明事实后再行处理。〔1〕在著作权登记后，第三人若提出异议，登记机关应告知当事人先行通过民事诉讼途径解决争议后再处理。同时可以规定著作权登记机关对故意或重大过失造成的错误登记应当承担赔偿责任，相对人可通过国家赔偿程序请求国家赔偿。

著作权登记的辅助制度即完善著作权登记是否收费、怎么收费在实践中一直是一个比较模糊并且容易产生争议的问题。由于一直没有明确著作权登记收费性质和统一著作权登记的收费标准，各登记机构收费情况混乱。有的收，有的不收，有的是行政事业性收费，有的是经营服务性收费，甚至还存在乱收费的现象，违反相关国家的财政和价格管理的规定。〔2〕本次《著作权法》修订对著作权登记的收费问题做了明确的规定，登记应当缴纳费用，收费标准由国务院财政、价格管理部门确定。当然，明确登记收费的规定与各级政府及著作权相关管理机关对著作权登记的激励措施并不矛盾。为鼓励权利人积极登记，充分发挥登记制度的公示价值，并使得我国能建立完善的作品数据库，相关机构一直存在着减免或补贴登记费用的规定，例如2011年中国版权保护中心就发出了关于免征小型微型企业软件著作权登记费的通告。〔3〕

另外一个著作权登记的发展趋势即建立全国性的数字化登记、查询、管理信息平台以及统一的作品数据库。这一辅助制度的建立与完善有赖于信息

〔1〕 赵明正："论我国著作权登记制度的完善"，载《吉林工程技术师范学院学报》2013年第6期。

〔2〕 索来军："现行著作权登记办法存在哪些问题"，载《中国新闻出版报》2009年4月16日第5版。

〔3〕 中国版权保护中心：《中国版权保护中心关于免征小型微型企业软件著作权登记费的通告》。

网络技术的支持，更关键的是有赖于著作权登记机构的及早统一。目前比较有影响的是中国版权保护中心的著作权登记管理系统，其也是我国首个比较完备的著作权登记系统，但必然的是该系统只能包括中国版权保护中心目前所负责办理的各种著作权登记。希望真正全国性的登记信息系统能伴随着本次《著作权法》修订工作的顺利开展而早日实现。

4. 结论。本次《著作权法》修订正式将著作权登记制度纳入了我国《著作权法》法律体系之中，可谓意义重大。但同时，笔者认为我国现行的著作权登记制度仍存在诸多问题。在立法上，本次《著作权法》修订送审稿对于著作权登记制度的规定稍显笼统，未对著作权登记效力这一基本问题做出规定，不利于著作权登记工作的展开。我国著作权登记制度的进一步细化与完善还有待国务院管理办法的出台。在实践上，我国著作权登记制度的最大问题即尚未建立完全统一的著作权登记体系，尤其是缺乏统一的登记机关。登记机关的统一是建立统一的登记程序、登记条件、登记编号、登记证书以及登记信息系统的基础与前提。同时，在十八大三中全会致力于深化改革和推进市场经济的背景下，完善我国著作权登记制度是促进著作权交易领域市场化的必然要求，也是我国建设创新型国家的必由之路。

八、著作权限制制度及其完善

（一）法定许可制度及其完善

1. 法定许可立法体例的调整。立法体例从字面上应当理解为某个具体制度在一部法律甚至法律体系中的整体安排。“修改草案”、“送审稿”对法定许可的立法体例做出了两个重大调整。首先，对著作权的限制规定于第四章，同“著作权”、“相关权”、“权利的行使”等内容处于并列地位。该章内容涵盖了合理使用和法定许可各自的具体情形，将以往散布在各章的有关法定许可的内容归集在一起，逻辑上更加科学、严谨。其次，对法定许可的规定采取的是具体内容和一般条款相互结合的方式，如“送审稿”在第47、48、49条中分别规定了教科书出版、报刊转载和广播组织播放已发表作品的法定许可，同时又在第50条中规定了法定许可适用的一般条件，既保留了不同情形法定许可的特殊性，同时又抽象出共同条件，更有利于理解和适用。

在著作权权利限制的模式方面，存在着作者权体系和版权体系的差别。

前者以法定限制为主，通常对著作权限制做出具体而明确的规定，实践中不能适用类推来扩大限制的内容和范围，呈现出封闭性的特点。以德国著作权法[1]为例，其于第一章“著作权”之下专门辟出第六节用于规制“对著作权的限制”，并分条列举了为宗教、学校或课堂教学目的而使用的汇编物的法定许可、报刊文章及广播电视评论的法定许可等具体情形。版权体系在权利限制方面是开放式的，只要使用作品的行为符合法定要素，那么就可以认定为是合法的。此次调整并不意味着法定许可从“封闭”走向了“开放”，反而体现了严格限制法定许可扩张、防止其过分侵吞私权利的思想。

2. 法定许可内容的增补和删减。

(1) 法定许可的一般适用条件。“送审稿”第50条规定：“根据本法第四十七条、第四十八条和第四十九条的规定，不经著作权人许可使用其已发表的作品，必须符合下列条件：（一）在首次使用前向相应的著作权集体管理组织申请备案；（二）在使用作品时指明作者姓名或者名称、作品名称和作品出处，但由于技术原因无法指明的除外；（三）在使用作品后一个月内按照国务院著作权行政管理部门制定的标准直接向权利人或者通过著作权集体管理组织向权利人支付使用费，同时提供使用作品的作品名称、作者姓名或者名称和作品出处等相关信息。前述付酬标准适用于自本法施行之日起的使用行为。著作权集体管理组织应当及时公告前款规定的备案信息，并建立作品使用情况查询系统供权利人免费查询作品使用情况和使用费支付情况。著作权集体管理组织应当在合理时间内及时向权利人转付本条第一款所述的使用费。”其合理之处体现在如下几个方面：首先，使用人须履行备案这一前置手续，并遵守付费和提供作品信息的后置程序。其次，强调了使用者指明作品及作者信息的义务，重归到维护作者利益的立法本位。现行法定许可的规定中除第23条之外，其余皆未言及使用者的该项义务，因而许多使用人利用法律语言的漏洞故意使公众对作者身份产生误认，侵犯了作者的人格利益。

笔者认为，“送审稿”的规定不无道理，但还有几处问题需要完善。

第一，“声明保留”制度不宜过早取消。“修改草案”从第一稿起就去掉了“除作者事先声明不许使用的外”这一条件，也就是说，即便作者事先已经做出声明，也不影响他人依据法定许可的规定使用其作品，著作权人的保

---

[1] 德国《著作权法》2003年9月10日最新修订版本。

留权被取消。支持的一方认为，法定许可是对著作权的限制手段，著作权人保留权与国际上的通行做法不同，其本身就与法定许可的节约交易成本、促进作品流通的制度目的相违背，如果每一位作者都声明不许他人使用自己的作品，法定许可将形同虚设。实际上，我国现行《著作权法》中"声明保留"考虑到了现有法定许可下付酬机制和法律救济不够完善而造成的作者权益难以得到保护的现实情况，目的是在出版集团和传媒组织力量强大的情况下赋予著作权人以更多的保护，从而平衡著作权人和使用者、传播者之间的利益分配。倘若将来配套制度比较齐备，作者可以通过各种途径实现报酬请求权，声明保留制度亦可以逐步退出法定许可的舞台。更何况，"送审稿"第48条规定确认了报刊社的保留权，从权利主体的平等性和法律规定的一致性角度出发亦不应当厚此薄彼，否定作者个体的保留权。

第二，需要防止使用者规避法律责任。"送审稿"在"修改草案"第一稿的基础上于本条第1款第1项中增加了"首次"一词，用语更加精确、科学，也更有利于作品的高效传播，减轻了集体管理组织的工作负担。此外，"送审稿"还于第2项中增加了"但由于技术原因无法指明的除外"，表明使用者在穷尽各种途径之后可得到豁免，既保护了著作权人的合法权益，又考虑到了网络中存在大量无名作品、无名作者的情况。然而，此番修改可能带来如下后果：使用者在首次备案后怠于上报或谎报实际使用情况，或者借"无法找到作者"之由规避法律责任。因此有必要通过电子数据采集系统等手段来准确记录使用作品的情况，并明确使用者在行政和司法程序中对自己已经尽到收集、提供作品和作者信息的勤勉义务的举证责任。

第三，"送审稿"将著作权人的报酬请求权能从各条款中删除，虽然分离了法定许可中的行为因素和权能因素，法律规范更加简洁，但可能造成公众对法律条款的断章取义和司法人员的错误解读，因此有必要对报酬请求权能做出提示性规定。从比较法的视野来看，德国《著作权法》规定的法定许可适用条件包括使用者须尽到告知及指明出处的义务、不得改动作品、支付法定报酬；而日本则规定使用者必须通知作者、注明作品出处、不得做出影响作者人格权的解释，并且支付一定补偿金，都对著作权人的报酬或补偿金请求权予以了明确确认。

（2）法定许可具体情形的调整。

第一，教科书编写出版的法定许可。"送审稿"第47条规定："为实施国家义务教育编写教科书，依照本法第五十条规定的条件，可以不经著作权人许可，在教科书中汇编已经发表的短小的文字作品、音乐作品或者单幅的美术作品、摄影作品、图形作品。”与现行法律相比，其进行了两个方面的调整，具有合理性。①许可使用的客体删去了“已经发表的作品片段”，增加了图形作品，逻辑上更加周延。作品片段可能结构不大完整，篇幅较为短小，但本质上仍然是作品，具备作品所应有的独创性和可感知性，因此没有必要单独提出。图形作品根据“送审稿”第5条的规定是指为施工、生产绘制的工程设计图、产品设计图，以及反映地理现象、说明事物原理或者结构的地图、示意图等作品，物理、地理等教材中经常使用的图形作品长期被人忽略，作者既很难通过授权许可来实现其财产权利，又难以通过侵权诉讼得到法律救济。②适用许可使用的范围略有缩减，“修改草案”第一稿、第二稿虽然保留了“为国家教育规划而编写出版教科书”的说法，但“送审稿”中已删减该内容。

笔者认为，教科书编写的法定许可的适用范围不应缩小。国家教育规划涵盖的范围比较广泛，既有九年义务制教育，又包括了高中阶段教育、高等教育，甚至还包括了职业教育、继续教育、特殊教育等内容。〔1〕其中，义务教育是最基础、最具有普遍性的一环，直接关系到文明发展和文化进步；其他的教育类型则主要针对个别群体，具有特殊社会意义。若仅将义务教育教科书的使用行为纳入法定许可的范围，不加区分地将他人作品用于编写教科书的行为笼统排斥在外，则会扩大著作权人的专有成果范围，损害社会公众对智力成果的惠益分享，阻碍社会的进步。以德国《著作权法》为例，其法定许可允许将特定作品的部分内容收录到汇编物之中，可在学校课堂教学、非营利性的培训教育机构或者职业教育机构中使用，但传播时应当对该汇编的用途做出明确的说明。〔2〕

第二，报刊转载的法定许可。“送审稿”第48条规定：“文字作品在报刊上刊登后，其他报刊依照本法第四十九条规定的条件，可以不经作者许可进行转载或者作为文摘、资料刊登。报刊社对其刊登的作品根据作者的授权享有专有出版权，并在其出版的报刊显著位置做出不得转载或者刊登的声明的，

---

〔1〕 参见《国家中长期教育改革和发展规划纲要（2010~2020年）》第二章。

〔2〕 ［德］M. 雷炳德：《著作权法》，张恩铭译，法律出版社2005年版，第725页。

其他报刊不得进行转载或者刊登。”

本条最突出的变化在于权利人身份的转变。在现行《著作权法》的框架下，作品刊登之后，有权声明保留和请求获得报酬的主体同为一体，皆为著作权人。根据“送审稿”的规定，一般情形下转载或刊登已刊登的文字作品可以不经作者许可，著作权人声明保留的权利被直接否定；而在报刊社享有专有出版权的情形下它却有权声明不得转载，作者和报刊社似乎处于不平等的地位，并且报酬请求权的主体将陷入暧昧不明的状态。

笔者认为本条不应理解为法定许可将会扩展到网络空间。目前网络媒体的迅速发展、作品传播方式的革新导致给海量作品逐个授权存在困难，报刊之间、网站之间、报刊与网站之间存在着相互摘编转载行为的普遍现象，稍不注意就可能具有侵权的嫌疑，而法难责众的情况会弱化法律规范的权威。此外《世界知识产权组织版权条约》（WCT）第10条和《世界知识产权组织表演和录音制品条约》（WPPT）虽然允许将法定许可延伸至网络，[1] 实际上存在两个不妥当之处。首先，这一问题的实质仍突出地表现为促进网络产业发展与平衡社会公众利益以及版权人权益需要之间的矛盾。[2] 将网络转载行为纳入法定许可反而会使某些侵权行为披上合法外衣，作者的权利更加难以得到保护。我国报刊社和网络服务提供商都处于强势地位，著作权人的力量相对较弱，因此不适宜再将法定许可延伸至网络空间，以免造成作者创作激情受到打击、文化发展源动力不足的严重后果。其次，传统报刊主要通过复制、发行来传播作品，使用者的行为将受到复制、发行权规制；而网络环境下主要通过浏览这一行为来传播作品，使用者的行为将落入信息网络传播权的约束范围。作品传播方式的不同会超出法定许可原有的控制范围，反而侵害著作权人利益。

第三，制作录音制品的法定许可。《著作权法》第40条第3款规定：“录音制作者使用他人已经合法录制为录音制品的音乐作品制作录音制品，可以不经著作权人许可，但应当按照规定支付报酬；著作权人声明不许使用的不

〔1〕《世界知识产权组织版权条约》（WCT）第10条和《世界知识产权组织表演和录音制品条约》（WPPT）第16条的议定声明中谈道：“允许缔约各方将其国内法中依《伯尔尼公约》被认为可接受的限制与例外继续适用并适当地延伸到数字环境中。同样，这些规定应被理解为允许缔约方制定对数字网络环境适宜的新的例外与限制”。

〔2〕 丛立先：“转载摘编法定许可制度的困境与出路”，载《法学》2010年第1期。

得使用。”“修改草案”第一稿将之改为：“录音制品首次出版3个月后，其他录音制作者可以依照本法第四十八条规定的条件，不经著作权人许可，使用其音乐作品制作录音制品。”该条公布之后引起了音乐界的轩然大波，被舆论认为是立法的倒退，之后的数次修改稿都将其直接删除。修改稿的争议点则包括以下两个方面：①录音制品之上的权利保留期限太短。②著作权人声明保留的权利被取消。

表面上看，自音乐作品传播不再依赖于唱片的复制和发行之后，唱片工业成了夕阳产业，唱片公司不仅没能保持其垄断地位，反而在持续萎缩，因此制作录音制品的法定许可已经失去了其制度价值。但是从理性法律人的角度来思考，该项法定许可并不适宜直接删除，而应当在取消著作权人声明保留权利的基础上予以保留，其主要理由包括以下两个方面。①虽然唱片产业整体呈萎缩趋势，但业务和资源都逐渐集中于实力雄厚的大中型音乐公司，若取消法定许可而由其与作者自由商谈，单个作者的话语权仍然较小，其财产权利未必能得到更好的实现。②在唱片行业甚至整个音乐产业的发展过程中，法定许可不仅有助于实现反垄断的目的，而且还成了唱片业商业模式的基石，据此，使用音乐作品制作并发行唱片有了比较稳定的法律预期，而直接删除将不利于使用者对自己行为合法性的评估。

其实，这一法定许可是《伯尔尼公约》第13条第1款的体现，其规定：“本同盟每一成员国可就其本国情况对音乐作品作者及允许其歌词与音乐作品一道录音的歌词作者授权对上述音乐作品以及有歌词的音乐作品进行录音的专有权利规定保留及条件；但这类保留及条件之效力严格限于对此作出规定的国家，而且在任何情况下均不得损害作者获得在没有协议情况下由主管当局规定的合理报酬的权利。”以美国为代表的其他国家也做出了相应规定，其目的在于防止音乐产业被少数唱片公司垄断。

因此，笔者认为该项法定许可有必要在现行规定基础上做出如下改进：

其一，明确使用对象的法律状态为“已发表”。现行规定仅要求该音乐作品已经完成“录制”，而不管其是否已经公开或发行。相比之下，“修改草案”针对的是已经录制为录音制品并出版的音乐作品，具有一定的进步性。考虑到出版对音乐作品的要求较高，而许多音乐爱好者出于主客观原因选择自己录制并发表音乐作品，使用对象应确定为“已经录制为录音制品并发表的音乐作品”较为适宜。

其二，明确使用行为仅限于“制作”，而不包括复制、发行、通过信息网络传播等。实践中有法院做出扩大解释，认为“经著作权人许可制作的音乐作品的录音制品一经公开，其他人再使用该音乐作品另行制作录音制品并复制、发行，不需要经过音乐作品的著作权人许可。”〔1〕这实际上已经超出了反垄断的原始目的，触犯了著作权人的经济利益。

其三，目前“但书”的行使内容不明，实际上干扰了唱片业商业模式的形成，反而不能实现立法目的，〔2〕因此有必要确立著作权人“声明不许使用”的方式，如声明位置位于录音制品或音乐作品的外包装还是媒体文件中，声明时间是作品公布之时还是有一定宽延期限，等等。

第四，广播电台、电视台播放已发表作品和已出版录音制品的法定许可。“送审稿”第49条规定：“广播电台、电视台依照本法第五十条规定的条件，可以不经著作权人许可，播放其已经发表的作品；但播放视听作品，应当取得著作权人的许可。本条规定适用于中国著作权人以及其作品创作于中国的外国著作权人。”据此限定了作品类型和著作权人身份。首先，将视听作品明确排除出法定许可的范围是对现有法律条款整合的结果。现行《著作权法》于第46条规定：“电视台播放他人的电影作品和以类似摄制电影的方法创作的作品、录像制品，应当取得制片者或者录像制作者许可，并支付报酬……”所以播放视听作品应适用该条规定而不是法定许可。其次，有些国家出于国情考虑可能没有设置法定许可制度或其制度内容不同于我国，将适用对象限定为“中国著作权人以及其作品创作于中国的外国著作权人”有助于防止中外法律冲突。

至于广播电台、电视台播放已经出版的录音制品的法定许可，按照其本来含义应当表述为：“广播电台、电视台播放已经合法录制为录音制品的音乐作品，可以不经著作权人许可，但应当支付报酬。”其许可使用的客体应当为以录音制品形式表现的音乐作品，而非录音制品本身。因此这一法定许可的内容已经为“送审稿”第49条第1款所包含，无须再单独列明。

3. 付酬机制的完善。诚如国家版权局在《简要说明》中所谈到的，付酬

〔1〕 参见最高人民法院（2008）民提字第51号民事判决书。

〔2〕 王迁：“论‘制作录音制品法定许可’及在我国《著作权法》中的重构”，载《东方法学》2011年第6期。

机制的长期缺位是法定许可制度不能有效运行的原因之一。目前《著作权法》仅要求“按照规定支付报酬”，相关规定有：《关于当前报刊转载、摘编已发表作品付酬标准的通知》（1991 年）、《报刊转载、摘编法定许可付酬标准暂行规定》、《演出法定许可付酬标准暂行规定》、《录音法定许可付酬标准暂行规定》（1993 年）及《广播电台电视台播放录音制品支付报酬暂行办法》（2009 年）。概观这些规定，可以发现付酬标准低、程序模糊等诸多问题。因此修改稿一方面强调了使用者向权利人支付报酬的义务，另一方面对付酬问题做了重大改进。首先，付酬时间被确定为使用作品后 1 个月之内，这有助于及时实现权利人的财产权益，减少使用尤其是长期使用、反复使用却不付费的情况发生。其次，著作权集体管理组织承担起收取、转付使用费并公告信息的任务。

但是现有法律法规不够具体、细致，付酬机制的有效运行还需要细化著作权集体管理组织的工作规则，加强对著作权集体管理组织的监督。具体对策如下：

第一，应当完善付酬标准和付酬方式。报酬基数是以作品类型还是其他因素为标准，是按年度结算还是定期支付，使用作品的次数、范围、时间等情况是否要考虑，这些都是未来在考虑使用目的及用途、作品的种类、一般使用费和其他因素的基础上需要确定的事项。从技术层面上来看还离不开数字化管理系统（ECMS）的引入，需要采纳数字签章技术、当事人身份确认系统、使用费支付技术，甚至还要运用能够让使用者与作品匹配的授权引擎、监督作品被授权后使用次数和范围的软件等。值得一提的是，“送审稿”还于第 62 条规定了使用费标准的异议程序，有利于最大限度地保护作者群体的利益。

第二，借鉴美国、日本等国家著作权法的规定，以例外协商付酬制度作为补充，在机械适用统一付酬标准可能造成显失公平后果时由当事人协商另行付酬。如美国规定使用录音制品的付酬原则为当事人的协议优先，已确定的实施条款可根据公平原则和情势变更原则适时调整。[1] 例外协商付酬制度的启动应当由当事人一方提出，并经双方协商；应当有协商未果的救济途径，

---

〔1〕 于定明、杨静：“论著作权法定许可使用制度的保障措施”，载《云南大学学报（法学版）》2001 年第 5 期。

如请求著作权集体管理组织调解、请求仲裁机构仲裁，甚至于提起民事诉讼；同时，在协商和争议期间使用者是否可以继续使用作品这一问题也应当予以解决。

第三，完善著作权集体管理组织财务制度。许多人不信任著作权集体管理组织，是因为对其财务不透明、收支不公开的现状感到不安。作为在付酬环节中扮演了重要角色的服务者，著作权集体管理组织有必要完善自身的财务报告制度、审计制度及信息公开制度，加强内部监督和外部监督，保证每一笔使用费都及时到达著作权人手中。

第四，明确不按规定付酬的法律责任。有感于法律救济的缺失给法定许可造成的不利影响，“送审稿”增加了有关行政责任的规定，若使用者不及时履行备案、付酬、指明作品作者信息等义务，则著作权行政部门可以施以行政处罚。民事责任的承担主要靠权利人提起诉讼而实现，具有被动性；而行政责任却是积极主动地去惩处侵权行为和违法行为，行政机关可以通过责令停止侵权行为、没收销毁侵权复制品及工具设备、罚款等方式对侵权人起到一定威慑作用。

4. 结论。目前《著作权法》数个修改稿对法定许可已做了很多改进，但仍存在着不完善之处。法律的修改过程实质上是各种主体、各个利益集团博弈的过程，不管是某个具体条款的存废，还是新机制的引入，甚至是细微的调整，背后都有创作者、传播者、普通公众的不同声音，体现着不同群体的诉求。法定许可不论如何重构、展开、完善，都不应当脱离利益平衡这一基本原则，以力求真正实现著作权法保护作者权利、维护公共利益的二元价值目标。

（二）著作人身权限制制度之完善

1. 著作人身权限制之必要性。权利的行使并不是无边界的，任何权利的行使都应受到限制，著作权自然也不例外。著作权的内容包含两个方面：著作人身权和著作财产权。提及对著作权的限制，人们往往会自然而然地想到对著作财产权的种种限制，却忽视了著作权这一枚硬币的另一面——著作人身权。正如德国学者 Uimer 所进行的比喻：著作权如同一棵树，经济利益和精神利益如同大树的不同枝干，而财产权利和人身权利则是大树的不同根系。有些时候，经济利益的枝干只从财产权利的根系中取得营养，而在更多的时候，经济利益的枝干要从包括人身权利在内的所有根系中取得营养。可见，著作人身权的行使不仅关系到作者的精神利益，更多的时候，也会影响到作者以及受让者经济利益的获得。如果著作人身权的行使不受任何限制，出现不当行使甚或滥用的情形，难免会对他人合法权益以及社会的公共利益有所损害。尤其在著作财产权予以转让的情况下，作者对著作人身权的行使与受让者对著作财产权的行使难免会产生冲突与摩擦，从而会对受让者经济利益的获得产生不利影响，这不利于著作权价值的实现。

在英美等注重保护著作财产权的“版权体系”国家，对著作人身权的保护虽从无到有，但却一直处于侧位。为著作财产权的行使与保护让道成为对著作人身权进行种种限制的首要缘由。在大陆法系国家，作品被视为作者人格的体现和延伸，对著作人身权的保护一直为其所强调。但随着经济和社会的发展，对著作人身权的过分强调也出现了一些弊病，因此，限制成分被纳入到其立法和司法实践之中。可见，无论是“版权体系”还是“著作权体系”国家，都开始注重对著作人身权保护与限制的并行，以求达到两者的平衡，从而实现著作权的有效行使以及著作权人与社会利益的平衡。作为大陆法系国家之一，我国对著作人身权的保护自不可少，但对著作人身权进行限制的规定却难觅踪影，对著作人身权的限制也一直未引起重视。此次著作权法修改所增订的计算机程序的修改权虽可视为对著作人身权的一种限制，但草案并未设立旨在限制著作人身权的其他条款。在实际生活中，不受限制的著作人身权犹如一匹脱缰的野马到处乱闯，引发了诸多问题，如发表权与展览权的冲突、假冒署名问题等。同时，对著作人身权的严格保护使得某些在本质上并未侵犯作者精神利益的行为也有了侵权之虞，这不仅违背了著作权法的本旨，而且不利于作品的传播及文化的繁荣。因此，值此著作权法第三次修改之际，对著作人身权的限制这一问题应予重视。

2. 各项著作人身权之限制。

（1）对发表权的限制。我国现行《著作权法》第 10 条将发表权定义为“决定作品是否公之于众的权利”。由于著作财产权的行使需以作品的发表为前提，因此，发表权的行使是著作财产权得以实现的前提和基础。对发表权的限制，现行《著作权法》中存在些许规定，如第 21 条关于发表权保护期限的限制。此外，单位对特殊职务作品享有除署名权以外的著作权，制片人对视听作品享有除署名权以外的著作权，这些规定可以视为是对作者除署名权以外的其他著作人身权的限制。现实中，发表权的问题主要出现在未发表作品的发表权与其他著作财产权的行使上。如甲将未发表之作品转让于乙，并未表示是否同意发表，乙可否将该作品予以发表并进而行使其受让的著作财产权？再如，丙将其未发表之美术作品转让于丁，丁可否将其展览？根据我国现有立法及司法实践，若乙将所受让之作品予以发表，丁将所受让之美术作品予以展览，均构成侵犯作者发表权的行为。而依据通常之理解，除非作者明确表示作品不得发表，应推定甲、丙同意他人在行使其他著作权的过程中将发表权一并行使。关于对发表权限制的规定，可借鉴我国台湾地区的做法。其“著作权法”第15条对发表权做了规定，其中列举了三种主要例外情形：“有下列情形之一者，推定著作人同意公开发表其著作：①著作人将其尚未公开发表著作之著作财产权让与他人或授权他人利用时，因著作财产权之行使或利用而公开发表者。②著作人将其尚未公开发表之美术著作或摄影著作之著作原件或其重制物让与他人，受让人以其著作原件或其重制物公开展示者。③依学位授予法撰写之硕士、博士论文，著作人已取得学位者。”对于其中的第三种情形，可推及至我国实践中常出现的高考作文的发表问题。考试组织者对某些考生的作品予以发表，并且未署考生之名，这一行为应被视为对考生的发表权及署名权的限制，并非侵犯考生著作人身权的行为。

（2）对署名权的限制。此次《著作权法》修改将署名权重新定义为“决定是否表明作者身份以及如何表明作者身份的权利”，较现行之定义更为完善。笔者认为，在著作人身权之中，署名权与作者的关系最为密切，因其直接将作品与作者联系起来。在此，署名行为起着类似进行商标标识行为的作用。一方面，读者可借助其来识别作品的生产厂家——作者；另一方面，读者可借助其对作品的质量产生信赖预期。通过署名，作品背后所蕴含的作者的声誉建立起来了。因此，作者的署名行为应本着诚实信用的原则，不得欺骗社会公众的合理信赖。近几年，假冒署名、代笔署名等事件频发，这不仅是对署名权的滥用行为，更是对社会公众利益的损害。此等行为割裂了作者和作品之间的真实关系，造成了社会公众的误解，最终也将有损于作者的精神及经济利益，不利于作品的有序传播及文化市场的良好发展。因此，应对此等署名权的滥用行为予以限制，署名权的行使应以不得损害他人的合法权益，也不得损害社会的公共利益为限。

我国现行《著作权法实施条例》第19条的规定体现了对署名权的限制。其规定：“使用他人作品的，应当指明作者姓名、作品名称；但是，当事人另有约定或者由于作品使用方式的特殊性无法指明的除外。”该条所规定的由于作品使用方式的特殊性而不署名的情形有其实例。如建筑作品因其特殊性而常常不署建筑设计师之名。但是，应注意的是，省略作者之名的行为不应损害作者的利益。由于此条所规定的“作品使用方式的特殊性”这一判断标准较为模糊，建议借鉴我国台湾地区的相关规定，将该条但书部分修改为“依作品利用的目的及方法，不违反社会使用惯例，也不会损害著作权人的利益或者当事人另有约定的除外”。

（3）对保护作品完整权的限制。我国现行《著作权法》所规定的保护作品完整权与修改权在学界通常被认为是一项权利的两个方面。修改权是作者主动修改完善作品的积极的权利，而保护作品完整权是作者禁止他人对其作品进行歪曲、篡改的一项消极的权利。此次修改《著作权法》即借鉴了大多数国家的做法，将修改权与保护作品完整权合并为“保护作品完整权”，定义为“修改作品以及禁止歪曲、篡改作品的权利”，实质上内容并无变化。值得肯定的是，“修改草案”第二稿第 43 条增加了对计算机程序的修改权，规定“计算机程序的合法授权使用者可以从事以下行为：……（三）为了把该程序用于实际的计算机应用环境或者改进其功能、性能而进行必要的修改；未经该程序的著作权人许可，不得向任何第三方提供修改后的程序。”此项规定体现了在计算机程序作品上对作者的保护作品完整权的限制以及反限制。但是，根据草案对“保护作品完整权”的定义，他人未经许可的任何改动行为都是对该权利的侵犯，这一严格规定将本质上并未损害作者的精神利益甚或有利于作者精神利益的改动行为纳入到了侵权行为之列，对作品的完善及传播产生了不利影响。现实中，出于对公共利益、行业惯例等因素的考量，对保护作品完整权应予限制，这在建筑作品中表现尤为明显，如基于城市建设规划而对建筑作品进行未经作者同意的修改。在对保护作品完整权的限制上，德国、日本等大陆法系国家均在其立法中有所规定。我国台湾地区在其 1992 年“著作权法”中即已规定了对保护作品完整权予以限制的 4 种情形：一是，为教育目的之利用，在必要范围内所为之节录、用字、用语之变更或其他非实质内容之改变；二是，为使电脑程式著作，适用特定之电脑，或改正电脑程式设计明显而无法达成原来著作目的之错误，所为必要之改变；三是，建筑物著作之增建、改建、修缮或改塑；四是，其他依著作之性质、利用目的及方法所为必要而非实质内容之改变。但是，随着科技的进步，对作品的利用形态随之增加，对作品的利用难免引发些许改动。若此种改动不在所列情形之列，即使是将作品改得更好，仍会构成侵犯保护作品完整权的行为。因此，借鉴《保护文学艺术作品伯尔尼公约》（以下简称《伯尔尼公约》）第6条关于保护作品完整权的规定，我国台湾地区在其1998年修改“著作权法”时将上述所列情形删除，将对保护作品完整权的限制统一以“不致损害作者名誉”为衡量标准。其现行“著作权法”第17条对保护作品完整权做了规定：“著作人享有禁止他人以歪曲、割裂、窜改或其他方法改变其著作之内容、形式或名目致损害其名誉之权利。”可见，这一规定既体现了对保护作品完整权的保护，也体现了对保护作品完整权的限制。此次修改著作权法，可借鉴我国台湾地区的做法，参照《伯尔尼公约》的规定，增加“不致损害作者声誉”这一限制因素。

3. 立法建议。在对著作人身权进行限制的立法上，大多数国家采取了列举式的规定。如英国《著作权法》在其第78、80、81、87条中予以规定；德国《著作权法》则散见于第14、39、62、93条等；日本著作权法和我国台湾地区“著作权法”的规定则相对集中，并且与对著作人身权的相关规定紧密相连。参照各国通行之做法，借此第三次修改著作权法之机，我国著作权立法中应增设对著作人身权予以限制的相关条文。至于规定的方式，有两种可以选择。一种是借鉴我国台湾地区的做法，单设“著作人身权”这一小节，并在每项著作人身权的规定之后附随对此项权利的限制，将对著作人身权的保护与限制集中规定在此小节中。另一种做法是考虑此次修法的变动，在新设的第四章“权利的限制”中分设对著作人身权的限制和对著作财产权的限制，并将对各项著作人身权的限制条款予以列明。至于对各项著作人身权如何限制，可参照前文所述。

与对著作财产权的限制相比，对著作人身权的限制更多是为了使本质上并未损害作者人格利益的行为被排除出侵权行为之列，而不只是对作者与社会公众之间利益的平衡。通过对著作人身权的限制，可降低第三人及社会公众侵犯著作人身权的风险，从而促进作品的有效传播及文化的繁荣。著作人身权犹如一只风筝，如果没有线绳的限制与平衡，便不可能在天空中优美地飞翔。因此，这根线是必不可少的。

九、网络环境下著作权制度之完善

"送审稿"适当扩大了网络环境下合理使用的范围，并且增加了原则性的规定，但是对于一些复杂而又棘手的问题，其并没有做出新的规定，在此拟就其中部分热点问题进一步探讨。

（一）网络环境下著作权合理使用

1. 私人复制。私人复制规定体现于我国《著作权法》第22条第1款的规定："为个人学习、研究或者欣赏，使用他人已经发表的作品。"它是指个人出于非商业性的目的而使用他人作品的行为。著作权法的立法宗旨在于通过实现作品的产生、传播与利用三方面的平衡，由此进一步达到保护作品创作者利益、社会公众利益并实现维护社会公共利益目标的目的。为实现这种二元价值目标，著作权法中设立了包括复制权在内的著作权限制制度，其中合理使用是著作权限制最典型的制度。合理使用的主体又更多地表现为个人用户、消费者以及图书馆、档案馆等代表公益的使用和传播作品的机构。私人复制则被认为是合理使用的重要的内容之一。[1]

私人复制作为传统环境下的合理使用制度一部分已是一个无可厚非的问题，尽管在《著作权法》第三次修改的各个草案中出现过不同版本的私人复制条款，但都未触及其存废问题。在网络环境下私人复制是否可以寻得容身之地却一直是一个备受争议的话题。支持其存在的理由认为，网络环境改变的是作品的存在、传播和使用方式，著作权保护和限制的基本原理和规则仍可适用。并且网络用户也需要享受网络技术进步带来的分享知识和信息的利益，而以法律限制私人复制自由的成本很高。[2] 对立观点则认为私人复制是一种侵权行为，即在数字时代，为私人使用目的复制版权作品并不必然属于合理使用的范畴。数字技术使得一般公众都有机会从事大量的侵权性复制行为。人们也形成了这样一种思维定式，认为所有版权作品都可以通过网络免费获得。[3]

---

〔1〕 冯晓青："网络环境下私人复制著作权问题研究"，载《法律科学》2012年第3期。

〔2〕 冯晓青："网络环境下私人复制著作权问题研究"，载《法律科学》2012年第3期。

〔3〕 鲍民明："数字环境下的私人复制危机"，载《山西青年管理干部学院学报》2007年第3期。

诚然，网络环境下的私人复制面临许多新的问题，例如信息流传速度加快，作品载体无形化，等等。无论作品传播环境如何变迁，笔者认为在网络环境下为私人复制留有一席之地还是十分必要的。一方面在于著作权制度本身所追求的那种平衡我们不能打破，而私人复制作为合理使用的核心，是维持此种平衡的重要手段或者支撑点。另一方面在于，网络只是加快了作品传播速度，速度的改变并不影响人们对信息的接触。就像长跑比赛一样，速度快慢都不影响运动员最终抵达终点，不能因为有的运动员速度不高而剥夺其到达终点的权利。至于在信息传播过程中的难以控制问题，这应该是技术问题而不是一个权利问题，因为人人都有接触信息的权利，不能因为技术控制措施的落后而不允许社会公众对网络环境下作品的合理使用。控制作品传播问题则是技术保护措施及权利管理信息等著作权反限制措施关心的重点，并不会动摇私人复制在网络时代存在的合理性。

2. 数字图书馆著作权合理使用。数字图书馆顾名思义就是以数字形式贮存和处理信息的图书馆。关于其定义有很多，如美国著名数字图书馆专家阿姆斯认为："数字图书馆是具有服务功能的整理过的信息收藏，其中信息以数字化格式存储并可通过网络存取。"[1] 数字图书馆最显著的特点是信息的数字化存储和网络化传播。《著作权法》第22条规定了图书馆及其他类似机构为保存版本需要复制本馆收藏作品的行为属合理使用。《信息网络传播权保护条例》第7条规定了有限的免责条款，即在网络环境下图书馆等机构对于本馆内的两种数字化形式作品有权在馆内提供，一是本馆收藏并合法出版的，二是为陈列或保存版本需要。可见，对于大规模的作品数字化及数字图书馆利用作品规范问题，我国法律并未深入涉及。但随着数字化浪潮的加快，传统图书馆已不能满足社会大众日益增长的文化服务需求，因此建立完善数字图书馆制度显得日益重要，而数字图书馆的建立首先要解决知识产权问题，特别是其中的对作品的合理使用问题。

张今教授曾指出："图书馆在版权利益链条上处于著作权人和公共利益之间，起着至关重要的平衡作用。"[2] 但基于网络环境下作品极易被复制传播等特殊性，数字图书馆在运作过程中或多或少会被卷入著作权纠纷。如"陈

〔1〕 李培主编：《数字图书馆原理及应用》，高等教育出版社2004年版，第2页。

〔2〕 张今："私人复制与著作权补偿金"，载《中国版权》2005年第5期。

兴良诉中国数字图书馆”一案，法院判决未经权利人许可通过互联网传播其作品的行为构成对其著作权的侵犯。〔1〕另外还有“郑成思诉北京书生数字技术有限公司著作权侵权纠纷案”以及“谷歌数字图书馆纠纷案”等。但从另外一个角度看，纠纷的开始也在暗示着这一新生事物的崛起、新的权利的凸显。对于这种将作品上传并供公众浏览的行为，笔者认为是否将其列入合理使用范畴需要分开讨论。

第一，对于上传行为，不宜划入合理使用范畴，无论对于传统环境下纸质图书还是数字化作品，图书馆在购买版权过程中都已付出相应对价，在现实环境中使用无可厚非。但要将其上传到数字图书馆库中，因为其要涉及著作权人的信息网络传播权等权利因素，这种上传需要得到授权且支付合理报酬。这是因为，上传行为涉及了权利人另外的财产权以及权利人是否愿意将作品进行数字化的权利，且作品一旦上传可能会对权利人现实中的销售造成不利影响，这不符合合理使用制度的精神。

第二，对于上传后供公众浏览的行为，可以划入合理使用范围，但条件是，数字图书馆有义务防止数字作品被公众随意复制下载，即公众只被允许在线浏览，即使允许用户将作品下载到个人图书馆，也应当有时间限制，期限一到，下载到个人图书馆中的作品便不能再被观看使用。如需要再行浏览同一作品可以再下载或申请延期（续借）。原因是，作者创作作品丝毫未减损对其智力投入，仅仅因为作品呈现途径不同便对作者做出过多限制，不但损害作者权益，同时也会大大减低社会大众对于创作的积极性，不利于社会文化事业健康发展。如英国1988年著作权法规定对于仍受著作权保护的著作，英国图书馆对于读者的影印本必须符合著作权法之限制，且规定了严格的使用范围，超过范围影印的行为应经著作财产权人或所授权之人的授权。〔2〕笔者认为对于数字图书馆的合理使用问题需要立法及时做出规定，以提高司法效率，规范使用秩序，促进社会和谐发展。

（二）网络环境下法定许可使用

我国《著作权法》第23条、第33条、第40条、第43条、第44条规定

---

〔1〕王迁、[荷] Lucie Guibault：《中欧网络版权保护比较研究》，托马斯·哈特校订，法律出版社2008年版，第28页。

〔2〕王知津、潘永超：“数字图书馆合理使用问题研究”，载《图书馆学研究》2009年第1期。

了在传统环境下的法定许可，分别是：编写出版“国家规划”教科书的法定许可，报刊转载法定许可，制作录音制品法定许可，广播组织播放作品的法定许可。而《信息网络传播保护条例》仅规定了2种法定许可：第8条规定了为制作和提供课件的法定许可；第9条规定了通过网络向农村提供特定作品的法定许可。也就是说，在网络环境下，我国的法定许可制度仅有两种。正如我们上述对合理使用的分析一样，我国对网络环境下法定许可制度的规定也是少之又少。

在本次著作权法第三次修改中，“修改草案”第二稿取消了草案第一稿第46条关于录音制作法定许可、第47条关于广播电台、电视台播放法定许可的规定，将其恢复为作者的专有权。但草案第三稿出台时又恢复了广播电、台电视台播放法定许可的规定，也许其原因也如2001年对报刊转载法定许可进行修改时一样，因存废争议过大、涉及利益面广而对其进行了保留。

尽管如此，“送审稿”仍确认了对法定许可制度的许多完善，如对使用人使用作品的条件做了更加明确严格的规定，保障著作权人获酬权等相关权利的落实；又如在教科书的法定许可中增加了图形作品。同时该稿也延续前几稿的精神，删除了制作录音制品的法定许可。从这些规定不难看出，新稿的修改限制了法定许可制度的适用。但这些修改没有触及网络环境下的法定许可制度，在后续立法中应该将涉及网络环境下与传统环境下类似的条文作相应修改。当然也有人建议将《信息网络传播权保护条例》废除，将其相关条文直接加入到《著作权法》中，这种建议可谓好坏参半，一方面它可以使立法显得更加紧凑，另一方面可能要么因为整部条文的加入造成法律臃肿，要么因为删减过多使得权利人的权利遭到削弱。因此对于这种做法，笔者认为应当谨慎而行。正如有关专家所说，没有必要起草一部大而全的《著作权法》，基于我国当前的立法体系，《著作权法》应着重规定基本原则与重大问题，而不必事无巨细、面面俱到。[1]

尽管“送审稿”删除了制作录音制品的法定许可，但在2012年3月公布的“修改草案”第一稿的第46条曾引起音乐界人士的热烈讨论。第46条规定：“录音制品首次出版3个月后，其他录音制作者可以依照本法第四十八条

---

〔1〕 李明德、管育英、唐广良：《〈著作权法〉专家建议稿说明》，法律出版社2012年版，第17页。

规定的条件，不经著作权人许可，使用其音乐作品制作录音制品。”业界对于此条反映强烈是因为音乐产业因网络盗版已遭受重大打击，而由于著作权中介服务机构的缺乏，法定许可制度并未给权利人带来实质性效益。因此草案虽意在完善法定许可制度，但音乐产业对著作权法的不信任已根深蒂固。〔1〕由此笔者认为，制定法定许可制度固然可以提高效率，但是追求效率的过程需要良好程序规则的维持，例如对费用收取的落实等，否则会适得其反。同样，在网络环境下，由于信息极具时效性，法定许可制度也显现出耀眼光芒。笔者支持扩大网络环境下的法定许可制度，原因在于公众对于信息接触的权利，不能因为技术的落后而受到限制。又由于现代社会信息的高速传播，信息的寿命在缩短，如果不对信息进行充分利用，势必会造成对信息资源的浪费。但对于法定许可制度的扩大不能盲目，无论如何不能损害著作权人对基本权利的行使。

（三）技术保护措施与权利管理信息

网络环境下维护好传统环境中著作权人利益与公共利益之间的平衡，有效的措施是实行权利限制与技术保护措施相配合的双重规定。关于技术保护措施与权利管理信息，《信息网络传播权保护条例》第26条规定：“技术措施，是指用于防止、限制未经权利人许可浏览、欣赏作品、表演、录音录像制品的或者通过信息网络向公众提供作品、表演、录音录像制品的有效技术、装置或者部件。权利管理电子信息，是指说明作品及其作者、表演及其表演者、录音录像制品及其制作者的信息，作品、表演、录音录像制品权利人的信息和使用条件的信息，以及表示上述信息的数字或者代码。”“送审稿”中单辟一章对二者进行规定，并对其名称进行了与国际接轨的规范，即将《信息网络传播权保护条例》中的“技术措施”更名为“技术保护措施”、“权利管理电子信息”更名为“权利管理信息”，此外还在二者定义中均加入了关于广播电视节目的内容。“修改草案”第二稿的《修改和完善简要说明》中指出：“根据《世界知识产权组织版权条约》和《世界知识产权组织表演和录音制品条约》相关规定，技术保护措施和权利管理信息只适用于作品、表演和录音制品。由于《世界知识产权组织广播组织条约》尚未缔结，技术保护措施和权利管理信息目前不适用于广播电视节目。但是从世界知识产权组织

〔1〕熊琦：“著作权法定许可的误读与解读——兼评《著作权法》第三次修改草案第46条”，载《电子知识产权》2012年第4期。

的磋商来看，目前各成员国对此基本没有争议。”

在这里之所以要提及这两者，是因为它们是著作权限制制度充分实现其价值的另一种保障，仅有限制制度对于纷繁复杂的网络技术是不够的，限制制度在于限制权利人对作品的控制达到著作权人、作品使用人、社会公众三者的利益平衡。限制了著作权人的权利，却不能完全保证作品使用人及社会公众的活动始终按照法律预设的轨道去运行，如偏离预定方向，著作权人的权利就会毫无例外地受到侵害，于是技术保护措施和权利管理信息就用来从反面保障著作权人的权利。良好的技术保护措施与权利管理信息是著作权限制制度完善的内容之一，也是网络空间著作权的必要保障。

当然，技术措施尽管能够限制合理使用，但是对其过度或恶意应用又会产生新的问题。例如，著作权人可能采取目的在于损害他人利益的进攻性的技术保护措施，这在 1997 年的 KV300 案中即有所体现。[1] 因此，为防止在以上技术措施的使用中对其的滥用，一些发达国家也针对技术措施本身规定了限制内容。如美国的《数字千年著作权法》（DMCA）对技术措施规定的若干限制涉及非营利性机构、政府部门公务活动、反向工程、加密研究、安全测试以及个人隐私保护等方面的内容。尽管这些规定旨在协调各方利益，但不难看出，对利益平衡的协调从另一角度看来即为对权利滥用的防止。除美国之外，欧盟《著作权指令》也对技术措施规定有限制性措施。[2] 我国《信息网络传播权保护条例》规定了 4 种可以避开技术措施的情形，分别是为学校课堂教学或科学研究目的的避开、向盲人提供文字作品的避开、国家机关执行公务的避开以及进行安全性测试的避开。“送审稿”综合之前几个修改草案的意见，在将上述《信息网络传播权保护条例》的规定悉数收纳的同时，又加入了关于进行反向工程的避开规定。尽管我国目前有关于技术保护措施和权利信息保护的规定，但是与国外立法相比仍然存在差距，如我国对技术措施的限制缺乏原则性规定等。显然，对技术措施进行完善也是网络环境下著作权限制制度完善中的应有之义。

---

〔1〕周作斌：“著作权的技术保护措施及相关问题探讨”，载《西安财经学院学报》2005 年第 4 期。

〔2〕冯晓青：“技术措施与著作权保护探讨”，载《法学杂志》2007 年第 4 期。

十、著作权侵权损害赔偿制度之完善

侵权损害赔偿是追究著作权侵权行为最主要的民事责任形式，同时也是著作权法理论的一项重要课题。长期以来，我国著作权法侵权损害赔偿制度中存在的一系列问题为学界和实务领域所诟病，《著作权法》第三次修改对著作权法存在的问题和争议做出了积极回应。我国著作权侵权损害赔偿责任制度中存在的赔偿数额计算方法缺乏可操作性、法定赔偿适用单位模糊、是否应当引入惩罚性赔偿和精神损害赔偿等问题和争议亟须立法进一步完善。

（一）增加许可费用合理倍数计算方法

在我国《专利法》、《商标法》中均有按照许可费用的合理倍数来确定赔偿额的规定，这种计算方法有其内在的合理性，它以“假想谈判”思想为基础，假想专利权人与侵权人在协商自愿的情形下可能产生的许可费用，以此作为衡量权利人损失的依据。〔1〕毕竟，通过许可他人使用作品是著作权人获取经济利益的唯一途径，许可费用能够反映权利人对经济利益的合理预期。比较我国知识产权领域最主要的3部法律，我们会发现，唯独《著作权法》中没有类似的规定。鉴于司法实践中权利人损失和侵权人违法所得均难以确定，引入许可费用合理倍数的计算方法就显得十分必要。纵观各国立法，在著作权侵权案件中适用这一计算方法的国家也不胜枚举，如德国在确定著作权侵权损害赔偿额时可以按照知识产权或同类型权利的正常许可使用费进行推定。〔2〕我国《著作权法》第三次修改征求意见稿第一稿在现行法的基础上增加了“权利人的实际损失或者侵权人的违法所得难以确定的，参照通常的权利交易费用的合理倍数确定”的规定，后来的第二稿、第三稿中均坚持了这一意见。这不仅有利于完善侵权损害赔偿额的计算方法，使之更具有操作性，而且也是与《专利法》、《商标法》保持一致的重要举措，有利于知识产权法律体系内部的协调和统一。

在适用通常权利交易费用的合理倍数这一计算方法时应当注意的是：首先，由于著作权人许可他人使用作品的方式、期限和时间、地域范围不同，

---

〔1〕 阮开欣：“解读美国专利侵权损害赔偿计算中的合理许可费方法”，载《中国发明与专利》2012年第7期。

〔2〕 郑成思主编：《知识产权研究》（第4卷），中国方正出版社1999年版，第10页。

许可方与被许可方的地位、社会关系、谈判技巧不同，都会对许可费用的多少产生影响，因此既不能以事后权利人单方面要求的许可费用为准，也不能简单地依据权利人针对同一作品曾经收取过的某一次许可费用来判断，而应当尽可能地扩大参考范围，结合作者的知名度、作品的创作难度、同等情形下行业内的通行标准等因素，确立“合理”的通常权利交易费用，力争做到客观、公正。其次，许可费用虽然反映了权利人对经济利益的合理预期，却难以完全覆盖权利人的全部损失或者侵权人的全部获益。例如，权利人可能自己使用作品或与他人签订专有许可合同，有意采取垄断策略，而侵权人的行为打破了这种垄断优势，加剧了权利人的损失。最后，侵权人可能通过销售侵权产品带动相关产品的销售或由此获得竞争优势。因此，法官在确定通常权利交易费用的基础上，还应当综合考察权利人是否有垄断安排、权利人与侵权人的商业关系，侵权产品对侵权人其他产品销售的带动效果等多个方面，适当以通常权利交易费用的“合理”倍数来确定损害赔偿额，以全面填补权利人的损失。

（二）引入惩罚性赔偿制度

对于一些性质比较恶劣的侵权行为，仅仅采用补偿性赔偿原则不仅不足以填补权利人损失，还可能间接鼓励侵权，引入惩罚性赔偿制度非常必要。惩罚性赔偿不仅能够对恶意侵权人起到惩罚和遏制作用，还能够在客观上弥补被侵害人通过补偿性赔偿无法覆盖的那部分损失。惩罚性损害赔偿源于英美法系，大陆法系国家一直采摒弃态度，在对英美法国家判决的承认与执行中也不承认惩罚性赔偿金。这主要是基于大陆法系国家之传统的民法理论强调损害赔偿的补偿性，而惩罚性赔偿与损害赔偿的补偿性功能不相符。随着现代私法公法化的趋向，大陆法系国家和地区一改严格划分公法与私法界限的传统思想，开始出现肯定惩罚性损害赔偿的做法，如日本、我国台湾地区。[1]。事实上，我国不仅在理论上接受了惩罚性损害赔偿制度，也在知识产权立法中突破性地引入了这项制度，2013 年 8 月 30 日修改后的《商标法》第 63 条对“恶意侵犯商标专用权，情节严重的”可以按照权利人损失或者侵权人获益的 1 倍以上 3 倍以下确定赔偿数额。近年来在立法完善的进程中，也多见惩罚性损害赔偿的身影，2012 年 8 月《专利法》第四次“修改草案”征求意见稿增加了惩罚性赔偿条款。《著作权法》第三次“修改草案”征求

---

〔1〕 姚岷：《惩罚性损害赔偿制度研究》，华中科技大学 2004 年硕士学位论文，第 1 页。

意见稿一、二、三稿中均坚持增加惩罚性赔偿。可以说，我国著作权法律制度引入惩罚性损害赔偿已是大势所趋。然而，惩罚性损害赔偿制度引入后，其具体适用规则以及与其他赔偿计算方式的协调，仍然面临着一系列问题。

1. 适用对象的确定。对于惩罚性损害赔偿的适用对象，“修改草案”征求意见稿第一、二、三稿中均采用“两次以上故意侵犯著作权或者相关权的”的表述。对于这一表述的理解容易产生分歧，“两次以上故意侵权”是指对同一作品或同一被侵害人的两次以上故意侵权行为，还是侵权人针对任何对象的两次以上故意侵权行为？这一问题在本质上是惩罚性损害赔偿的性质与功能问题：对同一作品或同一被侵害人的两次以上故意侵权行为给予惩罚性损害赔偿，是从权利人角度出发，以弥补权利人损失，起到安抚权利人的作用，仍然属于补偿性原则的范围，具有明显的私法性质；而对侵权人针对任何对象的两次以上故意侵权行为都适用惩罚性赔偿，则是从侵权人角度出发，意在惩罚侵权人，带有一定的公法性质。鉴于惩罚性损害赔偿的主要功能在于惩罚多次故意侵权的侵权人，遏制潜在侵权意图，其具有的公法性质不言自明，因此应当在条文表述中进一步明确，侵权人针对任何对象的两次以上故意侵权行为均适用惩罚性赔偿，不仅限于针对同一作品或同一被侵害人。

2. 与法定赔偿的协调。著作权法理论对惩罚性赔偿与法定赔偿一直是分开研究的，两项制度均有大量的文献论述，但对于二者的关系却鲜有涉及，实际上二者在适用时存在一定的冲突。根据《关于审理著作权民事纠纷案件适用法律若干问题的解释》第25条第2款的规定，确定法定赔偿数额时应当考虑作品类型、合理使用费、侵权行为性质、后果等情节综合确定。其中，侵权行为性质包括侵权人的主观状态，也就是说，对故意侵权的法定赔偿数额应当高于过失侵权，这一规定体现了惩罚性。在这种情况下，对于性质恶劣的故意侵权行为法律既规定了惩罚性损害赔偿，又规定在法定赔偿限额内判决较高的数额，如果二者同时适用，就会产生“重复赔偿”和“双重惩罚”的问题，对侵权人苛加责任，有失法律的公正性。

事实上，惩罚性赔偿是在填补权利人损失的基础上对侵权人的恶意侵权行为要求更多的物质赔偿以示惩罚，而法定赔偿则是权利人损失和侵权人违法所得无法确定时法官行使自由裁量权确定的总的赔偿额，也就是说，在计算著作权侵权损害赔偿额时有互相独立的两个系统，一是权利人损失或侵权人违法所得或通常交易费用的合理倍数三者之一加惩罚性赔偿，二是法定赔偿。因此，法定赔偿额不能再作为惩罚性赔偿的基数。美国《版权法》在这一点上的立法安排尤为明显，其在第504条（a）款中规定："除本法另有规定外，版权侵犯者有责任赔偿：（1）版权所有者的实际损害以及（b）款所规定的版权侵犯者的任何附加利润；或（2）（c）款所规定的法定损害赔偿。"[1]"修改草案"征求意见稿第一至三稿在条文安排上均采用了先法定赔偿再惩罚性赔偿的做法，容易产生"适用法定赔偿后对于两次以上故意侵权行为可以再适用惩罚性赔偿"的误解，建议"修改草案"将法定赔偿条款放在惩罚性赔偿条款之后，以便公众对这一条款有更清晰的认识。事实上，我国现行《商标法》也采取了这一做法，值得借鉴。

3. 与通常交易费用合理倍数计算方法的协调。学界有一种观点认为以通常交易费用的合理倍数来计算侵权损害赔偿额也具有一定的惩罚性，本身包含了惩罚性赔偿。笔者认为，"通常交易费用的合理倍数"只是在权利人实际损失和侵权人违法所得无法确定时的一种比较具有操作性的计算方法，其指导性原则仍然是补偿性原则，前已述及，在侵权行为打破了权利人做出的垄断安排或在使权利人在市场竞争中处于劣势等情形下，单纯的许可费用并不足以弥补权利人的全部损失，而"合理倍数"正是法官为全面填补权利人损失做出的适当安排，因此，认为通常交易费用的合理倍数具有惩罚性不仅背离了立法原意，也会造成法律规定的冲突和制度内部的混乱。惩罚性赔偿制度与通常交易费用合理倍数计算方法在适用上本身并不存在冲突，可以并行适用，但法官应注意"通常交易费用的合理倍数"加上惩罚性赔偿的"一至三倍"造成的"滚雪球"效应，应避免出现过高的赔偿额。

（三）完善法定赔偿制度

对于法定赔偿的适用单位，存在"一件作品"抑或"一个案件"的讨论，笔者认为法定赔偿应当以诉讼标的为单位来确定，而不是针对某一作品或某一案件。这是因为，如果以作品作为法定赔偿的适用单位，赔偿数额覆盖了哪些权利范围是难以界定的，当权利人再次以同一作品向同一侵权人就不同的权利类型再次提起诉讼时，第二次诉讼的赔偿数额变得难以确定，既可能因遗漏而损害权利人利益，也可能因重复赔偿使权利人因侵权获利；而

---

[1] 徐楠轩、连洁："中美知识产权侵权损害赔偿数额立法比较"，载《行政与法》2011年第2期。

如果以案件作为法定赔偿的适用单位，法官在行使自由裁量权时更加缺乏基本的依据和度量衡。根据诉讼法原理，诉讼标的是当事人争议的民事权利义务关系，由诉讼请求和原因事实加以特定，既是当事人攻守、防御的核心，也是法院最终判决的根据。诉讼标的既能够体现被侵害人的诉讼请求，也能够全面地反映当事人争议的民事权利义务关系，因此，以诉讼标的作为法定赔偿的适用单位是科学合理的。法院应当分别确定每一诉讼标的的赔偿额，以保证判决结果与诉讼标的的一一对应。

此外，对于侵犯著作人身权的案件，其案件性质本身决定了举证相当困难，为减轻当事人诉累，可以允许权利人在开庭前或庭审过程中选择适用法定赔偿。事实上，赋予当事人选择适用法定赔偿的权利在国际上已有先例，如美国《著作权法》第504条（c）款规定：“（1）除法律另有规定外，版权所有人在最终判决做出前之任何时间，可以就诉讼所涉及的所有侵权行为选择法定赔偿，以代替依实际损失及侵权人的侵权所得进行的赔偿……”〔1〕最高人民法院《关于审理著作权民事纠纷案件适用法律若干问题的解释》第25条详细规定了法定赔偿的适用规则，可在将该条款中“权利人的实际损失或者侵权人的违法所得无法确定的，人民法院根据当事人的请求或者依职权适用著作权法第四十八条第二款的规定确定赔偿数额”划分为两种情形，即对于侵犯精神权利的，人民法院可以根据当事人请求适用法定赔偿；对于侵犯财产权利的，权利人的实际损失或者侵权人的违法所得无法确定的，人民法院可以根据当事人的请求或者依职权适用法定赔偿。

（四）增加精神损害赔偿

著作权侵权精神损害赔偿制度已经在很多国家建立起来，大陆法系国家尤为常见。〔2〕例如，《联邦德国著作权法》第97条第2项规定，如果侵权者出于故意或过失，著作人、科学版本撰写者、照片摄制者和艺术表演者可对非财产的侵害要求用合理金钱赔偿。本权项不可转让，除非在合同中已承认转让或已成为诉讼未决权项。意大利《著作权法》在“民事保护与罚则”一节中单独列出“有关精神权利诉讼的特别规则”，包含了3个条款，其中第

〔1〕 徐博：“中美知识产权法定赔偿标准立法探索与比较研究”，载《2013年中华全国专利代理人协会年会暨第四届知识产权论坛文选编》，第421~422页。

〔2〕 郭章辉：《著作权侵权的精神损害赔偿研究》，西南大学2012年硕士学位论文，第12页。

168 条规定，有关行使精神权利的诉讼，除权利性质属于保护作者身份或者保护作品完整性外，适用行使经济权利诉讼的规定。这些国家的立法规定值得我国借鉴，同时，由于我国的立法体系有一些自己的特点，[1] 可以结合我国国情做出适当的安排。

第一，在《著作权法》中确立著作权侵权精神损害赔偿制度。在修改后的《著作权法》“权利的保护”一章中增加关于精神损害赔偿的规定，为保持立法统一，应当限定精神损害赔偿适用于侵犯著作人身权或者相关权人身权情节严重的场合，只有当停止侵害、消除影响、赔礼道歉等责任形式不足以使受害人的权益得到弥补的，才得以请求精神损害赔偿，以防止权利人滥用诉权，动辄提出精神损害赔偿。此外，还应当明确法人或者其他组织不可以作为请求精神损害赔偿的主体。

第二，在《著作权法实施条例》或《关于审理著作权民事纠纷案件适用法律若干问题的解释》中进一步做出详细规定。《著作权法》是著作权领域的基本法律，为保持其内容上的稳定性和结构上的形式美，关于侵权损害精神赔偿的具体规定不可能太过详细，可以由行政法规或者司法解释对精神损害赔偿的适用规则做出进一步的具体规定，如对“情节严重的侵犯著作人身权或相关权人身权的行为”的解释，精神损害抚慰金数额的确定规则等。为防止被侵害人动辄以天价精神抚慰金要挟侵权人，导致精神损害赔偿制度“异化”，建议由最高人民法院在《关于审理著作权民事纠纷案件适用法律若干问题的解释》中规定全国适用的精神损害赔偿最高限额，各高级人民法院根据本地经济社会发展情况制定本辖区内的数额标准，报最高人民法院批准。由于精神损害并不容易判断，因此在确定具体数额时主要依靠法官结合案件事实情况行使自由裁量权。

第三，对著作权人精神权利的损害，无论是否给著作权人带来经济损失，都可以适用精神损害的物质赔偿。有的学者认为，对精神权利的侵害只有给权利人带来一定的经济损失时，才适用赔偿损失。这不符合精神损害赔偿制度设立的目的，也不利于著作权的保护。进一步说，著作权精神损害赔偿的界定，应当从被侵权人的角度加以评价，而不能从侵权人的角度来分析，特别是不能以侵权人是否获利来作为赔偿获利的条件，因为在未获利时也可能

[1] 吴汉东：“知识产权立法体例与民法典编纂”，载《中国法学》2003 年第 1 期。

对被侵权人精神权利造成严重损害。著作权精神损害涉及被侵权人生理、心理和人格利益的损害，因此在计算损害额时应当综合考虑侵权情节、时间、后果以及受害人和侵权人情况。[1]

十一、结 语

我国《著作权法》第三次修改，是在转型时期完善我国著作权法律制度的内在需求，与前几次修改背景存在很大的区别。通过修改，我国著作权制度将更好地发挥其鼓励和保护创作与传播、促进我国经济社会发展的重要作用。当然，著作权法本身具有复杂性，加之社会变迁和科技发展导致很多新问题需要克服，决定了我国《著作权法》第三次修改会存在较多困难。然而，经过众多专家学者和各方面的努力，“修改草案”和“送审稿”已经有了很大进展，值得充分肯定。当下应当针对最新立法进展进行进一步的思考和研究，以使我国著作权制度不断臻于完善。

---

〔1〕 冯晓青：《著作权法》，法律出版社 2010 年版，第 244 ~ 245 页。

中国著作权法研究文献综述*

自1990年9月7日我国《著作权法》颁布以来，已经实施了20多年。20多年来，《著作权法》在促进鼓励作品的创作与传播，促进社会主义文化、科学和经济的发展方面发挥了巨大作用。《著作权法》的每一次进步和完善，以及在社会生产和生活中发挥作用，都离不开学界对《著作权法》及著作权制度的分析和研究。纵观20多年的研究成果，我国学者对《著作权法》及著作权制度的研究呈现出一种不断加强、不断深化的趋势。

本文通过分析与著作权制度有关的论文、著作，拟对我国《著作权法》实施20多年来的研究状况进行一个全面的展示。由于著作权制度所涉内容之广，相关研究成果之多，又因篇幅所限，本文不可能对立法以来全部论著进行分析。因此，笔者从中国期刊全文数据库（CNKI）收录的论文、学位论文和报纸中，以“著作权”、“版权”为检索词，优先选取法学权威期刊和核心期刊收录的论文及理论界著名学者、实务界领军人物的文章；同时，在中国政法大学校图书馆馆藏书目检索中，以“著作权”“版权”为主题词，剔除检索结果中的《著作权法》教科书、法条和案例解析，仅筛选出与著作权有关的理论专著，〔1〕并以上述材料为根据，进行整理和分析，梳理出其规律和

---

* 本部分撰稿人：陈啸、曾梦倩。

〔1〕 有关著作权法的专题著作，主要有：郑成思：《版权法》，中国人民大学出版社1990年版、1997年版；冯晓青：《著作权法通论》，中南工业大学出版社1993年版；韦之：《著作权法原理》，知识产权出版社1998年版；李明德、许超：《著作权法》，法律出版社2009年版；冯晓青：《著作权法》，法律出版社2010年版；王迁：《网络版权法》，中国人民大学出版社2008年版等。由于著作涵

特点。笔者将所涉内容分为著作权法基础研究、著作权制度研究、著作权的利用与保护研究三大专题，每一个专题下按照时间顺序对不同时期的学者的研究重点进行梳理、介绍和分析，以期全面把握《著作权法》实施以来的学术研究特点，并对国内著作权法研究的趋势进行分析，为著作权领域的进一步研究奠定基础。

一、著作权法基础研究

关于著作权法的基础研究，主要包括对著作权制度的基础理论、著作权国际保护、外国著作权制度、我国著作权法立法与完善等方面的研究。通过上述基础问题的研究，以期能够对我国著作权制度有一个总体上的了解和把握，并为各项具体制度的建立和完善奠定基础，提供理论支持。

（一）著作权制度的基础理论研究

著作权制度能够长期存在并为世界各国立法所确认，是因为其有存在的正当性并能够在社会生活中发挥促进作品创作、传播和利用的作用。纵观20多年来的研究成果，对著作权制度基础理论的研究，主要围绕著作权的正当性和权利性质等方面而展开。

1. 著作权制度的正当性研究。在《著作权法》产生之初，便有学者对著作权制度的正当性进行研究。随着时间的推进，学者们对该问题的研究角度越来越广，且研究的层次越来越深入。学者们一般是从哲学、经济学、利益平衡角度来论证著作权制度的正当性的。从哲学角度论证著作权制度的主要观点有：胡开忠（1996）〔1〕认为在新技术冲击下对限制与反限制的法哲学基础研究十分重要，并对著作权制度中的利益分析、影响著作权限制与反限制的诸因素、著作权限制与反限制应遵循的原则等方面进行了深入探讨。吴汉东、王毅（1994）〔2〕拟从中国传统文化的角度出发，按照传播技术发展的历史线索，探究著作权制度的成因和著作权观念的转变，并以此作为著作权法律文化研究的尝试。从经济学角度论证著作权制度的主要观点有：王莲峰

（接上页）盖内容全面，本文在以下介绍和分析时，一般不再专门介绍。

〔1〕 胡开忠："著作权限制与反限制的法哲学基础研究"，载《法商研究》1996年第1期。

〔2〕 吴汉东、王毅："中国传统文化与著作权制度略论"，载《法学研究》1994年第4期。

(1997)[1]指出了著作权经济属性及其在国民经济中的地位，分析了著作权经济属性重要性的成因以及现实意义，认为我国应当借鉴英美普通法系国家以经济属性作为著作权立法哲学基础的做法。张智（2012）[2]运用经济学方法和理论，以经济分析法学为工具，对著作权制度内在的经济学意义进行了深入的研究和分析，旨在得出一种复合经济学意义的著作权。从利益平衡角度论证著作权制度的代表性观点有：易艳娟（2007）[3]认为著作权法律制度本身就是一种分配围绕作品产生的各方权益的利益平衡机制，并从私权保护、公共利益、垄断利益与社会公众利益等方面来说明利益平衡的要义。冯晓青（2008）[4]认为利益平衡是著作权立法的基本精神，要达到利益平衡是一个渐进的过程，只有不断追求适当的保护水平，才能保证著作权人的利益与社会公共利益的平衡。

此外，激励论等其他角度也可以被用以解释著作权制度的正当性。如冯晓青（2006）[5]认为激励理论是把握著作权精神的重要哲学层面，并从经济学、社会福利理论和后现代主义三个方面对激励理论进行了深入探讨。李雨峰（2006）[6]认为应当将著作权制度的正当性基础建立在对宪法目标的促进上，并对著作权这种特殊所有权与宪法的关系进行了进一步研究。

2. 著作权性质研究。著作权区别于其他知识产权的一大重要特点是其具有较强的人身属性，对著作权性质的研究，多侧重于对人身权性质的研究。例如王利民（1999）[7]通过对著作权中“人身权”的理论分析，认为著作权的性质是由其调整对象或者客体特征决定的，所谓的“著作人身权”从性质上并非人身权，而是财产权或者财产权的一项权能，统一于著作权并归于财产权范畴。李莉（2006）[8]以精神权利的权能分析为起点，通过建立一个积极权能和消极权能的双重权能体系，试图解决作者的精神权利在立法、司

---

〔1〕 王莲峰：“论著作权的经济属性”，载《郑州大学学报（哲学社会科学版）》1997年第1期。

〔2〕 张智：“著作权制度的法经济学分析”，载《生物技术世界》2012年第7期。

〔3〕 易艳娟：“著作权法利益平衡机制之要义”，载《电子知识产权》2007年第2期。

〔4〕 冯晓青：“著作权法的利益平衡理论研究”，载《湖南大学学报（社会科学版）》2008年第6期。

〔5〕 冯晓青：“著作权法之激励理论研究——以经济学、社会福利理论与后现代主义为视角”，载《法律科学》2006年第6期。

〔6〕 李雨峰：“论著作权的宪法基础”，载《法商研究》2006年第4期。

〔7〕 王利民：“论著作权的性质”，载《财经问题研究》1999年第7期。

〔8〕 李莉：“论作者精神权利的双重性”，载《中国法学》2006年第3期。

法和理论当中的问题。刘宇琼（2011）〔1〕从历史和体系的角度对著作人格权的根本性质进行了深刻的研究分析，认为著作人格权与民法上的人格权从制度本义、权利性质上基本一致。

（二）著作权国际保护研究

著作权的地域性特点决定了著作权在本土保护范围之外得不到保护，这极大地阻碍了国际科学文化的交流与合作，由此著作权的国际保护应运而生。由文献总结得出，对著作权的国际保护研究主要是对针对《伯尔尼公约》、《日内瓦公约》、TRIPS 协定、《世界版权公约》等条约开展的。如高凌瀚（1992）〔2〕介绍了国际著作权公约发展情况，并对《伯尔尼公约》、《世界版权公约》和《录音公约》作了详细的阐述。郑成思（1992）〔3〕从一般权利限制和特殊权利限制两方面，与《伯尔尼公约》进行比较，指出了我国著作权法与《伯尔尼公约》的差距，提出了需要谨慎对待加入《伯尔尼公约》后的差距问题。章英（2000）〔4〕指出了我国著作权法与 TRIPS 协定存在的差距造成了著作权保护内外有别即“超国民待遇”的情况，并就实体保护、程序保护及司法执法保护方面如何与国际接轨提出了修正与完善的建议。吴瑞（2011）〔5〕指出中国对著作权的刑法保护与 TRIPS 协定存在较大差异，并运用比较研究、逻辑推理等方法对 TRIPS 协定视角下的中国刑法保护进行了全面的分析，提出了完善著作权刑法保护的建议。此外，对著作权邻接权的国际保护主要是针对《罗马公约》、《录音制品公约》和《卫星公约》的研究，如郭寿康、孔雨泉（1991）〔6〕分别介绍了《罗马公约》、《日内瓦公约》及《卫星公约》的具体情况，提出了我国应该大量借鉴《罗马公约》的经验，权衡加入《日内瓦公约》和《卫星公约》，以促进我国音像事业的发展。

---

〔1〕 刘宇琼：“著作人格权的性质：历史和体系之思”，载《知识产权》2011 年第 9 期。

〔2〕 高凌瀚：“关于著作权的国际保护（一）（二）（三）”，载《中国出版》1992 年第 5、6、7 期。

〔3〕 郑成思：“伯尔尼公约与我国著作权法的权利限制”，载《法律科学》1992 年第 5 期。

〔4〕 章英：“我国著作权保护与 TRIPS 的差距”，载《世界贸易组织动态与研究》2000 年第 11 期。

〔5〕 吴瑞：“TRIPS 视域下中国著作权法的刑法保护研究”，载《法治研究》2011 年第 12 期。

〔6〕 郭寿康、孔雨泉：“浅谈著作权邻接权的国际保护”，载《法律学习与研究》1991 年第 1 期。

（三）外国著作权制度研究

由于各个国家在政治、经济、文化、历史传统上不同，导致了各国的立法基础不同，从而出现了各国著作权制度的差异。通过对外国著作权制度的研究，比较不同的立法例，有助于了解各种立法例的优劣，从而发现我国著作权立法的缺失，为我国立法与实践提供借鉴。我国学者对外国著作权制度的研究经历了从宏观介绍到具体制度借鉴的发展历程，同时，由于法国、德国、美国、英国等国家的著作权制度较为成熟，这些国家成了我国学者重点研究对象。

在坚持作者权体系的国家中，法国、德国因其成熟的立法而较多地受到了我国学者的关注。法国作为作者权体系的代表性国家，其著作权法一直对我国有着深刻的影响，例如何崇润（1992）[1]从客体、主体、权能及限制等方面对法国的著作权法做了简要介绍，提出了法国的高级司法机关的审判实践和习惯是法国著作权法的渊源。张凝（2008）[2]介绍了盗版罪，关于邻接权的犯罪以及关于侵犯数据库建立者权利的犯罪，总结出了法国对著作权刑法保护具有广泛性与多样性等5个方面的特点。张耕、施鹏鹏（2008）[3]从公务员著作权制度改革、追续权与设立使用作品的控制权、完善著作权限制制度和数字媒体领域中反盗版新规定等方面进行了阐述，认为法国在立法改革中的缜密论证和大胆尝试值得中国借鉴。

德国著作权制度以细致、严谨见长，对德国著作权制度进行研究的代表性观点有：马琳（2004）[4]指出德国著作权法下私人复制和反复制的矛盾，《德国刑法典》和《德国民法典》都不能限制“出于纯个人目的使用的私人复制”，提出《德国著作权法》应对私人复制与技术保护措施作进一步调整。宋锡祥、夏玮（2004）[5]论述了德国著作权法新修正案从宪法和政治角度保护著作权人经济权利的基本理念，并从独特视角阐述了著作权法修正的特点。

在坚持版权体系的国家中，美国、英国的版权立法则成了研究的重点。与我国《著作权法》略有不同，美国版权制度的设计更加侧重于对作品的传播和利用，以促进文化产业的发展，因而其具体制度的设计更加灵活。学者

[1] 何崇润：“法国著作权法简介”，载《现代法学》1992年第6期。

[2] 张凝、刘新魁：“简论法国对著作权的刑法保护”，载《比较法研究》2008年第4期。

[3] 张耕、施鹏鹏：“法国著作权法的最新重大改革及评论”，载《比较法研究》2008年第2期。

[4] 马琳：“德国著作权法中的私人复制与反复制问题”，载《法商研究》2004年第4期。

[5] 宋锡祥、夏玮：“论德国著作权法的最新修正”，载《政治与法律》2004年第4期。

们多是针对美国版权制度中值得中国借鉴之处而展开讨论：例如吴汉东（1997）[1]以美国合理使用四要素的规定为基础，对合理使用的“合理性”标准作了深入探讨，以期为中国的立法和司法活动提供理论支持。李明德（2011）[2]介绍了数字时代前后美国版权局坚持对字体、字型和字库的本身不能获得保护的态度，并指出了《版权注册规则》修改后规定的数字化的字体也不能获得版权注册，以期对国内产业界、学术界和司法界有所助益。

英国版权制度受到欧盟的制约，因而具有一些独有的特色。学者们也多针对英国版权制度的特殊性展开了研究，例如王清、黄安乐（1991）[3]从新版权法的组成部分、关于作者和版权所有权、关于作者的精神权利的保护、关于皇家版权和议会版权等方面对1988年英国版权法的新特点做了详细的分析和介绍。张乃和（2004）[4]对英国版权制度的形成和发展进行了深入的研究探讨，认为该研究对我们深刻理解西方版权制度有重要的理论价值，对我国著作权借鉴外国的优秀成果有积极作用。王迁（2013）[5]以1956年英国《版权法》对工业设计图的保护为起点，结合英国相关案例，对英国《版权法》中对工业设计图的保护界限加以分析研究，以期对我国的著作权法修改给以理论支持。

（四）我国著作权立法及完善研究

1.《著作权法》立法研究。1990年9月7日，第七届全国人民代表大会常务委员会第十五次会议通过了《中华人民共和国著作权法》，该法的颁布与实施标志着我国对保护精神创造和精神产品的高度重视，是我国著作权保护史上的里程碑。在该法立法前后，国内学术界对此展开了大量的关于立法的讨论，其中具有代表性观点有：刘春田（1989）[6]从法律的名称、我国著作权立法的精神、著作权的内容和性质、著作权的转让和授权使用、涉外著作

---

〔1〕 吴汉东：“美国著作权法中合理使用的‘合理性’判断标准”，载《外国法译评》1997年第3期。

〔2〕 李明德：“美国版权法与字体、字型和字库”，载《电子知识产权》2011年第6期。

〔3〕 王清、黄安乐：“谈谈英国最新的版权法”，载《法学杂志》1991年第4期。

〔4〕 张乃和：“论近代英国版权制度的形成”，载《世界历史》2004年第4期。

〔5〕 王迁：“论著作权法保护工业设计图的界限——以英国《版权法》的变迁为视角”，载《知识产权》2013年第1期。

〔6〕 刘春田：“关于我国著作权立法的若干思考”，载《中国法学》1989年第4期。

权关系的法律调整等著作权立法的核心问题进行了深入的研究和探讨。钟书峰（1994）〔1〕指出我国1979年制定的《刑法》和1990年通过的《著作权法》都没有规定追究侵犯著作权的刑事责任，建议我国应该尽快修改《刑法》和《著作权法》，增设著作权的刑法保护条款。袁立（2010）〔2〕从著作权犯罪立法的价值取向、立法模式、规制范围、归责条件、刑罚设置等方面，对著作权刑事立法进行了深入的探讨，试图通过立法方面的完善来增强刑法对著作权犯罪规制的科学性，最终实现司法实践对著作权犯罪的有效惩治。

2.《著作权法》第一次修改研究。1990年以来，从国内情况看，我国社会主义市场经济体制正逐步建立，毋庸置疑，著作权的立法应该与社会主义市场经济体制积极吻合；从国际情况看，著作权的国际保护趋势不断加强，我国也积极参与其中，正是国内外的现实情况催生了《著作权法》的第一次修改，由此国内学者针对修法展开了激烈的讨论，例如许超（1996）〔3〕就著作权法是否适应社会主义市场经济、与《伯尔尼公约》等国际接轨的问题、新技术带来的法律保护问题、著作权法中某些规定的欠缺等进行了研究和探讨，提出了著作权法修改的必要性和迫切性。张遂、冯晓青（1998）〔4〕对邻接权、关于计算机技术与新软件有关问题以及著作权的保护进行了深入探讨，建议修改著作权法时，增设专章详细规定邻接权有关问题，就新技术的著作权保护做出规定，并从归责原则、保护方式、赔偿数额上加以完善。冯晓青、刘淑华（1998）〔5〕从作品、权利限制、著作权之规定、著作邻接权之规定、著作权行政法规之规定、侵权与法律制裁等方面进行了深入探讨，以期对我国著作权法的修改和完善给予理论支持。冯晓青、杨利华（1998）〔6〕指出信息技术对《著作权法》的影响是全面性的，认为信息技术的发展在向作品使用人提供便利的同时增加了作品被擅自使用和盗版的风险，但并没有动摇著

---

〔1〕钟书峰："论保护著作权的刑事立法"，载《法商研究》1994年第3期。

〔2〕袁立："关于著作权犯罪立法完善的构想"，载《法学杂志》2010年第1期。

〔3〕许超："浅论修改我国著作权法的必要性和迫切性"，载《知识产权》1997年第1期。

〔4〕张遂、冯晓青："对完善著作权法几个问题的探讨"，载《临沂师专学报》1998年第5期。

〔5〕冯晓青、刘淑华："论我国著作权法的修改和完善"，载《河南政法管理干部学院学报》1998年第3期。

〔6〕冯晓青、杨利华："试论信息技术挑战下中国《著作权法》的修改与完善"，载《知识产权》1998年第4期。

作权保护的根基，所以我国《著作权法》不必做根本上的改变。岳楠(1999)[1]认为应该将《著作权法》更名为《版权法》，放弃自动保护原则并设立登记保护制度，按作品分类来确定保护期限，理顺归属关系，用许可方式来限制使用权。

3.《著作权法》第二次修改研究。《著作权法》第二次修改的幅度不大，争议较小，针对《著作权法》第二次修改的研究也并不多，部分学者针对第二次修改中尚未涉及的待修改之处提出了自己的看法，例如曹新明（2011）[2]指出我国著作权法确立的归属模式中作为原始归属补充的“特殊规定”所涉范围宽广，条件模糊，且没有充分考虑私权自治理念，容易导致著作权归属纠纷，提出了完善著作权归属的建议。

4.《著作权法》第三次修改研究。如果说《著作权法》的第一次和第二次修改的原因是来自国际社会的压力的话，那么《著作权法》的第三次修改则是立足于本土国情做出的主动性安排。2011年，国家版权局启动了《著作权法》的第三次修改工作，陆续出台的三稿草案和最终的送审稿也都引起了国内学术界和实务界的广泛讨论。例如吴汉东（2012）[3]从第三次《著作权法》修改的时代背景、体例和结构安排、修改的重点方面对第三次修改的草案进行了深刻的分析与评价，以期进一步完善著作权法律制度，切实保障著作权人的合法权益和促进相关产业的发展。刘春田（2012）[4]指出《著作权法》修改是为了应对挑战和适应国情，提出了为创新型国家量身定制《著作权法》，建立完善的著作权法律体系，修改工作应当秉承积极、稳妥、科学、理性的精神，并倡导让知识产权成为一种信仰。李明德（2012）[5]对废除《计算机软件保护条例》、重新梳理著作权的权利体系、突出规定相关权以及强化著作权和相关权的保护作了深入探讨，提出了修改应该面向现实，解决实际问题，促进文化产业发展的观点。吴汉东（2012）[6]认为《著作权法》

---

[1] 岳楠：“《著作权法》修订的几个基本问题”，载《现代法学》1999年第4期。

[2] 曹新明：“我国著作权归属模式的立法完善”，载《法学》2011年第6期。

[3] 吴汉东：“《著作权法》第三次修改的背景、体例和重点”，载《法商研究》2012年第4期。

[4] 刘春田：“《著作权法》第三次修改是国情巨变的要求”，载《知识产权》2012年第5期。

[5] 李明德：“我国《著作权法》的第三次修改与建议”，载《知识产权》2012年第5期。

[6] 吴汉东：“著作权法第三次修改草案的立法方案和内容安排”，载《知识产权》2012年第5期。

第三次“修改草案”兼顾了国际化和本土化，在产业利益与社会利益上更加平衡，但一些具体的规则设计缺乏配套规范的支撑，可能会损害部分权利人的利益，应加以完善。

二、著作权制度研究

（一）著作权客体研究

著作权客体，即作品，是指文学、艺术和科学领域内具有独创性并能以某种形式固定的智力表达。著作权法是通过保护作品不受侵犯来实现著作权人的利益，从而鼓励作品的创作与传播，促进社会主义文化、科学和经济的发展与繁荣的。因此，著作权客体的含义及范围一直以来都是学者们研究的基本内容。纵观 20 多年的研究成果，学者们大多从范围、条件及分类三方面，对著作权客体展开论述。

1. 客体范围研究。对著作权客体范围的研究，即是要界定作品中哪些要素是受保护，哪些要素不受保护。众所周知，著作权法并不保护思想本身，而是保护思想的外在表现形式。这一点在学界并无太大争议。但是，直至《著作权法》第三次“修改草案”通过之前，《著作权法》并没有对著作权保护范围有明确的界定，因此很多学者都发文讨论“思想表达二分法”的重要性，并呼吁立法予以完善。例如冯晓青（2008）[1]发文分析了思想和表达二分法的作用，认为二分法为平衡公众接近信息的需要和报偿与鼓励作者创作的需要提供了一个基础，在实践中能够平衡作者或其他著作权人与广大作品使用者之间的利益，其在著作权法的适用上具有正当性。卢海君（2011）[2]围绕思想表达两分法和原创性原则，结合非独立创作因素、功能性因素、非文字性因素、事实性因素、表达量的因素和传统文化因素对版权法保护的客体进行了逐渐深入的分析。杨利华（2013）[3]认为“思想表达二分法”的“思想”不囿于作品的内容，“表达”也不限于作品具体的外在形式，它是用以判断著作权法保护的作品范围的依据，这也正是“思想表达二分法”所具

〔1〕 冯晓青：“著作权法中思想与表达二分法原则探析”，载《湖南文理学院学报》2008 年第 1 期。

〔2〕 卢海君：《版权客体论》，知识产权出版社 2011 年版。

〔3〕 杨利华：“我国著作权客体制度检讨”，载《法学杂志》2013 年第 8 期。

有的立法与司法价值。当然，也不乏学者对“思想表达二分法”的具体运用提出了自己的看法，例如李雨峰（2007）[1]认为“思想”与“表达”之间的界限是模糊的、隐喻性的，它并不是一个预先将某个作品置于公共领域或者作者专有权之内的原理，而是一种事后描述。因此在实践中，不应把思想表达二分法视为一个教条。熊文聪（2012）[2]认为思想表达二分法关乎的是成本收益的利益衡量与价值取舍，而不关乎思想与表达在事实层面是否可分，二分法无法向我们提供统一普适的裁判标准，它依赖法官在个案中基于具体情势自由裁量，正是由于法官的创造性努力，定纷止争的目标才得以实现。

2. 客体条件研究。作品能够受到保护，关键在于其是否符合法律规定的实质条件和形式条件，即是否具有独创性和固定性。固定性主要是英美法系国家规定的要件，且在实践中容易判定。但是由于独创性的认定无明确、具体标准，在实践中引发的纠纷较多，因此对著作权客体条件的研究主要是以独创性为中心而展开的。

在《著作权法》立法的早期，独创性问题就受到了学者们的重视，不少学者针对独创性的认定标准提出了自己的看法。例如冯晓青、冯晔（1995）[3]认为我国著作权法中作品独创性之界定，必须包含两个不可或缺的因素：一是作品独创性首先意味着“独立创作完成”；二是作品的独创性还意味着作品的诞生是作者创造性智力劳动的结果，体现了作者的个性特征。李伟文（2000）[4]认为独创性需要在个案中进行判断，并归纳了一些判断的原则：如独创性不同于“新颖性”；“程度”是断定“独创性”之关键所在；唯一的表达方式不是“独创性”等。《著作权法》第一次修改之后，我国对作品的保护水平有所提高，作品的独创性引来了理论界和实务界多视角的研究。例如姜颖（2004）[5]通过对英国、法国、美国著作权制度进行比较研究后，认为我国关于独创性界定标准应当采取一般原则和特殊原则相结合的标准，即原

---

〔1〕 李雨峰：“思想/表达二分法的检讨”，载《北大法律评论》2007 年第 2 期。

〔2〕 熊文聪：“被误读的‘思想/表达二分法’——以法律修辞学为视角的考察”，载《现代法学》2012 年第 6 期。

〔3〕 冯晓青、冯晔：“试论著作权法中作品独创性的界定”，载《华东政法学院学报》1995 年第 5 期。

〔4〕 李伟文：“论著作权客体之独创性”，载《法学评论》2000 年第 1 期。

〔5〕 姜颖：“作品独创性判定标准的比较研究”，载《知识产权》2004 年第 3 期。

则上采取“智力投入”的标准，在特殊类型的作品中，则应当针对作品的特点，在“智力投入”的数量上采取或严格或宽松的判定标准。张玉敏、曹博（2011）〔1〕以滑稽模仿和后现代为视角，认为独创性概念的构建断然是不能一蹴而就的，在当前的认知能力之下，独创性终究是不可或缺的，我们只能通过对相关概念细节的修补，以期它能更好地为著作权法服务。赵锐（2011）〔2〕认为很难用一个普适性的标准判断作品的独创性，应当针对作品类型区别对待，淡化独创性标准中的“创造性”，同时提出应当由专业机构评判独创性。

3. 客体类型研究。符合独创性和固定性的作品能够受到《著作权法》的保护，而不同表现形式的作品可以划分为不同的类型。随着科技的发展，每一次新传播技术的出现，也都会促进新类型的作品的产生。纵观20多年的研究成果，学界针对传统类型的作品如文字作品、口述作品、音乐作品的争议较少，对于建筑作品、电影作品、实用艺术作品等与科学技术相挂钩并在实践中存在较多争议的作品类型的研究的比较广泛，由于篇幅所限，以下仅对建筑作品、电影作品和实用艺术作品的研究成果进行介绍。

针对建筑作品，学者们的研究重点在于建筑作品著作权的保护范围及其侵权认定上。关于保护范围，李永明、王君兰（2008）〔3〕认为建筑作品的保护在我国知识产权保护中还处于尚待完善的阶段，建筑作品著作权的保护范围应包括具有独创性的建筑设计图、建筑模型及建筑物，法律应当针对建筑作品人身权和财产权的特点增设相应法律条款，构建相应的著作权制度框架。当然，也有学者持相反观点，例如刘瑛（2012）〔4〕强调建筑作品不包括建筑设计图和建筑模型，建筑作品与图形作品和模型作品是著作权法规定的两类不同的保护客体。建筑作品的侵权与否主要取决于两个作品之间是否存在实质性相似。关于建筑作品的侵权判定，尹志强（2009）〔5〕认为就建筑作品的

---

〔1〕张玉敏、曹博：“论作品的独创性——以滑稽模仿和后现代为视角”，载《法学杂志》2011年第4期。

〔2〕赵锐：“作品独创性标准的反思与认知”，载《知识产权》2011年第9期。

〔3〕李永明、王君兰：“建筑作品著作权问题研究”，载《浙江大学学报（社会科学版）》2008年第1期。

〔4〕刘瑛：“再论建筑作品的著作权保护——从‘盛放鸟巢’烟花侵权纠纷案谈起”，载《知识产权》2012年第2期。

〔5〕尹志强：“建筑作品的范围及复制侵权的认定”，载《知识产权》2009年第109期。

特殊性而言，应与美术作品区分，并把建筑物、建筑设计图和建筑模型作为建筑作品的整体看待，在复制的认定上应以“实质相同”为标准，而不能局限于外观相同。朱理（2010）〔1〕认为著作权法中的建筑作品是介于科学作品与美术作品之间的边缘作品，其保护对象和侵权判定方法必然具有某种特殊性，不宜机械套用著作权侵权判定的一般规则。

电影作品由于其涉及的主体较多，主体之间的法律关系及利益分配原则较为复杂，也成了学者们的研究重点。例如王迁（2008）〔2〕建议修改《著作权法》，从电影作品的定义中删除“摄制”要件，明确电影作品是原作品的特殊演绎作品，并赋予音乐作品著作权人就电影作品的播放获得额外报酬的权利。张春艳（2012）〔3〕认为应该采纳创作者立法例，规定电影作品的作者享有著作权，制片者通过与作者签订合同获得电影作品的独占使用许可权。衣庆云（2012）〔4〕认为我国著作权关于电影作品立法存在问题的原因是在理念上和立法上没有区分电影作品本身与电影录制品。因此应当采用电影作品和其他视听作品的分类，赋予含义单纯化之后的录像制品以邻接权。周园、邓宏光（2013）〔5〕认为视听作品作者的利益分享权是源于作者与制片者签订合同而产生的权利，因此应当以制片者为请求对象。所有视听作品作者都可以与制片者约定视听作品的利益分享权，但该权利以双方合同有明确约定为前提。

实用艺术作品因为其功能性的存在，故对其保护模式一直存在争议。直到《著作权法》第三次“修改草案”通过后，实用艺术作品才正式受到《著作权法》的保护。早期关于实用艺术作品的保护的研究，主要是针对不同的保护模式而展开。例如许超（1996）〔6〕分析了实用艺术作品的著作权保护与外观设计保护的关系，认为实用艺术作品同工业品外观设计的区别在于前者

---

〔1〕 朱理：“建筑作品著作权的侵权判定”，载《法律适用》2010 年第 7 期。

〔2〕 王迁：“电影作品的重新定义及其著作权归属与行使规则的完善”，载《法学》2008 年第 4 期。

〔3〕 张春艳：“论我国电影作品著作权的归属”，载《法学杂志》2012 年第 9 期。

〔4〕 衣庆云：“电影作品著作权立法问题之异见”，载《知识产权》2012 年第 9 期。

〔5〕 周园、邓宏光：“论视听作品作者的利益分享权——以《中华人民共和国著作权法》第三次修订为中心”，载《法商研究》2013 年第 3 期。

〔6〕 许超：“浅论实用艺术作品的著作权保护与外观设计保护的关系”，载《专利法研究》，专利文献出版社 1996 年版，第 112 ~ 117 页。

强调艺术性，后者强调工业性，前者的实用性不同于后者的工业性，前者的实用成分和艺术成分不可分，后者没有这一要求等。郭宝刚（2003）〔1〕分析了3种实用新型的保护模式，认为对于实用新型的保护，一方面在法律上应给与明确，比如提出一个总的法律保护原则；另一方面在社会实践中，将法律保护选择权授予权利人，由其在市场机制下根据具体情况进行选择。当权利人在选择之后，其权利仍然得不到保护的，可以利用反不正当竞争法来进行补充保护。在《著作权法》第三次"修改草案"出台后，有学者针对实用艺术作品著作权法独立保护的正当性及对专利法保护产生的影响进行了分析，例如张伟君（2012）〔2〕认为著作权法第三次修改，首次明确了对"使用艺术作品"的著作权保护，但鉴于实用艺术作品与外观设计具有很大程度上的重合性，实用艺术作品的著作权与外观设计专利权的保护期限的差距将对外观设计专利制度带来冲击，建议法律给予外观设计专利权"首期5年，可续展4次，最长25年"的保护。孟祥娟（2013）〔3〕认为实用艺术作品的最主要特征是实用性与艺术性的结合，其中，艺术性是其可以获得著作权保护的基本要求。提出实用艺术作品作为单独的作品类型更为适宜，更有利于激发创作的积极性，促进版权产业快速健康地发展。

然而，正如前文所述，作品的类型与科学技术的发展有着密切的关系。近些年，随着科技的发展，新的表达方式不断涌现，冲击着原有的作品类型。关于特殊的表达能否成为著作权法意义上的作品，学界展开了激烈的争论，比较典型的是针对字体、字库的讨论。例如关于计算机字体能否受到著作权保护，部分学者持肯定的观点。例如张今、卢亮（2011）〔4〕认为计算机字体具有独创性和审美意义，应当受到版权法保护，但是字体的著作权应当受到必要的限制，以实现字体设计者与使用者的利益平衡。持否定观点的主要代表观点有：许超（2011）〔5〕认为字体、字形不同于书法作品，不能作为美术

〔1〕 郭宝刚："浅析实用艺术作品的知识产权保护"，载国家知识产权局条法司编：《电子知识产权》2003年第5期。

〔2〕 张伟君："实用艺术作品著作权法保护与外观设计专利法保护的协调"，载《知识产权》2012年第9期。

〔3〕 孟祥娟："实用艺术作品宜为著作权独立的保护对象"，载《学术研究》2013年第3期。

〔4〕 张今、卢亮："计算机艺术字体的作品属性与著作权保护"，载《中国版权》2011年第5期。

〔5〕 许超："字体字形的知识产权保护"，载《知识产权》2011年第5期。

作品受著作权法保护。而认为字体、字形设计是工业产品，其知识产权保护应当适用工业品外观设计法。黄武双（2011）[1]认为计算机字体的艺术性较低，与已有字体设计相比所体现出的艺术独创性也较低，因此计算机字体难以获得著作权法保护。由不构成作品的单个字体、字形集合而成的字库，也是不能成为作品而受著作权法保护的。

（二）著作权主体研究

著作权主体，即著作权人，是指对文学、艺术、科学领域内的作品享有著作权的人。著作权人是著作权贸易的主体，也是解决著作权纠纷的重要主体，因此在著作权制度中占据着重要的地位。纵观20多年的研究成果，早期对著作权主体制度的研究，大多是对立法确立的主体制度进行介绍。然而，随着时代和科技的发展，越来越多的学者看到了制度背后的法理基础，并针对实践需求，对著作权主体具体制度提出了修改和完善的建议。

1. 著作权人研究。在我国，著作权人包括创作作品的作者及其他根据合同约定或者法律规定享有著作权的人，其中，作者在我国著作权主体制度上占据着最核心的地位。在立法早期，就有不少学者撰文介绍我国的著作权人。例如林国民、秦伟（1991）[2]以《著作权法》为依据，分别介绍了原始的完整的著作权主体——作者；继受著作权主体——其他依据著作权法享有著作权的公民、法人或者非法人单位；特殊的著作权主体——国家。冯晓青（1995）[3]认为作者无一例外是各国著作权法中最直接最重要的权利主体，作者取得了著作权中的主导地位，著作权法实际上是一部以保护作者权益为核心的知识产权法。近些年，对著作权主体制度的专门介绍已不再是研究的重点，只有少数学者针对著作权主体及归属制度进行论述。例如熊琦（2011）[4]撰文对著作权法中投资者视为作者的制度安排进行介绍，认为随着著作权产业的发展，雇主的投资与组织对作品的产生起到了更为关键的作用，将著作权归于投资者，符合提高信息利用效率的原则。曹新明（2011）[5]建议我国著作权法凸显“私权自治原则”，以著作权归属于创作者为基本原则，以创作合同为补充，

〔1〕黄武双：“实用功能排除了计算机字体著作权保护的可能性”，载《法学》2011年第7期。

〔2〕林国民、秦伟：“论著作权主体”，载《山东大学学报（哲学社会科学版）》1991年第2期。

〔3〕冯晓青：“试论作者在著作权中的法律地位”，载《知识产权》1995年第4期。

〔4〕熊琦：“著作权法中投资者视为作者的制度安排”，载《法学》2011年第9期。

〔5〕曹新明：“我国著作权归属模式的立法完善”，载《法学》2011年第6期。

以名义作品为例外，这样才能从根本上解决作品著作权归属纠纷，能够完全避免由法人作品、职务作品、委托作品等造成的混乱现象。李明德（2012）[1]认为创作作品的自然人是作者，法人或者其他组织基于法律规定或者合同约定成为著作权主体，继承人、继受人或国家在特定情况下成为著作权主体。

2. 特殊作品的著作权归属研究。演绎作品、合作作品、汇编作品、电影作品、职务作品、委托作品的著作权归属较为复杂，立法专门针对其做了特别的规定。故以上特殊类型的作品的著作权归属问题也受到了学界的重视。

针对演绎作品，学者们多将研究重点置于其著作权保护上。例如卢海君（2009）[2]认为我国《著作权法》未对演绎作品做出界定，也没有对演绎作品的可版权性标准做出明确规定，故应当借鉴美国版权法律制度的相关规定，将演绎作品界定为通过改写、改变、改编等方式在已有作品的基础之上创作的一切具有新的表达形式的作品，并且将“可区别性变化”规定为演绎作品的可版权性标准。陈锦川（2009）[3]撰文对演绎作品的构成及其范围、演绎作品的著作权进行了分析，并对演绎作品著作权保护中的几个特殊问题进行了探讨。邱宁（2012）[4]分析了未经许可创作的演绎作品的法律问题，认为相对于原作品而言，未发表的未经许可创作的演绎作品是合法作品，公开使用的未经许可创作的演绎作品却是侵权作品。

由于合作作品主体的非单一性，其著作权法律关系较为复杂。因此不乏学者针对合作作品进行探究。例如胡仕湘（1993）[5]撰文对合作作品的含义和特征进行了介绍，并比较了合作作品与其相近似作品的区别，分析了对合著权的侵犯及法律保护。冯晓青、廖永安（1994）[6]认为对于合作作品的认定，既不能视“有共同创作合意”为认定合作作品的一个普遍要件，也不能否定它在司法实践中正确认定合作作品的积极意义。正确的态度应是具体情

---

[1] 李明德：“著作权主体略论”，载《法商研究》2012 年第 4 期。

[2] 卢海君：“从美国的演绎作品版权保护看我国《著作权法》相关内容的修订”，载《政治与法律》2009 年第 12 期。

[3] 陈锦川：“演绎作品著作权的司法保护”，载《人民司法》2009 年第 19 期。

[4] 邱宁：“在合法与非法之间——未经许可创作的演绎作品之著作权辨析”，载《法学杂志》2012 年第 4 期。

[5] 胡仕湘：“合作作品探究”，载《法学家》1993 年第 2 期。

[6] 冯晓青、廖永安：“合作作品法律认定新探”，载《知识产权》1994 年第 3 期。

况具体分析。近些年，在合作作品领域出现了一个新的问题，即合作作品是否可以分割？部分学者提出合作作品应仅限于不可分割使用的作品，并建议通过规定结合作品来规定可分割使用的作品。例如周樨平（2008）〔1〕认为我国关于可分割合作作品的规定存在很多问题，主要原因是可分割合作作品的共有和可分割部分的单独所有造成的矛盾。因此应当取消可分割合作作品的规定，合作作品仅指不可分割合作作品，同时引入结合作品的概念并规定其著作权行使规则。卢海君（2012）〔2〕认为现行立法没有清楚阐述合作作品的内涵和外延，也没有厘清合作作品的构成要件，其并没能够圆满实现合作作品制度解决权利归属和利益分享的立法宗旨。因此应当细化作品的类型，既规定合作作品，又规定结合作品。

对于汇编作品，学界的争议较少，学者们一般仅是针对汇编者享有著作权的正当性进行论证。例如陶舒亚（2010）〔3〕认为汇编者受著作权保护的部分，只能是其付出创造性劳动的部分；实施对汇编作品著作权益的保护，必须履行既保护原作者的著作权，同时又维护汇编者著作权的双重行使规则。黄振中（2010）〔4〕认为汇编作品的集合性和独创性特征是决定汇编人对汇编作品享有权利的基础，其中独创性特征则是汇编作品的最重要特征。卢海君（2011）〔5〕认为汇编者取得汇编作品的著作权的理论基础包括辛勤收集原则和原创性原则，并详细介绍了辛勤收集原则在汇编作品版权保护中的地位与作用。

电影作品是近些年来才成为学界的研究重点的，对电影作品界定的研究已在前文中介绍，此处不做赘述。专门针对电影作品著作权归属进行研究的主要有：衣庆云（2011）〔6〕认为我国著作权法对作者的身份和范围的规定均

---

〔1〕 周樨平："从'可分割合作作品'立法缺陷看规定结合作品之必要"，载《电子知识产权》2008 年第 10 期。

〔2〕 卢海君："论合作作品的立法模式——兼论我国《著作权法》第 13 条的修订"，载《电子知识产权》2012 年第 9 期。

〔3〕 陶舒亚："汇编作品著作权相关问题探析"，载《中国政法大学学报》2010 年第 5 期。

〔4〕 黄振中："使用汇编作品的内容是否构成对汇编作品著作权的侵犯——对一起侵犯汇编作品著作权案的思考"，载《知识产权》2010 年第 5 期。

〔5〕 卢海君："辛勤收集原则在汇编作品版权保护中的地位和影响"，载《中国出版》2011 年第 3 期。

〔6〕 衣庆云："影视作品的作者身份和著作权归属问题探析"，载《行政与法》2011 年第 12 期。

不够明确。在影视作品著作权归属问题上，我国著作权法的立法模式不仅有悖法理，作者的权利也未得到应有的尊重，正确的做法是回到大陆法系的正宗。张春艳（2012）[1]认为结合我国的著作权制度和法律传统，比较两种立法例的优劣，我国应采取创作者立法例，规定电影作品的作者享有著作权，制片者通过与作者签订合同获得电影作品的独占使用许可权。

职务作品是我国立法的独特规定，在立法之初就受到了广泛的讨论，学者们也针对职务作品的特殊性提出了修法建议。例如刘春田、刘波林（1990）[2]认为在职务作品中，应保障自然人的作者资格。作品在以法人名义署名的情况下，法人充其量可"视为作者"。我国立法规定由著作人取得职务作品的著作权，一方面符合著作权保护原则，有利于社会，同时也不妨碍工作单位在正常业务范围内行使职务作品的有关权利。陆飞（1996）[3]通过比较各国关于职务作品著作权的规定，认为我国著作权法关于职务作品的著作权归属具有独特之处，我国的规定既调动了职务作者的创作积极性，同时又兼顾了单位工作业务的需要和利益，并与我国职务发明创造专利权和职务技术成果权的归属模式相一致．有利于与这些法律相衔接。庞立民（2002）[4]认为关于职务作品的著作权的原始归属问题，我国的《著作权法》虽结合了两大法系的相关规定，但对"单位的优先使用权"及尊重创作者的精神利益等方面应予以修改和重视。张晓玲、张莎莎（2005）[5]认为职务作品的发表权、署名权、修改权、保持作品完整权原则上应该由职务作品创作人享有，职务作品的著作财产权由法人或其他组织同职务作品创作人通过书面合同约定。

对委托作品著作权归属的研究，重点在于委托人取得著作权的正当性研究及司法实践中的处理原则。例如梁作民、曹波（2002）[6]认为我国著作权

---

〔1〕 张春艳："论我国电影作品著作权的归属"，载《法学杂志》2012 年第 9 期。

〔2〕 刘春田、刘波林："论职务作品的界定及其权利归属"，载《中国人民大学学报》1990 年第 6 期。

〔3〕 陆飞："职务作品及其著作权归属探析"，载《知识产权》1996 年第 1 期。

〔4〕 庞立民："试论我国著作权职务作品法律制度的完善"，载《国家检察官学院学报》2002 年第 5 期。

〔5〕 张晓玲、张莎莎："职务作品著作权归属探析"，载《科技与法律》2005 年第 3 期。

〔6〕 梁作民、曹波："对委托作品著作权的分析——评一起广告宣传品的著作权侵权纠纷案"，载《知识产权》2002 年第 2 期。

法只对委托作品的界定、权利归属作了原则性规定，在司法实践中，法官需要根据公平原则，解决未约定著作权归属的委托作品使用权方面的纠纷。吴春岐（2003）〔1〕用知识产权的法律效率原则、标准和影响因素考察两大法系和我国关于委托作品著作权归属的不同规定，寻求我国在工业化过程中的市场经济大背景下最有效率的委托作品著作权的法律规制模式。许辉猛（2010）〔2〕认为委托人通过委托创作合同取得著作权属于继受取得，著作权从创作完成之日开始移转，委托创作合同的书面形式往往成为著作权移转的公示手段。张秀玲（2011）〔3〕认为委托人依委托合同取得作品著作权属于著作权的继受取得，应受制于著作权转让的限制即人身权不得转让。为了保障委托人的委托目的能够顺利实现，防止受托人的权利滥用，应当规定委托人取得署名权以外的著作权内容。

（三）著作权权利内容研究

著作权权利包括人身权利和财产权利，著作权的权利内容是著作权制度中最为核心的部分，也是发展最快、变化最大的一个内容。对著作权权利内容的研究，重点在于研究著作人身权和财产权的性质及行使方式上。

1. 著作人身权研究。著作人身权是指著作权人基于创作的作品而享有的使其人格得到尊重的权利。纵观 20 多年的研究成果，学界主要针对著作人身权与一般人格权的关系、著作人身权的制度完善、各项具体权利进行了论述。

第一，关于著作人格权与民法上的一般人格权的关系，有学者认为两者存在着冲突性。例如王坤（2010）〔4〕认为著作人格权制度与民法人格权制度之间存在着难以调和的冲突，破坏了人格权制度的统一性，需要将署名权、完整权、发表权等权利从民法人格权制度框架中解放出来。同时，也有部分学者认为两者在本质上具有一致性，例如刘宇琼（2011）〔5〕认为著作人格权

〔1〕 吴春岐：“效率视野中的委托作品著作权归属分析——兼评《著作权法》第 17 条”，载《制度经济学研究》2003 年第 2 期。

〔2〕 许辉猛：“委托人取得委托作品著作权问题研究——以我国《著作权法》第 17 条为背景”，载《法学杂志》2010 年第 7 期。

〔3〕 张秀玲：“试论我国委托作品著作权归属的立法不足及完善”，载《全国商情（理论研究）》2011 年第 Z1 期。

〔4〕 王坤：“著作人格权制度的反思与重构”，载《法律科学》2010 年第 6 期。

〔5〕 刘宇琼：“著作人格权的性质：历史和体系之思”，载《知识产权》2011 年第 9 期。

与民法上的人格权在制度本义、权利性质上并无二致。因而著作人格权应当尽快完成对民法上人格权的“认祖归宗”。

第二，我国立法对著作人身权进行了一系列制度安排，包括人身权不得转让、无期限限制，等等。但是近些年来，随着实践中纠纷的不断出现，这样的制度安排能否满足作者人格利益的需要，从而保障逻辑的通顺与价值的实现，很多学者对此提出了质疑。例如何炼红（2001）〔1〕认为我国著作人身权合理转让的内容应包括发表权、署名权、修改权及保护作品完整权。著作人身权在一定条件下转让有其客观性、合理性和必要性。谭启平、蒋拯（2002）〔2〕从实证的角度探讨了著作人身权的性质、内容，剖析了著作人身权的一些疑难问题，并论证了著作人身权具有可转让性。刘平（2004）〔3〕认为作者的精神权利与作者的人身并非绝对不可分离。除署名权外，作者精神权利中的其他权利都是可以转让的。张今（2011）〔4〕运用逻辑、价值和实证的多重分析方法和比较法上的考察，分析了著作权法上作者人格利益保护的真实内涵，质疑著作人格权制度的合理性。

第三，发表权、署名权、修改权和保护作品完整权等具体权利也是学界的研究重点。对于发表权，何炼红（2004）〔5〕认为网络发表权是指作者决定是否将其作品通过网络公之于众的权利，所反映的是一种待实现状态，也可以理解为是权利人依法享有的一种静态性权利。衣庆云（2010）〔6〕认为发表权一次用尽的理论不能成立，须在立法上引入“作品内容的首次公开权”并以“较为紧密的人格联系”作为判断是否构成“公众”的标准，能够实现对作者权利的周全和合理保护。刘胜红、卢玉超（2013）〔7〕揭示了我国现行著作权法对死者发表权保护的困境，并指出解决这一困境的出路在于取消现行著作权法中关于发表权的规定。对于署名权，学者们多是针对署名权的行使

---

〔1〕 何炼红：“著作人身权转让之合理性研究”，载《法商研究》2001 年第 3 期。

〔2〕 谭启平、蒋拯：“论著作人身权的可转让性”，载《现代法学》2002 年第 2 期。

〔3〕 刘平：“对作者精神权利的追问”，载《河北法学》2004 年第 5 期。

〔4〕 张今：“著作人格权制度的合理性质疑”，载《社会科学辑刊》2011 年第 4 期。

〔5〕 何炼红：“论网络发表权”，载《河北法学》2004 年第 6 期。

〔6〕 衣庆云：“对发表权诸问题的再认识”，载《知识产权》2010 年第 4 期。

〔7〕 刘胜红、卢玉超：“我国著作权法应取消发表权——从一则案例引发的思考”，载《中国版权》2013 年第 2 期。

方式进行探讨。例如冯晓青（1993）〔1〕认为署名权包括禁止冒名之权及作者有权同意非作者在自己作品上署名之权，并剖析了作品署名权行使的种种情况。周俊强（2011）〔2〕认为署名权作为一项自由型人格权，其支配对象是作品而非姓名。署名权的价值与效力范围是由作者的作品所决定的，因此其行使客观上也可以产生保护作者作品整体的效果。关永红（2012）〔3〕署名权的具体权利内容在法律中并未有完整明确的表述，对于署名权的权利性质与行使中的法律问题也存在着各种学说和争议，造成了实践中对署名权滥用的现象较为普遍，应当予以完善。关于修改权和保护作品完整权，研究重点则在于探究两者是否是一个问题的两个方面，修改权的立法是否还有必要及保护作品完整权的立法完善。代表性观点主要有：李雨峰（2003）〔4〕认为我国法上有关保护作品完整权的规定尽管构造合理，但失之偏颇。并通过比较法上的研究，提出了完善保护作品完整权的建议。李琛（2004）〔5〕认为“修改权”的含义始终被误读，修改权根本没有存在的必要，只是保护作品完整权的附庸而已。王迁（2007）〔6〕认为仅将修改权解释为确认作者有修改作品的自由毫无意义，应当删除修改权或对其进行重构，其内容应当是确认即使对作品的修改会影响他人利益，作者在做出合理补偿之后，他人对这种修改也有配合或容忍的义务。刘有东（2010）〔7〕认为修改权的内容无法被保护作品完整权所涵盖，二者所保护的作者的精神利益是不同的，它最大的价值在于当作者思想和观点变化时得基于此项权利来维护作品与其思想、观点的一致性。

2. 著作财产权研究。著作财产权，主要是指著作权人享有的使用或者授权他人使用作品从而获得报酬的权利。著作财产权可分为有形利用类权利、无形利用类权利、演绎权和报酬请求权。其中，学界对前两者的研究相对

---

〔1〕 冯晓青：“署名权刍论”，载《湘潭大学社会科学学报》1993 年第 4 期。

〔2〕 周俊强：“署名权问题探析”，载《知识产权》2011 年第 10 期。

〔3〕 关永红：“署名权行使方式探微”，载《中国出版》2012 年第 23 期。

〔4〕 李雨峰：“精神权利研究——以署名权和保护作品完整权为主轴”，载《现代法学》2003 年第 2 期。

〔5〕 李琛：“被误读的修改权”，载《中国专利与商标》2004 年第 3 期。

〔6〕 王迁：“我国著作权法中修改权的重构”，载《法学》2007 年第 11 期。

〔7〕 刘有东：“论作品修改权”，载《现代法学》2010 年第 3 期。

较多。

早期对著作财产权的研究，多集中在对各项具体权能的介绍。随着时代的发展，原来的著作权体系在调整相关行为的时候体现出一些问题，因此近些年来，很多学者提出了对著作财产权体系的重构。例如刘银良（2011）[1]认为虽然著作权法为作者规定了十余项经济权利，但权利体系却有疏漏，故有重塑之必要。建议著作权法赋予作者复制权、发行权、演绎权、表演权和传播权，由此构建疏而不漏的作者经济权利体系。张今、郭斯伦（2012）[2]分析了现行著作权法财产权体系存在的问题，将著作财产权分为有形利用权、无形利用权和演绎权，并对著作权法第三次“修改草案”进行了评述。李扬（2012）[3]认为从“传播”的内涵与著作财产权体系的结构划分出发，“传播”是著作权人实现利益回报的主要方式，著作财产权体系的权利基础应为控制作品“传播”所享有的利益——传播权。

在著作财产权的有形利用类权利中，学界研究的较多的当属复制权和发行权。由于互联网的快速发展，复制的方式发生了剧烈的改变。李顺德（2004）[4]认为根据法律规定，将作品数字化属于复制行为，复制权是著作权保护的重要内容。为促进电子出版物的健康发展，有必要对电子出版物在数字化过程中涉及的与著作权中的复制权的关系进行研究和探讨。冯晓青、付继存（2011）[5]认为复制权是著作财产权的基础和核心，但复制的内涵却随着技术的发展而日趋扩张，从单纯的印刷复制到模拟复制再到数字复制，复制在技术面前迷失了本质。并从激励理论和非独创性与竞争性二维视角对复制进行了分析。此外，私人复制也是学界探讨的重点。例如张今（2005）[6]认为MP3格式、P2P技术的运用，使音乐文件的私人复制轻而易举，数字技

---

〔1〕 刘银良：“论著作权法中作者经济权利的重塑——以比较和实践为视角”，载《知识产权》2011年第8期。

〔2〕 张今、郭斯伦：“著作财产权体系的反思与重构”，载《法商研究》2012年第4期。

〔3〕 李扬：“从‘复制’到‘传播’：著作财产权的权利基础审视”，载《中国出版》2012年第12期。

〔4〕 李顺德：“电子出版物的数字化与复制权”，载《科技与出版》2004年第4期。

〔5〕 冯晓青、付继存：“著作权法中的复制权研究”，载《法学家》2011年第3期。

〔6〕 张今：“数字环境下私人复制的限制与反限制——以音乐文件复制为中心”，载《法商研究》2005年第6期。

术严重威胁版权人利益的实现。因此我国可参考国外已有的立法经验，引进著作权补偿金制度。冯晓青（2012）[1]认为网络环境下对待私人复制的态度应以利益平衡原则为指导，在原则上将其纳入合理使用范畴时，给予一定限制。网络环境下私人复制及相关行为应区分不同情况确定其行为性质。发行权的研究重点则在于对发行权一次用尽原则的讨论。例如王迁（2006）[2]认为"首次销售原则"是为了澄清"发行权"与"所有权"之间的界限。通过网络传输作品复制件并不涉及有形载体所有权的转移，因此在网络环境中适用"首次销售原则"的物质基础并不存在。朱明（2007）[3]认为发行权用尽规则在我国相关立法中尚无规定，应该通过对国外立法的分析借鉴，完善我国的著作权法律制度。

在著作财产权的无形利用类权利中，广播权和信息网络传播权及其相互间的关系则成了研究的重点。例如王迁（2009）[4]认为我国《著作权法》对"广播权"和"信息网络传播权"的规定存在重大缺陷，应当予以完善。方法一是将"广播权"改造为一项能够控制以各种非"交互式"手段向远端传播作品的专有权利；方法二是规定一项广义的"无线或有线传播权"，用以控制使用任何技术手段向远端传播作品的行为。梅术文（2012）[5]认为广播权所控制的传播行为本质上属于公众中的成员在自己选择的地点、根据既有的时间表接受节目信息，具有"异地同时"传播的性质。值得一提的是，自2006年《信息网络传播权保护条例》出台后，很多学者对其中的具体条款提出了自己的看法。例如张费微（2008）[6]从现有信息网络传播权的限制制度出发，剖析其存在的缺陷之处，并提出了相应的完善建议。王迁（2010）[7]认为为了协调《信息网络传播权保护条例》与《侵权责任法》的适用，应将

---

〔1〕 冯晓青："网络环境下私人复制著作权问题研究"，载《法律科学》2012年第3期。

〔2〕 王迁："论网络环境中的'首次销售原则'"，载《法学杂志》2006年第3期。

〔3〕 朱明："发行权用尽规则研究"，载《知识产权》2007年第1期。

〔4〕 王迁："我国《著作权法》中'广播权'与'信息网络传播权'的重构"，载《重庆工学院学报（社会科学版）》2008年第9期。

〔5〕 梅术文："'三网合一'背景下的广播权及其限制"，载《法学》2012年第2期。

〔6〕 张费微："信息网络传播权限制制度的缺陷及其完善建议"，载《社会科学家》2008年第9期。

〔7〕 王迁："《信息网络传播权保护条例》中'避风港'规则的效力"，载《法学》2010年第6期。

“免责条件”纳入侵权认定的逻辑框架之内，将其分别解读为考虑网络服务提供者承担举证责任和履行其注意义务情况的因素。

此外，新的权利类型也受到了学界的重视，其中较为典型的是追续权和公共借阅权。《著作权法》第三次修改明确规定了追续权，近些年学者对追续权的研究也都是从该制度的具体内容展开的。例如张今、孙伶俐（2013）〔1〕认为追续权是艺术作品的作者从艺术品转售中获得收益的权利，是著作权中的报酬请求权，追续权的行使以获得销售信息为前提，并依赖于著作权集体管理组织，追续权如能得到著作权法的确认，还需制定具体的可操作的法律规范。刘春霖（2013）〔2〕认为从著作权法保护作者权益的宗旨与保护公共利益的双重目标出发，追续权只能由作者及其继承人享有，其对象范围应限于艺术作品的原件，著作权法应当对追续权的行使条件、方式和有效期做出具体规定。公共借阅权并没有为我国立法所确认，对公共借阅权的研究大多仅停留在介绍和制度整体设计上，例如郑金帆（2008）〔3〕对英国的公共借阅权制度进行了全面的系统完整的介绍和分析，并对我国公共借阅权立法提出了参考意见。傅文奇、马小方（2010）〔4〕对公共借阅权的概念做了新的定义，并比较分析了公共借阅权的版权模式、准版权模式和文化政策模式这 3 种立法模式。丁利明、马良（2012）〔5〕认为我国著作权法律制度与公共借阅权制度尚不兼容，图书馆事业发展也不成熟，在较长时间内我国不具备实施公共借阅权的条件。但我国应当借鉴国外经验，逐步探索适合我国国情的公共借阅权制度。

（四）作品传播者权研究

作品传播者权，顾名思义是指作品传播者就其作品传播过程中付出的劳动和投资而获得的权利，《著作权法》第三次修改正式以“相关权”一章对作品传播者权进行了规定，并规定作品传播者权包括出版者权、表演者权、录音制作者权、广播组织者权。学界对于作品传播者权的研究主要包括对相

---

〔1〕张今、孙伶俐：“追续权：艺术家的福利”，载《法学杂志》2013 年第 4 期。

〔2〕刘春霖：“追续权的立法构想”，载《河北法学》2013 年第 4 期。

〔3〕郑金帆：“英国公共借阅权制度评介”，载《图书馆论坛》2008 年第 1 期。

〔4〕傅文奇、马小方：“公共借阅权：概念、特点和立法模式”，载《图书馆学研究》2010 年第 11 期。

〔5〕丁利明、马良：“论公共借阅权制度的本土化困境”，载《图书馆论坛》2012 年第 6 期。

关权的介绍及对其中涉及的法定许可制度的讨论。作品传播者权中涉及的法定许可将在后文“著作权权利限制研究”部分进行介绍，此处仅对作品传播者权本身的研究进行梳理。

对于出版者权，早期学者主要针对专有出版权进行研究，例如张秀全(1994)〔1〕发文对出版者权的立法比较，出版者权与出版权、专有出版权的比较进行了分析。李顺德（2006）〔2〕对版权、出版权和出版者权进行了比较和介绍。随着科技的发展，更多的学者看到了互联网时代下出版者权保护的特殊性。例如邹桂香（2011）〔3〕认为为了保护出版者的权利，相应的法律规定也逐渐向出版者倾斜，核心则是保护出版者的专有出版权。专有出版权应该包括数字化复制权和信息网络传播权，出版者权的保护主要有技术保护和法律保护两种途径。祁雪冻、焦楠（2013）〔4〕对期刊出版者权的立法现状与实践中存在的问题进行了分析，并对《著作权法》“修改草案”中相关条款进行了评价和建议。

对表演者权的保护也受到了很多学者的关注，例如冯晓青（1995）〔5〕从表演者范围的界定、表演者身份的归属、表演者权的内容、权利的继承与继受、权利法律保护的完善等方面，对完善我国表演者权立法提出了完善意见。李菊丹（2010）〔6〕分析了作品独创性标准对表演者权保护模式的影响，以及表演者权国际保护的新发展，建议在第三次修订《著作权法》时为表演者增加“因广播和向公众传播获得报酬的权利”。王迁（2012）〔7〕认为《中华人民共和国著作权法》（“修改草案”第二稿）根据《视听表演北京条约》第12条做出的表演者权属于“视听作品”制片者的规定，在“录像制品”被删除后，可能导致不公平的结果，需要进行调整。

---

〔1〕 张秀全:“略论出版者权”，载《政治与法律》1994年第2期。

〔2〕 李顺德:“版权、出版权和出版者权”，载《科技与出版》2006年第1期。

〔3〕 邹桂香:“互联网时代出版者权的演变与保护研究”，载《浙江传媒学院学报》2011年第6期。

〔4〕 祁雪冻、焦楠:“《著作权法》修改背景下期刊出版者权的内容及其法律保护探析”，载《中国出版》2013年第7期。

〔5〕 冯晓青:“关于完善我国表演者权立法的理论思考”，载《法学论坛》1995年第3期。

〔6〕 李菊丹:“表演者权保护研究”，载《知识产权》2010年第2期。

〔7〕 王迁:“《视听表演北京条约》视野下著作权法的修订”，载《法商研究》2012年第6期。

录音制作者权是作品传播权中讨论得最多的部分，学界主要是针对录音制作者的具体权利进行讨论。例如李永明（1993）[1]根据国际公约的有关规定和国外立法实践，并结合我国实际，对完善我国录音制品的保护制度提出了一些建议和设想。张伟君（2007）[2]认为我国没有保护录音制品制作者广播权和表演权的国际法义务，也没有赋予录音制品制作者以广播权和表演权的必要性和迫切性，应当暂缓赋予录音制品制作者广播权和表演权。刘铁光（2011）[3]不仅论证了录音制品二次使用赋权的正当性，并从我国音乐产业发展对录音制品二次使用赋权的需要出发，分析了录音制品二次使用在我国赋权的证成，并对录音制品二次使用权的构建和实现提出了自己的看法。此外，在《著作权法》第三次修改前，也有学者针对录像制品的性质及法律定位进行了探讨。例如张玉敏、曹博（2011）[4]通过分析录像制品概念中的矛盾，重新审视了独创性和邻接权制度，提出可以尝试用视听作品的概念统一影视作品与录像制品。

广播组织者权制度较为简单，在学界争议也不大。研究的较多的主要是在《广播电台电视台播放录音制品支付报酬暂行办法》实施后，一些学者针对该《办法》进行了解读。例如和平（2010）[5]分析了制定《广播电台电视台播放录音制品支付报酬暂行办法》的背景和立法必要性、意义、指导思想、理论基础以及我国的付酬与国外付酬做法的比较，对广播电台、电视台播放录音制品制度进行了分析。胡开忠（2012）[6]认为《广播电台电视台播放录音制品支付报酬暂行办法》没有明确付酬对象，也没有设计合理的付酬计算方式，付酬减免的范围也有限，应当予以完善。

（五）著作权权利限制研究

为平衡作者、作品传播者、使用者之间的利益，促进社会主义文化事业

---

〔1〕 李永明：“我国录音制品保护的法律思考”，载《法学》1993年第8期。

〔2〕 张伟君：“录音制品制作者的广播权和表演权应该缓行”，载《电子知识产权》2007年第10期。

〔3〕 刘铁光：《录音制品二次使用的法律问题研究》，厦门大学出版社2011年版。

〔4〕 张玉敏、曹博：“录像制品性质初探”，载《清华法学》2011年第1期。

〔5〕 和平：“《广播电台电视台播放录音制品支付报酬暂行办法》解读”，载《电视研究》2010年第4期。

〔6〕 胡开忠：“广播电台电视台播放录音制品付酬问题探析”，载《法律科学》2012年第2期。

的建设，立法需要设置一系列制度对著作权进行限制。著作权限制制度包括合理使用、法定许可、强制许可、权利穷竭、公共秩序保留，等等。纵观20年的研究成果，合理使用、法定许可和强制许可为学界的研究重点。

早期对于合理使用的研究，多是针对合理使用的性质及制度价值进行探讨。例如郝春莉（1995）〔1〕认为关于合理使用“量”的限定问题，我国著作权立法规定得过于笼统，缺乏可操作性，应就不同合理使用权的量的规定性，具体、明确、分项确定之。吴汉东（1996）〔2〕通过导入价值法学理论，对合理使用问题进行法哲学分析，探求合理使用规则所蕴含的平衡精神。董炳和（1998）〔3〕认为合理使用是著作权法中为平衡著作权人的个体利益与言论自由和信息自由的公共利益而创设的一种制度，其实质是对著作权进行限制，属于著作权人的权利不及于的例外的范围，而不是授予使用者任何具体的民事权利。随着互联网技术的发展，越来越多的学者针对网络环境下合理使用的适用及立法完善提出了自己的建议。例如冯晓青、胡少波（2004）〔4〕认为在网络空间，著作权合理使用也存在新的形式，“技术措施合理限制制度”是其中一个十分重要的制度。熊琦（2011）〔5〕认为在确定合理使用的适用范围时，不能因技术的便利而干涉著作权市场对信息资源的配置，而应当考察其是否符合“交易不能”或“正外部性”市场失灵，同时把对作品潜在市场的影响视为最关键的判断标准。于玉（2012）〔6〕从案例实证角度，对传统环境下著作权合理使用制度“合理性”的判断标准进行了论证，并从理论和实务两个角度，对数字网络环境下著作权合理使用制度遇到的挑战和重构进行论证。李琛（2013）〔7〕认为“合理使用”的立法模式有开放式、半开

〔1〕 郝春莉：“关于我国著作权合理使用问题的探讨”，载《中国人民大学学报》1995年第4期。

〔2〕 吴汉东：“论合理使用”，载《法商研究》1995年第4期。

〔3〕 董炳和：“合理使用：著作权的例外还是使用者的权利”，载《法商研究》1998年第3期。

〔4〕 冯晓青、胡少波：“互联网挑战传统著作权制度——兼论著作权合理使用制度在网络空间中的新形式”，载《法律科学》2004年第6期。

〔5〕 熊琦：“论著作权合理使用制度的适用范围”，载《法学家》2011年第1期。

〔6〕 于玉：《著作权合理使用制度研究——应对数字网络环境挑战》，知识产权出版社2012年版。

〔7〕 李琛：“论我国著作权法修订中‘合理使用’的立法技术”，载《知识产权》2013年第1期。

放式和封闭式三种。基于我国的司法现状，著作权法应当改变现有的完全封闭式立法技术，但要谨慎地设计立法的表述，平衡立法的可预见性与灵活性。

法定许可制度在我国《著作权法》上有重要的地位，一直以来也受到学界较大的关注，学界主要是针对法定许可的适用范围和立法完善展开讨论。例如丛立先（2010）[1]认为随着经济、社会和文化的发展，报刊间的转载摘编之法定许可制度遭到了前所未有的困境，《著作权法》第二次修改时应当予以删除。熊琦（2011）[2]认为法定许可制度剥夺了著作权人对交易条件的决定权，直接导致定价效率的丧失。因此应当逐步淘汰法定许可制度，完善著作权集体管理制度，使定价机制建立于权利人自由协商的基础上。胡开忠（2013）[3]认为为了更好地发挥广播电台、电视台播放作品的法定许可制度，《著作权法》修订时应完善相应的付酬机制和法律救济机制，如理顺该制度的立法体例，建立广播电台电视台播放作品的记录保存制度，等等。

相对于前两种限制制度，目前对强制许可的研究则稍显薄弱，并且主要侧重于制度介绍，较少涉及制度的内在机理及完善建议。例如胡通碧（2002）[4]认为著作权的强制许可是国际知识产权保护公约给予发展中国家的一项优惠政策，并对强制许可的概念及特征、法理基础进行了介绍。杨红军（2008）[5]认为强制许可制度可以分为3种类型，当前在《版权法》中引入通过向主管机关申请获得的强制许可是较为现实的选择。黄丽萍（2010）[6]撰文对著作权强制许可的使用范围和条件进行了介绍。

（六）著作权集体管理制度研究

1991年《著作权法》实施后，1992年我国就批准成立了第一家著作权集体管理组织——中国音乐著作权协会。但是，对著作权集体管理组织制度的法律确认是在2001年著作权法第一次修改时。直至2005年《著作权集体管

---

[1] 丛立先："转载摘编法定许可制度的困境与出路"，载《法学》2010年第1期。

[2] 熊琦："著作权法定许可的正当性解构与制度替代"，载《知识产权》2011年第6期。

[3] 胡开忠："广播电台电视台播放作品法定许可问题研究——兼论我国《著作权法》的修改"，载《知识产权》2013年第3期。

[4] 胡通碧："论著作权的强制许可"，载《科技进步与对策》2002年第4期。

[5] 杨红军："版权强制许可制度论"，载《知识产权》2008年第4期。

[6] 黄丽萍："论著作权强制许可的适用范围和条件"，载《华南师范大学学报（社会科学版）》2010年第2期。

理条例》实施后，我国的著作权集体管理制度才正式确立。对著作权集体管理制度研究，也是在2005年之后有了蓬勃的发展。例如曹世华（2006）〔1〕认为数字环境下著作权集体管理制度面临新的挑战和机遇，因此有必要就著作权集体管理制度与数字时代技术创新的互动关系进行研究，以探索建立足以应对数字环境下作品流通的著作权管理制度。常青（2006）〔2〕认为集体管理机构应该具有基于信托的定价能力和权威，同时为防止合作博弈中的弊端，应该允许著作权人与它进行竞争，它也应该接受政府的监督。卢海君（2007）〔3〕认为著作权集体管理组织是市场经济主体，现行立法赋予其诸多行政色彩。应当认清著作权集体管理组织市场主体的性质，从法律上改变其对政府的依附地位，允许设立营利性的集体管理组织，清除对著作权集体管理组织的微观性指导和限制性规定。刘学在（2007）〔4〕认为承认著作权集体管理组织的当事人资格是维护著作权人的合法权益和促进著作权的合法、合理使用的需要。并从信托关系和委托代理管理关系的角度对当事人适格问题进行了介绍。此外，也有部分学者专门著书对著作权集体管理组织进行研究。例如杨东锴、朱严政（2010）〔5〕系统全面地介绍了著作权集体管理的发展历程，并分析了我国著作权集体管理运行模式及存在的问题，提出了建设性解决方案。罗向京（2011）〔6〕在分析著作权集体管理组织的发展历程和功能的基础上，认为我国著作权集体管理组织的功能定位应当是趋中间化，布局应当是竞争和垄断并存，获得授权的方式应当多样化。

随着著作权法第三次修改进程的推进，不少学者针对著作权集体管理组织的完善提出了自己的意见。其中研究的重点在于著作权集体管理组织中的私人自治以及延伸性管理制度。例如熊琦（2013）〔7〕认为我国集体管理组织

---

〔1〕 曹世华："论数字时代技术创新与著作权集体管理制度的互动"，载《法学评论》2006年第1期。

〔2〕 常青："论著作权集体管理制度：法经济学的视角"，载《法学杂志》2006年第6期。

〔3〕 卢海君："论我国著作权集体管理组织的法律地位"，载《政治与法律》2007年第2期。

〔4〕 刘学在："著作权集体管理组织之当事人适格问题研究"，载《法学评论》2007年第6期。

〔5〕 杨东锴、朱严政：《著作权集体管理》，北京师范大学出版社2010年版。

〔6〕 罗向京：《著作权集体管理组织的发展与变异》，知识产权出版社2011年版。

〔7〕 熊琦："论著作权集体管理中的私人自治——兼评我国集体管理制度立法的谬误"，载《法律科学》2013年第1期。

由政府主导构建，因而缺乏私人自治存在和适用的土壤，使集体管理组织在运作中引发诸多社会矛盾。只有改变公权力的干预，并通过立法将私人自治体现在集体管理制度中，才能真正实现许可效率与传播效率的协调发展。倪静（2013）〔1〕认为著作权集体管理组织的性质及运作方式决定了其具备垄断地位的合理性，通过设置专门的争议解决机制是合理规制著作权集体管理组织强势地位的新思路。李玉香（2013）〔2〕从经济学、法学和现实角度对引入延伸管理制度的有益性进行了探讨。并通过对比国外一些国家实施延伸管理的做法和立法规定，对我国《著作权法》第三次修改稿中的延伸性集体管理的立法提出了建议和对策。

三、著作权利用与保护研究

（一）著作权利用研究

著作权的经济价值是通过著作权的利用来实现的，著作权的利用主要是指通过一定方式使用作品、行使著作权从而获得收益。对著作权利用进行研究，有助于进一步明确著作权的利用方式及各种方式利用作品时的法律关系。学术界和实务界对著作权利用的研究，主要是对著作权许可使用、转让、质押、证券化等方式进行研究，其中，前两者为研究重点。

1. 著作权许可使用研究。著作权的许可使用，是指在著作权期限内，著作权人不转移著作权而授权他人在一定时期和地域范围内使用其作品的方式。早期关于著作权许可使用的研究，多集中于对许可使用的正当性及类别、许可方式进行介绍。例如王中秋（1992）〔3〕发文对著作权许可使用的概念、许可使用合同的订立方式、分类、性质及付酬办法进行了介绍。杨志祥（2007）〔4〕从经济学角度分析了著作权许可使用，即对著作权许可使用制度的经济学基础、产生发展的经济背景及其商业价值等基本理论问题进行了探讨。

---

〔1〕 倪静："论著作权集体管理组织反垄断规制的新思路——兼论《著作权集体管理条例》的完善"，载《西南民族大学学报（人文社会科学版）》2013年第6期。

〔2〕 李玉香："延伸性著作权集体管理研究——写在我国《著作权法》第三次修订之际"，载《法学杂志》2013年第8期。

〔3〕 王中秋："著作权的许可使用及与著作权有关的权益著作权知识讲座之五"，载《编辑之友》1992年第5期。

〔4〕 杨志祥："著作权许可使用的经济学分析"，载《学术论坛》2007年第7期。

由于著作权使用主体的多样性和范围的广泛性，加之市场交易的频繁性，让著作权人逐一许可作品的使用难免不符合经济效益，近些年来，越来越多的学者提出了新的著作权许可使用模式。例如李永明（2008）〔1〕认为我国应当建立以著作权集体管理为著作权许可的基本途径，同时也鼓励多样化的著作权许可途径，包括知识共享、补偿金、授权要约、超星模式，等等。张革新（2011）〔2〕认为数字网络环境下，著作权许可授权制度应当在遵循著作权制度基本原则的前提下，通过图书出版许可授权、报刊刊载许可授权和馆藏论文许可授权等方式寻求解决。熊琦（2011）〔3〕认为著作权集体管理组织以集中许可的方式，使权利人能够在保证私人自治、回应著作权市场供应的前提下，解决权利许可中的交易成本问题。张今、陈倩婷（2012）〔4〕认为著作权默示许可使用可以在不改变现有的著作权法结构的前提下，有效地调和互联网的共享性与著作权的私权性之间的矛盾，因此构建著作权默示许可制度是十分必要的。

2. 著作权转让研究。著作权转让，是指在著作权期限内，著作权人将作品的全部或者部分权利出让给他人的一种利用方式。20 多年来，一直不乏学者针对著作权转让的合理性及具体转让事宜进行研究，代表性观点有：胡仕湘（1999）〔5〕认为虽然立法上没有明确规定著作权转让制度，但是在学理上，著作权是可以转让的。而且认为，应当允许作者自愿有偿地转让自己的著作权。何炼红（2001）〔6〕认为著作人身权在一定条件下转让具有客观性、合理性和必要性，我国著作人身权合理转让的内容应包括发表权、署名权、修改权及保护作品完整权。来小鹏（2005）〔7〕从两大法系的不同思想观念入手，运用比较的方法，分析了著作权转让的根源、立法规定、方式及限制，

---

〔1〕 李永明："我国网络环境下著作权许可模式研究"，载《浙江大学学报（社会科学版）》2008 年第 6 期。

〔2〕 张革新："论著作权许可使用制度——以数字网络环境为视角"，载《科技与法律》2011 年第 1 期。

〔3〕 熊琦："著作权集中许可机制的正当性与立法完善"，载《法学》2011 年第 8 期。

〔4〕 张今、陈倩婷："论著作权默示许可使用的立法实践"，载《中国检察官》2012 年第 11 期。

〔5〕 胡仕湘："著作权转让制度初探"，载《现代法学》1991 年第 6 期。

〔6〕 何炼红："著作人身权转让之合理性研究"，载《法商研究》2001 年第 3 期。

〔7〕 来小鹏："著作权转让比较研究"，载《比较法研究》2005 年第 5 期。

并检讨了我国立法之规定。

此外，著作权转让登记制度和未来作品的转让也逐渐成为学界研究的范围。代表性观点有：黄玉烨、罗施福（2005）[1]认为著作权转让登记公示制度的建构既有安全、伦理性价值和证据支持，也有其深厚的制度底蕴。因此，我国在借鉴外国的立法例，并适度遵循我国的制度系统惯性的基础上，有必要构建我国的著作权转让登记公示制度。冯晓青（2013）[2]认为立法应当增设未来作品著作权转让制度，规定未来作品著作财产权可以通过书面形式转让，转让合同最长期限不得长于10年。

3. 其他利用方式研究。除许可使用及转让外，著作权还可以用来作为信托、质押、证券化、破产财产、强制执行的对象。其中，学术界和实务界针对著作权信托、质押和证券化的研究较多，由于我国《著作权集体管理条例》确立了著作权集体管理的著作权信托性质，对著作权信托的研究在本文第二部分“著作权集体管理组织研究”中已有介绍，在此不做赘述，以下仅针对著作权质押和证券化的研究特色进行介绍。

《著作权法》第三次修改后正式确定了著作权人可以通过设立质权来行使著作权中的财产权，但是，关于著作权质押的研究早在20世纪初期就已出现。例如邹其鸽（2002）[3]发文对著作权质押的权利性质和特点、著作权质押的有关界定、著作权质押合同的成立和生效要件及内容进行了分析和介绍。张耕、唐弦（2003）[4]认为立法应结合著作权的特殊性，对著作权质押的标的、合同登记的效力、权利义务分配等基本问题做出明确回答，以实现出质人与质权人的利益平衡，充分体现著作权质押制度的价值所在。近些年，越来越多的学者就完善著作权质押提出了自己的看法。例如谢黎伟（2010）[5]认为目前的著作权质押存在权利冲突和规范缺失的问题，因此需要适当弱化精神权利，建立精神权利许可使用的新模式，同时以抵押的观念改造著作权

---

〔1〕黄玉烨、罗施福：“论我国著作权转让登记公示制度的构建——从著作权的‘一女多嫁’谈起”，载《法律科学》2005年第5期。

〔2〕冯晓青：“我国著作权合同制度及其完善研究——以我国《著作权法》第三次修改为视角”，载《法学杂志》2013年第8期。

〔3〕邹其鸽：“著作权质押的几个问题探析”，载《律师世界》2002年第5期。

〔4〕张耕、唐弦：“我国著作权质押制度探析”，载《西南政法大学学报》2003年第3期。

〔5〕谢黎伟：“著作权质押的困境和出路”，载《电子知识产权》2010年第9期。

质押制度，进一步完善相关规范。戴水平、景彦军（2012）[1]认为解决著作权质押融资问题需要从扩展著作权交易市场、完善著作权价值评估制度、建立著作权交易保险制度、创新著作权融资担保方式、破除银行业垄断等方面完善著作权质押融资平台建设。

证券化作为一种新型的著作权利用方式，出现的时间较晚。对于著作权证券化的研究，在国内出现的也较晚。如董京波（2009）[2]认为版权证券化是版权生产募集资金的新形式，但我国著作权法等法律并非为版权证券化而设，相关制度还需完善。袁巍（2012）[3]总结了著作权资产证券化的基本原理，并对我国实施著作权资产证券化的可行性进行了分析，对我国宜采用的交易结构进行了具体设计，并提出了政策建议。

（二）著作权保护研究

《著作权法》在赋予著作权人一系列权利的同时，也通过规定著作权侵权行为及相应的救济措施来保护著作权人权利的实现。对于著作权保护的研究，主要分为著作权侵权认定研究、侵犯著作权的法律责任研究、著作权诉讼研究三大部分。

1. 著作权侵权认定研究。自《著作权法》立法以来，就有不少学者针对著作权侵权行为的认定原则进行了讨论。例如来小鹏（1993）[4]撰文对侵害著作权行为的概念、特点及法律对策进行了分析。王春燕（1996）[5]认为在认定著作权侵权行为时，应当坚持过错原则、损害原则和公平原则，并对侵权认定程序和特殊情形的侵权认定进行了介绍。刘春霖（2009）[6]认为网络作品著作权侵权行为的构成宜采四要件说，即行为的违法性、损害事实、因果关系、主观过错四个要件。应振芳（2011）[7]认为现行著作权法关于侵权

---

〔1〕代水平、景彦军："完善著作权质押融资平台建设的思考"，载《电子知识产权》2012 年第 11 期。

〔2〕董京波："版权证券化中的版权及相关权利转让问题研究"，载《知识产权》2009 年第 2 期。

〔3〕袁巍："以著作权资产证券化促进我国文化产业发展"，载《前沿》2012 年第 12 期。

〔4〕来小鹏："侵害著作权行为及其法律对策"，载《法律科学（西北政法学院学报）》1993 年第 1 期。

〔5〕王春燕："论著作权侵权行为的特点及其认定"，载《中外法学》1996 年第 2 期。

〔6〕刘春霖："论网络著作权侵权行为的构成要件"，载《河北法学》2009 年第 2 期。

〔7〕应振芳："对现行著作权法关于侵权行为及其责任规定的反思"，载《知识产权》2011 年第 3 期。

行为及其责任采用了列举式规定和责任分置的规定，这一规定存在着诸多问题应当予以完善。何怀文（2012）[1] 认为判断是否侵犯著作权保护对象的标准是“实质性相似”，前提是“未经许可”，并分别就侵犯著作人身权和财产权的保护对象、客体进行了分析。

随着时代和科技的进步，著作权侵权类型不断扩大，特殊类型的侵权行为也受到了学界的关注。例如王迁（2010）[2] 对视频分享网站著作权侵权中“免责条件”的效力、视频分享网站直接侵权的认定、视频分享网站间接侵权的认定进行了分析。吴汉东（2011）[3] 认为在网络用户利用网络服务实施侵害著作权行为的情况下，网络服务提供者作为共同侵权行为的帮助人，承担间接责任，这是一种过错责任也是一种不真正连带责任。孟庆吉（2012）[4] 对微博著作权及其侵权认定进行了分析，认为微博言论只要具有独创性就应该受到著作权法的保护，不应局限于作品的刊载媒介，著作权法意义上的合理使用在微博著作权中需要重新进行界定，而微博中最为常见的转发若处理不当也有侵权之虞。

此外，著作权“间接侵权”理论也是学界的研究重点，很多学者提出了著作权间接侵权法定化理论。例如王迁（2005）[5] 提出应当在版权法中对“间接侵权”规则加以具体规定，实现“间接侵权”规则的法定化。谢惠加（2007）[6] 认为我国应当将著作权间接侵权法定化，并以法律经济学为视角对我国著作权间接侵权的类型及其具体的构成要件进行了分析。

2. 侵犯著作权法律责任的研究。侵犯著作权的法律责任包括民事责任、行政责任和刑事责任。明确侵权法律责任，不仅有利于制止侵权行为，真正落实对著作权人的保护，同时也能够起到一定的威慑作用。对于侵犯著作权法律责任的研究，重点在于对民事责任中损害赔偿的研究。

侵犯著作权的损害赔偿研究，主要是针对损害赔偿的规则原则和赔偿方案

---

〔1〕 何怀文：《著作权侵权的判定规则研究》，知识产权出版社 2012 年版。

〔2〕 王迁：“视频分享网站著作权侵权问题再研究”，载《法商研究》2008 年第 4 期。

〔3〕 吴汉东：“论网络服务提供者的著作权侵权责任”，载《中国法学》2011 年第 2 期。

〔4〕 孟庆吉：“微博著作权及其侵权的认定”，载《学术交流》2012 年第 2 期。

〔5〕 王迁：“论版权‘间接侵权’及其规则的法定化”，载《法学》2005 年第 12 期。

〔6〕 谢惠加：“试论著作权间接侵权规则的法定化——兼论著作权间接侵权规则的经济分析”，载《河北法学》2007 年第 2 期。

的选择进行讨论。例如蒋志培（1997）[1]认为我国著作权侵权损害赔偿的归责原则应该为过错责任原则和一定条件下的过错推定原则。韩成军（2007）[2]认为确定著作权侵权损害赔偿要遵循全部赔偿原则、法定赔偿原则、法庭酌定赔偿原则、限定赔偿原则和精神损害赔偿限制原则等。我国立法在侵权损害赔偿问题上，可操作性不强，需要加以完善。周园（2013）[3]认为过错是著作权侵权损害赔偿责任的构成要件，主观过错程度是确定著作权侵权损害赔偿数额的考量因素，我国《著作权法》第三次修改有必要根据过错与著作权侵权损害赔偿的关系，对相关条款作适当的修改和完善。

此外，因为著作权包括财产权和人身权，对于著作人身权受到侵犯时能否请求精神损害赔偿也引起了学界的关注。大多数学者均表示我国应当确立著作权精神损害赔偿制度，并对具体赔偿事宜提出了自己的看法。例如孙国瑞（1994）[4]认为在著作权法中增加有关精神损害赔偿的内容是十分必要的，完全符合我国的立法原则和著作权法总则，也是与创作者及全国人民的迫切要求和根本利益相一致的。韦景竹（2004）[5]认为当著作权人身权受到侵害时，受害人有权获得精神损害赔偿，并对著作权精神损害赔偿权利主体、构成要件以及赔偿数额的确定进行了具体分析。申建平（2011）[6]认为我国应当借鉴俄罗斯相关立法规定，顺应保护人权法律发展的世界潮流，确立著作权人、法人和刑事附带民事诉讼的精神损害赔偿。

3. 著作权诉讼研究。著作权诉讼主要是民事诉讼，是当事人针对著作权侵权纠纷、合同纠纷和权属纠纷而向司法机关提起救济的制度。学界对于著作权诉讼的研究并不多，主要是针对诉讼过程中的主体、管辖、举证责任进行了介绍和讨论。代表性观点例如冯晓青、杨利华（1997）[7]撰文对著作权

---

〔1〕 蒋志培："论我国著作权侵权损害赔偿的归责原则"，载《人民司法》1997 年第 8 期。

〔2〕 韩成军："著作权侵权损害赔偿的原则与立法建议"，载《郑州大学学报（哲学社会科学版）》2007 年第 4 期。

〔3〕 周园："论过错与著作权侵权损害赔偿关系的立法表达——以我国《著作权法》第三次修改为中心"，载《知识产权》2013 年第 5 期。

〔4〕 孙国瑞："集体管理与精神损害赔偿——关于修改著作权法的两点建议"，载《北京航空航天大学学报（社会科学版）》1994 年第 4 期。

〔5〕 韦景竹："著作权精神损害赔偿研究"，载《图书与情报》2004 年第 2 期。

〔6〕 申建平："俄罗斯精神损害赔偿制度的启示与借鉴"，载《法学杂志》2011 年第 11 期。

〔7〕 冯晓青、杨利华："著作权民事诉讼若干问题研究"，载《律师世界》1997 年第 1 期。

民事诉讼主体资格、诉讼管辖、举证责任及著作权民事诉讼中几个特殊问题进行了分析和介绍。陈锦川（2007）〔1〕认为在著作权侵权诉讼中，一般情况下，原告应举证证明其享有所主张的作品的著作权、被告的行为构成侵权；被告否认侵权的，对其主张所依据的事实承担举证责任。冯晓青（2010）〔2〕设专题对审判理论、特殊作品著作权保护、著作权侵权损害赔偿、著作权侵权诉讼等问题进行了探讨，并结合国内外发生的相关经典案例进行了重点研讨。张春艳（2011）〔3〕分别就依据权利人的实际损失确定损害赔偿额时、在依据侵权人的违法所得确定损害赔偿额时、依据法定赔偿确定损害赔偿额时的举证责任分配进行了探讨。

四、结　语

纵观《著作权法》立法以来的文献研究，我国学术界和实务界对于著作权客体、主体、权利内容与限制研究的较多，而对于作品传播者权、著作权集体管理组织与著作权的保护的研究相对较少。从总体上来看，研究的总体情况还是很有发展前景的，当前我国《著作权法》第三次修改正在如火如荼地进行中，相信借此契机更会推动我国著作权研究的进一步发展。

通过对20多年来著作权文献进行横向和纵向的比较和梳理，可以发现我国对于《著作权法》及著作权制度的研究呈现出一定的规律和特点：首先，就研究内容来说，我国对于《著作权法》及著作权制度的研究经历了从宏观方面到微观具体的发展和转变。具体来说，在立法早期，我国学者和实务界人员研究重点主要是对相关制度进行整体介绍及分析其立法缘由；进入21世纪后，学者们更多地侧重于研究某一项具体制度，其研究的内容不断细化。另一方面，随着科学技术的发展，互联网时代的到来对我国著作权保护提出了更高水平的要求，我国学者也逐渐看到了具体制度中存在的问题，并针对我国的现实国情，提出了完善的建议。其次，就研究方法来说，早期学者的

---

〔1〕陈锦川："著作权侵权诉讼举证责任的分配"，载《人民司法》2007年第5期。

〔2〕冯晓青主编：《著作权侵权专题判解与学理研究（第1分册）》，中国大百科全书出版社2010年版。

〔3〕张春艳："论著作权侵权损害赔偿额确定中举证责任的分配"，载《河南师范大学学报（哲学社会科学版）》2011年第6期。

研究多局限于法律层面；随着时代的发展，学科间的联系越来越密切，学者们也不断地采用跨学科、多视角的方法对相关著作权制度进行研究。例如哲学、经济学、社会伦理学等学科中的相关知识都可以被用以解释著作权制度。再次，就研究目的来说，立法初期的研究多侧重于对相关制度的介绍，且多是对制度的立法正当性进行探讨，以期为制度的有效实施提供理论基础；随着实践的发展，最初确立的规则并不一定能适应新的实践需求，因此在近些年，越来越多的学者针对立法的不足之处提出建议，以期能够使《著作权法》立法更加完善，更能适应实践的需要。最后，就研究意义来说，对著作权的研究经历了从最初的重点关注著作权人的利益到如今更多地关注创作者、作品传播者和社会公众之间的利益平衡的发展。一方面，对著作权权利和保护的深入研究能够明确对著作权人的保护，另一方面，对相关权及著作权权利的限制的研究，也使作品传播者和社会公众的利益得到最大程度的保障，只有做到维护各方主体的利益平衡，才能更好地促进社会主义文化、科学和经济的繁荣和发展。

总之，对《著作权法》及著作权制度的不断细化、深入的研究，都有利于推动立法的完善，使得作为上层建筑的法律能更好地适应经济基础，为推动法律建设，促进司法体制改革，普及法律意识，宣扬法律精神，建设创新型法治国家打下坚实的理论基础。

中国著作权法律及相关规范

中美通商行船续订条约（1903 年，节录）*

（1903 年 10 月 8 日）

……

第十一款

无论何国若以所给本国人民版权之利益一律施诸美国人民者，美国政府亦允将美国版权之利益给予该国之人民。

中国政府今欲中国人民在美国境内得获版权之利益，是以允许凡专备为中国人民所用之书籍、地图、印件、镌件者，或译成华文之书籍，系经美国人民所著作，或为美国人民之物业者，由中国政府援照所允保护商标之办法及章程，极力保护十年。以注册之日为始，俾其在中国境内有印售此等书籍、地图、镌件或译本之专利。除以上所指明各书籍地图等件不准照样翻印外，其余均不得享此版权之利益。又彼此言明，不论美国人所著何项书籍地图，可听华人任便自行翻译华文刊印售卖。

凡美国人民或中国人民为书籍报纸等件之主笔或业主，或发售之人，如各该件有碍中国治安者，不得以此款邀免，应各按律例惩办。

……

---

* “中国著作权法律及相关规范”部分，由杨利华、吕莹、刘成军编纂完成。

参见王铁崖编：《中外旧约章汇编》（第 2 册），三联书店 1982 年版，第 256 页。条约关于版权保护的内容主要在第 11 款。从其内容可以发现，条约将版权保护内容限于美国人创作或所有的专备为中国人民所用之书籍、地图、印件、镌件者，或译成华文之书籍的“印售”之权。

中日通商行船条约（1903年，节录）*

（1903年11月24日）

第五款

中国国家允定一章程，以防中国人民冒用日本民所执挂号商牌，有碍利益，所有章程必须切实照行。

日本臣民特为中国人备用起见，以中国语文著作书籍以及地图、海图执有印书之权，亦允由中国国家定一章程一律保护，以免利益受亏。

中国国家允设立注册局、所，凡外国商牌并印书之权，请由中国国家保护者，须遵照将来中国所定之保护商牌及印书之权各章程在该局所注册。

日本国国家亦允保护中国人民按照日本律例注册之商牌及印书之权，以免在日本冒用之弊。

凡日本臣民或中国人民，为书籍报纸等件之主笔或业主或发售之人，如各该件有碍中国治安者不得以此款避免，应备按律例惩办。

---

* 参见王铁崖编:《中外旧约章汇编》（第2册），三联书店1982年版，第259页。甲午战争后，后起的日本加入掠取中国特权包括著作权等利益的行列。和《中美商约》一样，该条约也在中国尚无相关规范的情况下，为保护其在华知识产权利益而要求中国制定相应规范。

大清著作权律（1910年）*

（1910年）

第一章　通　则

第一条　凡称著作物而专有重制之利益者，曰著作权。称著作物者，文艺、图画、帖本、照片、雕刻、模型等是。

第二条　凡著作物归民政部注册给照。

第三条　凡以著作物呈请注册者，应由著作者备样本二分（份），呈送民政部；其在外省者，则呈送该管辖衙门，随时申送民政部。

第四条　著作物经注册给照者，受本律保护。

第二章　权利期间

第一节　年　限

第五条　著作权归著作者终身有之；又著作者身故，得由其承继人继续至三十年。

第六条　数人共同之著作，其著作权归数人公共终身有之；又死后得由各承继人继续至三十年。

---

* 我国第一部以“著作权”命名的法律，虽然没有付诸实施，但对后世著作权法具有直接的影响。此前1898年清光绪帝签署的《振兴工艺给奖章程》，在第4、5条规定对著述新书予以官职和最高20年专营权的奖励，体现了激励图书创作上的传统（政治待遇）手段和现代（市场权益）手段的融合，本法则更多地借鉴了源于西方的著作权市场激励方式。

第七条 著作者身故后，承继人将其遗著发行者，著作权得专有至三十年。

第八条 凡以官署、学堂、公司、局所、寺院、会所出名发行之著作，其著作权得专有至三十年。

第九条 凡不著姓名之著作，其著作权得专有至三十年，但当改正真实姓名时，即适用第五条规定。

第十条 照片之著作权，得专有至十年，但专为文书中附属者不在此限。

第二节 计 算

第十一条 凡著作权均以注册日起算年限。

第十二条 编号逐次发行之著作，应从注册后每号每册呈报日起算年限。

第十三条 著作分数次发行者，以注册后末次呈报日起算年限、其呈报后经过二年尚未接续呈报，即以既发行者作为末次呈报。

第十四条 第五条规定，以承继人呈请立案批准之日起算年限。

第十五条 第六条规定，以数人中最后死者之承继人呈请立案之日起算年限。

第三章 呈报义务

第十六条 凡以著作呈请注册者，呈报时应用本身姓名；其不著姓名之著作呈报时，亦应记出本身真实姓名。

第十七条 凡以学堂、公司、局所、寺院、会所出名发行之著作，应用该学堂等名称，附以代表者姓名呈报。其以官署名义发行者，除依第二十一条第一款规定外，应由该官署于未发行前咨报民政部。

第十八条 凡拟发行无主著作者，应将缘由预先登载官报及各埠著名之报，限以一年内无出而承认者，准呈报发行。

第十九条 编号遂次发行之著作，或分数次发行之著作，均应于首次呈报时预为声明；以后每次发行仍应呈报。

第二十条 第五条至第七条规定，其承继人当继续著作权时，应赴该管衙门呈报。

第二十一条 将著作权转售抵押者，原主与接受之人应连名到该管衙门呈报。

第二十二条 在著作权期限内，将原著作重制而加以修正者，应赴该管衙门呈报，并送样本二分（份）。

第二十三条 凡已呈报注册者，应将呈报及注册两项年月日载于该著作之末幅，但两项尚未完备而即发行者，应将其已行之项载于末幅。

第四章 权利限制

第一节 权 限

第二十四条 数人合成之著作，其中如有一人不愿发行者，应视所著之体裁，如可分别，则将所著之一部分提开，听其自主。如不能分别，应由余人酬以应得之利，其著作权归余人公有，但其人不愿于著作内列名者，应听其便。

第二十五条 搜集他人著作编成一种著作者，其编成部分之著作权，归编者有之，但出于剽窃割裂者，不在此限。

第二十六条 出资聘人所成之著作，其著作权归出资者有之。

第二十七条 讲义及演说，虽经他人笔述，其著作权仍归讲演者有之，但经讲演人之允许者，不在此限。

第二十八条 从外国著作译出华文者，其著作权归译者有之。惟不得禁止他人就原著作另译华文，其译文无甚异同者，不在此限。

第二十九条 就他人著作阐发新理，足以视为新著作者，其著作权归阐发新理者有之。

第三十条 凡已注册之著作权，遇有侵损时，准有著作权者向该管审判衙门呈诉。

第三十一条 凡著作不能得著作权者如左：

一、法令约章及文书案牍；

二、各种善会宣讲之劝诫文；

三、各种报纸记载政治及时事上之论说新闻；

四、公会之演说。

第三十二条 凡著作视为公共之利益者如左：

一、著作权年限已满者；

二、著作者身故后别无承继人者；

三、著作久经通行者；

四、愿将著作任人翻印者。

第二节 禁 例

第三十三条 凡既经呈报注册给照之著作，他人不得翻印仿制，及用各种假冒方法以侵损其著作权。

第三十四条 接受他人著作者，不得就原著加以割裂、改窜，及变匿姓名或更换名目发行，但经原主允许者不在此限。

第三十五条 对于他人著作权期限已满之著作，不得加以割裂、改窜及变匿姓名，或更换名目发行。

第三十六条 不得假托他人姓名发行己之著作，但用别号者不在此限。

第三十七条 不得将教科书中设问之题，擅作答词发行。

第三十八条 未发行之著作，非经原主允许，他人不得强取抵债。

第三十九条 左（下）列各项，不以假冒论，但须注明原著作之出处：

一、节选众人著作成书，以供普通教科书及参考书之用者；

二、节录引用他人著作，以供己之著作考证注释者；

三、仿他人图画以为雕刻模型，或仿他人雕刻模塑以为图画者。

第三节 罚 则

第四十条 凡假冒他人之著作，科以四十元以上，四百元以下之罚金；知情代为出售者，罚与假冒同。

第四十一条 因假冒而侵损他人之著作权时，除照前条科罚外，应将被损者所失之利益，责令假冒者赔偿，且将印本刻板及专供假冒使用之器具，没收入官。

第四十二条 违背三十四条及三十六条规定者，科以二十元以上二百元以下之罚金。

第四十三条 违背三十五条、三十七条之规定，及三十九条第一款、第二款之规定者，科以十元以上一百元以下之罚金。

第四十四条 凡侵损著作权之案，须被侵损者之呈诉，始行准理。

第四十五条 数人合成之著作，其著作权遇有侵损者，不必俟余人同意，得以径自呈诉，及请求赔偿一己所失之利益。

第四十六条 侵损著作权之案，不论为民事诉讼或刑事诉讼，原告呈诉时，应出具切结存案，承审官据原告所呈情节，可先将涉于假冒之著作，暂行禁发行，若审明所控不实，应将禁止发行时所受损失，责令原告赔偿。

第四十七条　侵损著作权之案，如审明并非有心假冒，应将被告所已得之利偿还原告，免其科罚。

第四十八条　未经呈报注册，而著作末幅假填呈报注册年月日者，科以三十元以上三百元以下之罚金。

第四十九条　呈报不实者，及重制时加以修正而不呈报立案者，查明后将著作权撤销。

第五十条　凡犯本律第四十条以下各条之罪者，其呈诉告发期限，以二年为断。

第五章　附　则

第五十一条　本律自颁布文到日起算，满二个月施行。

第五十二条　自本律施行前所有著作，经地方官给示保护者，应自本律施行日起算，六个月内呈报注册；逾限不报，或竟不呈报者，即不得受本律保护。

第五十三条　本律施行前三年内已发行之著作，自本律施行后，均可呈报注册。

第五十四条　本律施行前已发行之著作，业经有人翻印仿制，而当时并未指控为假冒者，自本律施行后，并经原著作者呈请注册，其翻印仿制之件，限以本律施行日起算，三年内仍准发行，过此即应禁止。

第五十五条　注册应纳公费，每件银数如左：

一、注册费银五元；

二、呈请继续费银五元；

三、呈请接受费银五元；

四、遗失补领执照费银三元；

五、将著作权凭据存案费银一元；

六、到该管官署查阅著作权案件费银五角；

七、到该管官署抄录著作权案件费银五角，过百字者每百字递加银一角；

八、将著作权凭据案件盖印费银五角。

北洋政府著作权法（1915年）*

［1915年（中华民国四年）11月7日北京政府法律第八号发布］

第一章　总　纲

第一条　下列著作物，依本法注册，专有重制之利益者，为著作权：

一、文书讲义演述；

二、乐谱戏曲；

三、图画帖本；

四、照片、雕刻、模型；

五、其他关于学艺、美术之著作物。

第二条　著作权之注册，由内务部行之。

关于注册之程序及规费，以教令定之。

第三条　著作权得转让于他人。

第二章　著作人之权利

第四条　著作权归著作人终身有之。著作人死亡后，并得由其继承人继续享有三十年。

第五条　数人共同之著作，其著作权归各著作人共同终身有之。各著作人死亡后，并得由各承继人继续享有三十年。

---

* 该法和《大清著作权律》一样，也没有实际施行。

第六条 著作人死亡后，承继人将其遗著发行者，其著作权亦得享有三十年。

第七条 以官署、学校、公司、局所、寺院、会所之名义发行之著作，其著作权亦得享有三十年。

第八条 不著姓名或以别号发行之著作，其著作权得享有三十年，但于期间未满以前，改正真实姓名时，适用第四条之规定。

第九条 照片之著作权，得专有十年。但附属于他著作物者，不在此限。

第十条 从外国著作设法以国文翻译成书者，翻译人得依第四条之规定享有著作权。但不得禁止他人就原文另译国文。其译文无甚异同者，不在此限。

第十一条 著作权之年限，自注册之日起算。

第十二条 第四条承继人之著作权，自著作人死亡之翌年起算。第五条各承继人之著作权，自各著作人中最后死亡者死亡之翌年起算。

第十三条 编号逐次发行之著作，或分数次发行之著作，均应于首次注册时，预行声明。嗣后每次发行，仍应禀报。

第十四条 编号逐次发行之著作，其著作权之年限，自每号禀报之日起算。

分数次发行之著作，其著作权之年限，自最后部分禀报之日起算。但该著作虽未完成，其应行继续之部分已逾三年尚未发行者，以业已禀报之部分，视为最后之部分。

前项之规定，若于第一次注册时预行声明继续发行之期限者，得不适用之。

第十五条 著作人死亡后，若无承继人，其著作权即行消灭。

第十六条 著作权之移转及继承，均须注册。

第十七条 在专有著作权年限内，将原著作重制时，修改章句或插入图画者，应附其样本，禀报于原注册之官署。

第十八条 数人合成之著作，其中如有一人不愿发行者，其著作之体裁如可分割，应将该著作之一部分提开，听其自主；如不能分割时，应由各发行人酬以相当之利益，其著作归各发行人公有。但其人不愿列名于该著作者，应听其便。

第十九条 设法搜集多数之著作，编成一种著作者，编辑人于其编成之著作，得依第四条之规定，专有著作权。但出于剽窃割裂者，不在此限。

第二十条 出资聘人所成之著作或照片，其著作权归出资者有之。

第二十一条 讲义、演述，虽经他人笔述或由官署学校印刷，其著作权仍归讲演者有之。但依契约之所定，或经讲演者之允许时，不在此限。

第二十二条 就他人之著作阐发新理，或以与原著作物不同之技术，制成美术品者，均得视为著作人，享有著作权。

第二十三条 下列著作物，不得享有著作权：

一、法令、约章及文书案牍；

二、各种善会宣讲之劝诫文；

三、各种报纸记载关于政治及时事之论说、新闻；

四、公开之演说。

第二十四条 依出版法之规定，不得出版之著作物，不得享有著作权。

第三章 著作权之侵害

第二十五条 著作权经注册后，遇有他人翻印、仿制及其他各种假冒方法，致损害其权利利益时，得提起诉讼。

第二十六条 著作权之转让及抵押，非经注册，不得与第三者对抗。

第二十七条 接受或继承著作权者，不得就原著作加以割裂改窜，及变匿姓名或更换名目发行。但得原著作人之同意，或受有遗嘱时，不在此限。

第二十八条 著作权年限已满之著作，视为公共之物。但不问何人，不得加以割裂、改窜及变匿姓名，或变更名目发行。

第二十九条 假托他人姓名，发行自己之著作者，以假冒论。

第三十条 不得以他人未发行之著作物，作为债权之抵押。但经本人允许者，不在此限。

第三十一条 不列各款之著作物，不以假冒论：

一、节选众人著作成书，以供普通教科书及参考之用者；

二、节录引用他人著作，以供自己著作考证注释者；

三、仿他人图画以为雕刻模型，或仿他人雕刻模型以为图画者。

前项第一款、第二款之著作，须注明原著作之出处。

第三十二条 著作权之侵害，经著作人提起诉讼时，除依本法处罚外，被害人所受之损失，应由侵害者赔偿。

第三十三条 数人合成之著作，其著作权受侵害时，不必俟余人之同意，得径行提起诉讼，并请求赔偿一己所受之损失。

第三十四条 因著作权之侵害提起民事或刑事诉讼，得由原告请求法院，将涉于假冒之著作物暂行停止其发行。

前项之诉讼，若由法院审明并非假冒，其判决确后，被告因停止发行时所受之损失，应由原告人赔偿。

第三十五条 著作权之侵害，若由法院判决其并非有心假冒，得免处罚。但须将被告所已得之利益偿还原告。

第四章 罚 则

第三十六条 翻印、仿制及以其他方法假冒他人之著作者，处五百元以下、五十元以上之罚金。其知情代为出售者亦同。

第三十七条 违反第二十七条、第三十条之现定者，处四百元以下、四十元以上之罚金。

第三十八条 违反第二十八条、第三十一条第二项之规定者，处三百元以下、三十元以上之罚金。

第三十九条 注册时禀报不实，或不依第十七条之规定禀报者，除将著作权取消外，处二百元以下、二十元以上之罚金。

第四十条 未经注册之著作，于其末幅假填注册年月日者，处一百元以下、十元以上之罚金。

第四十一条 依本章处罚之著作物，没收之。

第四十二条 第三十六条、第三十七条之违犯，经被害者告诉乃论。但因违反第二十七条之规定，原著作人已死亡时，不在此限。

第四十三条 关于本法之公诉期间，自注册之日起，以二年为限。

第五章 附 则

第四十四条 本法自公布日施行。

第四十五条 本法施行前，已注册之著作物，自本法施行之日起，得受本法之保护。

中华民国著作权法（1928年）*

（1928年5月14日国民政府制定公布）

第一章　总　纲

第一条　就下列著作物依本法注册，专有重制之利益者，为有著作权：

一、书籍、论著及说部；

二、乐谱、剧本；

三、图画、字帖；

四、照片、雕刻、模型；

五、其他关于文艺学术或美术之著作物；

就乐谱、剧本有著作权者，并得专有公开演奏或排演之权。

第二条　著作物之注册由国民政府内政部掌管之。内政部对于依法令应受大学院审查之教科图书，于未经大学院审查前，不予注册。

第三条　著作权得转让于他人。

---

* 这是我国第一部正式付诸实施的著作权法，于1928年（中华民国十七年）5月14日由国民政府制定公布，全文40条。该法1944年4月27日修正公布，全文37条；在1949年1月13日又修正公布第30条、第31条、第32条、第33条及第34条，降低了违法处罚额度。1949年后，中华民国著作权法随国民党政府进入台湾，并经历1964年、1985年、1990年、1992年、1993年、1998年、2001年、2003年、2006年、2010年等多次修订。最新修订的2010年“中华民国著作权法”即台湾地区现行“著作权法”。

第二章　著作权之所属及限制

第四条　著作权归著作人终身享有之，并得于著作人亡故后，由承继人继续享有三十年。但别有规定者，不在此限。

第五条　著作物系由数人合作者，其著作权归各著作人共同终身享有之。

著作人中有亡故者。由其承继人继续享有其应有之权利。前项承继人得继续享有其权利，迄于著作人中最后亡故者之亡故后三十年。

第六条　著作物于著作人亡故后始发行者，其著作权之年限为三十年。

第七条　著作物系用官署、学校、公司、会所或其他法人或团体名义者，其著作权之年限亦为三十年。

第八条　不署姓名或用假设名号之著作物，其著作权之年限为三十年。

前项年限未满而改用真实姓名者，适用第四条之规定。

第九条　照片得由著作人享有著作权十年。但受他人报酬而著作者，不在此限。

刊入文艺学术著作物中之照片，如系特为该著作物而著作者，其著作权归该著作物之著作人享有之。

前项照片著作权，在该文艺学术著作物之著作权未消灭前，继续存在。

第十条　从一种文字著作以他种文字翻译成书者，得享有著作权二十年。但不得禁止他人就原著另译。其译文无甚差别者，不在此限。

第十一条　著作权之年限自最初发行之日起算。

第十二条　著作物系编号逐次发行或分数次发行者，应于首次呈请注册时声明之，嗣后每次发行仍应践行呈报之程序。

前项后段所定呈报程序，限于定期刊物得由内政部准其省略之。

第十三条　著作物系编号逐次发行者，其著作权之年限，自每号最初发行之日起算。

著作物系分数次发行者，其著作权之年限，自其最后部分最初发行之日起算。但该著作物虽未完成，其应行继续之部分，已逾三年尚未发行者，以已发行之末一部分，视为最后之部分。

前项规定于第一次注册时预先声明继续发行之期限者，不适用之。

第十四条　著作权人亡故后若无承继人，其著作权视为消灭。

第十五条 著作权之移转及承继，非经注册不得对抗第三人。

第十六条 著作物系由数人合作而有少数人或一人不愿发行者，如性质上可以分割，应将其所作部分除外而发行之，其不能分割者，应由余人酬以相当之利益，其著作于权则归余人所有。但该少数人或一人不愿列名于著作物者听之。

第十七条 出资聘人所成之著作物，其著作权归出资人享有之。但当事人间有特约者，从其特约。

第十八条 讲义演述经他人笔述或由官署学校印刷，其著作权仍归讲演人享有之。但别有约定或经讲演人之允许者，不在此限。

第十九条 就他人之著作阐发新理，或以与原作物不同之技术制成美术品者，得视为著作人享有著作权。

第二十条 左列著作物不得享有著作权：

一、法令约章及文书案牍；

二、各种劝诫及宣传文字；

三、公开演说而非纯属学术性质者。

第二十一条 揭载于报纸杂志之事项，得注明不许转载，其未经注明不许转载者，转载人须注明其转载之报纸或杂志。

第二十二条 内政部于著作物呈请注册时，发现其有左列情事之一者，得拒绝注册：

一、显违党义者；

二、其他经法律规定禁止发行者。

第三章 著作权之侵害

第二十三条 著作权经注册后，其权利人得对于他人之翻印、仿制或以其他方法侵害利益，提起诉讼。

第二十四条 接受或承继他人之著作权者，不得将原著作物改窜、割裂、变匿姓名或更换名目发行之。但得原著作人同意或受有遗嘱者，不在此限。

第二十五条 著作权年限已满之著作物，视为公共之物。但不问何人不得将其改窜、割裂、变匿姓名或更换名目发行之。

第二十六条 冒用他人姓名发行自己之著作物者，以侵害他人著作权论。

第二十七条 未发行著作物之原本及其著作权，不得因债务之执行而受强制处分。但已经本人允诺者，不在此限。

第二十八条 左列各款情形经注明原著作之出处者，不以侵害他人著作权论：

一、节选众人著作成书以供普通教科书及参考之用者；

二、节录引用他人著作以供自己著作之参证注释者。

第二十九条 著作权之侵害经著作权人提起诉讼时，除依本法处罚外，被害人所受之损失，应由侵害人赔偿。

第三十条 著作物系由数人合作者，其著作权受侵害时，得不俟余人之同意提起诉讼，请求赔偿其所受之损失。

第三十一条 因著作权之侵害提起民事或刑事诉讼时，得由原告或告诉人请求法院将涉于假冒之著作物，暂行停止其发行。

于有前项处分后，经法院审明并非假冒其判决确定者，被告因停止发行所受之损失，应由原告或告诉人赔偿之。

第三十二条 著作权之侵害若由法院审明并非有心假冒，得免处罚。但须将被告已得之利益偿还原告。

第四章 罚 则

第三十三条 翻印仿制及以其他方法侵害他人之著作权者，处五百元以下五十元以上之罚金。其知情代为出售者，亦同。

第三十四条 违反第二十四条之规定者，处四百元以下四十元以上之罚金。

第三十五条 违反第二十五条之规定者，处三百元以下三十元以上之罚金。

第三十六条 注册时呈报不实者，处二百元以下二十元以上之罚金，并得注销其注册。

第三十七条 未经注册之著作物，于其末幅假填某年月日业经注册字样者，处四百元以下四十元以上之罚金。

第三十八条 依本章处罚之著作物，没收之。

第三十九条 第三十三条、第三十四条之罪，须告诉乃论。但犯第三十四条之罪，而原著作人已亡故者，不在此限。

第五章 附则

第四十条 本法自公布日施行。

中华民国著作权法施行细则（1928 年）*

（1928 年）

第一条　凡著作物有左列各款情事之一者，不得依本法呈请注册：

一、未经注册而已通行二十年以上者；

二、著作人自愿任人翻印仿制者。

第二条　依本法以著作物呈请注册者，应备样本六份，依后列著作物呈请注册程式，具呈呈送内政部，其在各省、各特别市或特别区省，得经由各该区域内主管民政事务之机关转呈内政部。本法第一条第四款、第五款之著作物不能具备样本者，得以著作物详细说明书或图画代替之。

因接受或承继著作权呈请注册者，毋庸备具样本。

第三条　著作物系用官署、学校、公司、会所或其他法人或团体名义者，呈请注册时应记明该法人或团体之名称、其事务所所在地及代表人之姓名、住址。

第四条　依本法第八条第二项规定改用真实姓名者，应依后列著作物改正姓名呈请注册程式呈报。

第五条　依本法第十二条第一项情形，应依后列著作物逐次或分次发行

* 这是我国第一部著作权法施行细则，于 1928 年（中华民国十七年）5 月 14 日国民政府于《著作权法》公布同日公布并施行，全文 15 条；1944 年 9 月 5 日国民政府修正公布，1949 年 8 月 10 日内政部再次修正公布。1949 年后，该细则随国民党政府进入中国台湾地区继续实施，并经历 1955 年、1959 年、1965 年、1989 年等多次修订。最新修订的“中华民国著作权法施行细则”即台湾地区现行“著作权法施行细则”为 2011 年版本的。

呈请注册程式具呈声明。

第六条 因接受或承继著作权呈请注册者，应依后列接受著作权呈请注册程式或承继著作权呈请注册程式，具呈为之。

第七条 著作物之注册，由内政部将应登记之各事项，登记著作物注册簿上为之。

著作物注册后，应由内政部发给执照，并刊登政府公报公告之。

第八条 欲发行无主之著作物者，应开明事由，呈请内政部于政府公报公告之。

自前项最后公告之日起，满一年无人声明异议者，准其发行。

第九条 凡已注册之著作物，应于其末幅标明某年月日经内政部注册字样，并注明执照号数。

第十条 本法施行前已发行之著作物，自最初发行之日起未满二十年者，仍得依本法呈请注册。

第十一条 本法施行前已注册之著作物，限在本法施行后一年内补行注册者，其原有之注册仍不失其效力。补行注册纳公费，按照本细则第十三条规定减轻二分之一。

第十二条 本则第七条第一项之注册簿，不问何人均得请求准其查阅或抄录之。

第十三条 呈请注册及请求查阅或抄录注册簿等项公费，每件定额如左：

一、著作物注册费，该著作物每部定价之五倍，有二种以上之定价者，以其最高者为准。

二、承继或接受著作权注册费，与第一款同。

三、执照遗失补领费，一元。

四、查阅注册簿费，五角。

五、抄录注册簿费，每百字五角；未满百字者以百字计算。

第十四条 外国人有专供中国人应用之著作物时，得依本法呈请注册。

前项外国人，以其本国承认中国人民得在该国享有著作权者为限。

依本条第一项注册之著作物自注册之日起，享有著作权十年。

第十五条 本细则自公布日施行。

中华民国著作权法（1944 年）*

（1944 年 4 月 27 日）

第一章 总 则

第一条 就下列著作物，依本法注册专有重制之利益者，为有著作权：

一、文字之著译；

二、美术之制作；

三、乐谱剧本；

四、发音片、照片或电影片。

就乐谱剧本、发音片或电影片有著作权者，并得专有公开演奏或上演之权。

第二条 著作物之注册，由内政部掌管之。

内政部对于依法令应受审查之著作物，在未经法定审查机关审查前，不予注册。

第三条 著作权得转让于他人。

第二章 著作权之所属及限制

第四条 著作权归著作人终身享有之，并得于著作人死亡后由继承人继续享有三十年，但另有规定者，不在此限。

---

* 这是我国著作权法的第一次修正案，由国民政府于 1944 年 4 月 27 日公布。该法经 1949 年 1 月 13 日部分修正以降低罚金额度后，随国民党政府入台，在台湾实施多年。

第五条　著作物系由数人合作者，其著作权归各著作人共同终身享有之。著作人中有死亡者，由其继承人继续享有其应有之权利。

前项继承人得继续享有其权利，迄于著作人中最后死亡者之死亡后三十年。

第六条　著作物于著作人死亡后始发行者，其著作权之年限为三十年。

第七条　著作物用官署、学校、公司、会所或其他法人或团体名义者，其著作权之年限为三十年。

第八条　凡用笔名或别号之著作物，于声请注册时，必须呈报真实姓名，其享有著作权之年限与第四条规定者同。

第九条　照片、发音片，得由著作人享有著作权十年。但系受他人报酬而著作者，不在此限。刊入学术或文艺著作物中之照片，如系特为该著作物而著作者，其著作权归该著作物之著作人享有之。前项照片著作权，在该学术或文艺著作物之著作权未消灭前，继续存在。

电影片得由著作人享有著作权十年，但以依法令准演者为限。

第十条　从一种文字著作以他种文字翻译成书者，得享有著作权二十年，但不得禁止他人就原著另译。

第十一条　著作权之年限，自最初发行之日起算。

第十二条　著作物逐次发行或分数次发行者，应于每次发行时，分别声请注册。

第十三条　著作权人死亡后，无继承人者，其著作权消灭。

第十四条　著作权之移转及继承，非经注册，不得对抗第三人。

第十五条　著作物系由数人合作，而有少数人或一人不愿注册者，如性质上可以分割，应将其所著部分除外；其不能分割者，应由余人酬以相当之利益，其著作权则归余人所享有。

第十六条　出资聘人所成之著作物，其著作权归出资人享有之。但当事人间有特约者，从其特约。

第十七条　讲义演述虽经他人笔述，或由官署、学校印刷，其著作权仍归讲演人享有之。但别有约定或经讲演人之允许者，不在此限。

第十八条　揭载于新闻纸、杂志之事项，得注明不许转载。其未经注明不许转载者，转载人应注明其原载之新闻纸或杂志。

第三章　著作权之侵害

第十九条　著作物经注册后，其权利人得对于他人之翻印、仿制或以其他方法侵害利益提起诉讼。

著作物在声请注册尚未核发执照前，受有前项侵害时，该著作物所有人得提出注册声请有关证件，提起诉讼。但其注册声请经核定驳回者，不适用之。前二项规定，于出版人就该著作物享有出版权者，亦适用之。

第二十条　受让或继承他人之著作权者，不得将原著作物改窜、割裂、变匿姓名或更换名目发行之。但得原著作人同意，或受有遗嘱者，不在此限。

第二十一条　著作权年限已满之著作物，视为公共之物。但不问何人，不得将其改窜、割裂、变匿姓名或更换名目发行之。

第二十二条　冒用他人姓名发行自己之著作物者，以侵害他人著作权论。

第二十三条　未发行著作物之原本及其著作权，不得因债务之执行而受强制处分。但已经本人允诺者，不在此限。

第二十四条　下列各款情形经注明原著作之出处者，不以侵害他人著作权论：

一、节选他人著作成书，以供普通教科书及参考之用者；

二、节录引用他人著作，以供自己著作之参证注释者。

第二十五条　就已经注册之著作物，为下列各款之行为者，应得原著作人之同意；但著作权已消灭者，不在此限。

一、用原著作物名称继续著作者；

二、选辑他人著作，或录原著作加以评注、索引、增补或附录者；

三、用文字、图书、摄影、发音或其他方法重制，或演奏他人之著作物者。

第二十六条　著作权之侵害，经著作权人提起诉讼时，除依本法处罚外，被害人所受之损失应由侵害人赔偿。

第二十七条　著作物由数人合作者，在著作权受侵害时，得不俟余人之同意提起诉讼，请求赔偿其所受之损失。

第二十八条　因著作权之侵害，提起民事或刑事诉讼时，得由原告告诉人或自诉人请求法院，将涉于假冒之著作暂行停止其发行。

于有前项处分后，经法院审明并非假冒，其判决确定者，被告因停止发行所受之损失，应由原告告诉人或自诉人赔偿之。

第二十九条 著作权之侵害，经法院审明并非有意假冒者，得免处罚。但被告应将所得利益偿还原告。

第四章 罚 则

第三十条 翻印、仿制或以其他方法侵害他人之著作权者，处五千元以下罚金，其知情代为出售者亦同。

以犯前项之罪为常业者，处一年以下有期徒刑、拘役，得并科五千元以下罚金。

第三十一条 违反第二十条之规定者，处三千元以下罚金。

第三十二条 违反第二十一条之规定者，处一十元以下罚金。

第三十三条 注册时呈报不实者，处一千元以下罚金，并得注销其注册。

第三十四条 未经注册之著作物，于其末幅假填某年月日业经注册字样者，处二千元以下罚金。

第三十五条 依第三十条至第三十二条处罚者，其著作物没收之。

第二十六条 第三十条、第三十一条之罪，须告诉乃论。但犯第三十一条之罪，而著作人死亡者，不在此限。

第五章 附 则

第三十七条 本法自公布日施行。

中华民国著作权法施行细则（1944 年）

（1944 年 9 月 5 日修正公布，同日施行）

第一条 凡著作物未经注册，而已通行二十年以上者，不得依本法声请注册。

第二条 依本法以著作物声请注册者，应备样二份，并附具声请书，载明不列各款半项：

一、著作物之名称及件数；

二、著作人之姓名、年龄、籍贯、住址；

三、发行人姓名、年龄、籍贯、住址；

四、著作权所有人姓名、年龄、籍贯、住址；

五、最初发行年月；

六、依法令应受审查之著作物，其审查机关名称及发给证照字号与年月日。

著作物确实不能备具样本者，得以著作物详细说明书或图书（画?）代替之。

继承著作权声请注册者，毋庸备具样本。

第三条 著作物之所有人，以著作物委托他人声清注册，或在注册前已将著作物转让，由受让人声请注册者，应附具委托书或转让证明书声请之。

第四条 著作物用官署、学校、公司、会所或其他法人或团体名义者，声清注册时，应注明该法人或团体之名称及事务所所在地与代表人之姓名、住址。

第五条　著作物之注册，由内政部将应登记之各事项，登记于著作物注册簿上。

著作物经注册后，应由内政部发给执照，并刊载政府公报公告之。

第六条　凡已注册之著作物，应于其末幅标明某年月日经内政部注册字样，并注明执照号数。

第七条　本细则第五条第一项之注册簿，不问何人，均得请求准其查阅或抄录之。

第八条　声请注册及请求查阅或抄录注册簿等项公费，每件定额如下：

一、著作物注册费，照该著作物定价之二十五倍缴纳。有二种以上之定价者，以其最高者为准。

二、承比受让著作权注册费与第一款同。

三、执照遗失补领费，十元。

四、查阅注册簿费，五元。

五、抄录注册簿费，每百字五元，未满百字者以百字计算。

电影片注册费，每五百公尺一百元，不满五百公尺者以五百公尺计算。

雕刻模型注册费，照该著作物最高定价百分之十缴纳。

第九条　著作物之定价过高者，内政部得令发行人酌减之。前项定价之酌减，如系教科书，内政部应会商教育部办理之。

第十条　外国人有专供中国人应用之著作物时，得依本法声请注册。

前项外国人，以其本国承诺中国人民得在该国享有著作权者为限。

第十一条　未经注册而刊载“有著作权翻印必究”等字样之著作物，应于本法施行后一年内补行注册，或删去各该字样。否则依本法第二十四条之规定处罚之。

第十二条　电影片在本法修正施行前已发行，于本法修正施行后一年内声请注册者，其注册之日，视为最初发行之日。

第十三条　本细则自著作权法施行之日施行。

中华民国著作权法修正案（1949 年）*

（1949 年 1 月 13 日发布）

修正前条文	修正后条文
第三十条 翻印仿制或以其他方法侵害他人之著作权者，处五千元以下罚金；其知情代为出售者亦同。 以犯前项之罪为常业者，处一年以下有期徒刑拘役，得并科五千元以下罚金。	**第三十条** 翻印仿制或以其他方法侵害他人之著作权者，处五百圆以下罚金；其知情代为出售者亦同。 以犯前项之罪为常业者，处一年以下有期徒刑拘役，得并科五百圆以下罚金。
第三十一条 违反第二十条之规定者，处三千元以下罚金。	**第三十一条** 违反第二十条之规定者，处四百圆以下罚金。
第三十二条 违反第二十一条之规定者，处一千元以下罚金。	**第三十二条** 违反第二十一条之规定者，处三百圆以下罚金。
第三十三条 注册时呈报不实者，处一千元以下罚金，并得注销其注册。	**第三十三条** 注册时呈报不实者，除处二百圆以下罚金，并得注销其注册。
第三十四条 未经注册之著作物，于其末幅假填某年月日业经注册字样者，处二千元以下罚金。	**第三十四条** 未经注册之著作物，于其末幅假填某年月日业经注册字样者，处四百圆以下罚金。

* 本次著作权法的修改主要涉及第 30 ~ 34 条的修改，主要是降低了违法的处罚额度。

关于改进和发展出版工作的决议（1950年，节录）*

（1950年9月15日至25日于北京召开的第一届全国出版工作会议通过）

“出版业应尊重著作权及出版权，不得有翻版、抄袭、窜改等行为”；出版物“在版权页上，对初版、再版的时间、印数、著者、译者的姓名及译本的原书名等等，均应作如实记载。在再版时，应尽可能与作者联系，进行必要的修订”，“稿酬办法应在兼顾作家、读者及出版家三方面利益的原则下协商决定”；为尊重作家的权益，原则上不应采取卖绝著作权的办法。计算稿酬的标准，原则上应根据著作物的性质、质量、字数及印数。

关于纠正任意翻印图书现象的规定（1953年，节录）

（国家出版总署于1953年11月12日颁发）

一切机关团体不得擅自翻印出版社出版的图书图片，以尊重版权。

---

* 1950年9月15日至25日于北京召开的第一届全国出版工作会议通过的这一决议，是新中国发布的第一份规范作品使用中的著作权问题的规范，和《关于纠正任意翻印图书现象的规定》一起，构成建国早期少有的保护著作权的规范。

中美贸易关系协定（1979 年，节录）*

（1979 年 7 月 7 日签署，1980 年 2 月 1 日生效）

……

第六条

一、缔约双方承认在其贸易关系中有效保护专利、商标和版权的重要性。

二、缔约双方同意在互惠基础上，一方的法人和自然人可根据对方的法律和规章申请商标注册，并获得这些商标在对方领土内的专用权。

三、缔约双方同意应设法保证，根据各自的法律并适当考虑国际做法，给予对方的法人或自然人的专利和商标保护，应与对方给予自己的此类保护相适应。

四、缔约双方应允许和便利两国商号、公司和贸易组织所签订的合同中有关保护工业产权条款的执行，并应根据各自的法律，对未经授权使用此种权利而进行不公正的竞争活动加以限制。

五、缔约双方同意应采取适当措施，以保证根据各自的法律和规章并适当考虑国际做法，给予对方的法人或自然人的版权保护，应与对方给予自己的此类保护相适应。

……

---

* 协定于 1979 年 7 月 7 日签署，并于 1980 年 2 月 1 日双方互换照会，确认各自业已完成协定生效的必要法律手续，并根据该协定第 10 条第 1 款规定，自 1980 年 2 月 1 日起正式生效。协定第 6 条涉及版权等知识产权的保护问题。这是新中国与外国政府签订的第一个涉及知识产权的国际条约，对当代中国知识产权制度的发展具有不容忽视的影响。国家版权局在协定生效的 1980 年 2 月 1 日，发布了《国家版权局关于转发中美贸易关系协定第六条的通知》。

图书、期刊版权保护试行条例（1984年）*

（1984年6月15日文化部颁布，1985年1月1日起施行）

第一条 为保障文学、艺术和科学作品作者的正当权益，鼓励优秀作品的创作和出版，繁荣和发展社会主义出版事业，促进社会主义精神文明和物质文明的建设，特制定本条例。

第二条 我国公民创作的文学、艺术和科学作品，由国家出版单位印制成图书出版或在期刊上发表，其作者依本条例享有版权。

第三条 本条例所称的文学、艺术和科学作品，专指以下书面作品；

（一）著作、译作；

（二）剧本、乐谱、舞谱；

（三）绘画、书法、照片；

（四）地图、设计图、示意图、科学图表等。

第四条 本条例所称的作者，是指直接创作作品的人。如无相反证明，在作品上署名的人应视为作者。

---

* 这是改革开放后我国发布实施的第一个关于版权保护的规范，它和1982年《商标法》、1984年《专利法》一起，构成我国20世纪80年代的当代知识产权法制初期的立法。在当时我国文化市场尚不发育的情况下，本条例和当时相关部门发布的其他著作权法律规范一样，不仅是调整人们著作权利益关系的规范，更主要地充当了启迪国民著作权思想意识的教材。

为了解决版权保护和既有的文化传播机构的作品使用问题，国家文化部出版局1985年3月23日同意《新华月报》《新华文摘》转载已发表作品享受“国家特许”待遇，国家版权局1985年9月4日同意中国人民大学书报资料中心复印报刊上已经发表的作品享受“国家特许”待遇——可以不经作者同意，不支付报酬，但应说明作者姓名、作品名称和出处，并尊重依据该条例第5条规定的其他权利。

本条例所称的版权所有者，包括：

（一）作者；

（二）作者的合法继承人；

（三）根据出版合同获得本条例允许转让的作者的部分或全部版权的出版单位；

（四）依本条例规定享有版权的其他个人和单位。

第五条 作者依本条例享有的版权，是指下列权利：

（一）以本名、化名或以不署名的方式发表作品；

（二）保护作品的完整性；

（三）修改已经发表的作品；

（四）因观点改变或其他正当理由声明收回已经发表的作品，但应适当赔偿出版单位损失；

（五）通过合法途径，以出版、复制、播放、表演、展览、摄制片、翻译或改编等形式使用作品；

（六）因他人使用作品而获得经济报酬。

上述权利受到侵犯，作者或其他版权所有者有权要求停止侵权行为和赔偿损失。

第六条 除本条例另有规定者外，任何单位或个人使用他人受保护的作品，应征得版权所有者同意并支付经济报酬。

使用作品的报酬标准，由文化部和有关部门分别规定。

第七条 两人或两人以上共同创作的作品，版权归作者共有。行使版权和分配报酬的办法，由作者协商解决。

用机关、团体和企业事业单位的名义或其他集体名义发表的作品，版权归单位或集体所有。

第八条 词典、期刊、年鉴、百科全书、会议文集、教材等编辑作品，作为一个整体，版权归编辑者所有。为编辑作品撰稿的作者与编辑者之间的版权关系，由他们自行协商解决。

第九条 古籍的整理、标点、译注、注释本，版权归整理、标点、译注、注释者所有，但他人仍可对同一部古籍进行上述工作并获得版权。

作品的翻译或改编本，版权归译者或改编者所有，但他人仍可对同一作品进行翻译或改编并获得版权。译者或改编者与原版权所有者之间的版权关系，由他们自行协商解决。

作品的文摘、选编或汇编本，版权归文摘、选编或汇编者所有，但他人仍可对同一作品进行上述工作并获得版权。文摘、选编或汇编者与原版权所有者之间的版权关系，由他们自行协商解决。

第十条 民间文学艺术和其他民间传统作品的整理本，版权归整理者所有，但他人仍可对同一作品进行整理并获得版权。

民间文学艺术和其他民间传统作品发表时，整理者应注明主要素材提供者，并依素材提供者的贡献大小向其支付适当报酬。

第十一条 本条例第五条（一）、（二）、（三）、（四）项规定的权利，由作者终身享有。作者死亡后，由作者的合法继承人或文化部出版事业管理局保护其不受侵犯。

本条例第五条（五）、（六）项规定的权利，有效期限为作者终身及其死亡后三十年。该三十年自作者死亡之年年底起计算；对于合作作品，该三十年自最后去世的作者死亡之年年底起计算。

对于照片，本条例第五条（五）、（六）项规定的权利，有效期限为三十年，自作品首次发表之年年底起计算。

对于版权归机关、团体、企业事业单位或其他单位集体所有的作品，本条例第五条（五）、（六）项规定的权利，有效期限为三十年，自作品首次发表之年年底起计算；但其中可以单独使用的作品适用本条第二款的规定。

本条例第五条（五）、（六）项规定的权利，作者死亡后，依照有关继承的法律继承。

本条例生效之前已经发表的作品，凡未超过本条第二款、第三款和第四款规定期限的，版权所有者在其剩余有效期限内仍享有版权。

第十二条 对于作者死后首次发表的作品，本条例第五条（五）、（六）项规定的权利有效期为三十年，该三十年自作品首次发表之年年底起计算。如作品（原作）由非合法继承人保存，经作者的合法继承人或文化部出版事业管理局同意后发表，则上述权利应由作品（原作）保存人与作者的合法继承人共同享有；如作者或作者的合法继承人无法确定，则由保存人享有；但如该作品依法属于国家文物，则按文物保护法处理。

第十三条 版权所有者向他人转让或许可他人使用本条例第五条（五）项规定的全部或部分权利，须签订合同。

版权所有者向外国人转让或许可外国人使用本条例第五条（五）项规定的全部或部分权利，须签订合同并经省级出版事业管理机构或国务院主管部委批准并报文化部出版事业管理局备案。

向国内期刊投稿，可以不签订合同，但作者不得一稿多投；期刊应在收到稿件后三十天内通知作者是否采用，如过期不通知作者，作者可另行处理。

出版社对其在本条例生效之前已经出版或已经接受的作品，应继续享有为期五年的专用出版权，期限自本条例生效之年年底起计算。五年以后，出版权回归作者或其合法继承人。如出版社希望继续出版，应补签出版合同。

第十四条 为了国家利益，文化部可将某些作品的版权收归国有并延长其有效期限。

使用版权归国家所有的作品，应经文化部出版事业管理局同意，并按规定向国家支付费用。

第十五条 在下列情况下使用他人已经发表的作品，可不经版权所有者同意，不向其支付报酬，但应说明作者姓名、作品名称和出处，并尊重作者依本条例第五条规定享有的其他权利：

（一）为了个人学习或科学研究，摘录、复制或翻译，供本人使用；

（二）为了评论或说明某个问题，在作品中适当引用；

（三）为了新闻报道，在报纸、广播节目、电视节目或新闻纪录片中使用；

（四）为了科学研究、学校教学，摘录、复制、翻译或改编，供本单位内部使用，而不在市场上出售或借此营利；

（五）图书馆、档案馆、资料或文献中心，为了借阅、存档或为专业人员提供专业资料，复制本馆或本中心收藏的作品，而不在市场上出售或借此营利；

（六）县以下的专业艺术表演团体演出和其他单位为观众免费演出；

（七）群众文化馆或艺术馆为非营利的目的复制，供业余艺术团体免费演出，而不在市场上出售或借此营利；

（八）为宣传推广而公开陈列。

第十六条 在下列情况下使用他人已经发表的作品，可不经版权所有者同意，不向其支付报酬，但事先应征求作者有无修改意见，说明作者姓名、作品名称和出处，并尊重作者依本条例第五条规定享有的其他权利：

（一）编入、改编或翻译成学校教材、广播教材和业余教育教材；

（二）报纸转载，广播电台、电视台播放；

（三）汉语作品翻译或改编成国内少数民族语文作品；

（四）改编成盲文读物。

第十七条 在下列情况下使用他人已经发表的作品，可不经版权所有者同意，但应向其支付报酬，说明作者姓名、作品名称和出处，并尊重作者依本条例第五条规定享有的其他权利：

（一）县和县以上的专业艺术表演团体演出；

（二）国家音像出版单位录制唱片、录音带、录像带出版；

（三）期刊互相转载，但作者或出版者声明“未经准许，不得转载”者除外。

第十八条 图书、期刊出版后，出版单位须按国家规定缴纳样本。过期不缴纳，经国家版本图书馆通知后仍不缴纳者，由文化部出版事业管理局通报并罚款。

第十九条 下列行为是侵犯他人版权的行为：

（一）将他人创作的作品当作自己的作品发表，不论是全部发表还是部分发表，也不论是原样发表还是删节、修改后发表；

（二）自己并未参加创作，却强行或以其他不正当手段在他人创作的作品上署上自己的姓名；

（三）未经本单位或合作者同意，将本单位集体创作的作品或与他人合作创作的作品，独自以个人名义发表；

（四）未经作者或其合法继承人同意，发表未发表过的作品；

（五）未经作者同意，对其作品进行实质性修改或有损于作者声誉的修改；

（六）除本条例另有规定者外，未经版权所有者同意，转载、翻印、录制、摄制、表演、播放、翻译、改编、选编或以其他方式使用其已经发表的作品；

（七）除本条例另有规定者外，使用作品的单位或个人拒绝按国家规定向版权所有者支付报酬；

（八）进行其他侵犯版权的活动。

第二十条 作品的版权受到侵犯，作者或其他版权所有者有权提请当地省级出版管理机构进行处理。

对侵犯版权者的处理包括：责令停止侵权活动，责令公开道歉，责令赔偿受害人的经济损失，没收侵权人因侵权所得收入，没收侵权出版物，罚款。本款各项处理，可以单独适用，亦可数项同时适用。因版权受到侵犯而提请处理的时效为二年，自得知或应当得知侵权行为之日起计算。

本条例生效之前发生的版权纠纷，不予受理。

第二十一条　外国人未发表过的作品，如由我国出版单位首次出版，可参照本条例给予版权保护。

第二十二条　文化部出版事业管理局主管全国的图书、期刊版权管理工作。各省、自治区、直辖市出版管理机构主管所辖地区的图书、期刊版权管理工作。

第二十三条　本条例的解释权属于文化部。

第二十四条　本条例自一九八五年一月一日起生效。以前文化部所属机构颁发的有关规定、办法，凡与本条例抵触的，均以本条例为准。

图书、期刊版权保护试行条例实施细则（1985年）*

（1985年1月1日文化部发布，同日施行）

第一条 根据《图书、期刊版权保护试行条例》（以下简称《试行条例》）第二十三条，特制定本实施细则。

第二条 （一）“版权”即著作权，指作者根据《试行条例》或国家其他法律、条例、规章，对其作品享有的《试行条例》第五条所列的各项专有权利。

（二）“国家出版单位”指国家最高出版行政机关批准并发给统一编号的出版单位。

（三）“图书”指国家出版单位正式出版并标有统一书号的图书。

---

* 为一部部委通过的《试行条约》发布施行细则，是本规范的一个重要特点，体现了当时我国著作权法制的特殊时代背景——立法条件尚不成熟，改革开放背景下具有特别需求。

通过文化部发布的《图书、期刊版权保护试行条例》及其实施细则规定了版权保护的基本制度后，国家版权局1986年4月11日《关于期刊一年专有出版权的说明》、1986年11月10日《关于〈涉及博物馆所收藏作品的版权问题〉的复函》、1987年12月12日《关于广播电视节目预告转载问题的意见》、1986年2月20日《关于不得公开发表〈图书、期刊版权保护试行条例〉的通知》等文件，反映出该条例和细则面对现实中诸多著作权问题，已经不堪适用。国家版权局1986年5月24日《关于内地出版港澳同胞作品版权问题的暂行规定》，和1987年11月13日《关于向台湾出版商转让版权注意事项的通知》、1987年12月26日向国务院提交的《关于当前在对台文化交流中妥善处理版权问题的报告》以及同日发布的《关于出版台湾同胞作品版权问题的暂行规定》等，则体现了我国区际文化交流对完善著作权制度的要求。

前述规范参见周忠海、阎建国主编：《中国知识产权法律实务大全》，北京广播学院出版社1992年版。

（四）“期刊”指国家最高出版行政机关，国家科委，中国人民解放军总政治部，或省、自治区、直辖市主管部门批准，在期刊主办单位所在地的省级出版管理机构登记并领取登记证的期刊。

（五）《试行条例》仅适用于本条（三）和（四）两款所规定的图书和期刊。对于未以上述图书、期刊形式出版的作品，如未发表的原稿，内部使用的讲义、未定稿、征求意见稿，内部刊物，报纸上发表的作品，公开表演、广播、展览的作品，录音、录像、幻灯片、电影片、电视片等音像作品或电影作品或电影作品，雕塑、雕刻、版画作品，服装设计、舞台设计、装潢设计、建筑设计等设计作品，实用工艺美术作品，与地理、地形或建筑艺术有关的立体作品等，国家出版单位或其他单位和个人应尊重其作者依其他法律、条例或国务院有关部委及省、自治区、直辖市政府制定的规章获得的版权。

（六）法律、条例、规章、决议、通知、报告、技术标准和技术规范、标准地图、统计图表、统计数字等作品，全国人民代表大会、国务院或有关部委公布的，由国务院或有关部委指定的新闻、出版单位出版；各省、自治区、直辖市人民代表大会或政府公布的，由各省、自治区、直辖市政府指定的新闻、出版单位出版。上述出版单位对此类作品享有专有出版权，但作者不享有《版权条例》第五条规定的版权。

第三条 （一）《试行条例》第三条所列的文学、艺术和科学作品，应是有创造性的作品。没有创造性的或已经属于人类共同财富的作品，如简单的标语、口号、表册、表格、日历、各种科学定律、公式、已公开的数据、超过版权保护期的作品等，《试行条例》不予保护。

（二）“著作”包括编著；

“乐谱”包括带词和不带词的音乐作品；

“舞谱”包括将舞蹈动作以文字、图像和其他符号记录下来的书面作品。

第四条 （一）“直接创作作品”指通过自己的独立构思，运用自己的技巧与方法直接创作反映自己个性与特点的作品。仅对作品的创作提供咨询意见，或提供资料，或审读、校订稿件，或提供其他服务的人，不能称为作者。但审读、校阅稿件的人，有权作为审校者署名，并根据国家有关规定在作品发表后取得报酬。

（二）作者是作品的第一版权所有者；作者的合法继承人可以根据国家有关继承的法律在作者去世之后成为版权所有者；出版单位或其他单位和个人

可以根据版权转让合同在其合同有效期内成为作品的版权所有者。

（三）“作者的合法继承人”指根据国家有关继承的法律继承作者合法财产及其他合法权益的人。

第五条 （一）“化名”指作者本人的化名。以化名发表作品的作者，应将其本名通知图书出版单位或期刊编辑部。

（二）“保护作品的完整性”指未经作者同意不得修改作品的内容和作者的观点，但不包括对作品中事实、引文和语法错误的更正，对文字的润色以及其他编辑业务方面的技术性处理。

（三）作者因观点改变或其他正当理由登报声明收回已经发表的作品，应适当赔偿出版或发行单位的损失。如在作品出版之日起的第一年作此声明，作者应将其所得稿酬的80%退还出版或发行单位；第二年作此声明退还50%，第三年直至合同期满前作此声明退还30%。

合作作者声明收回已经发表的作品，必须由全体合作作者共同签名发表书面声明。合作作者如不能就声明收回作品达成协议，则要求声明收回作品的合作作者，可不在作品上继续署名，但有权分享因使用作品所得的报酬。

（四）“通过合法途径，以出版、复制、播放、表演、展览、摄制影片、翻译或改编等形式使用作品”，指在国家法律、条例、规章允许的范围内，作者自己或授权有权进行出版、复制、播放、表演、展览、摄制影片、翻译或改编活动的单位或个人以上述一种或数种形式使用其作品。

（五）“改编”指将已经发表的作品由一种类型改变成另一种类型（如将小说等非戏剧、电影作品变成戏剧、电影作品，或者相反；或将戏剧作品变成电影作品，或者相反；或将小说、剧本等变成连环画等），或不改变作品类型而将一部作品变成适合特定对象需要的作品（如将科学专著改变成科普读物）。

第六条 “受保护的作品”指版权受《试行条例》或其他法律、条例或国务院有关部委及各省、自治区、直辖市政府制定的规章保护的作品。

第七条 用集体名义发表作品，应由该集体派出作者代表与出版单位商谈出版事宜，签订出版合同。

第八条 （一）词典、期刊、年鉴、百科全书、会议文集、教材等编辑作品，作为一个整体，版权归编辑者所有。如该编辑者是出版单位的组成部分，或出版单位为出版此类作品而专门设立的临时机构，则此类编辑作品，作为一个整体，版权归出版单位所有。

（二）由出版单位组织、提供资金、资料等创作条件，并派编辑指导或直接参加创作而完成的集体作品，如词典、教材、丛书、大型摄影画册等，作为一个整体，其版权归出版单位所有。但集体作品中可以单独使用的作品，除出版权根据协议转让给出版单位外，其他各种权利归作者保留。

（三）词典、百科全书、教材等编辑作品出版之前或出版后一年之内，未经编辑者同意，撰稿者不得将所撰稿件另行出版。

编辑者组织修订再版词典、百科全书、教材等编辑作品，可以更换撰稿者，但不得侵犯原撰稿者的版权。

（四）期刊对在本刊上首次出版的作品享有一年的专有出版权。自作品首次出版之日起一年之内，未经期刊同意，其他单位和个人不得以摘编、选编、改编的形式转载，但《试行条例》和本细则另有规定者除外。如期刊与作者之间没有相反的协议，一年之后此项专有出版权回归作者。

第九条 （一）作品首次出版一年之后，作者或其他版权所有者自己未进行翻译或改编，也未授权他人翻译或改编，为了宣传教育或科学研究之目的，经省级出版管理机构或文化部出版事业管理局批准，国家出版单位可以出版译本或改编本，但须按规定向作者或其他版权所有者支付报酬。

（二）所有专门以文摘或选编形式转载已经发表的作品的期刊，称为选刊。此类选刊应与为其提供作品供转载的期刊或出版单位订立合同（国家特许属于资料汇集者除外），合同中应明确规定转载的条件和支付报酬的办法。期刊或出版单位如允许选刊转载他们已经出版作品，应将其所得报酬的三分之二付给作者。

第十条 民间文学艺术和其他民间传统作品发表时，整理者应在前言或后记中说明主要素材（包括口头材料和书面材料）提供者，并向其支付报酬，支付总额为整理者所得报酬的 30% ~40% 。

第十一条 （一）作者去世之后，在下列情况下，《试行条例》第五条（一）、（二）、（三）、（四）项规定的权利由文化部出版事业管理局保护其不受侵犯：

（1）作者无合法继承人；

（2）作品的版权已收归国有。

（二）版权归机关、团体、企业事业单位或其他集体所有的作品，如果上述机关、团体、企事业单位或集体解散，《试行条例》第五条（五）、（六）项规定的权利归出版者享有；如出版者亦解散，版权收归国有；如上述机关、团体、企业事业单位或集体被合并，则归合并后的单位或集体所有，但版权所有者应将合并情况通知出版者。

第十二条 作者生前未曾发表过的作品，如果作者没有遗嘱说明不愿意发表，作者的合法继承人有权发表。如作品（原作）由非合法继承人保存，应经作者合法继承人同意方可发表；如作者无合法继承人，或合法继承人无法确定，或合法继承人无理拒绝发表，经省级出版管理机构或文化部出版事业管理局批准，作品亦可发表。合法继承人要求发表作品，保存人不得拒绝。在作者的合法继承人和作品（原作）的保存人共同享有《试行条例》第五条（五）、（六）项规定的权利的情况下，应由作品（原作）的保存人和作者的合法继承人共同与作品的出版者签订合同，所得报酬平分。如作品（原作）保存者不经作者的合法继承人同意擅自发表作者的作品，上述权利全部回归作者的合法继承人。

第十三条 （一）作者向期刊或出版单位投稿，或与出版单位签订约稿合同，不得一稿多投。因一稿多投给期刊或出版单位带来的损失，作者应予以适当赔偿。

（二）作者或其他版权所有者向国内出版单位转让作品的出版权，应是专有出版权（即原本、修订本、摘编本、选编本出版权和转载权）。转让出版权的合同有效期一般不应少于十年。作品的改编权、翻译权、表演权、录音录像权、播放权、摄制影片权是否转让给出版单位，由双方自行协商。

（三）作者或其他版权所有者向期刊或出版单位转让作品的出版权，不得视为画稿、手稿、照片等作品原稿（打字稿、手稿抄件或影印件除外）财产权的转让。作品出版后，原稿是否退还作者，由双方协商，并在出版合同中明确规定。期刊如不退稿（不论是否采用），应在本刊每期的封底或内封页显著位置刊登声明。

（四）出版单位在《试行条例》生效之前已经接受的作品，指出版单位在《试行条例》生效之前审读完毕，已通知作者同意出版，并列入出版计划的稿件。

除上述稿件和《试行条例》生效之前已经出版的作品外，作者在一九八〇年一月一日至《试行条例》生效之前主动投给出版单位的稿件，出版单位应在《试行条例》生效后一年之内决定是否采用，如不采用，立即退稿；如拟采用，应补签合同。如既不退稿，又不补签合同，《试行条例》生效一年之后，作者可要求出版单位限期归还原稿并按资料费赔偿损失。

出版单位在《试行条例》生效之前主动向作者约的稿件，如尚未收到或尚未审读完毕，但已列入出版计划，应补签合同。

作者在《试行条例》生效之后主动投给出版单位的稿件，出版单位应在三十天内通知作者已收到稿件，并在六个月内决定是否考虑采用，如不采用，六个月之内退稿；如拟采用，应签订约稿合同或出版合同。如既不退稿，又不签订合同，六个月之后，作者可要求出版单位限期退还原稿并按资料费赔偿损失。上述三十天或六个月期限，从出版单位收到稿件之日起计算。

（五）大型期刊或学术性期刊收到稿件后，三十天内如不能决定是否采用，应通知作者已收到稿件，并延至三个月内通知作者是否采用。如过三个月不通知作者，作者可要求限期退还稿件另行处理；如超过六个月不退还稿件，又不采用，作者还可要求按资料费赔偿损失，但已刊登声明不退稿件者除外。计算上述三十天、三个月或六个月期限，应从期刊编辑部收到稿件之日起计算。

（六）出版单位对其出版的图书，除在出版合同有效期内享有作者根据合同转让的专有出版权和其他权利外，在图书版权有效期内对图书的装帧设计和版式设计享有版权。其他单位如翻印，应征求原出版单位的同意、注明原出版单位名称和原出版日期并支付报酬。出版合同有效期满，作者如收回出版权，将作品转移到另一出版单位出版，不得损害原出版单位对图书的装帧设计和版式设计享有的版权。

（七）作者以不署名方式发表的作品，其版权归出版者所有，如在首次出版三十年之内披露其真实姓名，版权回归作者。

《试行条例》生效之前已经发表的未署名作品，如作者或其合法继承人要求出版单位在再次使用作品时补署作者姓名，并能提供作者身份的可靠证据，出版单位不得拒绝。

（八）作者或其合法继承人，违反国家有关规定或《试行条例》第十三条之规定，擅自向外国人转让或许可外国人使用《试行条例》第五条（五）项的全部部分权利，甚至转让或许可外国人使用第五条（一）至（四）项的权利，由作者或其合法继承人的所在单位给予行政处分。

第十四条 版权需收归国有并延长有效期的作品的范围，收归程序以及使用此类作品的付费办法，文化部将另行规定。

第十五条 （一）“适当引用”指作者在一部作品中引用他人作品的片断。引用非诗词类作品不得超过两千五百字或被引用作品的十分之一，如果多次引用同一部长篇非诗词类作品，总字数不得超过一万字；引用诗词类作品不得超过四十行或全诗的四分之一，但古体诗词除外。凡引用一人或多人的作品，所引用的总量不得超过本人创作作品总量的十分之一，但专题评论文章和古体诗词除外。

（二）“供本单位内部使用”指供一个机关，一所学校、一个研究所、一个工厂、一家公司等独立经济核算单位内部使用，而不是供一个系统内部使用。

第十六条 （一）《试行条例》第十六条所列四种情况下使用已经发表的作品，使用者应事先征求作者有无修改意见，如在征求修改意见的通知发出之日起的一个月内，未收到作者修改意见，即可认为作者无修改意见。如在此期限内收到作者修改意见，则应使用作者修改后的作品。

（二）“学校教材、广播教材和业余教育教材”指下列情况下编写的教材：

（1）由教育部和国务院其他各部委及各省、自治区、直辖市教育行政机构根据教育部和国务院其他各部委制定的教学大纲组织编写的学校教材；

（2）由国务院各部委的教育部门为提高本系统职工科学、文化水平组织编写的在职或业余教育教材；

（3）由广播电视部或教育部组织编写的广播电视教材；

（4）由教育部及各省、自治区、直辖市教育行政机构为扫盲或为农村教育而组织编写的扫盲课本和各种农村教育教材；

（5）由部队军级和军级以上的政治或军事训练部门为部队政治、文化教育和军事技术训练组织编写的教材。

未经版权所有者同意，任何单位和个人不得编写出版上述教材的习题解答。

（三）“报纸”专指以报道国内外政治、经济、文化、社会等方面的新闻为主的中央和地方各级党委或政府的机关报，政协和各民主党派以及工青妇的中央机关报，中国日报，经济日报，解放军报和各种军报，以及向文化部申请并得到批准适用《试行条例》第十六条规定的其他报纸。此类报纸转载小说、诗歌、剧本、乐谱、报告文学等文艺作品，仍需征求版权所有者同意并向其支付报酬。

经国务院有关部委批准，专门承担对外宣传任务的外文版期刊按报纸对待，适用《试行条例》第十六条的规定。

各种文艺报、市场信息报等专业性报纸按期刊对待，适用第十七条的规定。

（四）在《试行条例》第十六条所列举的四种情况下使用已经发表的作品，如果以出版物的形式使用，应向原作者赠送样本；如果以播放形式使用，应向原作者赠送广播或电视节目单。

第十七条 期刊互相转载的规定，不适用于专门转载文艺作品的选刊，此类选刊转载已经发表的作品，必须按本细则第八条、第九条的有关规定，经版权所有者同意，并向其支付报酬。

第十八条 图书、期刊出版后三十天内，出版单位应按国家规定向文化部出版局、中国版本图书馆、北京图书馆缴纳样本；地方出版单位还应向本省、自治区、直辖市出版管理机构和省、自治区、直辖市图书馆缴纳样本。过期未缴，经通知后仍不缴纳者，分别由文化部出版事业管理局或省级出版管理机构通报批评，情节严重者还应罚款，罚款额为应补缴的样本书刊定价的五至十倍。

第十九条 如发现《试行条例》第十九条所列侵权行为，作者或其他版权所有者可在侵权行为发生地提请当省级出版管理机构进行处理；亦可要求侵权人所在单位对侵权人进行批评教育或给予行政处分；或直接向人民法院起诉。

第二十条 （一）“应当得知侵权行为之日”指侵权作品在版权所有者所在地公开发行之日。在得知或应当得知侵权行为之日起的两年内不提请处理的版权纠纷，出版管理机构可不再受理。

（二）《试行条例》生效之前发生的版权纠纷不予受理，指省、自治区、直辖市出版管理机构不予受理。

（三）侵权人如因侵权活动获得收入，应首先没收其此项收入，然后视情节轻重决定是否罚款。

（四）如对侵权人处以罚款，罚款的幅度应为：

(1) 侵权行为涉及在期刊上发表作品，罚款20~200元；

(2) 侵权行为涉及图书，罚款50~500元。

(五) 省级出版管理机构应将所罚之款和没收侵权人因侵权所得收入在当地银行设专户储存，不得挪用。此类款项如何使用，文化部将另行通知。

(六) 省、自治区、直辖市出版管理机构对各起侵权纠纷的处理，应将其处理结果抄送有关的版权所有者、侵权人、侵权人所在单位以及出版侵权作品的单位，并抄报文化部出版事业管理局。

第二十一条 对《试行条例》和本细则的解释，以及同意个别选刊享受“国家特许”待遇，应以文化部出版事业管理局的书面意见为准。

第二十二条 本细则自一九八五年一月一日起施行。

中华人民共和国民法通则（1986年，节录）

（1986年4月12日第六届全国人民代表大会第四次会议通过）

……

第五章　民事权利

第九十四条　公民、法人享有著作权（版权），依法有署名、发表、出版、获得报酬等权利。

……

第六章　民事责任

第一百一十八条　公民、法人的著作权（版权）、专利权、商标专用权、发现权、发明权和其他科技成果权受到剽窃、篡改、假冒等侵害的，有权要求停止侵害，消除影响，赔偿损失。

……

录音录像出版物版权保护暂行条例（1986年）

（1986年9月15日广播电影电视部颁布，1987年1月1日起施行）

一、为保护作者、表演者、录音录像出版单位（以下简称音像出版单位）的正当权益，繁荣和发展音像出版事业，征得国家版权局同意，特制定本暂行条例。

二、广播电影电视部受国家版权局的委托，负责全国的音像出版物版权管理工作。

三、本暂行条例所称：

音像出版物，是指录有经过创作、表演的音响或（和）图像，以商品形式销售的唱片、音带、像带和视盘；

音像出版单位，是指按国务院批准的《录音录像制品管理暂行规定》（国发〔1982〕154号文件）履行申报程序并经批准的出版单位；

复录生产单位，是指按国务院批准的《录音录像制品管理暂行规定》（国发〔1982〕154号文件）履行申报程序并经批准的出版单位。

四、音像出版物作为一个整体，其版权归出版单位所有。保护期限为25年，自音像出版物首次发行或录制之年的年底起计算。各音像出版单位应在其出版物上标明“版权所有”字样及出版单位名称和出版年份，未经出版单位授权，其他任何单位和个人不得作商业性翻录。

五、音像出版单位必须尊重并维护所录制作品的作者和表演者的正当权益：

1. 凡录制已经公开发表的音乐、戏剧、舞蹈作品，和根据已经发表的文字教材，音像出版单位可不征得原作品的版权所有者的同意，但出版时必须注明作品名称和作者姓名，并向原作品的版权所有者支付报酬。如需对作品改编，则应征得原作品的版权所有者书面同意，出版时除改编者署名外，仍应署原作者姓名。

凡录制已发表的音乐、戏剧、舞蹈作品和文字教材以外的作品，须取得作者或版权所有者的书面授权。

有关文字、艺术和科学作品作者的版权按文化部颁发的《图书、期刊版权保护试行条例》解释。

2. 音像出版单位必须与所录制作品的表演者签订合同或协议，确定双方的权利和义务。有关署名、经济报酬、出版时间、所录节目使用期限 ，可否转让以及违约责任等项，在合同或协议中均须有明确的规定，但主要表演者必须署名。主要表演者在合同规定期间内不得以同一种表演方式为另外的音像出版单位录制同一节目。

六、音像出版单位可以收购非出版单位制作的音像资料和个人保存的音像资料，但出版时必须征得音像资料版权所有者的同意，必须征求被录制作品的主要表演者或其合法继承人的同意。出版时应注明原录制单位名称和作者、主要表演者姓名。

七、音像出版单位之间可以互相转让音像出版物的版权，但不得以任何方式转让给复录生产单位或其他非出版单位。转让的合同或协议，双方应及时抄报广播电影电视部。

八、音像出版单位与外商的合作出版和版权贸易（包括出口、引进和合作录制），均须经上级主管部门核准后报广播电影电视部批准。

九、音像出版物版权受到侵犯时，音像出版单位、作者、表演者有权提请广播电影电视部调查处理。也可直接向法院起诉。

处理办法包括：责令侵权人停止侵权活动，责令公开道歉，责令赔偿受害者经济损失，没收其侵权所得，没收其侵权出版物，取消其出版或复录生产权利。

十、本暂行条例的解释权属广播电影电视部。

十一、国家公布并实施版权法以后，本暂行条例的规定，凡与版权法相抵触的，以版权法为准。

十二、本暂行条例自 1987 年 1 月 1 日起生效。

中华人民共和国著作权法（1990年）*

（1990年9月7日第七届全国人民代表大会常务委员会第十五次会议通过，1990年9月7日中华人民共和国主席令第三十一号公布1991年6月1日起施行）

第一章　总　则

第一条　为保护文学、艺术和科学作品作者的著作权，以及与著作权有关的权益，鼓励有益于社会主义精神文明、物质文明建设的作品的创作和传播，促进社会主义文化和科学事业的发展与繁荣，根据宪法制定本法。

第二条　中国一公民、法人或者非法人单位的作品，不论是否发表，依照本法享有著作权。外国人的作品首先在中国一境内发表的，依照本法享有著作权。外国人在中国一境内发表的作品，根据其所属国同中国一签订的协议或者共同参加的国际条约享有的著作权受本法保护。

第三条　本法所称的作品，包括以下列形式创作的文学、艺术和自然科学、社会科学、工程技术等作品：

（一）文字作品；

（二）口述作品；

（三）音乐、戏剧、曲艺、舞蹈作品；

---

* 因为著作权制度涉及国家科技教育文化事业，涉及面非常广泛，1979年启动该法立法进程后，引起了人们的高度关注，该法的起草制定过程，一定程度上也是著作权思想文化在改革开放初期的中国的宣传与传播过程。历经11年而通过的著作权法，意味着我国知识产权立法体系的初步完成。该法伴随我国科技文化经济事业的发展，经历了2001年、2010年两次修订，现在正在进行第三次修订。

（四）美术、摄影作品；

（五）电影、电视、录像作品；

（六）工程设计、产品设计图纸及其说明；

（七）地图、示意图等图形作品；

（八）计算机软件；

（九）法律、行政法规规定的其他作品。

第四条 依法禁止出版、传播的作品，不受本法保护。著作权人行使著作权，不得违反宪法和法律，不得损害公共利益。

第五条 本法不适用于：

（一）法律、法规，国家机关的决议、决定、命令和其他具有立法、行政、司法性质的文件，及其官方正式译文；

（二）时事新闻；

（三）历法、数表、通用表格和公式。

第六条 民间文学艺术作品的著作权保护办法由国务院另行规定。

第七条 科学技术作品中应当由专利法、技术合同法等法律保护的，适用专利法、技术合同法等法律的规定。

第八条 国务院著作权行政管理部门主管全国的著作权管理工作；各省、自治区、直辖市人民政府的著作权行政管理部门主管本行政区域的著作权管理工作。

第二章 著作权

第一节 著作权人及其权利

第九条 著作权人包括：

（一）作者；

（二）其他依照本法享有著作权的公民、法人或者非法人单位。

第十条 著作权包括下列人身权和财产权：

（一）发表权，即决定作品是否公之于众的权利；

（二）署名权，即表明作者身份，在作品上署名的权利；

（三）修改权，即修改或者授权他人修改作品的权利；

（四）保护作品完整权，即保护作品不受歪曲、篡改的权利；

（五）使用权和获得报酬权，即以复制、表演、播放、展览、发行、摄制电影、电视、录像或者改编、翻译、注释、编辑等方式使用作品的权利；以及许可他人以上述方式使用作品，并由此获得报酬的权利。

第二节　著作权归属

第十一条　著作权属于作者，本法另有规定的除外。创作作品的公民是作者。

由法人或者非法人单位主持，代表法人或者非法人单位意志创作，并由法人或者非法人单位承担责任的作品，法人或者非法人单位视为作者。如无相反证明，在作品上署名的公民、法人或者非法人单位为作者。

第十二条　改编、翻译、注释、整理已有作品而产生的作品，其著作权由改编、翻译、注释、整理人享有，但行使著作权时，不得侵犯原作品的著作权。

第十三条　两人以上合作创作的作品，著作权由合作作者共同享有。没有参加创作的人，不能成为合作作者。

合作作品可以分割使用的，作者对各自创作的部分可以单独享有著作权，但行使著作权时不得侵犯合作作品整体的著作权。

第十四条　编辑作品由编辑人享有著作权，但行使著作权时，不得侵犯原作品的著作权。编辑作品中可以单独使用的作品的作者有权单独行使其著作权。

第十五条　电影、电视、录像作品的导演、编剧、作词、作曲、摄影等作者享有署名权，著作权的其他权利由制作电影、电视、录像作品的制片者享有。电影、电视、录像作品中剧本、音乐等可以单独使用的作品的作者有权单独行使其著作权。

第十六条　公民为完成法人或者非法人单位工作任务所创作的作品是职务作品，除本条第二款的规定以外，著作权由作者享有，但法人或者非法人单位有权在其业务范围内优先使用。作品完成两年内，未经单位同意，作者不得许可第三人以与单位使用的相同方式使用该作品。

有下列情形之一的职务作品，作者享有署名权，著作权的其他权利由法人或者非法人单位享有，法人或者非法人单位可以给予作者奖励：

（一）主要是利用法人或者非法人单位的物质技术条件创作，并由法人或者非法人单位承担责任的工程设计、产品设计图纸及其说明、计算机软件、地图等职务作品；

（二）法律、行政法规规定或者合同约定著作权由法人或者非法人单位享有的职务作品。

第十七条 受委托创作的作品，著作权的归属由委托人和受托人通过合同约定。合同未作明确约定或者没有订立合同的，著作权属于受托人。

第十八条 美术等作品原件所有权的转移，不视为作品著作权的转移，但美术作品原件的展览权由原件所有人享有。

第十九条 著作权属于公民的，公民死亡后，其作品的使用权和获得报酬权在本法规定的保护期内，依照继承法的规定转移。

著作权属于法人或者非法人单位的，法人或者非法人单位变更、终止后，其作品的使用权和获得报酬权在本法规定的保护期内，由承受其权利义务的法人或者非法人单位享有；没有承受其权利义务的法人或者非法人单位的，由国家享有。

第三节 权利的保护期

第二十条 作者的署名权、修改权、保护作品完整权的保护期不受限制。

第二十一条 公民的作品，其发表权、使用权和获得报酬权的保护期为作者终生及其死亡后五十年，截止于作者死亡后第五十年的十二月三十一日；如果是合作作品，截止于最后死亡的作者死亡后第五十年的十二月三十一日。

法人或者非法人单位的作品、著作权（署名权除外）由法人或者非法人单位享有的职务作品，其发表权、使用权和获得报酬权的保护期为五十年，截止于作品首次发表后第五十年的十二月三十一日，但作品自创作完成后五十年内未发表的，本法不再保护。电影、电视、录像和摄影作品的发表权、使用权和获得报酬权的保护期为五十年，截止于作品首次发表后第五十年的十二月三十一日，但作品自创作完成后五十年内未发表的，本法不再保护。

第四节 权利的限制

第二十二条 在下列情况下使用作品，可以不经著作权人许可，不向其支付报酬，但应当指明作者姓名、作品名称，并且不得侵犯著作权人依照本法享有的其他权利：

（一）为个人学习、研究或者欣赏，使用他人已经发表的作品；

（二）为介绍、评论某一作品或者说明某一问题，在作品中适当引用他人已经发表的作品；

（三）为报道时事新闻，在报纸、期刊、广播、电视节目或者新闻纪录影片中引用已经发表的作品；

（四）报纸、期刊、广播电台、电视台刊登或者播放其他报纸、期刊、广播电台、电视台已经发表的社论、评论员文章；

（五）报纸、期刊、广播电台、电视台刊登或者播放在公众集会上发表的讲话，但作者声明不许刊登、播放的除外；

（六）为学校课堂教学或者科学研究，翻译或者少量复制已经发表的作品，供教学或者科研人员使用，但不得出版发行；

（七）国家机关为执行公务使用已经发表的作品；

（八）图书馆、档案馆、纪念馆、博物馆、美术馆等为陈列或者保存版本的需要，复制本馆收藏的作品；

（九）免费表演已经发表的作品；

（十）对设置或者陈列在室外公共场所的艺术作品进行临摹、绘画、摄影、录像；

（十一）将已经发表的汉族文字作品翻译成少数民族文字在国内出版发行；

（十二）将已经发表的作品改成盲文出版。

以上规定适用于对出版者、表演者、录音录像制作者、广播电台、电视台的权利的限制。

第三章　著作权许可使用合同

第二十三条　使用他人作品应当同著作权人订立合同或者取得许可，本法规定可以不经许可的除外。

第二十四条　合同包括下列主要条款：

（一）许可使用作品的方式；

（二）许可使用的权利是专有使用权或者非专有使用权；

（三）许可使用的范围、期间；

（四）付酬标准和办法；

（五）违约责任；

（六）双方认为需要约定的其他内容。

第二十五条 合同中著作权人未明确许可的权利，未经著作权人许可，另一方当事人不得行使。

第二十六条 合同的有效期限不超过十年。合同期满可以续订。

第二十七条 使用作品的付酬标准由国务院著作权行政管理部门会同有关部门制定。合同另有约定的，也可以按照合同支付报酬。

第二十八条 出版者、表演者、录音录像制作者、广播电台、电视台等依照本法取得他人的著作权使用权的，不得侵犯作者的署名权、修改权、保护作品完整权和获得报酬权。

第四章 出版、表演、录音录像、播放

第一节 图书、报刊的出版

第二十九条 图书出版者出版图书应当和著作权人订立出版合同，并支付报酬。

第三十条 图书出版者对著作权人交付出版的作品，在合同约定期间享有专有出版权。合同约定图书出版者享有专有出版权的期限不得超过十年，合同期满可以续订。图书出版者在合同约定期间享有的专有出版权受法律保护，他人不得出版该作品。

第三十一条 著作权人应当按照合同约定期限交付作品。图书出版者应当按照合同约定的出版质量、期限出版图书。

图书出版者不按照合同约定期限出版，应当依照本法第四十七条的规定承担民事责任。图书出版者重印、再版作品的，应当通知著作权人，并支付报酬。图书脱销后，图书出版者拒绝重印、再版的，著作权人有权终止合同。

第三十二条 著作权人向报社、杂志社投稿的，自稿件发出之日起十五日内未收到报社通知决定刊登的，或者自稿件发出之日起三十日内未收到杂志社通知决定刊登的，可以将同一作品向其他报社、杂志社投稿。双方另有约定的除外。作品刊登后，除著作权人声明不得转载、摘编的外，其他报刊可以转载或者作为文摘、资料刊登，但应当按照规定向著作权人支付报酬。

第三十三条 图书出版者经作者许可，可以对作品修改、删节。报社、杂志社可以对作品作文字性修改、删节，对内容的修改，应当经作者许可。

第三十四条 出版改编、翻译、注释、整理、编辑已有作品而产生的作

品，应当向改编、翻译、注释、整理、编辑作品的著作权人和原作品的著作权人支付报酬。

第二节 表演

第三十五条 表演者（演员、演出单位）使用他人未发表的作品演出，应当取得著作权人许可，并支付报酬。表演者使用他人已发表的作品进行营业性演出，可以不经著作权人许可，但应当按照规定支付报酬；著作权人声明不许使用的不得使用。表演者使用改编、翻译、注释、整理已有作品而产生的作品进行营业性演出，应当按照规定向改编、翻译、注释、整理作品的著作权人和原作品的著作权人支付报酬。表演者为制作录音录像和广播、电视节目进行表演使用他人作品的，适用本法第三十七条、第四十条的规定。

第三十六条 表演者对其表演享有下列权利：

（一）表明表演者身份；

（二）保护表演形象不受歪曲；

（三）许可他人从现场直播；

（四）许可他人为营利目的录音录像，并获得报酬。

第三节 录音录像

第三十七条 录音制作者使用他人未发表的作品制作录音制品，应当取得著作权人的许可，并支付报酬。使用他人已发表的作品制作录音制品，可以不经著作权人许可，但应当按照规定支付报酬；著作权人声明不许使用的不得使用。录像制作者使用他人作品制作录像制品，应当取得著作权人的许可，并支付报酬。录音录像制作者使用改编、翻译、注释、整理已有作品而产生的作品，应当向改编、翻译、注释、整理作品的著作权人和原作品的著作权人支付报酬。

第三十八条 录音录像制作者制作录音录像制品，应当同表演者订立合同，并支付报酬。

第三十九条 录音录像制作者对其制作的录音录像制品，享有许可他人复制发行并获得报酬的权利。该权利的保护期为五十年，截止于该制品首次出版后第五十年的十二月三十一日。被许可复制发行的录音录像制作者还应当按照规定向著作权人和表演者支付报酬。

第四节　广播电台、电视台播放

第四十条　广播电台、电视台使用他人未发表的作品制作广播、电视节目，应当取得著作权人的许可，并支付报酬。广播电台、电视台使用他人已发表的作品制作广播、电视节目，可以不经著作权人许可，但著作权人声明不许使用的不得使用；并且除本法规定可以不支付报酬的以外，应当按照规定支付报酬。广播电台、电视台使用改编、翻译、注释、整理已有作品而产生的作品制作广播、电视节目，应当向改编、翻译、注释、整理作品的著作权人和原作品的著作权人支付报酬。

第四十一条　广播电台、电视台制作广播、电视节目，应当同表演者订立合同，并支付报酬。

第四十二条　广播电台、电视台对其制作的广播、电视节目，享有下列权利：

（一）播放；

（二）许可他人播放，并获得报酬；

（三）许可他人复制发行其制作的广播、电视节目，并获得报酬。

前款规定的权利的保护期为五十年，截止于该节目首次播放后第五十年的十二月三十一日。被许可复制发行的录音录像制作者还应当按照规定向著作权人和表演者支付报酬。

第四十三条　广播电台、电视台非营业性播放已出版的录音制品，可以不经著作权人、表演者、录音制作者许可，不向其支付报酬。

第四十四条　电视台播放他人的电影、电视和录像，应当取得电影、电视制片者和录像制作者的许可，并支付报酬。

第五章　法律责任

第四十五条　有下列侵权行为的，应当根据情况，承担停止侵害、消除影响、公开赔礼道歉、赔偿损失等民事责任：

（一）未经著作权人许可，发表其作品的；

（二）未经合作作者许可，将与他人合作创作的作品当作自己单独创作的作品发表的；

（三）没有参加创作，为谋取个人名利，在他人作品上署名的；

（四）歪曲、篡改他人作品的；

（五）未经著作权人许可，以表演、播放、展览、发行、摄制电影、电视、录像或者改编、翻译、注释、编辑等方式使用作品的，本法另有规定的除外；

（六）使用他人作品，未按照规定支付报酬的；

（七）未经表演者许可，从现场直播其表演的；

（八）其他侵犯著作权以及与著作权有关的权益的行为。

第四十六条 有下列侵权行为的，应当根据情况，承担停止侵害、消除影响、公开赔礼道歉、赔偿损失等民事责任，并可以由著作权行政管理部门给予没收非法所得、罚款等行政处罚：

（一）剽窃、抄袭他人作品的；

（二）未经著作权人许可，以营利为目的，复制发行其作品的；

（三）出版他人享有专有出版权的图书的；

（四）未经表演者许可，对其表演制作录音录像出版的；

（五）未经录音录像制作者许可，复制发行其制作的录音录像的；

（六）未经广播电台、电视台许可，复制发行其制作的广播、电视节目的；

（七）制作、出售假冒他人署名的美术作品的。

第四十七条 当事人不履行合同义务或者履行合同义务不符合约定条件的，应当照民法通则有关规定承担民事责任。

第四十八条 著作权侵权纠纷可以调解，调解不成或者调解达成协议后一方反悔的，可以向人民法院起诉。当事人不愿调解的，也可以直接向人民法院起诉。

第四十九条 著作权合同纠纷可以调解，也可以依据合同中的仲裁条款或者事后达成的书面仲裁协议，向著作权仲裁机构申请仲裁。对于仲裁裁决，当事人应当履行。当事人一方不履行仲裁裁决的，另一方可以申请人民法院执行。

受申请的人民法院发现仲裁裁决违法的，有权不予执行。人民法院不予执行的，当事人可以就合同纠纷向人民法院起诉。

当事人没有在合同中订立仲裁条款，事后又没有书面仲裁协议的，可以直接向人民法院起诉。

第五十条 当事人对行政处罚不服的，可以在收到行政处罚决定书三个月内向人民法院起诉，期满不起诉又不履行的，著作权行政管理部门可以申请人民法院执行。

第六章 附 则

第五十一条 本法所称的著作权与版权系同义语。

第五十二条 本法所称的复制，指以印刷、复印、临摹、拓印、录音、录像、翻录、翻拍等方式将作品制作一份或者多份的行为。按照工程设计、产品设计图纸及其说明进行施工、生产工业品，不属于本法所称的复制。

第五十三条 计算机软件的保护办法由国务院另行规定。

第五十四条 本法的实施条例由国务院著作权行政管理部门制定，报国务院批准后施行。

第五十五条 本法规定的著作权人和出版者、表演者、录音录像制作者、广播电台、电视台的权利，在本法施行之日尚未超过本法规定的保护期的，依照本法予以保护。本法施行前发生的侵权或者违约行为，依照侵权或者违约行为发生时的有关规定和政策处理。

第五十六条 本法自 1991 年 6 月 1 日起施行。

中华人民共和国著作权法实施条例（1991年）*

（1991年5月24日国务院批准，1991年5月30日国家版权局发布）

第一章　一般规定

第一条　根据中华人民共和国著作权法（以下简称著作权法）第五十四条的规定，制定本实施条例。

第二条　著作权法所称作品，指文学、艺术和科学领域内，具有独创性并能以某种有形形式复制的智力创作成果。

第三条　著作权法所称创作，指直接产生文学、艺术和科学作品的智力活动。

为他人创作进行组织工作，提供咨询意见、物质条件，或者进行其他辅助活动，均不视为创作。

第四条　著作权法和本实施条例中下列作品的含义是：

（一）文字作品，指小说、诗词、散文、论文等以文字形式表现的作品；

（二）口述作品，指即兴的演说、授课、法庭辩论等以口头语言创作、未以任何物质载体固定的作品；

（三）音乐作品，指交响乐、歌曲等能够演唱或者演奏的带词或者不带词的作品；

（四）戏剧作品，指话剧、歌剧、地方戏曲等供舞台演出的作品；

（五）曲艺作品，指相声、快书、大鼓、评书等以说唱为主要形式表演的作品；

---

* 本著作权法实行条例涉及大量术语的界定，在后续的立法修订中，许多都上升到立法中。

（六）舞蹈作品，指通过连续的动作、姿势、表情表现的作品；

（七）美术作品，指绘画、书法、雕塑、建筑等以线条、色彩或者其他方式构成的有审美意义的平面或者立体的造型艺术作品；

（八）摄影作品，指借助器械，在感光材料上记录客观物体形象的艺术作品；

（九）电影、电视、录像作品，指摄制在一定物质上，由一系列有伴音或者无伴音的画面组成，并且借助适当装置放映、播放的作品；

（十）工程设计、产品设计图纸及其说明，指为施工和生产绘制的图样及对图样的文字说明；

（十一）地图、示意图等图形作品，指地图、线路图、解剖图等反映地理现象、说明事物原理或者结构的图形或者模型。

第五条 著作权法和本实施条例中下列使用作品方式的含义是：

（一）复制，指以印刷、复印、临摹、拓印、录音、录像、翻录、翻拍等方式将作品制作一份或者多份的行为；

（二）表演，指演奏乐曲、上演剧本、朗诵诗词等直接或者借助技术设备以声音、表情、动作公开再现作品；

（三）播放，指通过无线电波、有线电视系统传播作品；

（四）展览，指公开陈列美术作品、摄影作品的原件或者复制件；

（五）发行，指为满足公众的合理需求，通过出售、出租等方式向公众提供一定数量的作品复制件；

（六）出版，指将作品编辑加工后，经过复制向公众发行；

（七）摄制电影、电视、录像作品，指以拍摄电影或者类似的方式首次将作品固定在一定的载体上。将表演或者景物机械地录制下来，不视为摄制电影、电视、录像作品；

（八）改编，指在原有作品的基础上，通过改变作品的表现形式或者用途，创作出具有独创性的新作品；

（九）翻译，指将作品从一种语言文字转换成另一种语言文字；

（十）注释，指对文字作品中的字、词、句进行解释；

（十一）编辑，指根据特定要求选择若干作品或者作品的片断汇集编排成为一部作品；

（十二）整理，指对内容零散、层次不清的已有文字作品或者材料进行条理化、系统化的加工，如古籍的校点、补遗等。

第六条 著作权法和本实施条例中下列用语的含义是：

（一）时事新闻，指通过报纸、期刊、电台、电视台等传播媒介报道的单纯事实消息；

（二）录音制品，指任何声音的原始录制品；

（三）录像制品，指电影、电视、录像作品以外的任何有伴音或者无伴音的连续相关形象的原始录制品；

（四）广播、电视节目，指广播电台、电视台通过载有声音、图像的信号传播的节目；

（五）录音制作者，指制作录音制品的人；

（六）录像制作者，指制作录像制品的人；

（七）表演者，指演员或者其他表演文学、艺术作品的人。

第二章 著作权行政管理部门

第七条 国家版权局是国务院著作权行政管理部门，主管全国的著作权管理工作，其主要职责是：

（一）贯彻实施著作权法律、法规，制定与著作权行政管理有关的办法；

（二）查处在全国有重大影响的著作权侵权案件；

（三）批准设立著作权集体管理机构、涉外代理机构和合同纠纷仲裁机构，并监督、指导其工作；

（四）负责著作权涉外管理工作；

（五）负责国家享有的著作权管理工作；

（六）指导地方著作权行政管理部门的工作；

（七）承担国务院交办的其他著作权管理工作。

第八条 地方人民政府的著作权行政管理部门主管本行政区域的著作权管理工作，其职责由各省、自治区、直辖市人民政府确定。

第三章 著作权的归属与行使

第一节 著作权的归属

第九条 创作作品的公民或者依法被视为作者的法人或者非法人单位享

有著作权，但法律另有规定的除外。法人必须符合民法通则规定的条件 。不具备法人条件，经核准登记的社会团体、经济组织或者组成法人的各个相对独立的部门，为非法人单位。

第十条 注释、整理他人已有作品的人，对经过自己注释、整理而产生的作品享有著作权，但对原作品不享有著作权，并且不得阻止其他人对同一已有作品进行注释、整理。

第十一条 合作作品不可以分割使用的，合作作者对著作权的行使如果不能协商一致，任何一方无正当理由不得阻止他方行使。

第十二条 由法人或者非法人单位组织人员进行创作，提供资金或者资料等创作条件，并承担责任的百科全书、辞书、教材、大型摄影画册等编辑作品，其整体著作权归法人或者非法人单位所有。

第十三条 著作权人许可他人将其作品摄制成电影、电视、录像作品的，视为已同意对其作品进行必要的改动，但是这种改动不得歪曲篡改原作品。

第十四条 职务作品由作者享有著作权的，在作品完成两年内，如单位在其业务范围内不使用，作者可以要求单位同意由第三人以与单位使用的相同方式使用，单位没有正当理由不得拒绝。

在作品完成两年内，经单位同意，作者许可第三人以与单位使用的相同方式使用作品所获报酬，由作者与单位按约定的比例分配。

作品完成两年后，单位可以在其业务范围内继续使用。

作品完成两年的期限，自作者向单位交付作品之日起计算。

第十五条 著作权法第十六条第二款第（一）项所称物质技术条件，指为创作专门提供的资金、设备或者资料。

第十六条 作者身份不明的作品，由作品原件的合法持有人行使除署名权以外的著作权。作者身份确定后，由作者或者其继承人行使著作权。

第十七条 著作权法第十八条关于美术等作品原件所有权的转移，不视为作品著作权的转移的规定，适用于任何原件所有权可能转移的作品。

第二节　著作权的继承

第十八条 著作权中的财产权依照继承法的规定继承。

第十九条 合作作者之一死亡后，其对合作作品享有的使用权和获得报酬权无人继承又无人受遗赠的，由其他合作作者享有。

第二十条 作者死亡后，其著作权中的署名权、修改权和保护作品完整权由作者的继承人或者受遗赠人保护。

著作权无人继承又无人受遗赠的，其署名权、修改权和保护作品完整权由著作权行政管理部门保护。

第二十一条 国家享有的著作权，由著作权行政管理部门代表国家行使。

第二十二条 作者生前未发表的作品，如果作者未明确表示不发表，作者死亡后五十年内，其发表权可由继承人或者受遗赠人行使；没有继承人又无人受遗赠的，由作品原件的合法所有人行使。

第三节 著作权的产生和保护期限的计算

第二十三条 著作权自作品完成创作之日起产生，并受著作权法的保护。

第二十四条 作者身份不明的作品，对其使用权和获得报酬权的保护期为50年，截止于作品首次发表后第50年的12月31日。作者身份一旦确定，适用著作权法第二十一条的规定。

第二十五条 外国人的作品首先在中国境内发表的，其著作权保护期自首次发表之日起计算。

著作权法第二条第二款所称外国人的作品首先在中国境内发表，指外国人未发表的作品通过合法方式首先在中国境内出版。

外国人作品在中国境外首先出版后，30天内在中国境内出版的，视为该作品首先在中国境内发表。

外国人未发表的作品经授权改编、翻译后首先在中国境内出版的，视为该作品首先在中国境内发表。

第四节 权利的限制

第二十六条 著作权法所称已经发表的作品，指著作权人以著作权法规定的方式公之于众的作品。

第二十七条 著作权法第二十二条第（二）项规定的适当引用他人已经发表的作品，必须具备下列条件：

（一）引用目的仅限于介绍、评论某一作品或者说明某一问题；

（二）所引用部分不能构成引用人作品的主要部分或者实质部分；

（三）不得损害被引用作品著作权人的利益。

第二十八条 著作权法第二十二条第（三）项的规定，指在符合新闻报道目的的范围内，不可避免地再现已经发表的作品。

第二十九条 依照著作权法第二十二条第（六）、（七）项的规定使用他人已经发表的作品，不得影响作品的正常利用，也不得无故损害著作权人的合法权益。

第三十条 依照著作权法第二十二条第（九）项的规定表演已经发表的作品，不得向听众、观众收取费用，也不得向表演者支付报酬。

第三十一条 著作权法第二十二条第（十一）项的规定，仅适用于原作品为汉族文字的作品。

第四章 著作权许可使用合同

第三十二条 同著作权人订立合同或者取得许可使用其作品，应当采取书面形式，但是报社、杂志社刊登作品除外。

第三十三条 除著作权法另有规定外，合同中未明确约定授予专有使用权的，使用者仅取得非专有使用权。

第三十四条 国家版权局负责提供各类著作权许可使用合同的标准样式。

第三十五条 取得某项专有使用权的使用者，有权排除著作权人在内的一切他人以同样的方式使用作品，如果许可第三人行使同一权利，必须取得著作权人的许可，合同另有约定的除外。

第五章 与著作权有关权益的行使与限制

第三十六条 著作权法和本实施条例所称与著作权有关权益，指出版者对其出版的图书和报刊享有的权利，表演者对其表演享有的权利，录音录像制作者对其制作的录音录像制品享有的权利，广播电台、电视台对其制作的广播、电视节目享有的权利。

第三十七条 出版者、表演者、录音录像制作者、广播电台、电视台行使权利，不得损害被使用作品和原作品著作权人的权利。

第三十八条 出版者对其出版的图书、报纸、杂志的版式、装帧设计，享有专有使用权。

第三十九条 图书出版者依照著作权法第三十条的规定，在合同有效期内和在合同约定地区内，以同种文字的原版、修订版和缩编本的方式出版图书的独占权利，受法律保护。

第四十条 作者主动投给图书出版者的稿件，出版者应在 6 个月内决定是否采用。采用的，应签订合同；不采用的，应及时通知作者。既不通知作者，又不签订合同的，6 个月后作者可以要求出版者退还原稿和给予经济补偿。6 个月期限，从出版者收到稿件之日起计算。

第四十一条 由著作权人承担出版经费的，不适用著作权法第二十九条、第三十条、第三十一条、第三十三条的规定。

第四十二条 著作权人寄给图书出版者的两份订单在6 个月内未能得到履行，视为著作权法第三十一条所称的图书脱销。

第四十三条 著作权人依照著作权法第三十二条第二款声明不得转载、摘编其作品的，应当在报纸、杂志首次刊登该作品时附带声明。

第四十四条 著作权法第三十六条第（一）、（二）项权利的保护期不受时间限制。

著作权法第三十九条第二款和第四十二条第三款规定的表演者获得报酬权利的保护期，分别适用第三十九条第一款和第四十二条第二款的规定。

第四十五条 依照著作权法第三十五条的规定，表演者应当通过演出组织者向著作权人支付报酬。

第四十六条 外国表演者在中国境内的表演，受著作权法保护。

第四十七条 外国录音录像制作者在中国境内制作并发行的录音录像制品，受著作权法保护。

第四十八条 著作权人依照著作权法第三十五条第二款、第三十七条第一款和第四十条第二款声明不得对其作品表演、录音或者制作广播、电视节目的，应当在发表该作品时声明，或者在国家版权局的著作权公报上刊登声明。

第四十九条 根据著作权法第三十二条第二款、第三十五条第二款、第三十七条第一款、第四十条第二款，使用他人已经发表的作品，应当向著作权人支付报酬。著作权人或者著作权人地址不明的，应在一个月内将报酬寄送国家版权局指定的机构，由该机构转递著作权人。

第六章　罚　则

第五十条 著作权行政管理部门对著作权法第四十六条所列的侵权行为，可给予警告、责令停止制作和发行侵权复制品、没收非法所得、没收侵权复制品及制作设备和罚款的行政处罚。

第五十一条 著作权行政管理部门对著作权法第四十六条所列侵权行为，视情节轻重，罚款数额如下：

（一）对有著作权法第四十六条第（一）项行为的，罚款 100 至 5000 元；

（二）对有著作权法第四十六条第（二）、（三）、（四）、（五）、（六）项行为的，罚款 1 万至 10 万元或者总定价的 2 至 5 倍；

（三）对有著作权法第四十六条第（七）项行为的，罚款 1000 至 5 万元。

第五十二条 地方人民政府著作权行政管理部门负责查处本地区发生的著作权法第四十六条所列的侵权行为。

国家版权局负责查处著作权法第四十六条所列侵权行为中的下列行为：

（一）在全国有重大影响的侵权行为；

（二）涉外侵权行为；

（三）认为应当由国家版权局查处的侵权行为。

第五十三条 著作权行政管理部门在行使行政处罚权时，可以责令侵害人赔偿受害人的损失。

第七章 附 则

第五十四条 著作权人可以通过集体管理的方式行使其著作权。

第五十五条 本实施条例由国家版权局负责解释。

第五十六条 本实施条例自 1991 年 6 月 1 日起施行。

中华人民共和国计算机软件保护条例（1991年）*

（1991年5月24日国务院第八十三次常务会议通过，
1991年6月4日国务院令第84号发布）

第一章　总　则

第一条　为保护计算机软件著作权人的权益，调整计算机软件在开发、传播和使用中发生的利益关系，鼓励计算机软件的开发与流通，促进计算机应用事业的发展，依照《中华人民共和国著作权法》的规定，制定本条例。

第二条　本条例所称的计算机软件（简称软件，下同）是指计算机程序及其有关文档。

第三条　本条例下列用语的含义是：

（一）计算机程序：指为了得到某种结果而可以由计算机等具有信息处理能力的装置执行的代码化指令序列，或者可被自动转换成代码化指令序列的符号化指令序列或者符号化语名序列。

计算机程序包括源程序和目标程序。同一程序的源文本和目标文本应当视为同一作品。

---

* 在该条例通过的20世纪90年代初期，主要受到国际化的计算机软件版权保护制度的影响，该条例更多地体现了在我国建立与国际标准接轨的著作权保护体系的要求。1984年10月，国务院科技领导小组办公室提出对软件法律保护问题的调查研究工作，1985年根据国务院法制局的安排，由原电子工业部会同国家科委、国防科工委等16个国务院部门以及北京、上海、天津、广东、江苏等5省市代表组成软件法律保护工作组，起草条例草案，经反复修改论证，历时7年完成。参见《中国科学技术蓝皮书》“计算机软件保护制度”部分，科技文献出版社1992年版。

（二）文档：指用自然语言或者形式化语言所编写的文字资料和图表，用来描述程序的内容、组成、设计、功能规格、开发情况、测试结果及使用方法，如程序设计说明书、流程图、用户手册等。

（三）软件开发者：指实际组织、进行开发工作，提供工作条件以完成软件开发，并对软件承担责任的法人或者非法人单位（简称单位，下同）；依靠自己具有的条件完成软件开发，并对软件承担责任的公民。

（四）软件著作权人：指按本条例的规定，对软件享有著作权的单位和公民。

（五）复制：指把软件转载在有形物体上的行为。

第四条 本条例所称对软件的保护，是指软件的著作权人或者其受让者享有本条例规定的软件著作权的各项权利。

第五条 受本条例保护的软件必须由开发者独立开发，并已固定在某种有形物体上。

第六条 中国公民和单位对其所开发的软件，不论是否发表，不论在何地发表，将依照本条例享有著作权。外国人的软件首先在中国境内发表的，依照本条例享有著作权。外国人在中国境外发表的软件，依照其所属国同中国签订的协议或者共同参加的国际条约享有的著作权，受本条例保护。

第七条 本条例对软件的保护不能扩大到开发软件所用的思想、概念、发现、原理、算法、处理过程和运行方法。

第八条 国务院授权的软件登记管理机构主管全国软件的登记工作。

第二章　计算机软件著作权

第九条 软件著作权人享有下列各项权利：

（一）发表权，即决定软件是否公之于众的权利；

（二）开发者身份权，即表明开发者身份的权利以及在其软件上署名的权利；

（三）使用权，即在不损害社会公共利益的前提下，以复制、展示、发行、修改、翻译、注释等方式使用其软件的权利；

（四）使用许可权和获得报酬权，即许可他人以本条第（三）项中规定的部分或者全部方式使用其软件的权利和由此而获得报酬的权利；

（五）转让权，即向他人转让由本条第（三）项和第（四）项规定的使用权和使用许可权的权利。

第十条 软件著作权属于软件开发者，本条例有专门规定者从其规定。

第十一条 由两个以上的单位、公民合作开发的软件，除另有协议外，其软件著作权由各合作开发者共同享有。

合作开发者对软件著作权的行使按照事前的书面协议进行。如无书面协议，而合作开发的软件可以分割使用的，开发者对各自开发的部分可以单独享有著作权，但行使著作权时不得扩展到合作开发的软件整体的著作权。合作开发的软件不能分割使用的，由合作开发者协商一致行使。如不能协商一致，又无正当理由，任何一方不得阻止他方行使除转让权以外的其他权利，但所得收益应合理分配给所有合作开发者。

第十二条 受他人委托开发的软件，其著作权的归属由委托者与受委托者签订书面协议约定，如无书面协议或者在协议中未作明确约定，其著作权属于受委托者。

第十三条 由上级单位或者政府部门下达任务开发的软件，著作权的归属由项目任务书或者合同规定，如项目任务书或者合同中未作明确规定，软件著作权属于接受任务的单位。国务院有关主管部门和省、自治区、直辖市人民政府，对本系统内或者所管辖的全民所有制单位开发的对于国家利益和公共利益具有重大意义的软件，有权决定允许指定的单位使用，由使用单位按照国家有关规定支付使用费。

第十四条 公民在单位任职期间所开发的软件，如是执行本职工作的结果，即针对本职工作中明确指定的开发目标所开发的，或者是从事本职工作活动所预见的结果或者自然的结果，则该软件的著作权属于该单位。公民所开发的软件如不是执行本职工作的结果，并与开发者在单位中从事的工作内容无直接联系，同时又未使用单位的物质技术条件，则该软件的著作权属于开发者自己。

第十五条 软件著作权的保护期为二十五年，截止于软件首次发表后第二十五年的12月31日。保护期满前，软件著作权人可以向软件登记管理机构申请续展二十五年，但保护期最长不超过五十年。软件开发者的开发者身份权的保护期不受限制。

第十六条 在软件著作权的保护期内，软件著作权的继承者可根据《中华人民共和国继承法》的有关规定，继承本条例第九条第（三）项和第（四）项规定的权利。继承活动的发生不改变该软件权利的保护期。

第十七条 在软件著作权的保护期内，享有软件著作权的单位发生变更后，由合法的继承单位享有该软件的各项权利。享有软件著作权的单位发生变更，不改变该软件权利的保护期。

第十八条 在软件著作权的保护期内，软件的著作权人或者其受让者有权许可他人行使本条例第九条第（三）项规定的使用权。著作权人或者其受让者许可他人行使使用权时，可以按协议收取费用。软件权利的使用许可应当根据我国有关法规以签订、执行书面合同的方式进行。被许可人应当在合同规定的方式、条件、范围和时间内行使使用权。

许可合同的有效期限一次不得超过十年。合同期满可以续订。合同中未明确规定为独占许可的，被许可的软件权利应当视为非独占的。上述许可活动的发生不改变该软件著作权的归属。

第十九条 在软件著作权的保护期内，由本条例第九条第（三）项和第（四）项规定的使用权和使用许可权的享有者，可以把使用权和使用许可权转让给他人。软件权利的转让应当根据我国有关法规以签订、执行书面合同的方式进行。转让活动的发生不改变该软件著作权的保护期。

第二十条 软件著作权保护期满后，除开发者身份权以外，该软件的其他各项权利即行终止。凡符合下列各项之一者，除开发者身份权以外，软件的各项权利在保护期满之前进入公有领域：

（一）拥有该软件著作权的单位终止而无合法继承者；

（二）拥有该软件著作权的公民死亡而无合法继承者。

第二十一条 合法持有软件复制品的单位、公民，在不经该软件著作权人同意的情况下，享有下列权利：

（一）根据使用的需要把该软件装入计算机内；

（二）为了存档而制作备份复制品。但这些备份复制品不得通过任何方式提供给他人使用。一旦持有者丧失对该软件的合法持有权时，这些备份复制品必须全部销毁；

（三）为了把该软件用于实际的计算机应用环境或者改进其功能性能而进行必要的修改。但除另有协议外，未经该软件著作权人或者其合法受让者的同意，不得向任何第三方提供修改后的文本。

第二十二条 因课堂教学、科学研究、国家机关执行公务等非商业性目的的需要对软件进行少量的复制，可以不经软件著作权人或者其合法受让者的同意，不向其支付报酬。但使用时应当说明该软件的名称、开发者，并且不得侵犯著作权人或者其合法受让者依本条例所享有的其他各项权利。该复制品使用完毕后应当妥善保管、收回或者销毁，不得用于其他目的或者向他人提供。

第三章 计算机软件的登记管理

第二十三条 在本条例发布以后发表的软件，可向软件登记管理机构办理登记申请，登记获准之后，由软件登记管理机构发放登记证明文件，并向社会公告。

第二十四条 向软件登记管理机构办理软件著作权的登记，是根据本条例提出软件权利纠纷行政处理或者诉讼的前提。

软件登记管理机构发放的登记证明文件，是软件著作权有效或者登记申请文件中所述事实确实的初步证明。

第二十五条 软件著作权人申请登记时应当提交：

（一）按规定填写的软件著作权登记表；

（二）符合规定的软件鉴别材料。

软件著作权人还应当按规定交纳登记费。

软件登记的具体管理办法和收费标准由软件登记管理机构公布。

第二十六条 软件著作权的登记具有下列情况之一的，可以被撤销：

（一）根据最终的司法判决；

（二）已经确认申请登记中提供的主要信息是不真实的。

第二十七条 凡已办理登记的软件，在软件权利发生转让活动时，受让方应当在转让合同正式签订后三个月之内向软件登记管理机构备案，否则不能对抗第三者的侵权活动。

第二十八条 中国籍的软件著作权人将其在中国境内开发的软件的权利向外国人许可或者转让时，应当报请国务院有关主管部门批准并向软件登记管理机构备案。

第二十九条 从事软件登记的工作人员，以及曾在此职位上工作过的人员，在软件著作权的保护期内，除为了执行这项登记管理职务的目的之外，不得利用或者向他人透露申请者登记时提交的存档材料及有关情况。

第四章　法律责任

第三十条　除本条例第二十一条及第二十二条规定的情况外，有下列侵权利为的，应当根据情况，承担停止侵害、消除影响、公开赔礼道歉、赔偿损失等民事责任，并可以由国家软件著作权行政管理部门给予没收非法所得、罚款等行政处罚：

（一）未经软件著作权人同意发表其软件作品；

（二）将他人开发的软件当作自己的作品发表；

（三）未经合作者同意，将与他人合作开发的软件当作自己单独完成的作品发表；

（四）在他人开发的软件上署名或者涂改他人开发的软件上的署名；

（五）未经软件著作权人或者其合法受让者的同意修改、翻译、注释其软件作品；

（六）未经软件著作权人或者其合法受让者的同意复制或者部分复制其软件作品；

（七）未经软件著作权人或者其合法受让者的同意向公众发行、展示其软件的复制品；

（八）未经软件著作权人或者其合法受让者的同意向任何第三方办理其软件的许可使用或者转让事宜。

第三十一条　因下列情况之一而引起的所开发的软件与已经存在的软件相似，不构成对已经存在的软件的著作权的侵犯：

（一）由于必须执行国家有关政策、法律、法规和规章；

（二）由于必须执行国家技术标准；

（三）由于可供选用的表现形式种类有限。

第三十二条　软件持有者不知道或者没有合理的依据知道该软件是侵权物品，其侵权责任由该侵权软件的提供者承担。但若所持有的侵权软件不销毁不足以保护软件著作权人的权益时，持有者有义务销毁所持有的侵权软件，为此遭受的损失可以向侵权软件的提供者追偿。

前款所称侵权软件的提供者包括明知是侵权软件又向他人提供该侵权软件者。

第三十三条 当事人不履行合同义务或者履行合同义务不符合约定条件的，应当依照民法通则有关规定承担民事责任。

第三十四条 软件著作权侵权纠纷可以调解，调解不成或者调解达成协议后一方反悔的，可以向人民法院起诉。当事人不愿调解的，也可以直接向人民法院起诉。

第三十五条 软件著作权合同纠纷可以调解，也可以依据合同中的仲裁条款或者事后达成的书面仲裁协议，向国家软件著作权仲裁机构申请仲裁。

对于仲裁裁决，当事人应当履行。当事人一方不履行仲裁裁决的，另一方可以申请人民法院执行。

受申请的人民法院发现仲裁裁决违法的，有权不予执行。人民法院不予执行的，当事人可以就合同纠纷向人民法院起诉。当事人没有在合同中订立仲裁条款，事后又没有书面仲裁协议的，可以直接向人民法院起诉。

第三十六条 当事人如对国家软件著作权行政管理部门的行政处罚不服的，可以在自收到通知之日起三个月内向人民法院起诉。期满不履行也不起诉的，国家软件著作权行政管理部门可以申请人民法院强制执行。

第三十七条 软件登记管理机构工作人员违反本条例第二十九条规定的，由软件登记管理机构或者上级主管部门给予行政处分；情节严重、构成犯罪的，由司法机关依法追究刑事责任。

第五章 附 则

第三十八条 本条例施行前发生的侵权行为，依照侵权行为发生时的有关规定处理。

第三十九条 本条例由国务院主管软件登记管理和软件著作权的行政管理部门负责解释。

第四十条 本条例自1991年10月1日起施行。

实施国际著作权条约的规定（1992 年）*

（1992 年 9 月 25 日国务院令第 105 号发布）

第一条 为实施国际著作条约，保护外国作品著作权人的合法权益，制定本规定。

第二条 对外国作品的保护，适用《中华人民共和国著作权法》（以下称著作权法）、《中华人民共和国著作权法实施条例》、《计算机软件保护条例》和本规定。

第三条 本规定所称国际著作权条约，是指中华人民共和国（以下称中国）参加的《伯尔尼保护文学和艺术作品公约》（以下称伯尔尼公约）和与外国签订的有关著作权的双边协定。

第四条 本规定所称外国作品，包括：

（一）作者或者作者之一，其他著作权人或者著作权人之一是国际著作权条约成员国的国民或者在该条约的成员国有经常居所的居民的作品；

（二）作者不是国际著作权条约成员国的国民或者在该条约的成员国有经常居所的居民，但是在该条约的成员国首次或者同时发表的作品；

（三）中外合资经营企业、中外合作经营企业和外资企业按照合同约定是著作权人或者著作权人之一的，其委托他人创作的作品。

第五条 对未发表的外国作品的保护期，适用著作权法第二十条、第二

* 该条例是在我国加入《伯尔尼公约》等著作权国际公约后，为解决我国《著作权法》的规定与该公约的一些差距而制定的。在实用艺术作品等问题上，给予外国人超出我国《著作权法》规定的更高水平的著作权保护，即“超国民待遇”，是该条例此后被诟病的重要问题。

十一条的规定。

第六条 对外国实用艺术作品的保护期，为自该作品完成起二十五年。

美术作品（包括动画形象设计）用于工业制品的，不适用前款规定。

第七条 外国计算机程序作为文学作品保护，可以不履行登记手续，保护期为自该程序首次发表之年年底起五十年。

第八条 外国作品是由不受保护的材料编辑而成，但是在材料的选取或者编排上有独创性的，依照著作权法第十四条的规定予以保护。此种保护不排斥他人利用同样的材料进行编辑。

第九条 外国录像制品根据国际著作权条约构成电影作品的，作为电影作品保护。

第十条 将外国人已经发表的以汉族文字创作的作品，翻译成少数民族文字出版发行的，应当事先取得著作权人的授权。

第十一条 外国作品著作权人，可以授权他人以任何方式、手段公开表演其作品或者公开传播对其作品的表演。

第十二条 外国电影、电视和录像作品的著作权人可以授权他人公开表演其作品。

第十三条 报刊转载外国作品，应当事先取得著作权人的授权；但是，转载有关政治、经济等社会问题的时事文章除外。

第十四条 外国作品的著作权人在授权他人发行其作品的复制品后，可以授权或者禁止出租其作品的复制品。

第十五条 外国作品的著作权人有权禁止进口其作品的下列复制品：

（一）侵权复制品；

（二）来自对其作品不予保护的国家的复制品。

第十六条 表演、录音或者广播外国作品，适用伯尔尼公约的规定；有集体管理组织的，应当事先取得该组织的授权。

第十七条 国际著作权条约在中国生效之日尚未在起源国进入公有领域的外国作品，按照著作权法和本规定规定的保护期受保护，到期满为止。

前款规定不适用于国际著作权条约在中国生效之日前发生的对外国作品的使用。

中国公民或者法人在国际著作权条约在中国生效之日前为特定目的而拥有和使用外国作品的特定复制本的，可以继续使用该作品的复制本而不承担责任；但是，该复制本不得以任何不合理地损害该作品著作权人合法权益的方式复制和使用。

前三款规定依照中国同有关国家签订的有关著作权的双边协定的规定实施。

第十八条 本规定第五条、第十二条、第十四条、第十五条、第十七条适用于录音制品。

第十九条 本规定施行前，有关著作权的行政法规与本规定有不同规定的，适用本规定。本规定与国际著作权条约有不同规定的，适用国际著作权条约。

第二十条 国家版权局负责国际著作权条约在中国的实施。

第二十一条 本规定由国家版权局负责解释。

第二十二条 本规定自一九九二年九月三十日起施行。

关于惩治侵犯著作权的犯罪的决定（1994年）*

（1994年7月5日第八届全国人民代表大会常务委员会第八次会议通过）

为了惩治侵犯著作权和著作权有关的权益的犯罪，对刑法作如下补充规定：

一、以营利为目的，有下列侵犯著作权情形之一，违法所得数额较大或者有其他严重情节的，处三年以下有期徒刑、拘役，单处或者并处罚金，违法所得数额巨大或者有其他特别严重情节的，处三年以上七年以下有期徒刑，并处罚金：

（一）未经著作权人许可，复制发行其文字作品、音乐、电影、电视、录像作品、计算机软件及其他作品的；

（二）出版他人享有专有出版权的图书的；

（三）未经录音录像制作者许可，复制发行其制作的录音录像的；

（四）制作、出售假冒他人署名的美术作品的。

二、以营利为目的，销售明知是第一条规定的侵权复制品，违法所得数额较大的，处二年以下有期徒刑、拘役，单处或者并处罚金；违法所得数额巨大的，处二年以上五年以下有期徒刑，并处罚金。

三、单位有本决定规定的犯罪行为的，对单位判处罚金，并对其直接负责的主管人员和其他直接责任人员，依照本决定的规定处罚。

四、查获的侵权复制品、违法所得和属本单位或者本人所有的主要用于

---

* 对于严重的著作权违法行为课以刑罚，在我国首先是通过该决定规定的，随后被1997年《刑法》吸收。通过相关的司法解释，著作权犯罪的内涵得到进一步细化。

侵犯著作权犯罪的材料、工具、设备或者其他财物，一律予以没收。

五、犯本决定规定之罪，造成被侵权人损失的，除依照本决定追究刑事责任外，并应当根据情况依法判处赔偿损失。

六、本决定自公布之日起施行。

作品自愿登记试行办法（1994年）*

（1994年12月31日国家版权局国权［94］718号）

第一条 为维护作者或其他和作品使用者的合法权益，有助于解决因造成的著作权纠纷，并为解决著作权纠纷提供初步证据，特制定本办法。

第二条 作品实行自愿登记，作品不论是否登记，作者或其他著作权人依法取得的著作权不受影响。

第三条 各省、自治区、直辖市版权局负责本辖区的作者或其他著作权人的作品登记工作。国家版权局负责外国以及中国台湾、香港和澳门地区的作者或其他著作权人的作品登记工作。

第四条 作品登记申请者应当是作者、其他享有著作权的公民、法人或者非法人单位和专有权所有人及其代理人。

第五条 属于下列情况之一的作品，作品登记机关不予登记：

1、不受著作权法保护的作品；

2、超过著作权保护期的作品；

3、依法禁止出版、传播的作品。

第六条 有下列情况的，作品登记机关应撤销其登记：

1、登记后发现有本办法第五条所规定的情况的；

2、登记后发现与事实不相符的；

3、申请人申请撤销原作品登记的；

---

* 虽然采用《伯尔尼公约》规定的著作权自动保护模式，但作品的著作权登记对于证明权属、解决纠纷仍然具有独特的价值。在该条例实行后，我国著作权登记制度随着著作权制度的发展而不断完善。

4、登记后发现是重复登记的。

第七条 作者或其他享有著作权的公民的所属辖区，原则上以其身份证上住址所在地的所属辖区为准。合作作者及有多个著作权人情况的，以受托登记者所属辖区为准。法人或者非法人单位所属辖区以其营业场所所在地所属辖区为准。

第八条 作者或其他著作权人申请作品登记应出示身份证明和提供表明作品权利归属的证明（如：封面及版权页的复印件、部分手稿的复印件及照片、样本等），填写作品登记表，并交纳登记费。其他著作权人申请作品登记还应出示表明著作权人身份的证明（如继承人应出示继承人身份证明；委托作品的委托人应出示委托合同）。专有权所有人应出示证明其享有专有权的合同。

第九条 登记作品经作品登记机关核查后，由作品登记机关发给作品登记证。作品登记证按本办法所附样本由登记机关制作。登记机关的核查期限为一个月，该期限自登记机关收到申请人提交的所有申请登记的材料之日起计算。

第十条 作品登记表和作品登记证应载有作品登记号。作品登记号格式为作登字：（地区编号）-（年代）-（作品分类号）-（顺序号）号。国家版权局负责登记的作品登记号不含地区编号。

第十一条 各省、自治区、直辖市版权局应每月将本地区作品登记情况报国家版权局。

第十二条 作品登记应实行计算机数据库管理，并对公众开放。查阅作品应填写查阅登记表，交纳查阅费。

第十三条 有关作品登记和查阅的费用标准另行制定。

第十四条 录音、录像制品的登记参照本办法执行。

第十五条 计算机软件的登记按《计算机软件著作权登记办法》执行。

第十六条 本办法由国家版权局负责解释。

第十七条 本办法自一九九五年一月一日起生效。

著作权涉外代理机构管理暂行办法（1996年）*

（1996年4月15日国家版权局、国家工商行政管理局发布）

第一条 为加强对著作权涉外代理机构的管理，维护著作权人及作品使用者的合法权益，根据《中华人民共和国著作权法》及其实施条例，制定本办法。

第二条 本办法所称著作权涉外代理是指著作权涉外代理机构以委托人的名义，在代理权限范围内办理涉外著作权中财产权的转让或许可使用以及其他有关涉外著作权事宜的民事法律行为。

第三条 著作权涉外代理机构是指依法成立的，从事著作权涉外代理业务的企业法人。

第四条 国家版权局负责涉外著作权代理机构审批工作。

第五条 凡申请设立著作权涉外代理机构的，均应将申请材料报国家版权局审批。国家版权局自收到申请材料之日起6日内做出决定。对符合条件的予以批准；不符合条件的，退回申请材料。

第六条 申请设立著作权涉外代理机构，应向审批机关提供以下材料：书面申请报告、上级主管部门批准文件、章程及业务范围、人员名单及简历、住所证明。

第七条 申请设立著作权涉外代理机构，应具有三名以上具有二年著作权工作经验的专职著作权代理人。

---

* 本办法规定了由国家版权局和国家工商行政管理局负责管理的著作权涉外代理制度，与商标和专利的涉外代理制度一起，构成我国早期的知识产权涉外代理制度体系。

第八条 经国家版权局批准的著作权涉外代理机构，应持国家版权局批准文件到工商行政管理机关办理企业法人登记注册。

第九条 著作权涉外代理机构应当接受国家版权局的业务指导和监督。

第十条 著作权涉外代理机构的主要业务是：

（一）接受委托，开发作品使用市场；

（二）提供著作权法律咨询；

（三）代理签订转让或授权使用合同；

（四）代理收取版税或以其他形式支付的报酬；

（五）接受委托，代理解决著作权纠纷；

（六）代理其他有关涉外的著作权事务。

第十一条 不符合本办法要求的，一律不得进行著作权涉外代理活动；已经进行著作权涉外代理活动的，应在六个月内，按本办法补办手续，对不具备本办法第七条要求的条件的，应停止著作权涉外代理业务。

第十二条 著作权涉外代理机构有下列行为之一的，国家版权局和工商行政管理机关将按各自的职责，依法给予行政处罚：

（一）申请开办著作权涉外代理业务时，隐瞒真实情况，弄虚作假的；

（二）涉外代理机构管理不善，不能开展正常著作权涉外代理活动的；

（三）涉外代理机构工作失误，给委托人造成重大损失的；

（四）涉外代理机构与第三人串通，损害委托人合法权益的；

（五）从事其他非法活动的。

第十三条 被处罚的著作权涉外代理机构对国家版权局或工商行政管理机关的行政处罚不服的，可以依法向人民法院起诉。

第十四条 兼营著作权涉外代理业务的单位，按本办法执行。

第十五条 本办法由国家版权局和国家工商行政管理局共同解释。

第十六条 本办法自颁布之日起施行。

电影管理条例（1996年，节录）*

（1996年6月19日国务院发布）

第一章　总　则

第一条　为了加强电影行业管理，发展和繁荣电影事业，满足人民群众文化生活需要，促进社会主义物质文明和精神文明建设，制定本条例。

……

第十六条　电影制片单位对其摄制的电影，依法享有著作权。除法律、行政法规另有规定外，任何单位和个人以复制、发行、放映、播放、出版、翻译、改编等形式使用电影作品的，应当取得电影著作权人的许可。

依照前款规定使用电影作品的，使用者应当与电影著作权人签订合同，并按照合同约定支付报酬。

……

第三十一条　电影进口经营单位应当在取得电影片著作权人使用许可后，在许可的范围内使用电影作品；未取得使用许可的，任何单位和个人不得使用进口电影作品。

第三十二条　译制电影片的著作权由译制者与译制委托者在电影片译制合同中约定；电影片译制合同未约定的，由电影片译制者享有译制电影作品的著作权。

---

* 本条例共64条，涉及著作权的规定主要在第16、31、32和44条。从内容看，除了与著作权法的内容相衔接，该条例主要体现了对国外电影著作权的保护。

……

第四十四条 利用电影片制作音像制品的，必须征得电影著作权人的许可，并按照国务院有关音像制品管理的规定，办理出版、复制、发行、放映手续。

……

著作权质押合同登记办法（1996年）

（1996年9月23日国家版权局令第1号公布）

第一条　根据《中华人民共和国担保法》有关著作权质押合同登记的规定，制定本办法。

第二条　本办法所称著作权质押是指债务人或者第三人依法将其著作权中的财产权出质，将该财产权作为债权的担保。债务人不履行债务时，债权人有权依法以该财产权折价或者以拍卖、变卖该财产权的价款优先受偿。

前款规定的债务人或者第三人为出质人，债权人为质权人。

第三条　以著作权中的财产权出质的，出质人与质权人应当订立书面合同，并到登记机关进行登记。著作权质押合同自《著作权质押合同登记证》颁发之日起生效。

第四条　国家版权局是著作权质押合同登记的管理机关。国家版权局指定专门机构进行著作权质押合同登记。

第五条　著作权质押合同的登记，应由出质人与质权人共同到登记机关申请办理。但出质人或质权人中任何一方持对方委托书亦可申请办理。

第六条　著作权出质人必须是合法著作权所有人。著作权为两人以上共有的，出质人为全体著作权人。

中国公民、法人或非法人单位向外国人出质计算机软件著作权中的财产权，必须经国务院有关主管部门批准。

第七条　当事人申请著作权质押合同登记时，应当向登记机关提供下列文件：

（一）按要求填写的著作权质押合同申请表；

（二）出质人、质权人合法身份证明或法人注册登记证明；

（三）主合同及著作权质押合同；

（四）作品权利证明；

（五）以共同著作权出质的，共同著作权人的书面协议；

（六）向外国人质押计算机软件著作权中的财产权的，国务院有关主管部门的批准文件；

（七）授权委托书及被委托人合法身份证明；

（八）著作权出质前该著作权的授权使用情况证明文件；

（九）其他需要提供的材料。

第八条 著作权质押合同应当包括以下内容：

（一）当事人的姓名（或者名称）及住址；

（二）被担保的主债权种类、数额；

（三）债务人履行债务的期限；

（四）出质著作权的种类、范围、保护期；

（五）质押担保的范围；

（六）质押担保的期限；

（七）质押的金额及支付方式；

（八）当事人约定的其他事项。

第九条 登记机关应当在收到申请人齐备的申请文件之日起十个工作日内完成对申请文件的审查。经审查符合规定的质押合同，登记机关予以登记，并颁发《著作权质押合同登记证》。登记机关在颁发《著作权质押合同登记证》的同时，将登记情况编入著作权质押合同登记文献，供公众查阅。

第十条 有下列情形之一的，登记机关不予登记：

（一）著作权质押合同内容需要补正，申请人拒绝补正或补正不合格的；

（二）出质人不是著作权人的；

（三）质押合同涉及的作品不受保护或者保护期已经届满的；

（四）著作权归属有争议的；

（五）质押合同中约定在债务履行期届满质权人未受清偿时，出质的著作权中的财产权转移为质权人所有的；

（六）申请人拒绝交纳登记费的。

第十一条 有下列情形之一的，登记机关将撤销登记：

（一）登记后发现有第十条（二）至（四）所列情况之一的；

（二）质押合同因其担保之主合同被确认无效而无效的。

第十二条 质押合同担保之主债权的种类、数额等发生变更或质权的种类、范围、担保期限发生变更的，质押合同当事人应于变更之日起十日内持变更协议、《著作权质押合同登记证》及其他有关文件向原登记机关办理著作权质押合同变更登记。逾期未办理变更登记的，变更后的质押合同无效。

第十三条 当事人提前终止著作权质押合同的，应当持合同终止协议、《著作权质押合同登记证》及其他有关文件向原登记机关办理著作权质押合同注销登记。

第十四条 在质押担保期限内质押合同履行完毕的，当事人应在质押期限届满之日起十日内持合同履行完毕的有效证明文件及《著作权质押合同登记证》到原登记机关办理著作权质押合同注销登记。

第十五条 著作权质押合同登记被撤销、注销的，发给著作权质押合同撤销、注销通知书。

登记机关办理著作权质押合同登记之撤销、变更、注销登记，应当同时在著作权质押合同登记文献中注明。

第十六条 登记机关办理著作权质押合同登记及著作权质押合同变更登记，收取登记费。登记费收取标准，由国家版权局统一制订。

第十七条 登记机关使用的《著作权质押合同登记证》、著作权质押合同登记申请表、著作权质押合同变更登记申请表、著作权质押合同撤销、注销通知书由国家版权局统一制订。

第十八条 本办法由国家版权局负责解释。

第十九条 本办法自发布之日起施行。

出版管理条例（1997 年，节录）*

（国务院 1997 年 1 月 2 日第 210 号令公布，1997 年 2 月 1 日起施行）

第一章　总　则

第一条　为了加强对出版活动的管理，发展和繁荣有中国特色的社会主义出版事业，保障公民依法行使出版自由的权利，促进社会主义精神文明和物质文明建设，根据宪法，制定本条例。

……

第三十三条　印刷或者复制单位经所在地省、自治区、直辖市人民政府出版行政部门批准，可以承接境外出版物的印刷或者复制业务；但是，产品应当全部运输出境，不得在境内发行。

境外委托印刷或者复制的出版物的内容，应当经省、自治区、直辖市人民政府出版行政部门审核。委托人应当持有著作权人授权书，并向著作权行政管理部门登记备案。

……

第三十八条　印刷或者复制单位、发行单位不得印刷或者复制、发行有下列情形之一的出版物：……

（六）侵犯他人著作权的。

……

---

* 本条例涉及著作权的规定主要在第 30 条和第 38 条。在规定出版工作中的著作权问题时突出涉外著作权，反映了我国当时著作权制度的特点。

著作权行政处罚实施办法（1997年）

（1997年1月28日颁布，1997年2月1日实施）

第一条 为规范著作权行政管理部门行政处罚的设定和实施，保护公民、法人和其他组织的合法权益，维护和保障著作权行政管理秩序，根据《中华人民共和国行政处罚法》、《中华人民共和国著作权法》和其他有关著作权行政管理的法律、行政法规，制定本办法。

第二条 国务院著作权行政管理部门（以下称“国家版权局”）和地方人民政府的著作权行政管理部门（以下称“地方著作权行政管理部门”）负责对《中华人民共和国著作权法》和其他法律、行政法规以及国家版权局依职权制定的规章中规定的与著作权有关的违法行为，依本办法实施行政处罚。

第三条 本办法所称的违法行为是指：

（一）《中华人民共和国著作权法》第四十六条规定的侵权行为；

（二）《计算机软件保护条例》第三十条规定的侵权行为；

（三）《音像制品管理条例》第三十六条规定的侵权行为；

（四）其他法律、行政法规以及国家版权局依职权制定的规章中规定的与著作权有关的违法行为。

第四条 著作权行政管理部门对本办法第三条（一）、（二）和（三）所指的违法行为可视情节予以下列种类的行政处罚：

（一）警告；

（二）罚款；

（三）责令停止制作和发行侵权复制品；

（四）没收违法所得、没收侵权复制品及制作设备；

（五）法律、行政法规规定的其他行政处罚。

罚款数额应当根据《中华人民共和国著作权法实施条例》第五十一条的规定确定。

第五条 著作权行政管理部门对本办法第三条（四）所指的违法行为可视情节予以下列种类的行政处罚：

（一）警告；

（二）罚款五百至三万元。其中，对非经营活动中的违法行为处以一千元以下的罚款；对经营活动中的违法行为，有违法所得的，处以三万元以下的罚款，没收违法所得的，处以一万元以下的罚款。

第六条 国家版权局负责查处：

（一）在全国有重大影响的违法行为；

（二）认为应当由其查处的违法行为。

第七条 地方著作权行政管理部门负责查处本地区发生的违法行为。

第八条 两个或者两个以上地方著作权行政管理部门对同一违法行为都具有管辖权的，由先立案的著作权行政管理部门负责查处。

地方著作权行政管理部门因管辖权发生争议的，由争议双方协商解决；协商不成的，报请共同的上一级著作权行政管理部门指定管辖。

上级著作权行政管理部门在必要的时候，可以处理下级著作权行政管理部门管辖的案件；下级著作权行政管理部门认为其管辖的案件案情重大、复杂需要由上级著作权行政管理部门处理的，可以报请上一级著作权行政管理部门处理。

第九条 对当事人的同一违法行为，其他行政机关已经予以罚款行政处罚的，著作权行政管理部门不得再予以罚款，但仍可视具体情况予以本办法第四条、第五条所规定的其他种类的行政处罚。

第十条 著作权行政管理部门对其查处的违法行为，根据我国刑法或者其他有关刑事法律的规定构成犯罪的，应当移交司法部门处理。

第十一条 著作权行政管理部门对违法行为予以行政处罚的时效为两年，该时效从违法行为终了之日起计算。

第十二条 著作权行政执法人员对于违法事实确凿并有法定依据的违法行为，可以对违法人当场做出警告，或者对公民处以五十元以下、对法人或者其他组织处以一千元以下罚款的行政处罚。

著作权行政执法人员当场作出行政处罚决定的，应当严格按照《中华人民共和国行政处罚法》第三十四条规定的要求进行。

对于当场做出的行政处罚决定，有下列情形的著作权执法人员可以当场收缴罚款：

（一）依法给予二十元以下的罚款的；

（二）不当场收缴事后难以执行的。

第十三条 除本办法第十二条规定的可以当场作出行政处罚的外，著作权行政管理部门认为公民、法人或者其他组织的行为依法应当予以行政处罚的，均适用《中华人民共和国行政处罚法》规定的一般程序。

对本办法第三条所指的违法行为，著作权行政管理部门可以自行决定立案查处，也可依被侵权人、利害关系人或者其他知情人的申请或者举报决定立案查处。

第十四条 对本办法第三条（一）、（二）和（三）所指的违法行为，当事人申请立案查处的，著作权行政管理部门可要求有关当事人提交书面申请书。申请书中应当包括下列事项或者文件：

（一）当事人的姓名、职业和住所，法人或者其他组织的名称、地址和法定代表人或者主要负责人的姓名及职务；

（二）权利证明文件或者被侵权的作品或者制品的样品；

（三）要求进行处罚及赔偿的事实和根据；

（四）根据和证据来源，证人姓名和住所。

当事人委托代理人代为申请的，应当出具书面委托书。

第十五条 著作权行政管理部门应当在收到申请书之日起十五日内决定是否受理，并通知申请人。对不予受理的，应当书面通知申请人并告知理由。

立案和开始进行调查，应当经著作权行政管理部门负责人批准。

第十六条 著作权行政管理部门应当指定两个或者两个以上的执法人员具体承办案件。

承办案件的执法人员与案件有利害关系的，应当自行回避；没有回避的，当事人可以申请其回避。执法人员的回避，由著作权行政管理部门的行政负责人批准；行政负责人的回避由上级主管部门批准。

第十七条 经著作权行政管理部门的行政负责人批准，必要时，执法人员可以采取以下手段收集证据：

（一）查阅、复制与涉嫌侵权行为有关的文件档案、账簿和其他书面材料；

（二）对涉嫌侵权复制品进行抽样取证；

（三）对涉嫌侵权复制品进行登记保存。

检查人员在检查过程中应当向当事人或者有关人员出示证件。当事人或者有关人员应当如实回答询问，并协助调查或者检查，不得阻挠。

第十八条　著作权行政管理部门在查处案件中，可以委托其他著作权行政管理部门代为调查，受委托的著作权行政管理部门应当积极予以协助。

第十九条　著作权行政管理部门在查处案件中，可以聘请专业人员对专业性的问题进行鉴定。

第二十条　调查终结后，案件承办人员应当向所在部门提出《著作权行政处罚意见书》，详细说明构成违法的事实、应当给予的行政处罚及其理由和依据，附上全部证据材料。著作权行政管理部门负责人应当进行认真审查，提出著作权行政处罚决定意见。

著作权行政管理部门在作出行政处罚决定前，应当告知当事人作出行政处罚决定的事实、理由及依据，并告知当事人依法享有的陈述权、申辩权和依法享有的其他权利。

第二十一条　当事人要求陈述、申辩的，应当在被告知后三日内向著作权行政管理部门提出陈述和申辩意见及相应的事实、理由和证据。著作权行政管理部门必须充分听取当事人的意见，对当事人提出的事实、理由和证据进行复核。

经过复核，当事人提出的事实、理由或者证据成立的，著作权行政管理部门应当采纳，并应当根据新的事实、理由和证据，作出行政处罚决定。当事人提出的事实、理由和证据不能成立，或者当事人在三日内未提出陈述和申辩意见的，著作权行政管理部门应当根据调查的结果及时做出行政处罚决定。

著作权行政管理部门不得因当事人的申辩加重处罚。

第二十二条　著作权行政处罚决定由著作权行政管理部门负责人根据《中华人民共和国行政处罚法》第三十八条的规定做出。对情节复杂或者重大违法行为给予较重的行政处罚的，著作权行政管理部门负责人应当集体讨论决定。

第二十三条 国家版权局在决定做出对个人十万元、对单位二十万元以上罚款和其他法律、行政法规规定应当听证的行政处罚决定前，应当告知当事人有要求举行听证的权利。

当事人要求听证的，应当根据《中华人民共和国行政处罚法》第四十二条规定的程序，组织听证。

第二十四条 对于本办法第三条（一）、（二）所规定的违法行为，著作权行政管理部门在行使行政处罚权时，还可以应权利人的要求责令侵权人赔偿其损失。损失应当包括因侵权造成的直接损失和权利人因调查、制止侵权行为而支出的合理费用。

第二十五条 著作权行政管理部门作出行政处罚决定的，应当根据国家版权局制作的行政处罚决定书样本格式制作行政处罚决定书。

第二十六条 著作权行政管理部门应当在作出行政处罚决定书后依照民事诉讼法的有关规定，将行政处罚决定书送达当事人。

第二十七条 当事人对行政处罚不服的，有权依法提起行政诉讼。当事人提起行政诉讼的，行政处罚不停止执行。

第二十八条 当事人应当自收到行政处罚决定书之日起十五日内缴纳罚款。到期不缴纳罚款的，著作权行政管理部门可以每日按罚款数额的百分之三加处罚款。

当事人自收到行政处罚决定书之日起的三个月内不履行行政处罚决定又不起诉的，著作权行政管理部门可以申请人民法院强制执行。

第二十九条 除本办法第十二条第三款的规定外，当事人应当自收到行政处罚决定书之日起十五日内，到指定的银行缴纳罚款。

在国务院颁布罚、缴分离的实施办法前，罚款由做出处罚决定的著作权行政管理部门代为收缴。

第三十条 对依法认定的侵权复制品，著作权行政管理部门可以予以销毁。

第三十一条 国家版权局做出的行政处罚决定，由地方著作权行政管理部门代为执行。

第三十二条 著作权行政管理部门应当建立行政处罚统计制度，每半年向上一级著作权行政管理部门提交一次著作权行政处罚统计报告。

第三十三条 著作权行政管理部门及其执法人员违法实施行政处罚的，应当依照《中华人民共和国行政处罚法》第七章的规定承担相应的法律责任。

第三十四条 本办法没有规定的，适用《中华人民共和国行政处罚法》。

第三十五条 本办法由国家版权局负责解释。

第三十六条 本办法自 1997 年 2 月 1 日起实施。在此之前发布的有关文件，凡与本办法抵触的，按本办法执行。

中华人民共和国刑法（1979年，节录）*

（1979年7月1日第五届全国人民代表大会第二次会议通过，
1997年3月14日第八届全国人民代表大会第五次会议修订）

……

第三章　破坏社会主义市场经济秩序罪

第七节　侵犯知识产权罪（第213~220条）

……

第二百一十七条　以营利为目的，有下列侵犯著作权情形之一，违法所得数额较大或者有其他严重情节的，处三年以下有期徒刑或者拘役，并处或者单处罚金；违法所得数额巨大或者有其他特别严重情节的，处三年以上七年以下有期徒刑，并处罚金：

（一）未经著作权人许可，复制发行其文字作品、音乐、电影、电视、录像作品、计算机软件及其他作品的；

（二）出版他人享有专有出版权的图书的；

---

* 简称“97刑法”，其内容已经根据1999年12月25日《中华人民共和国刑法修正案》，2001年8月31日《中华人民共和国刑法修正案（二）》，2001年12月29日《中华人民共和国刑法修正案（三）》，2002年12月28日《中华人民共和国刑法修正案（四）》，2005年2月28日《中华人民共和国刑法修正案（五）》，2006年6月29日《中华人民共和国刑法修正案（六）》，2009年2月28日《中华人民共和国刑法修正案（七）》，2011年2月25日《中华人民共和国刑法修正案（八）》修正。97刑法关于著作权的内容，规定在第三章“破坏社会主义市场经济秩序罪”之第7节“侵犯知识产权罪”内。这一节为第213~220条共8个条文，涉及7个罪行，第217、218条分别为侵犯著作权罪和销售侵权复制品罪。

（三）未经录音录像制作者许可，复制发行其制作的录音录像的；

（四）制作、出售假冒他人署名的美术作品的。

第二百一十八条 以营利为目的，销售明知是本法第二百一十七条规定的侵权复制品，违法所得数额巨大的，处三年以下有期徒刑或者拘役，并处或者单处罚金。

……

中华人民共和国著作权法（2001年）*

（根据2001年10月27日第九届全国人民代表大会常务委员会第二十四次会议《关于修改〈中华人民共和国著作权法〉的决定》修正）

第一章　总　则

第一条　为保护文学、艺术和科学作品作者的著作权，以及与著作权有关的权益，鼓励有益于社会主义精神文明、物质文明建设的作品的创作和传播，促进社会主义文化和科学事业的发展与繁荣，根据宪法制定本法。

第二条　中国公民、法人或者其他组织的作品，不论是否发表，依照本法享有著作权。

外国人、无国籍人的作品根据其作者所属国或者经常居住地国同中国签订的协议或者共同参加的国际条约享有的著作权，受本法保护。

外国人、无国籍人的作品首先在中国境内出版的，依照本法享有著作权。

未与中国签订协议或者共同参加国际条约的国家的作者以及无国籍人的作品首次在中国参加的国际条约的成员国出版的，或者在成员国和非成员国同时出版的，受本法保护。

第三条　本法所称的作品，包括以下列形式创作的文学、艺术和自然科

---

* 这是在我国《著作权法》自1991年实施近10年后进行的一次系统修订，体现了我国市场经济建设和加入WTO等国内外环境的需求。其确立的制度除了在2010年将第4条修改为："著作权人行使著作权，不得违反宪法和法律，不得损害公共利益。国家对作品的出版、传播依法进行监督管理"，并根据相关制度增加第26条"以著作权出质的，由出质人和质权人向国务院著作权行政管理部门办理出质登记"，其他制度在10多年里整体上不变，构成了我国现行的著作权制度。

学、社会科学、工程技术等作品：

（一）文字作品；

（二）口述作品；

（三）音乐、戏剧、曲艺、舞蹈、杂技艺术作品；

（四）美术、建筑作品；

（五）摄影作品；

（六）电影作品和以类似摄制电影的方法创作的作品；

（七）工程设计图、产品设计图、地图、示意图等图形作品和模型作品；

（八）计算机软件；

（九）法律、行政法规规定的其他作品。

第四条 依法禁止出版、传播的作品，不受本法保护。

著作权人行使著作权，不得违反宪法和法律，不得损害公共利益。

第五条 本法不适用于：

（一）法律、法规，国家机关的决议、决定、命令和其他具有立法、行政、司法性质的文件，及其官方正式译文；

（二）时事新闻；

（三）历法、通用数表、通用表格和公式。

第六条 民间文学艺术作品的著作权保护办法由国务院另行规定。

第七条 国务院著作权行政管理部门主管全国的著作权管理工作；各省、自治区、直辖市人民政府的著作权行政管理部门主管本行政区域的著作权管理工作。

第八条 著作权人和与著作权有关的权利人可以授权著作权集体管理组织行使著作权或者与著作权有关的权利。著作权集体管理组织被授权后，可以以自己的名义为著作权人和与著作权有关的权利人主张权利，并可以作为当事人进行涉及著作权或者与著作权有关的权利的诉讼、仲裁活动。

著作权集体管理组织是非营利性组织，其设立方式、权利义务、著作权许可使用费的收取和分配，以及对其监督和管理等由国务院另行规定。

第二章　著作权

第一节　著作权人及其权利

第九条　著作权人包括：

（一）作者；

（二）其他依照本法享有著作权的公民、法人或者其他组织。

第十条　著作权包括下列人身权和财产权：

（一）发表权，即决定作品是否公之于众的权利；

（二）署名权，即表明作者身份，在作品上署名的权利；

（三）修改权，即修改或者授权他人修改作品的权利；

（四）保护作品完整权，即保护作品不受歪曲、篡改的权利；

（五）复制权，即以印刷、复印、拓印、录音、录像、翻录、翻拍等方式将作品制作一份或者多份的权利；

（六）发行权，即以出售或者赠与方式向公众提供作品的原件或者复制件的权利；

（七）出租权，即有偿许可他人临时使用电影作品和以类似摄制电影的方法创作的作品、计算机软件的权利，计算机软件不是出租的主要标的的除外；

（八）展览权，即公开陈列美术作品、摄影作品的原件或者复制件的权利；

（九）表演权，即公开表演作品，以及用各种手段公开播送作品的表演的权利；

（十）放映权，即通过放映机、幻灯机等技术设备公开再现美术、摄影、电影和以类似摄制电影的方法创作的作品等的权利；

（十一）广播权，即以无线方式公开广播或者传播作品，以有线传播或者转播的方式向公众传播广播的作品，以及通过扩音器或者其他传送符号、声音、图像的类似工具向公众传播广播的作品的权利；

（十二）信息网络传播权，即以有线或者无线方式向公众提供作品，使公众可以在其个人选定的时间和地点获得作品的权利；

（十三）摄制权，即以摄制电影或者以类似摄制电影的方法将作品固定在载体上的权利；

（十四）改编权，即改变作品，创作出具有独创性的新作品的权利；

（十五）翻译权，即将作品从一种语言文字转换成另一种语言文字的权利；

（十六）汇编权，即将作品或者作品的片段通过选择或者编排，汇集成新作品的权利；

（十七）应当由著作权人享有的其他权利。

著作权人可以许可他人行使前款第（五）项至第（十七）项规定的权利，并依照约定或者本法有关规定获得报酬。

著作权人可以全部或者部分转让本条第一款第（五）项至第（十七）项规定的权利，并依照约定或者本法有关规定获得报酬。

第二节　著作权归属

第十一条　著作权属于作者，本法另有规定的除外。

创作作品的公民是作者。

由法人或者其他组织主持，代表法人或者其他组织意志创作，并由法人或者其他组织承担责任的作品，法人或者其他组织视为作者。

如无相反证明，在作品上署名的公民、法人或者其他组织为作者。

第十二条　改编、翻译、注释、整理已有作品而产生的作品，其著作权由改编、翻译、注释、整理人享有，但行使著作权时不得侵犯原作品的著作权。

第十三条　两人以上合作创作的作品，著作权由合作作者共同享有。没有参加创作的人，不能成为合作作者。

合作作品可以分割使用的，作者对各自创作的部分可以单独享有著作权，但行使著作权时不得侵犯合作作品整体的著作权。

第十四条　汇编若干作品、作品的片段或者不构成作品的数据或者其他材料，对其内容的选择或者编排体现独创性的作品，为汇编作品，其著作权由汇编人享有，但行使著作权时，不得侵犯原作品的著作权。

第十五条　电影作品和以类似摄制电影的方法创作的作品的著作权由制片者享有，但编剧、导演、摄影、作词、作曲等作者享有署名权，并有权按照与制片者签订的合同获得报酬。

电影作品和以类似摄制电影的方法创作的作品中的剧本、音乐等可以单独使用的作品的作者有权单独行使其著作权。

第十六条　公民为完成法人或者其他组织工作任务所创作的作品是职务

作品，除本条第二款的规定以外，著作权由作者享有，但法人或者其他组织有权在其业务范围内优先使用。作品完成两年内，未经单位同意，作者不得许可第三人以与单位使用的相同方式使用该作品。

有下列情形之一的职务作品，作者享有署名权，著作权的其他权利由法人或者其他组织享有，法人或者其他组织可以给予作者奖励：

（一）主要是利用法人或者其他组织的物质技术条件创作，并由法人或者其他组织承担责任的工程设计图、产品设计图、地图、计算机软件等职务作品；

（二）法律、行政法规规定或者合同约定著作权由法人或者其他组织享有的职务作品。

第十七条 受委托创作的作品，著作权的归属由委托人和受托人通过合同约定。合同未作明确约定或者没有订立合同的，著作权属于受托人。

第十八条 美术等作品原件所有权的转移，不视为作品著作权的转移，但美术作品原件的展览权由原件所有人享有。

第十九条 著作权属于公民的，公民死亡后，其本法第十条第一款第（五）项至第（十七）项规定的权利在本法规定的保护期内，依照继承法的规定转移。

著作权属于法人或者其他组织的，法人或者其他组织变更、终止后，其本法第十条第一款第（五）项至第（十七）项规定的权利在本法规定的保护期内，由承受其权利义务的法人或者其他组织享有；没有承受其权利义务的法人或者其他组织的，由国家享有。

第三节　权利的保护期

第二十条 作者的署名权、修改权、保护作品完整权的保护期不受限制。

第二十一条 公民的作品，其发表权、本法第十条第一款第（五）项至第（十七）项规定的权利的保护期为作者终生及其死亡后五十年，截止于作者死亡后第五十年的12月31日；如果是合作作品，截止于最后死亡的作者死亡后第五十年的12月31日。

法人或者其他组织的作品、著作权（署名权除外）由法人或者其他组织享有的职务作品，其发表权、本法第十条第一款第（五）项至第（十七）项规定的权利的保护期为五十年，截止于作品首次发表后第五十年的12月31日，但作品自创作完成后五十年内未发表的，本法不再保护。

电影作品和以类似摄制电影的方法创作的作品、摄影作品，其发表权、本法第十条第一款第（五）项至第（十七）项规定的权利的保护期为五十年，截止于作品首次发表后第五十年的12月31日，但作品自创作完成后五十年内未发表的，本法不再保护。

第四节 权利的限制

第二十二条 在下列情况下使用作品，可以不经著作权人许可，不向其支付报酬，但应当指明作者姓名、作品名称，并且不得侵犯著作权人依照本法享有的其他权利：

（一）为个人学习、研究或者欣赏，使用他人已经发表的作品；

（二）为介绍、评论某一作品或者说明某一问题，在作品中适当引用他人已经发表的作品；

（三）为报道时事新闻，在报纸、期刊、广播电台、电视台等媒体中不可避免地再现或者引用已经发表的作品；

（四）报纸、期刊、广播电台、电视台等媒体刊登或者播放其他报纸、期刊、广播电台、电视台等媒体已经发表的关于政治、经济、宗教问题的时事性文章，但作者声明不许刊登、播放的除外；

（五）报纸、期刊、广播电台、电视台等媒体刊登或者播放在公众集会上发表的讲话，但作者声明不许刊登、播放的除外；

（六）为学校课堂教学或者科学研究，翻译或者少量复制已经发表的作品，供教学或者科研人员使用，但不得出版发行；

（七）国家机关为执行公务在合理范围内使用已经发表的作品；

（八）图书馆、档案馆、纪念馆、博物馆、美术馆等为陈列或者保存版本的需要，复制本馆收藏的作品；

（九）免费表演已经发表的作品，该表演未向公众收取费用，也未向表演者支付报酬；

（十）对设置或者陈列在室外公共场所的艺术作品进行临摹、绘画、摄影、录像；

（十一）将中国公民、法人或者其他组织已经发表的以汉语言文字创作的作品翻译成少数民族语言文字作品在国内出版发行；

（十二）将已经发表的作品改成盲文出版。

前款规定适用于对出版者、表演者、录音录像制作者、广播电台、电视台的权利的限制。

第二十三条 为实施九年制义务教育和国家教育规划而编写出版教科书，除作者事先声明不许使用的外，可以不经著作权人许可，在教科书中汇编已经发表的作品片段或者短小的文字作品、音乐作品或者单幅的美术作品、摄影作品，但应当按照规定支付报酬，指明作者姓名、作品名称，并且不得侵犯著作权人依照本法享有的其他权利。

前款规定适用于对出版者、表演者、录音录像制作者、广播电台、电视台的权利的限制。

第三章 著作权许可使用和转让合同

第二十四条 使用他人作品应当同著作权人订立许可使用合同，本法规定可以不经许可的除外。

许可使用合同包括下列主要内容：

（一）许可使用的权利种类；

（二）许可使用的权利是专有使用权或者非专有使用权；

（三）许可使用的地域范围、期间；

（四）付酬标准和办法；

（五）违约责任；

（六）双方认为需要约定的其他内容。

第二十五条 转让本法第十条第一款第（五）项至第（十七）项规定的权利，应当订立书面合同。

权利转让合同包括下列主要内容：

（一）作品的名称；

（二）转让的权利种类、地域范围；

（三）转让价金；

（四）交付转让价金的日期和方式；

（五）违约责任；

（六）双方认为需要约定的其他内容。

第二十六条 许可使用合同和转让合同中著作权人未明确许可、转让的权利，未经著作权人同意，另一方当事人不得行使。

第二十七条 使用作品的付酬标准可以由当事人约定，也可以按照国务院著作权行政管理部门会同有关部门制定的付酬标准支付报酬。当事人约定不明确的，按照国务院著作权行政管理部门会同有关部门制定的付酬标准支付报酬。

第二十八条 出版者、表演者、录音录像制作者、广播电台、电视台等依照本法有关规定使用他人作品的，不得侵犯作者的署名权、修改权、保护作品完整权和获得报酬的权利。

第四章 出版、表演、录音录像、播放

第一节 图书、报刊的出版

第二十九条 图书出版者出版图书应当和著作权人订立出版合同，并支付报酬。

第三十条 图书出版者对著作权人交付出版的作品，按照合同约定享有的专有出版权受法律保护，他人不得出版该作品。

第三十一条 著作权人应当按照合同约定期限交付作品。图书出版者应当按照合同约定的出版质量、期限出版图书。

图书出版者不按照合同约定期限出版，应当依照本法第五十三条的规定承担民事责任。

图书出版者重印、再版作品的，应当通知著作权人，并支付报酬。图书脱销后，图书出版者拒绝重印、再版的，著作权人有权终止合同。

第三十二条 著作权人向报社、期刊社投稿的，自稿件发出之日起十五日内未收到报社通知决定刊登的，或者自稿件发出之日起三十日内未收到期刊社通知决定刊登的，可以将同一作品向其他报社、期刊社投稿。双方另有约定的除外。

作品刊登后，除著作权人声明不得转载、摘编的外，其他报刊可以转载或者作为文摘、资料刊登，但应当按照规定向著作权人支付报酬。

第三十三条 图书出版者经作者许可，可以对作品修改、删节。

报社、期刊社可以对作品作文字性修改、删节。对内容的修改，应当经作者许可。

第三十四条 出版改编、翻译、注释、整理、汇编已有作品而产生的作

品，应当取得改编、翻译、注释、整理、汇编作品的著作权人和原作品的著作权人许可，并支付报酬。

第三十五条 出版者有权许可或者禁止他人使用其出版的图书、期刊的版式设计。

前款规定的权利的保护期为十年，截止于使用该版式设计的图书、期刊首次出版后第十年的12月31日。

第二节 表 演

第三十六条 使用他人作品演出，表演者（演员、演出单位）应当取得著作权人许可，并支付报酬。演出组织者组织演出，由该组织者取得著作权人许可，并支付报酬。

使用改编、翻译、注释、整理已有作品而产生的作品进行演出，应当取得改编、翻译、注释、整理作品的著作权人和原作品的著作权人许可，并支付报酬。

第三十七条 表演者对其表演享有下列权利：

（一）表明表演者身份；

（二）保护表演形象不受歪曲；

（三）许可他人从现场直播和公开传送其现场表演，并获得报酬；

（四）许可他人录音录像，并获得报酬；

（五）许可他人复制、发行录有其表演的录音录像制品，并获得报酬；

（六）许可他人通过信息网络向公众传播其表演，并获得报酬。

被许可人以前款第（三）项至第（六）项规定的方式使用作品，还应当取得著作权人许可，并支付报酬。

第三十八条 本法第三十七条第一款第（一）项、第（二）项规定的权利的保护期不受限制。

本法第三十七条第一款第（三）项至第（六）项规定的权利的保护期为五十年，截止于该表演发生后第五十年的12月31日。

第三节 录音录像

第三十九条 录音录像制作者使用他人作品制作录音录像制品，应当取得著作权人许可，并支付报酬。

录音录像制作者使用改编、翻译、注释、整理已有作品而产生的作品，应当取得改编、翻译、注释、整理作品的著作权人和原作品著作权人许可，并支付报酬。

录音制作者使用他人已经合法录制为录音制品的音乐作品制作录音制品，可以不经著作权人许可，但应当按照规定支付报酬；著作权人声明不许使用的不得使用。

第四十条 录音录像制作者制作录音录像制品，应当同表演者订立合同，并支付报酬。

第四十一条 录音录像制作者对其制作的录音录像制品，享有许可他人复制、发行、出租、通过信息网络向公众传播并获得报酬的权利；权利的保护期为五十年，截止于该制品首次制作完成后第五十年的 12 月 31 日。

被许可人复制、发行、通过信息网络向公众传播录音录像制品，还应当取得著作权人、表演者许可，并支付报酬。

第四节 广播电台、电视台播放

第四十二条 广播电台、电视台播放他人未发表的作品，应当取得著作权人许可，并支付报酬。

广播电台、电视台播放他人已发表的作品，可以不经著作权人许可，但应当支付报酬。

第四十三条 广播电台、电视台播放已经出版的录音制品，可以不经著作权人许可，但应当支付报酬。当事人另有约定的除外。具体办法由国务院规定。

第四十四条 广播电台、电视台有权禁止未经其许可的下列行为：

（一）将其播放的广播、电视转播；

（二）将其播放的广播、电视录制在音像载体上以及复制音像载体。

前款规定的权利的保护期为五十年，截止于该广播、电视首次播放后第五十年的 12 月 31 日。

第四十五条 电视台播放他人的电影作品和以类似摄制电影的方法创作的作品、录像制品，应当取得制片者或者录像制作者许可，并支付报酬；播放他人的录像制品，还应当取得著作权人许可，并支付报酬。

第五章 法律责任和执法措施

第四十六条 有下列侵权行为的，应当根据情况，承担停止侵害、消除影响、赔礼道歉、赔偿损失等民事责任：

（一）未经著作权人许可，发表其作品的；

（二）未经合作作者许可，将与他人合作创作的作品当作自己单独创作的作品发表的；

（三）没有参加创作，为谋取个人名利，在他人作品上署名的；

（四）歪曲、篡改他人作品的；

（五）剽窃他人作品的；

（六）未经著作权人许可，以展览、摄制电影和以类似摄制电影的方法使用作品，或者以改编、翻译、注释等方式使用作品的，本法另有规定的除外；

（七）使用他人作品，应当支付报酬而未支付的；

（八）未经电影作品和以类似摄制电影的方法创作的作品、计算机软件、录音录像制品的著作权人或者与著作权有关的权利人许可，出租其作品或者录音录像制品的，本法另有规定的除外；

（九）未经出版者许可，使用其出版的图书、期刊的版式设计的；

（十）未经表演者许可，从现场直播或者公开传送其现场表演，或者录制其表演的；

（十一）其他侵犯著作权以及与著作权有关的权益的行为。

第四十七条 有下列侵权行为的，应当根据情况，承担停止侵害、消除影响、赔礼道歉、赔偿损失等民事责任；同时损害公共利益的，可以由著作权行政管理部门责令停止侵权行为，没收违法所得，没收、销毁侵权复制品，并可处以罚款；情节严重的，著作权行政管理部门还可以没收主要用于制作侵权复制品的材料、工具、设备等；构成犯罪的，依法追究刑事责任：

（一）未经著作权人许可，复制、发行、表演、放映、广播、汇编、通过信息网络向公众传播其作品的，本法另有规定的除外；

（二）出版他人享有专有出版权的图书的；

（三）未经表演者许可，复制、发行录有其表演的录音录像制品，或者通过信息网络向公众传播其表演的，本法另有规定的除外；

（四）未经录音录像制作者许可，复制、发行、通过信息网络向公众传播其制作的录音录像制品的，本法另有规定的除外；

（五）未经许可，播放或者复制广播、电视的，本法另有规定的除外；

（六）未经著作权人或者与著作权有关的权利人许可，故意避开或者破坏权利人为其作品、录音录像制品等采取的保护著作权或者与著作权有关的权利的技术措施的，法律、行政法规另有规定的除外；

（七）未经著作权人或者与著作权有关的权利人许可，故意删除或者改变作品、录音录像制品等的权利管理电子信息的，法律、行政法规另有规定的除外；

（八）制作、出售假冒他人署名的作品的。

第四十八条 侵犯著作权或者与著作权有关的权利的，侵权人应当按照权利人的实际损失给予赔偿；实际损失难以计算的，可以按照侵权人的违法所得给予赔偿。赔偿数额还应当包括权利人为制止侵权行为所支付的合理开支。

权利人的实际损失或者侵权人的违法所得不能确定的，由人民法院根据侵权行为的情节，判决给予五十万元以下的赔偿。

第四十九条 著作权人或者与著作权有关的权利人有证据证明他人正在实施或者即将实施侵犯其权利的行为，如不及时制止将会使其合法权益受到难以弥补的损害的，可以在起诉前向人民法院申请采取责令停止有关行为和财产保全的措施。

人民法院处理前款申请，适用《中华人民共和国民事诉讼法》第九十三条至第九十六条和第九十九条的规定。

第五十条 为制止侵权行为，在证据可能灭失或者以后难以取得的情况下，著作权人或者与著作权有关的权利人可以在起诉前向人民法院申请保全证据。

人民法院接受申请后，必须在四十八小时内做出裁定；裁定采取保全措施的，应当立即开始执行。

人民法院可以责令申请人提供担保，申请人不提供担保的，驳回申请。

申请人在人民法院采取保全措施后十五日内不起诉的，人民法院应当解除保全措施。

第五十一条 人民法院审理案件，对于侵犯著作权或者与著作权有关的权利的，可以没收违法所得、侵权复制品以及进行违法活动的财物。

第五十二条 复制品的出版者、制作者不能证明其出版、制作有合法授权的，复制品的发行者或者电影作品或者以类似摄制电影的方法创作的作品、计算机软件、录音录像制品的复制品的出租者不能证明其发行、出租的复制品有合法来源的，应当承担法律责任。

第五十三条 当事人不履行合同义务或者履行合同义务不符合约定条件的，应当依照《中华人民共和国民法通则》、《中华人民共和国合同法》等有关法律规定承担民事责任。

第五十四条 著作权纠纷可以调解，也可以根据当事人达成的书面仲裁协议或者著作权合同中的仲裁条款，向仲裁机构申请仲裁。

当事人没有书面仲裁协议，也没有在著作权合同中订立仲裁条款的，可以直接向人民法院起诉。

第五十五条 当事人对行政处罚不服的，可以自收到行政处罚决定书之日起三个月内向人民法院起诉，期满不起诉又不履行的，著作权行政管理部门可以申请人民法院执行。

第六章 附 则

第五十六条 本法所称的著作权即版权。

第五十七条 本法第二条所称的出版，指作品的复制、发行。

第五十八条 计算机软件、信息网络传播权的保护办法由国务院另行规定。

第五十九条 本法规定的著作权人和出版者、表演者、录音录像制作者、广播电台、电视台的权利，在本法施行之日尚未超过本法规定的保护期的，依照本法予以保护。

本法施行前发生的侵权或者违约行为，依照侵权或者违约行为发生时的有关规定和政策处理。

第六十条 本法自1991年6月1日起施行。

中华人民共和国著作权法实施条例（2002年）

（国务院令第359号公布，自2002年9月15日起施行）

第一条 根据《中华人民共和国著作权法》（以下简称著作权法），制定本条例。

第二条 著作权法所称作品，是指文学、艺术和科学领域内具有独创性并能以某种有形形式复制的智力成果。

第三条 著作权法所称创作，是指直接产生文学、艺术和科学作品的智力活动。

为他人创作进行组织工作，提供咨询意见、物质条件，或者进行其他辅助工作，均不视为创作。

第四条 著作权法和本条例中下列作品的含义：

（一）文字作品，是指小说、诗词、散文、论文等以文字形式表现的作品；

（二）口述作品，是指即兴的演说、授课、法庭辩论等以口头语言形式表现的作品；

（三）音乐作品，是指歌曲、交响乐等能够演唱或者演奏的带词或者不带词的作品；

（四）戏剧作品，是指话剧、歌剧、地方戏等供舞台演出的作品；

（五）曲艺作品，是指相声、快书、大鼓、评书等以说唱为主要形式表演的作品；

（六）舞蹈作品，是指通过连续的动作、姿势、表情等表现思想情感的作品；

（七）杂技艺术作品，是指杂技、魔术、马戏等通过形体动作和技巧表现的作品；

（八）美术作品，是指绘画、书法、雕塑等以线条、色彩或者其他方式构成的有审美意义的平面或者立体的造型艺术作品；

（九）建筑作品，是指以建筑物或者构筑物形式表现的有审美意义的作品；

（十）摄影作品，是指借助器械在感光材料或者其他介质上记录客观物体形象的艺术作品；

（十一）电影作品和以类似摄制电影的方法创作的作品，是指摄制在一定介质上，由一系列有伴音或者无伴音的画面组成，并且借助适当装置放映或者以其他方式传播的作品；

（十二）图形作品，是指为施工、生产绘制的工程设计图、产品设计图，以及反映地理现象、说明事物原理或者结构的地图、示意图等作品；

（十三）模型作品，是指为展示、试验或者观测等用途，根据物体的形状和结构，按照一定比例制成的立体作品。

第五条 著作权法和本条例中下列用语的含义：

（一）时事新闻，是指通过报纸、期刊、广播电台、电视台等媒体报道的单纯事实消息；

（二）录音制品，是指任何对表演的声音和其他声音的录制品；

（三）录像制品，是指电影作品和以类似摄制电影的方法创作的作品以外的任何有伴音或者无伴音的连续相关形象、图像的录制品；

（四）录音制作者，是指录音制品的首次制作人；

（五）录像制作者，是指录像制品的首次制作人；

（六）表演者，是指演员、演出单位或者其他表演文学、艺术作品的人。

第六条 著作权自作品创作完成之日起产生。

第七条 著作权法第二条第三款规定的首先在中国境内出版的外国人、无国籍人的作品，其著作权自首次出版之日起受保护。

第八条 外国人、无国籍人的作品在中国境外首先出版后，30 日内在中国境内出版的，视为该作品同时在中国境内出版。

第九条 合作作品不可以分割使用的，其著作权由各合作作者共同享有，通过协商一致行使；不能协商一致，又无正当理由的，任何一方不得阻止他方行使除转让以外的其他权利，但是所得收益应当合理分配给所有合作作者。

第十条 著作权人许可他人将其作品摄制成电影作品和以类似摄制电影的方法创作的作品的，视为已同意对其作品进行必要的改动，但是这种改动不得歪曲篡改原作品。

第十一条 著作权法第十六条第一款关于职务作品的规定中的“工作任务”，是指公民在该法人或者该组织中应当履行的职责。

著作权法第十六条第二款关于职务作品的规定中的“物质技术条件”，是指该法人或者该组织为公民完成创作专门提供的资金、设备或者资料。

第十二条 职务作品完成两年内，经单位同意，作者许可第三人以与单位使用的相同方式使用作品所获报酬，由作者与单位按约定的比例分配。

作品完成两年的期限，自作者向单位交付作品之日起计算。

第十三条 作者身份不明的作品，由作品原件的所有人行使除署名权以外的著作权。作者身份确定后，由作者或者其继承人行使著作权。

第十四条 合作作者之一死亡后，其对合作作品享有的著作权法第十条第一款第（五）项至第（十七）项规定的权利无人继承又无人受遗赠的，由其他合作作者享有。

第十五条 作者死亡后，其著作权中的署名权、修改权和保护作品完整权由作者的继承人或者受遗赠人保护。

著作权无人继承又无人受遗赠的，其署名权、修改权和保护作品完整权由著作权行政管理部门保护。

第十六条 国家享有著作权的作品的使用，由国务院著作权行政管理部门管理。

第十七条 作者生前未发表的作品，如果作者未明确表示不发表，作者死亡后50年内，其发表权可由继承人或者受遗赠人行使；没有继承人又无人受遗赠的，由作品原件的所有人行使。

第十八条 作者身份不明的作品，其著作权法第十条第一款第（五）项至第（十七）项规定的权利的保护期截止于作品首次发表后第50年的12月31日。作者身份确定后，适用著作权法第二十一条的规定。

第十九条 使用他人作品的，应当指明作者姓名、作品名称；但是，当事人另有约定或者由于作品使用方式的特性无法指明的除外。

第二十条 著作权法所称已经发表的作品，是指著作权人自行或者许可他人公之于众的作品。

第二十一条 依照著作权法有关规定，使用可以不经著作权人许可的已经发表的作品的，不得影响该作品的正常使用，也不得不合理地损害著作权人的合法利益。

第二十二条 依照著作权法第二十三条、第三十二条第二款、第三十九条第三款的规定使用作品的付酬标准，由国务院著作权行政管理部门会同国务院价格主管部门制定、公布。

第二十三条 使用他人作品应当同著作权人订立许可使用合同，许可使用的权利是专有使用权的，应当采取书面形式，但是报社、期刊社刊登作品除外。

第二十四条 著作权法第二十四条规定的专有使用权的内容由合同约定，合同没有约定或者约定不明的，视为被许可人有权排除包括著作权人在内的任何人以同样的方式使用作品；除合同另有约定外，被许可人许可第三人行使同一权利，必须取得著作权人的许可。

第二十五条 与著作权人订立专有许可使用合同、转让合同的，可以向著作权行政管理部门备案。

第二十六条 著作权法和本条例所称与著作权有关的权益，是指出版者对其出版的图书和期刊的版式设计享有的权利，表演者对其表演享有的权利，录音录像制作者对其制作的录音录像制品享有的权利，广播电台、电视台对其播放的广播、电视节目享有的权利。

第二十七条 出版者、表演者、录音录像制作者、广播电台、电视台行使权利，不得损害被使用作品和原作品著作权人的权利。

第二十八条 图书出版合同中约定图书出版者享有专有出版权但没有明确其具体内容的，视为图书出版者享有在合同有效期限内和在合同约定的地域范围内以同种文字的原版、修订版出版图书的专有权利。

第二十九条 著作权人寄给图书出版者的两份订单在6个月内未能得到履行，视为著作权法第三十一条所称图书脱销。

第三十条 著作权人依照著作权法第三十二条第二款声明不得转载、摘编其作品的，应当在报纸、期刊刊登该作品时附带声明。

第三十一条 著作权人依照著作权法第三十九条第三款声明不得对其作

品制作录音制品的，应当在该作品合法录制为录音制品时声明。

第三十二条 依照著作权法第二十三条、第三十二条第二款、第三十九条第三款的规定，使用他人作品的，应当自使用该作品之日起 2 个月内向著作权人支付报酬。

第三十三条 外国人、无国籍人在中国境内的表演，受著作权法保护。

外国人、无国籍人根据中国参加的国际条约对其表演享有的权利，受著作权法保护。

第三十四条 外国人、无国籍人在中国境内制作、发行的录音制品，受著作权法保护。

外国人、无国籍人根据中国参加的国际条约对其制作、发行的录音制品享有的权利，受著作权法保护。

第三十五条 外国的广播电台、电视台根据中国参加的国际条约对其播放的广播、电视节目享有的权利，受著作权法保护。

第三十六条 有著作权法第四十七条所列侵权行为，同时损害社会公共利益的，著作权行政管理部门可以处非法经营额 3 倍以下的罚款；非法经营额难以计算的，可以处 10 万元以下的罚款。

第三十七条 有著作权法第四十七条所列侵权行为，同时损害社会公共利益的，由地方人民政府著作权行政管理部门负责查处。

国务院著作权行政管理部门可以查处在全国有重大影响的侵权行为。

第三十八条 本条例自 2002 年 9 月 15 日起施行。1991 年 5 月 24 日国务院批准、1991 年 5 月 30 日国家版权局发布的《中华人民共和国著作权法实施条例》同时废止。

电影管理条例（2001年，节录）[*]

（2001年12月12日国务院第50次常务会议国务院令
第342号通过，自2002年2月1日起施行）

第一章 总 则

第一条 为了加强对电影行业的管理，发展和繁荣电影事业，满足人民群众文化生活需要，促进社会主义物质文明和精神文明建设，制定本条例。

……

第十五条 电影制片单位对其摄制的电影片，依法享有著作权。

……

第三十三条 电影进口经营单位应当在取得电影作品著作权人使用许可后，在许可的范围内使用电影作品；未取得使用许可的，任何单位和个人不得使用进口电影作品。

……

第四十二条 电影片依法取得国务院广播电影电视行政部门发给的《电影片公映许可证》后，方可发行、放映。

已经取得《电影片公映许可证》的电影片，国务院广播电影电视行政部门在特殊情况下可以做出停止发行、放映或者经修改后方可发行、放映的决定；对决定经修改后方可发行、放映的电影片，著作权人拒绝修改的，由国务院广播电影电视行政部门决定停止发行、放映。

---

* 本条例是1996《电影管理条例》实施5年后的修订版。

国务院广播电影电视行政部门做出的停止发行、放映的决定，电影发行单位、电影放映单位应当执行。

……

音像制品管理条例（2001年）*

（2001年12月12日国务院第50次常务会议通过，
国务院令第341号，自2002年2月1日起施行）

第一章　总　则

第一条　为了加强音像制品的管理，促进音像事业的健康发展和繁荣，丰富人民群众的文化生活，促进社会主义物质文明和精神文明建设，制定本条例。

……

第十二条　音像出版单位应当在其出版的音像制品及其包装的明显位置，标明出版单位的名称、地址和音像制品的版号、出版时间、著作权人等事项；出版进口的音像制品，还应当标明进口批准文号……

第二十三条　音像复制单位接受委托复制音像制品的，应当按照国家有关规定，与委托的出版单位订立复制委托合同；验证委托的出版单位的《音像制品出版许可证》和营业执照副本及其盖章的音像制品复制委托书及著作权人的授权书；接受委托复制的音像制品属于非卖品的，应当验证经省、自治区、直辖市人民政府出版行政部门核发并由委托单位盖章的音像制品复制委托书。

……

* 本条例直接涉及著作权的条款主要是第12、23、29、36条，不过与《电影管理条例》、《出版管理条例》等一样，其他一些规范行业秩序的条款，也体现了对著作权制度的遵循。

第二十九条 进口用于出版的音像制品，其著作权事项应当向国务院著作权行政管理部门登记。

第三十六条 音像制品批发单位和从事音像制品零售、出租等业务的单位或者个人，不得经营非音像出版单位出版的音像制品或者非音像复制单位复制的音像制品，不得经营未经国务院文化行政部门批准进口的音像制品，不得经营侵犯他人著作权的音像制品。

……

出版管理条例（2001 年）

（国务院令第 343 号，国务院 2001 年 12 月 25 日发布）

第一章　总　则

第一条　为了加强对出版活动的管理，发展和繁荣有中国特色社会主义出版事业，保障公民依法行使出版自由的权利，促进社会主义精神文明和物质文明建设，根据宪法，制定本条例。

……

第三十四条　印刷或者复制单位经所在地省、自治区、直辖市人民政府出版行政部门批准，可以承接境外出版物的印刷或者复制业务；但是，印刷或者复制的境外出版物必须全部运输出境，不得在境内发行。

境外委托印刷或者复制的出版物的内容，应当经省、自治区、直辖市人民政府出版行政部门审核。委托人应当持有著作权人授权书，并向著作权行政管理部门登记。

……

第四十条　印刷或者复制单位、发行单位不得印刷或者复制、发行有下列情形之一的出版物：

……

（六）侵犯他人著作权的。

……

第六十八条　本条例自 2002 年 2 月 1 日起施行。1997 年 1 月 2 日国务院发布的《出版管理条例》同时废止。

计算机软件保护条例（2001 年）

（国务院令 2001 年 12 月 20 日第 339 号，自 2002 年 1 月 1 日起施行）

第一章　总　则

第一条　为了保护计算机软件著作权人的权益，调整计算机软件在开发、传播和使用中发生的利益关系，鼓励计算机软件的开发与应用，促进软件产业和国民经济信息化的发展，根据《中华人民共和国著作权法》，制定本条例。

第二条　本条例所称计算机软件（以下简称软件），是指计算机程序及其有关文档。

第三条　本条例下列用语的含义：

（一）计算机程序，是指为了得到某种结果而可以由计算机等具有信息处理能力的装置执行的代码化指令序列，或者可以被自动转换成代码化指令序列的符号化指令序列或者符号化语句序列。同一计算机程序的源程序和目标程序为同一作品。

（二）文档，是指用来描述程序的内容、组成、设计、功能规格、开发情况、测试结果及使用方法的文字资料和图表等，如程序设计说明书、流程图、用户手册等。

（三）软件开发者，是指实际组织开发、直接进行开发，并对开发完成的软件承担责任的法人或者其他组织；或者依靠自己具有的条件独立完成软件开发，并对软件承担责任的自然人。

（四）软件著作权人，是指依照本条例的规定，对软件享有著作权的自然人、法人或者其他组织。

第四条 受本条例保护的软件必须由开发者独立开发，并已固定在某种有形物体上。

第五条 中国公民、法人或者其他组织对其所开发的软件，不论是否发表，依照本条例享有著作权。

外国人、无国籍人的软件首先在中国境内发行的，依照本条例享有著作权。

外国人、无国籍人的软件，依照其开发者所属国或者经常居住地国同中国签订的协议或者依照中国参加的国际条约享有的著作权，受本条例保护。

第六条 本条例对软件著作权的保护不延及开发软件所用的思想、处理过程、操作方法或者数学概念等。

第七条 软件著作权人可以向国务院著作权行政管理部门认定的软件登记机构办理登记。软件登记机构发放的登记证明文件是登记事项的初步证明。

办理软件登记应当缴纳费用。软件登记的收费标准由国务院著作权行政管理部门会同国务院价格主管部门规定。

第二章 软件著作权

第八条 软件著作权人享有下列各项权利：

（一）发表权，即决定软件是否公之于众的权利；

（二）署名权，即表明开发者身份，在软件上署名的权利；

（三）修改权，即对软件进行增补、删节，或者改变指令、语句顺序的权利；

（四）复制权，即将软件制作一份或者多份的权利；

（五）发行权，即以出售或者赠与方式向公众提供软件的原件或者复制件的权利；

（六）出租权，即有偿许可他人临时使用软件的权利，但是软件不是出租的主要标的的除外；

（七）信息网络传播权，即以有线或者无线方式向公众提供软件，使公众可以在其个人选定的时间和地点获得软件的权利；

（八）翻译权，即将原软件从一种自然语言文字转换成另一种自然语言文字的权利；

（九）应当由软件著作权人享有的其他权利。

软件著作权人可以许可他人行使其软件著作权，并有权获得报酬。

软件著作权人可以全部或者部分转让其软件著作权，并有权获得报酬。

第九条 软件著作权属于软件开发者，本条例另有规定的除外。如无相反证明，在软件上署名的自然人、法人或者其他组织为开发者。

第十条 由两个以上的自然人、法人或者其他组织合作开发的软件，其著作权的归属由合作开发者签订书面合同约定。无书面合同或者合同未作明确约定，合作开发的软件可以分割使用的，开发者对各自开发的部分可以单独享有著作权；但是，行使著作权时，不得扩展到合作开发的软件整体的著作权。合作开发的软件不能分割使用的，其著作权由各合作开发者共同享有，通过协商一致行使；不能协商一致，又无正当理由的，任何一方不得阻止他方行使除转让权以外的其他权利，但是所得收益应当合理分配给所有合作开发者。

第十一条 接受他人委托开发的软件，其著作权的归属由委托人与受托人签订书面合同约定；无书面合同或者合同未作明确约定的，其著作权由受托人享有。

第十二条 由国家机关下达任务开发的软件，著作权的归属与行使由项目任务书或者合同规定；项目任务书或者合同中未作明确规定的，软件著作权由接受任务的法人或者其他组织享有。

第十三条 自然人在法人或者其他组织中任职期间所开发的软件有下列情形之一的，该软件著作权由该法人或者其他组织享有，该法人或者其他组织可以对开发软件的自然人进行奖励：

（一）针对本职工作中明确指定的开发目标所开发的软件；

（二）开发的软件是从事本职工作活动所预见的结果或者自然的结果；

（三）主要使用了法人或者其他组织的资金、专用设备、未公开的专门信息等物质技术条件所开发并由法人或者其他组织承担责任的软件。

第十四条 软件著作权自软件开发完成之日起产生。自然人的软件著作权，保护期为自然人终生及其死亡后 50 年，截止于自然人死亡后第 50 年的 12 月 31 日；软件是合作开发的，截止于最后死亡的自然人死亡后第 50 年的 12 月 31 日。法人或者其他组织的软件著作权，保护期为 50 年，截止于软件首次发表后第50年的12月31日，但软件自开发完成之日起50年内未发表的，本条例不再保护。

第十五条 软件著作权属于自然人的，该自然人死亡后，在软件著作权的保护期内，软件著作权的继承人可以依照《中华人民共和国继承法》的有关规定，继承本条例第八条规定的除署名权以外的其他权利。软件著作权属于法人或者其他组织的，法人或者其他组织变更、终止后，其著作权在本条例规定的保护期内由承受其权利义务的法人或者其他组织享有；没有承受其权利义务的法人或者其他组织的，由国家享有。

第十六条 软件的合法复制品所有人享有下列权利：

（一）根据使用的需要把该软件装入计算机等具有信息处理能力的装置内；

（二）为了防止复制品损坏而制作备份复制品。这些备份复制品不得通过任何方式提供给他人使用，并在所有人丧失该合法复制品的所有权时，负责将备份复制品销毁；

（三）为了把该软件用于实际的计算机应用环境或者改进其功能、性能而进行必要的修改；但是，除合同另有约定外，未经该软件著作权人许可，不得向任何第三方提供修改后的软件。

第十七条 为了学习和研究软件内含的设计思想和原理，通过安装、显示、传输或者存储软件等方式使用软件的，可以不经软件著作权人许可，不向其支付报酬。

第三章　软件著作权的许可使用和转让

第十八条 许可他人行使软件著作权的，应当订立许可使用合同。许可使用合同中软件著作权人未明确许可的权利，被许可人不得行使。

第十九条 许可他人专有行使软件著作权的，当事人应当订立书面合同。没有订立书面合同或者合同中未明确约定为专有许可的，被许可行使的权利应当视为非专有权利。

第二十条 转让软件著作权的，当事人应当订立书面合同。

第二十一条 订立许可他人专有行使软件著作权的许可合同，或者订立转让软件著作权合同，可以向国务院著作权行政管理部门认定的软件登记机构登记。

第二十二条 中国公民、法人或者其他组织向外国人许可或者转让软件著作权的，应当遵守《中华人民共和国技术进出口管理条例》的有关规定。

第四章 法律责任

第二十三条 除《中华人民共和国著作权法》或者本条例另有规定外，有下列侵权行为的，应当根据情况，承担停止侵害、消除影响、赔礼道歉、赔偿损失等民事责任：

（一）未经软件著作权人许可，发表或者登记其软件的；

（二）将他人软件作为自己的软件发表或者登记的；

（三）未经合作者许可，将与他人合作开发的软件作为自己单独完成的软件发表或者登记的；

（四）在他人软件上署名或者更改他人软件上的署名的；

（五）未经软件著作权人许可，修改、翻译其软件的；

（六）其他侵犯软件著作权的行为。

第二十四条 除《中华人民共和国著作权法》、本条例或者其他法律、行政法规另有规定外，未经软件著作权人许可，有下列侵权行为的，应当根据情况，承担停止侵害、消除影响、赔礼道歉、赔偿损失等民事责任；同时损害社会公共利益的，由著作权行政管理部门责令停止侵权行为，没收违法所得，没 收、销毁侵权复制品，可以并处罚款；情节严重的，著作权行政管理部门并可以没收主要用于制作侵权复制品的材料、工具、设备等；触犯刑律的，依照刑法关于侵犯著作权罪、销售侵权复制品罪的规定，依法追究刑事责任：

（一）复制或者部分复制著作权人的软件的；

（二）向公众发行、出租、通过信息网络传播著作权人的软件的；

（三）故意避开或者破坏著作权人为保护其软件著作权而采取的技术措施 的；

（四）故意删除或者改变软件权利管理电子信息的；

（五）转让或者许可他人行使著作权人的软件著作权的。

有前款第（一）项或者第（二）项行为的，可以并处每件100元或者货值金额5倍以下的罚款；有前款第（三）项、第（四）项或者第（五）项行为的，可以并处5万元以下的罚款。

第二十五条 侵犯软件著作权的赔偿数额，依照《中华人民共和国著作权法》第四十八条的规定确定。

第二十六条 软件著作权人有证据证明他人正在实施或者即将实施侵犯其权利的行为，如不及时制止，将会使其合法权益受到难以弥补的损害的，可以依照《中华人民共和国著作权法》第四十九条的规定，在提起诉讼前向人民法院申请采取责令停止有关行为和财产保全的措施。

第二十七条 为了制止侵权行为，在证据可能灭失或者以后难以取得的情况下，软件著作权人可以依照《中华人民共和国著作权法》第五十条的规定，在提起诉讼前向人民法院申请保全证据。

第二十八条 软件复制品的出版者、制作者不能证明其出版、制作有合法授权的，或者软件复制品的发行者、出租者不能证明其发行、出租的复制品有合法来源的，应当承担法律责任。

第二十九条 软件开发者开发的软件，由于可供选用的表达方式有限而与已经存在的软件相似的，不构成对已经存在的软件的著作权的侵犯。

第三十条 软件的复制品持有人不知道也没有合理理由应当知道该软件是侵权复制品的，不承担赔偿责任；但是，应当停止使用、销毁该侵权复制品。

如果停止使用并销毁该侵权复制品将给复制品使用人造成重大损失的，复制品使用人可以在向软件著作权人支付合理费用后继续使用。

第三十一条 软件著作权侵权纠纷可以调解。

软件著作权合同纠纷可以依据合同中的仲裁条款或者事后达成的书面仲裁协议，向仲裁机构申请仲裁。

当事人没有在合同中订立仲裁条款，事后又没有书面仲裁协议的，可以直接向人民法院提起诉讼。

第五章 附 则

第三十二条 本条例施行前发生的侵权行为，依照侵权行为发生时的国家有关规定处理。

第三十三条 本条例自2002年1月1日起施行。1991年6月4日国务院发布的《计算机软件保护条例》同时废止。

计算机软件著作权登记办法（2002 年）

（2002 年 2 月 20 日国家版权局 2002 年 1 号令发布，自发布之日起施行）

第一章　总　则

第一条　为贯彻《计算机软件保护条例》（以下简称《条例》）制定本办法。

第二条　为促进我国软件产业发展，增强我国信息产业的创新能力和竞争能力，国家著作权行政管理部门鼓励软件登记，并对登记的软件予以重点保护。

第三条　本办法适用于软件著作权登记、软件著作权专有许可合同和转让合同登记。

第四条　软件著作权登记申请人应当是该软件的著作权人以及通过继承、受让或者承受软件著作权的自然人、法人或者其他组织。

软件著作权合同登记的申请人，应当是软件著作权专有许可合同或者转让合同的当事人。

第五条　申请人或者申请人之一为外国人、无国籍人的，适用本办法。

第六条　国家版权局主管全国软件著作权登记管理工作。

国家版权局认定中国版权保护中心为软件登记机构。

经国家版权局批准，中国版权保护中心可以在地方设立软件登记办事机构。

第二章 登记申请

第七条 申请登记的软件应是独立开发的，或者经原著作权人许可对原有软件修改后形成的在功能或者性能方面有重要改进的软件。

第八条 合作开发的软件进行著作权登记的，可以由全体著作权人协商确定一名著作权人作为代表办理。著作权人协商不一致的，任何著作权人均可在不损害其他著作权人利益的前提下申请登记，但应当注明其他著作权人。

第九条 申请软件著作权登记的，应当向中国版权保护中心提交以下材料：

（一）按要求填写的软件著作权登记申请表；

（二）软件的鉴别材料；

（三）相关的证明文件。

第十条 软件的鉴别材料包括程序和文档的鉴别材料。

程序和文档的鉴别材料应当由源程序和任何一种文档前、后各连续 30 页组成。整个程序和文档不到 60 页的，应当提交整个源程序和文档。除特定情况外，程序每页不少于 50 行，文档每页不少于 30 行。

第十一条 申请软件著作权登记的，应当提交以下主要证明文件：

（一）自然人、法人或者其他组织的身份证明；

（二）有著作权归属书面合同或者项目任务书的，应当提交合同或者项目任务书；

（三）经原软件著作权人许可，在原有软件上开发的软件，应当提交原著作权人的许可证明；

（四）权利继承人、受让人或者承受人，提交权利继承、受让或者承受的证明。

第十二条 申请软件著作权登记的，可以选择以下方式之一对鉴别材料作例外交存：

（一）源程序的前、后各连续的 30 页，其中的机密部分用黑色宽斜线覆盖，但覆盖部分不得超过交存源程序的 50%；

（二）源程序连续的前 10 页，加上源程序的任何部分的连续的 50 页；

（三）目标程序的前、后各连续的 30 页，加上源程序的任何部分的连续的 20 页。

文档作例外交存的，参照前款规定处理。

第十三条 软件著作权登记时，申请人可以申请将源程序、文档或者样品进行封存。除申请人或者司法机关外，任何人不得启封。

第十四条 软件著作权转让合同或者专有许可合同当事人可以向中国版权保护中心申请合同登记。申请合同登记时，应当提交以下材料：

（一）按要求填写的合同登记表；

（二）合同复印件；

（三）申请人身份证明。

第十五条 申请人在登记申请批准之前，可以随时请求撤回申请。

第十六条 软件著作权登记人或者合同登记人可以对已经登记的事项作变更或者补充。申请登记变更或者补充时，申请人应当提交以下材料：

（一）按照要求填写的变更或者补充申请表；

（二）登记证书或者证明的复印件；

（三）有关变更或者补充的材料。

第十七条 登记申请应当使用中国版权保护中心制定的统一表格，并由申请人盖章（签名）。

申请表格应当使用中文填写。提交的各种证件和证明文件是外文的，应当附中文译本。

申请登记的文件应当使用国际标准 A4 型 297mm × 210mm（长 × 宽）纸张。

第十八条 申请文件可以直接递交或者挂号邮寄。申请人提交有关申请文件时，应当注明申请人、软件的名称，有受理号或登记号的，应当注明受理号或登记号。

第三章 审查和批准

第十九条 对于本办法第九条和第十四条所指的申请，以收到符合本办法第二章规定的材料之日为受理日，并书面通知申请人。

第二十条 中国版权保护中心应当自受理日起60日内审查完成所受理的申请，申请符合《条例》和本办法规定的，予以登记，发给相应的登记证书，并予以公告。

第二十一条 有下列情况之一的，不予登记并书面通知申请人：

（一）表格内容填写不完整、不规范，且未在指定期限内补正的；

（二）提交的鉴别材料不是《条例》规定的软件程序和文档的；

（三）申请文件中出现的软件名称、权利人署名不一致，且未提交证明文件的；

（四）申请登记的软件存在权属争议的。

第二十二条 中国版权保护中心要求申请人补正其他登记材料的，申请人应当在30日内补正，逾期未补正的，视为撤回申请。

第二十三条 国家版权局根据下列情况之一，可以撤销登记：

（一）最终的司法判决；

（二）著作权行政管理部门做出的行政处罚决定。

第二十四条 中国版权保护中心可以根据申请人的申请，撤销登记。

第二十五条 登记证书遗失或损坏的，可申请补发或换发。

第四章 软件登记公告

第二十六条 除本办法另有规定外，任何人均可查阅软件登记公告以及可公开的有关登记文件。

第二十七条 软件登记公告的内容如下：

（一）软件著作权的登记；

（二）软件著作权合同登记事项；

（三）软件登记的撤销；

（四）其他事项。

第五章 费 用

第二十八条 申请软件登记或者办理其他事项，应当交纳下列费用：

（一）软件著作权登记费；

（二）软件著作权合同登记费；

（三）变更或补充登记费；

（四）登记证书费；

（五）封存保管费；

（六）例外交存费；

（七）查询费；

（八）撤销登记申请费；

（九）其他需交纳的费用。

具体收费标准由国家版权局会同国务院价格主管部门规定并公布。

第二十九条 申请人自动撤回申请或者登记机关不予登记的，所交费用不予退回。

第三十条 本办法第二十八条规定的各种费用，可以通过邮局或银行汇付，也可以直接向中国版权保护中心交纳。

第六章 附 则

第三十一条 本办法规定的、中国版权保护中心指定的各种期限，第一日不计算在内。期限以年或者月计算的，以最后一个月的相应日为届满日；该月无相应日的，以该月的最后一日为届满日。届满日是法定节假日的，以节假日后的第一个工作日为届满日。

第三十二条 申请人向中国版权保护中心邮寄的各种文件，以寄出的邮戳日为递交日。信封上寄出的邮戳日不清晰的，除申请人提出证明外，以收到日为递交日。中国版权保护中心邮寄的各种文件，送达地是省会、自治区首府及直辖市的，自文件发出之日满十五日，其他地区满二十一日，推定为收件人收到文件之日。

第三十三条 申请人因不可抗力或其他正当理由，延误了本办法规定或者中国版权保护中心指定的期限，在障碍消除后三十日内，可以请求顺延期限。

第三十四条 本办法由国家版权局负责解释和补充修订。

第三十五条 本办法自发布之日起实施。

著作权行政处罚实施办法（2003年）

（2003年7月16日国家版权局局务会议审议通过，自2003年9月1日起施行）

第一章　总　则

第一条　（立法目的）为规范著作权行政管理部门的行政处罚行为，保护公民、法人和其他组织的合法权益，根据《中华人民共和国行政处罚法》（以下称“行政处罚法”）、《中华人民共和国著作权法》（以下称“著作权法”）和其他有关法律、行政法规，制定本办法。

第二条　（执法主体）国家版权局以及地方人民政府享有著作权行政执法权的有关部门（以下称“地方著作权行政管理部门”），在法定职权范围内就本办法列举的违法行为实施行政处罚。法律、法规另有规定的，从其规定。

第三条　（违法行为）本办法所称的违法行为是指：

（一）著作权法第四十七条列举的侵权行为，同时损害公共利益的；

（二）《计算机软件保护条例》第二十四条列举的侵权行为，同时损害公共利益的；

（三）其他法律、法规、规章规定的应予行政处罚的著作权违法行为。

第四条　（处罚种类）对本办法列举的违法行为，著作权行政管理部门可以依法给予下列种类的行政处罚：

（一）责令停止侵权行为；

（二）没收违法所得；

（三）没收侵权复制品；

（四）罚款；

（五）没收主要用于制作侵权复制品的材料、工具、设备等；

（六）法律、法规、规章规定的其他行政处罚。

第二章　管辖和适用

第五条　（地域管辖）本办法列举的违法行为，由侵权行为实施地、侵权结果发生地、侵权复制品储藏地或者依法查封扣押地的著作权行政管理部门负责查处。法律、行政法规另有规定的除外。

第六条　（级别管辖）国家版权局可以查处在全国有重大影响的违法行为，以及认为应当由其查处的其他违法行为。地方著作权行政管理部门负责查处本辖区发生的违法行为。

第七条　（管辖争议和指定管辖）两个以上地方著作权行政管理部门对同一违法行为均有管辖权时，由先立案的著作权行政管理部门负责查处该违法行为。

地方著作权行政管理部门因管辖权发生争议或者管辖不明时，由争议双方协商解决；协商不成的，报请共同的上一级著作权行政管理部门指定管辖，其共同的上一级著作权行政管理部门也可以直接指定管辖。

上级著作权行政管理部门在必要时，可以处理下级著作权行政管理部门管辖的有重大影响的案件，也可以将自己管辖的案件交由下级著作权行政管理部门处理；下级著作权行政管理部门认为其管辖的案件案情重大、复杂，需要由上级著作权行政管理部门处理的，可以报请上一级著作权行政管理部门处理。

第八条　（移送）著作权行政管理部门发现查处的违法行为，根据我国刑法规定涉嫌构成犯罪的，应当由该著作权行政管理部门依照国务院《行政执法机关移送涉嫌犯罪案件的规定》将案件移送司法部门处理。

第九条　（时效）著作权行政管理部门对违法行为予以行政处罚的时效为两年，从违法行为发生之日起计算。违法行为有连续或者继续状态的，从行为终了之日起计算。侵权复制品仍在发行的，视为违法行为仍在继续。

违法行为在两年内未被发现的，不再给予行政处罚。法律另有规定的除外。

第三章　处罚程序

第十条　（一般程序）除行政处罚法规定适用简易程序的情况外，著作权行政处罚适用行政处罚法规定的一般程序。

第十一条　（立案）著作权行政管理部门适用一般程序查处违法行为，应当立案。

对本办法列举的违法行为，著作权行政管理部门可以自行决定立案查处，或者根据有关部门移送的材料决定立案查处，也可以根据被侵权人、利害关系人或者其他知情人的投诉或者举报决定立案查处。

第十二条　（投诉）投诉人就本办法列举的违法行为申请立案查处的，应当提交申请书、权利证明、被侵权作品（或者制品）以及其他证据。

申请书应当说明当事人的姓名（或者名称）、地址以及申请查处所根据的主要事实、理由。

投诉人委托代理人代为申请的，应当由代理人出示委托书。

第十三条　（受理）著作权行政管理部门应当在收到所有投诉材料之日起十五日内，决定是否受理并通知投诉人。不予受理的，应当书面告知理由。

第十四条　（承办）立案时应当填写立案审批表，同时附上投诉或者举报材料、上级著作权行政管理部门交办或者有关部门移送案件的材料、执法人员的检查报告等有关材料，由本部门负责人批准立案并指定两名以上办案人员进行调查处理。

办案人员与案件有利害关系的，应当自行回避；没有回避的，当事人可以申请其回避。办案人员的回避，由本部门负责人批准。负责人的回避，由本级人民政府批准。

第十五条　（紧急措施）执法人员在执法过程中，发现违法行为正在实施，情况紧急来不及立案的，可以采取下列措施：

（一）对违法行为予以制止或者纠正；

（二）对侵权复制品和主要用于违法行为的材料、工具、设备等依法先行登记保存；

（三）收集、调取其他有关证据。

执法人员应当及时将有关情况和材料报所在著作权行政管理部门，并办理立案手续。

第十六条 （取证）立案后，办案人员应当及时进行调查，并要求法定举证责任人在著作权行政管理部门指定的期限内举证。

办案人员取证时可以采取下列手段收集、调取有关证据：

（一）查阅、复制与涉嫌违法行为有关的文件档案、账簿和其他书面材料；

（二）对涉嫌侵权复制品进行抽样取证；

（三）对涉嫌侵权复制品先行登记保存。

第十七条 （出示执法证件）办案人员在执法中应当向当事人或者有关人员出示由国家版权局或者地方人民政府制发的行政执法证件。

第十八条 （证据种类）办案时收集的证据包括：

（一）书证；

（二）物证；

（三）证人证言；

（四）视听资料；

（五）当事人陈述；

（六）鉴定结论；

（七）检查、勘验笔录。

第十九条 （当事人提供证据）当事人提供的涉及著作权的底稿、原件、合法出版物、著作权登记证书、认证机构出具的证明、取得权利的合同，以及当事人自行或者委托他人以定购、现场交易等方式购买侵权复制品而取得的实物、发票等，可以作为证据。

第二十条 （制作清单）办案人员抽样取证、先行登记保存有关证据，应当有当事人在场。对有关物品应当当场制作清单一式二份，由办案人员和当事人签名、盖章后，分别交由当事人和办案人员所在著作权行政管理部门保存。当事人不在场或者拒绝签名、盖章的，由现场两名以上办案人员注明情况。

第二十一条 （先行登记保存程序）办案人员先行登记保存有关证据，应当经本部门负责人批准，并向当事人交付证据先行登记保存通知书。当事人或者有关人员在证据保存期间不得转移、损毁有关证据。

先行登记保存的证据，应当加封著作权行政管理部门先行登记保存封条，由当事人就地保存。先行登记保存的证据确需移至他处的，可以移至适当的场所保存。情况紧急来不及办理本条规定的手续时，办案人员可以先行采取措施，事后及时补办手续。

第二十二条 （先行登记保存后续措施）对先行登记保存的证据，应当在交付证据先行登记保存通知书后七日内做出下列处理决定：

（一）需要鉴定的，送交鉴定；

（二）违法事实成立，应当予以没收的，依照法定程序予以没收；

（三）应当移送有关部门处理的，将案件连同证据移送有关部门处理；

（四）违法事实不成立，或者依法不应予以没收的，解除登记保存措施；

（五）其他有关法定措施。

第二十三条 （委托调查）著作权行政管理部门在查处案件过程中，委托其他著作权行政管理部门代为调查的，须出具委托书。受委托的著作权行政管理部门应当积极予以协助。

第二十四条 （专业鉴定）对查处案件中的专业性问题，著作权行政管理部门可以委托专门机构或者聘请专业人员进行鉴定。

第二十五条 （调查报告）调查终结后，办案人员应当提交案件调查报告，说明有关行为是否违法，提出处理意见及有关事实、理由和依据，并附上全部证据材料。

第二十六条 （告知当事人）著作权行政管理部门拟作出行政处罚决定的，应当由本部门负责人签发行政处罚事先告知书，告知当事人拟作出行政处罚决定的事实、理由和依据，并告知当事人依法享有的陈述权、申辩权和其他权利。

行政处罚事先告知书应当由著作权行政管理部门直接送达当事人，当事人应当在送达回执上签名、盖章。当事人拒绝签收的，由送达人员注明情况，并报告本部门负责人。著作权行政管理部门也可以采取邮寄送达方式告知当事人。无法找到当事人时，可以以公告形式告知。

第二十七条 （当事人陈述、申辩期限）当事人要求陈述、申辩的，应当在被告知后七日内，或者自发布公告之日起三十日内，向著作权行政管理部门提出陈述、申辩意见以及相应的事实、理由和证据。当事人在此期间未行使陈述权、申辩权的，视为放弃权利。

采取直接送达方式告知的，以当事人签收之日为被告知日期；采取邮寄送达方式告知的，以回执上注明的收件日期为被告知日期。

第二十八条 （复核）办案人员应当充分听取当事人的陈述、申辩意见，对当事人提出的事实、理由和证据进行复核，并提交复核报告。

著作权行政管理部门不得因当事人的申辩加重处罚。

第二十九条 （处理决定）著作权行政管理部门负责人应当对案件调查报告及复核报告进行审查，并根据审查结果分别做出下列处理决定：

（一）确属应当予以行政处罚的违法行为的，根据侵权人的过错程度、侵权时间长短、侵权范围大小及损害后果等情节，予以行政处罚；

（二）违法行为轻微的，可以不予行政处罚；

（三）违法事实不成立的，不予行政处罚；

（四）违法行为涉嫌构成犯罪的，移送司法部门处理。

对情节复杂或者重大的违法行为给予较重的行政处罚，由著作权行政管理部门负责人集体讨论决定。

第三十条 （罚款）著作权行政管理部门做出罚款决定时，罚款数额应当依照《中华人民共和国著作权法实施条例》第三十六条和《计算机软件保护条例》第二十四条的规定确定。

第三十一条 （情节严重的处罚）违法行为情节严重的，著作权行政管理部门可以没收主要用于制作侵权复制品的材料、工具、设备等。

前款所称“情节严重”，是指：

（一）个人违法所得数额（即获利数额）在五千元以上，单位违法所得数额在三万元以上的；

（二）个人非法经营数额在三万元以上，单位非法经营数额在十万元以上的；

（三）个人经营侵权复制品两千册（张或盒）以上，单位经营侵权复制品五千册（张或盒）以上的；

（四）因侵犯著作权曾经被追究法律责任，又侵犯著作权的；

（五）造成其他重大影响或者严重后果的。

第三十二条 （一事不再罚）对当事人的同一违法行为，其他行政机关已经予以罚款的，著作权行政管理部门不得再予罚款，但仍可以视具体情况予以本办法第四条所规定的其他种类的行政处罚。

第三十三条 （听证标准）著作权行政管理部门做出较大数额罚款决定或者法律、行政法规规定应当听证的其他行政处罚决定前，应当告知当事人有要求举行听证的权利。

前款所称“较大数额罚款”，是指对个人处以两万元以上、对单位处以十万元以上的罚款。地方性法规、规章对听证要求另有规定的，依照地方性法规、规章办理。

第三十四条 （听证）当事人要求听证的，著作权行政管理部门应当依照行政处罚法第四十二条规定的程序组织听证。当事人不承担组织听证的费用。

第三十五条 （法律文书）著作权行政管理部门决定予以行政处罚的，应当制作行政处罚决定书。

著作权行政管理部门决定不予行政处罚，违法行为轻微的，应当制作不予行政处罚通知书，说明不予行政处罚的事实、理由和依据，并送达当事人；违法事实不成立的，应当制作调查结果通知书，并送达当事人。

著作权行政管理部门决定移送司法部门处理的案件，应当制作涉嫌犯罪案件移送书，并连同有关材料和证据及时移送有管辖权的司法部门。

第三十六条 （送达）行政处罚决定书应当由著作权行政管理部门在宣告后当场交付当事人。当事人不在场的，应当在七日内送达当事人。

第三十七条 （申请行政复议和提起行政诉讼）当事人对国家版权局的行政处罚不服的，可以向国家版权局申请行政复议；当事人对地方著作权行政管理部门的行政处罚不服的，可以向该部门的本级人民政府或者其上一级著作权行政管理部门申请行政复议。

当事人对行政处罚或者行政复议决定不服的，可以依法提起行政诉讼。

第四章　执行程序

第三十八条 （履行处罚决定）当事人收到行政处罚决定书后，应当在行政处罚决定书规定的期限内予以履行。

当事人申请行政复议或者提起行政诉讼的，行政处罚不停止执行。法律另有规定的除外。

第三十九条 （处置没收物）没收的侵权复制品应当销毁，或者经被侵权人同意后以其他适当方式处理。

销毁侵权复制品时，著作权行政管理部门应当指派两名以上执法人员监督销毁过程，核查销毁结果，并制作销毁记录。

对没收的主要用于制作侵权复制品的材料、工具、设备等，著作权行政管理部门应当依法公开拍卖或者依照国家有关规定处理。

第四十条 （代执行）上级著作权行政管理部门做出的行政处罚决定，可以委托下级著作权行政管理部门代为执行。代为执行的下级著作权行政管理部门，应当将执行结果报告该上级著作权行政管理部门。

第五章 附则

第四十一条 （行政处罚统计）著作权行政管理部门应当按照国家统计法规建立著作权行政处罚统计制度，每年向上一级著作权行政管理部门提交一次著作权行政处罚统计报告。

第四十二条 （立卷归档）行政处罚决定或者复议决定执行完毕后，著作权行政管理部门应当及时将案件材料立卷归档。

立卷归档的材料主要包括：行政处罚决定书、立案审批表、案件调查报告、复核报告、复议决定书、听证笔录、听证报告、证据材料、财物处理单据以及其他有关材料。

第四十三条 （法律文书制作）本办法涉及的有关法律文书，应当参照国家版权局确定的有关文书格式制作。

第四十四条 （实施）本办法自2003年9月1日起施行。国家版权局1997年1月28日发布的《著作权行政处罚实施办法》同时废止，本办法施行前发布的其他有关规定与本办法相抵触的，依照本办法执行。

著作权集体管理条例（2004年）*

（2004年12月22日国务院第74次常务会议通过，2005年1月14日国务院令第429号发布，自2005年3月1日起施行）

第一章　总　则

第一条　为了规范著作权集体管理活动，便于著作权人和与著作权有关的权利人（以下简称权利人）行使权利和使用者使用作品，根据《中华人民共和国著作权法》（以下简称著作权法）制定本条例。

第二条　本条例所称著作权集体管理，是指著作权集体管理组织经权利人授权，集中行使权利人的有关权利并以自己的名义进行的下列活动：

（一）与使用者订立著作权或者与著作权有关的权利许可使用合同（以下简称许可使用合同）；

（二）向使用者收取使用费；

（三）向权利人转付使用费；

（四）进行涉及著作权或者与著作权有关的权利的诉讼、仲裁等。

第三条　本条例所称著作权集体管理组织，是指为权利人的利益依法设立，根据权利人授权、对权利人的著作权或者与著作权有关的权利进行集体管理的社会团体。

---

* 这是根据《著作权法》第8条的规定制定的关于著作权集体管理制度的系统规范。据此，我国著作权集体管理制度在近10年里得到迅速发展，著作权集体管理组织在此前的中国音乐著作权集体管理协会的基础上，增加了5家。

著作权集体管理组织应当依照有关社会团体登记管理的行政法规和本条例的规定进行登记并开展活动。

第四条 著作权法规定的表演权、放映权、广播权、出租权、信息网络传播权、复制权等权利人自己难以有效行使的权利，可以由著作权集体管理组织进行集体管理。

第五条 国务院著作权管理部门主管全国的著作权集体管理工作。

第六条 除依照本条例规定设立的著作权集体管理组织外，任何组织和个人不得从事著作权集体管理活动。

第二章 著作权集体管理组织的设立

第七条 依法享有著作权或者与著作权有关的权利的中国公民、法人或者其他组织，可以发起设立著作权集体管理组织。

设立著作权集体管理组织，应当具备下列条件：

（一）发起设立著作权集体管理组织的权利人不少于 50 人；

（二）不与已经依法登记的著作权集体管理组织的业务范围交叉、重合；

（三）能在全国范围代表相关权利人的利益；

（四）有著作权集体管理组织的章程草案、使用费收取标准草案和向权利人转付使用费的办法（以下简称使用费转付办法）草案。

第八条 著作权集体管理组织章程应当载明下列事项：

（一）名称、住所；

（二）设立宗旨；

（三）业务范围；

（四）组织机构及其职权；

（五）会员大会的最低人数；

（六）理事会的职责及理事会负责人的条件和产生、罢免的程序；

（七）管理费提取、使用办法；

（八）会员加入、退出著作权集体管理组织的条件、程序；

（九）章程的修改程序；

（十）著作权集体管理组织终止的条件、程序和终止后资产的处理。

第九条 申请设立著作权集体管理组织，应当向国务院著作权管理部门提交证明符合本条例第七条规定的条件的材料。国务院著作权管理部门应当自收到材料之日起60日内，做出批准或者不予批准的决定。批准的，发给著作权集体管理许可证；不予批准的，应当说明理由。

第十条 申请人应当自国务院著作权管理部门发给著作权集体管理许可证之日起30日内，依照有关社会团体登记管理的行政法规到国务院民政部门办理登记手续。

第十一条 依法登记的著作权集体管理组织，应当自国务院民政部门发给登记证书之日起30日内，将其登记证书副本报国务院著作权管理部门备案；国务院著作权管理部门应当将报备的登记证书副本以及著作权集体管理组织章程、使用费收取标准、使用费转付办法予以公告。

第十二条 著作权集体管理组织设立分支机构，应当经国务院著作权管理部门批准，并依照有关社会团体登记管理的行政法规到国务院民政部门办理登记手续。经依法登记的，应当将分支机构的登记证书副本报国务院著作权管理部门备案，由国务院著作权管理部门予以公告。

第十三条 著作权集体管理组织应当根据下列因素制定使用费收取标准：

（一）使用作品、录音录像制品等的时间、方式和地域范围；

（二）权利的种类；

（三）订立许可使用合同和收取使用费工作的繁简程度。

第十四条 著作权集体管理组织应当根据权利人的作品或者录音录像制品等使用情况制定使用费转付办法。

第十五条 著作权集体管理组织修改章程，应当将章程修改草案报国务院著作权管理部门批准，并依法经国务院民政部门核准后，由国务院著作权管理部门予以公告。

第十六条 著作权集体管理组织被依法撤销登记的，自被撤销登记之日起不得再进行著作权集体管理业务活动。

第三章　著作权集体管理组织的机构

第十七条 著作权集体管理组织会员大会（以下简称会员大会）为著作权集体管理组织的权力机构。

会员大会由理事会依照本条例规定负责召集。理事会应当于会员大会召开 60 日以前将会议的时间、地点和拟审议事项予以公告；出席会员大会的会员，应当于会议召开 30 日以前报名。报名出席会员大会的会员少于章程规定的最低人数时，理事会应当将会员大会报名情况予以公告，会员可以于会议召开 5 日以前补充报名，并由全部报名出席会员大会的会员举行会员大会。

会员大会行使下列职权：

（一）制定和修改章程；

（二）制定和修改使用费收取标准；

（三）制定和修改使用费转付办法；

（四）选举和罢免理事；

（五）审议批准理事会的工作报告和财务报告；

（六）制定内部管理制度；

（七）决定使用费转付方案和著作权集体管理组织提取管理费的比例；

（八）决定其他重大事项。

会员大会每年召开一次；经 10% 以上会员或者理事会提议，可以召开临时会员大会。会员大会做出决定，应当经出席会议的会员过半数表决通过。

第十八条 著作权集体管理组织设立理事会，对会员大会负责，执行会员大会决定。理事会成员不得少于 9 人。

理事会任期为 4 年，任期届满应当进行换届选举。因特殊情况可以提前或者延期换届，但是换届延期不得超过 1 年。

第四章 著作权集体管理活动

第十九条 权利人可以与著作权集体管理组织以书面形式订立著作权集体管理合同，授权该组织对其依法享有的著作权或者与著作权有关的权利进行管理。权利人符合章程规定加入条件的，著作权集体管理组织应当与其订立著作权集体管理合同，不得拒绝。

权利人与著作权集体管理组织订立著作权集体管理合同并按照章程规定履行相应手续后，即成为该著作权集体管理组织的会员。

第二十条 权利人与著作权集体管理组织订立著作权集体管理合同后，不得在合同约定期限内自己行使或者许可他人行使合同约定的由著作权集体管理组织行使的权利。

第二十一条 权利人可以依照章程规定的程序，退出著作权集体管理组织，终止著作权集体管理合同。但是，著作权集体管理组织已经与他人订立许可使用合同的，该合同在期限届满前继续有效；该合同有效期内，权利人有权获得相应的使用费并可以查阅有关业务材料。

第二十二条 外国人、无国籍人可以通过与中国的著作权集体管理组织订立相互代表协议的境外同类组织，授权中国的著作权集体管理组织管理其依法在中国境内享有的著作权或者与著作权有关的权利。

前款所称相互代表协议，是指中国的著作权集体管理组织与境外的同类组织相互授权对方在其所在国家或者地区进行集体管理活动的协议。

著作权集体管理组织与境外同类组织订立的相互代表协议应当报国务院著作权管理部门备案，由国务院著作权管理部门予以公告。

第二十三条 著作权集体管理组织许可他人使用其管理的作品、录音录像制品等，应当与使用者以书面形式订立许可使用合同。

著作权集体管理组织不得与使用者订立专有许可使用合同。

使用者以合理的条件要求与著作权集体管理组织订立许可使用合同，著作权集体管理组织不得拒绝。

许可使用合同的期限不得超过2年；合同期限届满可以续订。

第二十四条 著作权集体管理组织应当建立权利信息查询系统，供权利人和使用者查询。权利信息查询系统应当包括著作权集体管理组织管理的权利种类和作品、录音录像制品等的名称、权利人姓名或者名称、授权管理的期限。

权利人和使用者对著作权集体管理组织管理的权利的信息进行咨询时，该组织应当予以答复。

第二十五条 除著作权法第二十三条、第三十二条第二款、第三十九条第三款、第四十二条第二款和第四十三条规定应当支付的使用费外，著作权集体管理组织应当根据国务院著作权管理部门公告的使用费收取标准，与使用者约定收取使用费的具体数额。

第二十六条 两个或者两个以上著作权集体管理组织就同一使用方式向同一使用者收取使用费，可以事先协商确定由其中一个著作权集体管理组织统一收取。统一收取的使用费在有关著作权集体管理组织之间经协商分配。

第二十七条 使用者向著作权集体管理组织支付使用费时，应当提供其使用的作品、录音录像制品等的名称、权利人姓名或者名称和使用的方式、数量、时间等有关使用情况；许可使用合同另有约定的除外。

使用者提供的有关使用情况涉及该使用者商业秘密的，著作权集体管理组织负有保密义务。

第二十八条 著作权集体管理组织可以从收取的使用费中提取一定比例作为管理费，用于维持其正常的业务活动。

著作权集体管理组织提取管理费的比例应当随着使用费收入的增加而逐步降低。

第二十九条 著作权集体管理组织收取的使用费，在提取管理费后，应当全部转付给权利人，不得挪作他用。

著作权集体管理组织转付使用费，应当编制使用费转付记录。使用费转付记录应当载明使用费总额、管理费数额、权利人姓名或者名称、作品或者录音录像制品等的名称、有关使用情况、向各权利人转付使用费的具体数额等事项，并应当保存 10 年以上。

第五章　对著作权集体管理组织的监督

第三十条 著作权集体管理组织应当依法建立财务、会计制度和资产管理制度，并按照国家有关规定设置会计账簿。

第三十一条 著作权集体管理组织的资产使用和财务管理受国务院著作权管理部门和民政部门的监督。

著作权集体管理组织应当在每个会计年度结束时制作财务会计报告，委托会计师事务所依法进行审计，并公布审计结果。

第三十二条 著作权集体管理组织应当对下列事项进行记录，供权利人和使用者查阅：

（一）作品许可使用情况；

（二）使用费收取和转付情况；

（三）管理费提取和使用情况。

权利人有权查阅、复制著作权集体管理组织的财务报告、工作报告和其他业务材料；著作权集体管理组织应当提供便利。

第三十三条 权利人认为著作权集体管理组织有下列情形之一的，可以向国务院著作权管理部门检举：

（一）权利人符合章程规定的加入条件要求加入著作权集体管理组织，或者会员依照章程规定的程序要求退出著作权集体管理组织，著作权集体管理组织拒绝的；

（二）著作权集体管理组织不按照规定收取、转付使用费，或者不按照规定提取、使用管理费的；

（三）权利人要求查阅本条例第三十二条规定的记录、业务材料，著作权集体管理组织拒绝提供的。

第三十四条 使用者认为著作权集体管理组织有下列情形之一的，可以向国务院著作权管理部门检举：

（一）著作权集体管理组织违反本条例第二十三条规定拒绝与使用者订立许可使用合同的；

（二）著作权集体管理组织未根据公告的使用费收取标准约定收取使用费的具体数额的；

（三）使用者要求查阅本条例第三十二条规定的记录，著作权集体管理组织拒绝提供的。

第三十五条 权利人和使用者以外的公民、法人或者其他组织认为著作权集体管理组织有违反本条例规定的行为的，可以向国务院著作权管理部门举报。

第三十六条 国务院著作权管理部门应当自接到检举、举报之日起60日内对检举、举报事项进行调查并依法处理。

第三十七条 国务院著作权管理部门可以采取下列方式对著作权集体管理组织进行监督，并应当对监督活动做出记录：

（一）检查著作权集体管理组织的业务活动是否符合本条例及其章程的规定；

（二）核查著作权集体管理组织的会计账簿、年度预算和决算报告及其他有关业务材料；

（三）派员列席著作权集体管理组织的会员大会、理事会等重要会议。

第三十八条 著作权集体管理组织应当依法接受国务院民政部门和其他有关部门的监督。

第六章　法律责任

第三十九条　著作权集体管理组织有下列情形之一的，由国务院著作权管理部门责令限期改正：

（一）违反本条例第二十二条规定，未将与境外同类组织订立的相互代表协议报国务院著作权管理部门备案的；

（二）违反本条例第二十四条规定，未建立权利信息查询系统的；

（三）未根据公告的使用费收取标准约定收取使用费的具体数额的。

著作权集体管理组织超出业务范围管理权利人的权利的，由国务院著作权管理部门责令限期改正，其与使用者订立的许可使用合同无效；给权利人、使用者造成损害的，依法承担民事责任。

第四十条　著作权集体管理组织有下列情形之一的，由国务院著作权管理部门责令限期改正；逾期不改正的，责令会员大会或者理事会根据本条例规定的权限罢免或者解聘直接负责的主管人员：

（一）违反本条例第十九条规定拒绝与权利人订立著作权集体管理合同的，或者违反本条例第二十一条的规定拒绝会员退出该组织的要求的；

（二）违反本条例第二十三条规定，拒绝与使用者订立许可使用合同的；

（三）违反本条例第二十八条规定提取管理费的；

（四）违反本条例第二十九条规定转付使用费的；

（五）拒绝提供或者提供虚假的会计账簿、年度预算和决算报告或者其他有关业务材料的。

第四十一条　著作权集体管理组织自国务院民政部门发给登记证书之日起超过6个月无正当理由未开展著作权集体管理活动，或者连续中止著作权集体管理活动6个月以上的，由国务院著作权管理部门吊销其著作权集体管理许可证，并由国务院民政部门撤销登记。

第四十二条　著作权集体管理组织从事营利性经营活动的，由工商行政管理部门依法予以取缔，没收违法所得；构成犯罪的，依法追究刑事责任。

第四十三条　违反本条例第二十七条的规定，使用者能够提供有关使用情况而拒绝提供，或者在提供有关使用情况时弄虚作假的，由国务院著作权管理部门责令改正；著作权集体管理组织可以中止许可使用合同。

第四十四条 擅自设立著作权集体管理组织或者分支机构，或者擅自从事著作权集体管理活动的，由国务院著作权管理部门或者民政部门依照职责分工予以取缔，没收违法所得；构成犯罪的，依法追究刑事责任。

第四十五条 依照本条例规定从事著作权集体管理组织审批和监督工作的国家行政机关工作人员玩忽职守、滥用职权、徇私舞弊，构成犯罪的，依法追究刑事责任；尚不构成犯罪的，依法给予行政处分。

第七章 附 则

第四十六条 本条例施行前已经设立的著作权集体管理组织，应当自本条例生效之日起 3 个月内，将其章程、使用费收取标准、使用费转付办法及其他有关材料报国务院著作权管理部门审核，并将其与境外同类组织订立的相互代表协议报国务院著作权管理部门备案。

第四十七条 依照著作权法第二十三条、第三十二条第二款、第三十九条第三款的规定使用他人作品，未能依照《中华人民共和国著作权法实施条例》第三十二条的规定向权利人支付使用费的，应当将使用费连同邮资以及使用作品的有关情况送交管理相关权利的著作权集体管理组织，由该著作权集体管理组织将使用费转付给权利人。

负责转付使用费的著作权集体管理组织应当建立作品使用情况查询系统，供权利人、使用者查询。

负责转付使用费的著作权集体管理组织可以从其收到的使用费中提取管理费，管理费按照会员大会决定的该集体管理组织管理费的比例减半提取。除管理费外，该著作权集体管理组织不得从其收到的使用费中提取其他任何费用。

第四十八条 本条例自 2005 年 3 月 1 日起施行。

互联网著作权行政保护办法（2005年）*

（国家版权局、信息产业部令2005年第5号公布，自2005年5月30日起施行）

第一条 为了加强互联网信息服务活动中信息网络传播权的行政保护，规范行政执法行为，根据《中华人民共和国著作权法》及有关法律、行政法规，制定本办法。

第二条 本办法适用于互联网信息服务活动中根据互联网内容提供者的指令，通过互联网自动提供作品、录音录像制品等内容的上载、存储、链接或搜索等功能，且对存储或传输的内容不进行任何编辑、修改或选择的行为。

互联网信息服务活动中直接提供互联网内容的行为，适用著作权法。

本办法所称“互联网内容提供者”是指在互联网上发布相关内容的上网用户。

第三条 各级著作权行政管理部门依照法律、行政法规和本办法对互联网信息服务活动中的信息网络传播权实施行政保护。国务院信息产业主管部门和各省、自治区、直辖市电信管理机构依法配合相关工作。

第四条 著作权行政管理部门对侵犯互联网信息服务活动中的信息网络传播权的行为实施行政处罚，适用《著作权行政处罚实施办法》。

侵犯互联网信息服务活动中的信息网络传播权的行为由侵权行为实施地的著作权行政管理部门管辖。侵权行为实施地包括提供本办法第二条所列的

---

* 互联网络的发展，使著作权保护面临新的挑战，单凭借权利人自己难以在网络环境下有效地保护其著作权，该办法的出台是为了对网络环境下的著作权保护予以行政保护。本条例体现了通过行政机制维护著作权法律制度的需要。

互联网信息服务活动的服务器等设备所在地。

第五条 著作权人发现互联网传播的内容侵犯其著作权，向互联网信息服务提供者或者其委托的其他机构（以下统称“互联网信息服务提供者”）发出通知后，互联网信息服务提供者应当立即采取措施移除相关内容，并保留著作权人的通知6个月。

第六条 互联网信息服务提供者收到著作权人的通知后，应当记录提供的信息内容及其发布的时间、互联网地址或者域名。互联网接入服务提供者应当记录互联网内容提供者的接入时间、用户帐号、互联网地址或者域名、主叫电话号码等信息。

前款所称记录应当保存60日，并在著作权行政管理部门查询时予以提供。

第七条 互联网信息服务提供者根据著作权人的通知移除相关内容的，互联网内容提供者可以向互联网信息服务提供者和著作权人一并发出说明被移除内容不侵犯著作权的反通知。反通知发出后，互联网信息服务提供者即可恢复被移除的内容，且对该恢复行为不承担行政法律责任。

第八条 著作权人的通知应当包含以下内容：

（一）涉嫌侵权内容所侵犯的著作权权属证明；

（二）明确的身份证明、住址、联系方式；

（三）涉嫌侵权内容在信息网络上的位置；

（四）侵犯著作权的相关证据；

（五）通知内容的真实性声明。

第九条 互联网内容提供者的反通知应当包含以下内容：

（一）明确的身份证明、住址、联系方式；

（二）被移除内容的合法性证明；

（三）被移除内容在互联网上的位置；

（四）反通知内容的真实性声明。

第十条 著作权人的通知和互联网内容提供者的反通知应当采取书面形式。

著作权人的通知和互联网内容提供者的反通知不具备本办法第八条、第九条所规定内容的，视为未发出。

第十一条 互联网信息服务提供者明知互联网内容提供者通过互联网实

施侵犯他人著作权的行为，或者虽不明知，但接到著作权人通知后未采取措施移除相关内容，同时损害社会公共利益的，著作权行政管理部门可以根据《中华人民共和国著作权法》第四十七条的规定责令停止侵权行为，并给予下列行政处罚：

（一）没收违法所得；

（二）处以非法经营额 3 倍以下的罚款；非法经营额难以计算的，可以处 10 万元以下的罚款。

第十二条 没有证据表明互联网信息服务提供者明知侵权事实存在的，或者互联网信息服务提供者接到著作权人通知后，采取措施移除相关内容的，不承担行政法律责任。

第十三条 著作权行政管理部门在查处侵犯互联网信息服务活动中的信息网络传播权案件时，可以按照《著作权行政处罚实施办法》第十二条规定要求著作权人提交必备材料，以及向互联网信息服务提供者发出的通知和该互联网信息服务提供者未采取措施移除相关内容的证明。

第十四条 互联网信息服务提供者有本办法第十一条规定的情形，且经著作权行政管理部门依法认定专门从事盗版活动，或有其他严重情节的，国务院信息产业主管部门或者省、自治区、直辖市电信管理机构依据相关法律、行政法规的规定处理；互联网接入服务提供者应当依据国务院信息产业主管部门或者省、自治区、直辖市电信管理机构的通知，配合实施相应的处理措施。

第十五条 互联网信息服务提供者未履行本办法第六条规定的义务，由国务院信息产业主管部门或者省、自治区、直辖市电信管理机构予以警告，可以并处三万元以下罚款。

第十六条 著作权行政管理部门在查处侵犯互联网信息服务活动中的信息网络传播权案件过程中，发现互联网信息服务提供者的行为涉嫌构成犯罪的，应当依照国务院《行政执法机关移送涉嫌犯罪案件的规定》将案件移送司法部门，依法追究刑事责任。

第十七条 表演者、录音录像制作者等与著作权有关的权利人通过互联网向公众传播其表演或者录音录像制品的权利的行政保护适用本办法。

第十八条 本办法由国家版权局和信息产业部负责解释。

第十九条 本办法自 2005 年 5 月 30 日起施行。

信息网络传播权保护条例（2006年）*

（2006年5月10日国务院第135次常务会议通过，
国务院令第468号公布，自2006年7月1日起施行）

第一条 为保护著作权人、表演者、录音录像制作者（以下统称权利人）的信息网络传播权，鼓励有益于社会主义精神文明、物质文明建设的作品的创作和传播，根据《中华人民共和国著作权法》（以下简称著作权法），制定本条例。

第二条 权利人享有的信息网络传播权受著作权法和本条例保护。除法律、行政法规另有规定的外，任何组织或者个人将他人的作品、表演、录音录像制品通过信息网络向公众提供，应当取得权利人许可，并支付报酬。

第三条 依法禁止提供的作品、表演、录音录像制品，不受本条例保护。

权利人行使信息网络传播权，不得违反宪法和法律、行政法规，不得损害公共利益。

第四条 为了保护信息网络传播权，权利人可以采取技术措施。

任何组织或者个人不得故意避开或者破坏技术措施，不得故意制造、进口或者向公众提供主要用于避开或者破坏技术措施的装置或者部件，不得故意为他人避开或者破坏技术措施提供技术服务。但是，法律、行政法规规定可以避开的除外。

第五条 未经权利人许可，任何组织或者个人不得进行下列行为：

---

* 2001年修订的《著作权法》增加了信息网络传播权，本条例是对这一制度的具体化。

（一）故意删除或者改变通过信息网络向公众提供的作品、表演、录音录像制品的权利管理电子信息，但由于技术上的原因无法避免删除或者改变的除外；

（二）通过信息网络向公众提供明知或者应知未经权利人许可被删除或者改变权利管理电子信息的作品、表演、录音录像制品。

第六条 通过信息网络提供他人作品，属于下列情形的，可以不经著作权人许可，不向其支付报酬：

（一）为介绍、评论某一作品或者说明某一问题，在向公众提供的作品中适当引用已经发表的作品；

（二）为报道时事新闻，在向公众提供的作品中不可避免地再现或者引用已经发表的作品；

（三）为学校课堂教学或者科学研究，向少数教学、科研人员提供少量已经发表的作品；

（四）国家机关为执行公务，在合理范围内向公众提供已经发表的作品；

（五）将中国公民、法人或者其他组织已经发表的、以汉语言文字创作的作品翻译成的少数民族语言文字作品，向中国境内少数民族提供；

（六）不以营利为目的，以盲人能够感知的独特方式向盲人提供已经发表的文字作品；

（七）向公众提供在信息网络上已经发表的关于政治、经济问题的时事性文章；

（八）向公众提供在公众集会上发表的讲话。

第七条 图书馆、档案馆、纪念馆、博物馆、美术馆等可以不经著作权人许可，通过信息网络向本馆馆舍内服务对象提供本馆收藏的合法出版的数字作品和依法为陈列或者保存版本的需要以数字化形式复制的作品，不向其支付报酬，但不得直接或者间接获得经济利益。当事人另有约定的除外。

前款规定的为陈列或者保存版本需要以数字化形式复制的作品，应当是已经损毁或者濒临损毁、丢失或者失窃，或者其存储格式已经过时，并且在市场上无法购买或者只能以明显高于标定的价格购买的作品。

第八条 为通过信息网络实施九年制义务教育或者国家教育规划，可以不经著作权人许可，使用其已经发表作品的片断或者短小的文字作品、音乐作品或者单幅的美术作品、摄影作品制作课件，由制作课件或者依法取得课件的远程教育机构通过信息网络向注册学生提供，但应当向著作权人支付报酬。

第九条 为扶助贫困，通过信息网络向农村地区的公众免费提供中国公民、法人或者其他组织已经发表的种植养殖、防病治病、防灾减灾等与扶助贫困有关的作品和适应基本文化需求的作品，网络服务提供者应当在提供前公告拟提供的作品及其作者、拟支付报酬的标准。自公告之日起 30 日内，著作权人不同意提供的，网络服务提供者不得提供其作品；自公告之日起满 30 日，著作权人没有异议的，网络服务提供者可以提供其作品，并按照公告的标准向著作权人支付报酬。网络服务提供者提供著作权人的作品后，著作权人不同意提供的，网络服务提供者应当立即删除著作权人的作品，并按照公告的标准向著作权人支付提供作品期间的报酬。

依照前款规定提供作品的，不得直接或者间接获得经济利益。

第十条 依照本条例规定不经著作权人许可、通过信息网络向公众提供其作品的，还应当遵守下列规定：

（一）除本条例第六条第（一）项至第（六）项、第七条规定的情形外，不得提供作者事先声明不许提供的作品；

（二）指明作品的名称和作者的姓名（名称）；

（三）依照本条例规定支付报酬；

（四）采取技术措施，防止本条例第七条、第八条、第九条规定的服务对象以外的其他人获得著作权人的作品，并防止本条例第七条规定的服务对象的复制行为对著作权人利益造成实质性损害；

（五）不得侵犯著作权人依法享有的其他权利。

第十一条 通过信息网络提供他人表演、录音录像制品的，应当遵守本条例第六条至第十条的规定。

第十二条 属于下列情形的，可以避开技术措施，但不得向他人提供避开技术措施的技术、装置或者部件，不得侵犯权利人依法享有的其他权利：

（一）为学校课堂教学或者科学研究，通过信息网络向少数教学、科研人员提供已经发表的作品、表演、录音录像制品，而该作品、表演、录音录像制品只能通过信息网络获取；

（二）不以营利为目的，通过信息网络以盲人能够感知的独特方式向盲人提供已经发表的文字作品，而该作品只能通过信息网络获取；

（三）国家机关依照行政、司法程序执行公务；

（四）在信息网络上对计算机及其系统或者网络的安全性能进行测试。

第十三条 著作权行政管理部门为了查处侵犯信息网络传播权的行为，可以要求网络服务提供者提供涉嫌侵权的服务对象的姓名（名称）、联系方式、网络地址等资料。

第十四条 对提供信息存储空间或者提供搜索、链接服务的网络服务提供者，权利人认为其服务所涉及的作品、表演、录音录像制品，侵犯自己的信息网络传播权或者被删除、改变了自己的权利管理电子信息的，可以向该网络服务提供者提交书面通知，要求网络服务提供者删除该作品、表演、录音录像制品，或者断开与该作品、表演、录音录像制品的链接。通知书应当包含下列内容：

（一）权利人的姓名（名称）、联系方式和地址；

（二）要求删除或者断开链接的侵权作品、表演、录音录像制品的名称和网络地址；

（三）构成侵权的初步证明材料。

权利人应当对通知书的真实性负责。

第十五条 网络服务提供者接到权利人的通知书后，应当立即删除涉嫌侵权的作品、表演、录音录像制品，或者断开与涉嫌侵权的作品、表演、录音录像制品的链接，并同时将通知书转送提供作品、表演、录音录像制品的服务对象；服务对象网络地址不明、无法转送的，应当将通知书的内容同时在信息网络上公告。

第十六条 服务对象接到网络服务提供者转送的通知书后，认为其提供的作品、表演、录音录像制品未侵犯他人权利的，可以向网络服务提供者提交书面说明，要求恢复被删除的作品、表演、录音录像制品，或者恢复与被断开的作品、表演、录音录像制品的链接。书面说明应当包含下列内容：

（一）服务对象的姓名（名称）、联系方式和地址；

（二）要求恢复的作品、表演、录音录像制品的名称和网络地址；

（三）不构成侵权的初步证明材料。

服务对象应当对书面说明的真实性负责。

第十七条 网络服务提供者接到服务对象的书面说明后，应当立即恢复被删除的作品、表演、录音录像制品，或者可以恢复与被断开的作品、表演、录音录像制品的链接，同时将服务对象的书面说明转送权利人。权利人不得再通知网络服务提供者删除该作品、表演、录音录像制品，或者断开与该作品、表演、录音录像制品的链接。

第十八条 违反本条例规定，有下列侵权行为之一的，根据情况承担停止侵害、消除影响、赔礼道歉、赔偿损失等民事责任；同时损害公共利益的，可以由著作权行政管理部门责令停止侵权行为，没收违法所得，并可处以10万元以下的罚款；情节严重的，著作权行政管理部门可以没收主要用于提供网络服务的计算机等设备；构成犯罪的，依法追究刑事责任：

（一）通过信息网络擅自向公众提供他人的作品、表演、录音录像制品的；

（二）故意避开或者破坏技术措施的；

（三）故意删除或者改变通过信息网络向公众提供的作品、表演、录音录像制品的权利管理电子信息，或者通过信息网络向公众提供明知或者应知未经权利人许可而被删除或者改变权利管理电子信息的作品、表演、录音录像制品的；

（四）为扶助贫困通过信息网络向农村地区提供作品、表演、录音录像制品超过规定范围，或者未按照公告的标准支付报酬，或者在权利人不同意提供其作品、表演、录音录像制品后未立即删除的；

（五）通过信息网络提供他人的作品、表演、录音录像制品，未指明作品、表演、录音录像制品的名称或者作者、表演者、录音录像制作者的姓名（名称），或者未支付报酬，或者未依照本条例规定采取技术措施防止服务对象以外的其他人获得他人的作品、表演、录音录像制品，或者未防止服务对象的复制行为对权利人利益造成实质性损害的。

第十九条 违反本条例规定，有下列行为之一的，由著作权行政管理部门予以警告，没收违法所得，没收主要用于避开、破坏技术措施的装置或者部件；情节严重的，可以没收主要用于提供网络服务的计算机等设备，并可处以10万元以下的罚款；构成犯罪的，依法追究刑事责任：

（一）故意制造、进口或者向他人提供主要用于避开、破坏技术措施的装置或者部件，或者故意为他人避开或者破坏技术措施提供技术服务的；

（二）通过信息网络提供他人的作品、表演、录音录像制品，获得经济利益的；

（三）为扶助贫困通过信息网络向农村地区提供作品、表演、录音录像制品，未在提供前公告作品、表演、录音录像制品的名称和作者、表演者、录音录像制作者的姓名（名称）以及报酬标准的。

第二十条 网络服务提供者根据服务对象的指令提供网络自动接入服务，或者对服务对象提供的作品、表演、录音录像制品提供自动传输服务，并具备下列条件的，不承担赔偿责任：

（一）未选择并且未改变所传输的作品、表演、录音录像制品；

（二）向指定的服务对象提供该作品、表演、录音录像制品，并防止指定的服务对象以外的其他人获得。

第二十一条 网络服务提供者为提高网络传输效率，自动存储从其他网络服务提供者获得的作品、表演、录音录像制品，根据技术安排自动向服务对象提供，并具备下列条件的，不承担赔偿责任：

（一）未改变自动存储的作品、表演、录音录像制品；

（二）不影响提供作品、表演、录音录像制品的原网络服务提供者掌握服务对象获取该作品、表演、录音录像制品的情况；

（三）在原网络服务提供者修改、删除或者屏蔽该作品、表演、录音录像制品时，根据技术安排自动予以修改、删除或者屏蔽。

第二十二条 网络服务提供者为服务对象提供信息存储空间，供服务对象通过信息网络向公众提供作品、表演、录音录像制品，并具备下列条件的，不承担赔偿责任：

（一）明确标示该信息存储空间是为服务对象所提供，并公开网络服务提供者的名称、联系人、网络地址；

（二）未改变服务对象所提供的作品、表演、录音录像制品；

（三）不知道也没有合理的理由应当知道服务对象提供的作品、表演、录音录像制品侵权；

（四）未从服务对象提供作品、表演、录音录像制品中直接获得经济利益；

（五）在接到权利人的通知书后，根据本条例规定删除权利人认为侵权的作品、表演、录音录像制品。

第二十三条 网络服务提供者为服务对象提供搜索或者链接服务，在接到权利人的通知书后，根据本条例规定断开与侵权的作品、表演、录音录像制品的链接的，不承担赔偿责任；但是，明知或者应知所链接的作品、表演、录音录像制品侵权的，应当承担共同侵权责任。

第二十四条 因权利人的通知导致网络服务提供者错误删除作品、表演、录音录像制品，或者错误断开与作品、表演、录音录像制品的链接，给服务对象造成损失的，权利人应当承担赔偿责任。

第二十五条 网络服务提供者无正当理由拒绝提供或者拖延提供涉嫌侵权的服务对象的姓名（名称）、联系方式、网络地址等资料的，由著作权行政管理部门予以警告；情节严重的，没收主要用于提供网络服务的计算机等设备。

第二十六条 本条例下列用语的含义：

信息网络传播权，是指以有线或者无线方式向公众提供作品、表演或者录音录像制品，使公众可以在其个人选定的时间和地点获得作品、表演或者录音录像制品的权利。

技术措施，是指用于防止、限制未经权利人许可浏览、欣赏作品、表演、录音录像制品的或者通过信息网络向公众提供作品、表演、录音录像制品的有效技术、装置或者部件。

权利管理电子信息，是指说明作品及其作者、表演及其表演者、录音录像制品及其制作者的信息，作品、表演、录音录像制品权利人的信息和使用条件的信息，以及表示上述信息的数字或者代码。

第二十七条 本条例自 2006 年 7 月 1 日起施行。

著作权行政处罚实施办法（2009 年）*

（2009 年 4 月 21 日国家版权局第 1 次局务会议通过，
国家版权局令第 6 号公布，自 2009 年 6 月 15 日起施行）

第一章　总　则

第一条　为规范著作权行政管理部门的行政处罚行为，保护公民、法人和其他组织的合法权益，根据《中华人民共和国行政处罚法》（以下称行政处罚法）、《中华人民共和国著作权法》（以下称著作权法）和其他有关法律、行政法规，制定本办法。

第二条　国家版权局以及地方人民政府享有著作权行政执法权的有关部门（以下称著作权行政管理部门），在法定职权范围内就本办法列举的违法行为实施行政处罚。法律、法规另有规定的，从其规定。

第三条　本办法所称的违法行为是指：

（一）著作权法第四十七条列举的侵权行为，同时损害公共利益的；

（二）《计算机软件保护条例》第二十四条列举的侵权行为，同时损害公共利益的；

（三）《信息网络传播权保护条例》第十八条列举的侵权行为，同时损害公共利益的；第十九条、第二十五条列举的侵权行为；

（四）《著作权集体管理条例》第四十一条、第四十四条规定的应予行政

* 自 2003 年《著作权行政处罚实施办法》发布施行不到 6 年时间即通过新的著作权行政处罚规范，体现了通过行政途径强化著作权执法力度的现实需求。

处罚的行为；

（五）其他有关著作权法律、法规、规章规定的应给予行政处罚的违法行为。

第四条 对本办法列举的违法行为，著作权行政管理部门可以依法责令停止侵权行为，并给予下列行政处罚：

（一）警告；

（二）罚款；

（三）没收违法所得；

（四）没收侵权制品；

（五）没收安装存储侵权制品的设备；

（六）没收主要用于制作侵权制品的材料、工具、设备等；

（七）法律、法规、规章规定的其他行政处罚。

第二章 管辖和适用

第五条 本办法列举的违法行为，由侵权行为实施地、侵权结果发生地、侵权制品储藏地或者依法查封扣押地的著作权行政管理部门负责查处。法律、行政法规另有规定的除外。

侵犯信息网络传播权的违法行为由侵权人住所地、实施侵权行为的网络服务器等设备所在地或侵权网站备案登记地的著作权行政管理部门负责查处。

第六条 国家版权局可以查处在全国有重大影响的违法行为，以及认为应当由其查处的其他违法行为。地方著作权行政管理部门负责查处本辖区发生的违法行为。

第七条 两个以上地方著作权行政管理部门对同一违法行为均有管辖权时，由先立案的著作权行政管理部门负责查处该违法行为。

地方著作权行政管理部门因管辖权发生争议或者管辖不明时，由争议双方协商解决；协商不成的，报请共同的上一级著作权行政管理部门指定管辖；其共同的上一级著作权行政管理部门也可以直接指定管辖。

上级著作权行政管理部门在必要时，可以处理下级著作权行政管理部门管辖的有重大影响的案件，也可以将自己管辖的案件交由下级著作权行政管理部门处理；下级著作权行政管理部门认为其管辖的案件案情重大、复杂，需要由上级著作权行政管理部门处理的，可以报请上一级著作权行政管理部门处理。

第八条 著作权行政管理部门发现查处的违法行为，根据我国刑法规定涉嫌构成犯罪的，应当由该著作权行政管理部门依照国务院《行政执法机关移送涉嫌犯罪案件的规定》将案件移送司法部门处理。

第九条 著作权行政管理部门对违法行为予以行政处罚的时效为两年，从违法行为发生之日起计算。违法行为有连续或者继续状态的，从行为终了之日起计算。侵权制品仍在发行或仍在向公众进行传播的，视为违法行为仍在继续。

违法行为在两年内未被发现的，不再给予行政处罚。法律另有规定的除外。

第三章 处罚程序

第十条 除行政处罚法规定适用简易程序的情况外，著作权行政处罚适用行政处罚法规定的一般程序。

第十一条 著作权行政管理部门适用一般程序查处违法行为，应当立案。

对本办法列举的违法行为，著作权行政管理部门可以自行决定立案查处，或者根据有关部门移送的材料决定立案查处，也可以根据被侵权人、利害关系人或者其他知情人的投诉或者举报决定立案查处。

第十二条 投诉人就本办法列举的违法行为申请立案查处的，应当提交申请书、权利证明、被侵权作品（或者制品）以及其他证据。

申请书应当说明当事人的姓名（或者名称）、地址以及申请查处所根据的主要事实、理由。

投诉人委托代理人代为申请的，应当由代理人出示委托书。

第十三条 著作权行政管理部门应当在收到所有投诉材料之日起十五日内，决定是否受理并通知投诉人。不予受理的，应当书面告知理由。

第十四条 立案时应当填写立案审批表，同时附上相关材料，包括投诉或者举报材料、上级著作权行政管理部门交办或者有关部门移送案件的有关材料、执法人员的检查报告等，由本部门负责人批准，指定两名以上办案人员负责调查处理。

办案人员与案件有利害关系的，应当自行回避；没有回避的，当事人可以申请其回避。办案人员的回避，由本部门负责人批准。负责人的回避，由本级人民政府批准。

第十五条 执法人员在执法过程中，发现违法行为正在实施，情况紧急来不及立案的，可以采取下列措施：

（一）对违法行为予以制止或者纠正；

（二）对涉嫌侵权制品、安装存储涉嫌侵权制品的设备和主要用于违法行为的材料、工具、设备等依法先行登记保存；

（三）收集、调取其他有关证据。

执法人员应当及时将有关情况和材料报所在著作权行政管理部门，并于发现情况之日起七日内办理立案手续。

第十六条 立案后，办案人员应当及时进行调查，并要求法定举证责任人在著作权行政管理部门指定的期限内举证。

办案人员取证时可以采取下列手段收集、调取有关证据：

（一）查阅、复制与涉嫌违法行为有关的文件档案、账簿和其他书面材料；

（二）对涉嫌侵权制品进行抽样取证；

（三）对涉嫌侵权制品、安装存储涉嫌侵权制品的设备、涉嫌侵权的网站网页、涉嫌侵权的网站服务器和主要用于违法行为的材料、工具、设备等依法先行登记保存。

第十七条 办案人员在执法中应当向当事人或者有关人员出示由国家版权局或者地方人民政府制发的行政执法证件。

第十八条 办案时收集的证据包括：

（一）书证；

（二）物证；

（三）证人证言；

（四）视听资料；

（五）当事人陈述；

（六）鉴定结论；

（七）检查、勘验笔录。

第十九条 当事人提供的涉及著作权的底稿、原件、合法出版物、作品登记证书、著作权合同登记证书、认证机构出具的证明、取得权利的合同，以及当事人自行或者委托他人以订购、现场交易等方式购买侵权复制品而取得的实物、发票等，可以作为证据。

第二十条 办案人员抽样取证、先行登记保存有关证据，应当有当事人在场。对有关物品应当当场制作清单一式两份，由办案人员和当事人签名、盖章后，分别交由当事人和办案人员所在著作权行政管理部门保存。当事人不在场或者拒绝签名、盖章的，由现场两名以上办案人员注明情况。

第二十一条 办案人员先行登记保存有关证据，应当经本部门负责人批准，并向当事人交付证据先行登记保存通知书。当事人或者有关人员在证据保存期间不得转移、损毁有关证据。

先行登记保存的证据，应当加封著作权行政管理部门先行登记保存封条，由当事人就地保存。先行登记保存的证据确需移至他处的，可以移至适当的场所保存。情况紧急来不及办理本条规定的手续时，办案人员可以先行采取措施，事后及时补办手续。

第二十二条 对先行登记保存的证据，应当在交付证据先行登记保存通知书后七日内做出下列处理决定：

（一）需要鉴定的，送交鉴定；

（二）违法事实成立，应当予以没收的，依照法定程序予以没收；

（三）应当移送有关部门处理的，将案件连同证据移送有关部门处理；

（四）违法事实不成立，或者依法不应予以没收的，解除登记保存措施；

（五）其他有关法定措施。

第二十三条 著作权行政管理部门在查处案件过程中，委托其他著作权行政管理部门代为调查的，须出具委托书。受委托的著作权行政管理部门应当积极予以协助。

第二十四条 对查处案件中的专业性问题，著作权行政管理部门可以委托专门机构或者聘请专业人员进行鉴定。

第二十五条 调查终结后，办案人员应当提交案件调查报告，说明有关行为是否违法，提出处理意见及有关事实、理由和依据，并附上全部证据材料。

第二十六条 著作权行政管理部门拟作出行政处罚决定的，应当由本部门负责人签发行政处罚事先告知书，告知当事人拟作出行政处罚决定的事实、理由和依据，并告知当事人依法享有的陈述权、申辩权和其他权利。

行政处罚事先告知书应当由著作权行政管理部门直接送达当事人，当事人应当在送达回执上签名、盖章。当事人拒绝签收的，由送达人员注明情况，把送达文书留在受送达人住所，并报告本部门负责人。著作权行政管理部门也可以采取邮寄送达方式告知当事人。无法找到当事人时，可以以公告形式告知。

第二十七条 当事人要求陈述、申辩的，应当在被告知后七日内，或者自发布公告之日起三十日内，向著作权行政管理部门提出陈述、申辩意见以及相应的事实、理由和证据。当事人在此期间未行使陈述权、申辩权的，视为放弃权利。

采取直接送达方式告知的，以当事人签收之日为被告知日期；采取邮寄送达方式告知的，以回执上注明的收件日期为被告知日期。

第二十八条 办案人员应当充分听取当事人的陈述、申辩意见，对当事人提出的事实、理由和证据进行复核，并提交复核报告。

著作权行政管理部门不得因当事人申辩加重处罚。

第二十九条 著作权行政管理部门负责人应当对案件调查报告及复核报告进行审查，并根据审查结果分别做出下列处理决定：

（一）确属应当予以行政处罚的违法行为的，根据侵权人的过错程度、侵权时间长短、侵权范围大小及损害后果等情节，予以行政处罚；

（二）违法行为轻微并及时纠正，没有造成危害后果的，不予行政处罚；

（三）违法事实不成立的，不予行政处罚；

（四）违法行为涉嫌构成犯罪的，移送司法部门处理。

对情节复杂或者重大的违法行为给予较重的行政处罚，由著作权行政管理部门负责人集体讨论决定。

第三十条 著作权行政管理部门做出罚款决定时，罚款数额应当依照《中华人民共和国著作权法实施条例》第三十六条、《计算机软件保护条例》第二十四条的规定和《信息网络传播权保护条例》第十八条、第十九条的规定确定。

第三十一条 违法行为情节严重的，著作权行政管理部门可以没收主要用于制作侵权制品的材料、工具、设备等。

具有下列情形之一的，属于前款所称“情节严重”：

（一）违法所得数额（即获利数额）二千五百元以上的；

（二）非法经营数额在一万五千元以上的；

（三）经营侵权制品在二百五十册（张或份）以上的；

（四）因侵犯著作权曾经被追究法律责任，又侵犯著作权的；

（五）造成其他重大影响或者严重后果的。

第三十二条 对当事人的同一违法行为，其他行政机关已经予以罚款的，著作权行政管理部门不得再予罚款，但仍可以视具体情况予以本办法第四条所规定的其他种类的行政处罚。

第三十三条 著作权行政管理部门做出较大数额罚款决定或者法律、行政法规规定应当听证的其他行政处罚决定前，应当告知当事人有要求举行听证的权利。

前款所称“较大数额罚款”，是指对个人处以两万元以上、对单位处以十万元以上的罚款。地方性法规、规章对听证要求另有规定的，依照地方性法规、规章办理。

第三十四条 当事人要求听证的，著作权行政管理部门应当依照行政处罚法第四十二条规定的程序组织听证。当事人不承担组织听证的费用。

第三十五条 著作权行政管理部门决定予以行政处罚的，应当制作行政处罚决定书。

著作权行政管理部门认为违法行为轻微，决定不予行政处罚的，应当制作不予行政处罚通知书，说明不予行政处罚的事实、理由和依据，并送达当事人；违法事实不成立的，应当制作调查结果通知书，并送达当事人。

著作权行政管理部门决定移送司法部门处理的案件，应当制作涉嫌犯罪案件移送书，并连同有关材料和证据及时移送有管辖权的司法部门。

第三十六条 行政处罚决定书应当由著作权行政管理部门在宣告后当场交付当事人。当事人不在场的，应当在七日内送达当事人。

第三十七条 当事人对国家版权局的行政处罚不服的，可以向国家版权局申请行政复议；当事人对地方著作权行政管理部门的行政处罚不服的，可以向该部门的本级人民政府或者其上一级著作权行政管理部门申请行政复议。

当事人对行政处罚或者行政复议决定不服的，可以依法提起行政诉讼。

第四章 执行程序

第三十八条 当事人收到行政处罚决定书后，应当在行政处罚决定书规定的期限内予以履行。

当事人申请行政复议或者提起行政诉讼的，行政处罚不停止执行。法律另有规定的除外。

第三十九条 没收的侵权制品应当销毁，或者经被侵权人同意后以其他适当方式处理。

销毁侵权制品时，著作权行政管理部门应当指派两名以上执法人员监督销毁过程，核查销毁结果，并制作销毁记录。

对没收的主要用于制作侵权制品的材料、工具、设备等，著作权行政管理部门应当依法公开拍卖或者依照国家有关规定处理。

第四十条 上级著作权行政管理部门做出的行政处罚决定，可以委托下级著作权行政管理部门代为执行。代为执行的下级著作权行政管理部门，应当将执行结果报告该上级著作权行政管理部门。

第五章 附 则

第四十一条 本办法所称的侵权制品包括侵权复制品和假冒他人署名的作品。

第四十二条 著作权行政管理部门应当按照国家统计法规建立著作权行政处罚统计制度，每年向上一级著作权行政管理部门提交著作权行政处罚统计报告。

第四十三条 行政处罚决定或者复议决定执行完毕后，著作权行政管理部门应当及时将案件材料立卷归档。

立卷归档的材料主要包括：行政处罚决定书、立案审批表、案件调查报告、复核报告、复议决定书、听证笔录、听证报告、证据材料、财物处理单据以及其他有关材料。

第四十四条 本办法涉及的有关法律文书，应当参照国家版权局确定的有关文书格式制作。

第四十五条 本办法自 2009 年 6 月 15 日起施行。国家版权局 2003 年 9 月 1 日发布的《著作权行政处罚实施办法》同时废止，本办法施行前发布的其他有关规定与本办法相抵触的，依照本办法执行。

广播电台电视台播放录音制品支付报酬暂行办法（2009年）*

（2009年5月6日国务院第62次常务会议通过，国务院令第566号公布，自2010年1月1日起施行）

第一条 为了保障著作权人依法行使广播权，方便广播电台、电视台播放录音制品，根据《中华人民共和国著作权法》（以下称著作权法）第四十四条的规定，制定本办法。

第二条 广播电台、电视台可以就播放已经发表的音乐作品向著作权人支付报酬的方式、数额等有关事项与管理相关权利的著作权集体管理组织进行约定。

广播电台、电视台播放已经出版的录音制品，已经与著作权人订立许可使用合同的，按照合同约定的方式和标准支付报酬。

广播电台、电视台依照著作权法第四十四条的规定，未经著作权人的许可播放已经出版的录音制品（以下称播放录音制品）的，依照本办法向著作权人支付报酬。

第三条 本办法所称播放，是指广播电台、电视台以无线或者有线的方式进行的首播、重播和转播。

第四条 广播电台、电视台播放录音制品，可以与管理相关权利的著作

---

* 与早期的付酬规范（如国家版权局1990年6月15日［90］权字第11号《关于适当提高书籍稿酬的通知》以及《书籍稿酬暂行规定》）相比，本办法比较突出地体现了著作权人基于作品的利用而获得报酬的著作权特点。

权集体管理组织约定每年向著作权人支付固定数额的报酬；没有就固定数额进行约定或者约定不成的，广播电台、电视台与管理相关权利的著作权集体管理组织可以以下列方式之一为基础，协商向著作权人支付报酬：

（一）以本台或者本台各频道（频率）本年度广告收入扣除15%成本费用后的余额，乘以本办法第五条或者第六条规定的付酬标准，计算支付报酬的数额；

（二）以本台本年度播放录音制品的时间总量，乘以本办法第七条规定的单位时间付酬标准，计算支付报酬的数额。

第五条 以本办法第四条第（一）项规定方式确定向著作权人支付报酬的数额的，自本办法施行之日起5年内，按照下列付酬标准协商支付报酬的数额：

（一）播放录音制品的时间占本台或者本频道（频率）播放节目总时间的比例（以下称播放时间比例）不足1%的，付酬标准为0.01%；

（二）播放时间比例为1%以上不足3%的，付酬标准为0.02%；

（三）播放时间比例为3%以上不足6%的，相应的付酬标准为0.09%到0.15%，播放时间比例每增加1%，付酬标准相应增加0.03%；

（四）播放时间比例为6%以上10%以下的，相应的付酬标准为0.24%到0.4%，播放时间比例每增加1%，付酬标准相应增加0.04%；

（五）播放时间比例超过10%不足30%的，付酬标准为0.5%；

（六）播放时间比例为30%以上不足50%的，付酬标准为0.6%；

（七）播放时间比例为50%以上不足80%的，付酬标准为0.7%；

（八）播放时间比例为80%以上的，付酬标准为0.8%。

第六条 以本办法第四条第（一）项规定方式确定向著作权人支付报酬的数额的，自本办法施行届满5年之日起，按照下列付酬标准协商支付报酬的数额：

（一）播放时间比例不足1%的，付酬标准为0.02%；

（二）播放时间比例为1%以上不足3%的，付酬标准为0.03%；

（三）播放时间比例为3%以上不足6%的，相应的付酬标准为0.12%到0.2%，播放时间比例每增加1%，付酬标准相应增加0.04%；

（四）播放时间比例为6%以上10%以下的，相应的付酬标准为0.3%到0.5%，播放时间比例每增加1%，付酬标准相应增加0.05%；

（五）播放时间比例超过10%不足30%的，付酬标准为0.6%；

（六）播放时间比例为30%以上不足50%的，付酬标准为0.7%；

（七）播放时间比例为50%以上不足80%的，付酬标准为0.8%；

（八）播放时间比例为80%以上的，付酬标准为0.9%。

第七条 以本办法第四条第（二）项规定的方式确定向著作权人支付报酬的数额的，按照下列付酬标准协商支付报酬的数额：

（一）广播电台的单位时间付酬标准为每分钟0.30元；

（二）电视台的单位时间付酬标准自本办法施行之日起5年内为每分钟1.50元，自本办法施行届满5年之日起为每分钟2元。

第八条 广播电台、电视台播放录音制品，未能依照本办法第四条的规定与管理相关权利的著作权集体管理组织约定支付报酬的固定数额，也未能协商确定应支付报酬的，应当依照本办法第四条第（一）项规定的方式和第五条、第六条规定的标准，确定向管理相关权利的著作权集体管理组织支付报酬的数额。

第九条 广播电台、电视台转播其他广播电台、电视台播放的录音制品的，其播放录音制品的时间按照实际播放时间的10%计算。

第十条 中部地区的广播电台、电视台依照本办法规定方式向著作权人支付报酬的数额，自本办法施行之日起5年内，按照依据本办法规定计算出的数额的50%计算。

西部地区的广播电台、电视台以及全国专门对少年儿童、少数民族和农村地区等播出的专业频道（频率），依照本办法规定方式向著作权人支付报酬的数额，自本办法施行之日起5年内，按照依据本办法规定计算出的数额的10%计算；自本办法施行届满5年之日起，按照依据本办法规定计算出的数额的50%计算。

第十一条 县级以上人民政府财政部门将本级人民政府设立的广播电台、电视台播放录音制品向著作权人支付报酬的支出作为核定其收支的因素，根据本地区财政情况综合考虑，统筹安排。

第十二条 广播电台、电视台向著作权人支付报酬，以年度为结算期。

广播电台、电视台应当于每年度第一季度将其上年度应当支付的报酬交由著作权集体管理组织转付给著作权人。

广播电台、电视台通过著作权集体管理组织向著作权人支付报酬时，应当提供其播放作品的名称、著作权人姓名或者名称、播放时间等情况，双方已有约定的除外。

第十三条 广播电台、电视台播放录音制品，未向管理相关权利的著作权集体管理组织会员以外的著作权人支付报酬的，应当按照本办法第十二条的规定将应支付的报酬送交管理相关权利的著作权集体管理组织；管理相关权利的著作权集体管理组织应当向著作权人转付。

第十四条 著作权集体管理组织向著作权人转付报酬，除本办法已有规定外，适用《著作权集体管理条例》的有关规定。

第十五条 广播电台、电视台依照本办法规定将应当向著作权人支付的报酬交给著作权集体管理组织后，对著作权集体管理组织与著作权人之间的纠纷不承担责任。

第十六条 广播电台、电视台与著作权人或者著作权集体管理组织因依照本办法规定支付报酬产生纠纷的，可以依法向人民法院提起民事诉讼，或者根据双方达成的书面仲裁协议向仲裁机构申请仲裁。

第十七条 本办法自2010年1月1日起施行。

音像制品管理条例（2011年）

（2001年12月25日中华人民共和国国务院令第341号公布，根据2011年3月19日《国务院关于修改〈音像制品管理条例〉的决定》修订）

第一章　总　则

第一条　为了加强音像制品的管理，促进音像业的健康发展和繁荣，丰富人民群众的文化生活，促进社会主义物质文明和精神文明建设，制定本条例。

……

第十二条　音像出版单位应当在其出版的音像制品及其包装的明显位置，标明出版单位的名称、地址和音像制品的版号、出版时间、著作权人等事项；出版进口的音像制品，还应当标明进口批准文号。

……

第二十六条　音像复制单位接受委托复制境外音像制品的，应当经省、自治区、直辖市人民政府出版行政主管部门批准，并持著作权人的授权书依法到著作权行政管理部门登记；复制的音像制品应当全部运输出境，不得在境内发行。

……

第二十九条　进口用于出版的音像制品，其著作权事项应当向国务院著作权行政管理部门登记。

……

第三十六条　音像制品批发单位和从事音像制品零售、出租等业务的单位或者个体工商户，不得经营非音像出版单位出版的音像制品或者非音像复制单位复制的音像制品，不得经营未经国务院出版行政主管部门批准进口的音像制品，不得经营侵犯他人著作权的音像制品。

……

第五十一条 本条例自2002年2月1日起施行。1994年8月25日国务院发布的《音像制品管理条例》同时废止。

计算机软件保护条例（2013年）

（2001年12月20日中华人民共和国国务院令第339号公布，根据2011年1月8日《国务院关于废止和修改部分行政法规的决定》第一次修订，根据2013年1月30日《国务院关于修改〈计算机软件保护条例〉的决定》第二次修订）

第一章　总　则

第一条　为了保护计算机软件著作权人的权益，调整计算机软件在开发、传播和使用中发生的利益关系，鼓励计算机软件的开发与应用，促进软件产业和国民经济信息化的发展，根据《中华人民共和国著作权法》，制定本条例。

第二条　本条例所称计算机软件（以下简称软件），是指计算机程序及其有关文档。

第三条　本条例下列用语的含义：

（一）计算机程序，是指为了得到某种结果而可以由计算机等具有信息处理能力的装置执行的代码化指令序列，或者可以被自动转换成代码化指令序列的符号化指令序列或者符号化语句序列。同一计算机程序的源程序和目标程序为同一作品。

（二）文档，是指用来描述程序的内容、组成、设计、功能规格、开发情况、测试结果及使用方法的文字资料和图表等，如程序设计说明书、流程图、用户手册等。

（三）软件开发者，是指实际组织开发、直接进行开发，并对开发完成的软件承担责任的法人或者其他组织；或者依靠自己具有的条件独立完成软件开发，并对软件承担责任的自然人。

（四）软件著作权人，是指依照本条例的规定，对软件享有著作权的自然人、法人或者其他组织。

第四条 受本条例保护的软件必须由开发者独立开发，并已固定在某种有形物体上。

第五条 中国公民、法人或者其他组织对其所开发的软件，不论是否发表，依照本条例享有著作权。

外国人、无国籍人的软件首先在中国境内发行的，依照本条例享有著作权。

外国人、无国籍人的软件，依照其开发者所属国或者经常居住地国同中国签订的协议或者依照中国参加的国际条约享有的著作权，受本条例保护。

第六条 本条例对软件著作权的保护不延及开发软件所用的思想、处理过程、操作方法或者数学概念等。

第七条 软件著作权人可以向国务院著作权行政管理部门认定的软件登记机构办理登记。软件登记机构发放的登记证明文件是登记事项的初步证明。

办理软件登记应当缴纳费用。软件登记的收费标准由国务院著作权行政管理部门会同国务院价格主管部门规定。

第二章 软件著作权

第八条 软件著作权人享有下列各项权利：

（一）发表权，即决定软件是否公之于众的权利；

（二）署名权，即表明开发者身份，在软件上署名的权利；

（三）修改权，即对软件进行增补、删节，或者改变指令、语句顺序的权利；

（四）复制权，即将软件制作一份或者多份的权利；

（五）发行权，即以出售或者赠与方式向公众提供软件的原件或者复制件的权利；

（六）出租权，即有偿许可他人临时使用软件的权利，但是软件不是出租的主要标的的除外；

（七）信息网络传播权，即以有线或者无线方式向公众提供软件，使公众可以在其个人选定的时间和地点获得软件的权利；

（八）翻译权，即将原软件从一种自然语言文字转换成另一种自然语言文字的权利；

（九）应当由软件著作权人享有的其他权利。

软件著作权人可以许可他人行使其软件著作权，并有权获得报酬。

软件著作权人可以全部或者部分转让其软件著作权，并有权获得报酬。

第九条 软件著作权属于软件开发者，本条例另有规定的除外。

如无相反证明，在软件上署名的自然人、法人或者其他组织为开发者。

第十条 由两个以上的自然人、法人或者其他组织合作开发的软件，其著作权的归属由合作开发者签订书面合同约定。无书面合同或者合同未作明确约定，合作开发的软件可以分割使用的，开发者对各自开发的部分可以单独享有著作权；但是，行使著作权时，不得扩展到合作开发的软件整体的著作权。合作开发的软件不能分割使用的，其著作权由各合作开发者共同享有，通过协商一致行使；不能协商一致，又无正当理由的，任何一方不得阻止他方行使除转让权以外的其他权利，但是所得收益应当合理分配给所有合作开发者。

第十一条 接受他人委托开发的软件，其著作权的归属由委托人与受托人签订书面合同约定；无书面合同或者合同未作明确约定的，其著作权由受托人享有。

第十二条 由国家机关下达任务开发的软件，著作权的归属与行使由项目任务书或者合同规定；项目任务书或者合同中未作明确规定的，软件著作权由接受任务的法人或者其他组织享有。

第十三条 自然人在法人或者其他组织中任职期间所开发的软件有下列情形之一的，该软件著作权由该法人或者其他组织享有，该法人或者其他组织可以对开发软件的自然人进行奖励：

（一）针对本职工作中明确指定的开发目标所开发的软件；

（二）开发的软件是从事本职工作活动所预见的结果或者自然的结果；

（三）主要使用了法人或者其他组织的资金、专用设备、未公开的专门信息等物质技术条件所开发并由法人或者其他组织承担责任的软件。

第十四条 软件著作权自软件开发完成之日起产生。

自然人的软件著作权，保护期为自然人终生及其死亡后 50 年，截止于自然人死亡后第50年的12月31日；软件是合作开发的，截止于最后死亡的自然人死亡后第50年的12月31日。

法人或者其他组织的软件著作权，保护期为50年，截止于软件首次发表后第50年的12月31日，但软件自开发完成之日起50年内未发表的，本条例不再保护。

第十五条 软件著作权属于自然人的，该自然人死亡后，在软件著作权的保护期内，软件著作权的继承人可以依照《中华人民共和国继承法》的有关规定，继承本条例第八条规定的除署名权以外的其他权利。

软件著作权属于法人或者其他组织的，法人或者其他组织变更、终止后，其著作权在本条例规定的保护期内由承受其权利义务的法人或者其他组织享有；没有承受其权利义务的法人或者其他组织的，由国家享有。

第十六条 软件的合法复制品所有人享有下列权利：

（一）根据使用的需要把该软件装入计算机等具有信息处理能力的装置内；

（二）为了防止复制品损坏而制作备份复制品。这些备份复制品不得通过任何方式提供给他人使用，并在所有人丧失该合法复制品的所有权时，负责将备份复制品销毁；

（三）为了把该软件用于实际的计算机应用环境或者改进其功能、性能而进行必要的修改；但是，除合同另有约定外，未经该软件著作权人许可，不得向任何第三方提供修改后的软件。

第十七条 为了学习和研究软件内含的设计思想和原理，通过安装、显示、传输或者存储软件等方式使用软件的，可以不经软件著作权人许可，不向其支付报酬。

第三章 软件著作权的许可使用和转让

第十八条 许可他人行使软件著作权的，应当订立许可使用合同。

许可使用合同中软件著作权人未明确许可的权利，被许可人不得行使。

第十九条 许可他人专有行使软件著作权的，当事人应当订立书面合同。

没有订立书面合同或者合同中未明确约定为专有许可的，被许可行使的权利应当视为非专有权利。

第二十条 转让软件著作权的，当事人应当订立书面合同。

第二十一条 订立许可他人专有行使软件著作权的许可合同，或者订立转让软件著作权合同，可以向国务院著作权行政管理部门认定的软件登记机构登记。

第二十二条 中国公民、法人或者其他组织向外国人许可或者转让软件著作权的，应当遵守《中华人民共和国技术进出口管理条例》的有关规定。

第四章 法律责任

第二十三条 除《中华人民共和国著作权法》或者本条例另有规定外，有下列侵权行为的，应当根据情况，承担停止侵害、消除影响、赔礼道歉、赔偿损失等民事责任：

（一）未经软件著作权人许可，发表或者登记其软件的；

（二）将他人软件作为自己的软件发表或者登记的；

（三）未经合作者许可，将与他人合作开发的软件作为自己单独完成的软件发表或者登记的；

（四）在他人软件上署名或者更改他人软件上的署名的；

（五）未经软件著作权人许可，修改、翻译其软件的；

（六）其他侵犯软件著作权的行为。

第二十四条 除《中华人民共和国著作权法》、本条例或者其他法律、行政法规另有规定外，未经软件著作权人许可，有下列侵权行为的，应当根据情况，承担停止侵害、消除影响、赔礼道歉、赔偿损失等民事责任；同时损害社会公共利益的，由著作权行政管理部门责令停止侵权行为，没收违法所得，没收、销毁侵权复制品，可以并处罚款；情节严重的，著作权行政管理部门并可以没收主要用于制作侵权复制品的材料、工具、设备等；触犯刑律的，依照刑法关于侵犯著作权罪、销售侵权复制品罪的规定，依法追究刑事责任：

（一）复制或者部分复制著作权人的软件的；

（二）向公众发行、出租、通过信息网络传播著作权人的软件的；

（三）故意避开或者破坏著作权人为保护其软件著作权而采取的技术措施的；

（四）故意删除或者改变软件权利管理电子信息的；

（五）转让或者许可他人行使著作权人的软件著作权的。

有前款第一项或者第二项行为的，可以并处每件100元或者货值金额1倍以上5倍以下的罚款；有前款第三项、第四项或者第五项行为的，可以并处20万元以下的罚款。

第二十五条 侵犯软件著作权的赔偿数额，依照《中华人民共和国著作权法》第四十九条的规定确定。

第二十六条 软件著作权人有证据证明他人正在实施或者即将实施侵犯其权利的行为，如不及时制止，将会使其合法权益受到难以弥补的损害的，可以依照《中华人民共和国著作权法》第五十条的规定，在提起诉讼前向人民法院申请采取责令停止有关行为和财产保全的措施。

第二十七条 为了制止侵权行为，在证据可能灭失或者以后难以取得的情况下，软件著作权人可以依照《中华人民共和国著作权法》第五十一条的规定，在提起诉讼前向人民法院申请保全证据。

第二十八条 软件复制品的出版者、制作者不能证明其出版、制作有合法授权的，或者软件复制品的发行者、出租者不能证明其发行、出租的复制品有合法来源的，应当承担法律责任。

第二十九条 软件开发者开发的软件，由于可供选用的表达方式有限而与已经存在的软件相似的，不构成对已经存在的软件的著作权的侵犯。

第三十条 软件的复制品持有人不知道也没有合理理由应当知道该软件是侵权复制品的，不承担赔偿责任；但是，应当停止使用、销毁该侵权复制品。如果停止使用并销毁该侵权复制品将给复制品使用人造成重大损失的，复制品使用人可以在向软件著作权人支付合理费用后继续使用。

第三十一条 软件著作权侵权纠纷可以调解。

软件著作权合同纠纷可以依据合同中的仲裁条款或者事后达成的书面仲裁协议，向仲裁机构申请仲裁。

当事人没有在合同中订立仲裁条款，事后又没有书面仲裁协议的，可以直接向人民法院提起诉讼。

第五章 附 则

第三十二条 本条例施行前发生的侵权行为，依照侵权行为发生时的国家有关规定处理。

第三十三条 本条例自 2002 年 1 月 1 日起施行。1991 年 6 月 4 日国务院发布的《计算机软件保护条例》同时废止。

中华人民共和国著作权法实施条例（2013年）

（2002年8月2日中华人民共和国国务院令第359号公布，根据2011年1月8日《国务院关于废止和修改部分行政法规的决定》第一次修订，根据2013年1月30日《国务院关于修改〈中华人民共和国著作权法实施条例〉的决定》第二次修订）

第一条 根据《中华人民共和国著作权法》（以下简称著作权法），制定本条例。

第二条 著作权法所称作品，是指文学、艺术和科学领域内具有独创性并能以某种有形形式复制的智力成果。

第三条 著作权法所称创作，是指直接产生文学、艺术和科学作品的智力活动。

为他人创作进行组织工作，提供咨询意见、物质条件，或者进行其他辅助工作，均不视为创作。

第四条 著作权法和本条例中下列作品的含义：

（一）文字作品，是指小说、诗词、散文、论文等以文字形式表现的作品；

（二）口述作品，是指即兴的演说、授课、法庭辩论等以口头语言形式表现的作品；

（三）音乐作品，是指歌曲、交响乐等能够演唱或者演奏的带词或者不带词的作品；

（四）戏剧作品，是指话剧、歌剧、地方戏等供舞台演出的作品；

（五）曲艺作品，是指相声、快书、大鼓、评书等以说唱为主要形式表演的作品；

（六）舞蹈作品，是指通过连续的动作、姿势、表情等表现思想情感的作品；

（七）杂技艺术作品，是指杂技、魔术、马戏等通过形体动作和技巧表现的作品；

（八）美术作品，是指绘画、书法、雕塑等以线条、色彩或者其他方式构成的有审美意义的平面或者立体的造型艺术作品；

（九）建筑作品，是指以建筑物或者构筑物形式表现的有审美意义的作品；

（十）摄影作品，是指借助器械在感光材料或者其他介质上记录客观物体形象的艺术作品；

（十一）电影作品和以类似摄制电影的方法创作的作品，是指摄制在一定介质上，由一系列有伴音或者无伴音的画面组成，并且借助适当装置放映或者以其他方式传播的作品；

（十二）图形作品，是指为施工、生产绘制的工程设计图、产品设计图，以及反映地理现象、说明事物原理或者结构的地图、示意图等作品；

（十三）模型作品，是指为展示、试验或者观测等用途，根据物体的形状和结构，按照一定比例制成的立体作品。

第五条 著作权法和本条例中下列用语的含义：

（一）时事新闻，是指通过报纸、期刊、广播电台、电视台等媒体报道的单纯事实消息；

（二）录音制品，是指任何对表演的声音和其他声音的录制品；

（三）录像制品，是指电影作品和以类似摄制电影的方法创作的作品以外的任何有伴音或者无伴音的连续相关形象、图像的录制品；

（四）录音制作者，是指录音制品的首次制作人；

（五）录像制作者，是指录像制品的首次制作人；

（六）表演者，是指演员、演出单位或者其他表演文学、艺术作品的人。

第六条 著作权自作品创作完成之日起产生。

第七条 著作权法第二条第三款规定的首先在中国境内出版的外国人、无国籍人的作品，其著作权自首次出版之日起受保护。

第八条 外国人、无国籍人的作品在中国境外首先出版后，30 日内在中国境内出版的，视为该作品同时在中国境内出版。

第九条 合作作品不可以分割使用的，其著作权由各合作作者共同享有，通过协商一致行使；不能协商一致，又无正当理由的，任何一方不得阻止他方行使除转让以外的其他权利，但是所得收益应当合理分配给所有合作作者。

第十条 著作权人许可他人将其作品摄制成电影作品和以类似摄制电影的方法创作的作品的，视为已同意对其作品进行必要的改动，但是这种改动不得歪曲篡改原作品。

第十一条 著作权法第十六条第一款关于职务作品的规定中的“工作任务”，是指公民在该法人或者该组织中应当履行的职责。

著作权法第十六条第二款关于职务作品的规定中的“物质技术条件”，是指该法人或者该组织为公民完成创作专门提供的资金、设备或者资料。

第十二条 职务作品完成两年内，经单位同意，作者许可第三人以与单位使用的相同方式使用作品所获报酬，由作者与单位按约定的比例分配。

作品完成两年的期限，自作者向单位交付作品之日起计算。

第十三条 作者身份不明的作品，由作品原件的所有人行使除署名权以外的著作权。作者身份确定后，由作者或者其继承人行使著作权。

第十四条 合作作者之一死亡后，其对合作作品享有的著作权法第十条第一款第五项至第十七项规定的权利无人继承又无人受遗赠的，由其他合作作者享有。

第十五条 作者死亡后，其著作权中的署名权、修改权和保护作品完整权由作者的继承人或者受遗赠人保护。

著作权无人继承又无人受遗赠的，其署名权、修改权和保护作品完整权由著作权行政管理部门保护。

第十六条 国家享有著作权的作品的使用，由国务院著作权行政管理部门管理。

第十七条 作者生前未发表的作品，如果作者未明确表示不发表，作者死亡后 50 年内，其发表权可由继承人或者受遗赠人行使；没有继承人又无人受遗赠的，由作品原件的所有人行使。

第十八条 作者身份不明的作品，其著作权法第十条第一款第五项至第十七项规定的权利的保护期截止于作品首次发表后第 50 年的 12 月 31 日。作者身份确定后，适用著作权法第二十一条的规定。

第十九条 使用他人作品的，应当指明作者姓名、作品名称；但是，当事人另有约定或者由于作品使用方式的特性无法指明的除外。

第二十条 著作权法所称已经发表的作品，是指著作权人自行或者许可他人公之于众的作品。

第二十一条 依照著作权法有关规定，使用可以不经著作权人许可的已经发表的作品的，不得影响该作品的正常使用，也不得不合理地损害著作权人的合法利益。

第二十二条 依照著作权法第二十三条、第三十三条第二款、第四十条第三款的规定使用作品的付酬标准，由国务院著作权行政管理部门会同国务院价格主管部门制定、公布。

第二十三条 使用他人作品应当同著作权人订立许可使用合同，许可使用的权利是专有使用权的，应当采取书面形式，但是报社、期刊社刊登作品除外。

第二十四条 著作权法第二十四条规定的专有使用权的内容由合同约定，合同没有约定或者约定不明的，视为被许可人有权排除包括著作权人在内的任何人以同样的方式使用作品；除合同另有约定外，被许可人许可第三人行使同一权利，必须取得著作权人的许可。

第二十五条 与著作权人订立专有许可使用合同、转让合同的，可以向著作权行政管理部门备案。

第二十六条 著作权法和本条例所称与著作权有关的权益，是指出版者对其出版的图书和期刊的版式设计享有的权利，表演者对其表演享有的权利，录音录像制作者对其制作的录音录像制品享有的权利，广播电台、电视台对其播放的广播、电视节目享有的权利。

第二十七条 出版者、表演者、录音录像制作者、广播电台、电视台行使权利，不得损害被使用作品和原作品著作权人的权利。

第二十八条 图书出版合同中约定图书出版者享有专有出版权但没有明确其具体内容的，视为图书出版者享有在合同有效期限内和在合同约定的地域范围内以同种文字的原版、修订版出版图书的专有权利。

第二十九条 著作权人寄给图书出版者的两份订单在 6 个月内未能得到履行，视为著作权法第三十二条所称图书脱销。

第三十条 著作权人依照著作权法第三十三条第二款声明不得转载、摘编其作品的，应当在报纸、期刊刊登该作品时附带声明。

第三十一条 著作权人依照著作权法第四十条第三款声明不得对其作品制作录音制品的，应当在该作品合法录制为录音制品时声明。

第三十二条 依照著作权法第二十三条、第三十三条第二款、第四十条第三款的规定，使用他人作品的，应当自使用该作品之日起2个月内向著作权人支付报酬。

第三十三条 外国人、无国籍人在中国境内的表演，受著作权法保护。

外国人、无国籍人根据中国参加的国际条约对其表演享有的权利，受著作权法保护。

第三十四条 外国人、无国籍人在中国境内制作、发行的录音制品，受著作权法保护。

外国人、无国籍人根据中国参加的国际条约对其制作、发行的录音制品享有的权利，受著作权法保护。

第三十五条 外国的广播电台、电视台根据中国参加的国际条约对其播放的广播、电视节目享有的权利，受著作权法保护。

第三十六条 有著作权法第四十八条所列侵权行为，同时损害社会公共利益，非法经营额5万元以上的，著作权行政管理部门可处非法经营额1倍以上5倍以下的罚款；没有非法经营额或者非法经营额5万元以下的，著作权行政管理部门根据情节轻重，可处25万元以下的罚款。

第三十七条 有著作权法第四十八条所列侵权行为，同时损害社会公共利益的，由地方人民政府著作权行政管理部门负责查处。

国务院著作权行政管理部门可以查处在全国有重大影响的侵权行为。

第三十八条 本条例自2002年9月15日起施行。1991年5月24日国务院批准、1991年5月30日国家版权局发布的《中华人民共和国著作权法实施条例》同时废止。

信息网络传播权保护条例（2013年）

（2006年5月18日中华人民共和国国务院令第468号公布，根据2013年1月30日《国务院关于修改〈信息网络传播权保护条例〉的决定》修订）

第一条 为保护著作权人、表演者、录音录像制作者（以下统称权利人）的信息网络传播权，鼓励有益于社会主义精神文明、物质文明建设的作品的创作和传播，根据《中华人民共和国著作权法》（以下简称著作权法），制定本条例。

第二条 权利人享有的信息网络传播权受著作权法和本条例保护。除法律、行政法规另有规定的外，任何组织或者个人将他人的作品、表演、录音录像制品通过信息网络向公众提供，应当取得权利人许可，并支付报酬。

第三条 依法禁止提供的作品、表演、录音录像制品，不受本条例保护。

权利人行使信息网络传播权，不得违反宪法和法律、行政法规，不得损害公共利益。

第四条 为了保护信息网络传播权，权利人可以采取技术措施。

任何组织或者个人不得故意避开或者破坏技术措施，不得故意制造、进口或者向公众提供主要用于避开或者破坏技术措施的装置或者部件，不得故意为他人避开或者破坏技术措施提供技术服务。但是，法律、行政法规规定可以避开的除外。

第五条 未经权利人许可，任何组织或者个人不得进行下列行为：

（一）故意删除或者改变通过信息网络向公众提供的作品、表演、录音录像制品的权利管理电子信息，但由于技术上的原因无法避免删除或者改变的除外；

（二）通过信息网络向公众提供明知或者应知未经权利人许可被删除或者改变权利管理电子信息的作品、表演、录音录像制品。

第六条 通过信息网络提供他人作品，属于下列情形的，可以不经著作权人许可，不向其支付报酬：

（一）为介绍、评论某一作品或者说明某一问题，在向公众提供的作品中适当引用已经发表的作品；

（二）为报道时事新闻，在向公众提供的作品中不可避免地再现或者引用已经发表的作品；

（三）为学校课堂教学或者科学研究，向少数教学、科研人员提供少量已经发表的作品；

（四）国家机关为执行公务，在合理范围内向公众提供已经发表的作品；

（五）将中国公民、法人或者其他组织已经发表的、以汉语言文字创作的作品翻译成的少数民族语言文字作品，向中国境内少数民族提供；

（六）不以营利为目的，以盲人能够感知的独特方式向盲人提供已经发表的文字作品；

（七）向公众提供在信息网络上已经发表的关于政治、经济问题的时事性文章；

（八）向公众提供在公众集会上发表的讲话。

第七条 图书馆、档案馆、纪念馆、博物馆、美术馆等可以不经著作权人许可，通过信息网络向本馆馆舍内服务对象提供本馆收藏的合法出版的数字作品和依法为陈列或者保存版本的需要以数字化形式复制的作品，不向其支付报酬，但不得直接或者间接获得经济利益。当事人另有约定的除外。

前款规定的为陈列或者保存版本需要以数字化形式复制的作品，应当是已经损毁或者濒临损毁、丢失或者失窃，或者其存储格式已经过时，并且在市场上无法购买或者只能以明显高于标定的价格购买的作品。

第八条 为通过信息网络实施九年制义务教育或者国家教育规划，可以不经著作权人许可，使用其已经发表作品的片断或者短小的文字作品、音乐作品或者单幅的美术作品、摄影作品制作课件，由制作课件或者依法取得课件的远程教育机构通过信息网络向注册学生提供，但应当向著作权人支付报酬。

第九条 为扶助贫困，通过信息网络向农村地区的公众免费提供中国公民、法人或者其他组织已经发表的种植养殖、防病治病、防灾减灾等与扶助贫困有关的作品和适应基本文化需求的作品，网络服务提供者应当在提供前公告拟提供的作品及其作者、拟支付报酬的标准。自公告之日起30日内，著作权人不同意提供的，网络服务提供者不得提供其作品；自公告之日起满30日，著作权人没有异议的，网络服务提供者可以提供其作品，并按照公告的标准向著作权人支付报酬。网络服务提供者提供著作权人的作品后，著作权人不同意提供的，网络服务提供者应当立即删除著作权人的作品，并按照公告的标准向著作权人支付提供作品期间的报酬。

依照前款规定提供作品的，不得直接或者间接获得经济利益。

第十条 依照本条例规定不经著作权人许可、通过信息网络向公众提供其作品的，还应当遵守下列规定：

（一）除本条例第六条第一项至第六项、第七条规定的情形外，不得提供作者事先声明不许提供的作品；

（二）指明作品的名称和作者的姓名（名称）；

（三）依照本条例规定支付报酬；

（四）采取技术措施，防止本条例第七条、第八条、第九条规定的服务对象以外的其他人获得著作权人的作品，并防止本条例第七条规定的服务对象的复制行为对著作权人利益造成实质性损害；

（五）不得侵犯著作权人依法享有的其他权利。

第十一条 通过信息网络提供他人表演、录音录像制品的，应当遵守本条例第六条至第十条的规定。

第十二条 属于下列情形的，可以避开技术措施，但不得向他人提供避开技术措施的技术、装置或者部件，不得侵犯权利人依法享有的其他权利：

（一）为学校课堂教学或者科学研究，通过信息网络向少数教学、科研人员提供已经发表的作品、表演、录音录像制品，而该作品、表演、录音录像制品只能通过信息网络获取；

（二）不以营利为目的，通过信息网络以盲人能够感知的独特方式向盲人提供已经发表的文字作品，而该作品只能通过信息网络获取；

（三）国家机关依照行政、司法程序执行公务；

（四）在信息网络上对计算机及其系统或者网络的安全性能进行测试。

第十三条 著作权行政管理部门为了查处侵犯信息网络传播权的行为，可以要求网络服务提供者提供涉嫌侵权的服务对象的姓名（名称）、联系方式、网络地址等资料。

第十四条 对提供信息存储空间或者提供搜索、链接服务的网络服务提供者，权利人认为其服务所涉及的作品、表演、录音录像制品，侵犯自己的信息网络传播权或者被删除、改变了自己的权利管理电子信息的，可以向该网络服务提供者提交书面通知，要求网络服务提供者删除该作品、表演、录音录像制品，或者断开与该作品、表演、录音录像制品的链接。通知书应当包含下列内容：

（一）权利人的姓名（名称）、联系方式和地址；

（二）要求删除或者断开链接的侵权作品、表演、录音录像制品的名称和网络地址；

（三）构成侵权的初步证明材料。

权利人应当对通知书的真实性负责。

第十五条 网络服务提供者接到权利人的通知书后，应当立即删除涉嫌侵权的作品、表演、录音录像制品，或者断开与涉嫌侵权的作品、表演、录音录像制品的链接，并同时将通知书转送提供作品、表演、录音录像制品的服务对象；服务对象网络地址不明、无法转送的，应当将通知书的内容同时在信息网络上公告。

第十六条 服务对象接到网络服务提供者转送的通知书后，认为其提供的作品、表演、录音录像制品未侵犯他人权利的，可以向网络服务提供者提交书面说明，要求恢复被删除的作品、表演、录音录像制品，或者恢复与被断开的作品、表演、录音录像制品的链接。书面说明应当包含下列内容：

（一）服务对象的姓名（名称）、联系方式和地址；

（二）要求恢复的作品、表演、录音录像制品的名称和网络地址；

（三）不构成侵权的初步证明材料。

服务对象应当对书面说明的真实性负责。

第十七条 网络服务提供者接到服务对象的书面说明后，应当立即恢复被删除的作品、表演、录音录像制品，或者可以恢复与被断开的作品、表演、录音录像制品的链接，同时将服务对象的书面说明转送权利人。权利人不得再通知网络服务提供者删除该作品、表演、录音录像制品，或者断开与该作品、表演、录音录像制品的链接。

第十八条 违反本条例规定，有下列侵权行为之一的，根据情况承担停止侵害、消除影响、赔礼道歉、赔偿损失等民事责任；同时损害公共利益的，可以由著作权行政管理部门责令停止侵权行为，没收违法所得，非法经营额 5 万元以上的，可处非法经营额 1 倍以上 5 倍以下的罚款；没有非法经营额或者非法经营额 5 万元以下的，根据情节轻重，可处 25 万元以下的罚款；情节严重的，著作权行政管理部门可以没收主要用于提供网络服务的计算机等设备；构成犯罪的，依法追究刑事责任：

（一）通过信息网络擅自向公众提供他人的作品、表演、录音录像制品的；

（二）故意避开或者破坏技术措施的；

（三）故意删除或者改变通过信息网络向公众提供的作品、表演、录音录像制品的权利管理电子信息，或者通过信息网络向公众提供明知或者应知未经权利人许可而被删除或者改变权利管理电子信息的作品、表演、录音录像制品的；

（四）为扶助贫困通过信息网络向农村地区提供作品、表演、录音录像制品超过规定范围，或者未按照公告的标准支付报酬，或者在权利人不同意提供其作品、表演、录音录像制品后未立即删除的；

（五）通过信息网络提供他人的作品、表演、录音录像制品，未指明作品、表演、录音录像制品的名称或者作者、表演者、录音录像制作者的姓名（名称），或者未支付报酬，或者未依照本条例规定采取技术措施防止服务对象以外的其他人获得他人的作品、表演、录音录像制品，或者未防止服务对象的复制行为对权利人利益造成实质性损害的。

第十九条 违反本条例规定，有下列行为之一的，由著作权行政管理部门予以警告，没收违法所得，没收主要用于避开、破坏技术措施的装置或者部件；情节严重的，可以没收主要用于提供网络服务的计算机等设备；非法经营额 5 万元以上的，可处非法经营额 1 倍以上 5 倍以下的罚款；没有非法经营额或者非法经营额 5 万元以下的，根据情节轻重，可处 25 万元以下的罚款；构成犯罪的，依法追究刑事责任：

（一）故意制造、进口或者向他人提供主要用于避开、破坏技术措施的装置或者部件，或者故意为他人避开或者破坏技术措施提供技术服务的；

（二）通过信息网络提供他人的作品、表演、录音录像制品，获得经济利益的；

（三）为扶助贫困通过信息网络向农村地区提供作品、表演、录音录像制品，未在提供前公告作品、表演、录音录像制品的名称和作者、表演者、录音录像制作者的姓名（名称）以及报酬标准的。

第二十条 网络服务提供者根据服务对象的指令提供网络自动接入服务，或者对服务对象提供的作品、表演、录音录像制品提供自动传输服务，并具备下列条件的，不承担赔偿责任：

（一）未选择并且未改变所传输的作品、表演、录音录像制品；

（二）向指定的服务对象提供该作品、表演、录音录像制品，并防止指定的服务对象以外的其他人获得。

第二十一条 网络服务提供者为提高网络传输效率，自动存储从其他网络服务提供者获得的作品、表演、录音录像制品，根据技术安排自动向服务对象提供，并具备下列条件的，不承担赔偿责任：

（一）未改变自动存储的作品、表演、录音录像制品；

（二）不影响提供作品、表演、录音录像制品的原网络服务提供者掌握服务对象获取该作品、表演、录音录像制品的情况；

（三）在原网络服务提供者修改、删除或者屏蔽该作品、表演、录音录像制品时，根据技术安排自动予以修改、删除或者屏蔽。

第二十二条 网络服务提供者为服务对象提供信息存储空间，供服务对象通过信息网络向公众提供作品、表演、录音录像制品，并具备下列条件的，不承担赔偿责任：

（一）明确标示该信息存储空间是为服务对象所提供，并公开网络服务提供者的名称、联系人、网络地址；

（二）未改变服务对象所提供的作品、表演、录音录像制品；

（三）不知道也没有合理的理由应当知道服务对象提供的作品、表演、录音录像制品侵权；

（四）未从服务对象提供作品、表演、录音录像制品中直接获得经济利益；

（五）在接到权利人的通知书后，根据本条例规定删除权利人认为侵权的作品、表演、录音录像制品。

第二十三条 网络服务提供者为服务对象提供搜索或者链接服务，在接到权利人的通知书后，根据本条例规定断开与侵权的作品、表演、录音录像制品的链接的，不承担赔偿责任；但是，明知或者应知所链接的作品、表演、录音录像制品侵权的，应当承担共同侵权责任。

第二十四条 因权利人的通知导致网络服务提供者错误删除作品、表演、录音录像制品，或者错误断开与作品、表演、录音录像制品的链接，给服务对象造成损失的，权利人应当承担赔偿责任。

第二十五条 网络服务提供者无正当理由拒绝提供或者拖延提供涉嫌侵权的服务对象的姓名（名称）、联系方式、网络地址等资料的，由著作权行政管理部门予以警告；情节严重的，没收主要用于提供网络服务的计算机等设备。

第二十六条 本条例下列用语的含义：

信息网络传播权，是指以有线或者无线方式向公众提供作品、表演或者录音录像制品，使公众可以在其个人选定的时间和地点获得作品、表演或者录音录像制品的权利。

技术措施，是指用于防止、限制未经权利人许可浏览、欣赏作品、表演、录音录像制品的或者通过信息网络向公众提供作品、表演、录音录像制品的有效技术、装置或者部件。

权利管理电子信息，是指说明作品及其作者、表演及其表演者、录音录像制品及其制作者的信息，作品、表演、录音录像制品权利人的信息和使用条件的信息，以及表示上述信息的数字或者代码。

第二十七条 本条例自 2006 年 7 月 1 日起施行。

中国著作权法大事记

中国著作权法大事记*

一、清末

1901年3月31日，上海《同文沪报》刊登《东亚益智书局叙例》，首先执行稿费和版税标准。同时跟进的著名报纸还有《新小说》、《浙江潮》等。

1901年12月31日，横滨新民社辑印的《清议报全编》的《外论汇译·论中国》收入了之前发表于《东洋经济新报》上的《论布版权制度于中国》一文。该文旨在主张在中国实行版权制度保护，进而可与中国签订版权保护条约。

1902年3月9日，晚清教育家蔡元培先生创作完成《日人盟我版权》一文，后收录入《蔡元培全集（第一卷）》。

1902年12月31日，大阪《朝日报》发表题为《论版权同盟》的文章，阐发了反对中日缔结版权同盟的意见。

1902年12月31日，文明书局建立，并以编译出版新学教科书而著名。

1902年12月31日，《皇朝外交政史》卷四，载《管学大臣争论版权函电汇录》。

1902年12月31日，《伯尔尼公约》的汉语译本首次登载于《外交报》，该汉译本包括了公约全文及其续增条款和1896年的《巴黎修正条约》。

1902年6月30日，文明书局在创办之后，因北洋书局盗版翻印其印书而

---

* 本部分由杨利华、吕莹、刘成军整理完成。

双方之间产生摩擦，文明书局总办廉泉就此上书管学大臣张百熙，请求中央政府对其给予版权保护。

1902 年 12 月 31 日，即签订不平等的《辛丑条约》的第二年，美、日、英三国与中国开始进行商约谈判。

1902 年 6 月 27 日，中美续议通商行船条约谈判开始。

1902 年 12 月 31 日，清政府颁布《京师大学堂编书处章程》。

1903 年 1 月 14 日，袁世凯对文明书局之事发布咨文《北洋大臣袁宫保为文明书局咨询各督抚文》，同意给予文明书局之印书版权保护。

1903 年 5 月 27 日，管学大臣张百熙对文明书局上书一事做出回应，即有批文《管学大臣批答廉惠卿部郎呈请明定版权由》，公布于 1903 年 6 月 4 日的《大公报》上。

1903 年 6 月 30 日，严复于 1902 年 4 月 23 日写就的《与张百熙书》即《与管学大臣论版权书》，在竞化书局出版。

1903 年 12 月 31 日，清政府发布《清政府保护版权布告》。

1903 年 12 月 31 日，商务印书馆出版由［英］斯克罗敦、普南、［美］罗白孙著，周仪君译的《版权考》一书。可以说，该书是我国出版的最早版权专著。

1903 年 12 月 31 日，广学会传教士林乐知在《万国公报》第 177 卷“欧美杂志”栏中发表了译述文章《版权通例》。

1903 年 10 月 31 日，严复所翻译的《社会通诠》在商务印书馆出版，并签订有版权合同。自此，商务印书馆开始了在书籍出版之前都要与著作人签订合约的历程。

1903 年 10 月 31 日，清政府商部咨文外务部函请海关总税公司，要求帮助草拟商标注册章程。

1903 年 12 月 31 日，光绪二十九年十一月二十三日，中美两国在华盛顿互换《中美续议通商行船条约》。

1903 年 12 月 31 日，光绪二十九年十一月二十四日，中日两国在北京互换《中日通商行船条约》。

1904 年 12 月 31 日，与丁韪良、傅兰雅等齐名的美国传教士林乐知，撰写了《版权之关系》，发表于《万国公报》的《译谭随笔》中，用通俗易懂的文字向国人传播了西方的版权知识。全文共 800 字，分 5 个层次，文中表达了呼吁中国政府应尽快确立版权制度的思想。

1904 年 12 月 31 日，上海商务印书馆出版了严复翻译的《英文汉诂》一书，在该书上出现了英文版权保护声明“All Rights Reserved”和中文“侯官严氏版权所有，翻印必究”的方形印花。

1904 年 3 月 8 日 ~9 日，《中外日报》发表题为《论直隶督请撤销版权之谬》的文章，公开批判北洋官报局盗版及袁世凯对其包庇袒护之事。

1904 年 4 月 17 日，即光绪三十年三月二日，对于北洋大臣偏袒盗版，廉泉上书商部之事，《大公报》的“附张”头条“专件”刊登了《廉部郎声复商部请奏订版权法律呈稿并批》。

1904 年 8 月 4 日，中国历史上的第一部商标法规《商标注册试办章程》公布。

1904 年 12 月 31 日，商部赞同文明书局的关于请求制定版权律以有效保护版权的上书，拟定了中国近代最初的版权律草案。

1904 年 9 月 15 日，天津、上海（南北洋大臣所辖）两海关，作为商标挂号分局正式开始对外受理商标挂号注册。

1905 年 1 月 25 日，《大公报》载文《书业开会》，提及“北京某某书局禀商部，拟在上海、北京设立书会”。此举暗示，经文明书局与北洋官报局纠纷一事，出版界人士进一步意识到个体力量的薄弱，应用集体组织的力量来实施著作维权行为。

1905 年 12 月 31 日，晚清著名谴责小说家李伯元的《官场现形记》出现盗版问题，李伯元向上海会审公堂提起诉讼。

1905 年 12 月 31 日，商务印书馆出版梁启超文集《饮冰室合集》。

1905 年 12 月 31 日，清政府商部拟定了《版权律草案》，商务印书馆主持人张元济就此及出版条例草案曾提出过意见书。其意见中包含了中国对外国人版权保护问题，极具远见和民族意识。

1906 年 12 月 31 日，清政府颁布了由商部、巡警部、学部共同制定的出版法规《大清印刷物专律》。该律的出版进一步限制了民众的著作言论自由。

1906 年 12 月 31 日，清政府颁布《报章应守规律》。

1907 年 12 月 31 日，上海商务印书馆出版《日本法规大全解字》一书，也称《法规解字》，由钱恂、董鸿祎编辑，该书被收入南洋公学译书院翻译的《新译日本法规大全》。

1907 年 12 月 31 日，上海商务印书馆出版《新译日本法规大全》，其中纳入了在中国近代第一部正式出版，且完整独立的外国著作权法典，即明治三十二年（1899 年）的《日本著作权法》。

1907 年 12 月 31 日，清政府颁布了《大清报律》。

1907 年 12 月 31 日，清政府成立民政部，版权法的制定由学部移交民政部。

1908 年 12 月 31 日，朱树森等编辑的《日本法政词解》同时在中国与日本书肆发行。

1908 年 8 月 27 日，光绪三十四年八月初一，清政府颁布《钦定宪法大纲》，在“臣民的权利义务”部分明确规定：“臣民于法律范围以内，所有言论、著作、出版及集会结社等事，均准其自由”。该法以日本《明治宪法》（1889 年）为蓝本制定，是清末仿行立宪的一个史实，成为中国近代民主政治之肇始，也为著作权专门立法打下了宪政基础。

1909 年 12 月 31 日，绅班法政学堂发行、四川政法学堂出版了由刘天佑等编辑的《法律名词通释》一书。该辞书共 10 卷，作为编译法律辞书，是规范和普及法律专门术语的主要方式。

1909 年 12 月 31 日，上海商务印书馆出版由王我臧翻译的《汉译日本法律经济辞典》。

1909 年 12 月 31 日，日商斋藤秀三郎诉中国至诚书局对其英语读本进行翻印，对于该案会审公廨最终以撤销案件处理。

1910 年 12 月 31 日，陶保霖发表《论著作权法出版权法急宜编订颁行》一文，载商务印书馆主办的《教育杂志》第二年第 4 期。该文专论著作权法与出版法，并首次谈及著作权法的发展阶段问题。

1910 年 12 月 31 日，民政部发布《民政部为拟定著作权律草案理由事致资政院稿》，从中反映出《大清著作权律》的制定过程中对外国法律的参考。

1910 年 12 月 18 日，清政府颁布了中国近代历史上第一部著作权法，即《大清著作权律》，并规定该律自颁布文到日起算，满 3 个月施行。著作权律附件与法律正文同时颁布。该法开始了中国近代著作权法作为民事特别法而单独制定的立法模式。

1910 年 1 月 31 日，即宣统二年十二月，资政院将《大清著作权律》及原奏、谕旨一并转咨民政部，由民政部发布告示公布之。

1910年12月31日，清政府对出版法规《报律》进行修订，并于12月颁布《修订报律》。

1911年12月31日，资政院为著作权律奉谕准行事致民政部咨文。

1911年1月31日，即宣统三年正月，民政部发布了《民政部为将著作遵章呈报注册事出示晓谕》。该“出示晓谕”旨在解决《大清著作权律》实施所带来的新旧法律适用的衔接问题。

1911年1月31日，即宣统三年正月，民政部发布《民政部为迅速推行著作权律出示晓谕事致各省督抚咨文》督促各级地方尽快建立相关机构，办理相应事宜。

1911年，即宣统三年正月二十三，民政部警政司以《民政部警政司为已将著作权律通咨京内各衙门等事复著作权注册局片》文，答复著作权注册局，告知其《大清著作权律》送达各衙门的情况。

1911年，即宣统三年四月初三，学部撰《学部为著作权律已引起外国出版界重视事致民政部呈文》，该文表明《大清著作权律》的颁布是世界知识产权保护历程中的重大事件，引起外国注意。

1911年12月31日，上海商务印书馆出版由秦瑞玠编著的《著作权律释义》一书。

1911年12月31日，美商经恩公司诉商务印书馆翻印其出版的书籍，最终案件结果是会审公廨驳回了原告起诉。之后原被告双方也坦诚用协议合作，解决历来翻印纠纷。

二、民国时期

1912年3月8日，“中华民国”临时参议院（南京）通过《中华民国临时约法》，并于3月11日公布实施。

1912年3月10日，民国政府发布临时大总统令，因民国法律尚未颁布，对于前清法律，除不宜适用之律条外，其余均予以暂行援用。这其中包括《大清著作权律》。

1912年9月21日，《政府公报第149号》即内务部《关于著作物暂照前清著作权律核办的通告》就著作权法律暂行援用问题做出通告说明。

1912年9月30日，内务部发布《著作物呈请注册暂照前清著作权律分别核办通告文》，指出著作物的注册等事由，暂行参照前清著作权律。

1913 年 11 月 7 日，543 号政府公报发布，以《大总统令》的形式晓谕社会，来保护著作物的著作权。

1913 年 12 月 31 日，上海商务印书馆再版由王我臧翻译的《汉译日本法律经济辞典》。

1913 年 12 月 31 日，内务部通告查禁已登记著作物遭盗印。

1913 年 6 月 30 日，美国要求中国加入中美版权同盟。上海书业商会、商务印书馆极力反对中国的加入。同时上海商务印书馆拟定了《请拒绝参加中美版权同盟呈》，据理进行驳斥，要求拒绝参加同盟。

1913 年 12 月 31 日，汪孟邹创办民营独资出版发行机构，并得到同乡陈独秀、胡适、章士钊等人大力支持。

1914 年 12 月 31 日，即“中华民国”三年四月，上海商务印书馆再版的由秦瑞玠编著的《著作权律释义》一书，在正文之后用专页登载了《大总统令》以通告保护著作物的著作权。

1914 年 5 月 1 日，《中华民国约法》公布。

1914 年 6 月 4 日，中央司法部咨文《司法部通饬严办翻版案件》通告各省审判厅及诉讼管理部门，对于侵害版权案件依前清《大清著作权律》严格办理。

1914 年 12 月 31 日，英美书商在上海设立万国出版协会，想将所售之书都向中国注册，最终上海书业商会禀请驳拒。

1915 年 1 月 7 日，教育部发出通告《禁用翻印本部审定之教科用图书》，要求各级各类学校禁止使用教育部审定的教科书的盗版。

1915 年，“中华民国”四年十一月七日法律第 8 号公布《北洋政府著作权法》，该法共分 5 章，总 45 条，并自公布日施行。

1916 年 12 月 31 日，上海书业商会因 1915 年北洋政府《著作权法》条文中对著作权人权利保护较少而限制较多，引起上海图书出版发行界不满为由，向北京政府国务院、内政部提出，要求对个别条款进行修改。

1918 年 12 月 31 日，鲁迅发表《狂人日记》并参加了《新青年》的编辑工作，成为著名新文化著作家。

1919 年 4 月 30 日，美国商会指控商务印书馆翻译美国课本，侵犯美国书籍版权。

1919年4月30日，江苏省省长齐耀琳发布训令封锁发行有关民主进步的著作物和出版物。

1919年5月31日，五四运动爆发，之后京师警察厅认为北京学联出版物《五七报》有鼓荡此次运动之嫌，便禁止出版发行该刊物。

1920年11月3日下午3时，法国公使柏氏到中华民国外交部晤见了外交部颜惠庆总长，就著作权公约问题进行了谈话。目的是为配合美英等国对中国提出的加入版权国际同盟的要求，奉法国政府之命前来向中国政府提出同样要求。

1920年12月31日，北洋政府下令邮局停止寄发《新青年》。

1921年7月31日，留学生郭沫若、郁达夫等人在日本东京成立了新文学社团创造社。并出版《创造季刊》、《创造周报》等出版物。

1922年12月31日，上海书业商会又将1916年提出的修改北洋政府《著作权法》呈送国务院、内政部，并递交“国会”。

1923年5月4日，“中华民国”颁布《商标法》，该法实行使用在先原则，商标注册的有效期为20年。该法还规定了商标评定程序、商标侵权行为的民事赔偿等内容。

1923年10月10日，《中华民国宪法》公布，其中第11条涉及著作权，规定人民有言论著作及刊行之自由，非依法律，不受制限。

1923年12月31日，上海商务印书馆译印了美国《汉英双解大学字典》，后受该字典出版商美国米林公司代表律师指控侵害该公司版权与商标权。最终此案商务印书馆在版权方面胜诉，在商标方面败诉，被罚1500两白银。

1924年12月31日，北新书局在翠花胡同成立，开始售卖新潮社的出版物。

1925年9月30日，鲁迅将他的《中国小说史略》和《呐喊》移交北新书局出版。

1926年12月31日，创造社建立自己的出版机构——创造出版社，同时创造社成员的著作权利益也得到了更全面的维护。

1926年12月31日，现代史上著名出版家章锡琛创办开明书店。

1927年2月28日，北京大学学生郭新启编印了《共鸣杂志》，警察厅不准发行，并搜查其寓所将他羁押。

1927年3月3日，京师警察厅致函北京大学，以妨碍大局治安为由，要求查处并禁止北大新生社出版《新生》。

1927 年 12 月 31 日，为加强对文化控制，南京国民政府颁布了《密令查扣反蒋图书》、《新出图书呈缴条例》、《查禁反动刊物令》。

1927 年 12 月 31 日，上海书业商会奉国民政府命令进行改组，并推举张叔良、陈协恭、丁云亭为常务委员。

1927 年 12 月 31 日，上海倾向革命进步作家和编辑家郑振铎、叶圣陶等人相互联络建立了上海著作人公会。

1928 年 12 月 31 日，南京国民政府将 1915 年的《著作权法》进行修订，并经中央政治会议第 139 次会议讨论通过，公布制定《著作权法》，并规定该法自 5 月 14 日施行。同日，国民政府公布《著作权法施行细则》，且同日施行。

1928 年，即民国十七年七月二十三日，最高法院致函国民政府秘书处解字第 136 号发布了《解释著作权法各项疑义令》。国民政府秘书处将最高法院解释连同内政部原呈一并转发，要求内政部按新解释执行。

1928 年 12 月 31 日，为加强对文化控制，南京国民政府颁布了《取缔各种匿名出版物法令》。

1929 年 8 月 29 日，中央第 31 次常委会通过了《全国重要都市邮件检查办法》，针对图书报纸杂志进行检查，查扣不应发行的著作物。

1929 年 9 月 30 日，国民党中央秘书处编制了《查禁反动刊物表》和《共产党刊物化名表》，并嘱请国民政府查禁。

1929 年 11 月 22 日，南京国民政府公布了《民法》第二编内容，其中的第 515 到第 527 条是对有关出版与著作权关系的解释。

1929 年 12 月 31 日，为加强对文化控制，南京国民政府颁布了《查禁伪装封面的书刊令》、《取缔销售共产书籍办法令》。

1929 年 12 月 31 日，国民党中央宣传部公布《宣传品审查条例》，凡是宣传共产党，批评国民政府的均一律查禁。

1929 年 12 月 31 日，《思想月刊》第 5 期刊载《中国著作权协会宣言》，以对抗国民党对言论自由的限制。

1930 年 10 月 31 日，国民党在南京枪杀了中国左翼戏剧家联盟会员宋晖，从此人们失去了一位优秀的人民演员。

1930 年 12 月 31 日，南京国民政府为进一步禁止出版自由，颁布了《出版法》，以开展对国统区革命文化的围攻。

1930 年 12 月 31 日，中国左翼作家联盟编辑出版的《拓荒者》、《萌芽月刊》、《巴尔底山》等，在《出版法》颁布后被停刊。

1931 年 12 月 31 日，上海华通书局出版《中华新书月报》第 12 号，披露了著作界的抄袭和讹误现象。

1931 年 3 月 11 日，司法院院字第四五七号咨行政院发布《解释著作权法第 19 条释义》。

1931 年 6 月 1 日，国民政府公布《中华民国训政时期约法》。

1931 年 6 月 15 日，上海著作人公会主要发起人以上海出版业工会商务印书馆办事处的名义，主编了《编辑者》月刊。

1931 年 8 月 7 日，司法院院字第五三零号电浙江高等法院以《解释侵害著作权诉讼疑义》。

1931 年 12 月 31 日，南京市成立了图书刊物审查处，并公布了审查处组织大纲及《南京市图书刊物审查处审查细则》。

1931 年 12 月 31 日，国民党又逮捕了柔石、胡也频、殷夫、李伟森、冯铿五位左翼联盟成员，并将他们活埋或枪杀于上海龙华国民党警备司令部里。

1931 年 12 月 31 日，《中国新书月报》第 1 卷，第 10 号刊登了《北平出版界开始向翻版书下攻击令》、《旧都出版界之魔窟》及吴铁声的《翻版书的黑幕》等文章。

1932 年 12 月 31 日，以上海商务印书馆为领袖的上海书业公会，联合签署了请愿书，请求废除《出版法》及《出版法施行细则》。

1932 年 12 月 31 日，《中国出版月刊》第 1 期发表文章《著作人和出版人应知道的一些法律》。

1932 年 12 月 31 日，《读书杂志》第 2 卷第 5 期发表李季文章《被剥削的文字劳动者》。

1932 年 6 月 21 日，司法院院字第七七五号函内政部公布《解释著作权法第 19 条释义》。

1934 年 6 月 30 日，国民党政府公布了《图书杂志审查办法》，规定：所有书刊均应在出版前送国民党中央宣传委员会图书杂志审查委员会进行审查。通过这些严密的审查，著作者的权利或者被根本扼杀，或者被摧残得体无完肤。

1936年12月31日，国民党中央宣传部秘密制定了《中央取缔反动文艺书籍一览》，内容分查禁类、暂查类、查扣类三部分，开列1929年3月至1936年3月被禁文艺书籍共364种。

1936年12月31日，随着日本帝国主义对中国华北侵略的加深，国民党的不抵抗政策的实施也日益明显，它对中国民主进步文化界的禁锢和压迫也越来越严重。对此，中国北京、上海的文化界志士纷纷组织起来，发表宣言，争取言论、出版自由。上海文化界发表救国运动宣言，其中第7条要求人民结社、集会、言论、出版自由，签名文化人有近300人。

1936年12月31日，北平文化界也成立文化救国会，发表宣言，马叙伦等200余人签名。

1936年12月31日，中国文艺家协会也在上海成立，并发表宣言。并申明，以联络友谊、商讨学术、争取生活保障等为宗旨。

1937年12月31日，国民党政府公布了《书籍杂志查禁暂行办法》和《修正出版法》，用于钳制言论，实行文化专制。

1938年7月31日，国民党政府公布了《战时图书杂志原稿审查办法》，用以束缚进步出版业。

1938年12月31日，国民参政会重庆第二次会议上，邹韬奋联络70余名参政员联署提出《请撤销图书杂志原稿审查办法，以充分反映舆论及保障出版自由》一案，并获得多数票通过，但国民党政府却无视民意机关决议，拒不执行。

1938年12月31日，国民党政府颁布了《修正抗战期间图书杂志审查标准》，内中规定：不准人民群众批评国民党的政策纲领，不准宣传马克思列宁主义，不准传播民主进步文化。否则就要予以取缔，遭受打击。

1938年1月~1940年10月，国民党政府编印了《取缔书刊一览》，目的是为了不使查禁书刊漏网，一边查新的，一边清理旧的，而开列了查禁书刊659种。

1940年3月31日，国民党政府密印了《审查法规汇编》，其中列了一个《抗战时期宣传名词正误表》，把共产党人的文章用过的名词，都称作“谬误名词”，一律不准使用，如红军、亲日派等；认为应改正的名词有50个，如“救亡运动”要改为“抗战工作”。著作中如用词不当，也要遭到“检查老爷”的“凌迟”（删改）或“大辟”（查扣）的处罚。

1940 年 12 月 31 日，汪精卫在南京建立伪国民政府，颁布了《著作权法》，这类法律既具有卖国媚日的烙印，又多有对《大清著作权律》条文的袭用。

1940 年 12 月 31 日以后，抗战时期大后方文人出于对文字著作作品的稿费要求发起了“斗米千字”运动。所谓“斗米千字”，是千字文学作品给予一斗米作为出版、发表的稿酬。但后来随着米价的不断上涨，斗米千字运动开始只能是作为一种口号，一直难以实现，后来终成泡影。这一运动的自生自灭和失败说明了中国进步文化人的版权意识在抗战的大后方得到进一步觉醒。

1941 年 12 月 31 日，国民党政府印发了《审查手册》，其中有一密电，要求对宣传新民主主义的文字一律禁载。

1941 年 12 月 31 日，国民党政府公布了《修正图书杂志剧本送审须知》，并在 1944 年随后公布了《杂志送审须知》，严格规定“各杂志免登稿件，不能在出版时仍保留题名，并不能在编辑后记或编辑者言中加以任何解释与说明其被删改之处，不能注明上略、中略、下略等字样或其他任何足以表示已被删改之符号”。

1941 年 11 月 17 日，陕甘宁边区第二届参议会第一次会议通过《陕甘宁边区施政纲要》，其第 6 条规定：保证一切抗日人民（地主、资本家、农民工人等）的人权、政权、财政及言论、出版、集会、结社、信仰、居住、迁徙之自由权，除司法系统及公安机关依法执行其职务外，任何机关、部队、团体，不得对任何人加以逮捕审问或处罚，而人民则有用无论何种方式，控告任何公务人员非法行为之权利。

1942 年 5 月间，抗日大后方桂林文化人代表，由“抗敌文协”出面组织，在广西艺术馆召开了一次“保障作家权益会议”。会议主要讨论了当时桂林等地盗版图书盛行，盗版者不向著作人支付稿酬（版税）问题及反盗版的步骤。后通过“抗敌文协”胡风等人组织的反盗版活动，桂林城私自编选盗印鲁迅等人作品牟取暴利的风气得到了一定程度的遏制。

1944 年 4 月 27 日，国民党政府修订了 1928 年颁布的《著作权法》并且公布了《修正著作权法》。该法仍分 5 章，只是条文从原先的 40 条减少到 27 条。这次修订，在著作权保护客体上进行了修改和增删；取消了“显违党义”等的著作物不予注册的规定；加重了对侵犯著作权行为的处罚。

1944年9月5日，国民党政府公布了《著作权法施行细则》。该《施行细则》规定的主要是注册登记和规费收取标准，共13条。该《施行细则》规定的注册登记“声请书式”由原来的书文式，变为表格式，计有声请著作权注册表、声请受让著作权表、声请继承著作权表。

1945年8月31日，重庆杂志界率先发难，一场为了冲垮国民政府禁锢人民出版、言论自由的原稿审查制度的拒检运动在重庆、成都、昆明、上海、广州等地蔓延开来。这场运动前后横跨了两个年头，以民主进步文化出版界为运动主体，以国民党政府的文化检查机构为主要反对目标。拒检运动的目的，就是反对报刊原稿的审查制度，争取著作家著作权利。它直接有效地严重冲击着国民党政府的原稿检查制度。通过这一运动，广大文化人的著作权意识进一步觉醒。

1946年11月4日，南京国民政府外交部部长王世杰和美国驻中国大使司徒雷登，共同签署了《中美友好通商航海条约》，简称《中美商约》。其第9条，对著作权保护问题作了规定。商约公布以后，引起了国内民众、工商界和出版界的普遍不满，认为商约只是表面上平等互惠，实际上并不平等，更将加速中国殖民地化。而从美国方面来说，一直令其不满的1903年《中美商约》版权保护条款，由于蒋介石政府的媚外政策，终于得到修订。

1946年12月25日，国民大会通过《中华民国宪法》。1947年1月1日国民政府公布，同年12月25日施行。其中第11条规定：人民有言论、讲学、著作及出版之自由。

1947年7月23日，中华全国文学工作者协会（简称“全国文协”）在北京成立，这是中国作家协会的前身。

1949年1月13日，国民党政府对《著作权法》进行了第二次修改，修正了《著作权法》第30、31、32、33及34条。此次修订只是将罚金刑有所降低，其他并无太大变化。

1949年2月23日，中共中央成立了中共中央宣传部出版委员会，作为新中国的全国性出版领导机构的预备机构。这一机构，“不仅是进行出版业务的企业部门，更重要的它还是我党出版工作的领导机关”。

1949年7月31日，在北京召开了中华全国文学艺术工作者代表大会，会上同时成立了中华全国文学艺术联合会。

三、新中国成立以后

1949 年 10 月 1 日，中央人民政府宣告成立。9 月 29 日，中国人民政治协商会议第一届全体会议通过了重要的纲领性文献——《共同纲领》，其中规定了人民有言论、出版等自由权利。

1949 年 10 月 3 日，中共中央宣传部在首都北京召开了全国新华书店第一届出版工作会议。会议通过了《关于统一全国新华书店的决定》及附件《关于统一全国新华书店各部门业务的决定》，文件要求各地新华书店，在“未得原出版人同意而重印书刊时，应注明所依据原版本之出版者及出版日期地点”，“凡新华书店出版书刊，统一由收稿地支付稿费，其他地区新华书店重印分担稿费，并应将印数通报新华总处”。

1949 年 11 月 1 日，中华人民共和国中央人民政府出版总署成立，由胡愈之任署长。自此，中共中央宣传部出版委员会的工作全部移交出版总署。全国新华书店按规定均成为国营的出版企业。

1950 年 3 月 31 日，出版总署做出关于稿费制度的决定。各出版社据此拟订了各自的稿酬办法。同时，各个出版社还建立了自己的约稿和出版合同制度及稿酬办法。

1950 年 4 月 1 日，出版总署决定成立新华书店总管理处。同时，新华书店总管理处制定的《书稿报酬暂行办法草案》在新华书店总管理处的《内部通告》第 16 号上刊发。该草案是新中国建立之初体现著作权保护的第一个比较完备的文件规定。全文共 11 条，另外还有一补充文件——《新华书店旧书版权处理办法》，刊印在同期《内部通告》上。

1950 年 7 月 10 日，胡愈之在京津出版社工作会议开幕式上做了题为《出版事业中的公私关系和分工合作问题》的报告，其中针对迅速发展的公营书店（出版社）中存在的随便翻印外版书和书价定得过高的问题，提出了纠正意见，表明了他对出版权和读者的尊重。

1950 年 9 月 15 日 ~25 日，第一届全国出版工作会议在北京举行。胡愈之为会议题词。会议内容包括：“出版业应尊重著作权及出版权，不得有翻版、抄袭、窜改等行为”；出版物“在版权页上，对初版、再版的时间、印数、著者、译者的姓名及译本的原书名等等，均应作如实记载。在再版时，应尽可能与作者联系，进行必要的修订”，“稿酬办法应在兼顾作家、读者及出版家三方面利益的原则下协商决定”等。

1950年10月28日，中央人民政府出版总署进一步发布了第一届全国出版会议于9月25日的全体会议上通过的关于改进和发展全国出版事业的5项决议。其中第2项决议为《关于改进和发展出版工作的决议》，它的第12条、第15条和第17条是关于著作权的规定。

1950年11月30日，经出版总署批准，由新华书店总管理处发出了《书稿稿酬暂行办法（草案）》。

1951年1月31日，新华书店总管理处的出版部与出版总署编审局的一部分联合组织成立了人民出版社。人民出版社的出版合同在全国出版社中具有典范作用。

1951年1月12日，出版总署发布《为出版翻译书籍应刊载原本版权说明的通知》（以下简称《通知》）。《通知》载明了希望中国的出版家在出版翻译书籍时要注意的事项。

1951年3月31日，人民文学出版社成立。

1951年8月16日，朗星在《大公报》（第3版）上发表《版权问题随笔》一文。文章以7月26日的《大公报》上登载的陈榕甫先生的关于他编写《人民领袖毛泽东》一书的版权问题的讨论为切入点，对出版界在版权问题上出现的在解放以前所不常见的混乱状况进行罗列，以便引起出版界注意，并希望政府在制定著作权法时，对于作者、出版者的权利义务做出十分明确的规定。

1951年10月3日，《大公报》刊登了笔名“方止”的文章——《读了〈版权问题随笔〉之后》。“方止”就是当代出版家王仿子。他的这篇文章是针对朗星之前的文章提出了两点不同意见，并对之进行了批评。

1953年7月1日，人民美术出版社试行了由出版总署批准的一个稿酬办法。美术出版社是以出版美术图画作品为主要方向的专业出版社，它的稿酬办法具有特殊性。它根据不同类型的出版物规定了不同的标准。

1953年9月30日，召开了第二次中华全国文学艺术工作者代表大会。此后，中华全国文学艺术联合会又改称“中国文学艺术界联合会”（以下简称“全国文联”）。全国文联的任务是团结和动员全国的文艺工作者努力创造和学习，积极为社会主义革命和建设服务，指导群众文艺，开展少数民族文艺活动，加强国际文化艺术交流工作。

1953 年 10 月 31 日，中华全国文学工作者协会正式更名为“中国作家协会”。

1953 年 11 月 12 日，出版总署进一步颁发了《关于纠正任意翻印图书现象的规定》。其中规定：一切机关团体不得擅自翻印出版社出版的图书图片，以尊重版权。

1954 年 2 月 2 日，出版总署发布了《翻译出版外国著作为原著作人是否支付稿酬的意见》（以下简称《意见》）。《意见》只是主送华东新闻出版局，抄送国际书店总店，没有向全国公布，当时还只是作为一个内部文件。

1954 年 4 月 21 日，出版总署向政务院文化教育委员会送审了《保障出版物著作权暂行规定（草案）》。

1954 年 9 月 20 日，第一届全国人民代表大会第一次会议通过了《中华人民共和国宪法》。其中第 87 条规定：中华人民共和国公民有言论、出版、集会、结社、游行、示威的自由。国家供给必需的物质上的便利，以保证公民享受这些自由。

1954 年 11 月 30 日，出版总署正式结束，它原有的工作移交给了文化部。次日也即 12 月 1 日，文化部进一步设置了出版事业管理局专司此事。

1955 年 1 月 31 日，人民出版社修订实施了自己的稿酬办法。这一办法规定，人民出版社接受书稿出版，一律按本办法付给著作人（或翻译人、编辑人、版权授予者）稿费。

1955 年 1 月 1 日，人民文学出版社修订实施了自己的稿酬暂行办法。它的出书方向是文学作品，具有发行量大的特点，所以，它的稿酬办法也具有一定的典型意义。

1955 年 6 月 15 日，工人出版社修订了自己的书稿报酬暂行办法，各项规定与人民、人民文学出版社的规定大同小异。

1957 年 12 月 31 日，文化部公布了《保障出版物著作权暂行规定（草案）》，并附了一个《关于〈保障出版物著作权暂行规定〉的说明》（以下简称《说明》），对《保障出版物著作权暂行规定（草案）》产生的背景和参照系及其他诸多事项进行了说明。

1958 年 3 月 10 日 ~15 日，“全国出版工作跃进会议”在上海举行。会议通过了关于出版工作跃进的倡议书、竞赛书。此外，陈原作为出版行政部门的负责人之一，专门就稿酬问题做了发言。

1958 年 7 月 14 日，文化部颁发了《关于文学和社会科学书籍稿酬的暂行规定（草案）》（在北京、上海两地出版社试行），该文件认为，现行的书籍稿酬办法（指 1958 年以前的稿酬办法）存在着许多不合理的地方，为了克服，文化部通过广泛征求文艺界和科学界意见，拟订了该草案，并且在 1958 年 3 月召开的全国出版大跃进会议上由代表们讨论后得以通过。

1958 年 9 月 29 日，文化部进一步召开“讨论降低稿酬标准的座谈会”，首都 31 家主要报刊社和出版社，包括作家协会、音乐协会等单位应邀派代表参加会议。会议商定了关于降低稿酬标准的事项。

1958 年 10 月 10 日，文化部发出了《关于北京各报刊、出版社降低稿酬标准的通报》，肯定了于 9 月 29 日召开的讨论降低稿酬标准的座谈会上的主张，并形成了关于降低稿酬的一致意见。

1959 年 3 月 24 日，文化部发出了《关于降低稿酬标准的几个问题的通知》，对上次“通报”产生的负面影响进行纠正。

1959 年 10 月 19 日，文化部发出了《关于在北京、上海两地有关出版社继续试行〈关于文学和社会科学书籍稿酬的暂行规定〉的通知》（以下简称《通知》），以进一步消除降低稿酬标准“通报”的影响。《通知》还附有《关于文学和社会科学书籍稿酬的暂行规定》，且去掉了“草案”二字。同时文化部又向中央一级的文学和社会科学书籍出版社发出“通知”，要求各出版社把去年实行稿酬减半支付的情况进行检查。

1960 年 10 月 11 日，文化部党组、中国作家协会党组向中共中央提交了一个报告，即《关于废除版税制，彻底改革稿酬制度的报告》（以下简称《报告》）。这个《报告》经中央同意并批转下发，作为正式文件，在全国生效，可以说是当时国家关于稿酬制度改革的一个政策性法规文件，对全国文化出版业具有指导意义。

1961 年 3 月 21 日和 5 月 5 日，文化部发出了两个通知，要求全国各地有关出版部门立即遵照中央批示，贯彻执行。文化部在事后还对若干地区作了跟踪调查，了解各出版社是否都已经取消了印数稿酬，是否还存在过去某些书稿获得过高稿酬的现象。

1961 年 8 月 28 日，文化部再次发出《关于正确执行稿酬制度，恰当掌握稿酬标准的通知》，不仅进一步把稿酬问题提高到处理好出版社与作者关系的重要问题上去认识，还认为，稿酬的多少直接影响作者的物质生活；稿酬标准是否适当，对于调动作者的积极性也有很大关系。

1961 年 9 月 28 日，文化部又发出了《关于理工农医各科教材稿酬问题的意见》，认为《秋季教材稿酬暂行办法（草案）》中所规定的稿酬标准与文化部所规定的稿酬标准相差比较大。

1962 年 3 月 23 日 ~4 月 18 日，在北京召开的中国人民政治协商会议第三届全国委员会第三次会议上，文化学术界人士对废除印数稿酬制度提出了很多批评意见。

1962 年 4 月 25 日，文化部党组向中央呈报了《建议恢复文化部 1959 年颁发施行的稿酬办法的请示报告》。

1962 年 5 月 4 日，中共中央同意并批转下发了文化部党组的《报告》。《报告》基本上对 1960 年“关于废除版税制、彻底改革稿酬制度”的《请示报告》予以了否定。

1962 年 5 月 22 日，文化部又发出《通知》，规定自 1962 年 5 月 1 日起，各出版社出版的哲学、社会科学和文学著译，一律按照 1959 年 10 月文化部《关于文学和社会科学书籍稿酬的暂行规定》付给作者基本稿酬和印数稿酬，重版书按照累计印数支付印数稿酬。

1963 年 5 月 21 日，文化部就古籍注释的印数稿酬问题，答复过上海出版局：如有特殊情形，注释（指新写作的）篇幅很大，而且这些注释是有创见的、有较高水平的，这种注释本身已近乎著作；可以考虑按著作稿处理，支付基本稿酬和印数稿酬。至于一般注释（包括汇集前人的注释和所写的注释）的稿酬只付 1 次；被注释的古人的原作，不支酬；编选、校勘、标点等，一律不支付印数稿酬。

1963 年 7 月 31 日，中宣部发文文化部党组和国家科委党组，同意关于科学技术书籍稿酬与现行文学和社会科学书籍稿酬使用同一标准的意见。

1963 年 9 月 10 日，文化部、国家科委联合发出《关于科学技术书籍采用现行文学和社会科学书籍稿酬办法的通知》，进一步强调了文理科书籍稿酬的统一标准问题，这其中自然要包括计发印数稿酬问题。

1963 年 12 月 31 日，中国台湾地区政权颁布了一部“著作权法”。其中在“著作物”项下增加了唱片、电影，但它的基本内容仍未超出《大清著作权律》的规定范围。

1964 年 7 月 23 日，文化部党组根据中央的指示，对近几年来的稿酬情况做了检查和讨论，于是向中央呈送了《关于改革稿酬制度的请示报告》，并且指出稿酬制度方面确实存在一些问题。

1964 年 11 月 18 日，中央对《关于改革稿酬制度的请示报告》作了“同意、请立即执行”的批复。

1964 年 12 月 21 日，文化部对《关于改革稿酬制度的请示报告》的批复文件经过整理，用《关于改革稿酬制度的通知》形式颁发到各省、自治区、直辖市文化厅（局）、出版社和中央一级出版社。

1966 年 1 月 3 日，中共中央同意并批准了文化部党委的《关于进一步降低报刊图书稿酬的请示报告》。《报告》认为：新中国成立以来书籍和报刊的稿酬制度虽几经变革和反复，直到现在，还不符合“文化革命”的要求。主要原因是稿酬标准仍然偏高，所以还必须进一步降低。如此一来，新中国成立以后的稿酬制度标准在一降再降的基础上又进一步下降，离降到最低标准几乎没有距离了。

1971 年 3 月 30 日，“出版口领导小组”拟定《全国出版工作座谈会提出的一些问题汇报提纲》，该提纲中对稿费问题进行了说明。

1971 年 9 月 8 日，中共中央发布《关于收集、翻译、出版世界各国历史书籍的情况的报告》。

1973 年 9 月 27 日，国务院发布《关于翻译出版外国地理书的请示报告》。

1977 年 9 月 1 日，国家出版局发布《关于新闻出版稿酬及补贴试行办法的请示报告》。

1977 年 10 月 12 日，国家出版局发布《关于新闻出版稿酬及补贴试行办法的通知》，并公布了《关于新闻出版稿酬及补贴试行办法》，该试行办法是“文化大革命”后的第一个稿酬支付办法，具有较为积极的意义。

1978 年 8 月 18 日，国家出版局发布了《关于重申在图书版权页上记载印数的通知》，该通知自发布之日起实施，于 2004 年 6 月 18 日被《新闻出版总署决定废止的第二批规章、规范性文件目录》废止。

1979 年 1 月 31 日，以国务院副总理邓小平为团长的中国政府高级代表团对美国进行了访问，中美双方于华盛顿签订《中美高能物理协定》，该协定中有版权保护的条款内容。

1979 年 1 月 13 日，中国国家科委主任方毅与美国能源部部长施莱辛格于华盛顿签订《中华人民共和国国家科学技术委员会和美利坚合众国能源部在高能物理领域进行合作的执行协议》，协议中有版权双边保护的原则性规定。

1979 年 4 月 21 日，国家出版局向国务院呈报了关于制订版权法，建立版权机构的报告，国务院副总理耿飚同志提请中共中央秘书长兼宣传部部长胡耀邦同志批示同意。

1979 年 5 月 31 日，国家出版局成立小组开展调查研究，着手起草版权法和出版法。

1979 年 12 月 31 日，全国出版工作会议在长沙顺利召开。会议的主要议程为讨论包含版权条款在内的《中华人民共和国出版法（草案)》。

1979 年 9 月 6 日，由中国文学艺术界联合会、国家出版局联合举办的“关于文艺作品稿酬问题的座谈会”顺利举行。参加座谈的有文联所属各协会、各主要刊物和人民文学、人民美术、人民音乐出版社，电影出版社的代表共 20 余人。会上，与会人员认为 1977 年发布的《新闻出版稿酬及补贴试行办法》已经不能适应新形势的需求，有必要加以补充和修订。

1979 年 12 月 31 日，国家出版局成立稿酬条例修订小组，拟定《关于书籍稿酬的暂行规定（征求意见稿)》。

1979 年 12 月 15 日，全国出版工作座谈会顺利召开。

1980 年 2 月 1 日，国家版权局发布《关于转发中美贸易关系协定第六条的通知》，该通知自发布之日起实施，现行有效。

1980 年 2 月 1 日，中美双方正式签署《中华人民共和国与美利坚合众国贸易关系协定》，该协定涉及有知识产权的内容。即第 6 条规定：“缔约双方承认在其贸易关系中有效地保护专利、商标和版权的重要性……缔约双方同意应采取适当措施，以保证根据各自的法律和规章并适当考虑国际做法，给予对方法人或自然人的版权保护，应与对方给予自己的此类保护相适应。”

1980 年 2 月 29 日，中国出版工作者协会版权研究小组正式成立，著名学者汪衡先生应邀出任组长。

1980 年 3 月 3 日，中国正式成为世界知识产权组织成员国。

1980 年 5 月 4 日 ~10 日，应国家版权局邀请，英国版权协会主席戴佛雷塔斯、出版协会副主席杜索托伊对华进行了访问，并在北京进行了演讲。

1980 年 5 月 24 日，国家出版局发布《关于书籍稿酬的暂行规定》。该规定自 1980 年 7 月 1 日起实施。

1980 年 5 月 24 日，国家出版局发布《关于制订书籍稿酬的暂行规定的报告》。

1980 年 5 月 28 日 ~6 月 14 日，应美国版权局邀请，国家版权局局长陈瀚伯率中国出版代表团对美进行了访问，在美期间，双方进行了亲切的交谈和会晤。

1980 年 6 月 4 日，中国正式加入世界知识产权组织，《建立世界知识产权组织公约》对中国生效。世界知识产权组织是为促进全世界对知识产权的保护，加强各国和各知识产权组织间的合作而建立的，加入世界知识产权组织标志着中国在知识产权方面积极加强同其他国家的交流与合作。

1980 年 6 月 22 日，国务院批转《国家出版局、教育局、公安部、文化部、财政部、轻工业部、工商行政管理总局、中国人民银行关于制止滥印和加强出版管理工作的报告》。

1980 年 6 月 25 日，国家出版局发布《图书租（供）型造货工作的暂行规定》，该规定于发布之日起实施，于 2011 年 3 月 1 日被《新闻出版总署令第 50 号——新闻出版总署废止第五批规范性文件的决定》废止。

1980 年 7 月 31 日，国家出版局拟定《中华人民共和国版权法（草案）》，并在北京组织相关人员进行讨论。

1980 年 7 月 15 日，国家出版局发布《关于目前翻译出版美国书刊的版权问题的意见》。

1980 年 9 月，应英国和德意志联邦共和国邀请，中国出版工作者协会版权研究小组派员赴英、德进行交流，并考察英德版权立法与版权管理情况。

1981 年 3 月 13 日，商务印书馆总经理陈原在馆内开展版权讲座。这是出版界第一次正式开展的关于版权的讲座。

1981 年 6 月 30 日，应中国出版工作者协会邀请，以美国版权局局长雷大卫为团长的代表团来华进行访问。代表团分别在北京、上海进行了讲学，并就中国制定版权法等问题与中国版协版权研究小组开展了谈话，还代表美国版权局向我国赠送了一批关于美国版权立法和作品版权登记的资料。

1981 年 7 月 29 日 ~8 月 1 日，日本东方书店经理安井正叶先生和日本综合代理公司宫田升先生应邀对华进行访问。在华期间，其讲授了关于版权与国际合作出版的知识，就相关问题与我方进行了热烈的探讨。

1981 年 8 月 5 日，国家出版局发布《加强对外合作出版管理的暂行规定》。

1981 年 8 月 30 日，国家出版局发布《国家出版局关于维护出版社出版权利的通知》，该通知于发布之日起实施，于 2003 年 8 月 26 日被《新闻出版总署令第 21 号 – 废止的规章、规范性文件目录》废止。

1981 年 9 月 30 日，世界知识产权组织在英国和德国举办“版权培训班”，国家出版局首次派员参加。

1981 年 10 月 12 日，国务院发布《批转国家出版局关于发布加强对外合作出版管理的暂行规定的报告的通知》，该通知自发布之日起实施，现行有效。

1981 年 12 月 19 日，国家出版局发布《关于对“文革”前遗留稿费问题的处理意见》，该意见自发布之日起实施，现行有效。

1982 年 5 月 10 日 ~21 日，世界知识产权组织总干事阿帕德鲍格胥博士第 4 次带领代表团对华进行访问，同时，其还为世界知识产权组织与国家出版局在北京联合举办的“首次版权培训班”进行了授讲。

1982 年 6 月 19 日，国家出版局合并到文化部。以后，国家出版局版权处正式以文化部版权处名义开展工作。

1982 年 6 月 30 日，《版权法（草案）》被修改为《中华人民共和国版权保护暂行条例》，并印发在全国征求意见。

1982 年 12 月 23 日，国务院发布《录音录像制品管理暂行规定》，该规定自发布之日起实施，于 1994 年 10 月 1 日被《音像制品管理条例》废止。

1983 年 4 月 30 日，《出版工作》从第 4 期起设“版权知识”专栏（共 30 期），用于刊登沈仁干介绍版权的系列文章。

1983 年 5 月 3 日，中国科学院发布了《中国科学院版权收益提成试行办法》，该办法于 1983 年 6 月 1 日实施，现行有效。

1983 年 6 月 10 日，文化部发布《关于纠正文学类作品重复出版问题的通知》。该通知于发布之日起实施，于 2003 年 8 月 26 日被《新闻出版总署令第 21 号 – 废止的规章、规范性文件目录》废止。

1983 年 7 月 31 日，文化部向国务院呈报《中华人民共和国版权保护条例（草案）》。

1983 年 12 月 31 日，沈仁干副处长两次远赴日内瓦参加国际版权会议。

1983 年 12 月 31 日，美出版商协会主席布鲁克斯・托马斯、联邦德国普林格公司对外部主任格罗斯曼等分别对华进行了访问，与中方就版权保护与合作出版进行交流并交换意见。

1984 年 2 月 3 日 ~4 日，联合国教科文组织首次在上海举办版权培训班。

1984 年 3 月 31 日，第 22 届国际出版商联合会在墨西哥城举行，中国版协副主席陈原、版权研究小组副组长沈仁干以观察员身份应邀参加。

1984 年 6 月 15 日，文化部颁布《关于图书、期刊版权保护试行条例》，该条例自 1985 年 1 月 1 日起生效。

1984 年 12 月 31 日，国家文化部出版事业管理局发布《图书、期刊版权保护试行条例实施细则》对《图书、期刊版权保护试行条例》做出了进一步的解释性规定。

1984 年 12 月 31 日，文化部发布《图书书稿样式》和《图书出版合同》，作为《关于图书、期刊版权保护试行条例》的配套规定。

1984 年 10 月 19 日，文化部发布《关于转发〈书籍稿酬试行规定〉的通知》，该通知自 1984 年 12 月 1 日起实施，于 2003 年 12 月 4 日被《国家版权局废止一批著作权管理规章、规范性文件》废止。

1984 年 12 月 1 日，文化部发布《美术出版物稿酬标准》，该标准自发布之日起实施，现行有效。

1984 年 5 月 12 日 ~26 日，中国人民政治协商会议第六届二次会议在北京召开。冯友兰提交书面发言，倡议制定版权法。

1985 年 1 月 1 日，文化部发布《关于颁发〈图书、若干版权保护试行条例实施细则〉和〈图书约稿合同〉、〈图书出版合同〉的通知》，该通知自发布之日起实施，于 2003 年 12 月 4 日被《国家版权局废止一批著作权管理规章、规范性文件》废止。

1985 年 1 月 5 日，文化部发布《美术出版物稿酬试行办法》。该办法于 2011 年 3 月 1 日被《国家版权局令第 9 号——国家版权局废止第四批规范性文件的决定》废止。

1985 年 1 月 30 日，国家版权局副局长刘杲和沈仁干、黄贞先后出席世界知识产权组织召开的关于版权和邻接权发展合作常设委员会会议和教科文组织召开的政府间专家会议。刘杲表示在制定版权法后，会积极考虑加入国际版权公约。

1985 年 2 月 1 日，世界知识产权组织举办的版权与邻接权发展合作常务委员会第六次会议在日内瓦顺利举行，以出版局副局长刘杲为团长的代表团应邀参加。

1985 年 2 月 25 日，文化部发布《付给戏剧作者上演报酬的试行办法》，该办法自发布之日起实施，于 2011 年 3 月 1 日被《国家版权局令第 9 号—国家版权局废止第四批规范性文件的决定》废止。

1985 年 6 月 24 日，中共中央书记处会议召开，会议专门讨论了中国加入国际版权公约的问题。

1985 年 7 月 25 日，国家版权局正式被国务院批准成立。

1985 年 9 月 3 日，文化部发出《关于设立国家版权局，出版局改称国家出版局的通知》。

1985 年 9 月 4 日，国家版权发布《国家版权局同意中国人民大学书报资料中心复印报刊上已经发表的作品享受“国家特许”待遇》，该文件自发布之日起实施，现行有效。

1985 年 11 月 11 日～22 日，由国家版权局和世界知识产权组织联合举办的版权培训班在南京顺利进行。

1986 年 12 月 31 日，北京出版社正式成立了版权处，以加强对版权的保护。

1986 年 2 月 5 日，国家出版局发布《关于各省、自治区、直辖市出版局（总社）设版权管理机构的通知》，该通知自发布之日起实施，现行有效。

1986 年 2 月 20 日，国家版权局发布《关于不得公开发表〈图书期刊版权保护试行条例〉的通知》，该通知自发布之日起实施，现行有效。

1986 年 2 月 24 日，广播电影电视部、商业部、国家工商行政管理局发布《关于整顿录音录像制品市场、制止违章翻录销售活动的通知》，该通知自发布之日起实施，现行有效。

1986 年 3 月 20 日，国家版权局发布《关于使用已发表的作品出版音像制品向版权所有者付酬原则的复文》，该复文自发布之日起实施，于 2009 年 5 月 7 日被《国家版权局废止第三批规章、规范性文件的决定》废止。

1986 年 4 月 11 日，国家版权局发布《关于期刊一年专有出版权的说明》，该说明自发布之日起实施，该说明文件于 2003 年 12 月 4 日被《国家版权局废止一批著作权管理规章、规范性文件》废止。

1986 年 4 月 12 日，第六届全国人民代表大会第四次会议通过《中华人民共和国民法通则》,《民法通则》第一次以法律的形式确认了著作权的保护。

1986 年 5 月 1 日，中国版权考察团应美国版权局邀请赴美考察。

1986 年 5 月 4 日 ~28 日，应美国国会图书馆版权局的邀请，以李奇为代表的中国版权考察代表团一行 10 人对美国进行了访问。

1986 年 5 月 24 日，国家版权局颁布《关于内地出版港澳同胞作品版权问题的暂行规定》，该条例自发布之日起实施，于 2003 年 12 月 4 日被《国家版权局废止一批著作权管理规章、规范性文件》废止。

1986 年 5 月 31 日，国家版权局向国务院呈报了《中华人民共和国版权法(草案)》。

1986 年 7 月 18 日，国家版权局发布《关于对音像制品付酬问题的复函》，该复函于发布之日起实施，于 2009 年 5 月 7 日被《国家版权局废止第三批规章、规范性文件的决定》废止。

1986 年 9 月 30 日，庆祝《伯尔尼公约》签订 100 周年纪念活动于日内瓦举行，以国家版权局副局长刘杲为团长的代表团应邀参加。

1986 年 9 月 15 日，广播电影电视部发布《录音录像出版物版权保护暂行条例》，该条例自 1987 年 1 月 1 日起实施，于 2003 年 12 月 17 日被《国家广播电影电视总局关于公布废止部分广播影视法规性文件的通知》废止。

1986 年 10 月 31 日，国家出版局恢复为国务院直属机构的建制。不久，宋木文被任命为国家出版局局长（兼国家版权局局长）。

1986 年 11 月 10 日，国家版权局发布《关于涉及博物馆所收藏作品的版权问题》的复函，该复函自发布之日起实施，于 2011 年 3 月 1 日被《国家版权局令第 9 号——国家版权局废止第四批规范性文件的决定》废止。

1986 年 12 月 31 日，经国家教育委员会批准，中国人民大学设立知识产权专业。

1987 年 1 月 1 日,《中华人民共和国民法通则》正式实施，该法第三节对“知识产权”做了专门规定。

1987 年 12 月 31 日，应中国国家版权局邀请，美国版权局派代表团来华访问。

1987 年 1 月 1 日，中国广播电影电视部发布《录音录像出版物版权保护暂行条例》。

1987 年 1 月 31 日，国家版权局转发《录音录像出版物版权保护暂行条例》、《录音录像出版工作暂行条例》的通知。

1987 年 1 月 13 日，国务院发出《关于成立中华人民共和国新闻出版署的通知》，新闻出版署正式成立。3 月 9 日，杜导正被任命为新闻出版署署长。新闻出版署成立后，国家出版局被撤销。

1987 年 1 月 26 日，国家版权局发布《关于修订本稿酬支付问题的答复》，该答复自发布之日起实施，于 2009 年 5 月 7 日被《国家版权局废止第三批规章、规范性文件的决定》废止。

1987 年 2 月 20 日，国家版权局发布《关于不得公开发表〈图书期刊版权保护施行条例〉的通知》。

1987 年 4 月 30 日，全国人大教科文卫委员会听取了国家版权局《关于版权法起草情况的汇报》，要求关于版权法的工作要抓紧进行。

1987 年 4 月 25 日，《人民日报》发布消息，国务院法制局负责人对外宣布，版权法草案将由国务院正式提交全国人大常委会讨论。

1987 年 7 月 11 日 ~16 日，“全国版权工作座谈会”在山东省青岛市顺利召开。

1987 年 8 月 8 日，国家科委、国家教委、中国科学院、中国科协联合上书，建议推迟颁布版权法，暂不加入国际版权公约。

1987 年 11 月 6 日，国家版权局《关于清理港、澳、台作者稿酬的通知》，该通知自发布之日起实施，于 2003 年 12 月 4 日被《国家版权局废止一批著作权管理规章、规范性文件》废止。

1987 年 11 月 10 日，国家版权局发布《关于印发〈全国版权工作座谈会纪要〉的通知》，该通知自发布之日起实施，现行有效。

1987 年 11 月 13 日，国家版权局发布《关于向台湾出版商转让版权注意事项的通知》，该通知自发布之日起实施，于 2002 年 5 月 8 日被《国家版权局关于废止〈关于广播电视节目预告转载问题的意见〉等行政规章和规范性文件的决定》废止。

1987 年 12 月 12 日，国家版权局发布《关于广播电视节目预告转载问题的意见》，该意见自发布之日起实施，于 2002 年 5 月 8 日被《国家版权局关于废止〈关于广播电视节目预告转载问题的意见〉等行政规章和规范性文件的决定》废止。

1987 年 12 月 26 日，国家版权局发布《关于出版台湾同胞作品版权问题的暂行规定》，该规定自1988年3月1日起实施，于2002年5月8日被《国家版权局关于废止〈关于广播电视节目预告转载问题的意见〉等行政规章和规范性文件的决定》废止

1987年12月27日，国家版权局发布《关于从严掌握向外国人提供我国出版外国书刊目录的通知》，该通知自发布之日起实施，现行有效。

1987年12月31日，最高人民法院发布《关于郑谦诉张文勋著作权纠纷案的批复》，该批复自发布之日起实施，现行有效。

1987年12月31日，最高人民法院发布《关于著作权（版权）归主办单位所有的作品是否侵犯个人版权问题的批复》，该批复自发布之日起实施，于2001年12月27日被《最高人民法院予以废止的2000年底以前发布的有关司法解释目录（第四批）》废止。

1988年1月20日，国家版权局发布《关于同意购买港、台图书重印权的复函》，该复函自发布之日起实施，现行有效。

1988年2月8日，国家版权局印发《关于当前在对台文化交流中妥善处理版权问题的报告》和《关于出版台湾同胞作品版权问题的暂行规定》的通知，该通知自发布之日起实施，于2002年5月8日被《国家版权局关于废止〈关于广播电视节目预告转载问题的意见〉等行政规章和规范性文件的决定》废止。

1988年3月30日，新闻出版署报纸管理局发布《关于广播电视节目预告转载问题的通知》。该通知自发布之日起实施，于2009年5月7日被《新闻出版总署废止第四批规范性文件的决定》废止。

1988年4月2日，最高人民法院颁布《关于贯彻执行〈中华人民共和国民法通则〉若干问题的意见（试行）》，该意见对《民法通则》中有关知识产权的规定进行了进一步解释。

1988年4月30日，国家版权局在北京召开全国版权处处长会议。

1988年4月11日，经国家版权局批准，中华版权代理总公司正式成立，该公司是新中国第一家版权代理机构。

1988年4月18日，卫生部发布《卫生系统保护涉外知识产权暂行规定》，该暂行规定自1988年7月1日起实施，现行有效。

1988年5月1日，国家版权局发布《关于地方版权管理工作若干问题的意见》，该意见自发布之日起实施，于2002年5月8日被《国家版权局关于

废止〈关于广播电视节目预告转载问题的意见〉等行政规章和规范性文件的决定》废止。

1988年5月9日，国家版权局发布《关于汇总使用港澳台同胞作品付酬情况的通知》，该通知自发布之日起实施，于2003年12月4日被《国家版权局废止一批著作权管理规章、规范性文件》废止。

1988年5月31日，国家版权局发布《对地方版权管理机关处理版权纠纷适当收费问题的意见》，该意见自发布之日起实施，现行有效。

1988年6月30日，国家版权局首次派团对香港进行了访问。代表团参加了香港中华版权代理公司成立大会，双方就与有关方面就版权保护、版权贸易进行交流和谈话。

1988年6月9日，最高人民法院发布《关于由别人代为起草而以个人名义发表的会议讲话作品其著作权（版权）应归个人所有的批复》，该批复自发布之日起实施，于2013年1月18日被《最高人民法院关于废止1980年1月1日至1997年6月30日期间发布的部分司法解释和司法解释性质文件（第九批）的决定》废止。

1988年9月19日~24日，国家版权局与联合国教科文组织联合举办的版权培训班在北京顺利举行。

1988年10月31日，第一次全国版权案例研讨会在湖南省大庸市顺利召开。

1988年11月2日，国家版权局发布《关于大陆与台、港、澳版权贸易合同审核办法的通知》，该通知自发布之日起实施，于2002年5月8日被《国家版权局关于废止〈关于广播电视节目预告转载问题的意见〉等行政规章和规范性文件的决定》废止。

1988年11月2日，国家版权局向国务院呈报《关于加快版权法起草工作报告》，并经国务院批准成立了版权法起草小组，国家版权局副局长刘杲担任组长，中国社科院法学所研究员谢怀栻担任顾问。通过该小组与国务院法制局合作努力，将版权法草案改成著作权法草案。

1988年12月27日，国家版权局发布《关于版权处理工作的若干意见》，该意见于发布之日起实施，于2002年5月8日被《国家版权局关于废止〈关于广播电视节目预告转载问题的意见〉等行政规章和规范性文件的决定》废止。

1989年2月17日，新闻出版署、国家版权局发布《关于征订台、港、澳作者的图书应出示合同审核登记号的通知》，该通知自发布之日起实施，于2003年12月4日被《国家版权局废止一批著作权管理规章、规范性文件》废止。

1989年2月23日，广播电影电视部发布《关于音像出版、发行工作中若干问题的通知》。该通知自发布之日起实施，于2003年12月17日被《国家广播电影电视总局关于公布废止部分广播影视法规性文件的通知》废止。

1989年4月30日，四川省版权局召开四川省出版社"版权合同工作座谈会"。

1989年4月12日，由国家版权局发起的"全国版权局局长研讨班"在杭州顺利召开。

1989年6月30日，国家版权局局长宋木文率中国版权代表团对德国进行了访问。

1989年7月18日，国家版权局发布《关于版权贸易合同审批管辖问题的复函》，该复函自发布之日起实施，于2009年5月7日起被《国家版权局废止第三批规章、规范性文件的决定》废止。

1989年8月1日，辽宁省版权学会在沈阳成立。

1989年8月8日，新闻出版署、国家版权局发布《关于征订台、港、澳作者的图书应出示合同审核登记号的通知》，该通知自发布之日起实施，于2003年12月4日被《国家版权局废止一批著作权管理规章、规范性文件》废止。

1989年10月31日，由世界知识产权组织、最高人民法院、国家版权局联合举办的"亚太地区版权审判培训班"在北京顺利进行。

1989年12月1日，在国务院总理李鹏的主持下，国务院常务会议审议了著作权法草案。

1989年12月14日，李鹏总理提请全国人大常委会审议《中华人民共和国著作权法（草案）》。

1989年12月24日，第七届全国人大常委会召开第十一次会议，会议审议了著作权法草案。国家版权局局长宋木文受国务院委托，主要针对著作权保护的对象，作品自动产生著作权的原则，著作权特别是职务作品著作权的归属，著作权保护期，著作权的继承和授权行使，表演者，书刊出版者，唱片制作者和广播电视组织的权利，著作权法的追溯效力等问题对“草案”做了说明。

1990 年 2 月 2 日，国家版权局发布《关于认真执行对台、港、澳版权贸易有关规定的通知》，该通知自发布之日起实施，现行有效。

1990 年 3 月 9 日，中国版权研究会成立大会在北京召开。来自全国各地的版权领域的专家、教授、实务工作人员、管理人员 100 多人出席了会议。中国版权研究会理事长、国家版权局局长宋木文在会上做了工作报告。

1990 年 5 月 14 日，国家版权局发布《关于版权贸易合同审核登记问题的补充规定》，该规定自发布之日起实施，现行有效。

1990 年 6 月 15 日，国家版权局发布《关于适当提高书籍稿酬的通知》，该通知自 1990 年 7 月 1 日起实施，于 2003 年 12 月 4 日被《国家版权局废止一批著作权管理规章、规范性文件》废止。

1990 年 6 月 15 日，国家版权局发布《书籍稿酬暂行规定》。该规定自发布之日起实施，现行有效。

1990 年 6 月 20 日，在第七届全国人民代表大会常务委员会第十四次会议上，全国人大法律委员会副主任委员宋汝棼宣读了全国人大法律委员会对《中华人民共和国著作权法（草案）》审议结果的报告。该报告指出制定《著作权法》很有必要，草案基本上可行。同时也提出部分修改意见。

1990 年 7 月 1 日，国家版权局发布《关于适当提高美术出版物稿酬的通知》，该通知自 1990 年 7 月 1 日起实施，于 2003 年 3 月 1 日被《国家版权局令第 9 号——国家版权局废止第四批规范性文件的决定》废止。

1990 年 8 月 2 日，国家版权局发布《关于下发对台港澳版权贸易示范〈出版合同〉的通知》，该通知自发布之日起实施，现行有效。

1990 年 8 月 3 日，国家税务局发布《关于外商取得来源于我国的影片、音像、音响等版权收入征收所得税问题的通知》，该通知自 1990 年 9 月 1 日起实施，于 2011 年 1 月 4 日被《国家税务总局公告 2011 年第 2 号——全文失效废止、部分条款失效废止的税收规范性文件目录》废止。

1990 年 8 月 30 日，在第七届全国人民代表大会常务委员会第十五次会议上，全国人大法律委员会副主任委员宋汝棼宣读了全国人大法律委员会对《中华人民共和国著作权法（草案修改稿）》修改意见的汇报。该汇报主要针对草案修改稿提出了进一步修改意见。

1990 年 9 月 7 日，全国人民大会常务委员会发布《中华人民共和国著作权法》，《著作权法》自 1991 年 6 月 1 日起实施，于 2001 年 10 月 27 日被《全国人民代表大会常务委员会关于修改〈中华人民共和国著作权法〉的决定》修改。

1990 年 9 月 15 日，由国家版权局组织的“著作权法实施座谈会”在人民大会堂顺利召开，首都法学界、文艺界、科技界等各界知名人士应邀出席。

1990 年 10 月 9 日，最高人民法院发布《关于认真学习、宣传和贯彻执行著作权法的通知》，该通知自发布之日起实施，于 2013 年 1 月 18 日被《最高人民法院关于废止 1980 年 1 月 1 日至 1997 年 6 月 30 日期间发布的部分司法解释和司法解释性质文件（第九批）的决定》废止。

1990 年 10 月 17 日，《知识产权》杂志编辑出版委员会第一次全体会议在北京顺利召开。

1990 年 12 月 6 日 ~ 9 日，“中国知识产权研究会首届会员代表大会暨 1990 年度学术研讨会”在广东省肇庆市顺利举行，大会通过了《中国知识产权研究会章程》，并选举产生了理事会，任命高卢麟为理事长。

1990 年 12 月 9 日，中国知识产权研究会发布《知识产权研究会章程》，该章程自 1991 年 5 月 1 日起实施，现行有效。

1990 年 12 月 13 日，海关总署发布《关于进口录音、录像制品的版权费等如何征税问题的通知》，该通知自发布之日起实施，现行有效。

1990 年 12 月 17 日 ~21 日，全国版权工作会议在桂林召开。来自全国近 30 个省、直辖市、自治区和几个计划单列市的版权局或新闻出版局的负责同志应邀出席。全国人大常委会法工委和教科文卫委员会、国务院法制局、文化部、广播电影电视部、国家教委、国家税务局、海关总署、新闻出版署、中国科学院、中国社科院、中国文联、中国作协、中国音协、中国影协、中国版权研究会等中央有关部门和有关协会及新闻单位也派代表参加会议。

1991 年 ~1992 年，水利部和能源部采纳水利电力出版社的建议，分别设立了“水利部科技专著出版基金”和“能源部电力科技专著出版基金”，用于资助有明显社会效益而印数较少的水利和电力优秀科技著作的出版。上述两部门的有关领导和专家组成这两项出版基金的委员会，负责基金的筹集和使用。

1991 年 2 月 28 日，《著作权》杂志正式创刊。

1991 年 5 月 14 日，司法部、国家版权局发布《关于在“二五”普法教育中学习宣传著作权法的通知》，该通知自发布之日起实施，于 2002 年 8 月 6 日被《司法部关于废止 2000 年底以前发布的部分规章规范性文件的规定》废止。

1991 年 5 月 14 日，司法部、国家版权局发布《关于在“二五”普法教育中学习宣传著作权法的通知》，该通知自发布之日起实施，于 2002 年 8 月 6 日被《司法部关于废止 2000 年底以前发布的部分规章规范性文件的规定》废止。

1991 年 5 月 21 日，由中国知识产权研究会、中国版权研究会、人民日报（海外版）、中国专利报联合举办的知识产权学术座谈会在北京顺利召开。

1991 年 5 月 30 日，国家版权局发布《中华人民共和国著作权法实施条例》，该条例自 1991 年 5 月 14 日起实施，于 2002 年 9 月 15 日被《中华人民共和国著作权法实施条例》废止。

1991 年 6 月 1 日，经第七届全国人民代表大会常务委员会第十五次会议通过，1990 年 9 月 7 日颁布的《中华人民共和国著作权法》开始施行，《中华人民共和国著作权法实施条例》同时实行。

1991 年 6 月 4 日，国务院发布《计算机软件保护条例》，该条例自 1991 年 10 月 1 日起实施，于 2002 年 1 月 1 日被《计算机软件保护条例》废止。

1991 年 8 月 31 日，由国家版权局、中国版权研究会等单位联合举办的“著作权理论与实践研讨会”在辽宁省大连市顺利召开。

1991 年 8 月 9 日，国家版权局发布《关于报刊社声明对所发表的作品享有专有出版权的意见》，该意见自发布之日起实施，现行有效。

1991 年 8 月 10 日，国家版权局发布《国家版权局公告（第 1 号）》，指定中国版权研究会为临时收转使用作品报酬的机构。该公告自发布之日起实施，现行有效。

1991 年 8 月 20 日，国家版权局公告转载、表演已发表作品须付报酬，该公告自发布之日起实施，现行有效。

1991 年 8 月 20 日 ~9 月 6 日，应美国版权局的邀请，中国版权代表团一行 20 人对美国进行了访问。代表团以国家版权局版权司司长沈仁干为团长、最高人民法院民庭副庭长周贤奇和湖南省版权局副局长刘孝纯为副团长。

1991 年 8 月 27 日，国家版权局发布《关于当前报刊转载摘编已发表作品付酬标准的通知》，该通知自发布之日起实施，自2002年5月8日被《国家版权局关于废止〈关于广播电视节目预告转载问题的意见〉等行政规章和规范性文件的决定》废止。

1991年9月30日，刘杲率中国版权代表团，先后于日内瓦和巴黎，就中国加入《伯尔尼公约》和《世界版权公约》问题，分别于世界知识产权组织和联合国教科文组织进行协商。

1991年11月29日，国家版权局发布《关于维护出版社外国作品专有出版版权的通知》。

1991年11月24日~30日，由世界知识产权组织、广电部和国家版权局联合举办的“广播电视、音像和唱片版权培训班”顺利进行。

1992年1月17日，国家版权局发布《关于执行中美知识产权谅解备忘录双边著作权保护条款的通知》，该通知自1992年3月17日起实施，于2002年5月8日被《国家版权局关于废止〈关于广播电视节目预告转载问题的意见〉等行政规章和规范性文件的决定》废止。

1992年1月17日，国家税务局发布《〈关于著作权使用收入征收个人收入调节税的暂行规定〉的通知》，该通知自1992年1月1日起实施，现行有效。

1992年1月17日，中美两国政府签订《关于保护知识产权的谅解备忘录》，该备忘录与1992年3月17日生效。

1992年1月24日，国家版权局发布《关于颁发著作权许可使用合同标准样式的通知》，该通知自发布之日起实施，于2003年12月4日被《国家版权局废止一批著作权管理规章、规范性文件》废止。

1992年3月16日，机械电子工业部发布《计算机软件著作权登记收费项目和标准》，该文件自发布之日起实施，现行有效。

1992年3月16日~27日，国家版权局与世界知识产权组织合作举办的“关于各类作品行使和管理培训班”在广州顺利进行。

1992年4月6日，国家版权局发布《计算机软件著作权登记办法》，该办法自发布之日起实施，于2009年5月7日被《国家版权局废止第三批规章、规范性文件的决定》废止。

1992年4月18日，国家版权局发布《计算机软件著作权登记中使用的软件分类编码指南》，该指南自发布之日起实施，现行有效。

1992年6月12日，中国知识产权研究会组织的“海峡两岸知识产权保护座谈会”顺利召开。

1992年5月27日，国务院向全国人大常务委员会递交了关于提请审议决定我国加入《保护文学和艺术作品伯尔尼公约》和《世界版权公约》的议案。

1992年6月23日，国务院提请全国人大常委会审议决定我国加入《保护文学和艺术作品伯尔尼公约》和《世界版权公约》。国务院认为，这两个公约的基本精神和主要规定与我国有关法律是基本一致的。加入这两个公约，有利于我国扩大对外开放，促进中外科技、文化、经济贸易等方面的交流与合作，也有利于我国作品在国际上得到切实的法律保护。另外，在加入这两个公约时，可以对有关条款做出声明。

1992年7月1日，全国人民代表大会常务委员会发布《关于我国加入〈世界版权公约〉的决定》，同时声明，中华人民共和国根据《世界版权公约》第5条之二的规定，享有该公约第5条之三、之四规定的权利。该决定自发布之日起实施，现行有效。

1992年7月~10月，全国人大教科文卫委员会组织的第一次著作权法执法检查在全国范围内开展。

1992年7月10日，中国政府向世界知识产权组织递交了《保护文学和艺术作品伯尔尼公约》的加入书。该公约于10月15日在中国生效，标志者中国正式加入《保护文学和艺术作品伯尔尼公约》。

1992年7月30日，在中国常驻联合国教科文组织使团代表秦关林的代表下，中国政府向联合国教科文组织递交了《世界版权公约》的加入书。该公约于10月30日在中国生效，标志者中国正式加入《世界版权公约》。

1992年9月3日，由中国版权研究会、中国出版工作者协会和日本书籍出版协会联合举办的“中日著作权研讨会”在北京顺利召开。日本文化厅著作权国际著作权室室长木谷雅人先生、日本书籍出版协会专务理事五味俊和先生、日本书籍出版协会常任理事、东京布井出版社社长上野干夫先生、日本文学代理公司社长宫田先生一行4人应邀出席。

1992年9月7日，由世界知识产权组织和国家版权局共同举办的“著作权集体管理研讨会”在北京顺利召开。世界知识产权组织版权局局长米哈依·菲彻尔先生、世界知识产权组织顾问乌里奇·乌腾哈根先生、芬兰联合版权机构总经理塔加娅·科斯基尼女士、香港作曲家作词家协会总经理杨展威先生应邀出席。研讨会的主题是著作权集体管理的理论与实践问题，与会人员就建立著作权管理机构中的具体问题进行了交流和讨论。

1992年9月14日~15日，中国版权制度国际研讨会在北京顺利举行。世界知识产权组织、德国专利局、美国版权局、瑞士音乐版权协会、俄罗斯莫斯科大学、国际艺创家联合会、香港词作家曲作家协会以及我国最高人民法院、中国社会科学院、北京大学、中国人民大学等机构30多位专家、学者出席了这次研讨活动。该次研讨会主要讨论了“中国的版权保护和伯尔尼公约”、“中国版权立法原则”、“版权法实施”、“版权的集体管理”、“中国版权法的研究与教育”等问题。

1992年9月15日下午，江泽民总书记亲切会见了世界知识产权组织总干事鲍格胥博士等外宾。

1992年9月17日~24日，中国知识产权研究会于组织的“92知识产权培训班”在北京顺利举行。

1992年9月25日，国家版权局发布《为实施国际著作权条约的规定》，该规定自1992年9月30日起实施，现行有效。

1992年10月15日，《伯尔尼公约》在中国正式生效。

1992年10月22日~26日，全国版权工作会议在福建省厦门市顺利召开。全国人大法律工作委员会、最高人民法院、文化部、国家教委等部门，中国文联及有关协会等社会团体，以及国家版权局和部分地方版权局分别派代表参加了会议。会议主要总结《著作权法》实施以来的经验，探讨加入国际公约后面临的形势及对策，交流著作权保护制度为建立社会主义市场经济体制服务和逐步完善的措施，部署新形势下的著作权行政管理工作。

1992年10月15日，《世界版权公约》在中国正式生效。

1992年11月3日~4日，中国知识产权研究会主办的“内地与香港知识产权法律制度研讨会”在广州顺利召开。

1992年11月7日，第七届全国人大常委会第二十八次会议决定我国加入《保护录音制品制作者防止未经许可复制其录音制品公约》。该决定自发布之日起实施，现行有效。

1992年11月28日~12月12日，应澳大利亚版权委员会和新西兰版权委员会邀请，国家版权局委派局长宋木文等4人组成代表团对澳、新两国进行了为期半个月的访问。访问期间，代表团与澳、新两国的政府主管部门、著作权管理机构、法律研究与实务组织、设计作品使用的单位、协会进行了交流和谈话。

1992 年 12 月 17 日，国家版权局和中国音乐家协会共同发起成立中国音乐著作权协会。该协会是我国第一个音乐著作权集体管理组织。

1993 年 12 月 31 日，“北京公平软件中心”在北京成立。该中心是国内首家为计算机产业界和全社会提供软件技术法律咨询及软件登记代理的机构，隶属于机电部计算机与微电子发展研究中心，具有独立法人资格。

1993 年 1 月 17 日，中国向世界知识产权组织递交了《保护录音制品制作者防止未经许可复制其录音制品公约》的加入书。自 1993 年 4 月 30 日起，中国正式成为该公约的成员国。

1993 年 2 月 12 日，国家版权局发布《中国科学院保护知识产权的规定》，该规定自发布之日起实施，现行有效。

1993 年 2 月 10 日，国家版权局发布《由北京市版权局负责中央级出版社涉及台港澳图书版权贸易合同审核的通知》，该通知自 1993 年 4 月 1 日起实施，于 2011 年 3 月 1 日被《国家版权局令第 9 号——国家版权局废止第四批规范性文件的决定》废止。

1993 年 2 月 12 日，国家版权局发布《国家版权局公告第 2 号》，批准成立“中国音乐著作权协会”，该公告自发布之日起实施，现行有效。自此，我国第一个著作权集体管理组织正式诞生。

1993 年 2 月 18 日，中国版权研究会、《新闻出版报》和《著作权》杂志在北京联合召开著作权使用报酬小型座谈会。该次会议的主要议题为如何建立适应社会主义市场经济的付酬制度。在国家版权局副局长沈仁干同志简要介绍了我国文字出版形式使用作品付酬规定的历史与现状后，与会人员进行了积极讨论。

1993 年 2 月 23 日，北京微宏电脑软件研究所诉北京中科远望技术公司侵犯著作权一案于北京市海淀区人民法院进行了一审判决。法院判决被告立即停止侵权行为，登报道歉并赔偿原告损失 4.6 万元及有关的诉讼费用等。此外法院还判处被告民事罚款 1 万元。该案件是我国首例软件侵权案件。

1993 年 3 月至 4 月，《民间文学艺术作品著作权保护条例》作为部级课题批准立项。该条例是著作权法的一项重要配套法规，立项后，文化部和国家版权局组成联合调查组，赴云南楚雄、大理、德宏等地进行实地调查，并做了相关调研报告。

1993 年 3 月 17 日，湖南省知识产权研究会成立大会暨首届学术年会在湖南省长沙市顺利召开。

1993 年 3 月 30 日 ~4 月 2 日，机电部科技司和《电子知识产权》编辑部在北京举办了电子行业《关贸总协定与知识产权研讨会》。版权局、专利局、商标局、人民大学、北京大学、对外经贸大学等知识产权界的专家和教授以及机电部有关部门的领导、部署院校、部分厂所的代表应邀参加。该次会议的主要议题为关贸总协定乌拉圭回合谈判关于与贸易有关的知识产权问题。

1993 年 4 月 12 日，国家版权局、财政部发布《关于向国外支付作品使用费所需外汇额度有关问题的通知》，该通知自发布之日起实施，现行有效。

1993 年 4 月 20 日，国家版权局发布《关于实施〈保护录音制品制作者防止未经许可复制其录音制品公约〉的通知》，该通知自发布之日起实施，现行有效。

1993 年 4 月 20 日，国家版权局发布《关于为特定目的使用外国作品特定复制本的通知》，该通知自发布之日起实施，于 2011 年 3 月 1 日被《国家版权局令第 9 号——国家版权局废止第四批规范性文件的决定》废止。

1993 年 4 月 20 日，国家版权局举办“涉外著作权培训班”在郑州顺利举行。

1993 年 4 月 30 日，《日内瓦公约》在我国生效，我国成为该公约第 45 个成员。

1993 年 5 月 10 日 ~16 日，“93 中国版权研究会学术年会”在陕西省西安市顺利召开。

1993 年 5 月 17 日 ~30 日，以国家版权局局长宋木文为团长，版权司副司长高凌瀚、国际处处长常城为团员的中国版权代表团对世界知识产权组织总部所在地日内瓦及瑞典和芬兰进行了访问。在日内瓦期间，代表团与鲍格胥总干事进行了会谈。会上，宋木文同志对我国参加伯尔尼公约后在工作中取得的进展进行了总结，双方还商定后期的其他合作项目。

1993 年 5 月 26 日，北京市版权局、北京版权保护协会召开中华人民共和国著作权法实施两周年座谈会。

1993 年 6 月 8 日 ~10 日，“93 安徽黄山版权贸易洽谈会”在合肥顺利举行。该次会议是安徽与台港机构之间举办的规模最大的一次出版交流活动，吸引了台湾、香港20余家出版机构的30余位代表前来参会。

1993年6月22日~23日，“中德经济和知识产权研讨会”在德国慕尼黑附近的爱尔瑁宫顺利举行。中国国家版权局副局长刘杲、中国商标局局长白大华应邀出席。期间，刘杲同志同德国专利局局长豪依塞尔教授、德国音乐著作权集体管理机构理事长进行了交流与谈话。

1993年7月31日，北京市中、高级法院率先成立知识产权审判庭，统一负责著作权案件与工业产权案件的审理。此后，全国法院陆续设立了专门审理知识产权案件的审判庭。

1993年8月1日，国家版权局发布《中国著作权使用报酬收转中心关于报刊转摘作品报酬收转事项的说明》，该说明自发布之日起实施，现行有效。

1993年8月5日，北京市高、中级人民法院在京举行新闻发布会，宣布两院正式建立知识产权审判庭。

1993年9月30日，我国与世界知识产权组织合作出版《中国和世界知识产权组织合作二十年》纪念册，国家主席江泽民为该书题写书名。

1993年9月30日，国家版权局和中国版权研究会联合举办的“著作权好新闻评选活动”顺利举行。

1993年9月14日，最高人民法院发布《关于中国音乐著作权协会与音乐著作权人之间几个法律问题的复函》，该复函自发布之日起实施，于2013年1月18日被《最高人民法院关于废止1980年1月1日至1997年6月30日期间发布的部分司法解释和司法解释性质文件（第九批）的决定》废止。

1993年9月27日，国家版权局发布《关于对卡拉OK录像带或激光视盘是否属于录像作品或录像制品的答复》，该答复自发布之日起实施，现行有效。

1993年10月9日~19日，应国家版权局邀请，美国版权局局长拉尔夫·欧曼携助理总顾问玛里琳·克莱辛格组成代表团访问了北京、成都和桂林。访华期间，代表团介绍了美国版权制度、国际版权发展趋势以及美国版权局在过去一年里的工作情况。

1993年10月11日~14日，中国大中型企业对外合作洽谈会在深圳顺利举行。

1993年10月24日~31日，国际作者作曲者协会联合会（简称CISAC）

秘书长让·皮埃尔·亚丽克西—齐格勒应邀对华进行了访问。访问期间，齐格勒秘书长会见了国家版权局、中国音乐著作权协会和中国音乐家协会的领导，并做了有关 CISAC 集体管理的学术报告。

1993 年 11 月 8 日 ~9 日，中国知识产权研究会与香港知识产权署联合举办“内地与香港知识产权法律制度研讨会”，该会议在香港顺利进行。

1993 年 11 月 26 日，中国音乐著作权协会和香港作曲家及作词家协会在北京正式签署相互代表协议。中国音乐著作权协会主席兼总干事王立平和香港作曲家及作词家协会总经理杨展威分别作为代表签字。该协议的签订在我国著作权法史上具有重大意义。

1993 年 12 月 5 日 ~ 15 日，应世界知识产权组织总干事鲍格胥博士的邀请，国家版权局局长于友先同志率中国版权代表团一行 3 人访问了世界知识产权组织以及瑞士音乐著作权协会、瑞士联邦知识产权局、匈牙利版权局、匈牙利图书和音乐出版商协会、西班牙文化部和西班牙作者总会。

1993 年 12 月 24 日，最高人民法院发布《关于深入贯彻执行〈中华人民共和国著作权法〉几个问题的通知》，该通知自发布之日起实施，于 2013 年 1 月 18 日被《最高人民法院关于废止 1980 年 1 月 1 日至 1997 年 6 月 30 日期间发布的部分司法解释和司法解释性质文件（第九批）的决定》废止。

1993 年 12 月 25 日，吉林省版权保护协会召开成立大会，成立大会推举张岳琦、许中田为名誉会长，选举许华应为会长，许翔为常务副会长，雒书秋为秘书长。

1993 年 12 月 29 日，国家版权局发布《关于对文物出版社〈乾隆版大藏经〉整理版著作权归属问题的回复》，该答复自发布之日起实施，现行有效。

1994 年 1 月 18 日，海南省高级人民法院设立知识产权审判庭，这是中国第一个经济特区知识产权审判庭也是全国第二个专门审理知识产权纠纷案件的省级审判机构。该庭将依据有关法律规定，受理知识产权案件。

1994 年 1 月 21 日，天津市版权学会成立，成立大会推举李锦坤为名誉理事长，聘鲁学政为顾问，选举李树人为理事长，杨学彰、刘春茂、柴嘉瑞为副理事长，孙金海为秘书长。

1994 年 1 月 30 日 ~2 月 4 日，第二届日中著作权研讨会在日本举行。应日本书籍出版协会的邀请，中国出版工作者协会主席、中国版权研究会理事长宋木文等 4 人参加了研讨会。会上，国家版权局副局长高凌瀚、贵州省版权局副处长谈承宗，分别就中国加入《伯尔尼公约》后的著作权保护现状和中国出版活动中的各种著作权问题做了主题发言。

1994年2月28日，国家版权局和新闻出版署联合发布文件，要求各地著作权行政管理部门、新闻出版部门对于违法销售有著作权的外国作品的复制品的单位进行检查，规定必须关闭出售这类产品的内部门市部。

1994年3月7日，北京市中级人民法院知识产权庭公开开庭审理清华大学、海南昌山有限公司诉科利华电脑有限公司CSC中学校长办公室系统软件侵权一案。该案是当时软件诉讼标的额最大的案件，具有典型的现实意义，引起了软件界和新闻界的热切关注。

1994年3月20日~4月1日，国家新闻出版署和英国对外文化委员会联合举办的中英“合作出版研讨会”先后在济南、南京两地召开。全国46家出版社的代表出席会议。英国合作出版专家瑞·斯莱塞（Richard·Slessor）先生向与会代表介绍了英国出版业及出版机构的现状与发展，并就进一步扩大中英两国版权贸易的具体操作与与会人员进行了讨论。

1994年3月23日~26日，亚洲地区版权与经济文化发展研讨会在云南省昆明市召开。该研讨会由国家版权局和世界知识产权组织联合举办，旨在研究版权保护对促进亚洲国家经济文化发展的作用。来自韩国、越南等亚洲国家和世界知识产权组织的专家出席了会议。

1994年3月23日，国家副主席荣毅仁在人民大会堂会见了世界知识产权组织总干事鲍格胥博士夫妇。鲍格胥博士来华的主要目的是参加由国家版权局与世界知识产权组织在云南昆明联合举办的亚洲地区版权保护与经济文化发展研讨会。

1994年4月15日，《与贸易有关的知识产权协定》于摩洛哥正式签订。该协定自1995年1月1日起生效，是世界贸易组织管辖的一项多边贸易协定。主要条款包括：一般规定和基本原则，关于知识产权的效力、范围及使用标准，知识产权的执法，知识产权的获得、维护及相关程序，争端的防止和解决，过渡安排，机构安排、最后条款等。

1994年4月15日，国家版权局、新闻出版署等七部委联合发出《关于加强激光唱盘、激光视盘复制管理的紧急通知》。该通知自发布之日起实施，现行有效。

1994年5月9日，由北京大学与华盛顿大学联合举办的知识产权国际保护新发展学术报告会，在北京大学召开。我国著名的知识产权法律界的专家、教授，以及从事知识产权教学、研究和涉外知识产权实务工作的人员，北京大学知识产权学院的部分教授、研究生和双学位学生也参加了报告会。

1994年5月10日~15日，应国家版权局的邀请，法国版权代表团来华访问。在华期间，代表团访问了中国音乐著作权协会、中华版权代理总公司、中国作家协会、中国戏剧家协会、中央美术学院、中央工艺美术学院和北京电影制片厂，与有关单位的负责人就双边合作与交流等共同关心的问题交换了意见。

1994年5月11日~28日，电子工业部电子知识产权考察团对日、美两国电子领域的知识产权保护状况进行了为期18天的考察。在日本、美国考察期间，考察团对日本、美国的多家行政单位和电子企业进行了拜会。

1994年5月12日，新闻出版署发布《关于贯彻落实〈关于加强激光唱盘、激光视盘复制管理的紧急通知〉若干问题的通知》，该通知自发布之日起实施，于2009年5月7日被《新闻出版总署废止第四批规范性文件的决定》废止。

1994年5月27日，辽宁省首次著作权知识电视大奖赛在辽宁电视台举办。该赛事由辽宁省版权局、省人大教科文卫委员会、省政府法制办和省政协民主法制委员会等单位联合举办，旨在全省范围内进一步宣传普及著作权法。

1994年6月7日，中国音乐著作权协会和意大利作者出版者协会在北京正式签订了中国与意大利间的音乐著作权相互代表协议。该协议实际上是中国音乐著作权协会与外国协会签订的第一份相互代表协议。该协议的签订有利于促进中意间的音乐著作权关系的正常化，标志着我国为履行国际公约付出了有效的实践。

1994年6月16日，国务院新闻办公室发布政府白皮书——《中国知识产权保护状况》，表明了中国保护知识产权的基本立场和态度，认为中国具有高水平的保护知识产权法律制度和完备的知识产权执法体系。

1994年6月23日，国家版权局发布《对侵犯著作权行为行政处罚的实施办法》。该办法于1994年7月1日起实施，于2003年12月4日被《国家版权局废止一批著作权管理规章、规范性文件》废止。

1994年7月5日，全国人大常委会发布《关于惩治侵犯著作权的犯罪的决定》，该决定于发布之日起实施，于1997年10月1日被《中华人民共和国刑法》废止。

1994年7月5日，中国国务院《关于进一步加强知识产权保护工作的决定》。该决定自发布之日起实施，现行有效。

1994年7月5日，八届全国人大第八次会议通过《全国人大常委会关于惩治著作权犯罪的决定》，明确了著作权侵权案件的处理方式。

1994年7月6日，中国知识产权研究会及北京市中级人民法院知识产权庭共同召开"关于如何确定著作权侵权案件赔偿数额问题研讨会"，该次研讨会在北京举行。

1994年7月7日，中国知识产权研究会和中国版权研究会联合举行的专家座谈会在北京召开。

1994年7月11日，国务院办公厅发布《关于建立国务院知识产权办公会议制度及有关部门职责分工问题的通知》，该通知自发布之日起实施，现行有效。通知主要明确了办公会议和有关行政管理部门的职责分工。

1994年7月25日，国家版权局发布《关于陕西科技出版社丢失作者崔志刚书稿赔偿损失一案的答复》，该答复自发布之日起实施，现行有效。

1994年8月15日~18日，由北京市高级人民法院发起并组织的"第一届全国部分省市知识产权审判研讨会"顺利召开，北京市高级人民法院邀请了福建、重庆、安徽及杭州等部分省市高、中级人民法院负责知识产权审判工作的同志参加了研讨会。最高人民法院副院长唐德华、北京市高级法院及国家专利局、国家版权局、电子工业部等主管机关的领导和知识产权专家参加了该研讨会。

1994年8月29日，司法部、国家版权局发布《关于在查处著作权侵权案件中发挥公证作用的联合通知》，该通知自发布之日起实施，现行有效。

1994年9月1日~7日，应香港影业协会的邀请，国家版权局组织"音像版权业务交流团"对香港进行了访问。代表团在访港期间，与香港影业协会深入研究了有效保护两地影视作品的版权和促进两地影视界的交流与合作问题。同时，代表团还参观了香港影业协会及部分影视公司和电视台，就加强两地的交流合作进行了讨论。

1994年9月14日，最高人民检察院发布《关于认真贯彻执行〈全国人大常委会关于惩治侵犯著作权的犯罪的决定〉的通知》，该决定自发布之日起实施，于2002年2月25日被《最高人民检察院关于废止部分司法解释和规范性文件的决定》废止。

1994年9月15日~22日，应国家版权局的邀请，阿根廷司法部国家版权局副局长珀蒂女士和阿根廷词曲作家协会版权研究所所长于塔女士访问了北京和西安。

1994年9月26日~29日，由北京大学主办、台湾资讯工业策进会协办的海峡两岸知识产权保护学术交流会在北京大学召开。出席会议多为海峡两岸知识产权的理论及实务界人士。大会主要对两岸知识产权的协调与发展、科技法律与产业发展、知识产权教育与人才培养、知识产权保护与司法实践等问题进行了交流。

1994年9月30日，国家版权局发布《关于对复制境外音像制品委托合同进行登记的通知》，该通知自1994年10月1日起实施，现行有效。

1994年10月7日，国家版权局发布《关于〈录音法定许可付酬标准暂行规定〉的补充通知》，该通知自发布之日起实施，现行有效。

1994年10月15日，国家版权局发布《关于同意国际唱片业协会（IFPI）作为其会员录音制品权利认证机构的通知》，该通知自发布之日起实施，现行有效。

1994年10月19日~22日，全国版权贸易工作座谈会在南宁举行。该次座谈会由国家版权局发起召开，广西版权局具体承办，国家版权局副局长沈仁干、广西区党委宣传部副部长程贞生、广西版权局局长孙权科和来自全国各地的版权代理机构及有关方面的代表出席了会议。

1994年10月19日，国家版权局发布《关于计算机软件著作权管理的通知》，该通知自发布之日起实施，现行有效。

1994年11月8日~13日，第四次中南地区版权工作交流会在海南省海口市召开。国家版权局陈昭宽副司长和翟丽凤处长应邀莅会。河南、湖北、湖南、广东、广西、海南6省及武汉、广州两市版权局的代表出席了会议。

1994年11月10日，北大方正集团公司召开知识产权保护新闻发布会。该次发布会是国内第一次由企业主动为保护自身的知识产权而采取行动。国家和北京市政府主管知识产权的部门、工商管理部门、各重要新闻媒介的记者应邀参加。

1994年11月24日~12月7日，以山东省新闻出版局副局长、省版权学会会长孙友海为团长的山东省版权学会赴美考察团一行 8 人赴美国考察访问。在美国期间，考察团走访了美国版权局及相关书局，宣传了我国政府对保护知识产权的坚决态度和相关规定，并就如何处理作者与作品投资人之间的版权关系等问题与美方进行了探讨。

1994 年 11 月 28 日，国家版权局发布《关于民歌版权买卖给文化部的复函》，该复函自发布之日起实施，现行有效。

1994 年 12 月 2 日，新闻出版总署发布国家版权局办公室对《关于如何确定摄影等美术作品侵权赔偿额的请示》答复的函，该函自发布之日起实施，现行有效。

1994 年 12 月 5 日 ~9 日，12 月 12 日 ~26 日，伯尔尼公约附加议定书专家委员会第四次会议和保护表演者、录音制作者权利新文件专家委员会，在世界知识产权组织总部日内瓦举行。我国版权局副局长沈仁干出席了会议。会议的主要议题为：国家和全球“信息高速公路”对版权、邻接权的影响是否应当优先讨论；关于计算机程序与数据库的保护；关于进口权与公共借阅权；关于取消音乐作品录音与作品和节目首次广播的非自愿许可证；关于音像制品与广播电视节目制作者的权利。

1994 年 12 月 7 日 ~8 日，“94 中美知识产权研讨会”在北京举行。该研讨会由国家版权局、电子工业部和 IBM 中国公司合作举办，旨在探讨如何做好计算机软件知识产权保护。中美两国的知识产权领域的相关工作人员参加了这次研讨活动。

1994 年 12 月 12 日，江苏省知识产权研究会成立大会在南京市召开，大会通过了研究会章程和理事会名单。省人大常委会副主任吴锡军、副省长王荣炳担任名誉理事长；省科委主任王宏民担任理事长；省科委、专利、工商、版权、商法院、南京理工大学、仪征化纤公司各一位领导担任副理事长；省专利管理局副局长高恒龙担任秘书长。

1994 年 12 月 31 日，国家版权局发布《关于发布〈作品自愿登记试行办法〉的通知》，该办法自 1995 年 1 月 1 日起施行。

1994 年 12 月 31 日，一年一次的国际许可贸易工作者协会（国际 LES）在北京召开，该会议首次在中国举行。

1995 年 1 月 15 日，国家版权局颁布《关于对出版外国图书进行合同登记的通知》和《关于对出版境外音像制品合同进行登记的通知》，前者自颁布之日起实施，后者自1995年2月1日起实施。该两部通知均现行有效。

2005年2月22日至3月9日，国家版权局、新闻出版署等部门组成3个保护知识产权执法检查组，赴华东、中南、西南部分省市检查版权保护情况，该检查组重点对打击CD盗版情况进行了检查。

1995年2月26日，中美双方在知识产权贸易摩擦的交锋之下，经过长达20个月的谈判，最终在北京达成了《中美关于保护知识产权的协议》，并签署了中美知识产权谅解备忘录。

1995年2月28日，国家工商行政管理局、国家版权局发布《关于严厉打击盗版等侵犯著作权行为的通知》，该通知自发布之日起实施，现行有效。

1995年3月11日，国家版权局复函美国电影协会，同意美国电影协会对在中国使用的该会会员的电影作品的著作权进行认证，并同意美国电影协会代表美国电影市场协会对该协会所属的独立制片公司的电影作品的著作权进行认证。

1995年3月21日，中国软件联盟正式在京成立。该联盟旨在推进我国软件知识产权法律保护，打击软件盗版、仿冒、非法拷贝等侵权行为，维护软件权利人合法权益，促进软件产业发展。其成立体现国内计算机软件企业界坚决遵守软件产权保护法的强烈愿望。其发起成员包括：中国计算机软件与技术服务总公司、北大方正集团公司、联想集团公司、四通集团公司、巨人集团公司等12家企业。

1995年4月7日，中国知识产权研究会召开成立十周年座谈会。该次会议由高卢麟理事长主持，名誉理事长顾明、黄坤益同志出席会议并讲话。会议的主题是回顾知识产权研究会成立10年来的历程。与会人员认为：自成立以来，研究会在学术交流、咨询普及、组织协调、发展会员、编辑书刊等方面做了大量工作。从整体上对知识产权制度运行、发展和完善起到了积极的推动作用。

1995年4月10日~13日，为进一步加强和改进版权保护工作，总结全国版权工作会议以来的成绩和经验，研究我国版权工作面临的新情况、新问题，落实各项版权法律法规，加大行政执法力度，第一次全国版权局长会议在北京召开。这次会议受到党中央国务院的高度重视，中共中央政治局委员、国务委员李铁映同志到会并做了重要讲话。国家版权局副局长沈仁干同志在大会上做了工作报告。

1995年4月14日，国家版权局发布《关于指定美国电影协会对其会员电影作品著作权进行认证的通知》，该通知自发布之日起实施，现行有效。

1995年5月8日~23日，应德国专利局及德国著作权、法国著作权集体管理机构的邀请，国家版权局派代表团赴德国进行考察。该代表团团长为局长于友先。

1995年5月9日，国家版权局发布《关于对复制境外音像制品委托合同进行登记的补充通知》，该通知自发布之日起实施，现行有效。

1995年5月15日~23日，应法国文学家协会和多种媒体作者协会的邀请，国家版权局派代表团访问法国著作权集体管理机构。该代表团以于友先局长为团长，双方在交谈中都表示了强烈的加强合作的愿望。

1995年5月30日，为加强音乐作品著作权保护，中国音乐著作权协会与英国表演权协会正式签署相互代表协议。这标志着中国和英国的这两个协会之间已建立实质合作关系，双方音乐作品的著作权在对方国家都可以得到保护。

1995年6月1日，中国计算机软件登记中心由该电子工业部移交给国家版权局。该举动是为了改变版权行政条块分割的情况，将与计算机软件有关的事物都集中交给国家版权局管理，以强化计算机软件版权管理。

1995年6月15日，北京大学知识产权学院正式成立。该知识产权学院旨在建立一个知识产权领域的教学、科研、信息传播和国内交流的基地，以培养高级专业人才。其招生对象主要为第二学士学位生和硕士、博士研究生并吸收港澳台及海外学生。

1995年6月21日，北京市高级人民法院发布《关于印发〈关于审理计算机著作权纠纷案件的几个问题的意见〉的通知》，该通知自发布之日起实施，现行有效。

1995年6月27日~30日，应联合国教科文组织总干事费德里克·马约尔的邀请，国家版权局常城和于平安同志以观察员的身份参加了在法国巴黎举行的“联合国教科文组织世界版权公约政府间委员会第十次会议”。这是我国于1992年10月30日加入《世界版权公约》后首次参加的这类会议。根据该公约1971年7月24日巴黎修订文本第11条所设定的“政府间委员会”由18个成员组成，每两年改选其1/3成员。在此界会议上，中国当选为该委员会会员。

1995 年 7 月 3 日 ~7 日，中国知识产权研究会和国家科委科技成果司联合举办了一起知识产权及技术作价培训班，该培训班在北京举行。

1995 年 7 月 5 日，国务院发布《中华人民共和国知识产权海关保护条例》。该条例自 1995 年 10 月 1 日起实施，于 2004 年 3 月 1 日被新修订的《中华人民共和国知识产权海关保护条例》废止。

1995 年 7 月 24 日 ~7 月 25 日，中美计算机软件知识产权保护研讨会在京召开。

1995 年 7 月 25 日，国家版权局发布《关于印发〈对侵犯著作权行为行政处罚的实施办法〉的通知》。

1995 年 8 月 17 日，新闻出版署、国家版权局发布《关于出版少年儿童期刊的若干规定》，该规定自发布之日起实施，现行有效。

1995 年 8 月 21 日，广播电影电视部（已变更）发布《关于进一步加强影视剧著作权保护工作的通知》，该通知自发布之日起实施，于 2010 年 11 月 12 日被《国家广播电影电视总局关于废止部分广播影视部门规章和规范性文件的决定》废止。

1995 年 8 月 23 日，国家版权局发布《关于不得使用非法复制的计算机软件的通知》。

1995 年 9 月 11 日，国家版权局发布《国家版权局公告（第 3 号）》，规定自 1995 年 6 月 1 日起，计算机软件著作权登记工作由机械电子工业部移交给国家版权局管理。该公告自发布之日起实施，现行有效。

1995 年 10 月 11 日 ~15 日，由全国人大教科文卫委员会、中国版权研究会联合举办的“全国著作权理论研讨会”在黄山召开。

1995 年 10 月 24 日，国家版权局向国务院呈报《关于修改〈中华人民共和国著作权法〉的报告》。

1995 年 10 月 25 日 ~27 日，中国知识产权研究会全国会员代表大会暨 1995 年度学术年会在黄山召开，该次大会的主要议程是修订《中国知识产权研究会章程》。同时，大会选举高卢麟当选为理事长，吴湘文当选为秘书长。

1995 年 12 月 1 日，中国作家协会、中国翻译家协会和中国出版工作者协会联合召开“制止出版活动中侵权行为”座谈会。出席会议的有新闻出版署副署长于永湛、国家版权局副局长沈仁干、中国作家协会书记处常务书记张锲、中国出版工作者协会主席宋木文、中国翻译家协会主席叶水夫以及著名老作家刘白羽等。

1995 年 12 月 7 日，新闻出版署、国家版权局联合发文《关于向光盘生产厂家派监督员的通知》。该通知自发布之日起实施，于 2009 年 5 月 7 日被《新闻出版总署废止第四批规范性文件的决定》废止。

1995 年 12 月 25 日，安徽省人民政府办公厅发布《关于进一步明确计算机软件、音像制品著作权归口管理的通知》，该通知自发布之日起实施，现行有效。

1995 年 12 月 31 日，北京市高级人民法院经过长期开庭审理，对美国沃尔特迪斯尼公司诉北京出版社、新华书店总店北京发行所侵犯著作权纠纷案做出终审判决。该案件是中美两国政府签订知识产权谅解备忘录后人民法院审理的首例涉美著作权纠纷。

1995 年 12 月 31 日，中国最高人民法院发布通知要求加强知识产权司法保护。具体要求包括：要求各级法院要进一步补充审判力量，健全审判机构；要求人民法院审理知识产权案件，要严格适用中华人民共和国商标法、专利法、技术合同法、著作权法和反不正当竞争法等法律、法规以及我国参加或者缔结的有关知识产权的国际条约，充分、平等、及时地保护当事人的合法权益等。

1995 年 12 月 31 日，吴冠中诉上海朵云轩、香港永成古玩拍卖有限公司拍卖假冒其署名美术作品侵害其著作权案经上海市第二中级人民法院一审及上海市高级人民法院二审判决，吴冠中胜诉。该案件是国内第一起因拍卖假冒他人署名美术作品，依著作权法受到追究，并因此承担侵权责任的案件。

1996 年 1 月 17 日，国家版权局发布《国家版权局公告（第 5 号）》，委托中国软件登记中心受理计算机软件著作权质押合同的登记业务。该《公告》已于 2002 年 8 月 9 日被《国家版权局公告第 11 号——指定中国版权保护中心为计算机软件著作权和其他作品著作权质押合同登记机构》废止。

1996 年 1 月 24 日，新疆维吾尔自治区发布《新疆维吾尔自治区著作权纠纷行政调解办法》。该办法于发布之日起实施，已于 2008 年 4 月 10 日被《新疆维吾尔自治区人民政府关于废止〈测绘成果管理实施办法〉等部分政府规章的决定》废止。

1996 年 1 月 27 日，湖北省人民政府发布《湖北省著作权行政管理暂行办法》，该办法于 1996 年 7 月 1 日起实施，已于 2004 年 7 月 1 日被《湖北省人民政府关于废止、修改部分省政府规章的决定》修改。

1996年2月1日，新闻出版署发布《音像制品进口管理办法》。该办法于发布之日起实施，于2004年6月18日被《新闻出版总署决定废止的第二批规章、规范性文件目录》废止。

1996年3月23日～30日，应中国知识产权研究会的邀请，日本知识产权协会代表团来华进行友好访问。该代表团以中村忠彦理事长为团长，主要考察中国保护知识产权的法律制度。在华期间，该代表团拜访中国知识产权研究会、中国专利局、国家工商行政管理局商标局、国家海关总署、中国国际贸促会专利商标事务所、北京市高级人民法院知识产权庭等中国保护知识产权的有关部门和机构。

1996年3月31日～4月13日，应中国知识产权研究会的邀请，美国知识产权法律协会（AIPLA）代表团来华进行友好访问。该代表团以马登斯理事长为团长，主要考察了中国保护知识产权的法律制度。

1996年3月31日，《中华人民共和国刑事诉讼法》做出调整，专门规定了侵害著作权的刑罚。

1996年4月1日，中国知识产权培训中心和中国知识产权教育发展基金会在北京成立。知识产权培训中心是我国第一个由政府直接创办的培养知识产权专门人才的教学实体。目前，其培训对象主要为知识产权系统在职干部以及知识产权在职硕士生（双学士）、博士生。中国知识产权教育发展基金会是为支持知识产权培训中心而设立。

1996年4月9日，河南省人民政府发布《关于印发〈河南省著作权管理办法〉的通知》，该通知于发布之日起实施，现行有效。

1996年4月15日，国家版权局颁布《著作权涉外代理机构管理暂行办法》，该办法自颁布之日起施行。主要规定了国家版权局负责涉外著作权代理机构的审批工作，并指导和监督涉外著作权代理机构。

1996年4月15日，国家版权局发出《关于认真查处“拼盘”盗版录音制品的通知》。该通知自发布之日起实施，现行有效。

1996年4月15日，国家版权局、国家工商行政管理局发布《国家版权局、国家工商行政管理局著作权涉外代理机构管理暂行办法》，该办法于发布之日起实施，于2009年5月7日被《国家版权局废止第三批规章、规范性文件的决定》废止。

1996年4月24日，中国知识产权研究会在北京召开了理事长秘书长会议，副秘书长以上人员出席会议。

1996年4月25日，中华人民共和国政府和俄罗斯联邦政府在北京签订《关于在知识产权保护领域合作的协定》，该协定为双方的知识产权提供全面且有效保护，旨在促进双方在知识产权问题上的交流与合作。

1996年5月6日~8日，国家版权局和世界知识产权组织联合举办的"数字技术版权保护研讨会"在北京召开。该次研讨会的主要议题是：在立法、司法行政执法、学理研究中数字技术及数据网络在理论和实践上引起的法律问题及其解决办法；集体管理制度在解决数字技术引起的法律问题方面的作用，等等。

1996年5月19日~6月7日，中国著作权考察团对日本进行了为期20天的访问。目的在了解日本对数字技术产生的著作权保护问题的研究和对策，以及著作权集体管理机构和实现权利过程中有关司法实践的成功经验。考察团重点访问了日本文化厅著作权课、音乐著作权协会、脚本家联盟、文艺著作权保护同盟、软件情报中心、著作权情报中心、复印权中心、广播协会、书籍出版协会、录音和录像协会等十几个部门。

1996年5月20日，中国知识产权研究会在北京召开了保护知识产权专家座谈会。

1996年5月30日，国家版权局组织的纪念《中华人民共和国著作权法》实施五周年座谈会于人民大会堂隆重举行，国家版权局局长于友先在会上发表了重要讲话。

1996年6月11日~13日，全国人大教科文卫委员会和国家版权局联合举办的著作权法修改问题座谈会在湖北省武汉市举行。全国人大教科文卫委员会副主任聂大江、全国人大教科文卫委员会委员宋木文、国家版权局顾问兼著作权法修改小组组长刘杲、国家版权局副局长沈仁干、湖北省人大常委会副主席梁淑芬、湖北省版权局局长路用元到会并做了重要讲话。

1996年6月26日~7月2日，应美国版权局邀请，国家版权局派代表团对美进行了友好访问。该次访问以新技术、特别是数字技术对版权保护的影响为中心，重点考察了美国在国家信息基础设施以及全球信息网络方面所进行的研究和立法、政策方面的新动向。

1996年7月17日，国家版权局发函将境外作品自愿登记委托给中国软件登记中心办理。

1996 年 8 月 7 日，新闻出版署、国家版权局发布《关于将执行〈著作权法〉情况列入报刊年检的通知》，该通知自发布之日起生效，现行有效。

1996 年 8 月 8 日，国家版权局发布《关于对出版和复制境外电子出版物和计算机软件进行著作权授权合同登记和认证的通知》，该通知自 1996 年 9 月 1 日起实施，现行有效。

1996 年 8 月 19 日，文化部、国家版权局发布《关于改进营业性录像放映管理保护知识产权的通知》，该通知自发布之日起实施，现已失效。

1996 年 9 月 4 日 ~6 日，国家版权局和世界知识产权组织在中国联合举办的“版权和邻接权研讨会”于成都召开。这次研讨会以版权和邻接权的执法问题为讨论主题。会议由国家版权局副局长沈仁干主持。世界知识产权组织总干事卡洛斯・费尔南德兹・巴列斯特洛斯等 3 位官员，英国、日本、国际唱片业协会、国际作者作曲者协会联合会的 4 位专家，以及来自国内相关行业代表 100 多人参加了会议。

1996 年 9 月 5 ~6 日，中国出版工作者协会和中国版权研究会与日本书籍出版协会在北京联合举办了“第三届中日著作权研讨会”。日本书籍出版协会专务理事等 4 名日本专家、中国出版工作者协会和中国版权研究会的有关负责同志、国内二十几家出版社代表以及几家电子公司、图书出版公司和中国软件登记中心的代表共 40 多人出席了这次研讨会。

1996 年 9 月 7 日 ~10 日，国家版权局组织的全国版权工作座谈会在成都举行。该次会议主要研究《中华人民共和国行政处罚法》实施后，著作权行政管理机关如何依法行使、加强著作权行政执法，使著作权行政执法规范化、制度化等问题。与会人员对《著作权行政处罚实施办法》（征求意见稿）、作品合同登记和版权认证、作品自愿登记、报刊转载稿酬收转及地市州版权行政管理工作等问题进行了讨论。

1996 年 9 月 23 日，国家版权局发布《著作权质押合同登记办法》，该办法于发布之日起实施，于 2011 年 1 月 1 日被《著作权质权登记办法》废止。

1996 年 9 月 24 日，第二届“全国著作权好新闻”评选结果在北京揭晓。该次评选活动由国家版权局和中国版权研究会主办，旨在进一步推进著作权法的宣传普法工作，并表彰在著作权保护方面有特殊贡献的单位和个人。该次评选共有 45 件作品获奖，其中中央电视台古云龙等的《中美知识产权谈判报道》等5件作品获得一等奖。

1996年11月26日，北京市第一中级人民法院对美国20世纪福克斯电影公司、环球影片股份有限公司、沃尔特迪斯尼公司、时代华纳娱乐公司、三星影片公司、派拉蒙影片公司、联美影片股份有限公司、哥伦比亚影片工业公司等8家影视公司分别诉被告北京市先科激光商场、北京市文化艺术出版社音像大世界侵犯电影作品著作权纠纷共计16案，进行了一审公开宣判。法院判决被告立即停止侵权并赔偿原告经济损失。

1996年12月2日~20日，世界知识产权组织关于版权和邻接权若干问题外交会议在日内瓦召开，讨论并通过了《世界知识产权组织版权条约》、《世界知识产权表演和录音制品条约》。国家版权局派代表团参加了会议。代表团的团长沈仁干当选为副主席。

1996年12月6日，中国船舶工业总公司、中国知识产权研究会中国船舶工业总公司和中国知识产权研究会在南京联合召开了“国有企业知识产权保护研讨会”。

1996年12月11日~12日，中国知识产权研究会主办的“96知识产权学术研讨会”在京召开。来自全国的知识产权研究会的部分理事、专家学者及立法、司法、行政管理部门和有关方面的负责同志80多人参加了研讨会。该次研讨会的主题是：现行商标法、专利法、著作权法在施行过程中的主要问题，以及修改法律的指导思想和修改建议；审理知识产权案件中遇到的主要问题，以及加强司法保护的建议。

1996年12月9日，北京市高级人民法院发布《关于审理著作权纠纷案件若干问题的解答》，该解答自发布之日起实施，现行有效。

1996年12月30日，国家版权局、国家工商行政管理局联合颁布《国外著作权认证机构在中国设立常驻代表机构管理办法》。该管理办法自发布之日起实施，现行有效。

1996年10月30日，最高人民法院知识产权庭成立（印章启用时间）。

1996年12月31日，中国国家版权局开始受理版权登记申请。

1997年1月28日，国家版权局发布《著作权行政处罚实施办法》，该办法自1997年2月1日起实行。该办法2003年9月1日废止。

1997年2月28日，北京首家电子出版物软件批发市场举行开业仪式。北京市委副书记李志坚、市政协副主席陈大白、新闻出版署副署长于永湛为市场开业剪彩。该电子出版物软件批发市场位于北京市海淀区中关村的繁华地带，主要经营电子出版物、音像制品、计算机软件和相关资料及有关的展览交流。

1997 年 3 月 5 日，在中国出版工作者协会版权保护工作委员会、科技出版工作委员会和中国水利水电出版社的支持下，国家版权局版权司、新闻出版署图书司联合召开了科技出版对外版权贸易座谈会。与会者主要就科技书刊对外版权贸易的现状及存在的问题进行了讨论，并对如何更好地开展这项工作提出了意见和建议。

1997 年 3 月 23 日 ~29 日，应中国知识产权研究会邀请，日本知识产权协会来华进行访问，该访华团的团长为片刚健二理事长。

1997 年 4 月 13 日 ~15 日，著作权法修订小组在北京举行第五次工作会议。会议由著作权法修订小组组长、国家版权局顾问刘杲同志和副组长、国家版权局副局长沈仁干同志主持，修改小组的成员及国务院法制局、全国人大法工委的有关同志参加了会议。与会人员对修订稿逐条进行了讨论，提出了宝贵的意见和建议。

1997 年 4 月 28 日 ~30 日，世界知识产权组织在菲律宾马尼拉召开了“广播组织、新传播技术与知识产权论坛”。这次论坛主要对新的传播技术对广播组织权利保护的影响，并探讨建立新的有关广播组织权的国际准则的可能性。该次会议受到了菲律宾政府的重视，总统拉莫斯亲自出席了开幕式并做了重要讲话。

1997 年 5 月 8 日 ~9 日，由高等教育出版社、人民教育出版社、人民卫生出版社联合举办的教材著作权研讨会在北京召开。《著作权法》修改小组组长、国家版权局顾问刘杲，《著作权法》修改小组副组长、国家版权局副局长沈仁干等出席了会议并做重要讲话。此次会议的重点讨论内容为教材作品中使用国内外版权作品的问题。

1997 年 5 月 21 日，北京市物价局、北京市财政局发布《关于著作权合同登记费收费标准的函》，该函件现行有效。

1997 年 5 月 21 日 ~24 日，第四届全国部分省、市法院知识产权审判研讨会在上海召开。

1997 年 5 月 24 日，由台湾两岸图书出版合作委员会主办的两岸著作权研讨会在台北举行。在团长王自强的带领下，中国版权研究会一行 5 人应邀参加了研讨会。

1997 年 6 月 16 日 ~27 日，应美国知识产权法律协会邀请，由中国知识产权界各方面专家组成的代表团访问美国。该代表团以高卢麟理事长为团长。

1997 年 6 月 23 日，国家版权局发布《关于加强涉外著作权贸易代理机构管理的通知》，该通知现已失效。

1997 年 6 月 23 日，国家版权局在重庆举办了“版权贸易探讨会”。此次探讨会由国家版权局副司长陈昭宽主持，新闻出版署党组成员、国家版权局副局长沈仁干到会并做了重要讲话。该次探讨会为翌日开始的中日版权贸易洽谈会做了充足的准备。

1997 年 6 月 23 日 ~27 日，联合国教科文组织世界版权公约政府间委员会第十一次会议于黎巴嫩召开。中国当选为该公约政府间委员会第十二次会议的副主席。这是我国自 1992 年 10 月加入世界版权公约和 1995 年 6 月首次成为政府间委员会成员国后，在国际版权领域中所取得的重要成就。

1997 年 6 月 24 日 ~28 日，由中国版权研究会举办的“中日版权贸易洽谈会”在重庆举行。新闻出版署党组成员、国家版权局副局长沈仁干、重庆市版权局副局长廖超群及重庆市政府的代表出席了开幕式并发表了讲话。

1997 年 7 月 7 日，历时 5 年零 4 个月的著名雕塑艺术家仇志海诉济南凤凰文化艺术有限公司侵犯其“大肚佛”、“汉罐”著作权案终见分晓。山东省高级人民法院判决凤凰公司的行为构成对仇志海“大肚佛”作品著作权的侵犯，但“汉罐”因证据不足，被驳回诉讼请求。该判决为终审判决。

1997 年 8 月 11 日，国家版权局发布《关于颁发录音制品制作和引进示范合同的通知》。

1997 年 8 月 13 日 ~17 日，中国知识产权研究会和新疆知识产权研究会合作举办的“97 知识产权保护研讨会”在新疆乌鲁木齐市召开。中国知识产权研究会理事长高卢麟、部分副理事长、常务理事及来自全国和新疆地区的代表 50 多人出席了会议。与会人员对如何加强知识产权问题的研究进行了讨论。

1997 年 9 月 4 日，山东省人民代表大会发布《山东省著作权保护条例》，该《条例》于 1997 年 10 月 1 日起生效，于 2004 年 7 月 1 日被修订。

1997 年 10 月 26 日 ~11 月 2 日，德国知识产权代表团应邀来华访问。

1997 年 10 月 5 日 ~12 日，应国家版权局的邀请，西班牙文化教育部知识产权总局副局长皮拉尔·罗德里格斯托克罗·拉莫斯女士率领西班牙版权代表团对我国进行了工作访问。国家版权局局长于友先、副局长沈仁干会见了代表团。双方主要就如何在信息社会中加强版权保护、反盗版、扩大著作权集体管理机构之间的国际交流与合作等问题进行了交流。

1997 年 10 月 6 日 ~12 日，根据中国就修改著作权法与世界银行签署的技术援助协议，亨利·奥尔森及其夫人塔里娅·考斯基南·奥尔森来华交流援助。奥尔森及其夫人主要就中国著作权法的修改及其与国际著作权条约之间的差距等问题发表了意见，并对著作权集体管理和多媒体作品的著作权等问题进行了解答。

1997 年 11 月 11 日 ~11 月 14 日，全国法院知识产权审判工作座谈会顺利举行。

1998 年 1 月 7 日，广西壮族自治区人大常委会通过并公布《广西壮族自治区著作权管理条例》，该条例于 1998 年 1 月 7 日起实施。2002 年 2 月 1 日实施《广西壮族自治区人大常委会关于修改〈广西壮族自治区著作权管理条例〉的决定（2002）》对该条例进行了修改。

1998 年 3 月 31 日，中华人民共和国进行新一轮机构改革，设立了中华人民共和国国家知识产权局，这在中国知识产权制度发展史上具有重要意义，标志着中国知识产权事业进入了新的阶段。

1998 年 3 月 25 日 ~27 日，国家版权局派代表参加了 WIPO 成员国第 32 届系列会议。该次会议主要对 1998 年 ~1999 年两年期计划和预算草案、专利合作条约体系的自动化、信息技术项目等问题进行了研讨。

1998 年 4 月 30 日，国家版权局在北京举办了“98BIBF”全国版权贸易培训班，多家出版社、版权代理公司派人参加了培训。该培训班旨在为北京国际图书博览会上版权贸易的高成交量奠定基础。

1998 年 4 月 13 日 ~14 日，中国国家知识产权局和法国工业产权局共同举办的“1998 年中法知识产权研讨会”在北京召开。高卢麟局长、马连元副局长、法国工业产权局昂卡尔局长出席并主持了研讨会。该次研讨会旨在为双方交流高新技术领域里的知识产权保护问题提供平台。

1998 年 4 月 22 日 ~4 月 24 日，香港与内地知识产权研讨会顺利进行。

1998 年 5 月 3 日 ~23 日，中国版权代表团应邀赴美交流。团长为许超先生。

1998年5月15日，国家版权局发布《关于发布〈反盗版信息〉的通知》。该通知已于2011年3月1日被《国家版权局废止第四批规范性文件的决定》宣布废止。

1998年5月18日~19日，为了加强辽宁省与美国知识产权界之间的学术交流与合作，提高辽宁省对外开放的水平，辽宁省知识产权研究会在沈阳举办了“98辽宁中美知识产权研讨会”。此次研讨不仅开阔了双方知识产权界人士的视野，也为双方开展知识产权合作工作奠定了基础。

1998年5月27日，中国版权局长代表团访问了世界知识产权组织，会见了该组织助理总干事卡洛斯先生，双方就继续开展关于版权对国际版权状况的考察、支持中国青年版权工作者参加国际培训达成了初步意向。此外，中国代表团对加入世界知识产权组织两个新条约的问题发表了讲话。

1998年6月1日之5日，国家版权局派代表参加了WIPO与香港知识产权署合办的TRIPS协议中知识产权执法问题亚太地区研讨会。

1998年6月8日~12日，国家版权局副司长常城等2人参加了WIPO音像表演议定书专家委员会第二次会议。在会上，常城同志代表中国进行了发言，主要内容包括：一般性问题、定义、精神权利、受保护人、合同安排等。

1998年6月22日~26日，国家版权局派代表参加了WIPO信息技术常设委员会第一次全体会议。此次会议的主要研讨内容有：信息技术常设委员的方针及给工作组的指示、WIPO全球信息网的建立、知识产权数字图书馆计划、信息技术领域进展的信息交换以及委员会的工作项目等。

1998年7月6日，中国国家知识产权局新任局长姜颖就任。离任的国家知识产权局前任局长高卢麟被世界知识产权组织聘任为高级顾问。

1998年8月24日~29日，国家版权局司长王化鹏、副司长常城参加了WIPO与马来西亚政府合办的版权与邻接权集体管理亚太地区圆桌会议及WIPO新条约亚太地区研讨会。

1998年8月28日~9月2日，第六届北京国际图书博览会成功举行，国家版权局在该届博览会上举办的“中国版权保护图片展”取得了广泛的影响。从第九届开始，北京国际图书博览会将以往两年一届改为一年一届，同时北京国际音像电子出版物博览会第一次并入图书博览会。

1998年9月7日~15日，国家版权局副司长许超参加了WIPO成员国第33届系列会议。此次会议主要针对以下问题进行了研讨：1998年计划执行情况、预算盈余方针、总干事的提名和任命方针、组织法改革、海牙协定实施细则的修正、伯尔尼公约的正式俄文本、1999 年例会议程草案。另外，中国代表团在该次会议上提出了制定《伯尔尼公约》正式中文本的请求。

1998 年 9 月 13 日 ~19 日，应中国知识产权研究会的邀请，台北保护智慧财产权协会派代表来北京访问。来京期间，该代表团还对国家知识产权局、国家工商行政管理局、国家版权局等机构进行了访问。

1998 年 9 月 22 日，中国版权保护中心正式成立。中国版权保护中心是国家设立的著作权社会管理和服务机构，其主要功能是维护作者的著作权、作品的使用者及传播者合法权益，鼓励创作，促进版权事业和版权产业的发展。

1998 年 9 月 24 日 ~27 日，国家版权局在成都举办了南片地区全国地市级版权局长研讨班。该研讨班旨在通过让所有地市级版权局长接受正式的版权培训，以进一步提高其版权管理干部的专业水平，为完善版权执法奠定基础。

1998 年 10 月 4 日 ~8 日，国家版权局派代表参加了 WIPO 与日本政府合办的知识产权发展亚洲地区论坛会。

1998 年 10 月 12 日 ~16 日，根据世界知识产权组织和国家版权局年度合作计划，国家版权局与世界知识产权组织在上海举办了“版权新条约亚太地区研讨会”和“音像表演议定书和有关问题亚太地区协商会”。研讨会主要讨论的问题为 WIPO 新条约的主要内容以及条约的加入和实施。该次研讨会是 WIPO 第一次在中国举行针对一项国际新文件的地区磋商会议，具有特殊的意义。

1998 年，中国台湾地区畅销书作家代表团拜访国家版权局。版权司司长王化鹏与代表团团长高希均教授互赠有关书籍。

1998 年 10 月 28 日 ~30 日，由中国知识产权研究会和美国知识产权法律协会共同主办的“面向 21 世纪知识产权保护制度国际研讨会”在位于上地信息产业基地的中国知识产权培训中心召开。国内外代表共 220 余人参加此次会议，其中包括 24 位外国正式代表，10 位外国公司驻北京的代表，3 位中国台湾代表。

1998 年 11 月 2 日 ~10 日，国家版权局副局长沈仁干等 2 人参加了 WIPO 版权和相关权利常设委员会第 1 次全体会议。此次会议主要研讨的问题有：音像表演的保护、非独创性数据库的保护以及广播组织的保护。

1998 年 11 月 16 日 ~20 日，国家版权局派代表参加了 WIPO 信息技术常设委员会第一次工作组会议。此次会议主要研讨的问题有：委员会的工作项目、专利合作条约自动化计划的进展、WIPO 全球信息网计划的进展、通过网络交换优先权文件的技术问题、WIPO 标准的修正、知识产权数字图书馆计划的进展等。

1998 年 11 月 17 日 ~19 日，国家版权局派中国音乐著作权协会的代表参加了 WIPO 与韩国政府合办的促进私立部门利用知识产权保护系统亚太地区研讨会。

1998 年 11 月 18 日，国家总理朱镕基主持召开国务院第七次常务会议，讨论并原则通过了《中华人民共和国著作权法修正案（草案)》。会议肯定了《著作权法》的实施对经济、科技和文化发展的促进作用，并提出随着改革的不断深化，对《著作权法》进行修订也是必要的。

1998 年 11 月 25 日，国家版权局决定自 1998 年 10 月 12 日起启用中华人民共和国国家版权局局长签发的“计算机软件登记证书”，原国家版权局计算机软件登记管理办公室主任签发的“计算机软件证书”依然有效。

1998 年 12 月 9 日 ~11 日，国家版权局派代表参加了 WIPO 与巴基斯坦政府合办的版权和 TRIPS 协议亚太地区研讨会。江西版权局、广西版权局和陕西版权局的代表参加了 WIPO 与瑞典、芬兰政府合办的版权与邻接权培训班。

1998 年 12 月 14 日 ~18 日，国家版权局派代表参加了 WIPO 关于全球信息网的版权咨询委员会第一次会议。

1998 年 12 月 25 日，国家版权局版权管理司发布《关于未经表演者许可，复制发行录有其表演的广播节目的答复》，对地方版权局提出的相关问题进行了解答。

1999 年 1 月 27 日，国家主席江泽民回见来华访问的世界知识产权组织总干事伊德里斯博士及相关随行人员。江泽民同志总结了近 20 年来中国知识产权事业的发展情况及成果，并指出中国非常重视与世界知识产权组织的关系，希望世界知识产权组织能够发挥作用，促使知识产权制度更加合理。

1999 年 2 月 24 日，国务院办公厅转发《国家版权局关于不得使用非法复制的计算机软件的通知》。

1999 年 2 月 25 日，中华人民共和国政府和俄罗斯联邦政府签订《中华人民共和国政府和俄罗斯联邦政府科学技术合作协定》附加知识产权保护和权利分配原则议定书，对发明者和著作者的酬劳、提出专利申请的程序等问题，依据各自本国的法律和双方参加的国际公约达成一致。

1999年3月31日，国家版权局发布了《图书出版合同（标准样式）》修订稿。该稿修订的标准样式，成为此后我国出版社的图书出版合同范本。

1999年3月30日，《中华人民共和国政府和南非共和国政府科学和技术合作协定》于比勒陀利亚签订。该协定是中非双方同意在平等互利的基础上，根据各自国家的法律而订立，旨在促进、发展和支持两国在共同感兴趣的所有领域的科学和技术合作。

1999年4月5日，国家版权局发布《出版文字作品报酬规定》，该规定于1999年6月1日起实行。

1999年4月30日，国家版权局召开了第一届全国版权贸易工作座谈会，该会议总结了1994年以来的版权贸易工作。在会议上，北京、上海、天津等省市通过各种形式对其贸易版权工作经验进行了交流。

1999年4月9日~10日，中国音乐著作权协会首届会员代表大会在北京召开。来自全国各地的音乐词曲作者80余人参加了大会。大会通过了新修订的《中国音乐著作权协会音乐作品使用费分配规则》，并选举了协会新一届主席、副主席、常务理事、理事。大会推选李焕之、吴祖强先生为协会名誉主席。

1999年5月5日，北京市人民政府办公室转发《市版权局、市信息化工作办公室关于不得使用非法复制的计算机软件意见的通知》，该通知于1999年5月5日生效，现行有效。

1999年6月8日，国家版权局发布《关于出版境外音像制品著作权合同登记工作有关问题的通知》，该通知于1999年6月8日生效，现行有效。

1999年6月15日~16日，国家版权局在北京召开全国版权处长座谈会。来自全国各省、自治区、直辖市以及部分地市版权局版权处处长30余人参加了会议。此次座谈会对新颁发的《出版文字作品稿酬规定》、《图书出版合同（标准样式）》进行了讨论、交流；并就开展反盗版工作展开讨论。

1999年6月22日，深圳市版权局发布《关于不得使用非法复制的计算机软件的通知》，该通知于1999年6月22日生效，现行有效。

1999年6月28日~30日，上海图书版权贸易洽谈会在上海书城举行。来自国内外的出版社和版权代理机构共122家，参展书目达8000多种。该洽谈会两年举办一届，以“开局良好、特点鲜明、工作务实、服务周全”为特色，为上海市版权贸易工作的开展提供了契机，并在国内外出版界都产生了深远的影响。

1999 年 7 月 12 日，国家版权局版权管理司发布了《关于古籍“标点”等著作权问题的答复》，该答复于 2011 年 3 月 1 日废止。

1999 年 8 月 1 日，WIPO 总干事访问北京，北京大学授予伊德里斯名誉教授称号。

1999 年 8 月 3 日，为保证《出版文字作品报酬规定》的顺利实施，国家版权局发布《关于实施〈出版文字作品报酬规定〉的意见》，就《出版文字作品报酬规定》中的若干问题进行了说明。该意见现行有效。

1999 年 8 月 4 日，国家版权局版权管理司发布了《关于标准著作权纠纷给最高人民法院的答复》，对标准著作权的性质和归属、著作权与行政特许的关系进行了解答。该答复现行有效。

1999 年 8 月 20 日，中共中央、国务院发布《关于加强技术创新，发展高科技，实现产业化的决定》，该决定强调了在技术创新中，要加强知识产权管理和保护，并对相关问题提出了明确和具体要求。

1999 年 10 月 12 日 ~16 日，国家版权局与 WIPO 在昆明联合举办了“版权和有关权集体管理亚洲地区研讨会”，以及“版权集体管理国家研讨会”。

1999 年 10 月 13 日，国务院总理朱镕基会见再次访问中国的世界知识产权组织总干事伊德里斯博士。朱镕基同志指出了世界知识产权组织在中国知识产权制度建立和发展方面的重要作用，并感谢世界知识产权组织向广大发展中国家提供的技术援助，表示中国希望进一步加强与世界知识产权组织的合作。

1999 年 10 月 31 日 ~11 月 3 日，由中国知识产权研究会和北京大学知识产权教学研究中心主办、台湾亚太智慧财产权发展基金会和台湾政治大学科技政策与法律研究中心协办的第三届海峡两岸知识产权学术交流研讨会在北京召开。该次研讨会以“数字化高新技术知识产权保护和二十一世纪海峡两岸知识产权保护的展望”为主题，共讨论了 4 个议题。

1999 年 11 月 16 日 ~12 月 9 日，中国知识产权研究会和国家知识产权局致力引进办公室共同立项，组成 20 人的加强企业知识产权保护培训班，于 1999 年 11 月 16 日 ~12 月 9 日赴美国进行考察。

1999 年 12 月 9 日，国家版权局发布了《关于著作权法实施条例第五条中

“表演”的具体应用问题的解释》的通知。该解释对“表演”的要件和形式都做了详细的说明。

1999年12月9日，国家版权局发布《关于制作数字化制品的著作权规定》，以规范数字化制品制作与销售中的著作权法律关系。该规定自2000年3月1日起生效。但2003年12月4日实施的《国家版权局废止一批著作权管理规章、规范性文件》将该规定废止。

2000年1月1日，由中国版权保护中心主办的《中国版权信息网》正式开通。《中国版权信息网》致力于宣传《中华人民共和国著作权法》及其相关法律法规，是目前国内版权保护领域唯一的综合性信息网站，网址为 http://www.ccopyright.com。

2000年1月16日~19日，中国版权保护中心举办“计算机软件著作权保护与登记代办培训与研讨班”。此次培训与研讨班的目的在于为改革登记制度、推行代办工作做准备。国家版权局版权司司长王化鹏、版权司副司长许超等在此次培训与研讨班上就软件著作权保护与登记分别作了专题发言。

2000年2月28日，国家版权局在上海召开了部分地区的反盗版联盟工作座谈会，国家版权局局长于友先做了题为“进一步推动建立反盗版联盟”的讲话，表示为加大打击盗版的力度，中国将建立全国反盗版联盟。

2000年2月29日，国家版权局颁布《关于同意成立中国文字作品著作权协会的批复》（国权〔2000〕5号），批准中国版权保护中心和中国作家协会向国家版权局提交的《关于建立“中国文字作品著作权协会”的报告》，同意由这两家单位共同组建集体管理性质的中国文字作品著作权协会。该法规已被《国家版权局令第9号——国家版权局废止第四批规范性文件的决定》所废止。

2000年3月1日，全国首例网络平台服务商（IPP）间网页著作权纠纷案（原告创世公司，被告新盟公司）由北京市海淀区人民法院做出一审判决。

2000年3月1日，国内首例有关电子数据库的著作权案（原告北京华信捷投资咨询公司，被告机械工业信息研究院）在北京市第一中级人民法院开庭。

2000年3月6日~19日，国家版权局、新闻出版署、公安部和国家工商行政管理局等4部门在全国联合开展打击盗版DVD音像制品的集中行动。这次活动由各地版权局牵头，有关部门协同作战，全面清查本地区的音像市场，对于发现的盗版 DVD 音像制品，一律予以收缴。在查缴 DVD 制品过程中，各地对于 VCD 等其他盗版制品也都一并予以收缴并处罚。

2000 年 3 月 22 日 ~24 日，全国版权工作会议在江苏南京召开。国家版权局局长于友先出席了会议并做了题为“加强管理，依法行政，全力推动反盗版联盟工作，加快建立有中国特色的著作权保护制度”的讲话。会议由国家版权局副局长沈仁干主持，江苏省委副书记顾浩到会祝贺并发言，来自中央和全国各地的 100 多人参加了此次会议。

2000 年 3 月 24 日，全国版权工作先进集体、先进个人表彰大会在江苏南京举行，此次表彰大会是国家版权局首次举行的全国范围的先进表彰活动。该表彰大会由国家版权局版权司司长王化鹏主持，参加全国版权工作会议的近百名代表出席，并有来自全国版权系统的 32 个先进集体、54 位先进个人受到表彰。

2000 年 4 月 19 日，国家版权局举办了“网络著作权问题研讨会”，该研讨会由来自立法、司法和行政机关、高校和科研机构的专家学者以及图书馆、出版机构和网络公司等各单位的版权与法律工作者、作家和产业界人士等各界人士参加，探讨相关问题并提出各自的立法建议。

2000 年 4 月 26 日，世界知识产权组织将每年的 4 月 26 日确定为“世界知识产权日”。

2000 年 5 月 18 日，国家版权局、新闻出版署、全国扫黄办、公安部、海关总署、国家工商局和广东省扫黄办联合举办“打击盗版——中国 2000 大行动”，一次销毁盗版光盘 500 万张。2000 年 6 月 24 日，国务院制定《关于鼓励软件和集成电路产业发展的若干政策》的文件。2000 年 12 月，最高人民法院发布《关于审理涉及计算机网络著作权纠纷案件适用法律若干问题的解释》。

2000 年 5 月 26 日，国家版权局颁布《中华人民共和国国家版权局公告(第 7 号)》，该公告的主要内容为对《计算机软件著作权登记办法》的修订，该修订自 2000 年 6 月 1 日起施行。该法规已被《国家版权局废止第三批规章、规范性文件的决定》所废止。

2000 年 7 月 1 日，中国版权保护中心制定的《制作数字化制品著作权使用费标准（试行）》开始施行。该标准是由中国版权保护中心根据国家版权局于 1999 年 12 月 9 日发布的《关于制作数字化制品的著作权规定》（国权

[1999] 45 号）的授权所制定的制作数字化制品（主要指 CD－ROM 制品）复制、发行的著作权使用费试行标准。

2000 年 9 月～10 月，WIPO 第 35 届成员国大会系列会议通过了关于确定每年的 4 月 26 日为“国家知识产权日”的提案，该提案由中国代表团与阿尔及利亚代表团共同提交，并由大会讨论一致通过的。

2000 年 9 月 13 日，国家版权局、中国版权研究会“纪念著作权法十周年座谈会”在人民大会堂召开。该座谈会旨在纪念《著作权法》颁布十周年，总结 10 年来我国著作权事业取得的成绩和存在的问题，由国家版权局副局长沈仁干主持，来自立法、司法、行政管理、权利人组织、教学科研单位等众多官员、学者、作家等各界人士参会并建言献策。

2000 年 10 月 17 日，“音乐权益保障国际研讨会”在北京召开，该研讨会经中国文化部批准，并由中国音乐家协会、国际音乐家联合会（FIM）联合主办，联合国教科文组织国际音理会、中国音乐著作权协会、日本艺能表演家协会、欧洲艺术表演者团体协会等组织协办。

2000 年 10 月 24 日，国家版权局与中欧知识产权合作项目办公室在北京联合举办“中国著作权法专家研究会”，来自中国与欧盟的版权专家就中国著作权法的修改等相关问题进行了研究与探讨。

2000 年 11 月 20 日，中国政府版权代表团应日本文化厅邀请访问日本，这意味着中日政府间版权交流正式展开。2000 年 11 月 21 日下午，中国新闻出版总署对外交流合作司司长王化鹏在日本文化厅举办的演讲会上，向日本版权界做了题为“面向 21 世纪的中国版权保护”的主题演讲。

2000 年 11 月 22 日，最高人民法院审判委员会第 1144 次会议通过了《最高人民法院关于审理涉及计算机网络著作权纠纷案件适用法律若干问题的解释》。

2000 年 12 月 7 日～20 日，WIPO 保护音像表演外交会议召开，此次外交会议旨在缔结条约加强表演者音像表演权，就谈判所涉及的 20 条规定中的 19 条达成了临时性一致意见，但在权利转让条款上未取得一致。

2001 年 1 月 1 日，由天津市青少年向全国青少年发起的“积极开展发明创造，尊重保护知识产权”倡议活动举行启动仪式，在启动仪式上，宣读了温家宝总理给天津市南开中学和天津两所中小学学生倡议书的回信。世界知识产权组织总干事伊德里斯博士也发来致辞，他表示：对于天津青少年所发起的这项倡议，世界知识产权组织将全力支持。

2001 年 1 月 2 日，国家版权局发出《关于贯彻落实〈国务院关于鼓励软件产业和集成电路产业发展的若干政策〉的意见》。

2001 年 2 月 26 日，国家版权局发布《国家版权局公告第 8 号——启用中华人民共和国国家版权局石宗源局长签发的“计算机软件著作权登记证书”》，决定自 2001 年 3 月 1 日起启用中华人民共和国国家版权局石宗源局长签发的“计算机软件著作权登记证书”。原中华人民共和国国家版权局局长于友先过去签发的“计算机软件著作权登记证书”依然有效。

2001 年 3 月 27 日，“世界知识产权组织关于 WCT 和 WPPT 及其对版权产业的影响亚太地区研讨会”今天在广州开幕，来自世界知识产权组织以及亚太地区 20 个国家和地区的知识产权代表共 120 多人出席了研讨会。

2001 年 4 月，新闻出版署（国家版权局）升为正部级单位，名称改为新闻出版总署（国家版权局），石宗源同志任新闻出版总署署长兼国家版权局局长。

2001 年 4 月 26 日，国家知识产权局在北京西单科技文化广场组织大型知识产权宣传和咨询活动，庆祝第一个“世界知识产权日”。此次“世界知识产权日”的主题是“今天创造未来”。北京市知识产权局、北京市版权局等单位在北京街头设点为群众提供专利以及出版物版权等方面的咨询服务。

2001 年 5 月 2 日，国家版权局发布《中华人民共和国国家版权局关于贯彻落实〈国务院关于鼓励软件产业和集成电路产业发展的若干政策〉的意见》（国权［2001］1 号）。该规范性文件是为了贯彻落实《国务院关于鼓励软件产业和集成电路产业发展的若干政策的通知》（国发［2000］18 号），促进我国软件产业和集成电路产业的发展，增强我国信息产业的创新能力和国际竞争能力，对计算机软件的著作权保护提出了相关意见。

2001 年 5 月 ~6 月，为纪念《中华人民共和国著作权法》实施十周年，国家版权局与欧盟知识产权合作项目办公室合作，开展了一系列有关版权保护的宣传活动。

2001 年 6 月 1 日是《中华人民共和国著作权法》实施十周年纪念日。

2001 年 5 月 ~6 月，国家版权局开展了系列调研工作，以促进软件正版化，进一步贯彻落实国务院《关于鼓励软件产业和集成电路产业发展的若干政策》（国发［2000］第 18 号）以及国家版权局于 2001 年 1 月制定《关于贯彻落实国务院的意见》（国权［2001］第1号）。

2001年6月12日，为了进一步贯彻落实国务院《关于鼓励软件产业和集成电路产业发展若干政策》（国发［2000］第18号）的文件精神，国家版权局召开了地方版权处长工作会议，部署打击软件盗版的工作。

2001年6月12日~15日，全国法院知识产权审判工作会议在上海召开，最高人民法院曹建明副院长出席会议并做了重要讲话。

2001年6月26日，最高人民法院审判委员会第1182次会议通过《最高人民法院关于审理涉及计算机网络域名民事纠纷案件适用法律若干问题的解释》（法释［2001］24号）。

2001年6月28日，国家版权局、公安部、国家工商行政管理总局、全国"扫黄、打非"工作小组办公室联合发布《关于在整顿和规范市场经济秩序中严厉打击软件盗版行为的通知》，同时发布《关于禁止销售盗版软件的通告》。按照通知要求，各地有关部门密切配合，迅速出击，开展打击盗版计算机软件的集中行动，截止到10月底全国各地共收缴盗版计算机软件200余万张。

2001年8月29日，国家版权局、国家发展计划委员会、财政部、信息产业部联合发文，要求政府部门应带头使用正版软件。2001年10月26日，国务院办公厅发出《关于政府部门应带头使用正版软件的通知》。

2001年10月27日，第九届全国人民代表大会常务委员会第二十四次会议通过《关于修改〈中华人民共和国著作权法〉的决定》，修改后的著作权法自该日起施行。

2001年11月9日，全国人大科教文卫委员会与国家版权局在人民大会堂海南厅召开"宣传贯彻著作权法座谈会"。

2001年12月11日，中国加入世界贸易组织，自此享受和履行《与贸易有关的知识产权协议》规定的权利和义务。

2001年12月13日，朱镕基总理、李岚清副总理视察新闻出版总署（国家版权局），朱总理在讲话中指出：保护知识产权是国际惯例。如果知识产权得不到有效保护，优秀的正版出版物被盗版产品占据了市场，假冒伪劣产品横行，中国就永远实现不了现代化。

2001年12月20日，国务院第339号令，公布了新修订的《计算机软件保护条例》，该条例于2002年1月1日起施行。

2002年1月1日，国家版权局发布第9号公告，根据自此起施行的新的

《计算机软件保护条例》第7条的规定，予以认定中国版权保护中心为办理计算机软件登记机构。

2002年1月25日~28日，国家版权局、中国版权保护中心、中国图书进出口总公司举办的“2002BIBF北京国际版权贸易研讨会”在广西大厦举行。研讨会的目的是为提升北京国际图书博览会的国际水准，借以推动我国版权贸易工作的深入展开。研讨会的主题围绕入世后中国的版权贸易如何应对、版权贸易市场如何运作等进行研讨。

2002年1月30日，国务院第54次常务会议通过《奥林匹克标志保护条例》，该条例于2月4日公布，自2002年4月1日起施行。

2002年2月20日，国家版权局发布国家版权局1号令，宣布新修订的《计算机软件著作权登记办法》开始实施。

2002年4月3日~5日，国家知识产权局在北京举办“入世与知识产权保护研讨会”。

2002年4月26日，国家知识产权局举办以“鼓励创新”为主题的世界知识产权日宣传活动。同日，国家知识产权局改版后的英文政府网站开通。

2002年5月21日，国务院总理朱镕基在中南海会见了世界知识产权组织总干事伊德里斯以及“中非知识产权论坛”和世界知识产权组织政策咨询委员会工作组会议的主要代表。

2002年5月24日~28日，第九届北京国际图书博览会在北京展览馆举行。本次书展的主题为“版权贸易”，是我国加入世贸组织后的首次大型国际文化盛会。而且，从本届开始，北京国际图书博览会将以往两年一届改为一年一届，同时北京国际音像电子出版物博览会第一次并入图书博览会。

2002年5月27日~28日，中国版权协会全国会员代表大会在北京举办。中国版权协会前身为中国版权研究会，成立于1990年3月9日。

2002年6月18日，国家知识产权局和武汉市政府在武汉东湖新技术开发区共同举行“武汉·中国光谷知识产权信息中心揭牌暨网站点击开通仪式”。同日，该局与武汉市政府还共同举办了“知识产权保护论坛”。

2002年8月2日，国家版权局与香港海关签署《国家版权局与香港海关保护版权及打击盗版光碟合作互助安排》。

2002年8月2日，国务院发布国务院第359号令，公布了新修订的《中华人民共和国著作权法实施条例》，该条例于2002年9月15日起施行。原由国家版权局1991年5月30日发布的《著作权法实施条例》同时作废。

2002年8月下旬，国家版权局举办“首届中日著作权研讨会”。与会的中日两国专家学者就网络信息技术环境下的版权保护问题进行了深入的讨论。

2002年9月9日~11日，为贯彻新著作权法和新著作权法实施条例，全国版权工作会议在山东省青岛市举行。

2002年10月12日，最高人民法院公布《关于审理著作权民事纠纷案件适用法律若干问题的解释》，该司法解释于2002年10月15日实施。

2002年10月25日，中国版权协会反盗版委员会在北京成立，成立大会表决通过了《中国版权协会反盗版委员会工作条例》和《“打击盗版、保护正版、维权护法”倡议书》。

2002年12月9日~10日，国家知识产权局、香港特区政府知识产权署、澳门特区经济局三方共同在广州市举办“内地与香港澳门特区知识产权研讨会”。

2002年12月8日~19日，应世界知识产权组织总干事依德里斯邀请，以新闻出版署署长兼国家版权局局长石宗源为团长的中国版权代表团一行6人，访问了世界知识产权组织总部和德国、芬兰。

2003年1月14日，中共中央政治局常委李长春同志视察新闻出版总署（国家版权局）。他在讲话中指出：对于盗版、盗印非法出版物，一定要坚持不懈地打击，严厉依法惩治犯罪分子，不能只停留在没收物品、经济罚款上。

2003年2月24日，全国整顿和规范市场经济秩序领导小组办公室、国家工商行政管理总局、新闻出版总署、国家知识产权局、公安部发出通知，要求在4月24~26日，在全国部分重点地区组织开展知识产权专项行动，提高社会各界的知识产权保护意识，使知识产权被侵权、假冒行为得到有效遏制。

2003年2月24日~27日，“2003BIBF北京国际版权贸易研讨会”在北京召开。本届研讨会由国家版权局主办，中国图书进出口（集团）总公司、中国版权保护中心承办。2003年2月24日，研讨会举行了简短的开幕仪式。国家版权局副局长沈仁干出席了开幕式，并为与会代表做了题为“开展版权贸易、促进产业发展”的报告。

2003年3月1日，国家版权局部署了“全国春季打击侵权盗版专项治理”行动。

2003年4月1日，WIPO确定今年世界知识产权日主题为“知识产权与我们息息相关”。

2003年6月1日，全新改版的国家版权局网站（http：www. ncac. gov. cn）正式开通启用。这是国家版权局进一步转变政府职能、加强行政执法、加强市场监管、加强社会服务的重要举措。

2003年6月1日，该日是《中华人民共和国著作权法》实施十二周年纪念日。国家版权局副局长石宗源同志发表题为“大力加强版权保护、忠实践行‘三个代表’重要思想”的纪念文章。

2003年7月16日，国家版权局发布“国家版权局第3号令”，公布了修改后的《著作权行政处罚实施办法》，该办法于2003年9月1日起施行。

2003年7月24日，国家版权局颁布《著作权行政处罚实施办法》，该办法于2003年9月1日起开始实施。

2003年8月26日，国家版权局发出《关于开展打击软件盗版专项治理活动的通知》，要求各地在2003年9月～10月期间开展集中打击盗版软件专项治理行动。

2003年10月23日～24日，“中国与欧洲知识产权保护合作回顾、现状及展望”国际研讨会在北京召开，此研讨会是在欧盟—中国知识产权合作项目框架下的一次重要研讨会。

2003年10月27日，中关村国家知识产权制度示范园区在北京举行揭牌仪式，该园区由国家知识产权局与北京市政府共建。

2003年10月31日，北京市高级人民法院举办“北京法院知识产权裁判文书上网新闻发布会”，北京市法院系统实现知识产权裁判文书上网公开。

2003年11月1日，在华东六省一市知识产权局局长会议上，上海、南京与常州等城市的代表联合发出加强知识产权保护的倡议书，并签署了建立长三角知识产权保护联盟的协议。

2003年11月20日，由国家版权局与世界知识产权组织联合举办的“关于世界知识产权组织版权条约（WCT）和世界知识产权组织表演和录音制品公约（WPPT）中的‘向公众传播权’巡回研讨会”在上海开幕。

2003年12月2日，音像界首家反盗版联盟成立。中国音像界第一家反盗版联盟——广东联合传媒有限公司是由天艺、东和等11家音像公司联合成立的，其宗旨是抵制高额版权费、联手打击盗版，团结起来振兴民族音像业。

2004年1月1日，国家版权局在全国范围内部署“保护民族版权产业、清理盗版卡通制品”集中行动，开展对盗版“蓝猫”系列产品侵权制品的查缴工作。

2004 年 2 月 9 日，新加坡知识产权局局长来国家知识产权局访问。会谈后，双方签署了《两局合作框架协议备忘录》以及《中国知识产权培训中心与新加坡培训学院合作协议备忘录》。

2004 年 4 月 1 日，国家版权局举办首次“全国著作权知识大赛”。此活动也是今年全国整顿和规范市场经济秩序工作部署中“全国知识产权宣传周”的重要活动之一。本次大赛包括报纸、网络、电视等多种形式。

2004 年 4 月 13 日，国家知识产权局和国务院新闻办联合召开“中国知识产权保护状况”新闻发布会。国家知识产权局局长王景川通报了我国知识产权保护状况，并与国家工商总局商标局局长安青虎、国家版权局新闻发言人王自强一起回答了中外记者的提问。

2004 年 4 月 19 日 ~26 日，全国开展“尊重知识产权，维护市场秩序”的“保护知识产权宣传周”活动。本次活动的主要内容包括：“中国知识产权与经济发展高级研讨会”、“第二届巾帼发明家评选”和“当代大学生与知识产权主题对话”等。

2004 年 7 月 27 日，国家版权局与新闻出版总署、教育部、共青团中央、国务院纠风办、全国扫黄打非办联合下发《关于开展 2004 年秋季盗版教材教辅读物专项治理行动的通知》。

2004 年 8 月 18 日 ~20 日，国家知识产权局与外交部联合召开“涉外知识产权案件管辖权问题研讨会”。

2004 年 9 月 7 日，国务院副总理吴仪在福建厦门主次召开了外商投资企业知识产权保护座谈会。

2004 年 9 月 7 日，国家版权局下发电报《关于开展 2004 年打击软件盗版专项治理行动的通知》。

2004 年 9 月 22 日 ~24 日，为落实《国务院关于印发保护知识产权专项行动方案的通知》，国家版权局召开全国版权处长工作会议。

2004 年 11 月 18 日，国家版权局在人民大会堂举行“著作权法修订三周年暨中国入世三周年座谈会”。座谈会回顾了著作权法修订 3 年来我国著作权保护工作所取得的成绩，总结了不足，对今后著作权保护工作的方向进行了探讨。

2004年11月22日~23日，由世界海关组织和海关总署共同举办的“世界海关组织知识产权保护地区论坛”在上海国际会议中心举行。本次论坛旨在落实《全球首届反假冒大会宣言》，建立和加强亚太地区海关之间保护知识产权执法合作。论坛还通过了《亚太地区海关共同打击假冒盗版违法行为——上海倡议书》。

2004年12月22日，最高人民法院和最高人民检察院联合公布的《关于办理侵犯知识产权刑事案件具体应用法律若干问题的解释》正式施行。最高人民法院副院长曹建明表示，这是中国司法机关加大知识产权司法保护的又一重大举措。

2004年12月28日，国务院总理温家宝签署了“第429号国务院令”，正式颁布《著作权集体管理条例》，该条例于2005年3月1日起施行。

2005年1月11日，国家知识产权保护办公室在北京召开新闻发布会，公布了2004年侵犯知识产权十大案件。

2005年2月26日，国家版权局、新闻出版总署、北京市人民政府联合主办“守望我们的精神家园：版权保护——百名歌星演唱会”。

2005年2月26日，在“中国音像版权保护高峰会议”上，来自国家版权局、中国音像协会、中国版权协会、中国出版工作者协会的代表通过了中国音像界的第一个反盗版宣言——《北京宣言》。

2005年3月1日，《著作权集体管理条例》开始施行。该条例共48条，明确了著作权集体管理组织、著作权人、著作权使用者的各项权利和义务，并对著作权集体管理组织的成立和管理做出了严格而详尽的规范，同时还明确了国务院著作权管理部门、国务院民政部门、著作权人等对著作权集体管理组织的监督责任。

2005年4月11日，由国家知识产权局、国家工商行政管理总局、法国工业产权局、法国大使馆、法国制造业协会举办的“中法知识产权交流——法国知识产权保护制度国际研讨会”在北京举行。

2005年4月20日，由中宣部、全国整规办、公安部、国家工商总局、新闻出版总署、国家版权局、信息产业部等13家部门及北京市人民政府联合主办的“2005年知识产权宣传周”开幕式在京举行。

2005年4月21日，国务院新闻办公室召开新闻发布会公布《中国知识产权保护的新进展》白皮书。

2005年4月26日，该日是第五个“世界知识产权日”。由国家知识产权局、全国整顿和规范市场经济秩序领导小组办公室主办的“保护知识产权——我们在行动”大型联合采访报道活动在北京隆重启动。

2005年4月30日，为了加强互联网信息服务活动中信息网络传播权的行政保护，规范行政执法行为，根据《中华人民共和国著作权法》及有关法律、行政法规，国家版权局、信息产业部公布《互联网著作权行政保护办法》，并于2005年5月30日起施行。

2005年5月23日~26日，国家版权局、世界知识产权组织“亚太地区关于版权政策战略和促进版权相关产业发展研讨会”在杭州举行。来自17个国家的80多名代表参加了会议，会议取得了圆满成功。

2005年6月19日，“2005打击盗版音像制品夏季行动”启动仪式在北京举行。现场还举行了“保护知识产权、拒绝使用盗版”的签名活动。6月20日，上海、天津、重庆、南京、武汉、杭州、广州、深圳、成都、沈阳、兰州、南昌等12个城市同时举行仪式，启动打击盗版音像制品专项治理行动。

2005年6月25日，“国家软件版权保护示范城市”揭匾仪式在大连举行，大连市是国家版权局批准设立的全国首个国家软件版权保护示范城市。

2005年7月12日~14日，北京国际图书博览会版权贸易研讨会在青岛举行。来自全国各出版单位的近200名代表出席了研讨会，会议就如何进一步深入开展版权贸易工作、加大我国版权输出能力等问题进行了研讨。

2005年8月29日，“2005年北京国际图书博览会版权贸易发展论坛”在北京举行。国家版权局副局长阎晓宏做了题为“版权在推动经济和社会发展中的作用”的主题演讲。

2005年11月8日，中国国家知识产权局、蒙古国知识产权局签署《中蒙政府知识产权合作协议》。

2005年11月17日~19日，由国家版权局、江苏省版权局、中国音乐著作权协会组织的“著作权集体管理研讨会”在江苏省南京市召开。会议就我国著作权集体管理制度的建设与发展问题进行了深入研究。

2005年12月1日，北京大学知识产权学院教授张平向国家知识产权局专利复审委员会提出专利权无效宣告请求，请求宣告皇家飞利浦电子有限公司一项名为“编码数据的发送和接收方法以及发射机和接收机”（ZL95192413.3）的专利权无效。张平教授是以个人身份提起该无效宣告请求的。这是中国首个知识产权方面的公益诉讼。

2005 年 12 月 14 日 ~ 16 日，由信息产业部软件与集成电路促进中心（CSIP）主办的“2005 中国首届硅知识产权峰会”在北京召开。此次峰会以“关注 IP 发展，促进 IC 创新”为主题，来自国内外 60 多家集成电路（IC）企业及法律研究机构的 300 余名代表分别从法律和技术两个层面讨论了知识产权对于发展我国 IC 业的重要作用，并提出了许多发展建议。

2006 年 1 月 4 日，商务部、国家工商总局、版权局、知识产权局共同颁布《展会知识产权保护办法》。该办法于 2006 年 3 月 1 日起正式实施。

2006 年 2 月 20 日 ~24 日，国家知识产权代表团访问美国专利与商标局，正式建立了两局局长定期会晤机制，签署了两局战略性合作计划，达成了全面开展知识产权合作的协议。

2006 年 3 月 10 日，最高人民法院召开知识产权司法保护专题新闻发布会，同日正式开通“中国知识产权裁判文书网”（www. ipr. chinacourt. org）。

2006 年 3 月 22 ~25 日，香港海关代表团访问国家版权局。该代表团成员包括香港海关版权及商标调查科高级督察谭耀强先生、助理监督谭溢强先生和高级督察陈德明先生等一行 3 人。此次来访是根据国家版权局与香港海关订立的《保护版权及打击盗版光碟合作互助安排》进行的定期会晤。

2006 年 3 月 30 日，信息产业部、国家版权局、商务部联合下发了《关于计算机预装正版操作系统软件有关问题的通知》，推动电脑预装领域软件正版化。

2006 年 4 月 1 日，“2006 中国知识产权刑事保护论坛”在上海闭幕，我国与世界知识产权组织、欧盟、美国、加拿大、澳大利亚、法国、德国等国家和组织的有关执法机构一致通过了《上海宣言》，旨在加强国际合作，共同打击侵犯知识产权犯罪。

2006 年 4 月 12 日，国家保护知识产权工作组办公室公布了 2005 年侵犯知识产权十大案件。

2006 年 4 月 25 日，西藏自治区召开“保护知识产权成就”座谈会，西藏自治区知识产权局局长扎西同志向社会首度公布了《西藏自治区 2005 年知识产权保护状况》白皮书。白皮书从保护知识产权专项行动工作、专利工作、商标工作、版权工作、自治区公安厅知识产权保护工作、自治区高级人民法院知识产权审判工作、拉萨海关保护知识产权工作等 7 个方面总结了该区知识产权保护工作取得的新成就。

2006 年 4 月 26 日，国家知识产权局举办首次开放日活动，社会各界人士、国际组织代表以及 20 多个国家的使馆官员参观了国家知识产权局。同日，全国知识产权局系统政府门户网站开通。

2006 年 4 月 28 日，国家版权局召开新闻座谈会，向中外媒体公布《著作权行政投诉指南》。

2006 年 5 月 16 日 ~19 日，“2006 北京国际版权贸易研讨会”在北京举行，本届研讨会主题为“世界需要中国，文化需要图书”。

2006 年 5 月 18 日，国家版权局与韩国文化观光部签订交流合作协议，签字仪式在深圳市会展中心举行。该协议就双方建立相互访问、信息交流、研究论坛等工作机制进行了约定，为两国版权界提供了更加直接和便捷的学习和交流机会，开启了我国和韩国版权界合作的新篇章。

2006 年 5 月 18 日，国务院发布《信息网络传播权保护条例》，该条例于 7 月 1 日起施行。

2006 年 5 月 30 日，海关总署发布“2006 年第 31 号公告”接受知识产权海关保护总担保，并就知识产权海关保护总担保的有关事宜予以公告。

2006 年 5 月 30 日 ~31 日，“数字环境下的版权保护研讨会”在北京举行。此次研讨会是为适应日益高涨的加强新技术条件下版权保护的呼声而召开的，其目的在于通过互联网领域版权保护理论和实践问题的广泛探讨，促进我国数字环境下版权保护立法、执法工作的进一步开展。

2006 年 6 月 1 日，根据 2006 年全国整顿和规范市场经济秩序工作安排，国家版权局发出了《关于开展打击非法预装计算机软件专项行动的通知》，启动了为期 3 个月的打击非法预装计算机软件专项治理行动。

2006 年 6 月 5 日，最高人民法院发出《关于本院民事审判第三庭对外称“知识产权审判庭”的通知》，通知指出：根据审判工作需要，经批准，民三庭将对外称“知识产权审判庭”。同时要求设置知识产权审判工作机构的地方各级人民法院参照办理。

2006 年 6 月 9 日，国家知识产权局代表中国政府与吉尔吉斯共和国政府签署《中华人民共和国与吉尔吉斯共和国政府知识产权合作协定》。

2006 年 6 月 15 日，信息产业部近日为全国整规办核配了“12312”号码作为全国统一的知识产权投诉举报公益服务电话号码，公众可通过这个电话举报投诉侵犯知识产权的事件。

2006 年 6 月 29 日，由国家知识产权局委托专家完成的《我国知识产权司法体制改革》报告正式对外公布，这份研究报告针对困扰我国知识产权司法体制的基本问题提出了重要的措施和建议。

2006 年 7 月 15 日～10 月 25 日，全国“扫黄打非”办联合中国文化部、新闻出版总署、国家版权局、国家工商行政管理总局和公安部等 10 部委开展“反盗版百日行动”，在全国范围内集中查处盗版音像和计算机软件产品，严惩从事盗版产品制售活动的单位和个人。在此期间，全国各地共查处违法单位 1.8 万个，关闭非法网站千余家，收缴各类非法出版物近 6 万件，刑事处罚百余人。

2006 年 8 月 30 日～9 月 2 日，由国家版权局与国务院新闻办、教育部等部门共同主办的“第十三届北京国际图书博览会”成功举办。

2006 年 9 月 5 日，“2006 年国际版权论坛”在中国人民大学举行，本次国际版权论坛的主题是“版权相关产业的发展与创新”。来自国际著名版权机构的代表在论坛中发表演讲，就版权保护问题的理论研究和版权相关产业的实际发展问题进行探讨。

2006 年 9 月 12 日，中国建设银行出台了我国银行业首部全面规范知识产权管理活动的规章——《中国建设银行知识产权管理办法》。虽然建行出台的《知识产权管理办法》对同业其他银行不具有约束力，但却首次在银行内部明确了知识产权的管理职责，对知识产权权属政策及申请、维护、许可、转让等管理活动进行了集中规范，为加强我国银行业知识产权管理走向制度化、规范化迈出了重要一步。

2003 年 9 月 14 日，国家知识产权局与德国专利局联合举办“中德知识产权领域合作 25 周年”纪念活动。两局签署 2007 年双边合作纪要。

2003 年 9 月 30 日，国家版权局发出《关于开展打击网络侵权盗版专项行动的通知》，决定自 2006 年 9 月底至 2007 年初在全国范围内开展为期 3 个月的打击侵权盗版专项行动。

2006 年 10 月 24 日，国家广播电影电视总局正式颁布了自主研发的移动多媒体广播行业标准。该标准是中国“产、学、研”等部门多年联合开发研究的结果，具有完全自主知识产权，对中国移动多媒体广播和民族工业的发展具有重要意义。

2006 年 11 月 9 日，国家版权局发布“2006 年第 1 号公告”，发布《卡拉OK 经营行业版权使用费标准》。

2006 年 12 月 7 日 ~8 日，国家版权局和欧盟驻华代表团共同主办的“著作权集体管理组织发展中欧研讨会”在北京举行。

2006 年 12 月 13 日 ~15 日，世界知识产权组织、国家知识产权局、河南省人民政府在郑州市成功举办“世界知识产权组织传统知识、传统文化表达和遗传资源地区间研讨会”。此研讨会达成了《世界知识产权组织传统知识、传统文化表达和遗传医院地区间研讨会成果（草案）》和《世界知识产权组织传统知识、传统文化表达和遗传资源地区间研讨会亚洲、非洲以及太平洋地区国家和中国联合声明（草案）》。

2006 年 12 月 29 日，第十届全国人大常委会第二十五次会议表决通过了关于加入《世界知识产权组织版权条约》和《世界知识产权组织表演和录音制品条约》的决定。我国由此正式加入这两个 WIPO 条约，意味着我国将着力提升互联网版权保护水平。

2007 年 1 月 15 日，最高人民法院公布了知识产权审判纲领性文件——《关于全面加强知识产权审判工作为建设创新型国家提供司法保障的意见》，就全面加强知识产权审判工作提出了一系列具体措施。

2007 年 2 月，国家知识产权战略制定工作领导小组召开第三次会议，国家知识产权战略 20 个专题研究结题。

2007 年 9 月，国家知识产权战略制定工作小组办公室分别召开了地方知识产权战略制定工作研讨会和行业知识产权战略制定工作研讨会，全面部署地方知识产权战略制定工作。

2007 年 10 月，国家知识产权战略制定工作小组办公室召开“地方与国家战略衔接问题研究”课题启动会，开展地方知识产权战略研究与国家战略衔接研究工作。

2007 年 11 月，国家知识产权战略制定工作小组办公室召开第五次主任办公会议，审议了《关于开展地方知识产权战略制定工作的若干意见》。

2007 年 12 月，国务院副总理、国家知识产权战略制定工作领导小组组长吴仪听取了国家知识产权战略制定工作汇报。

2007 年 2 月 15 日，中国大陆首个专业知识产权仲裁中心——厦门知识产权仲裁委员会在厦门成立。厦门知识产权仲裁委员会旨在为知识产权纠纷案提供专业、便捷和有效的解决，将根据需要制定专门的审理程序，设立专门的仲裁员名册和仲裁规则，推荐给当事人选用。

2007年4月2日~26日，国家知识产权局开展知识产权宣传系列活动。活动包括：首届全国知识产权组歌大赛、与国家工商行政管理总局商标局和国家版权局联合举办中国知识产权保护状况新闻发布会、保护知识产权宣传周等。

2007年4月5日，《中国知识产权蓝皮书》问世，这是第一部全面反映我国知识产权保护与产业现状的专业蓝皮书，由北京大学出版社出版。该书由我国著名知识产权法学专家、中南财经政法大学校长吴汉东教授主编。《中国知识产权蓝皮书》的核心内容是《中国知识产权发展报告》，其间介绍了我国知识产权领域的重大事纪要、典型案例、纵览国际要闻、知识产权公约成员发展、各国立法新进展以及问题与展望等。

2007年4月17日，中国海关公布“2006年保护知识产权十佳案例”。

2007年4月17日，国务院新闻办公室就“2006年中国知识产权保护状况”举行新闻发布会，国家知识产权局新闻发言人尹新天、国家工商总局商标局副局长赵刚、国家版权局新闻发言人王自强出席发布会，介绍2006年中国知识产权保护状况等方面情况，并回答记者问题。

2007年4月20日，由国家知识产权局主办，成都市人民政府承办的“知识产权与软件产业发展国际论坛”在成都市新国际会展中心隆重召开。

2007年4月26日，第七个世界知识产权日的主题是“鼓励创造”。

2007年4月26日，最高人民法院在“世界知识产权日”来临之际，向社会公布了2006年度十大知识产权民事案例。

2007年6月9日，《世界知识产权组织版权条约》和《世界知识产权组织表演和录音制品条约》在我国正式生效。

2007年6月24日，国家版权局公布《要求删除或断开链接侵权网络内容的通知》及《要求恢复被删除或断开链接的网络内容的说明》的示范格式。

2007年9月5日，中国海关首次获得“世界海关组织2007年打击假冒和盗版特别贡献奖”。

2007年9月29日，“国家版权局反盗版举报中心成立暨举报投诉电话公布仪式”在北京举行，宣布“国家版权局反盗版举报中心”正式成立。即日起，公众只要拨打免费举报电话12390，就可以对盗版侵权行为进行直接举报和投诉。

2007年10月30日~31日，国家知识产权局与中国资产评估协会在北京联合举办了“知识产权战略与资产评估——2007中国评估论坛”。本次论坛紧紧围绕“知识产权战略与资产评估”这个主题，分为企业自主创新与资产评估、知识产权交易与资产评估、知识产权金融创新与资产评估、知识产权保护与资产评估4个专题进行研讨。内容涵盖了知识产权管理的各个环节。

2007年11月14日，国家知识产权局局长田力普会见了来访的欧盟欧洲委员会贸易总司总司长戴维·欧沙律文一行，双方就有关的知识产权问题友好、坦诚地交换了意见。田力普强调中国政府很重视知识产权的保护，强化对知识产权侵权的执法力度。欧沙律文表示，欧盟看到了中国在知识产权问题上的重视程度，欧盟愿意帮助中方解决其在知识产权发展过程中遇到的困难，并希望双方继续开展交流并加深合作。

2007年11月14日，全国知识产权政务信息和政府网站工作会议在云南省昆明市召开，国家知识产权局副局长杨铁军出席并讲话。会议总结了1年来全国知识产权政务信息和政府网站的工作情况，并表彰了先进个人和先进单位，会议还邀请有关专家就政务信息的报送工作做了专题报告。

2007年11月22日，由义乌市科技局承办的国家知识产权局“涉外知识产权执法工作座谈会”在义乌市召开。国家知识产权局副局长刑胜才及最高人民法院、最高人民检察院、公安部、国家工商总局、国家版权局等部委有关领导，北京、上海、浙江、江苏、福建、广东等省级知识产权局领导，浙江省及义乌市相关执法部门负责人参加会议。

2007年11月28日，中国常驻世界贸易组织大使孙振宇在日内瓦致函世贸组织总干事拉米，向他正式通报中国已批准世贸组织《修改〈与贸易有关的知识产权协定〉议定书》。

2007年12月5日，广东省人民政府发布《广东省知识产权战略纲要》。该纲要提出，要建立健全适应社会主义市场经济发展规律的自主知识产权创造体系、多层次全方位的知识产权保护体系、科学高效的知识产权管理体系、较为完备的知识产权政策体系和功能齐全的知识产权服务体系，实现自主知识产权和自主品牌的数量、质量与广东经济社会发展水平相适应，自主创新能力和产业竞争力显著提高。

2008年1月8日，文化部公布2007年文化市场保护知识产权十大案件。

2008年2月4日，根据全国知产权局执法工作会议精神，国家知识产权局决定开展“雷雨”、“天网”知识产权执法专项行动。印发了《“雷雨”、“天网”知识产权执法专项行动方案》该方案规定了“雷雨行动”和“天网行动”的主要任务，在行动中如何协调好知识产权局和公安部门的合作以及两项行动中各地方知识产权局应达到的目标和时间安排。

2008年2月26日，最高人民法院公布《民事案件案由规定》，将知识产权、人格权、婚姻家庭继承、物权、债权、劳动争议与人事争议等十大部分列为一级民事案件案由。新规定将“知识产权纠纷”作为一级案由，下设“知识产权合同纠纷”、“知识产权权属、侵权纠纷”和“不正当竞争、垄断纠纷”3个二级案由，并相应总共设置了33个三级案由和86个四级案由。此外，在“适用特殊程序案件案由”一级案由部分还设立了“申请诉前停止侵权”等3个与知识产权诉前临时措施有关的三级案由。

2008年4月10日，国家版权局在人民大会堂举行《郑成思版权文集》出版座谈会。

2008年4月15~17日，“亚洲地区知识产权制度高级研讨会”在北京成功举办。

2008年4月26日，该日是第8个世界知识产权日，国家知识产权局组织筹备了一系列纪念和庆祝活动：与国务院新闻办公室、国家工商行政管理总局、国家版权局共同举办“2007年中国保护知识产权状况新闻发布会”；联合18个“保护知识产权宣传周”活动组委会成员单位，举办2008年保护知识产权宣传周新闻发布会；举办首届中国百位著名画家知识产权文化题材优秀作品全国巡展；参与组织上海保护知识产权高峰论坛暨知识产权刑事保护论坛；举办国家知识产权局开放日；举办专利信息发布会暨专利技术推介会新闻发布会；与国家工商行政管理总局、国家版权局联合举办“知识产权与改革开放30周年座谈会”等。

2008年4月28日，在“海关保护知识产权”新闻发布会上，海关总署公布了“中国海关2007年保护知识产权十佳案例”。

2008年5月6日，深圳市知识产权局召开了深圳市知识产权（版权）创新系列新闻发布会。深圳市首次正式出台的《深圳市平面设计作品版权保护办法》将为深圳平面设计行业发展提供强力的知识产权行政保护。

2008年5月8日~9日，第二届全球知识产权学院院长研讨会在北京举行，这次研讨会是继巴西“首届全球知识产权院长研讨会”后成功举办的第二届研讨会。各国代表围绕“全球知识产权学院网”、就“全球知识产权学院的成长与发展”、“知识产权学院间的合作、协调与支持”、“知识产权学院所面临的挑战及应对”、“面向不同受众的知识产权教育和培训项目的规划策略”等问题进行了研讨。

2008 年 5 月 15 日，由国家知识产权局和深圳市政法联合主办、深圳市福田区人民政府特别支持的“首届中国工美大师优秀作品展”，在深圳世纪工艺品文化广场隆重举行。此次活动旨在加强对我国传统和民间工艺美术的知识产权保护，使其得以顺利传承；着力营造以“尊重知识、崇尚创新、诚信守法”为核心理念的知识产权文化氛围，以利于我国传统工艺美术产业的不断创新和健康发展。

2008 年 5 月 26 日，由国家知识产权局和蒙古国知识产权局共同主办、江苏省知识产权局承办的中蒙知识产权执法研讨会在南京开幕。

2008 年 5 月 28 日，中国音像著作权集体管理协会在京成立。该协会成立后，将接手并全面推进卡拉 OK 版权收费工作，此前以中国音像协会名义开展的卡拉 OK 版权收费工作及有关文件也将转到中国音像著作权集体管理协会。同时，该协会的成立还将推动著作权法的修改工作，为录音制作者争取广播权和表演权，开展复制、发行、网络、出租等领域使用的音像节目的许可和维权工作等。

2008 年 6 月 1 日，此前由国家知识产权局制定和发布的两项国家标准《知识产权文献与信息基本词汇》（GB/T21374）（以下简称《基本词汇》）和《知识产权文献与信息分类及代码》（GB/T21373－2008）（以下简称《分类及代码》）正式实施。《基本词汇》是一项术语标准，其解决了目前知识产权领域用词不严谨、含义不统一等影响交流准确性的问题。《分类及代码》标准为知识产权文献与信息的分类提供了依据，实现了分类标引和检索体系的规范化和标准化。

2008 年 6 月 4 日，该日是中国成为 WIPO 第 90 个成员 20 周年纪念日。

2008 年 6 月 5 日，国务院发布《国家知识产权战略纲要》，明确到 2020 年把我国建设成为知识产权创造、运用、保护和管理水平较高的国家，5 年内自主知识产权水平大幅度提高，运用知识产权的效果明显增强，知识产权保护状况明显改善，全社会知识产权意识普遍提高。

2008 年 6 月 16 日 ~20 日，由国家知识产权局（SIPO）、非洲地区知识产权组织（ARIPO）和世界知识产权组织（WIPO）共同举办的中非知识产权局局长会议在北京召开。

2008 年 6 月 30 日，国家知识产权局与铁道部知识产权战略合作框架协议签字仪式在北京举行，这是国务院部门间签署的首个知识产权战略合作框架协议。

2008 年 7 月 6 日，由国家知识产权局主办、北京市知识产权局承办的“奥运知识产权保护论坛”在北京举行。

2008 年 9 月 22 日 ~30 日，国家知识产权局局长田力普率中国政府代表团出席世界知识产权组织（WIPO）成员国第 45 届系列会议。共有 168 个国家、22 个国际政府间组织和 40 个国际非政府间组织的 877 名代表出席此次大会。会议上选举了 WIPO 新任总干事高锐（Francis Gurry），审议了内部审计、发展与知识产权委员会（CDIP）工作、版权及相关权常设委员会（SCCR）等机构的工作，并探讨了马德里联盟等重大事宜。

2008 年 10 月 12 日，第七届海峡两岸知识产权学术研讨会在深圳隆重召开，本次研讨会主题是“知识产权的保护与经营管理”，会上围绕“如何通过知识产权保护提升企业的竞争力，促进两岸的贸易往来与经济发展”等重点问题进行了交流探讨。本次研讨会被列入深圳市第十届“高新技术产品交流会”的重点项目。

2008 年 10 月 24 日，经国家版权局、民政部正式批准成立的“中国文字著作权协会”在北京举行成立大会。该协会主要对文字作品复制权、信息网络传播权、广播权、表演权等作者难以单独行使或控制的权利进行集体管理，同时负责教科书以及报刊转载作品等“法定许可”情形下著作权使用费的收转工作。

2008 年 10 月 27 日 ~29 日，由国家版权局和北京市人民政府主办、北京市版权局和北京市朝阳区人民政府承办的“2008 中国国际版权博览会”在北京举行。主题为“交流、合作、创新、发展”。

2008 年 10 月 29 日，上海成立知识产权仲裁院，专门负责处理涉及知识产权合同纠纷的仲裁案件，以立足上海、服务长三角、面向全国为目标，适应国内外两个市场知识产权合作、转移、许可的发展需求。

2008 年 11 月 1 ~7 日，国家知识产权局副局长贺化一行赴塞内加尔首都达喀尔出席了“非洲知识产权组织成员国企业和经济发展以及知识产权保护国际大会”。会议期间，贺化与非洲知识产权组织总干事签署了《国家知识产权局与非洲知识产权组织知识产权合作协议》。

2008年11月3日，最高人民法院副院长奚晓明在最高人民法院举行的新闻发布会上指出，我国法院受理的案件已经覆盖到所有类型的知识产权领域，涉及知识产权的创造、运用、保护和管理的全过程。

2008年11月6日，以“知识产权交易与服务”为主题的第六届上海知识产权国际论坛在上海举行。本次论坛由国家知识产权局与上海市人民政府共同主办，来自美国、日本、加拿大、荷兰等近10个国家和地区的嘉宾与本地专家一起，围绕“政府在知识产权交易与服务中的角色和地位”、“知识产权许可与转让”、“知识产权融资与价值评估”等话题进行集中探讨。

2008年11月13日，辽宁省人民政府召开新闻发布会，宣布《辽宁省知识产权战略纲要》即日起颁布实施。

2008年11月24日~25日，中国国家知识产权局、香港知识产权署、澳门经济局共同举办的“第六届内地、香港、澳门知识产权研讨会”在香港举行。

2008年11月26日，国家知识产权局副局长张勤率团赴印度出席世界知识产权组织（WIPO）“知识产权在创新经济中的作用”跨地区论坛。此次论坛由WIPO、印度工业部和印度工商协会共同举办，论坛主要介绍了知识产权国家战略的最新国际趋势与发展，探讨如何应用知识产权促进创新经济等内容。

2008年11月26日，中国国家知识产权局、新加坡知识产权局共同主办的“第三届中新知识产权研讨会”在新加坡举行，国家知识产权局副局长李玉光率团参加会议并致辞。研讨会以2004年中新两局签署的知识产权合作备忘录框架为基础，双方代表分别作主题发言，并就新方所关注的热点问题展开了积极的探讨。

2008年11月26日，中国国家知识产权局“纪念改革开放30周年暨中国知识产权发展论坛”在北京举行。本论坛由国家知识产权局主办，知识产权出版社承办。

2008年12月17日~19日，“全国知识产权局执法工作会议暨第二届知识产权执法论坛”在海口市举行。国家知识产权局副局长张勤出席会议并做了重要讲话，来自国家知识产权局以及商务部、公安部、研究机构、企业等的专家学者就实施知识产权战略的文化环境、专利行政执法与专利权保护、防止知识产权滥用等多个专题做了精彩的演讲。

2008 年 12 月 18 日 ~30 日，由商务部、中央对外宣传办公室、中央文献研究室、新华社共同主办，外交部、教育部、科技部、工业和信息化部和知识产权局等 30 个单位协办的“中国对外开放 30 周年回顾展”在北京中国国际贸易展览中心举行，国务院副总理王岐山为展览揭幕并参观展览。

2008 年 12 月 19 日，由国家知识产权局主办的“《知识产权与改革开放 30 年》首发式暨纪念改革开放三十周年座谈会”在北京举行。该书通过对我国知识产权事业伟大成就和经验的总结，以及对重要历史事件和片断的回忆，比较全面、清晰、生动地反映了 30 年来我国知识产权制度建立、发展的伟大历史进程。

2009 年 2 月 2 日，国家知识产权局局长田力普与英国知识产权局局长伊恩·弗莱彻于英国伦敦共同签署了《中英 2009 年双边合作行动框架协议》。

2009 年 3 月 24 日，湖南省人民政府发布《湖南省知识产权战略实施纲要》，从湖南总体发展的战略高度出发，提出将湖南建设成为创新人才集聚、创新机制健全、知识产权丰富、转化渠道畅通、产业效益显著、工作体系完善、发展环境优良的知识产权强省。

2009 年 3 月 26 日，世界知识产权组织创意司代理司长根切夫在江苏南通与中国版权局版权管理司司长王自强签署协议，将南通作为世界知识产权组织版权保护优秀案例示范调研点，并开始就“关于版权保护对南通纺织品市场发展的影响的研究”为课题展开为期 8 个月的调研。

2009 年 4 月 19 日，由国家版权局主办并与中央电视台文艺频道“欢乐中国行”栏目合作录制的“版权在我身边，版权创造财富”大型文艺晚会成功举办。

2009 年 4 月 20 日 ~26 日，国家知识产权局和中宣部等 24 个部委联合开展了以“文化·战略·发展”为主题的“2009 年全国知识产权宣传周”。

2009 年 4 月 20 日，2009 年全国知识产权宣传周在奥林匹克公园庆典广场举行启动仪式。宣传周组委会主任、国家知识产权局局长田力普致辞，世界知识产权组织（WIPO）总干事弗朗西斯·高锐通过视频致贺。宣传周期间，国家知识产权局将在北京举行“12330”热线开通仪式。国家知识产权战略实施工作部际联席会议办公室印发《2009 年国家知识产权战略实施推进计划》。

2009 年 4 月 21 日，最高人民法院发布“2008 年中国知识产权司法保护十大案件”和“2008 年中国知识产权司法保护 50 件典型案件”。

2009 年 4 月 22 日，最高人民法院首次发布知识产权案件年度报告。该年度报告集中公开了最高人民法院知识产权庭 2008 年度审结的 23 件知识产权典型案件的判理摘要，以期通过年度报告的形式，将年度内有典型意义的裁判意见集中发布，充分发挥这些案例在规范裁量权行使、统一法律适用标准中的作用，努力统一司法裁判标准。

2009 年 4 月 22 日，国家知识产权局发布《2008 年中国知识产权保护状况》白皮书。今年的白皮书在体例上将知识产权作为一个整体，从立法、审批登记、执法、司法、宣传、培训、国际交流等方面入手，并将奥运知识产权保护作为特色部分，用大量准确翔实的数据和事实，对 2008 年我国专利、商标、版权等知识产权的保护状况进行系统梳理，对下一阶段我国知识产权保护工作的有效开展具有重要的借鉴意义。

2009 年 5 月 6 日，北京市人民政府发布《关于实施首都知识产权战略的意见》。该意见共分为 5 个部分，一是确立首都知识产权战略的重要性、必要性和紧迫性；二是实施首都知识产权战略的总体思路；三是实施首都知识产权战略的重点内容；四是推进各领域专项任务；五是强化政府主导，确保各项工作落到实处。

2009 年 6 月 19 日，由国家知识产权局主办，福建省知识产权局承办，福建省知识产权协会、台湾工业总会、福建省高科技产业发展促进会协办的“海峡两岸知识产权论坛”在福州举行，论坛主题为“金融风波中的企业知识产权”。

2009 年 7 月 20 日，国家版权局批准中国电影版权保护协会更名为中国电影著作权协会，并由行业维权组织转变为著作权集体管理组织。至此，我国已建立了覆盖音乐、音像、文字、摄影、电影等作品广泛使用领域的 5 个著作权集体管理组织，著作权集体管理组织架构基本完成。

2009 年 7 月 30 日，国家版权局、公安部、工业和信息化部联合下发通知，决定在全国范围内联合开展为期 4 个月的 2009 年打击网络侵权盗版专项治理行动。这是三部门自 2005 年以来开展的第五次打击网络侵权盗版专项治理行动，也是历年来最长的一次专项治理行动。

2009年8月10日，北京邮电大学互联网治理与法律研究中心在北京成立，这是国内第一个专业从事互联网治理与信息社会法律的系统化、理论化研究的学术机构，其研究成果将为网络知识产权、网络版权、电子商务等领域的网络立法提供支撑。

2009年9月3日，美国约翰·马歇尔法学院在“美中知识产权合作暨研究论坛”上宣布在该院成立中国知识产权资源中心，该中心是美国首个集中收集中国知识产权资源的机构。

2009年9月9日~11日，由最高人民法院知识产权庭主办、四川省高级人民法院承办、中国外商投资企业协会优质品牌保护委员会和中国——欧盟知识产权保护项目协办的“2009年知识产权司法保护国际研讨会”，就知识产权司法保护制度、专利司法保护、专利侵权判断标准与反垄断、互联网领域的著作权保护等议题进行了深入研讨。

2009年10月25日，国家知识产权局田力普局长代表中国政府与东南亚国家联盟成员国政府签署了《中华人民共和国与东南亚国家联盟成员国政府知识产权领域合作谅解备忘录》。

2009年10月27日，湖南在全国首家获批设立国家知识产权培训基地。在全国知识产权局系统培训工作会议上，国家知识产权局局长田力普将“国家知识产权培训（湖南）基地”的牌匾授予湖南省知识产权局和湖南大学。

2009年11月24日~25日，国家知识产权局、香港特区政府知识产权署、澳门特区经济局在苏州市联合举办“2009年内地与香港、澳门特区知识产权研讨会”。

2009年12月22日，中国文字著作权协会与谷歌公司就谷歌数字图书馆涉嫌侵犯中国著作权人权利一事在北京举行了第三轮谈判并取得积极成果。

2010年1月4日，新闻出版总署发布了《新闻出版总署关于进一步推动新闻出版产业发展的指导意见》，该意见是新闻出版总署出台的关于新闻出版产业发展的纲领性文件

2010年1月7日，国家知识产权局“全国知识产权维权援助工作会议”在海南省海口市召开。会议从建章立制、机构条件、业务开展、服务平台等多个方面全面回顾总结了全国知识产权维权援助工作，表彰了2008年~2009年全国知识产权维权援助工作先进集体和先进个人。此次会议是国家知识产权局启动知识产权维权援助工作以来，第一次对知识产权维权援助工作进行

全面总结，将对大力推进知识产权维权援助工作起到重要作用。

2010年1月15日，第23次全国“扫黄打非”工作电视电话会议召开，新闻出版总署署长、国家版权局局长、全国“扫黄打非”工作小组副组长柳斌杰在会上就贯彻落实刘云山同志讲话及《2010年“扫黄打非”行动方案》对新闻出版、版权部门提出了总体要求。

2010年1月20日，100家互联网企业在北京发表《中国互联网行业版权自律宣言》。

2010年1月20日，国家版权局在北京通报了“2009年第五次打击网络侵权盗版专项行动最新情况”，我国打击网络侵权盗版专项行动成效显著。

2010年1月~2月，北京市高级人民法院连续召开多次活动，邀请专家学者、富有知识产权案件审判经验的法官、各大知名网站代表、律师和权利人代表以及相关政府机构负责人就网络著作权司法保护问题展开了一系列深入座谈。

2010年2月1日，最高人民法院宣布即日起全国法院施行调整后的知识产权民事案件级别管辖标准。

2010年2月1日，全国知识产权局局长会议在北京召开。国家知识产权局局长田力普在会上做了题为“围绕中心，服务大局，不断开创知识产权工作新局面”的工作报告。

2010年2月1日，全国知识产权局局长会议在北京举行。中国国家知识产权局局长田力普指出全国已形成一支3万多人的知识产权专业人才队伍。

2010年2月2日，著作权集体管理工作会议在北京召开，新闻出版总署副署长、国家版权局副局长阎晓宏强调，著作权集体管理组织须依法开展各项工作。

2010年2月4日，“《中国企业海外知识产权纠纷典型案例启示录》新书发布仪式暨企业应对海外知识产权纠纷座谈会”在北京举行。

2010年2月4日，中央举办的“省部级主要领导干部深入贯彻落实科学发展观加快经济发展方式转变专题研讨班”成功举办，中共中央政治局常委、国务院总理温家宝强调要加强知识产权的创造、运用和保护。

2010年2月5日，经地方提名推荐、专家集体评议、组织评审复核等程序，文化部评选出了2009年全国文化市场十大案件。

2010年2月8日，国家版权局发布信息，总结指出在国家版权局会同公安部、工业和信息化部共同开展的“2009 年度打击网络侵权盗版专项行动”中，国家版权局打击网络盗版成果显著。

2010 年 2 月 9 日，工信部印发了《关于加强互联网域名系统安全保障工作的通知》，指出当前域名系统面临的安全威胁和风险不断加大，安全事件增多，要求各相关部门采取切实有效的措施，加强域名系统安全保障工作。

2010 年 2 月 22 日，国家知识产权局、中宣部、国家工商总局、国家版权局、国务院新闻办等 25 个部门联合发出《关于开展 2010 年全国知识产权宣传周活动的通知》，要求积极做好今年全国知识产权宣传周的相关组织工作，通过深入开展知识产权宣传普及，增强全社会的知识产权意识，促进我国知识产权事业又好又快发展，为建设创新型国家营造良好的舆论氛围和有利条件。

2010 年 2 月 24 日，第十一届全国人大常委会第十三次会议第一次全体会议首次审议著作权法修正案草案。受国务院委托，国家版权局局长柳斌杰作了关于著作权法修正案草案的说明。

2010 年 2 月 24 日 ~26 日，第十一届全国人民代表大会常务委员会第十三次会议通过了《全国人民代表大会常务委员会关于修改〈中华人民共和国著作权法〉的决定》。修改后的《著作权法》自 2010 年 4 月 1 日起施行。

2010 年 2 月 25 日，来自全国知识产权审判岗位的优秀法官在重庆召开“后国际金融危机时期知识产权保护大计”座谈会。

2010 年 2 月 26 日，国家知识产权局实施《国家知识产权战略纲要》工作领导小组组长田力普主持召开领导小组第二次全体会议，对 2009 年知识产权战略实施情况进行汇报，并就《2010 年国家知识产权局实施知识产权战略计划》制定情况以及《专利战略制定工作方案》等相关问题做了说明，并原则通过《2010 年国家知识产权局实施知识产权战略计划》和《专利战略制定工作方案》。

2010 年 2 月 28 日，中国国务院副总理李克强出席了在瑞士达沃斯举行的“2010 年世界经济论坛年会”，并发表了题为“合作包容共创未来促进世界经济健康复苏和持续发展”的致辞，指出要保护好知识产权不断提高制造业产品质量和发展水平。

2010 年 2 月上旬至 4 月底，为营造 2010 年春节和全国“两会”期间健康、有序的文化市场环境和喜庆、祥和的社会文化氛围，中国全国“扫黄打非”工作小组办公室在全国范围内开展了以打击手机网站传播淫秽色情信息和净化文化市场为重点的专项行动。

2010年3月1日，国家知识产权局主办的“国家知识产权战略实施工作部际联席会议第二次全体会议”在北京召开。并于3月26日，印发实施国家知识产权战略实施工作部际联席会议制定的《2010年中国保护知识产权行动计划》和《2010年国家知识产权战略实施推进计划》。2012年2月24日，第三次全体会议在北京召开，会议审议并原则通过《2012年国家知识产权战略实施推进计划》和《2012年中国保护知识产权行动计划》。

2010年3月3日，最高人民法院民三庭调研组赴上海高院就涉世博知识产权司法保护工作进行座谈调研，听取上海三级法院知识产权审判庭关于涉世博知识产权司法保护工作，以及上海法院在审理涉世博知识产权纠纷案件的有关情况的汇报。

2010年3月4日，“世博会版权保护专项工作会议”在上海举办。

2010年3月5日，国务院总理温家宝在第十一届全国人大三次会议上作政府工做报告时指出，要大力实施知识产权战略，加强知识产权创造、应用和保护。进一步激发广大科技工作者和全社会的创新活力。

2010年3月10日，中国驻日内瓦代表团何亚非大使会见世界知识产权组织总干事加利。

2010年3月15日，中国国家版权局版权管理司司长王自强与日本文化厅长官玉井日出夫在东京交换有关著作权及著作邻接权的战略合作备忘录。

2010年3月17日，天津市人民政府发布《天津市知识产权战略纲要》，首次全面系统地规划了天津市知识产权工作。

2010年3月17日，网络与知识产权刑事法律保护研讨会在深圳召开。国务院法制办副主任张穹指出，互联网对相关的知识产权法律带来了前所未有的冲击。

2010年3月19日，中国迎来加入《巴黎公约》25周年纪念日。25年前，中国正式加入《保护工业产权巴黎公约》，这是世界知识产权组织管辖下的首个实体性公约，加入该公约，标志着中国真正登上了知识产权国际舞台。

2010年3月25日，国家知识产权局为深入贯彻落实科学发展观，充分发挥知识产权执法维权工作在营造创新与发展环境中的作用，认真落实全国知识产权局执法工作会议和全国知识产权维权援助工作会议精神，印发《2010

年知识产权执法维权专项行动方案》。

2010年3月29日，中国国家副主席习近平在瑞典斯德哥尔摩出席中瑞企业合作与创新论坛并发表了题为《推动合作创新、实现互利共赢》的演讲，指出中国正在加强知识产权的创造、运用和保护，大力营造保护知识产权的法制、市场和文化氛围。欢迎更多瑞典高技术企业和研发机构到中国落户，带动更多企业和科研机构参与技术研发，为双边经贸合作增添新的动力和活力。

2010年4月1日，国家知识产权局局长田力普在北京会见了世界知识产权组织（WIPO）副总干事杰弗里·奥尼亚马一行，双方就有关知识产权问题交换了意见。

2010年4月2日，国家新闻出版总署副署长、国家版权局副局长阎晓宏在中国作协七届五次全委会网络、权益专题报告会上指出：盗版在国内成为顽症在于自上而下的市场需求的拉动，归根结底是价值取向的问题。

2010年4月12日，国家知识产权战略实施部际联席会议28个成员单位印发实施《2010年中国保护知识产权行动计划》。

2010年4月13日，中国国家知识产权局主办的“中国－东盟知识产权合作会议”在北京召开。与会人员与中国国家知识产权局代表就各自的知识产权制度建设以及如何加强中国与东盟在知识产权领域的合作等共同关心的问题进行了深入的交流和讨论。

2010年4月15日，国家版权局在北京举行会议，主题是打击盗版音像制品，做好世博会的版权保护工作。

2010年4月15日～16日，欧洲专利局、日本特许厅、韩国特许厅、中国国家知识产权局、美国专利商标局第三次五局局长会议在广西桂林召开。中国国家知识产权局局长田力普出席并主持会议，世界知识产权组织总干事弗朗西斯·高锐以观察员身份列席会议。会议取得了预期成果，五局局长们在会上重申了五局合作对于解决工作积压问题的重要作用，并强调工作共享应当考虑各局自身情况以及用户的需求与参与。

2010年4月16日，中国电影界第一家也是唯一一家著作权集体管理组织——中国电影著作权协会成立。它的成立标志着我国涵盖音乐、音像、文字、摄影、电影等领域比较完备的著作权集体管理体系已经初步形成，对维护电影作品权利人的权益、建立和完善电影作品使用和保护的便捷渠道、推进我国电影产业的健康发展具有重要意义。

2010 年 4 月 16 日，为妥善做好世博会期间的版权保护工作，国家版权局目前已经启动反盗版快速反应机制，以在世博会期间快速有效地查处各种侵犯著作权的行为。

2010 年 4 月 19 日，海关总署发布知识产权保护十大案例，举行新闻发布会并通报了 2009 年中国海关保护知识产权十佳案例情况。

2010 年 4 月 20 日，“全国知识产权执法维权专项行动暨中国（北京）知识产权维权援助中心开放日活动启动仪式”在北京举行。这标志着今年全国知识产权局系统执法维权专项行动全面展开。

2010 年 4 月 20 日，最高人民法院、中国科学技术协会知识产权司法保护合作备忘录签署仪式和最高人民法院特邀科学技术咨询专家聘任仪式在北京举行。

2010 年 4 月 20 日，“2010 年中国知识产权高层论坛”在北京开幕。

2010 年 4 月 20 日，新闻出版总署（国家版权局）下发《关于查缴〈六人行〉、〈名侦探柯南〉等盗版音像制品的通知》，在全国范围内启动对盗版音像制品的清理查缴，旨在进一步巩固打击盗版音像制品专项行动的治理成果，确保盗版音像制品问题不反弹，世博会重点地区、重点领域不出现大的侵权盗版案件。

2010 年 4 月 20 日 ~26 日，国家知识产权局和中宣部等 25 个单位为庆祝第 10 个世界知识产权日、在全国范围内做好知识产权宣传工作，在全国展开 2010 年全国知识产权宣传周活动。今年宣传周主题为“创造·保护·发展”。

2010 年 4 月 22 日，最高人民法院发布了《最高人民法院知识产权案件年度报告（2009）》，对其在过去 1 年审理的典型知识产权案件进行系统总结并向社会公开展示。

2010 年 4 月 26 日，新疆维吾尔自治区人民政府颁布实施《新疆知识产权战略纲要》，纲要中指出新疆发明专利拥有量到 2015 年力争进入西北地区前列。

2010 年 4 月 29 日，国家知识产权局发布《2009 年中国知识产权保护状况》白皮书，全面介绍了 2009 年我国在知识产权保护方面所开展的工作和成绩。

2010 年 5 月 10 日，“《2009 中国软件盗版率调查报告》新闻发布会”在北京举行。报告显示，2009年度中国软件盗版率按市场价格折算价值计算的软件盗版率由上一年的15%下降为12%。

2010年5月17日，国家知识产权局与俄罗斯联邦知识产权、专利与商标局局长会议在北京举行，会议签署了《关于在知识产权保护领域开展教育和专家培训的谅解备忘录》。

2010年5月18日~29日，国家知识产权局局长田力普率团先后访问美国、哥斯达黎加和巴西，与三国的政府部门、法院、企业界、行业协会等就相关知识产权问题进行了交流，并代表国家知识产权局与美国专利商标局签署了双边合作备忘录，确认了继续执行双边高层会晤机制、专家互访、数据交换等合作项目。

2010年6月3日，国家知识产权局印发《关于加强地方知识产权战略实施的工作的若干意见》。

2010年6月3日，此日是中国加入世界知识产权组织30周年纪念日。30年前，中国正式成为世界知识产权组织第90个成员。

2010年6月17日，中国法学会公布《中国法治建设年度报告（2009）》，报告设置专门章节对2009年我国知识产权保护方面的基本情况进行了介绍，并高度评价了我国对《专利法实施细则》的修改。

2010年6月29日，海峡两岸关系协会、台湾海峡交流基金会在重庆签署《海峡两岸知识产权保护合作协议》，全方位建立起两岸知识产权保护合作机制。

2010年7月7日，甘肃省人民政府正式发布《甘肃省知识产权战略纲要》。该纲要包括序言、指导思想、基本原则和战略目标、战略重点、专项任务、保障措施、组织领导等6部分，内容丰富，明确了近5年的阶段性目标。

2010年7月7日，由中国国家知识产权局主办的“国际知识产权环境论坛”在北京召开，该活动旨在宣讲中外知识产权环境研究成果，增进政府相关部门、行业和企业对研究成果的理解和运用，为中国企业开拓海外市场及参与国际竞争提供支持。

2010年7月22日，中国国家知识产权局、波兰国家专利局在上海世博会波兰馆举办中波知识产权交流会。

2010年8月24日，湖北省人民政府公布《湖北省知识产权战略纲要》，该纲要结合了湖北省实际情况，具有鲜明的湖北特色，其中还明确提出建设知识产权强省的长期战略目标和近5年的阶段性目标。

2010年9月1日，世博会知识产权保护专项行动推进情况座谈会在上海召开。会上，由国家知识产权局等8部门组成的世博会知识产权保护专项行动联合检查组听取了世博会知识产权保护情况汇报。

2010年9月20日~26日，世界知识产权组织（WIPO）成员国大会第48次系列会议在瑞士日内瓦召开。国家知识产权局局长田力普在世界知识产权组织第二届部长级高级别会议上就“创新、增长与发展：知识产权的作用和成员国的国家经验”作主旨演讲，还与美国、英国、法国、西班牙、韩国、蒙古、加拿大、瑞典、巴西、以色列、澳大利亚等15个国家知识产权主管机构以及非洲地区知识产权组织（ARIPO）、欧洲专利局（EPO）、非洲知识产权组织（OAPI）、世界知识产权组织等国际组织的领导举行了双边会谈。

2010年10月14日，中国法学会、中国版权协会和中国人民大学主办的“中国著作权法律百年国际论坛”在北京召开。该活动对于回顾中国著作权制度的百年历程，总结百年历史经验，完善知识产权法制起到了深远的历史意义。

2010年11月10日，美国驻华使馆、中国美国商会主办的“美国大使知识产权对话”活动在北京召开，国家知识产权局局长田力普出席此活动并发表题为“知识产权的创造与运用——中国的实践和经验”的主旨演讲。美国驻华大使洪博培出席活动并致辞。这次活动讨论的主题包括：知识产权执法的最佳实践、应对网络挑战以及保护患者免于假药侵害。

2010年11月10日~16日，“非洲知识产权组织成员国知识产权局局长研讨会”在北京举行。

2010年11月12日，“全国知识产权局执法工作会议”在天津召开，来自全国各省市知识产权局的代表近150人参加了会议。

2011年1月6日，国家版权局通报了政府机关软件正版化工作的进展：此前在中央国家机关中已有31个部门机关本级率先完成软件正版化检查整改工作。

2011年1月6日，由中国版权保护中心主办，中华版权代理中心、中华出版工作者协会、国际版权交易中心等协办的中国版权服务年会在北京开幕。新闻出版总署副署长、国家版权局副局长阎晓宏在会上表示，近年来版权工作深入贯彻落实国家知识产权战略，版权工作呈现出蓬勃发展态势。

2011年1月8日，国务院副总理李克强在慕尼黑会见了德国巴伐利亚州州长泽霍费尔，并且指出没有竞争就没有技术进步，没有知识产权保护就无法激发科技人才创造的激情和动力。

2011年1月10日，最高人民法院、最高人民检察院、公安部联合印发了《关于办理侵犯知识产权刑事案件适用法律若干问题的意见》，对侵犯知识产权刑事案件的法律适用问题进行明确。该意见共16条，进一步明确了侵犯知识产权刑事案件的管辖，收集、调取证据的效力，如何认定侵犯著作权罪中“以营利为目的”等7个问题。

2011年1月11日，国务院新闻办公室举行新闻发布会，最高人民法院副院长熊选国、最高人民检察院副检察长孙谦和公安部有关负责人介绍了《最高人民法院、最高人民检察院、公安部关于办理侵犯知识产权刑事案件适用法律若干问题的意见》的有关情况。

2011年1月12日，全国版权工作会议在北京举行。新闻出版总署署长、国家版权局局长柳斌杰在会上做了题为“抓住机遇，开拓创新，全面开创版权‘十二五’工作新局面”的书面报告。

2011年1月12日，中国版权保护中心发布了我国软件著作权登记统计数据：“十一五”期间，我国软件著作权登记量从2万余件逐年递增到8万余件，5年累计总量已达24万余件，是“十五”期间的4倍。

2011年1月17日，为配合全国打击侵犯知识产权和制售假冒伪劣商品专项行动的开展，震慑不法分子，切实保护知识产权，维护社会主义市场经济秩序，最高人民法院发布了第二批共5件侵犯知识产权和制售假冒伪劣商品的典型案例。

2011年1月18日~21日，中国国家主席胡锦涛成功访美，期间胡锦涛主席与奥巴马总统在白宫共同会见了中美两国企业家。胡锦涛表示中美加强知识产权合作是互利共赢，所有在中国注册的企业都享有国民待遇，中国政府在自主创新产品认定、政府采购、知识产权保护上对其都会一视同仁、平等对待。

2011年1月25日，中国国家版权局与中国－欧盟知识产权保护项目在南通共同召开研讨会，此次研讨会聚焦版权保护推动产业发展以及数字环境下的版权执法两个议题。

2011年1月28日，国家版权局、公安部、工业和信息化部联合召开“打击网络侵权盗版专项治理‘剑网行动’视频网站主动监管工作会议”，通报了自2010年9月起，国家版权局通过技术手段对18家网站上300部作品的传播情况予以重点监控的成果。

2011年1月29日，全国“扫黄打非”办公室发出《关于组织开展打击盗版工具书专项行动的通知》，决定从2011年2月至3月在全国开展打击盗版工具书专项行动，并将此次专项行动纳入目前正在组织开展的打击侵犯知识产权和制售假冒伪劣商品专项行动。

2011年2月9日，国务院办公厅颁布了《国务院关于印发进一步鼓励软件产业和集成电路产业发展若干政策的通知》。通知要求各地区、各有关部门要高度重视，加强组织领导和协调配合，抓紧制定关于《进一步鼓励软件产业和集成电路产业发展的若干政策》的实施细则和配套措施，切实抓好落实工作。

2011年2月21日，全国打击侵犯知识产权和制售假冒伪劣商品专项行动领导小组办公室、新闻出版总署（国家版权局）、国务院机关事务管理局、中央直属机关事务管理局联合在京召开“中央国家机关软件正版化工作会议”。此次会议为进一步推进软件正版化工作的检查整改，确保中央国家机关于今年5月底前按时完成国务院部署起到了关键作用，也显示着中央国家机关软件正版化检查整改工作的推进速度和进度正大步加快。

2011年3月1日，由全国打击侵犯知识产权和制售假冒伪劣商品专项行动领导小组办公室、新闻出版总署（国家版权局）联合召开的“全国软件正版化工作会议暨推进企业使用正版软件工作部际联席会议第五次全体会议”在北京举行。会议形成的决议对今后政府部门和企业推进使用正版软件工作起到了“定位”作用。

2011年3月7日，2011年全国版权重点工作专题会在成都召开，会上传达学习了2011年全国版权工作会议报告，并对版权重点工作进行了部署。

2011年3月8日，国家版权局在成都市举行了全国版权示范城市授牌仪式，成都成为首个创建成功的全国版权示范城市。国家版权局于2009年12月发布《全国版权示范城市、示范单位和示范园区（基地）管理办法》，体现了全社会大力弘扬尊重知识、尊重创新的科学品质，推动了中心城市版权创造、运用、保护和管理能力的提高。

2011年3月15日，包括贾平凹、刘心武、韩寒、郭敬明等在内的近50

位中国作家联合发表《三一五中国作家讨百度书》。呼吁并鼓励作品使用人、企业依法诚信经营，不能滥用“避风港”原则。同时国家版权局明确要求百度要以负责任的态度进行积极整改并提交整改报告。在强大舆论压力下，百度向作家们表示致歉，并相继删除了百度文库中侵权的文学类作品。

2011 年 4 月 7 日，《2011 年国家知识产权战略实施推进计划》正式印发实施。该计划由国家知识产权战略实施工作部际联席会议组织 28 个成员单位共同制定，各单位按职责分工具体实施。

2011 年 4 月 7 日，最高人民法院召开新闻发布会，向社会发布《中国法院知识产权司法保护状况（2010 年）》白皮书。

2011 年 4 月 11 日，全国“扫黄打非”办公室、新闻出版总署、国家版权局和中央电视台在北京联合召开新闻发布会，并作为主办方共同启动了“绿书签行动 2011”。

2011 年 4 月 11 日，国家知识产权局副局长李玉光在北京会见了越南知识产权局来华培训代表团一行。

2011 年 4 月 12 日，公安部召开新闻发布会，向媒体通报了“亮剑”行动中各地公安机关侦破的“萝卜家园”盗版软件等 10 起典型知识产权案件。

2011 年 4 月 18 日，最高人民法院和中国互联网协会互联网知识产权纠纷调解机制备忘录签署仪式在北京举行。最高人民法院奚晓明副院长和中国互联网协会胡启恒理事长发表了重要讲话。

2011 年 4 月 18 日，中国商务部、日本经济产业省在第 109 届广交会举行“中日展会知识产权保护研讨会”，中日双方一致表示，加大在知识产权保护的合作力度，符合两国共同的利益。

2011 年 4 月 18 日，中国国家知识产权局局长田力普在京会见了来访的朝鲜发明局局长李哲镇一行，双方就各自的最新情况、两局合作历史及未来发展交换了意见。

2011 年 4 月 20 日，国家版权局正式发布了《版权工作“十二五”规划》。该规划根据《中华人民共和国国民经济和社会发展第十二个五年规划纲要》及《国家知识产权战略纲要》而编制，紧紧围绕科学发展这个主题和加快转变经济发展方式这条主线，在总结“十一五”时期版权工作经验的基础上，对今后 5 年的版权工作进行了总体部署和规划。

2011 年 4 月 21 日，国家知识产权局、国家工商总局和国家版权局联合发布了《2010 年中国知识产权保护状况》。

2011 年 4 月 21 日，国新办在国务院新闻办新闻发布厅举行新闻发布会，请国家知识产权局局长田力普、国家工商行政管理总局副局长付双建、新闻出版总署副署长、国家版权局副局长阎晓宏介绍了 2010 年中国知识产权发展状况。

2011 年 4 月 22 日，中国电影著作权协会一届二次理事（扩大）会议在北京召开。新闻出版总署副署长、国家版权局副局长阎晓宏出席会议并表示，中国已经建立了门类比较齐全的集体管理组织，集体管理的发展潜力巨大。

2011 年 4 月 24 日，最高人民法院在江苏苏州召开新闻发布会，公布 2010 年中国法院知识产权司法保护十大案件和 50 个典型案例。这些案件和典型案例都具有较强的典型意义及较大的社会影响，典型案例的挑选和推广也是规范司法行为、提高司法水平的一项重要措施。

2011 年 4 月 26 日，由全国“扫黄打非”办公室、新闻出版总署、国家版权局与中央电视台联合主办的“4·26”世界知识产权日特别节目——《绿书签行动 2011》大型主题晚会在中央电视台 12 频道播出。晚会主题讨论了盗版的社会危害及中国推进软件正版化工作是外因所致还是内在发展需求等社会高度关注话题。所提倡的“尊重创新，尊重知识，做诚信守法公民”口号具有宣传引导作用。

2011 年 4 月 26 日，中南财经政法大学与国家知识产权局等单位主办了 2011 年知识产权南湖论坛，该论坛宣布我国已经有 25 个省、自治区、直辖市以及 93 个地级市正式发布了地方知识产权战略。

2011 年 5 月 9 日，中国资产评估协会对外宣布，为规范著作权资产评估行为、服务文化创意产业发展，我国首个《著作权资产评估指导意见》于 2011 年 7 月 1 日起正式实施。这对于推动著作权资产评估工作的规范化、专业化，推进版权的创造、交易、使用和管理，促进文化创意产业的繁荣发展，具有十分重要的意义。

2011 年 5 月 9 日，美国总统奥巴马在华盛顿白宫椭圆形办公室会见了在美主持第三轮中美战略与经济对话的胡锦涛主席特别代表、中国国务院副总理王岐山和国务委员戴秉国。王岐山表示，中方在保护知识产权、使用正版软件、完善创新与政府采购政策、培育开放投资环境等方面取得积极进展。

2011 年 5 月 9 日 ~10 日，为进一步提升我国在数字环境下的版权贸易水平，加强国内外版权界交流与合作，深入推进出版“走出去”战略，由国家版权局主办、中国图书进出口（集团）总公司承办的“2011BIBF北京国际版权贸易研讨会”在北京举行。

2011年5月12－14日，“第十五届中国国际软件博览会”在北京展览馆举办。本届软博会通过论坛、展览、洽谈等方式，集中展示我国软件和信息技术服务业自18号文件发布10年来取得的辉煌成就，积极为政府、企业、行业、用户搭建交流、洽谈、合作服务平台。

2011年5月18日，为深入贯彻落实全国人才工作会议精神和国家及首都中长期人才发展规划，推动实施知识产权人才战略，加快培养知识产权人才的战略举措，由国家知识产权局专利局人教部与北京市知识产权局举办的知识产权人才培育工作交流座谈会在北京举行。

2011年5月18日，由国家知识产权战略实施工作部际联席会议办公室发起组织的“知识产权战略大讲堂”系列活动首期演讲在京举行，国家知识产权局前任局长王景川做了题为“国家知识产权战略的回顾与展望”的演讲。

2011年5月25日，国务院机关事务管理局对外发布了《中央行政事业单位软件资产管理暂行办法》，对中央行政事业单位软件资产管理进行了具体详细的规范。这是党政机关首个专门的软件资产管理办法。

2011年5月26日，公安部特邀监督员“亮剑”行动——公安部打击侵犯知识产权和制售伪劣商品犯罪专项行动座谈会在北京举行。公安部邀请了十几位全国人大代表、政协委员及中央国家机关和新闻单位的领导参与座谈。

2011年5月30日，全国检察机关知识产权培训班暨行政执法与刑事司法衔接现场经验交流会在海阳市开幕。

2011年5月31日，至此，全国共135家中央和国家机关已按照国务院要求按时完成软件正版化检查整改工作，为推动地方政府软件正版化工作做出了表率。同时，中宣部“使用正版、统筹推进”模式、农业部“集中部署、集中推进”模式、国家知识产权局“长效管理、长期保持”模式等也成为推进软件正版化工作的范例。

2011年5月31日，国务院机关事务管理局中央国家机关政府采购中心宣布正式开通“正版软件采购网”，以进一步发挥政府集中采购在正版软件采购和使用中的推动作用，建立正版软件采购、使用、管理的长效机制。

2011年6月21日，国家版权局、公安部、工信部联合召开新闻通气会，公布了三部门自2010年7月启动的打击网络侵权盗版专项治理“剑网行动”以来，联合高检、高法和各地职能部门，查处一大批侵权盗版案件成果。

2011年7月11日，中国打击侵犯知识产权和制售假冒伪劣商品专项行动成果展览举行。

2011年7月12日，国新办召开新闻发布会，全国打击侵犯知识产权和制售假冒伪劣商品专项行动领导小组办公室主任、商务部副部长姜增伟介绍了全国打击侵犯知识产权和制售假冒伪劣商品专项行动成果及成果网络展览情况。

2011年7月13日，新闻出版总署国家版权局在北京举办《著作权法》第三次修订启动会议暨专家聘任仪式。

2011年7月13日，中国国家知识产权局副局长李玉光在京会见埃及专利局局长阿代尔一行，并于会谈后签署了中埃两局2011年双边合作计划。

2011年7月13日，中国和古巴关于图书出版的合作备忘录在哈瓦那签署。

2011年7月25日，数字版权保护技术研发工程的研发工作在北京启动。作为新闻出版总署四大数字出版工程之一，这标志着数字版权保护技术研发工程从筹备阶段正式进入到全面研发建设阶段。

2011年7月25日，在国家发展和改革委员会召开了“十二五”规划建言献策活动总结表彰会，多条关于提倡自主创新、发展自主知识产权的建议获得奖励。

2011年7月27日，根据中英版权谅解备忘录2010~2011年工作计划，中国国家版权局与英国知识产权局联合召开的2011年第二次视频会议在英国驻华使馆举行。双方就中国打击侵犯知识产权和制售假冒伪劣商品专项行动的开展、英国在中国设立知识产权专员等议题进行了深入的交流讨论。

2011年7月28日，在打击侵犯知识产权和制售假冒伪劣商品专项行动中，全国“扫黄打非”办公室会同新闻出版总署（国家版权局）、公安部、最高人民法院和最高人民检察院等五部门联合公布了10起侵权盗版重点案件。

2011年7月~10月，经国务院批准，由全国打击侵犯知识产权和制售假冒伪劣商品专项行动领导小组26个成员单位主办，中国网络电视台承办的中国打击侵犯知识产权和制售假冒伪劣商品专项行动网上成果展在北京举行。

2011 年 8 月 3 日，由国家知识产权局主办、黑龙江省知识产权局承办的全国知识产权信息应用与服务工作会议在哈尔滨市召开。

2011 年 8 月 10 日，根据推进企业使用正版软件工作部际联席第四次、第五次全体会议要求，推进企业使用正版软件工作部际联席会议办公室会同国资委、银监会等部门启动了“全国第一批 30 家大型企业软件资产管理试点工作”。部际联席会议办公室在北京组织召开“企业软件资产管理试点项目动员及培训工作会议”。

2011 年 8 月 19 日，国家副主席习近平同美国副总统拜登在京共同出席中美企业家座谈会。习近平在座谈会上表示，中国将继续解放思想、坚持改革开放，不断完善对外经贸合作法律法规，有效加强知识产权保护，一如既往为所有合作者创造良好投资环境。

2011 年 8 月 19 日，国家知识产权局局长田力普到贵州省知识产权局调研。

2011 年 8 月 26 日，国家知识产权局副局长甘绍宁率代表团访问加拿大知识产权局，并与加拿大知识产权局局长 Sylvain Laporte 举行了会谈，双方就中国传统中药专利数据库、消除审查积压的相关经验等多项议题深入交换了意见。

2011 年 8 月 29 日，由中国国家知识产权局与蒙古国知识产权局联合举办的中蒙第六届知识产权研讨会在蒙古首都乌兰巴托举行。

2011 年 8 月 31 日，新闻出版总署对外发布了“打击侵犯知识产权和制售假冒伪劣商品专项行动阶段性成果”。在打击侵权盗版方面、推进政府软件正版化检查整改工作方面、集中查破大案要案方面都取得了预期成果。

2011 年 8 月 31 日，中国国家版权局在北京向社会公布“2010 年度版权执法十大案件”，旨在展示版权执法工作成就，充分发挥典型案例的示范引导作用，进一步加大版权执法的科学性和有效性。

2011 年 9 月 9 日，国家版权局在山东青岛市召开推进全国版权示范城市、示范单位和示范园区创建工作座谈会，授予青岛市全国版权示范城市称号。这是国家版权局于 2009 年 12 月发布《全国版权示范城市、示范单位和示范园区管理办法》，青岛是继成都之后荣获全国版权示范城市称号的全国第二座城市。

2011 年 9 月 13 日，中国驻欧盟代表团的官员与欧盟委员会、欧洲专利局、欧洲内部市场协调局的代表共同见证了中国－欧盟知识产权保护项目的完成，中国商务部、欧盟驻华代表团、欧洲专利局以及欧洲内部市场协调局共同签署了未来继续合作的共同声明。

2011 年 9 月 14 日，中国国务院总理温家宝在“2011 大连夏季达沃斯年会”上发表重要讲话，指出中国将坚持创新驱动，加快建设国家创新体系，大力增强科技对经济社会发展的支撑能力。

2011 年 9 月 14 日，国家版权局办公厅印发《关于奖励 2010 年度查处侵权盗版案件有功单位及个人的决定》，对在 2010 年度查处侵权盗版案件工作中做出突出贡献的有功单位和个人给予表彰和奖励。

2011 年 9 月 14 日，中国国家知识产权局与吉尔吉斯共和国国家知识产权局在大连签署知识产权领域合作协议。

2011 年 9 月 19 日，国家版权局、国家知识产权局和国家工商行政管理总局在北京发布了“2010 年度全国知识产权保护重大事件及有影响力人物”评选活动结果。国务院开展打击侵犯知识产权和制售假冒伪劣商品专项行动等 20 个事件当选为“2010 年度全国知识产权保护重大事件（案件）”，新闻出版总署国家版权局法规司司长王自强等 10 人当选为“2010 年度全国知识产权保护最具影响力人物”。

2011 年 9 月 30 日，国家版权局办公厅印发了《关于奖励 2010 年度查处侵权盗版案件有功单位及个人的决定》。这是国家版权局自 2008 年重奖打击侵权盗版有功单位和个人后开展的第四次大规模表彰奖励活动，此次颁发奖金高达 467.1 万元，起到良好的引领和示范作用。

2011 年 9 月 26 日～10 月 5 日，在瑞士日内瓦召开的世界知识产权组织（WIPO）成员国大会上，中国新闻出版总署副署长、国家版权局副局长阎晓宏当选为伯尔尼联盟大会副主席（2011～2013 年度）。这是中国自 1992 年 10 月加入《伯尔尼公约》以来，中国知识产权领域行政首脑首次担任这一机构副主席职位，也是中国国力和影响力在全球不断提升的体现。

2011 年 10 月 8 日，由国家知识产权局主办、广东省知识产权局承办的知识产权服务工作研讨会在广州召开。该研讨会就加强知识产权服务业行业管理、知识产权服务分类指导和知识产权服务人才的培养的引进力度等议题进行了讨论。

2011 年 10 月 11 日，由中国国家知识产权局和德国专利商标局共同主办的“中德知识产权合作30周年研讨会”在北京举行。

2011年10月15日，截至该日，“双打行动”成果展网络访问量破亿次。打击侵权假冒专项行动成果网络展览自启动以来，受到海内外持续关注。根据广大网民的要求，成果展内容将长期保留，并将作为打击侵权假冒工作网站，更好地发挥宣传、教育、警示和社会监督作用。

2011年10月27日，世界知识产权组织发布《世界知识产权组织2011年知识产权事实及数据》，报告显示中国知识产权事业发展成绩斐然。

2011年10月27日，国务院新闻办发表《中国特色社会主义法律体系》白皮书，指出据不完全统计，2001年至2010年各级版权行政管理部门共收缴侵权盗版复制品7.07亿件。

2011年11月2日，中国国家知识产权局和韩国特许厅第十七次局长会议在北京举行。两局局长签署了本次会议会谈纪要和《中华人民共和国国家知识产权局与韩国知识产权局关于专利审查高速路的谅解备忘录》。

2011年11月8日，“国家知识产权试点示范城市评定办法”研讨会在成都召开。该研讨会旨在为进一步完善和加强国家知识产权试点和示范城市评定工作，推动城市知识产权试点示范工作的深入开展。

2011年11月9日，新闻出版总署署长、国家版权局局长柳斌杰在北京会见了世界知识产权组织总干事弗朗西斯·加利、副总干事王彬颖一行，双方就如何进一步加强合作、加大版权保护力度深入交换意见。

2011年11月12日，“2011中国版权年会”在北京举行，这是中国版权协会主办的第四届年会。会议的主题是：云计算、数字出版与版权保护。云计算数字出版版权保护成为“2011中国版权年会”热议主题。

2011年11月14日，非洲地区知识产权组织成员国知识产权局局长研讨会在北京举行。

2011年11月14日~15日，由新闻出版总署培训中心举办了“2011年版权执法培训工作会议”。

2011年11月16日，由国家知识产权战略实施工作部际联席会议办公室组织开展的“知识产权战略大讲堂”第三期活动在京举行，新闻出版总署（国家版权局）法规司司长王自强做了题为“中国版权保护制度之选择”的报告。

2011年11月16日，中国国家工商总局副局长付双建会见了来访的由非洲地区知识产权组织总干事吉夫特·斯班达率领的非洲地区知识产权组织代表团。

2011年11月17日，中国审判理论研究会知识产权专业委员会2011年会暨“加大知识产权司法保护力度与降低维权成本研讨会”在重庆举行。

2011年11月19日，由中国人民大学国家版权贸易基地创办的国家版权交易网自开通上线已满1年，在网站上挂牌交易的项目达到5000多项，挂牌交易额已经超过15亿元人民币，线上和线下相结合的版权交易形式，具有创新意义，为买卖双方搭建起低成本、操作性强的交流互动平台。

2011年11月21日，战略性新兴产业知识产权工作指导组会议在北京召开。

2011年11月21日，第22届中美商贸联委会新闻发布会召开，中国商务部副部长王超指出中方在本次会议上宣布将保护知识产权的领导机制长效化。

2011年11月22日，中国国家知识产权局副局长杨铁军在京会见瑞士联邦知识产权局副局长菲利克斯·阿多尔一行。双方介绍了各自近期在知识产权领域中的工作进展，并表示今后将继续深化两局合作。

2011年11月22日，“2011年内地与香港、澳门特别行政区知识产权研讨会”在香港举行。国家知识产权局局长田力普、香港特区政府商务及经济发展局局长苏锦梁、澳门特区政府经济局副局长戴建业出席会议并致辞。

2011年11月22日，中共中央总书记、国家主席、中央军委主席胡锦涛在中国文学艺术界联合会第九次全国代表大会、中国作家协会第八次全国代表大会上强调，要贯彻党的文艺方针政策，用符合文艺规律的方式发展文艺事业，加大投入和保障力度，完善扶持和奖励机制，加大知识产权保护力度，推动多出人才、多出精品。

2011年11月28日，全国法院知识产权审判工作座谈会在杭州召开。

2011年11月29日，中欧知识产权局第五次局长会议在重庆举行。国家知识产权局局长田力普与欧洲专利局局长巴迪斯戴利先生于会上共同签署合作备忘录。

2011年11月30日，针对作品登记工作存在的问题，国家版权局下发了《关于进一步规范作品登记程序等有关工作通知》。从作品登记申请受理、审查、时限、证书内容、登记表证格式、信息统计等方面做了详细规定，将建立全国作品登记信息数据库，以便统一公告、查询等。

2011 年 12 月 1 日，国家版权局着手修订新稿酬标准。版权管理司将在相关作者、作品使用者、行业协会中进行调研，多方面征求意见，适时调整稿酬标准，以便更好地保护作者的权益，同时也兼顾权利人与使用者间的利益平衡关系。

2011 年 12 月 2 日，在全国首次知识产权人才工作会议上，国家知识产权局就实施《知识产权人才“十二五”规划》进行了全面部署，提出要不断开创知识产权人才工作新局面。

2011 年 12 月 8 日，英国－中国知识产权研讨会在伦敦召开，这是中英双方首次举行有关知识产权的研讨会。

2011 年 12 月 8 日 ~9 日，为探讨数字环境下全球版权管理和执法面临的挑战和机遇，切实加强互联网版权执法工作，促进数字环境下版权保护水平的提高，中国国家版权局与世界知识产权组织（WIPO）在上海共同召开“世界知识产权组织数字环境下的版权管理和执法国家研讨会”，探讨如何解决数字环境下的版权问题。

2011 年 12 月 8 日，广电总局国际司主办、云南广电局承办的“电视节目国际交流与版权保护研讨会”在昆明召开。

2011 年 12 月 11 日，“中国加入世界贸易组织十周年高层论坛”在人民大会堂举行。国家主席胡锦涛指出，我们将加大知识产权执法力度和司法保护力度，为国内外投资者提供公平、稳定、透明的投资环境。

2011 年 12 月 13 日，国务院新闻办举行新闻发布会，全国打击侵犯知识产权和制售假冒伪劣商品工作领导小组办公室主任、商务部副部长姜增伟介绍了中国政府建立打击侵权假冒工作常态化工作机制等方面情况。

2011 年 12 月 15 日 ~17 日，广电总局人事司、法规司共同举办了广播影视知识产权骨干培训班。

2011 年 12 月 20 日，最高人民法院发布了《关于充分发挥知识产权审判职能作用推动社会主义文化大发展大繁荣和促进经济自主协调发展若干问题的意见》，时任最高人民法院民三庭庭长孔祥俊表示，该意见进一步明确了网络环境下的著作权侵权判定规则。

2011 年 12 月 21 日，新闻出版总署副署长、国家版权局副局长阎晓宏就学习贯彻十七届六中全会精神，加强版权保护力度，推动互联网产业发展到百度公司进行专题调研。

2011 年 12 月 28 日，2011 年中国自主创新年会在人民大会堂举行。

2012 年 1 月 5 日，全国知识产权局局长会议在北京召开。国家知识产权局局长田力普，副局长李玉光、贺化、杨铁军，中纪委派驻国家知识产权局纪检组组长肖兴威、副局长鲍红、甘绍宁出席会议。

2012 年 1 月 5 日，在全国新闻出版工作会议召开期间，全国版权局长会议同时在京举行。新闻出版总署署长、国家版权局局长柳斌杰作了题为“深入贯彻十七届六中全会精神努力做好版权工作推动文化大发展大繁荣”的书面报告，其中明确提出做好 2012 年版权工作总的要求。

2012 年 1 月 5 日，商务部部长陈德铭在全国商务工作会议上表示：2012 年商务部将协调全国打击侵犯知识产权和制售假冒伪劣商品工作领导小组成员单位分季度开展重点领域整治，推动行政执法与刑事司法相衔接，建立打击侵权假冒工作网站，保持对侵权假冒行为的高压态势。

2012 年 1 月 6 日，全国首家专业版权评估中心——中国人民大学国家版权贸易基地版权评估中心在北京揭牌。

2012 年 1 月 7 日，全国“扫黄打非”办公室公布了 2011 年度十大数据，涉及全年部署开展的一系列专项行动和整治工作，显示出在遏制各类非法出版物、打击淫秽色情有害信息、扫除淫秽色情光盘、查处侵权盗版出版物等方面工作取得的显著成效。

2012 年 1 月 9 日，新闻出版总署出台 2012 年“一号文件”《关于加快我国新闻出版业走出去的若干意见》，首次从国家层面对新闻出版业走出去进行全方位布局。这显示了我国大力发展版权贸易、缩小版权贸易逆差、提升文化软实力的决心和力度。

2012 年 1 月 13 日，国家版权局举行的“《著作权法》修订专家建议稿专题汇报会暨修法工作第一次会议”在北京举行。3 月 19 日，举行《著作权法》修订专家委员会第二次会议，就近期刚刚形成的《著作权法》修订稿草案进行了纠错与补缺工作。10 月 18 日，举行第四次会议，会上分别就著作权法“修改草案”第三稿所涉及的追续权制度、视听作品归属及获酬权、“孤儿作品”保护、著作权集体管理制度、侵权责任及损害赔偿等多个重点问题进行了讨论。

2012 年 1 月 17 日，中国版权保护中心发出《关于免征小型微型企业软件著作权登记费的通告》，自 2012 年 1 月 1 日起至 2014 年 12 月 31 日止，在计算机软件著作权登记环节暂免征收小型微型企业登记费等 8 项费用，切实达到减轻小型微型企业负担的目的。

2012 年 1 月 20 日，由国家知识产权局、国家工商总局、国家版权局联合主办，中国专利保护协会、中华商标协会、中国版权协会承办的 2011 年度全国知识产权保护重大事件、案件及有影响人物评选活动正式启动。

2012 年 1 月 31 日，中国国家知识产权局局长田力普应邀同世界知识产权组织（WIPO）总干事弗朗西斯·高锐通电话，双方就双边合作等多项议题交换了意见。

2012 年 2 月 3 日，为大力推动知识产权工作，加强知识产权保护的宣传，由国家知识产权局、国家工商行政管理总局、国家版权局共同举办的“2011 年度全国知识产权保护重大事件、案件及有影响人物评选”活动启动。

2012 年 2 月 3 日，国家知识产权战略实施工作部际联席会议第六次联络员全体会议在京召开。国务院办公厅有关同志、联席会议 28 个成员单位联络员和工作联系人参加会议，国防科工局、知识产权局有关部门负责同志列席会议。

2012 年 2 月 6 日，国家知识产权局副局长李玉光在京会见了欧盟驻华代表团公使衔参赞玛丽安·冈麦琉斯（Marianne Gumaelius）一行。

2012 年 2 月 8 日，首届全国法院知识产权审判庭庭长研讨班在广州举行。中国最高人民法院副院长奚晓明在研讨会上表示，“加强保护、分门别类、宽严适度”是当前知识产权司法保护政策的基本定位。并强调，广大知识产权法官要准确把握并妥当运用当前知识产权司法保护政策，进一步加强知识产权司法保护。

2012 年 2 月 8 日，深圳市知识产权局挂牌仪式隆重举行，这不仅是深圳市知识产权工作的大事，也是我国知识产权管理体制改革中的里程碑事件，标志着深圳市知识产权工作进入了崭新的发展阶段。

2012 年 2 月 10 日，根据建设知识产权人才信息化工程的目标任务，国家知识产权局公布了首批国家知识产权专家库专家名单，来自全国各行业的 203 人入选。

2012 年 2 月 10 日，推进使用正版软件工作部际联席会议第一次全体会议在京举行。

2012 年 2 月 17 日，“全国版权交易共同市场”发展论坛在北京举行。全国版权交易共同市场理事长、中国版权保护中心主任段桂鉴在论坛上表示，全国版权交易共同市场将形成统一的版权交易制度、相关技术标准、认证体系，实现创新交易模式、版权交易资源及网络的共享。

2012年2月17日，中国版权保护中心发布统计数据，我国游戏类软件实现持续高速发展，其中2011年游戏类软件著作权登记5447件，登记量增速较为突出。

2012年2月20日，时任国家副主席的习近平同志在出席中美经贸合作论坛开幕式时表示，鼓励创新离不开对知识产权的保护，中国正在着力营造更加公开透明的法律政策环境，继续从司法和行政两个方面加强知识产权保护。

2012年2月20日，中共中央办公厅、国务院办公厅印发了《国家“十二五”时期文化改革发展规划纲要》，提出要推动文化产业跨越式发展，逐步成长为国民经济支柱性产业。

2012年2月22日，科技部网站发布《现代服务业科技发展十二五专项规划》，该规划提出的主要目标为：围绕生产性服务业、新兴服务业、科技服务业等重点领域，加强商业模式创新和技术集成创新，突破一批共性关键技术，形成一批系统解决方案，建立完善现代服务业技术支撑体系、科技创新体系和产业发展支撑体系。

2012年2月23日~24日，由最高人民法院主办，美国国际发展署、美国律师协会和华东政法大学协办的“最高人民法院知识产权前沿问题研讨会”在上海举行。来自最高人民法院知识产权审判庭、各省市高级人民法院知识产权审判庭、部分中级及基层人民法院知识产权审判庭的近60位法官和国内外专家参加会议。

2012年2月27日，科技部网站发布《科技创新知识产权工作“十二五”专项规划》。规划指出，知识产权运用效果将得到显著增强，到“十二五”末期，在全国技术市场登记的技术合同交易总额将达到8000亿元，一批重要知识产权在战略性新兴产业发展和传统产业升级改造中会得到有效运用。

2012年3月5日，第十一届全国人民代表大会第五次会议在人民大会堂开幕，国务院总理温家宝在做政府工作报告时提出，要深入实施科教兴国战略和人才强国战略，坚定不移地实施国家知识产权战略。

2012年3月5日，由中国国家知识产权局与蒙古国知识产权局联合主办、北京市知识产权局承办的第七届中国－蒙古知识产权战略联合研讨会在北京举行。

2012 年 3 月 9 日，中国国家知识产权局副局长李玉光在北京会见了俄罗斯联邦知识产权局国际合作司处长欧普拉契科·瓦拉迪米先生及俄罗斯联邦工业产权院副司长朱拉维列夫·安迪先生一行，双方就中俄两局双边合作及多边框架下的合作交换了意见和看法。

2012 年 3 月 9 日，新闻出版总署副署长、国家版权局副局长阎晓宏在北京会见了美国电影协会主席兼首席执行官克里斯托弗·多德一行，双方就目前各国在版权保护方面面临的问题和挑战、各国政府在打击侵权盗版方面如何加强合作等议题交换了意见。

2012 年 3 月 11 日，第十一届全国人民代表大会第五次会议在人民大会堂举行第四次全体会议，最高人民法院院长王胜俊在作最高人民法院工作报告时指出，加强知识产权审判工作，依法促进创新型国家建设，知识产权审判对于保障文化发展和科技进步具有重要作用，各级法院共审结一审知识产权案件 6.6 万件。

2012 年 3 月 12 日，由工信部电子知识产权中心举办的“电子商务领域知识产权保护专家研讨会”在北京召开。

2012 年 3 月 15 日，在“3·15”国际消费者权益日到来之际，中共中央政治局委员、国务院副总理、全国打击侵犯知识产权和制售假冒伪劣商品工作领导小组组长王岐山在京主持召开会议，研究部署打击侵权假冒行为和推进政府机关软件正版化工作。

2012 年 3 月 15 日～16 日，新闻出版总署国家版权局在北京举行“新闻出版行业企业使用正版软件工作培训会议”。推进使用正版软件工作部际联席会议办公室主任、国家版权局版权管理司司长于慈珂在会上明确地向与会的 150 多家新闻出版行业企业传达重要任务：各新闻出版上市企业、大型出版集团、报业集团、发行集团必须按时于今年 10 月底完成软件正版化任务。

2012 年 3 月 19 日，由国务院发展研究中心主办的“中国发展高层论坛 2012 年会”在北京举行，国家知识产权局局长田力普出席并就中国知识产权保护等问题发言。

2012 年 3 月 19 日～23 日，为进一步贯彻落实《国务院办公厅关于进一步做好政府机关软件正版化检查整改工作的通知》精神，根据推进使用正版软件工作部际联席会议办公室的统一部署和要求，国家知识产权局副局长贺化率由知识产权局、审计署、工商总局、新闻出版总署、法制办等五部门及相关技术专家组成的软件正版化工作第六督查组在内蒙古、辽宁督导检查软件正版化工作开展情况。

2012 年 3 月 20 日 ~ 28 日，为进一步贯彻落实《国务院办公厅关于进一步做好政府机关软件正版化检查整改工作的通知》等文件要求，根据推进使用正版软件部际联席会议督查安排，新闻出版总署副署长、国家版权局副局长阎晓宏率由新闻出版总署、财政部、商务部、中直机关管理局等部门组成的第一督查组及由工信部、全国工商联、国务院国资委、保监会等部门组成的第三督查组，分别赴甘肃、青海及黑龙江、吉林督促检查政府机关软件正版化工作。

2012 年 3 月 28 日，新闻出版总署副署长、国家版权局副局长阎晓宏，北京市委常委、宣传部部长、副市长鲁炜在京会见了世界知识产权组织（WIPO）副总干事王彬颖、助理总干事安比·桑德兰一行，双方就世界知识产权组织将于 6 月在北京举办的“保护音像表演外交会议”筹备情况进行了沟通交流。

2012 年 3 月 29 日，由国务院新闻办公室、新闻出版总署联合主办，江西省出版集团公司承办的“中国图书对外推广计划”工作小组第八次工作会议在江西南昌开幕，工作小组作了 2011 年度工作报告，总结了 2011 年度“中国图书对外推广计划”的工作情况，并全面部署了 2012 年的工作。

2012 年 3 月 31 日，国家版权局发布《关于〈中华人民共和国著作权法〉（“修改草案”）公开征求意见的通知》，就《中华人民共和国著作权法》（“修改草案”）公开征求意见。我国现行《著作权法》共 6 章、61 条。根据 20 多年来的《著作权法》施行的基本情况，参考我国其他知识产权法律的篇章结构和体例，同时借鉴世界其他国家和地区著作权法，草案中对篇章结构和体例进行了调整，草案共 8 章、88 条。

2012 年 3 月 31 日，国家版权局版权管理司作为行业主管部门，开创性地启动了视频网站版权主动监管机制，从源头杜绝网络视频产业侵权盗版版权问题。实行网络监管后，视频网站的正版率有了大幅度提高，主动监管工作的开展也使得视频网站取得权利人授权的积极性有了大幅提高，行业的版权秩序明显好转。

2012 年 4 月 6 日，知识产权保护能力提升工作交流会在重庆召开。国家知识产权局保护协调司负责人出席会议，江西省、广东省、江苏省、湖南省、重庆市知识产权局的项目负责人和工作人员，重庆市九龙坡区、渝中区知识产权局有关领导等参加了此次会议。

2012 年 4 月 9 日，国家版权局发出《关于做好版权执法相关信息报送与案件信息公开工作的通知》，要求地方各级版权行政执法部门要及时做到将查办的版权行政执法案件处理结果和已结案的版权刑事案件判决结果通过互联网等媒体进行公开。

2012 年 4 月 10 日，中国政府发布了一项旨在推动知识产权保护的年度计划，标志着我国将进一步加强打击侵犯知识产权长效机制建设，提高侵权代价。

2012 年 4 月 10 日，“2012 年国家知识产权战略实施推进计划新闻发布会”在北京举行。新闻出版总署（版权局）版权管理司副司长王志成在会上针对有关著作权法修改的问题做了汇报，表示著作权法修改既要加强版权保护，也要有利于作品的传播，还应符合国际规则与国际惯例。

2012 年 4 月 12 日，在 2012 年度美国大使知识产权保护圆桌论坛上，中国商务部国际贸易谈判副代表崇泉表示中美应加强知识产权保护合作。

2012 年 4 月 12 日，国家知识产权局局长田力普在北京会见了来访的新加坡知识产权局局长陈一山一行，双方就中新两局合作及共同关心的知识产权问题交换了意见。

2012 年 4 月 13 日，根据《2012 年推进使用正版软件工作计划》，由推进使用正版软件工作部际联席会议办公室开展的第三批“全国软件正版化工作示范单位”推荐评审文件。凡在 2009 ~ 2011 年度，积极推进使用正版软件工作并取得显著成效的各类企业均可参评。

2012 年 4 月 16 日，由推进使用正版软件工作部际联席会议办公室开展的第三批“全国软件正版化工作示范单位”推荐评审工作已正式启动，这意味着企业使用正版软件可参评“全国先进”。

2012 年 4 月 16 日，“全国知识产权教材建设启动会”在北京召开。国家知识产权局局长田力普在会上表示，要深刻认识知识产权事业发展对人才工作提出的新任务和新要求，明确知识产权教材建设的重要意义和工作目标，扎实推进“十二五”时期知识产权教材建设工作。

2012 年 4 月 17 日，一场以“出版与版权保护”为主要内容的高端对话在伯爵宫会议中心举行。新闻出版总署署长柳斌杰、世界知识产权组织总干事弗兰西斯作为对话嘉宾出席，围绕“数字时代的版权保护与版权价值”主题进行了互动交流。

2012 年 4 月 18 日，中国最高人民法院发布了《中国法院知识产权司法保护状况（2011 年)》白皮书，白皮书指出，2011 年中国法院新收知识产权案件增幅较大，重大疑难复杂和新类型案件增多。

2012 年 4 月 18 日，由中国国家知识产权局主办的 2012 年发展中国家知识产权培训班在重庆结束，国家知识产权局副局长李玉光出席培训班结业典礼并向来自 8 个发展中国家的 24 名代表颁发了结业证书。

2012 年 4 月 19 日，由国家知识产权局主办的 2012 年重大经济科技活动知识产权评议试点工作启动仪式今日在京举行。国家发展与改革委员会、科技部、工业和信息化部、中国科学院等相关部委参加会议。

2012 年 4 月 19 日，最高人民法院发布了《最高人民法院知识产权案件年度报告（2011)》，对其在过去 1 年审结的知识产权和竞争案件中明确的审判标准、裁判方法和司法政策进行了系统总结并予以公开展示。

2012 年 4 月 20 日 ~27 日，为庆祝 4 月 26 日世界知识产权日，国家知识产权局、中宣部、工商总局、版权局、国新办等 25 个部门联合举办了“知识产权宣传周”活动。

2012 年 4 月 22 日，最高人民法院公布《关于审理侵犯信息网络传播权民事纠纷案件适用法律若干问题的规定》（征求意见稿），向社会各界广泛征求意见。征求意见稿对侵犯网络著作权的界定、网络服务提供者是否具有过错、直接获取经济利益的认定等予以明确规定。

2012 年 4 月 23 日，国家版权局在“打击假冒他人署名书画作品行为工作座谈会”上表示将协调全国“扫黄打非”工作小组办公室、文化部、北京市文化市场行政执法总队等相关部门及中国文联、中国美术家协会、中国书法家协会等组织，共同对假冒他人署名书画作品行为予以严厉打击。

2012 年 4 月 24 日，国务院新闻办公室举行新闻发布会介绍 2011 年中国知识产权发展状况。

2012 年 4 月 24 日，为迎接第 12 个“4·26”世界知识产权日，充分展示我国“扫黄打非”、打击侵权盗版工作成果，进一步表明我国政府保护知识产权的坚定立场和决心，全国“扫黄打非”工作小组在全国 31 个省（区、市）

同时举行2012年侵权盗版及非法出版物集中销毁活动，并开展了以“拒绝盗版，助力创新”为主题的“绿书签行动”。

2012年4月25日，国家版权局在北京召开“著作权法第三次修订媒体互动会”，国家版权局法规司司长王自强就著作权法修订草案中数条引起争议的条款进行详细解读。

2012年4月26日，国家知识产权局在北京举行面向各驻华使馆和在华机构及企业的业务沟通会，国家知识产权局办公室、条法司、保护协调司、国际合作司、专利管理司、规划发展司和专利局审查业务管理部有关负责人同与会者进行了交流。

2012年4月27日，国家知识产权局经过评审公布了武汉、广州、深圳等23个城市为“首批国家知识产权示范城市”。

2012年4月28日，此前由知识产权局、发展改革委、教育部、科技部、工业和信息化部、财政部、商务部、工商总局、版权局、中科院联合发布的《关于加强战略性新兴产业知识产权工作的若干意见》已经国务院同意，由国务院转发各省、自治区、直辖市人民政府、国务院各部委、各直属机构，并要求予以认真贯彻执行。

2012年4月29日，为纪念新中国著作权法颁布20周年，促进我国版权事业发展，国家版权局编写的《中国版权事业二十年》一书由人民出版社出版发行。这是首部全面回顾和总结我国版权事业20年发展足迹的图书，时间节点自1990年《中华人民共和国著作权法》颁布至2010年年底。

2012年5月3日~4日，第四轮中美战略与经济对话在北京举行。国务院副总理王岐山在致辞中表示，中美双方应充分照顾彼此关切，取得更多互利共赢的成果，更好地造福两国人民。对话结束后双方发表了《第四轮中美战略与经济对话框架下经济对话联合成果情况说明》。

2012年5月12日，中共中央政治局委员、国务院副总理、全国打击侵犯知识产权和制售假冒伪劣商品工作领导小组组长王岐山在北京主持召开会议，研究部署打击侵权假冒和推进政府机关软件正版化工作。

2012年5月23日，国务院副总理王岐山在中南海会见微软公司首席执行官史蒂夫·鲍尔默。王岐山表示，保护知识产权关乎创新型国家建设，中国政府高度重视保护知识产权，努力为企业创新发展营造良好的环境。

2012年5月28日，由中国法学会主办、中国知识产权法学研究会承办的

“中美知识产权司法审判研讨会”在北京召开。

2012年5月31日，为有效遏制侵权盗版行为的蔓延势头，营造良好氛围，新闻出版总署、国家版权局、全国“扫黄打非”工作小组办公室打击侵权假冒工作领导小组下发《关于开展迎接世界知识产权组织保护音像表演外交会议集中治理工作的通知》，决定分两个阶段在全国范围内的重点地区、重点领域开展侵权盗版行为专项治理行动。

2012年6月12日，由北京大学和美国斯坦福大学主办、腾讯公司支持的“2012首届北京大学—斯坦福大学互联网法律与公共政策研讨会”在北京大学举行。最高人民法院民三庭庭长孔祥俊在研讨会上指出：最高法院非常重视互联网领域的知识产权审判工作。

2012年6月15日，由中国版权保护中心主办的“2012CPCC十大中国著作权人年度评选”活动在京正式启动。本届评选活动主题为“关注设计”，旨在为各领域的优秀设计企业和个人搭建展示设计成果的平台。作为评选活动主办方，中心在主动加强对设计者和重点设计领域的版权服务、强化设计者的版权意识方面，始终以公益性、服务性为导向，本着公开、公正、公平的原则进行评选。

2012年6月19日，田力普在北京会见了泰国知识产权厅厅长帕琪玛一行。

2012年6月20日~26日，由世界知识产权组织（WIPO）主办，中国新闻出版总署（国家版权局）、北京市人民政府共同承办的“保护音像表演外交会议”在北京成功举办。来自世界知识产权组织154个成员、48个国际组织，共202个代表团的721名代表出席会议，正式签署《视听表演北京条约》。

2012年6月21日，世界知识产权组织（WIPO）版权金奖颁奖盛典在人民大会堂隆重举行，共15个作品或机构分别获得版权金奖分设的作品奖、推广运用奖、保护奖。版权金奖是目前WIPO在中国颁发的版权最高奖项，此奖项的设置立足文化创意产业与产业链发展的角度，以维护原创作品权益、传承原创精神为出发点，旨在表彰在版权领域做出卓越贡献的杰出代表。

2012年6月21日，国家工商总局局长周伯华会见了来访的非洲地区知识产权组织总干事吉福特·特哈金斯·斯班达。

2012年6月22日，国家知识产权局局长田力普在京会见了参加世界知识产权组织（WIPO）保护音像表演外交会议的WIPO总干事弗朗西斯·高锐博士一行。

2012年6月23日，国家知识产权局副局长李玉光会见了在北京参加世界知识产权组织（WIPO）保护音像表演外交会议的埃塞俄比亚知识产权局局长Berhanu Adello，双方就共同关心的知识产权保护问题和两局双边合作举行了会谈。

2012年6月24日，中俄知识产权制度培训班在北京举行，中国国家知识产权局局长田力普与俄罗斯联邦知识产权局局长鲍里斯·西蒙诺夫共同出席，与会代表就中国知识产权制度最新发展、中国知识产权保护与执法、知识产权在促进创新发展中的作用等议题进行了探讨。

2012年6月25日，由国家知识产权战略实施工作部际联席会议办公室组织的“知识产权战略大讲堂”第六期活动在北京举行，来自国资委、工商总局、广电总局、高法、总装备部等部际联席会议成员单位以及企业界、研究机构的代表参加了活动。

2012年6月25日~29日，全国知识产权局局长高级研修班在山东省烟台市举办，国家知识产权局局长田力普在研修班上就知识产权工作形势做了专题报告。

2012年6月26日，世界知识产权组织（WIPO）与国家版权局在人民大会堂联合举办颁奖典礼，对荣获2012“世界知识产权组织版权金奖（中国）”的单位和个人进行颁奖。

2012年6月26日，古籍整理作品版权保护——《著作权法》“修改草案”座谈会在景名园宾馆举行。

2012年7月4日，中国国家知识产权局与美国卡多佐法学院“成功合作5周年暨2011级毕业典礼”在北京举行。

2012年7月6日，国家版权局发布《著作权法》“修改草案”第二稿，从7月6日起至7月31日公开征求社会各界意见。新草案取消了原草案中最受争议的第46条关于录音制作法定许可、第47条关于广播电台、电视台播放法定许可的规定，将其恢复为作者的专有权；参考2012年6月26日世界保护音像表演外交会议通过的《视听表演北京条约》第12条，将视听作品中表演者的权利赋予制片者，同时规定主要演员享有署名权和“二次获酬权”。

2012年7月10日，国家知识产权局副局长、中国知识产权研究会常务副理事长甘绍宁率团对日本知财协会进行友好访问。

2012年7月10日，全国打击侵犯知识产权和制售假冒伪劣商品工作会议在北京召开。

2012年7月12日，“第三届中国－东盟知识产权局局长会议”在新加坡召开。中国国家知识产权局副局长李玉光率团出席会议。中国国家知识产权局及东盟成员国知识产权局分别通报了各自在知识产权方面的最新发展情况，并围绕传统中医药数据库、国家知识产权战略在地方的实施等议题进行了深入交流。

2012年7月16日，中共中央政治局委员、国务院副总理、全国打击侵犯知识产权和制售假冒伪劣商品工作领导小组组长王岐山在北京主持召开会议，研究部署三季度打击侵权假冒及推进政府机关软件正版化工作。打击侵权假冒及推进政府机关软件正版化工作是转方式、调结构、惠民生、促和谐、保障群众生产生活和消费安全的重要举措，也是保护创新环境、提升国家软实力的内在需要。

2012年7月17日，新闻出版总署副署长、国家版权局副局长阎晓宏代表国家版权局与工信部、财政部、国务院机关事务管理局在国新办新闻发布会上宣布，继中央和国家机关2011年5月底完成软件正版化检查整改工作后，2012年6月底全国31个省（区、市）的省级政府机关全部完成软件正版化检查整改工作。根据国务院最新工作部署，地市级和县级政府机关的软件正版化检查整改工作合并进行、协调推进，将于2013年年底前完成。国家版权局版权管理司有关负责人就推进地方政府机关软件正版化工作意义、如何为巩固工作成果建立软件资产管理长效机制等相关问题进行了公开的信息发布。

2012年7月18日，国家知识产权局发布《国家知识产权局行政复议规程》，该规程于2012年9月1日起施行。同时废止2002年7月25日国家知识产权局发布的《国家知识产权局行政复议规程》。

2012年7月19日，由国家知识产权局主办、中国知识产权培训中心承办、新疆维吾尔自治区和昌吉州知识产权局协办的“第十四期全国知识产权局局长培训班”在新疆举办。

2012年8月3日，新闻出版总署（国家版权局）法规司司长王自强在中国音像业《著作权法》修订座谈会上表示，国家版权局已经加快了针对草案定向征集意见的工作进度。国家版权局宣称，制定符合中国实际和国际规则的法律，是征求意见的目的所在，而保护作者权益和行业发展，是立法的最终目的。将组织版权保护各利益主体的代表面对面进行集中讨论，也就是“定向征集意见”，争取形成共识，并在第三稿中加以体现。

2012年8月21日，最高人民法院在天津召开全国部分法院知识产权审判工作情况调研座谈会，最高人民法院审判委员会专职委员杜万华出席会议并讲话。

2012年8月28日，第十九届北京国际图书博览会开幕式暨第六届“中华图书特殊贡献奖”颁奖仪式在人民大会堂举行。中共中央政治局委员、国务委员刘延东出席仪式。“中华图书特殊贡献奖”是新闻出版总署专门为北京国际图书博览会设立的国家级奖项。

2012年9月4日，中日韩知识产权远程教育国际研讨会暨中国知识产权远程教育十周年总结研讨会在北京举行。

2012年9月7日，最高人民法院党组成员、副院长奚晓明到基层工作联系点广东省广州市南沙区人民法院调研，他指出：知识产权审判要按照加强保护、分门别类、宽严适度的要求，努力实现法律效果、社会效果和政治效果的统一，将知识产权司法保护打造成为南沙对外招商引资的一张名片。

2012年9月10日，中国国家知识产权局局长田力普在北京会见了印度尼西亚知识产权局局长阿哈默德·穆贾希德·雷利一行，双方就共同关心的知识产权问题深入交换了意见。

2012年9月17日，中国国家版权局与韩国文化体育观光部主办，中国版权保护中心与韩国著作权委员会承办的第八届中韩著作权研讨会在韩国召开。

2012年9月19日，中国商务部与世界贸易组织、联合国贸发会议、经合组织联合举办的全球价值链国际研讨会在北京举行。中共中央政治局委员、国务院副总理王岐山出席开幕式并致辞，他指出：我们将毫不动摇地坚持对外开放的基本国策，加大知识产权保护力度，对内外资企业实行一视同仁的政策，营造良好的市场环境。

2012年9月24日，在“2012年出版传媒集团主要负责人座谈会”上，加快出版与科技融合，实现数字化转型成为包括凤凰传媒、中南传媒、中文传媒在内的各大出版传媒集团负责人的共识。新闻出版总署副署长孙寿山表示，推进出版与科技融合是今后一个时期内各级新闻出版行政部门的主要任务，在政策上要大力支持出版传媒集团以科技创新带动产业升级。

2012年9月26日，由中国版权保护中心主办、中国出版工作者协会版权保护工作委员会协办的首届数字出版与版权管理培训班在北京举办。此次培训具有重要意义：数字出版具有海量、快捷、绿色和低成本等特点，国家非常重视数字出版产业的发展。如今越来越多的传统出版社进入数字出版领域，传统出版社要重视版权的管理和使用，重视复制权和信息网络传播权的使用和管理，提高数字环境下的版权管理能力势在必行。

2012 年 9 月 26 日，国务院总理温家宝主持召开国务院常务会议，研究加快发展服务业，审议通过《国内水路运输管理条例（草案）》，会议强调要建立完善知识产权服务体系。

2012 年 9 月 27 日，国家知识产权局在黑龙江举办国家知识产权培训基地研讨班，国家知识产权局副局长甘绍宁出席研讨班并做了题为《整合优势培训资源，搭建人才培养平台，全国知识产权培训基地工作迈上新台阶》的讲话。

2012 年 10 月 23 日，中国版权保护中心发布的《2011 年中国软件著作权登记基本情况分析报告》，报告显示 2011 年全国登记软件 109 342 件，首次突破 10 万件，再创历史新高。

2012 年 10 月 29 日，盛大文学发布搜索引擎公司配合反盗版的成果，并与百度、搜狗、奇虎 360、腾讯搜搜 4 家搜索引擎公司共同签署《维护著作权人合法权益联合备忘录》，标志着由盛大文学旗下百余位作者联名发起的针对搜索引擎进行的维权行动首战告捷。

2012 年 10 月 30 日，新闻出版总署、国家版权局在北京举办《著作权法》修订工作领导小组第二次会议。会议回顾了《著作权法》第三次修订工作启动以来所取得的初步成果，并就即将呈报给国务院的“修改草案”第三稿进行了讨论，《著作权法》修订草案第三稿形成。

2012 年 11 月 1 日，最高人民法院“进一步加大知识产权司法保护力度研讨会”在江西景德镇召开，最高人民法院副院长奚晓明讲话，江西省高级人民法院院长张忠厚、景德镇市委书记邓保生致辞。

2012 年 11 月 3 日 ~4 日，由中国社会科学院知识产权中心和中国知识产权培训中心主办的“2012 知识产权上地论坛”在中国知识产权培训中心举行。该会议对“知识产权实施相关问题”进行了深入的讨论。

2012 年 11 月 7 日，为迎接中国共产党第十八次全国代表大会胜利召开而由中共中央党史研究室编写的《党的十七大以来大事记》中，2008 年 6 月 5

日“国务院印发《国家知识产权战略纲要》”和2010年10月19日“国务院常务会议决定，在全国集中开展打击侵犯知识产权和制售假冒伪劣商品专项行动”等内容被写入其中。

2012年11月8日，中共中央总书记胡锦涛代表十七届中央委员会向中共第十八次代表大会做了题为“坚定不移沿着中国特色社会主义道路前进为全面建成小康社会而奋斗”的报告。十八大报告中再次强调了实施知识产权战略，这充分表明中央对知识产权工作的高度重视，也对知识产权工作提出了新的更高要求。

2012年11月9日，为加快《加强知识产权文化建设的若干意见》拟定、出台工作，促进我国知识产权文化的繁荣，国家知识产权局、文化部、工商总局、版权局、广电总局等有关部委在武汉召开座谈会，就加强知识产权文化建设进行专题调研。

2012年11月22日，外语教学与研究出版社法律部发布消息，称湖北省近期成功破获了“6·11”侵犯著作权案：一起由个体书店销售盗版图书而牵出的一个涉及3省6地盗、印、发一条龙的犯罪团伙，被公安部门一网打尽。这起侵犯著作权的跨省大案在本年度引起广大范围的持续关注。

2012年11月29日～30日，由国家版权局和国际复制权组织联合会主办，中国文字著作权协会、浙江省版权局承办的“数字环境下版权集体管理国际研讨会”在杭州召开，探索数字环境下版权集体管理组织在复制权、表演权等方面的做法和经验，并就目前国际广泛关注的版权立法、执法实践等问题进行交流，提升公众版权意识，努力营造尊重创作、支持正版、加强保护、促进传播的社会氛围。

2012年12月4日，由国家版权局和美国专利商标局联合主办的中美网络版权执法研讨会在北京开幕。这是中美两国首次在网络版权执法合作及研究方面举办的国际性研讨会。双方围绕中美数字环境下版权侵权的主要类型及相关法律法规、网络执法的合作与协调、版权保护执法实践、权利人怎样与执法机关合作等议题进行了探讨。此次研讨会是第22届中美商贸联委会后续工作之一，并被列入中国国家版权局与美国专利商标局、美国版权局签署的《版权战略合作备忘录》2012年工作计划。

2012年12月10日，国家版权局版权管理司有关负责人约谈了苹果公司大中华区政府事务总监张新悦，在听取苹果公司版权清理整改的情况后指出，苹果网上商店存在涉嫌侵权问题，要求苹果公司积极解决。国家版权局版权管理司副司长王志成就此进行了分析：根据《信息网络传播权保护条例》第22条的规定，苹果公司在苹果网上商店运营模式下，从服务对象软件开发商提供的作品（软件）中直接获得经济利益，不符合“网络服务提供者为服务对象提供信息存储空间，供服务对象通过信息网络向公众提供作品、表演、录音录像制品，不承担赔偿责任”的规定，不适用“避风港”原则。

2012年12月13日，新闻出版总署召集31家开展中外期刊版权合作单位的负责人在北京召开“新闻出版总署举行期刊版权合作专题座谈会”，这是总署对外交流与合作司组织行业召开的全面贯彻落实党的十八大精神的首个专题会议。与会代表围绕贯彻落实党的十八大精神，就中外期刊版权合作的规范化和深入发展等问题进行了研讨，会议还通报了目前中外期刊版权合作的总体情况，并就下一步工作进行部署和安排。

2012年12月20日，为进一步加强对版权合作期刊的管理，新闻出版总署对外交流与合作司通过问卷调查、电话访谈、实地走访等方式，对有备案记录的67家合作期刊进行了调研清理，对外交流与合作司即日起开始分三阶段集中开展专项治理工作，努力推动出台《中外期刊版权合作管理办法》，进一步完善监管体系、实行退出机制。

2012年12月25日，最高人民法院院长王胜俊向全国人大常委会报告加强知识产权审判工作情况，他指出2008年至2011年，全国法院新收一审知识产权案件年均增幅33.1%，超出一般民事案件26.3个百分点，知识产权审判压力越来越大。

2012年12月26日，最高人民法院公布了《关于审理侵害信息网络传播权民事纠纷案件适用法律若干问题的规定》。

2012年12月28日，国家版权局、公安部、工信部、国家互联网信息办公室联合在京召开2012年打击网络侵权盗版专项治理“剑网行动”新闻通气会，标志着今年7月初开展的为期4个月的“剑网行动”已经收网。开展视频网站主动监管是2012年“剑网行动”的重点，国家版权局初步建立了影视剧版权授权信息库，国家版权局版权管理司在总结前期工作经验的基础上正在组织起草《互联网传播影视作品著作权监督管理办法》。

2012年12月31日，国家版权局召开新闻发布会，宣布版权部门正在积极采取措施，严厉打击利用网络交易平台销售盗版制品的行为。在国家版权局的推动下，京版“十五社”反盗版联盟与淘宝网签订了《加强图书版权保护合作协议》；美国电影协会与淘宝网签订了《关于加强影视作品版权保护备忘录》，淘宝网将对其店铺推行亮证制度，缩短权利人投诉响应时间，加大对店铺销售盗版图书和音像制品的处罚力度。

2013 年 1 月 4 日，全国“扫黄打非”办公室公布了 2012 年“扫黄打非”十大案件，案件及数据涉及全年部署开展的专项行动和整治工作，显示出在打击非法出版物、查处侵权盗版出版物等工作中取得的成效。

2013 年 1 月 8 日 ~9 日，全国知识产权局局长会议在北京举行。国家知识产权局局长田力普在会上做了题为“深入学习贯彻十八大精神，推动知识产权事业科学发展，为全面建成小康社会提供有力支撑”的报告。

2013 年 1 月 10 日，国家知识产权局决定 2013 年在全国开展专业市场知识产权保护工作。国家知识产权局有关负责人表示，拟通过加大对专业市场中侵权假冒行为的打击，培育一批知识产权保护规范化市场。

2013 年 1 月 16 日，国务院关于修改《计算机软件保护条例》、《著作权法实施条例》、《信息网络传播权保护条例》、《植物新品种保护条例》等 4 部条例的决定同时经国务院第 231 次常务会议通过，表明了我国致力于对知识产权予以全面保护。

2013 年 1 月 17 日，全国人大常委会副委员长、民进中央主席严隽琪，全国人大常委、民进中央副主席朱永新等一行走访国家知识产权局，并与国家知识产权局局长田力普等进行了座谈。严隽琪在座谈会上指出：创新离不开知识产权的创造和保护，知识产权为创新提供动力之源和有力保障。

2013 年 1 月 18 日，由工业和信息化部电子知识产权中心、中国互联网协会调解中心等共同组织召开的第二届首都互联网法律工作者年会在北京召开。此次年会的主题是“如何应对近年来数量激增的网络知识产权纠纷及诉讼”。为了解决日益增多的互联网知识产权侵权纠纷问题，工信部电子知识产权中心酝酿成立“电子知识产权争议解决中心”，以第三方调解的形式对于网络知识产权纠纷提供高效而灵活的争端解决服务。

2013 年 1 月 18 日，为了贯彻落实《工业和信息化部关于实施工业企业知识产权运用能力培育工程的通知》的要求，提高国内企业在海外获得和保护知识产权的能力，促进企业有效运用当地法律规则捍卫自身权益，妥善应对“走出去”后面临的知识产权保护问题，由工业和信息化部科技司指导、工业和信息化部知识产权管理办公室主办、北京汉德信教育咨询有限公司协办的“我国企业海外知识产权保护实务培训暨研讨会”在北京召开。

2013 年 1 月 20 日，国家版权局发布消息，称中国已建立比较完善的著作权登记制度。根据统计数据来看，2012 年我国作品登记、计算机软件著作权登记、著作权质权登记的总量达 80 多万件。

2013 年 1 月 22 日，国务院召开常务会议，决定对《著作权法实施条例》、《信息网络传播权保护条例》、《计算机软件保护条例》、《植物新品种保护条例》等 4 部行政法规关于罚款数额的规定做出修改，以加大对侵犯知识产权和制售假冒伪劣商品行为的打击力度。会议讨论通过了《国家重大科技基础设施建设中长期规划（2012 ~2030 年）》，要求健全协同创新和开放共享机制，加大投入力度，完善管理制度，全面提升重大科技基础设施建设水平和运行效率。

2013 年 1 月 25 日，国家版权局召开“关于《著作权法》（修改草案）职务作品规定的沟通见面会”。此前，《著作权法》修订草案送审稿已于 2012 年 12 月正式呈报国务院，送审稿中对新闻媒体职工的职务作品著作权作出规定：“著作权由单位享有，作者享有署名权、汇编方式出版自己作品权”。

2013 年 1 月 30 日，国务院发布国务院令第 633 号，公布了《国务院关于修改〈中华人民共和国著作权法实施条例〉的决定》，该决定已经于 2013 年 1 月 16 日国务院第 231 次常务会议通过，自 2013 年 3 月 1 日起施行。

2013 年 1 月 30 日，国务院发布国务院令第 633 号，公布了《中华人民共和国著作权法实施条例（2013 修订）》。此次修订是根据 2013 年 1 月 30 日《国务院关于修改〈中华人民共和国著作权法实施条例〉的决定》进行的第二次修订。

2013 年 1 月 30 日，国务院台湾事务办公室发言人杨毅在国台办新闻发布会上指出，国家工商总局认证的大陆“驰名商标”新增 4 家中国台湾品牌，在大陆具有较高知名度的台湾商标被认证为“驰名商标”的已达 21 个，大陆方面将对其进行扩大保护。此外，国务院台湾事务办公室近日将派出 5 个工作小组，分赴江苏、浙江、福建等台商集中地区，走访最基层、最困难的台资企业，实地了解情况、帮助解决问题、看望慰问广大台商。

2013 年 1 月 31 日，为贯彻落实中共中央国务院《关于加快推进农业科技创新持续增强农产品供给保障能力的若干意见》和《关于深化科技体制改革加快国家创新体系建设的意见》，进一步提升农业领域的知识产权创造、运用、保护和管理能力，科技部、农业部和国家知识产权局联合发布《关于进一步加强农业知识产权工作的意见》。

2013 年 1 月 31 日，中国国家版权局、中国文学艺术界联合会在北京联合主办“去伪存真——书画作品版权保护研讨会”，强调加大书画作品版权保护力度。国家版权局提出，打击制售假书画现象亟须两措并举：一是相关部门要继续加大对书画作品市场的监管力度；二是要研究探讨保护书画作品市场正常经营秩序的新模式。

2013 年 2 月 1 日，国家版权局印发了《2013 年版权工作要点》，其中特别提到 2013 年将起草颁布《教科书法定许可付酬办法》、《互联网传播影视作品著作权监督管理办法》、《版权行政执法指导意见》，修订颁布《出版文字作品报酬规定》、《全国版权示范城市、示范单位和示范园区（基地）管理办法》等 5 部规章，其中特别提出开展对主要视频网站版权主动监管，加强对苹果商店、淘宝网等大型网络商店版权监管，以及作品入教科书将获稿酬等问题。

2013 年 2 月 5 日，国家知识产权局局长田力普应约同世界知识产权组织总干事弗朗西斯·高锐通电话，双方就多项议题交换了意见。

2013 年 2 月 12 日，山东省潍坊市中级人民法院宣判一起网页著作权侵权及不正当竞争纠纷案件，通过判决明确了什么样的网页受著作权法保护的问题。如果网站倾注了原创者的智力劳动，网站原创人可以根据著作权法等提起民事诉讼，追究山寨网站的侵权责任。在法律没有明确规定的情况下，由司法实践对网页著作权进行保护，体现了对知识产权的尊重，此案有一定的范例作用。

2013 年 2 月 17 日，为贯彻落实党的十八大精神，加强和改进干部教育培训工作，提高行业干部素质和能力，加快培养造就德才兼备、锐意创新、结构合理、规模宏大的新闻出版人才队伍，规范有序地开展 2013 年新闻出版干部教育培训工作，新闻出版总署办公厅、国家版权局办公厅印发了《新闻出版总署（国家版权局）2013 年干部教育培训计划》。

2013 年 2 月 17 日，为加强对全国知识产权人才培训工作的宏观指导，进一步促进知识产权人才队伍建设，国家知识产权局制定印发了《2013 年全国知识产权人才培训计划》。

2013年2月18日，国家知识产权局局长田力普在京会见了澳大利亚驻华大使孙芳安女士（Frances Adamson）。孙芳安对中国知识产权事业发展所取得的成就表示赞赏，表示了澳大利亚驻华大使馆愿意继续为加强中澳两国在创新和知识产权领域的合做贡献力量的意向。双方还就知识产权保护、加强双边知识产权合作等进行了探讨。

2013年2月18日，国家知识产权局印发了《关于开展2013年度国家知识产权示范城市评定工作的通知》，标志着2013年国家知识产权示范城市评定工作正式启动。

2013年2月27日，中国版权服务年会揭晓了由《中国版权》杂志和中国新闻出版报联合评选的“2012年中国版权十件大事”：世界知识产权组织保护音像表演外交会议在北京成功举办，《视听表演北京条约》签署；《著作权法》第三次修订工作取得突破性进展，“版权立法”成社会热点；我国计算机软件登记制度实施20周年；全国省级政府机关完成软件正版化检查整改任务，并建立长效机制；第八次“剑网行动”成效显著，关闭侵权盗版网站129家；最高人民法院出台《关于审理侵害信息网络传播权民事纠纷案件适用法律若干问题的规定》；莫言获诺贝尔文学奖，版权销往24个国家和地区；全国统一的作品著作权登记体系建立；第三届世界知识产权版权金奖颁发，15个作品或机构获奖；中国版权相关产业经济贡献调研结果发布。

2013年3月1日，国务院总理温家宝于2013年1月30日签署国务院令所公布的国务院关于修改《中华人民共和国著作权法实施条例》的决定、修改《信息网络传播权保护条例》的决定、修改《计算机软件保护条例》的决定、修改《中华人民共和国植物新品种保护条例》的决定，均开始予以施行。

2013年3月1日，国家发展和改革委员会、科技部共同发布《“十二五”国家重大创新基地建设规划》，其中重点强调了要完善知识产权管理制度，加快国家创新体系建设。

2013年3月4日，国家知识产权局局长田力普率团访问巴西工业产权局和澳大利亚知识产权局，并与两局局长就共同关心的知识产权问题交换了意见。

2013年3月10日，十二届全国人大一次会议在人民大会堂举行第三次全体会议上，最高人民法院院长王胜俊作最高人民法院工作报告时指出：最近5年来，最高人民法院妥善审理经济领域各类案件，做好知识产权审判工作，审结一审知识产权案件27.8万件。最高人民法院着力提高知识产权审判透明度，定期发布知识产权司法保护状况白皮书、年度报告和典型案例。

2013年3月13日，中国国家知识产权局局长田力普在京与来访的埃及专利局局长阿代尔·埃韦达共同出席了《中国国家知识产权局与埃及科学技术研究院合作谅解备忘录》签字仪式。该备忘录的签署在双方合作史上具有里程碑的意义，田力普局长希望双方进一步加深并巩固友好合作关系。

2013年3月14日，国家知识产权人才信息网络平台正式建成，公众可通过该平台实现对知识产权专家及各类人才信息的检索查询，同时及时了解全国知识产权人才工作最新动态，全国知识产权人才信息化工作迈上新台阶。

2013年3月19日，国家知识产权局印发了《2013年全国知识产权人才工作要点》，以加强对全国知识产权人才工作的统筹和指导。

2013年3月21日，由国家知识产权战略实施工作部际联席会议28家成员单位共同研究制定的《2013年国家知识产权战略实施推进计划》在北京发布。2013年我国将着力强化重点产业知识产权布局、提升知识产权创造水平、加强知识产权保护等工作。

2013年3月26日，为深入实施国家知识产权战略，加大陶瓷领域执法监管力度，提升知识产权保护能力，营造促进陶瓷产业健康发展的知识产权保护环境，国家知识产权局、工业和信息化部、国家工商行政管理总局、国家版权局联合向各省、自治区、直辖市知识产权局、工业和信息化主管部门、工商局、版权局发布了《国家知识产权局、工业和信息化部、工商总局、版权局关于加强陶瓷产业知识产权保护工作的意见》。

2013年4月1日，北京知识产权保护协会、北京商标协会、北京版权保护协会联合开展了北京市首届知识产权十大案件、十大事件、十位有影响力人物评选活动，此次活动对于提高社会的整体知识产权保护意识、加强知识产权保护的舆论引导、推动首都知识产权文化建设将起到重要的促进作用。

2013年4月3日，国家工商总局局长张茅会见了来访的世界知识产权组织副总干事王彬颖。国家工商总局将在更广泛的领域，与世界知识产权组织进一步密切合作关系，深化合作成果，积极支持中国知识产权事业和世界知识产权事业发展。

2013年4月10日，北京市知识产权办公会议与市人民政府新闻办公室联合召开2012年北京市知识产权保护状况新闻发布会，市知识产权局、市工商局、市版权局、市文化执法总队、市高级法院、北京海关等部门负责人出席发布会。北京市知识产权局新闻发言人付晓辉代表市知识产权办公会议向新闻媒体和社会各界介绍了2012年北京市知识产权保护工作状况。

2013年4月10日，“中国国家知识产权局与美国马歇尔法学院合作20年暨中美知识产权学术研讨会”在北京举行。中国国家知识产权局局长田力普、马歇尔法学院主席奥纳德·阿玛利、马歇尔法学院院长约翰·考克利在会上分别致辞。

2013年4月15日，“全国版权示范工作经验交流会”在安徽合肥召开，会上对全国版权示范工作经验进行了总结、交流，通报了推进版权示范工作的思路和政策取向，并对下一步工作进行了研究部署。

2013年4月18日，国家知识产权战略实施研究基地总结交流会在中南财经政法大学召开。此次会议是在我国《国家知识产权战略实施计划》实施五周年、我国知识产权研究工作面临新的形势和任务的背景下举行的，各研究基地均致力于充分发挥研究基地作为民间智库和政府智囊的重要作用，推动我国知识产权战略的顺利实施。

2013年4月19日，由国家知识产权局、中央宣传部等25个部门联合主办的“2013年全国知识产权宣传周”活动正式启动，人民网对启动仪式进行了网络直播。

2013年4月22日，最高人民法院在江苏省苏州市召开新闻发布会，发布《中国法院知识产权司法保护状况（2012年）》，公布2012年中国法院知识产权司法保护十大案件和50个典型案例，并首次公布今年开始评选的2012年中国法院知识产权司法保护十大创新性案件。

2013年4月24日，首都知识产权办公会议在北京时尚设计广场组织了主题为“知识产权与世界城市同行·志愿服务弘扬创新文化”志愿宣传咨询活动。北京市知识产权局联合市工商局、版权局、北京海关、市高院、团市委等部门设立宣传咨询台，首都知识产权10位有影响力的人物和来自各高校的知识产权志愿者向过往游客解答咨询，散发传单，宣传知识产权知识。

2013年4月25日，国务院新闻办举行新闻发布会，介绍2012年中国知识产权发展状况。发布会上指出：知识产权保护需要各国之间减少对抗和指责，更多合作，大家共同努力，创造一个好的知识产权保护环境；音乐下载收费应由网络环境下具体模式决定；中国已经认真履行了国际承诺且着重建立一个完善的软件机制和制度。

2013 年 4 月 26 日，中国科学技术协会、国家知识产权局合作议定书签字仪式在京举行，中国科学技术协会党组书记申维辰、国家知识产权局局长田力普共同签署合作议定书。

2013 年 4 月 26 日，值此“第 13 个世界知识产权日”，全国“扫黄打非”办公室称，2013 年挂牌督办 11 起侵权盗版案件，这批案件是由全国“扫黄打非”办公室今年会同最高检、最高法、公安部、国家版权局等部门联合督办的大要案，表明了我国政府保护知识产权、打击侵权盗版的坚强决心。

2013 年 4 月 27 日，为加强工业和信息化领域知识产权工作，切实发挥知识产权对推进工业转型升级和工业发展方式转变的支撑和保障作用，根据《工业转型升级规划（2011 ~ 2015）》的总体要求，结合国家知识产权战略的实施，工业和信息化部组织编制并印发了《2013 年工业和信息化部知识产权推进计划》。

2013 年 4 月 28 日，为表明我国政府保护知识产权、打击侵权盗版的决心，全国“扫黄打非”工作小组组织全国各地举行了 2013 年侵权盗版及非法出版物集中销毁活动，并同时开展了主题为“拒绝盗版，拥抱梦想”的“绿书签行动”。

2013 年 5 月 4 日 ~ 8 日，由国家知识产权局主办，重庆市知识产权局和重庆理工大学承办的“2013 年国家知识产权局知识产权培训班”在国家知识产权培训（重庆）基地——重庆理工大学举办。

2013 年 5 月 7 日，国家知识产权局在北京召开了 2013 年全局人才工作会议，回顾了 2012 年全局人才工作情况，并提出了今年工作的重点。会议指出：知识产权事业的发展离不开人才工作打下的牢固基础，国家知识产权局要紧紧抓住干部人才队伍建设这个中心环节，加快培养和造就一支数量充足、结构优化、布局合理、素质较高的知识产权人才队伍。

2013 年 5 月 13 日，由国家知识产权局知识产权新闻宣传中心与新浪网联合举办的“我眼中的知识产权”2013 知识产权公益广告片有奖征集活动在北京航空航天大学举行了首场大型宣传活动。

2013 年 5 月 14 日，国家知识产权局在“尊重知识产权价值维护企业合法权益”研讨会上指出：2013 年将继续加强知识产权执法维权体系建设，围绕重点区域、重点产业建立一批知识产权快速维权中心，推进建立全系统或区域性执法工作指挥调度机制，进一步加大知识产权保护力度。

2013 年 5 月 16 日，国家知识产权局局长田力普参观了首届“上交会”知识产权法律服务专区、国家知识产权服务专区、上海知识产权服务站和专利技术与产品交易馆。

2013 年 5 月 20 日，中、俄、蒙三国知识产权研讨会在蒙古国首都乌兰巴托成吉思汗宾馆举行，中国国家知识产权局副局长李玉光率团出席，这是中、俄、蒙三国首次举行知识产权研讨会。

2013 年 5 月 21 日，国家推进使用正版软件工作部际联席会议在京召开 2013 年软件正版化第一次督查工作总结会。

2013 年 5 月 21 日，由国家版权局主办、广东省版权局和中国版权保护中心承办的作品登记工作推进会在广州召开。

2013 年 5 月 22 日，全国知识产权领军人才研讨班在北京举办，国家知识产权局副局长甘绍宁出席研讨班并为首批全国知识产权领军人才颁发证书。来自地方知识产权局的相关负责人和行政管理与执法、企业、服务业、高等院校及科研院所的领军人才参加了研讨班。

2013 年 5 月 26 日 ~29 日，为建立健全创新型企业知识产权管理制度，提升创新型企业知识产权管理能力，科技部与世界知识产权组织在重庆市联合举办了“创新型企业知识产权管理研修班”。

2013 年 5 月 29 日，中国政府网发布了《国务院关于印发“十二五”国家自主创新能力建设规划的通知》。

2013 年 5 月 30 日，中国国家知识产权局局长田力普在加拿大渥太华访问了加拿大知识产权局，并与加拿大知识产权局局长西尔万 · 拉波特（Sylvain Laporte）举行了中加两局局长会谈。两局局长签署了《中加专利审查高速路谅解备忘录》和《中加两局合作谅解备忘录》，并就双方共同关心的话题进行了深入的交流。

2013 年 6 月 3 日，国家知识产权战略实施专家座谈会在北京举行。会议由国家知识产权局副局长贺化主持，中国科学院党组副书记方新、国务院发展研究中心技术经济研究部部长吕薇、中南财经政法大学校长吴汉东等我国经济、科技、法律界专家参加会议。

2013 年 6 月 3 日，著名的杨绛维权案取得阶段性成果：北京市第二中级人民法院做出裁定，要求中贸圣佳国际拍卖有限公司不得实施侵害钱钟书、杨绛、钱瑗写给李国强的涉案书信手稿著作权的行为。法院在裁定中特别强调，任何人包括收信人及其他合法取得书信手稿的人，对于合法取得的书信手稿进行处分时均不得侵害著作权人的合法权益，此案有一定的范例作用。

2013 年 6 月 5 日，在《国家知识产权战略纲要》颁布实施五周年之际，国家知识产权局知识产权发展研究中心在京发布了《2012 年全国知识产权发展状况报告》，报告从知识产权创造、运用、保护、环境等 4 个方面构建了知识产权发展状况评价指标体系。

2013 年 6 月 6 日，“2013 成都《财富》全球论坛”开幕。中华人民共和国主席习近平向论坛发来贺信，信中表示：中国政府将一如既往保护投资者合法权益，加强知识产权保护，为各国企业提供良好服务。

2013 年 6 月 8 日，全国打击侵犯知识产权和制售假冒伪劣商品工作会议在北京召开。

2013 年 6 月 8 日，为了进一步推动全国知识产权规划发展工作，全国知识产权规划发展工作会议在西安召开，这是全国知识产权系统第一次规划发展工作会议。

2013 年 6 月 24 日～28 日，全国知识产权局局长高级研修班在烟台举办，国家知识产权局局长田力普 25 日为研修班学员就知识产权工作形势做专题报告。

2013 年 6 月 25 日，由国家知识产权局直属机关团委主办、初审及流程管理部团总支承办的“知识产权进高校”活动在北京和河南举办。该活动是国家知识产权局青年参与社会公益服务、志愿宣传知识产权的一项大型活动，组织青年审查员走进高校，普及知识产权知识，传播知识产权文化，力求打开知识产权服务社会的一个新窗口。

2013 年 6 月 25 日，中国国家版权局、国家互联网信息办公室、工业和信息化部、公安部联合在北京召开“2013 年打击网络侵权盗版专项治理新闻发布会”。该行动被官方命名为“剑网行动”，旨在加大打击网络侵权盗版力度，保护网络知识产权。

2013 年 6 月 25 日，中俄两国知识产权部门官员在北京举行了“关于在打击盗版产品领域合作的视频会议”。中国国家版权局版权管理处副处长张有利通过网络向俄方介绍了中国在知识产权保护方面的立法和执法情况。

2013 年 7 月 4 日，经国家知识产权局评定，“2013 年度首批 7 个国家知识产权试点园区”正式确定，使国家知识产权试点园区的数量进一步增多。

2013年7月8日，最高人民法院发布《最高人民法院关于落实全国人大常委会对知识产权审判工作情况报告审议意见》的报告，表示将积极开展建立知识产权专门法院的研究规划，稳妥推进知识产权审判“三合一”试点。

2013年7月16日，全国知识产权宣传与政务信息工作会在青海省西宁市召开，国家知识产权局副局长鲍红出席会议并讲话，青海省政府副省长高云龙出席会议并致辞。

2013年7月19日，国家知识产权局局长田力普在北京会见了来访的香港商务及经济发展局局长苏锦梁和香港知识产权署署长张锦辉等一行，双方就下一阶段加强交流、深化合作交换了意见。

2013年7月19日~25日，国家新闻出版广电总局副局长、国家版权局副局长阎晓宏率中国新闻出版（版权）代表团访问瑞典、芬兰、波兰3国。

2013年7月25日，由中国知识产权研究会、日本知财学会、韩国产业财产权法学会主办，中国知识产权研究会学术顾问委员会承办的首届中日韩国际知识产权研讨会在北京开幕。

2013年8月9日，中国国家知识产权局副局长贺化在北京会见了来访的美国雅虎公司副总裁雷·斯特里马蒂斯一行，双方就感兴趣的知识产权议题交换了意见。

2013年8月12日，由国家知识产权局发起的“中央媒体地方行采访活动”拉开序幕，新华社、《人民日报》、中央电视台、《光明日报》《中国新闻出版报》《知识产权报》、人民网等14家媒体记者深入实地采访在国家实施知识产权战略中涌现出的典型集体和个人，以反映《国家知识产权战略实施纲要》发布5年来给各行业各领域带来的新发展，报道基层实施知识产权战略的经验教训。

2013年8月15日，国务院办公厅印发《政府机关使用正版软件管理办法》。该办法要求，各级政府机关的计算机办公设备及系统必须使用正版软件，禁止使用未经授权和未经软件产业主管部门登记备案的软件。

2013年8月20日，中国音像著作权集体管理协会、中国音乐著作权协会、中国电影著作权协会、中国文字著作权协会、中国摄影著作权协会、国际唱片业协会、美国电影协会、日本唱片业协会、韩国著作权委员会这9家著作权相关协会向《法制日报》表示，他们已将《中华人民共和国著作权法》列入一档立法计划、尽快启动《著作权法》修订的建议书提交到国务院法制办，呼吁著作权法修订提速。

2013 年 8 月 21 日，宁波市中级人民法院判决了浙江省首例微博著作权侵权纠纷案。法院审理认定，被告宁波某化妆品公司在未经许可的情况下，使用原告华盖创意图像技术有限公司的摄影作品的行为构成侵权，判令被告赔偿经济损失并停止其侵权行为。本案具有一定范例作用，该案审判人员呼吁应当从立法层面对微博等即时交互平台的信息分享行为予以明确规范，使社会公众在使用微博等进行交流互动时能够对自身行为的合法性有合理预期。

2013 年 8 月 22 日～26 日，由国家新闻出版广电总局和广东省人民政府共同主办的第五届中国国际影视动漫版权保护和贸易博览会在广东省东莞市举办。本届博览会以动漫版权保护和交易为核心，立足珠三角地区在衍生品生产方面的优势资源，旨在促进动漫产业链资源整合对接、合作交易。

2013 年 8 月 30 日，“2013 年度地方知识产权战略实施工作培训班”在长春市举办。培训班邀请国家有关部门、科研机构专家就国内外地理标志、植物新品种发展情况及产业化情况进行了专题讲授，国家知识产权局相关部门同志介绍了国家知识产权战略实施五周年情况。

2013 年 8 月 30 日，国家知识产权局确定浙江省杭州市西湖区等 22 个县（区）为首批国家知识产权强县工程示范县（区），示范时限自 2013 年 8 月至 2016 年 7 月。

2013 年 8 月 30 日，“全国知识产权战略实施工作电视电话会议”在北京召开，国务委员王勇出席会议强调，要认真贯彻落实党的十八大精神和政府职能转变的要求，进一步提高知识产权创造、运用、保护和管理水平，充分发挥知识产权在创新驱动发展中的重要支撑作用，为建设创新型国家、全面建成小康社会做出更大贡献。

2013 年 8 月 30 日，全国知识产权战略实施电视电话会议在北京召开。国务委员王勇出席并讲话；国家知识产权局局长田力普代表国家知识产权战略实施部际联席会议成员单位作了战略实施 5 年阶段性总结报告；工信部、公安部、广东省政府、苏州市政府、中国移动等 5 个单位做了典型发言；杨学山副部长代表工信部做了题为“实施知识产权战略，促进产业创新发展”的发言。

2013 年 9 月 4 日，国家工商总局副局长刘俊臣会见了来访的俄罗斯联邦知识产权局局长鲍里斯·西蒙诺夫一行。国家工商总局与俄罗斯联邦知识产权局要继续加强交流，不断探索合作的途径和方式，进一步提升合作水平。

2013年9月10日，第二届国家知识产权专家咨询委员会成立大会在烟台召开。

2013年9月11日，最高人民检察院侦查监督厅发布了2012年度打击侵犯知识产权犯罪十大典型案例。这十大典型案例是侦监厅从各省级检察院报送的2012年度有生效判决的近百个典型案件中筛选出来的，都具有较强的法律适用的典型意义及较大的社会影响力。

2013年9月11日，国家知识产权局下发《国家知识产权局关于确定国家知识产权试点城市的通知》，北京市石景山区等12个地级城市、辽宁省丹东市凤城市等19个县级城市被确定为新一批国家知识产权试点城市，试点时限为2013年9月至2016年8月。

2013年9月12日，“2013年全国知识产权统计人才培训班”在兰州开班，培训班邀请了国家统计局、农业部及兰州大学相关专家和学者就统计基础理论等相关内容进行集中授课。

2013年9月14日~15日，中华全国律师协会知识产权专业委员会联合北京市律师协会在北京市继续举办第三届中国版权律师实务论坛，并委托北京市律师协会的信息网络、著作权、传媒与新闻出版3个法律专业委员会作为承办单位。此次论坛围绕中国版权保护法律实务中存在的侵权赔偿标准以及电子证据、数字音乐、软件产业等版权产业发展现状及出现的法律问题，从政府管理、司法裁判以及企业需求和律师法律服务等多个角度对版权法律问题进行了实务研讨。

2013年9月22日，国家知识产权局副局长李玉光在京会见了新西兰知识产权局副局长莉兹·弗朗西斯一行，就共同推动两局合作与对话交换了意见。

2013年9月23日，国家版权局草拟的《使用文字作品支付报酬办法》（修订征求意见稿）公开征集修改意见。该办法将原创作品的付酬标准从1999年的每千字30元到100元提升为每千字100元到500元，将翻译作品的稿酬从每千字20元到80元提升至每千字80元到300元。

2013年10月14日，为推动知识产权管理体系认证工作开展、培养认证人才队伍，全国首批知识产权管理体系认证审核员培训班在北京开班。

2013年10月18日，国家知识产权局公布了第二批国家知识产权示范城市名单，分别是厦门、宁波、长春、东莞、无锡、株洲、泰州、潍坊、淄博、合肥、嘉兴、南阳、湖州、昌吉回族自治州、新乡、贵阳、常熟、昆山，示范时间为2013年9月至2016年8月。

2013年10月22日，最高人民法院举行新闻发布会，公布了8起知识产权司法保护的典型案例。

2013年10月24日，国家版权局召开《使用文字作品支付报酬办法》意见征求会。来自创作者、出版社、网站、学者、司法机关和行政部门的代表就《办法》的修改发表意见。

2013年10月29日，由西安电视剧版权交易中心、西安仲裁委员会、陕西电视艺术家协会、西安交大知识产权研究中心等联合发起成立的西安影视版权仲裁中心正式挂牌运营，通过仲裁和调解机制的引入，将为影视产业版权法律风险防范、版权纠纷调解和版权纠纷仲裁等提供新的路径。

2013年10月29日，由中国法学会主办的“中泰知识产权法律保护论坛”在海南三亚召开，中、泰两国从事知识产权法制研究和司法实务的百余名专家学者与会，进行了中泰知识产权法律保护交流。

2013年11月5日，中国国家知识产权局局长田力普在北京会见了波兰专利局局长爱莉简·爱当扎克一行，标志着双方不断拓展合作的深度和广度。

2013年11月11日，国家知识产权局局长田力普在京会见了世界知识产权组织（WIPO）总干事弗朗西斯·高锐一行，国家知识产权局副局长李玉光、WIPO副总干事王彬颖参加会见。中国国家知识产权局与WIPO共同签署了《世界知识产权组织与国家知识产权局关于发展基础设施服务以支持专利审查工作共享的合作协议》。

2013年11月11日，国务委员王勇在中南海会见世界知识产权组织总干事高锐。

2013年11月13日，国家知识产权战略实施工作部际联席会议办公室在厦门举办全国知识产权战略信息和宣传工作研讨班。

2013年11月14日~16日，由国家知识产权局主办、福建局承办的全国知识产权维权援助工作能力提升培训班在福州举办。

2013年11月16日，由中国人民大学主办的第一届亚太知识产权论坛在江苏省苏州市举行。最高人民法院副院长奚晓明出席并发表题为“中国法院的知识产权司法理念与政策”的主旨演讲，提出亚太各国和地区应加强交流学习，推动知识产权保护不断发展。

2013 年 11 月 19 日，中日韩三国知识产权局局长政策对话会议在日本札幌召开，由中国国家知识产权局、日本特许厅、韩国知识产权局联合主办的首届中日韩知识产权用户研讨会同时在此举行。

2013 年 11 月 20 日，国务院总理李克强主持召开国务院常务会议，通过了《关于依法公开制售假冒伪劣商品和侵犯知识产权行政处罚案件信息的意见》。

2013 年 11 月 28 日，由商务部条法司主办的涉外知识产权论坛在北京举行。

2013 年 11 月 30 日，由中国版权协会主办、中国联通协办的中国版权年会和“2013 年中国版权协会年度评选颁奖大会”在北京召开，该会进行了“中国版权事业终生成就者”奖的首次评选和颁发。

2013 年 12 月 4 日，国家新闻出版广电总局党组书记、副局长蒋建国在京会见英国知识产权局局长、首席行政官约翰·奥尔蒂一行。

2013 年 12 月 5 日，国家版权局在京召开《教科书法定许可使用作品支付报酬办法》宣传贯彻座谈会。

2013 年 12 月 5 日，2013 年度中国知识产权海外交流活动在美国华盛顿举行。

2013 年 12 月 7 日，经国家新闻出版广电总局（国家版权局）批准，全国版权标准化技术委员会在北京成立。

2013 年 12 月 8 日 ~ 10 日，由国家版权局主办、中国新闻出版报社承办的“2013 年版权相关热点问题媒体研讨班”在广州召开。

2013 年 12 月 10 日，商务部召开新闻发布会通报全国打击侵权假冒工作情况，明确今后将重点打击“互联网售假和传播盗版”等方面问题。

2013 年 12 月 10 日，为进一步向全社会和全行业普及法律知识，推动版权法治工作，国家新闻出版广电总局开展了主题为“大力弘扬法治精神，促进新闻出版（版权）事业繁荣发展”的普法宣传活动。

2013 年 12 月 12 日，由重庆市版权局主办的重庆市高校软件正版化与信息网络安全工作培训会在重庆理工大学举行，来自重庆 40 余所高校的信息与网络管理中心主任及管理人员参加培训。

2013 年 12 月 18 日，国内首个时尚产业数字版权保护交易中心在北京服装学院时尚创新产业园挂牌成立。

2013 年 12 月 26 日，国家版权局召开了推进使用正版软件工作部际联席会议联络员会议，对今年推进使用正版软件工作成果和下一步工作设想进行了通报。

2013 年 12 月 28 日，江苏省版权保护中心在南京成立，该中心接受江苏省版权局委托，免费为著作权人提供一般作品版权登记服务。

2013 年 12 月 30 日，国家版权局、国家互联网信息办公室、工业和信息化部、公安部联合在京召开“2013 年打击网络侵权盗版专项治理‘剑网行动’新闻发布会”，四部门联合发布 2013 年打击网络侵权盗版专项治理“剑网行动”十大案件。